# Dictionnaire officiel du

# PARIS

## SAINT-GERMAIN

ISBN : 978-2-263-17129-1
Code éditeur : L17129
Dépôt légal : août 2021

**Retrouvez-nous sur www.lisez.fr**
Solar, un département d'**Édi8**

# Dictionnaire officiel du PARIS SAINT-GERMAIN

Michel Kollar

## 50 ANS, LE BEL ÂGE !

Le Paris Saint-Germain a fêté en 2020-2021 son 50e anniversaire. Cinquante ans d'histoire riche en titres et en émotions. Depuis 1970, 471 joueurs ont porté les couleurs Rouge et Bleu, des débuts modestes en National, la Ligue 2 actuelle, avec un premier titre à la clé, jusqu'à la prestigieuse finale de la Ligue des champions la saison dernière.

471 joueurs, 471 destins racontés dans cet ouvrage. Si les joueurs, mais aussi les entraîneurs ou les présidents ne sont que de passage, ils sont les acteurs principaux de cette incroyable épopée du PSG, désormais le club le plus titré en France et l'un des tous meilleurs en Europe.

Depuis plus de 30 ans de collaboration avec le Paris Saint-Germain, j'ai eu l'honneur et le privilège de rencontrer de nombreux acteurs qui ont fait l'histoire du club de la Capitale. Certains resteront à jamais dans ma mémoire. Jean-Pierre Dogliani, me racontant le but qui a permis aux Parisiens de monter en première division : « un but hors-jeu ? impossible, l'arbitre n'a pas sifflé ! » Et Bernard Guignedoux, premier buteur pour l'éternité le 23 août 1970, qui nous a quitté récemment, un but pour l'histoire et une modestie exceptionnelle dans ses propos : « il fallait que quelqu'un tire, je l'ai fait et par chance le ballon est rentré, mais c'est toute l'équipe qui est à féliciter ». J'espère que cet ouvrage honorera la mémoire de tous ces anciens partis trop tôt et qu'il comblera tous les amoureux des Rouge et Bleu.

**Michel Kollar**

**DATE DE CRÉATION :**

**12 AOÛT 1970** (Journal Officiel du 27 août 1970)

**PALMARES :**

**VAINQUEUR DE LA COUPE D'EUROPE DES VAINQUEURS DE COUPE :** 1996

**CHAMPION DE FRANCE :** 1986, 1994, 2013, 2014, 2015, 2016, 2018, 2019 ET 2020

**VAINQUEUR DE LA COUPE DE FRANCE :** 1982, 1983, 1993, 1995, 1998, 2004, 2006, 2010, 2015, 2016, 2017, 2018, 2020 ET 2021

**VAINQUEUR DE LA COUPE DE LA LIGUE :** 1995, 1998, 2008, 2014, 2015, 2016, 2017, 2018 ET 2020

**VAINQUEUR DU TROPHÉE DES CHAMPIONS :** 1995, 1998, 2013, 2014, 2015, 2016, 2017, 2018, 2019 ET 2020

**CHAMPION DE FRANCE DU NATIONAL (EX. LIGUE 2) :** 1971

**VAINQUEUR DE LA COUPE INTERTOTO :** 2001

# A

## ABEL (Carlos da Silva Braga)

Excellent tireur de coups-francs, ce défenseur central au tempérament offensif ne connaît pas le succès espéré à Paris. Abel débarque en 1979 dans la capitale quelques heures avant le début de la saison. International brésilien, il participe au tournoi de Cannes en 1971 avant de disputer les Jeux Olympiques à Munich avec sa sélection en 1972. Buteur pour son premier match au Parc des Princes face à l'OM (2-1, le 03/08/1979), il n'est pas épargné par les blessures tout au long de sa carrière en Rouge et Bleu. Annoncé sur le départ au début de l'année 1981, Abel retrouve pourtant une place de titulaire, inscrit un doublé à Nancy (2-2, le 12/05/1981) puis se blesse à la cuisse. C'est la fin de son parcours parisien. De retour au Brésil, il porte les couleurs de Cruzeiro, Botafogo et Goytacaz jusqu'en 1985. Aussitôt sa carrière de joueur terminée, il devient entraîneur sous le nom de Braga. Débute alors un long périple au Brésil qui le mènera notamment à Botafogo, à l'Internacional Porto Alegre, à Vasco Gama, au Flamengo et à Fluminense. Il effectue deux escapades en Europe, au Portugal (Belenenses et Vitoria Setubal, de 1992 à 1994) puis à l'OM (2000) où il ne reste que quatre mois, emporté par l'instabilité marseillaise. C'est en 2006 avec l'Internacional Porto Alegre qu'il connaît la consécration, remportant successivement la Copa Libertadores en finale face à Sao Paulo, puis la FIFA Club's World Cup à Tokyo face à Barcelone. En 2007, il quitte Porto Alegre en espérant un nouveau challenge en Europe, sans succès. Abel revient à l'Internacional et se fait limoger quelques semaines plus tard. Au début de la saison 2008-2009, il dirige Al Jazira aux Emirats Arabes Unis avant de revenir à Fluminense en juin 2011. Avec succès : en 2012, il remporte le titre de champion du Brésil et le trophée du meilleur entraîneur du pays. Le coach brésilien fait alors le choix du cœur et retourne à l'Internacional, qu'il dirige pour la cinquième fois dans sa carrière d'entraîneur, avec au final plus de 300 matches sur le banc du club de Porto Alegre. Il remporte alors un second titre de champion Gaucho face au rival du Gremio, avant de quitter le club au terme de son contrat. Abel Braga retourne alors à Al Jazira, sans succès (juillet-décembre 2015). Après six mois d'attente, il entraîne Fluminense, de décembre 2016 à juin 2018. On le retrouve alors à Flamengo, avec lequel il remporte le championnat carioca en 2019, à Cruzeiro (septembre-novembre 2019), puis au Vasco Gama (décembre 2019-mars 2020). En novembre 2020, il est de retour à l'Internacional. Cette pige s'est achevée le 25 février 2021, avec une place de vice-champion et un titre de meilleur entraîneur du championnat. À 68 ans, il n'a toujours pas décidé de mettre un terme à sa carrière d'entraîneur, qui a débuté il y a 36 ans…

## ABREU (Manuel)

La passion du ballon rond, on connaît chez les Abreu : cinq garçons (sur les huit enfants) ont joué au football dans les années 1980 ! Né au Portugal, Manuel Abreu débute sa carrière au Red Star. Après un court intermède à Poissy, il rejoint le Stade de Reims en 1979, relégué en Championnat de seconde division (Ligue 2). Avec les Champenois, il manque de peu l'accession à l'élite en 1983 puis, dans la foulée, signe au PSG. Sa polyvalence sur le terrain, où il évolue indifféremment en défense ou au milieu de terrain, a séduit les dirigeants parisiens. Après un début de saison prometteur et une titularisation surprise à Turin en Coupe d'Europe face à la Juventus (0-0, le 02/11/1983), il disparaît peu à peu du groupe parisien. Le départ de Leduc et le retour de Peyroche scellent alors son sort : Abreu quitte la capitale pour Nancy sous forme de prêt, dans le cadre du transfert de Philippe Jeannol au PSG. Libre à la fin de la saison, il signe pour deux saisons supplémentaires avec le club lorrain puis poursuit sa carrière au Sporting Braga (Portugal). De retour en France, il joue à Quimper, Charleville-Mézières et aux Saint-Maur Lusitanos, puis retourne à Reims en 1993, alors en Division d'Honneur. À 36 ans, Abreu raccroche les crampons et entame une carrière d'entraîneur qui le mènera successivement à Reims (1996-2000), à Calais (2001-2002), à Sedan (2003-2007), à Paris Sénart-Moissy (2008-2010), à l'AS Saint-Priest (2010-2011) au FC Chartres (2011-2013), au RC Paris (2014-2015), à Saint-Quentin (2016-2017) et au FC Rouen (2017-2018) sans connaître le succès espéré. Il dirige les modestes clubs amateurs de Reims Sainte-Anne (2018-2020), puis le Cormontreuil FC, près de Reims au début de la saison 2020-2021. Usé physiquement et psychologiquement par la crise du Covid-19, Manuel Abreu a annoncé le 26 octobre 2020 qu'il quittait ses fonctions pour se consacrer à sa famille, à l'âge de 61 ans.

## ABRIEL (Fabrice)

Fabrice Abriel, à l'instar de nombreux jeunes formés au PSG, ne s'imposera pas dans la capitale et choisira l'exil pour relancer sa carrière, avec un certain succès. De la même génération que son ami Nicolas Anelka, Abriel rejoint l'effectif pro du PSG en 1999. International junior, il attend désespérément que l'on fasse appel à lui. Cinq apparitions officielles en trois saisons : le bilan est bien maigre et l'oblige à envisager une carrière sous d'autres cieux. Un premier prêt au Servette Genève

en Suisse (janvier - juin 2001) suivi d'un second à Amiens, en Ligue 2, relancent enfin sa carrière. Abriel accepte un transfert définitif en Picardie au début de la saison 2002-03. En 2004, il choisit l'En Avant Guingamp, relégué en L2, puis rejoint Lorient et découvre la Ligue 1, où il s'impose enfin (2006-2009), puis s'engage avec Marseille (2009-2011) sans jamais s'imposer comme titulaire sur la Canebière, malgré un titre de champion de France et une victoire en Coupe de la Ligue en 2010. Libéré par l'OM où il joue peu, malgré une nouvelle Coupe de la Ligue au palmarès (2011), il signe à l'OGC Nice où il poursuit sa carrière, avec trois saisons plutôt réussies malgré des débuts difficiles. En 2013, à l'âge de 34 ans, il rejoint Valenciennes en Ligue 2, puis met un terme à sa carrière au début de la saison 2015-2016. Fabrice Abriel devient consultant sur les chaînes de Canal Plus, entraîne à Escaudain (Nord) puis aux Gobelins (Paris 13e), avant d'être nommé entraîneur adjoint de l'équipe féminine du FC Fleury 91, qu'il dirige depuis le début de la saison 2021-2022.

## ADAILTON (Martins Bolzan)

Adailton n'aura pas su perpétuer la tradition brésilienne au PSG et reste une énigme pour tous les supporters rouge et bleu. Malgré un physique plutôt moyen (1,72 m), l'attaquant brésilien explose en 1997 au Championnat du Monde U20 ans en Malaisie, remporté par le Brésil, inscrivant 10 buts (dont un sextuplé contre la Corée du Sud !) et termine meilleur buteur de l'épreuve. Avec 21 sélections avec les Espoirs brésiliens, Adailton s'est constitué un joli palmarès : Soulier d'Or du Championnat d'Amérique du Sud des moins de 20 ans avec 8 buts au Chili, meilleur buteur du Tournoi de Toulon en 1996. Formé à la Juventude, il signe au Guarani FC en 1997 puis rejoint l'Italie six mois plus tard, mais son entraîneur, un certain Carlo Ancelotti, le juge trop tendre pour le Calcio. À 21 ans, c'est au PSG qu'il souhaite se relancer, pour un prêt d'un an. Le début de la galère... Un claquage l'éloigne des terrains, la concurrence de Marco Simone, Nicolas Ouédec et Patrice Loko réduit à néant son temps de jeu. Annoncé sur le départ à

peine deux mois après son arrivée, il refuse alors les propositions de Vérone et Galatasaray et poursuit son aventure dans la capitale. Les arrivées d'Artur Jorge puis de Philippe Bergeroo ne changent rien. Pour son dernier match avec les Rouge et Bleu, il inscrit le but qui aurait pu permettre à Marseille de doubler Bordeaux sur le fil, lors de l'ultime rencontre de la saison 1998-1999 dans un Parc des Princes silencieux. Sans regret, Adailton quitte le PSG en juillet 1999 et signe au Hellas Vérone, promu en Serie A. Il porte les couleurs bleu et jaune jusqu'en 2006, avant de rejoindre le Genoa. Celui qu'on surnommait affectueusement au Brésil « la petite souris » poursuit son aventure transalpine à Bologne (2007-2010), où il devient un titulaire indiscutable aux côtés de Marco Di Vaio. Après avoir inscrit 12 buts en 54 matches de Serie A, Adailton quitte l'Italie et s'exile alors au FC Vaslui (Roumanie, 2011) puis au Sapausselän Reipas (Finlande, 2012), avant de revenir dans son club formateur, la Juvertude, à l'âge de 36 ans. Une dernière pige et il met un terme à sa carrière en 2014, puis signe un retour surprise en Italie, pour entraîner des modestes clubs amateurs : Coverciano (division 4, 2017-2018), entraîneur adjoint à Virtus Vérone (division 4, 2018-2019) puis de Vigor Carpaneto, à Plaisance. Sans connaitre le succès, avec un licenciement le 7 octobre 2019 suite à un début de saison catastrophique et 4 défaites en seulement six rencontres...

## ADAMS (Jean-Pierre)

Plongé dans le coma depuis plus de 39 ans, Jean-Pierre Adams vivait toujours en 2020 dans la banlieue de Nîmes, dans l'attente d'un hypothétique réveil. Son épouse Bernadette veille à ses côtés. À l'âge de 8 ans, Adams quitte le Sénégal pour assister à un pèlerinage avec sa grand-mère, qui le confie à un établissement religieux, puis dans une famille d'accueil. Le football est sa passion : première licence en pupille à Cepoy, avant de rejoindre Montargis. En 1967, c'est le départ pour Fontainebleau en CFA. Deux fois finaliste du Championnat de France Amateur, Adams est repéré par Nîmes et devient professionnel en 1970. Dans ce club familial, il s'impose en défense centrale et rejoint l'Équipe de France lors d'une tournée des Bleus au Brésil. Il obtient une première cape symbolique face à une sélection de l'Afrique, le 15 juin 1972. Il cumulera 22 sélection avec les Bleus, jusqu'en 1976. Après Nîmes, c'est sous les couleurs niçoises qu'il poursuit son ascension. Les Aiglons rivalisent avec les Verts de Saint-Étienne, sans remporter le

moindre trophée. En 1977, le PSG l'engage pour trois saisons. Sa joie de vivre, son charisme et son expérience imposent le respect. En 1979, il quitte Paris et rejoint Mulhouse puis le FC Chalon-sur-Saône, au poste d'entraîneur-joueur. Propriétaire d'un magasin de sport, il se blesse lors d'un match avec Chalon. Opéré sous anesthésie à l'Hôpital de Lyon le 17 mars 1982, Jean-Pierre Adams tombe dans le coma. Le PSG ne l'oubliera pas, participant à son jubilé organisé à Nîmes au début de l'année 1984.

## ADLI (Yacine)

Même allure, même poste : Yacine Adli a

longtemps été comparé à Adrien Rabiot avant de quitter le PSG en 2019, direction Bordeaux. Formé à Villejuif en région parisienne, le jeune Yacine, dont les parents sont originaires de Kabylie, sort rapidement du lot. À 13 ans, il quitte son club formateur pour rejoindre le PSG, avec lequel il remporte deux titres de champion de France U17 (2016 et 2017). Son activité au milieu de terrain, ses qualités de centre et de frappe marquent alors les esprits : Adli est logiquement intégré dans les Équipes de France de jeunes, souvent surclassé. De nombreux clubs européens souhaitent l'engager mais c'est au PSG que le jeune espoir parisien signe son premier contrat professionnel, au début de la saison 2018-2019. Appelé à plusieurs reprises par Unai Emery, Adli débute en Ligue 1 à Caen le 19 mai 2018 (0-0) lors de la dernière journée de championnat. Une première sous les couleurs rouge et bleu sans lendemain : le 31 janvier 2019, il rejoint Bordeaux pour un contrat longue durée. International U20, il poursuit sa progression sous le maillot girondin, dont il est désormais un joueur cadre. Yacine Adli s'est rappelé aux bons souvenirs du PSG, en marquant face aux Parisiens aux Parc des Princes (2-2) le 28 novembre 2020. Son unique but lors de la saison 2020-2021…

## AFRIQUE

Cinquante-deux joueurs internationaux sur le continent africain ont porté les couleurs du PSG entre 1970 et 2020. D'Othniel Dossevi, premier buteur parisien au Parc des Princes en 1973, à Idrissa Gueye, en passant par Mustapha Dahleb ou George Weah, ils ont pour la plupart laissé une trace indélébile dans le cœur des supporters des Rouge et Bleu, apportant cette touche de fantaisie et ce sens du spectacle cher au public du Parc de Princes. L'Algérie, le Cameroun, la Côte d'Ivoire et le Sénégal sont les plus représentés sous la tunique parisienne, avec 7 joueurs alignés pour ces quatre pays depuis plus de 50 ans.

## AGOSTINHO (Joaquin Da Silva Ribeiro)

Si la filière ibérique (joueurs évoluant en Espagne) mise en place par Luis Fernandez a laissé quelques bons souvenirs aux supporters parisiens (Pochettino, Cristobal, Arteta), les performances du joueur portugais ne furent pas du même acabit. Dès le mois de mars 2001, un protocole d'accord est signé avec cet attaquant, international espoir, réputé pour sa vitesse (en 1999 et 2000, il fut élu joueur le plus rapide de la Liga !). Formé à Freamunde, Agostinho débute sa carrière au Vitoria Guimaraes, puis rejoint l'Espagne et le Real Madrid B, le FC Séville, Salamanque (où il côtoie un certain Pauleta), Las Palmas et Malaga. C'est dans la cité andalouse qu'il se fait remarquer par Luis Fernandez, qui cherche un successeur à Laurent Robert. Un précontrat est signé, pour mettre un terme aux avances de Bordeaux et l'OM, qui s'étaient renseignés sur le joueur. Fin août, Agostinho débarque à Paris avec beaucoup d'ambition, mais ses belles phrases ne sont pas suivies d'effets. Dix matches toutes compétitions confondues, un seul but, et Agostinho repart au pays dans la plus grande discrétion. Toujours ambitieux, il tente de se relancer à Moreirense (2002-03), Ejido (D2 espagnole, 2003-04), Felgueiras (D2 Portugaise, 2004-05). Sans succès. En 2005, retour en Superliga portugaise à Rio Ave, modeste équipe du bas de tableau. Rarement titulaire, souvent blessé, il ne peut empêcher la relégation de son club. En 2007, Agostinho rejoint Valdevez (D2 portugaise) puis rejoint l'Espagne, au FC Palencia (3e division espagnole) avant de se retirer des terrains en 2010, à l'âge de 35 ans. De retour au Portugal, Agostinho devient directeur technique des équipes de jeunes et renforce l'effectif des vétérans du club de Paços de Ferreira, la ville où il est né.

## ALEX (Dias Almeida)

L'idole de Geoffroy-Guichard, surnommée « La panthère noire » (il est né près du Pantanal, région du Brésil qui abrite cet animal sauvage) pour sa manière bien particulière de fêter ses buts, ne confirmera pas dans la capitale ses deux premières saisons stéphanoises, où il enchaînait exploits et buts. Fils d'un modeste agriculteur, Alex était voué à devenir footballeur. À 16 ans, après des tests infructueux à l'Atletico Mineiro et Botafogo, il est engagé à Belem. Après un passage réussi au Tournoi de Toulon avec les jeunes brésiliens, où il est élu meilleur joueur en 1994, il connaît un premier échec en Europe, à Boavista (Portugal). De retour au Brésil, à Goias, il explose aux côtés de José Aloisio. Trois ans plus tard, Saint-Étienne engage les deux joueurs. Alex s'impose rapidement comme une des stars du championnat, inscrivant 15 buts en 29 rencontres dont un inoubliable quadruplé face à l'OM (5-1, le

12 décembre 1999). Capricieux, fêtard, charmeur, Alex est tout cela et bien plus... À 27 ans, rien ne semble lui résister, mais l'affaire des faux passeports freine son irrésistible ascension. Alors qu'il caracole en tête du classement des buteurs du championnat avec onze buts au compteur, la suspicion sur ses origines portugaises révèle un large trafic de faux passeports à Saint-Étienne. Alex est suspendu quatre mois (dont deux avec sursis). Le 18 février 2001, le Brésilien est de retour, mais il ne peut empêcher la relégation des Verts quelques mois plus tard. Pour Paris, qui vient d'engager Aloisio, l'occasion est trop belle de reformer le duo stéphanois. Prêté pour une saison avec option d'achat, Alex rejoint la petite colonie brésilienne du PSG et Ronaldinho pour renforcer une ligne offensive déjà impressionnante, avec Nicolas Anelka à la pointe de l'attaque. Mais trop de buteurs n'est pas gage de réussite pour Paris, qui rate sa saison. Avec seulement trois buts en 27 matches, il retourne à Saint-Étienne pour une dernière saison sans relief. La L2, très peu pour lui... De retour au Brésil, Alex connaît la consécration avec Cruzeiro, sacré champion du Brésil. De retour à Goias, il termine second meilleur buteur du championnat (22 buts) puis signe au Vasco de Gama, et côtoie enfin son idole, Romario. En 2006, c'est avec le Sao Paulo FC, où il retrouve José Aloisio, qu'il obtient son second titre de champion. Un an plus tard, Alex signe à Fluminense et remporte la Coupe du Brésil en 2007. Cet éternel globe-trotter revient à Goias au début de l'année 2008, puis porte les couleurs de Brasiliense (D2). 2009 sera une année faste pour l'attaquant brésilien, avec deux clubs à la clé : Crag-Go à Catalao (D3) et le Mixto Esporte Club, (D3). Il retourne à Goiânia, la ville qui l'a révélé, et signe au Vila Nova FC (D2). Insatiable, il poursuit son périple en 2010 à l'EC Pelotas, à l'America FC à Rio de Janeiro (D4) puis à Aparecidense en 2011, après une année entière consacrée à sa famille et à sa nouvelle passion, le football en salle. Buteur décisif le 27 mars 2011 avec Sao Paulo dans les dernières secondes de la prolongation lors de la finale du championnat Paulista indoor, Alex atteint les demi-finales de cette compétition en 2012. En 2013, l'heure de la retraite sonne : Alex Dias se lance dans les affaires, investit dans l'immobilier, mais il ne résiste pas à l'appel du ballon rond en 2015, où il rechausse une dernière fois les crampons à 42 ans avec ses amis et anciennes gloires Muller et Maurinho en quatrième division Paulista, à Fernandopolis. Il joue désormais pour le plaisir et reste un inconditionnel du footvolley.

## ALEX (Rodrigo Dias da Costa)

Le 27 janvier 2012, Alex signe au PSG et retrouve son ancien mentor à Chelsea, Carlo Ancelotti. À 29 ans, le défenseur brésilien rejoint son cinquième club depuis ses débuts au Brésil, au Clube Atletico Juventus à Sao Paulo. Transféré à Santos en 2001, il débute alors sa carrière professionnelle face à Fluminense (1-1, le 25/08/2002) puis remporte quelques semaines plus tard le titre de champion du Brésil, 34 ans après le dernier sacre de Santos avec le Roi Pelé. Le 2 juillet 2003, malgré un but inscrit lors de la finale retour, il connait sa première désillusion en perdant en finale de la Copa Libertadores face aux

Argentins de Boca Juniors (0-2, 1-3). Quelques semaines plus tard, Alex devient international brésilien le 13 juillet 2003, face au Mexique (0-1). En 2004, Chelsea l'engage et le prête au PSV Eindhoven, faute de permis de travail en Angleterre pour Alex. Le PSV domine alors le football hollandais et les titres s'accumulent, avec trois championnats et une coupe nationale. Avec la sélection brésilienne, c'est la consécration le 15 juillet 2007 au Venezuela : le Brésil avec Alex étrille l'Argentine en finale (3-0) et remporte la Copa America. Le 2 août 2007, après trois ans d'attente, il rejoint enfin Chelsea. Alex s'épanouit enfin en Angleterre avec deux entraîneurs : Luiz Felipe Scolari, puis Guus Hiddink, qui l'avait coaché au PSV. Avec les Blues, il remporte la Coupe d'Angleterre (2-1 contre Everton, le 30/05/2009) et finit par mettre sur la touche son rival en défense centrale, le Portugais Ricardo Carvalho. Le meilleur est à venir en 2010 avec l'arrivée d'un nouvel entraîneur, Carlo Ancelotti : Chelsea réussit une saison exceptionnelle avec un incroyable doublé Championnat-Coupe d'Angleterre. Souvent blessé, Alex perd alors sa place en sélection brésilienne. À Chelsea, l'arrivée du jeune espoir brésilien André Luiz pour jouer en défense centrale réduisent presque à néant ses chances de rester un titulaire indiscutable à Londres. Au début de l'année 2012, Alex rejoint donc à Paris son ancien coach Carlo Ancelotti et s'affirme rapidement en défense aux côtés de Mamadou Sakho, puis Thiago Silva. Défenseur intraitable et redoutable frappeur de coups-francs, "le Tank", tel qu'on le surnomme, devient une pièce essentielle d'un PSG très ambitieux. Champion de France et titulaire en 2014, il décide alors d'accepter un nouveau challenge au Milan AC pour deux saisons en Lombardie, avant de mettre un terme à sa carrière à la fin de l'année 2016, souffrant de problèmes récurrents au genou, et de rentrer s'installer au Brésil.

## ALGÉRIE

De 1975 à 1981, l'Algérie est un prestigieux sparring-partner pour le PSG, qu'elle affronte à quatre reprises lors de matches amicaux. Si les Rouge et Bleu s'inclinent dans un premier temps à Oran (0-1, le 29/01/1975) puis à Alger (2-4, le 10/05/1977) avant de faire match nul à Saint-Ouen (1-1, le 17-07-1977), ils s'imposèrent finalement, et avec la manière, devant 50 000 spectateurs médusés à Alger (3-0, le 28/09/1981). Une défaite inacceptable pour les dirigeants algériens, vexés par cet affront sans précédent et peu enclins à renouveler cette expérience…

## ALGERINO (Jimmy)

Modeste et sympa, Jimmy Algerino n'a laissé que des bons souvenirs du côté du Camp des Loges lors des cinq saisons passées au PSG. Rien ne prédestinait ce jeune joueur toulousain à une telle carrière. Son séjour à Niort, son premier club, s'achève par un dépôt de bilan. Il rejoint Monaco, marque pour ses débuts en D1 (Lille-Monaco 1-2, le 18/01/1992) mais joue rarement. Après avoir accepté un prêt à Epinal, Algerino signe à Châteauroux, pourtant relégué en National. Trois saisons plus tard, profitant des liens étroits entre Parisiens et Castelroussins, il rejoint le PSG. Le Parc des Princes, il connaît : à sept ans, le jeune Jimmy avait participé à la Coupe nationale des Poussins, en lever de rideau de la finale de la Coupe de France entre Nantes et Auxerre. Avec en prime un but pour cet ailier droit, reconverti défenseur latéral bien des années plus tard. Titularisé dès son arrivée dans la Capitale, Algerino participe aux nombreux succès parisiens en cette fin de l'ère Denisot qui s'achève par un doublé Coupe de France et Coupe de la Ligue en 1998. Il survit à la révolution imposée par Charles Biétry et poursuivra son petit bonhomme de chemin, sans faire de vague, toujours disponible. En 2001, après six mois difficiles sous la direction de Luis Fernandez, c'est l'heure du départ. Passionné par la littérature, la musique et l'écriture, il choisit l'Italie et Venise pour destination : c'est un retour aux sources pour cet Italien d'origine. Six mois après ce court mais enrichissant intermède transalpin, Algerino retrouve la Ligue 1 à Sochaux. C'est à Châteauroux que la boucle est bouclée, avec une dernière rencontre en finale de la Coupe de France, le 29 mai 2004. Et pour ultime adversaire, le PSG, qui s'impose dans la douleur (1-0). Une dernière pige pour le plaisir en Italie à Legnano (division 3), sur les conseils de son grand ami Marco Simone et il est temps de ranger les crampons, à 34 ans. En 2007, Algerino devient éducateur à l'US Castanet-Tolosan, dans la région toulousaine, et créé l'association humanitaire Rêves sans frontières pour aider les enfants défavorisés. Après avoir obtenu une licence dans le management des métiers du sport, il devient directeur sportif en septembre 2011 à Toulouse-Fontaines (DH). Après un intérim au poste d'entraîneur pendant six mois (janvier-juin 2012), Jimmy Algerino reprend la direction sportive du club, qui va fusionner avec le Toulouse JO au début de la saison 2013-2014, avant de consacrer définitivement à sa société de conseil, BDA Sport. Toujours proche du PSG, son club de coeur, il participe à la création d'une Academy du club parisien au Liban. Consultant sportif sur Europe 1, il a collaboré à l'éphémère chaîne Téléfoot au début de la saison 2020-2021.

## ALI MESSAOUD (Mohamed surnommé Réda)

Il aurait pu devenir l'alter ego de son compatriote Mustapha Dahleb, mais son parcours parisien se résume à quelques matches officiels lors de la saison 1976-1977. Le 29 janvier 1975, le PSG affronte l'équipe d'Algérie à Oran, lors d'une rencontre amicale. Ali Messaoud, ailier droit et excellent dribbleur, impressionne les dirigeants parisiens. Joueur amateur au Hamra d'Annaba en Algérie, il fait un essai concluant au Camp des Loges en 1976 et signe un contrat surprenant : 1000 francs (soit 150 €) plus les primes de match, et le loyer payé ! Une rémunération dérisoire pour cet international (16 sélections). Profitant du départ du défenseur portugais Humberto qui libère une place pour un joueur étranger, Ali Messaoud fait ses débuts officiels avec les Rouge et Bleu à Reims le 18 février 1977 (victoire 3-2 du PSG). Deux mois plus tard, Albert Emon, alors joueur de Vitrolles, assiste à la rencontre opposant le PSG à l'OM et se souvient avoir signé une licence avec Ali Messaoud quelques mois plus tôt. La Fédération algérienne, alertée par ce double contrat, suspend le jeune attaquant. Après trois mois sans jouer, Ali Messaoud se retrouve à Alès (Ligue 2) mais se blesse gravement au ménisque lors d'un match amical. Joueur à Hyères, il met un terme à sa carrière en 1997, à l'âge de 37 ans. Ali Messaoud devient entraîneur dans la Région PACA, puis président du club amateur de la Jeunesse Sportive Méditerranéenne de Toulon de 2000 à 2010. En parallèle, Ali Messaoud entraîne les moins de 15 ans à la JSM Toulon et travaille à la mairie de Hyères sur le dossier des sports, avant de prendre sa retraite.

## AL-KHELAIFI (Nasser)

Président du directoire du PSG lors de la reprise du club par QSI, Nasser Al-Khelaïfi est devenu, le 4 novembre 2011, le 17e président du PSG. Avec l'ambition affichée de hisser le club de la capitale au sommet du football européen. Un nouveau défi pour ce proche du prince Tamim Bin Hamad al-Thani, héritier du trône au Qatar et propriétaire du club parisien. Nasser Al-Khelaïfi est depuis 2006 le directeur général d'Al-Jazeera Sport, implanté en France depuis le mois de juin 2012, avec la création de la chaine beIN SPORTS. Amateur de chasse au faucon et passionné de tennis, Nasser Al-Khelaïfi préside la fédération qatarienne de tennis et a pratiqué ce sport au

plus haut niveau de 1992 à 2002, s'illustrant en Coupe Davis. Avec 27 trophées remportés en moins de dix ans, Nasser Al-Khelaïfi est désormais le président le plus titré du football français. Membre du conseil d'administration de la LFP, il a été nommé le 21 avril 2021 président de l'ECA, l'association européenne des clubs de football.

## ALLOU (Bernard)

Un autre espoir parisien qui n'a pas su – ou pas pu – s'imposer dans la capitale. Arrivé de Côte d'Ivoire à 12 ans, Allou rejoint le centre de formation rouge et bleu et remporte, à seulement 16 ans, la Coupe Gambardella avec le PSG, inscrivant même le but parisien en finale contre Auxerre (1-1, 3-1 t.a.b.). Milieu de terrain tonique malgré sa taille moyenne (1,72 m), il découvre le groupe professionnel en 1994. À l'ombre des Valdo, Leonardo et Raí, cette première saison est une réussite : sept matches

joués et déjà trois buts fêtés de manière acrobatique, par un saut périlleux arrière, avant la consécration et la victoire en Coupe de la Ligue en finale face à Bastia (2-0). Luis Fernandez voit en lui, naturalisé français au début de la saison, le grand espoir du club pour les prochaines années. Souvent remplaçant et en mal de reconnaissance, Allou quitte son club formateur en 1998 pour s'engager avec Nagoya Grampus Eight, l'équipe japonaise de Valdo et Patrick Mboma. Une décision surprenante, cette expérience asiatique se termine un an plus tard. Il retourne en Europe et rejoint l'Angleterre et Nottingham Forest, en D2 anglaise. Forest n'est plus que l'ombre du club double champion d'Europe (1979 et 1980). Deux saisons pour neuf matches (et seulement trois titularisations !) ne remettront pas sa carrière sur les bons rails. En 2001, c'est en Belgique, au RWD Molenbeek, qu'il retrouve la première division. Une nouvelle saison à oublier : six mois plus tard, faillite générale ! Allou se retrouve au White Star Woluwé (D4 belge) et s'investit dans le club malgré son départ pour le RSC Branois (D5) en 2008. Après une expérience mitigée au poste d'entraîneur au RAS Maccabi (2009) puis un retour sur les pelouses à l'ABSSA Bruxelles (2011) et au Kosova (2012), Bernard Allou, désormais installé en Belgique et diplômé agent FIFA, devient entraîneur-joueur pour les modestes clubs du Trabzon Schaerbeek (4e division provinciale 2012-2014), du FC Saint-Josse (D2 provinciale, 2014-2016) et du KFC Wezmbeek-Oppem. Le 10 mars 2020, Allou est nommé directeur sportif du club amateur du FC Suryoyés à Bruxelles, puis il devient consultant pour la radio bruxelloise AraBel.fm, spécialisée sur le football belge et international.

## ALOISIO (José)

Indissociable de son compère Alex, Aloisio aura laissé un bien meilleur souvenir à Paris que son ancien acolyte stéphanois. Le buteur brésilien connaît une enfance difficile à Atalia, dans le nord du pays. À 13 ans, il perd son père et doit travailler dans une usine de canne à sucre pour subvenir aux besoins de la famille. Le ballon rond, c'est uniquement

pour le plaisir, mais « Chulapa » (son surnom, « grand pied » car il chausse du 46 à seulement 19 ans !) se fait remarquer et rejoint Flamengo. Pour José, c'est la fin de la galère ! Il rencontre son idole, Romario, qui le prend sous son aile, le conseille et le pousse à tenter sa chance à Goias, club de seconde division. Un choix judicieux, Aloisio inscrit 27 buts en 31 matches aux côtés d'Alex. Saint-Étienne engage le duo, et avec huit buts et six passes décisives pour sa première saison, Aloisio ne déçoit pas. Une grave blessure au genou le 6 septembre 2000, puis l'affaire des faux passeports l'obligent à quitter le Forez et il rejoint le PSG avec Alex. Son bilan est mitigé pour sa première année parisienne (11 buts en 47 rencontres officielles). La forte concurrence en attaque puis le retour de Laurent Leroy réduisent considérablement son temps de jeu. Le 31 mai 2003, pour son dernier match en Rouge et Bleu, il est battu en finale de la Coupe de France contre Auxerre (1-2). Dans la foulée, Aloisio signe un contrat de trois ans avec le club russe du Rubin Kazan, un nouveau championnat qu'il fréquente jusqu'au mois de février 2005. En mal d'efficacité (un seul but inscrit en seize matches), il rentre au pays, à l'Atletico Paranaense. Transféré à Sao Paulo, Aloisio dispute le Mondial des Clubs à Tokyo et offre à son coéquipier Mineiro la balle de la victoire en finale contre Liverpool (1-0, 18/12/2005). Avec Sao Paulo, il remporte deux titres de champion du Brésil (2006 et 2007), avant de s'exiler au Qatar, à Al-Rayyan. Aloisio revient au Brésil en 2009, au Vasco de Gama (D2), et connaît une belle frayeur le 25 août 2009 suite à une hospitalisation après avoir avalé... un chewing-gum lors d'un match face à Brasiliense. Il poursuit sa carrière à Brasiliense (2010), Brusque (2011), et au CR Brasil, son club formateur (2011-2012), remportant le championnat de l'Alagoas. Aloisio signe à Francana, puis au SE Gama (Série D) en février 2013. Le début d'un long périple au Brésil, avec dix clubs modestes jusqu'en 2017, pour des contrats de quelques mois… L'heure de la retraite arrive enfin : après avoir participé à l'ouverture d'une école de football pour les enfants défavorisés d'Atalaia et sa région, José Aloisio est nommé secrétaire des sports à Atalaia. Très présent sur les réseaux sociaux, il est une des stars des émissions de téléréalité où on le retrouve désormais aux côtés de son épouse sur la chaine Record TV. Il lance aussi en février 2018 lors du carnaval de Rio sa propre marque de bière, Descubra.

## ALONZO (Jérôme)

Il n'aura finalement manqué qu'un titre au septennat de Jérôme dans la capitale... Pour

son dernier match sous le maillot du PSG, le gardien de but parisien a multiplié les prouesses face à Lyon en finale de la Coupe de France, mais n'a pu éviter la défaite des siens (0-1 a.p., le 24/05/2008). Alonzo, gardien de but charismatique au style si peu académique mais tellement efficace, reste à tout jamais dans le cœur des supporters parisiens. Né à Menton, passé par Antibes et formé à l'OGC Nice, il se passionne très tôt pour le sport, pratiquant le judo, le basket ou le hand. Mais c'est sur les pelouses d'un terrain de foot qu'il trouve enfin sa voie, suivant la trace de son père Pierre, bon joueur de club et entraîneur du PSG dans les années 1980. À Nice, il cohabite avec Lionel Letizi qu'il retrouvera plus tard à Paris et débute face à Nancy (3-1, le 09/04/1994). Les Aiglons remontent en D1 quelques semaines plus tard, Alonzo décide de tenter sa chance à Marseille, alors en D2. Il devient un titulaire inamovible avec l'OM (42 matches joués), participe à la remontée des Olympiens vers l'élite puis s'efface devant le nouveau titulaire, le gardien de l'équipe d'Allemagne, Andreas Köpke. Pour mieux rebondir à Saint-Étienne, avec une nouvelle accession en D1. La réputation de Jérôme Alonzo est en marche, le spécialiste des montées achève sa carrière stéphanoise sur une centième titularisation et accepte les propositions du PSG, dans le cadre d'un échange avec Casagrande. Dès sa signature en 2001, le gardien de but parisien répond toujours présent et ne déçoit jamais, réussissant quelques performances exceptionnelles, principalement lors de séances de tirs au but, qu'il affectionne particulièrement. Mais c'est surtout son état d'esprit, malgré un rôle de doublure qu'il n'aura finalement abandonné qu'une seule saison (2003-2004), qui force le respect. En 2008, Alonzo rejoint le FC Nantes, mais ne peut éviter la relégation des Canaris. Après une saison sur le banc des remplaçants, il met un terme à sa carrière à l'issue de la saison 2007-2008, après 17 saisons au compteur et 309 matches officiels. Il se consacre alors à ses deux passions, le golf et le poker. En novembre 2008, Jérôme Alonzo se lance dans l'édition avec la création du magazine Surface Foot puis devient en 2010 consultant TV sur Orange Sport et L'Equipe TV. Depuis mai 2012, il est consultant pour France Télévisions et sur l'antenne de France Info.

## ALONZO (Pierre)

Né à Meknes au Maroc en mars 1940, Pierre Alonzo s'intéresse rapidement au ballon rond, deux de ses oncles officiant comme arbitres. Le jeune pied-noir débute au poste de milieu défensif à Aïn-Temouchent (Algérie) avant de rejoindre la France en 1961. Rapatrié à Perpignan, il signe au Red Star puis termine sa carrière à Menton. En 1971, après avoir tenu un rôle d'éducateur auprès d'enfants délinquants ou atteints de déficience intellectuelle, Alonzo obtient son diplôme d'entraîneur. À Saint-Tropez, il rencontre Daniel Hechter, dont il épousera la sœur. « Le beau-frère du président » rejoint le PSG pour s'occuper du centre de formation (novembre 1975) puis dirige la réserve qui évolue en D3 (National) quelques mois plus tard. Après le départ précipité de l'entraîneur Velibor Vasovic, il prend en main l'équipe première en duo avec Ilja Pantelic à la fin de la saison 1976-1977 pour un intérim réussi (deux victoires, deux nuls). Si Daniel Hechter quitte le club, victime de l'affaire de la caisse noire en janvier 1978, Alonzo continue sa mission à la tête de l'équipe réserve. Lorsque l'entraîneur-joueur Jean-Michel Larqué décide de rechausser les crampons, le président Borelli se tourne naturellement vers lui pour prendre en main l'équipe professionnelle. Il tient dix rencontres, avant de se retirer. La saison suivante, il répond de nouveau présent aux côtés de Camille Choquier pour diriger l'équipe, assurant l'intérim entre Vasovic et Peyroche. En 1980, il quitte Paris et entraîne Perigueux (1980-81), les jeunes du SC Bastia (1981-1984) puis l'OGC Nice (1984-1992). Pierre Alonzo rejoint alors son ami Luis Fernandez, qui a débuté sous sa direction, et devient un adjoint précieux à Cannes (1992-1994) puis lors du retour de Luis au PSG en 1994. Après l'Athletic Bilbao, il revient à Paris en décembre 2000 pour une dernière pige avec son protégé. Six mois plus tard, c'est l'heure de la retraite, à Cagnes-sur-Mer, jusqu'en décembre 2007 et un retour inattendu à Nice en qualité d'observateur des futurs adversaires des Aiglons. En 2008, Pierre Alonzo met un terme à cette collaboration et profite désormais du soleil méditerranéen.

## ALVES (Joao)

S'il avait su, il ne serait pas venu ! Impossible de trouver une saison plus noire que l'opus 1979-1980 de Joao Alves avec le PSG. Sa performance exceptionnelle au tournoi de Paris 1979 avait séduit le président Borelli, l'arrivée du petit meneur de jeu portugais compensant le départ de Carlos Bianchi. Alves, pourtant en contacts avancés avec les Girondins de Bordeaux, accepte ce nouveau défi. Une douce revanche pour ce jeune surdoué, finaliste du tournoi Juniors UEFA face à l'Angleterre (0-3). Trop petit, il est rejeté par Benfica à ses débuts, puis prêté à Varzim. Transféré à Montijo, il explose à Boavista et devient international.

En 1974, Alves signe à Salamanque en Espagne, où il obtient le titre de meilleur joueur de la Liga en 1978. Revenu à Benfica, il s'impose enfin, avec ses célèbres gants noirs, qu'il porte pour honorer son grand-père, Carlos Alves. Défenseur international dans les années 1920, Carlos Alves fut le premier à porter ces gants et ne se lassait jamais de raconter son fabuleux destin : une vieille femme de Coimbra lui avait donné ses précieux gants quelques jours avant d'affronter l'Espagne, et – miracle – le Portugal, qui n'avait jamais battu son cousin ibérique, remportait la victoire ! Carlos Alves les portera jusqu'à la fin de sa carrière. Devenu entraîneur, il conseillera le jeune Joao, qui lui voue alors une admiration sans borne. Le 3 août 1979, le Parc des Princes va découvrir son artiste, exceptionnel lors de la rencontre face à l'OM (2-1). Huit jours plus tard, c'est la catastrophe. Victime d'un tacle appuyé du Sochalien Bernard Genghini, le joueur portugais s'effondre. Le bilan est terrible : fracture de la base du péroné avec rupture des ligaments de la cheville. Comme Alves n'est pas assuré, le PSG devra prendre en charge la totalité du salaire de la star portugaise, terriblement désolée par cette maladresse. Le Lusitanien reviendra sur les pelouses cinq mois plus tard, sans avoir retrouvé la totalité de ses moyens. Refusant le contact, il n'est que l'ombre de lui-même. Le pays lui manque et son parcours parisien s'achève dans l'indifférence. Au Benfica, il retrouve la joie de jouer et l'équipe nationale, avec laquelle il comptabilise 36 sélections. Un doublé Championnat-Coupe en 1981 enrichit son palmarès, vierge de titre. En 1983, il met un terme à sa carrière avant d'épouser la profession d'entraîneur un an plus tard, avec plus ou moins de succès. Boavista, Estrela Amadora, Guimaraes, Belenenses, Campomaiorense, Farense ou l'Academia Coimbra : tous les clubs portugais, à l'exception des plus grands, se sont offert ses services. Le bilan est décevant : une seule coupe nationale (1990, avec Amadora). À son actif tout de même, la découverte un jeune talent portugais, recruté à Salamanque (D2 espagnole) lors de sa première expérience à l'étranger : un certain Pedro Miguel Pauleta... Entraîneur à Leixoes (D2 portugaise, saison 2003-2004), l'homme aux gants noirs dirige l'école de football Luvas Pretas à Santiago (2004-2007) et entraîne les jeunes de Benfica (-19 ans), tout en poursuivant sa collaboration avec le quotidien sportif *Record* au Portugal. En 2009, Alves rejoint la Suisse et le Servette Genève, qu'il fait monter en première division. Évincé de son poste en novembre 2011, il est de retour à Genève six mois plus tard avant d'être limogé à nouveau le 4 septembre 2012, après un début de saison catastrophique, avant de rentrer chez lui, au Portugal. En octobre 2018, à 66 ans, il reprend du service et entraîne l'Academia Coimbra pour une saison réussie, qui s'achève à la 5e place du championnat de seconde division. Au début de l'année 2020, Joao Alves poursuit son incroyable retour pour terminer la saison sur le banc du CD Cova de Piedade, en D2 portugaise, sans pouvoir maintenir le club de la commune de Setubal. Finalement repêché suite à la fin prématurée du championnat après la crise de la COVID-19, Alves aurait dû contractuellement poursuivre sa mission et a entamé une procédure au début de la saison 2020-2021 pour contester un départ qu'il jugeait illégal.

## ANGERS (SCO)

L'Angers Sporting Club de l'Ouest est un adversaire particulier dans la belle histoire des Rouge et Bleu depuis plus de 50 ans. C'est face au SCO d'Angers que les Parisiens ont joué leur tout premier match parmi l'élite du championnat, le 11 août 1971, avec une défaite honorable en Anjou (0-2) contre une équipe qui terminera quatrième de la division 1, et se qualifiera pour une coupe européenne. Trois ans plus tard, le 23 août 1974, le PSG a remporté le premier succès de son histoire au Parc des Princes en première division face à Angers (3-2), avec un triplé de son buteur congolais, François M'Pelé. Le club de la Capitale apprécie tout particulièrement d'affronter le SCO d'Angers, avec une série en cours de 25 matches officiels sans défaite face au club angevin, un record à ce jour pour les Parisiens. La dernière défaite du PSG (1-3 en championnat à Angers) remonte au 12 janvier 1975.

## ANCELOTTI (Carlo)

C'est un entraîneur au palmarès exceptionnel que le PSG engage le 30 décembre 2011... Carlo Ancelotti fait prendre au club une dimension jamais atteinte, après avoir dirigé la Juventus Turin, le Milan AC et Chelsea. Après des débuts prometteurs à Parme en 1976 et un essai non concluant à l'Inter Milan, le milieu de terrain rejoint l'AS Roma (1979-1987), puis devient un joueur incontournable du Milan AC de Rijkaard, Gullit et van Basten. Après avoir tout remporté avec les « Rossoneri », dont deux Coupes des Clubs Champions,

face au Steaua Bucarest en finale (4-0, le 24/05/1989), puis contre le Benfica Lisbonne (1-0, le 23/05/1990), Ancelotti met un terme à sa carrière à seulement 33 ans. Il devient l'adjoint de la sélection italienne et de son ancien mentor à Milan, Arrigo Sacchi, puis entraîne Reggiana, Parme, la Juventus Turin et le Milan AC, portant à quatre ses succès en Ligue des Champions (à deux reprises comme joueur, puis comme entraîneur). Après huit saisons à Milan, il quitte l'Italie pour diriger Chelsea en Angleterre, et remporte un incroyable triplé pour sa première année : championnat, coupe nationale et Community Shield. La saison suivante ne sera pas du même acabit et Ancelotti quitte l'Angleterre en mai 2011. Après six mois sans club, il signe à Paris avec l'ambition de faire entrer le PSG dans le gotha du football européen. Ses six premiers mois s'achèvent sur un semi-échec, avec un titre de champion de France perdu de haute lutte face à Montpellier. La saison 2012-2013 sera celle de la consécration pour le Mister : le PSG est sacré champion de France, 19 ans après son dernier titre. Il quitte Paris sur ce succès, direction le Real Madrid, remportant de nombreux trophées en Espagne en deux saisons : Coupe d'Espagne, Ligue des Champions, Supercoupe d'Europe et Coupe du monde des clubs en 2014. Sa deuxième année en Espagne est plus difficile, Ancelotti est limogé le 25 mai 2015 et débute une année sabbatique qui s'achève après seulement 6 mois, pour diriger le Bayern Munich. Malgré un titre de champion d'Allemagne en 2017, il est de nouveau écarté… après une défaite du Bayern face au PSG (0-3) en Ligue des Champions, le 28 septembre 2017. En 2018, Ancelotti retourne en Italie à Naples. Une saison sans trophée malgré une seconde place en Serie A, puis un nouveau départ vers l'Angleterre et Everton en décembre 2019, dix ans après son passage à Chelsea. Le 1er juin 2021, Carlo Ancelotti a fait son retour au Real Madrid, en remplacement de Zinédine Zidane.

## ANDRÉ (Christian)

Christian André ou André Christian ? Les supporters parisiens au Camp des Loges n'ont pas longtemps hésité devant les performances de ce jeune attaquant, recruté en 1971 et titulaire avec son compère Jacky Laposte pour renforcer le PSG, tout juste rétrogradé en D3 (National). Originaire de Sainte-Marie en Martinique, André inscrit 27 buts en 35 rencontres officielles, devient la terreur du Championnat et participe activement à l'accession en D2 (Ligue 2). Unique buteur en finale de la Coupe de Paris contre Juvisy (1-0, le 16/06/1973), il séduit Daniel Hechter et Justo Fontaine, les nouveaux patrons du PSG. Mais la concurrence de M'Pelé et Spiegler (1973) puis l'arrivée de Dahleb (1974) le poussent sur le banc des remplaçants. Il inscrit le but victorieux des Rouge et Bleu à Sochaux (1-0, le 13/08/1974) pour le grand retour des Parisiens en D1. Ce sera le dernier coup d'éclat de cet attaquant rapide et véloce malgré sa taille moyenne (1,70m pour 55 kg). Blessé aux ligaments du genou quelques semaines plus tard, il est prêté au Red Star (1975-76) puis reviendra à Paris, sans jamais s'imposer.

André, surnommé « La panthère noire », poursuivra sa carrière à Béziers (six mois en 1977-78) puis à Montpellier (1978-79) avant de raccrocher les crampons et d'entamer une carrière d'entraîneur chez lui, en Martinique. De retour en Métropole, il s'occupe des jeunes à Gagny (2003) puis devient responsable des espaces verts en région parisienne, avant de prendre sa retraite.

## ANDRE LUIZ (Moreira)

À 28 ans, cet ancien coéquipier de Raí et Leonardo à Sao Paulo avait signé en 2002 au PSG après une année réussie à Marseille. Après des débuts prometteurs à 19 ans et quatre ans au Brésil, Andre Luiz signe à Tenerife, en Espagne. Deux saisons en demi-teinte

et un retour au pays soldent cette première expérience européenne, direction le Cruzeiro Belo Horizonte (1999-00) puis les Corinthians (2000-01). Il tape dans l'œil de l'OM et surnage à Marseille, même si la saison des Phocéens est décevante. Prêté par Tenerife, les propositions se multiplient pour un transfert. Et c'est le PSG qui obtient la signature de l'international brésilien (28 sélections), amené à être le pendant offensif de Ronaldinho sur le flanc gauche. Après trois mois à Paris, le bilan est catastrophique : lent, perdu sur le terrain, Andre Luiz subit les premiers sifflets des fans parisiens. Blessé à l'épaule et en manque de confiance, il quitte Paris après l'arrivée de Vahid Halilhodzic, pour les Corinthians (sous forme de prêt). En novembre, il rejoint Fluminense et le contrat le liant avec le PSG est rompu en avril 2004. Revanchard, Andre Luiz revient en France douze mois après son départ, à Ajaccio. Il ne peut éviter la relégation en L2 des siens et repart au Brésil sur cet échec, à Santos, qu'il quitte finalement le 30 novembre 2006. Au début de l'année 2007, le milieu de terrain brésilien rejoint le club mexicain des Jaguares de Chiapas. En 2009 il signe pour les San José Earthquakes aux États-Unis. Malgré son désir de jouer jusqu'à ses 40 ans, il n'est pas conservé à San José en 2012 et devient entraîneur des jeunes à l'Elite Academy du Palo Alto Soccer Club, en Californie. En novembre 2014, il dirige les U14 des Earthquakes de San José, qui joue en Major League Soccer (1re division) aux États-Unis avant de rentrer au Brésil. Il participe à l'émission Arquibancada Bandsports, qui met en scène des personnalités du football, avant de se retrouver bien malgré lui à la une des journaux people après l'annonce de sa relation avec Milene Domingues, ancienne milieu de terrain de l'équipe du Brésil et surnommée Ronaldinha, après son mariage avec la star des Auriverde, un certain Ronaldo.

## ANELKA (Nicolas)

voir P20

## ANGLOMA (Jocelyn)

C'est un bel exemple de longévité que nous a offert Jocelyn Angloma : à 42 ans, il était un titulaire indiscutable avec la sélection de la Guadeloupe, qui avait étonné le monde du football lors de la Gold Cup en 2007. 25 ans plus tôt, Angloma avait débuté sa carrière à l'Étoile de Morne à l'Eau en Guadeloupe, travaillant en parallèle comme apprenti électricien. En 1985, il fait un essai à Rennes qui se révèle positif, et dispute sa première rencontre →P22

**Attaquant**
Né le 14 mars 1979
à Versailles

**Son parcours :** PSG (1995-1997), Arsenal (1997-1999), Real Madrid (1999-2000), PSG (2000-décembre 2001), Liverpool (2001-2002), Manchester City (2002-décembre 2004), Fenerbahçe (2004-2006), Bolton Wanderers (2006-2007), Chelsea (janvier 2008-décembre 2011), Shangai Shenhua (janvier 2012-janvier 2013), Juventus Turin (janvier-juin 2013), West Bromwich Albion (2013-2014), Mumbai City FC (2014-2015).

**Son palmarès :** Vainqueur du Championnat d'Europe (2000) et de la Coupe des Confédérations (2001) avec l'équipe de France, champion d'Angleterre (1998, 2010) et de Turquie (2005), vainqueur de la Ligue des Champions (2000), vainqueur de la Coupe d'Angleterre (1998, 2009 et 2010).

**International**
69 sélections, 14 buts avec l'équipe de France

# Nicolas ANELKA

Joueur talentueux mais caractériel. Le parcours chaotique de Nicolas Anelka, l'enfant terrible du football français, n'aura finalement laissé personne indifférent... Il semble bien loin, l'enfant des cités à Trappes formé à l'INF Clairefontaine et révélé à Paris un soir de septembre 1996. Ce jour-là, le Parc découvre son nouveau prodige, buteur face à Lens (4-0, le 20/09/1996) mais l'idylle entre le PSG et son jeune espoir se transforme en bataille juridique lorsque Anelka quitte la France pour signer à Arsenal, à seulement 17 ans. Déçu par son faible temps de jeu, il éblouira l'Angleterre, réussissant le doublé championnat-coupe (1998) avant de rejoindre le Real Madrid, avec lequel il remporte la Ligue des Champions, chez lui, à Paris, face à Valence (3-0, le 24/05/2000). Mécontent de ne pas jouer dans l'axe, où il est le plus fort, l'attaquant des Bleus accepte de revenir à Paris par la grande porte, pour un transfert record dans l'histoire du football français (32 millions d'euros). Accueilli comme un héros, Anelka réussit un excellent début de saison avant de sombrer, à l'image de son équipe. Son entraîneur Philippe Bergeroo est licencié au soir d'une déroute à Sedan (1-5, le 02/12/2000), Luis Fernandez le remplace, Anelka n'inscrit que 13 buts en 37 matches officiels, un bilan décevant pour un buteur d'une telle dimension. Sans surprise, il quitte une seconde fois Paris pour rejoindre Liverpool, puis signe à Manchester City (2002-2004) et à Fenerbahce, en 2004. Deux ans plus tard, le buteur est de retour en Angleterre, à Bolton et de nouveau titulaire en équipe de France, avec laquelle il a toujours entretenu des relations difficiles : star pour ses débuts après son doublé à Wembley face à l'équipe d'Angleterre (2-0, le 10/02/1999), oublié par les sélectionneurs pour les Coupes du monde en 1998, 2002 et 2006 et principal accusé du fiasco en Afrique du Sud en 2010. Anelka renaît à Chelsea (un championnat, deux coupes nationales et un titre de meilleur buteur en 2009 avec 19 buts) avant de tenter l'aventure chinoise à Shanghai et occuper un poste éphémère d'entraîneur-joueur. Au début de l'année 2013, il devient le joker de luxe de la Juventus Turin, puis retourne en Angleterre, à West Bromwich Albion. Le 28 décembre 2013, il est de nouveau au centre des polémiques pour une célébration controversée apres avoir marqué face à West Ham. Six mois plus tard, son contrat n'est pas renouvelé et Anelka rejoint le championnat indien, au Mumbai City FC. La fin de son parcours professionnel, qui s'achève officiellement à l'été 2015 à l'âge de 36 ans. Installé à Dubaï, Anelka revient souvent en Europe, devient conseiller sportif du club de Roda aux Pays-Bas avant d'intégrer le staff du centre de formation à Lille de novembre 2018 jusqu'en février 2020. Il a inauguré le 26 septembre 2020 son académie de football à Tourcoing puis est devenu directeur sportif du FC Hyères (National 2) avant de démissionner, le 4 mai 2021.

→ en première division... contre le PSG (0-1) au Parc des Princes, le 7 mars 1986. Le timide attaquant Antillais s'impose en Bretagne sans pouvoir empêcher la relégation des siens en fin de Championnat. Lille l'engage en 1987 puis il remporte le titre de champion d'Europe Espoirs avec les Bleuets en 1988. Deux ans plus tard, il fait jouer sa clause libératoire et rejoint le PSG. Positionné au milieu du terrain puis reconverti arrière latéral, il réussit une superbe saison et rejoint logiquement le groupe de l'Équipe de France lors de la victoire contre la Tchécoslovaquie (2-1, le 13/10/1990). La première de ses 37 capes avec la sélection nationale. Meilleur joueur du PSG pour la saison 1990-1991, Angloma quitte pourtant la capitale pour l'OM dans le cadre d'un échange avec Marseille (Fournier, Germain et Pardo font le chemin inverse et rejoignent le PSG). Il devient un élément indispensable sur la Canebière, remportant un titre de champion (1992) et une Coupe d'Europe des Clubs Champions (1993). L'affaire OM-VA explose, Marseille est relégué en D2 et il rejoint l'Italie. Le Torino (1994-1996) et l'Inter Milan (1996-97) l'accueillent à bras ouverts, puis l'Espagne et Valence (1997-2002) confirment son exceptionnel potentiel physique : à 35 ans, il dispute deux finales de Ligue des Champions, échouant face au Real Madrid (0-3, le 24/05/2000) puis contre le Bayern Munich (1-1, 4-5 t.a.b., le 23/05/2001). Angloma est sacré champion d'Espagne la saison suivante, même si sa contribution au titre est anecdotique (trois matches joués) pour ses adieux au monde professionnel. En 2006, il intègre la cellule recrutement de Lille mais continue à défendre les couleurs de la Guadeloupe, et avec un panache ! Lors de la Gold Cup 2007 organisée aux États-Unis, les Gwada Boys atteignent les demi-finales de la compétition (avec deux buts inscrits par Angloma). Il rejoue à l'Étoile de Morne à l'Eau, son club formateur (2006-2007) et entraîne ce club, après avoir été sélectionneur adjoint de la Guadeloupe. Jocelyn Angloma collabore avec la Ligue de football et le pôle Espoirs du CREPS de Pointe-à-Pitre, avant d'être nommé officiellement sélectionneur de la Guadeloupe, le 28 décembre 2017.

## AOUCHICHE (Adil)

À 17 ans et 46 jours, Adil Aouchiche est entré dans l'histoire du PSG en devenant le plus jeune joueur à débuter un match en Ligue 1 sous les couleurs rouge et bleu, face à Metz (2-0, le 30/08/2019). Des débuts précoces qui n'ont pas surpris les habitués du Camp des Loges, impressionnés par le talent du jeune milieu de terrain parisien. Né au Blanc-Mesnil en Seine Saint-Denis, le jeune Adil commence à jouer à Mitry-Mory, puis à Villepinte, avant de rejoindre Tremblay. En 2014, il réalise son rêve en intégrant le centre de préformation du PSG à l'âge de 12 ans, avec le succès que l'on connait. Attaquant de formation, il est replacé au milieu de terrain et explose lors de l'Euro U17, avec 9 buts inscrits lors de la compétition en Irlande : aucun joueur n'avait inscrit autant de buts lors d'un Euro sous le maillot tricolore depuis un certain Michel Platini lors du succès des Bleus en 1984.... Régulièrement appelé en Youth League sous les ordres de Thiago Motta, Aouchiche participe en juillet à la mini-tournée estivale du club en Asie, puis se fait une place dans le groupe professionnel dirigé par Thomas Tuchel. Meilleur passeur de la Coupe du Monde U19 avec les Bleuets, qui terminent troisièmes de la compétition (7 passes décisives), le jeune espoir parisien marque son premier but au début de l'année 2020 face à Linas-Montlhéry (6-0) en 32e de finale de la Coupe de France, devenant le deuxième plus jeune buteur dans l'histoire du club de la capitale derrière Batho Ogbeche. Avec trois matches au compteur sous les couleurs parisiennes et un titre de champion de France, Aouchiche décide alors de donner une nouvelle orientation à sa carrière en signant le 20 juillet 2020 son premier contrat professionnel avec l'AS Saint-Étienne.

## APOËL NICOSIE

Le club chypriote est entré dans l'histoire du PSG, le 28 septembre 1993, lors d'un match comptant pour les seizièmes de finales de la Coupe d'Europe des vainqueurs de coupe. Lors de cette rencontre au Parc des Princes, Paul Le Guen n'aura eu besoin que de 13 secondes pour ouvrir le score, soit le but le plus rapide à ce jour dans un match officiel des Rouge et Bleu depuis 1970. L'Apoël Nicosie n'avait pas retenu la leçon vingt et un ans plus tard en Ligue des champions : Edinson Cavani n'aura eu besoin que de 54 secondes pour donner la victoire au PSG en match de poule au Parc des Princes, le 5 novembre 2014.

## APPEL (Pierre Bellemare)

Le 1er février 1970 reste une date essentielle pour la création du PSG, avec l'appel de Pierre Bellemare pour la création d'un grand club à Paris. Ce dimanche 1er février 1970, Europe 1 a mis son antenne à la disposition de l'Association Paris Football Club pour recruter ses premiers associés. Une centaine d'artistes, dont Enrico Macias, Sacha Distel, Annie Cordy, Mireille Mathieu ou Robert Castel, ont accepté bénévolement de soutenir le projet et sont les parrains des 85 points de souscription dispersés dans la capitale et la région parisienne. À 9 heures, Pierre Bellemare prend la parole : « Chers amis, nous allons faire appel à vous une nouvelle fois… Si le peuple de Paris ne se penche pas sur le drame qui le guette… Imaginez le train de péniches remontant la Seine et portant la terre rouge du Parc des Princes vers son dernier cercueil… La mort d'un grand lieu… La disparition du patrimoine national… Nous possédons la solution. » Guy Crescent expose alors son projet : la création d'un grand club de football à Paris avec l'appui d'associés qui, pour 25 francs minimum, feront partie intégrante du club. Partout dans la capitale, les appels se multiplient. Après quatre heures d'antenne, on totalise 17 400 associés pour 842 000 francs de promesse, soit environ 50 francs par associé. Ému par ce succès inespéré, Guy Crescent remercie les souscripteurs. Six mois plus tard, après s'être rapproché du Stade Sangermanois, le Paris Football Club deviendra officiellement le Paris Saint-Germain Football Club. La légende est en marche !

## APICULTURE

Depuis le mois de décembre 2020, le PSG a désormais son coffret de miel officiel ! Un projet environnemental : 10 ruches ont été installées aux abords du Parc des Princes, les abeilles vont butiner jusqu'à 3 km autour du stade, dans le bois de Boulogne, les jardins et terrasses des environs. Pour cette première, 150 kg de nectar ont été récoltés par des apiculteurs. Un projet aussi social, porté par la Fondation PSG : tous les bénéfices des ventes iront aux familles les plus démunies, pour financer un séjour de vacances.

## ARDILES (Osvaldo)

Bien avant Raí ou Ronaldinho, un champion du monde a porté le maillot parisien. Si les deux Brésiliens ont laissé une marque indélébile dans le cœur des supporters du PSG, le court séjour d'Ardiles dans la capitale restera anecdotique. C'est une star qui rejoint le PSG en ce début de saison 1982-1983. Ardiles, formé à Cordoba (il a joué pour les deux clubs locaux, Instituto et Belgrano de 1969 à 1974) se révèle au Club Atletico Huracan, à Buenos-Aires, aux côtés de son ami Mario Kempes. En 1978, sous les ordres de son mentor, le sélectionneur Luis Menotti, l'Argentine remporte à domicile la Coupe du Monde 1978 et Ardiles, avec le numéro 1 sur sa tunique (les Argentins avaient décidé de suivre l'ordre alphabétique pour établir leur numérotation) se révèle aux yeux du monde. Après ce triomphe, il rejoint Londres et Tottenham avec son compatriote Ricardo Villa. Les débuts sont difficiles, avant l'apothéose et la victoire en Coupe d'Angleterre (1981). Difficile de trouver milieu de terrain plus technique dans la League anglaise que le trio constitué par Villa, Ardiles et Glenn Hoddle. Épanoui, surnommé affectueusement « Ossie » par ses fans, le joueur argentin va pourtant quitter précipitamment la Grande-Bretagne. Le 2 avril 1982, l'Argentine et l'Angleterre sont en guerre, pour un rocher presque désertique, les Îles Malouines. Son cousin, le premier lieutenant José Ardiles, y perd la vie. La mort dans l'âme, il rejoint le PSG, après avoir signé un précontrat à Vérone. Pragmatique, Ardiles avoue alors qu'il aurait préféré jouer au Real Madrid, à Barcelone ou à la Juventus Turin mais que ces clubs ne l'ont pas contacté... Engagé pour seconder Safet Susic au milieu du terrain, le lutin argentin va se retrouver meneur de jeu après l'annulation du transfert de Susic par la Fédération yougoslave, qui veut le punir suite à ses piètres performances à la Coupe du Monde espagnole (1982). Ardiles subit de plus une cour effrénée de Tottenham, désireuse de récupérer sa star dans les plus brefs délais. La spécificité du contrat (prêt d'un an avec option d'achat pour les deux prochaines saisons) renforce l'impression du malaise entre le PSG et son Argentin. Lorsque l'arrivée de Susic est enfin officialisée à la mi-décembre et que Paris compte un joueur étranger de trop dans ses rangs (le Néerlandais Kist a été engagé après le refus yougoslave), Ardiles décide de rompre son contrat pour revenir à Londres. Sans regret. Il disputera cinq nouvelles saisons avec les Spurs, remportant au passage une Coupe UEFA (1984). À 35 ans, après un cours passage aux Blackburn Rovers et aux Queen's Park Rangers, il devient entraîneur-joueur à Swindon (2e division) qu'il mènera jusqu'aux portes de la Premier League. Promu puis rétrogradé quelques jours plus tard pour des paiements irréguliers aux joueurs, l'aventure d'Ossie à Swindon s'achève dans la douleur, Ardiles rebondit à Newcastle (1991-1992), West Bromwich Albion (1992-1993), revient à Tottenham (1993-1994), sans connaître le succès espéré. Ces échecs successifs l'obligent à s'exiler au Mexique (Guadalajara), au Japon (Shimizu, Yokohama, Tokyo Verdy), en Croatie (Croatia Zagreb), en Arabie Saoudite (Al Ittihad) et en Israël (Betar Jérusalem). De retour à Huracan en Argentine en 2007, il est remercié quelques mois plus tard, connaît le même sort en août 2008 lors de son passage au club paraguayen de Cerrà Porteno puis au Japon, au Machida Zelvia (D2) à la fin de l'année 2011. À 68 ans, Osvaldo Ardiles se consacre désormais à son poste d'ambassadeur pour le club de son coeur, Tottenham Hotspur.

## AREOLA (Alphonse)

Devenir titulaire au PSG après être passé par le centre de formation des Rouge et Bleu, un défi relevé par Alphonse Areola et une première dans l'histoire du club de la capitale. Ses parents, originaires des Philippines, arrivent à Paris au début des années 1990 et le jeune Alphonse signe sa première licence à l'Entente Sportive des Petits Anges, dans le VIIe arrondissement de Paris, à l'âge de 6 ans. Joueur de champ, il remplace au pied levé lors d'un tournoi le gardien de but forfait sur blessure et ne va plus quitter les cages jusqu'à son arrivée au centre de formation du PSG à 13 ans, en 2006. Champion de France en U14 fédéral un an plus tard, il est alors l'un des plus grands espoirs français et intègre pour un an le prestigieux INF Clairefontaine jusqu'à son retour et la signature de son premier contrat professionnel avec le PSG le 3 juillet 2009. À 16 ans, Areola gravit les échelons avant les grands débuts le 18 mai 2013 au Parc des Princes, un soir de titre et de liesse pour le PSG face à Brest (3-1). Deux mois plus tard, le gardien de but parisien est le héros des Bleuets champions du monde en U20 en Turquie, avec deux penaltys repoussés lors de la séance de tirs au but en finale contre l'Uruguay (0-0, 4-1 t.a.b., 13/03/2013). De retour en France, Salvatore Sirigu est alors un titulaire indiscutable et le club parisien décide de prêter sa jeune pépite pour gagner du temps de jeu, à Lens en Ligue 2 (2013-2014), à Bastia (2014-2015) puis en Espagne a Villarreal (2015-2016), où il découvre la Ligue Europa. International Espoirs, Areola a changé de statut lors de son passage en Espagne, avec une première convocation avec les Bleus en octobre 2015. Réserviste mais non retenu lors de l'Euro 2016, son retour au PSG est alors officialisé, pour concurrencer Kevin Trapp dans les buts parisiens. Titulaire en Ligue des champions et en coupes, il prend alors le dessus sur son coéquipier allemand et devient le gardien de but numéro 1 des Rouge et Bleu en 2017-2018. Un rôle qu'il assume malgré les critiques : on le juge alors sévèrement, pas assez décisif et trop tendre pour un club du niveau du PSG. Après avoir remporté un titre de champion du monde avec les Bleus en 2018 – sans avoir joué le moindre match en sélection –, l'arrivée de Gianluigi Buffon le 6 juillet 2018 confirme qu'il n'est plus un premier choix à Paris. Cette saison aux côtés de son idole lui permet de remporter un nouveau titre de champion de France et de jouer son premier match dans les buts de l'équipe de France, avec une prestation aboutie face à l'Allemagne (0-0, 06/09/2018) pour sa 30e convocation avec les Bleus. Le départ de Buffon après une année contrastée ne change pas la donne pour les décideurs parisiens, qui souhaitent engager un gardien de but plus expérimenté. L'arrivée de Keylor Navas scelle alors son avenir au PSG après 107 matches joués pour le club de la capitale, un record pour un joueur passé par le centre de formation. Alphonse Areola est prêté une saison au Real Madrid mais se contente de 9 matches, dans l'ombre du gardien titulaire Thibaut Courtois. Une saison à oublier et un court retour à Paris avant un nouveau prêt, direction Londres et le club de Fulham au début de la saison 2020-2021.

## ARMAND (Sylvain)

L'inoxydable Sylvain Armand compte 380 matches officiels sous le maillot parisien de 2004 à 2013. Un seul joueur a fait mieux à Paris : Jean-Marc Pilorget, avec 435 rencontres au compteur. Formé à l'école stéphanoise, Armand débute au poste de défenseur central. C'est pourtant chez le rival des Verts, le FC Nantes, qu'il va se révéler. Après une saison à Clermont en National, il connaît l'apothéose avec les Canaris, champions de France en 2001. Armand, titulaire au poste d'arrière gauche, inscrit un but somptueux en Ligue des Champions à Rome contre la Lazio, d'une frappe puissante du pied droit (3-1, le 19/09/2001). Presque un but gag pour ce gaucher ! Rien ne semble arrêter l'international Espoirs, finalement recruté par le PSG avec Mario Yepes au début de la saison 2004-05, après quatre années réussies chez les Canaris. Remplacer Gabriel Heinze dans le cœur des supporters parisiens n'est pas chose aisée. Après une première année difficile, Armand va réussir ce pari et remporter son premier trophée avec Paris face à Marseille, en finale de la Coupe de France (2-1, le 29/04/2006). Quelques mois plus tard, le PSG flirte dangereusement avec la zone de relégation. Sa polyvalence est précieuse dans ces moments critiques, et son but à Lens (2-1, le 01/04/2007), alors que Paris est dernier du championnat, est capital pour le maintien. La saison suivante, le PSG se sauve lors de la dernière journée en s'imposant sur le fil à Sochaux (2-1, le 17/05/2008). Malgré les sollicitations de Lyon, le latéral gauche reste alors fidèle à Paris et remporte une seconde victoire en Coupe de France face à Monaco (1-0 a.p., le 01/05/2010). Lors de la saison 2010-2011, Armand retrouve son poste de prédilection en défense centrale. Sollicité par Saint-Etienne en 2012, il préfère poursuivre sa carrière à Paris, répondant toujours présent lorsque sollicité. Douze ans après Nantes, Sylvain Armand remporte un second titre de champion de France, une belle consécration pour ce joueur discret qui aura tout connu au PSG lors de ses neuf saisons dans la capitale. Il s'engage alors pour un nouveau défi au Stade Rennais, avec lequel il participe à son 500e match en première division face au Stade de Reims (3-1), le 2 avril 2016. En janvier 2017, il annonce qu'il mettra un terme à sa carrière professionnelle à la fin de la saison, à l'âge de 37 ans. Sans quitter le petit monde du ballon rond : Sylvain Armand est nommé coordinateur sportif à Rennes (janvier 2018-juillet 2020), puis à Lille depuis le 14 janvier 2021, où il a rejoint son ancien président Olivier Létang.

## ARNAUD (Loris)

Cet attaquant puissant (1,82 m, 80 kg) avait fait une première apparition remarquée lors du tournoi Emirates Cup à Londres en 2007, sans jamais s'imposer finalement dans la capitale. Repéré par Jean-Pierre Dogliani lors de la Danone Cup en 1999, Arnaud choisit le PSG malgré les sollicitations de Nantes et Monaco et rejoint le centre de préformation de Verneuil-sur-Seine à l'âge de 12 ans. Quatre ans plus tard, il intègre le site du Camp des

Loges. Son parcours est difficile, avec plusieurs blessures, dont une fracture du tibia à l'âge de 18 ans. Cet inconditionnel de Thierry Henry, qui a grandi à Chatou, termine second meilleur buteur de la CFA la dernière saison, derrière David N'Gog. International U18, il signe son premier contrat professionnel et séduit Paul Le Guen. Avec 25 matches et 3 buts inscrits, le jeune attaquant convainc son entraîneur, malgré une vilaine blessure au genou en octobre 2008 et une absence de plus de six mois. Prêté à Clermont (janvier-juin 2010) puis à Angers (2010-2011), deux clubs de Ligue 2, il ne confirme pourtant pas ses débuts avec le PSG. Il est de retour du côté du Camp des Loges au début de la saison 2011-12 et laissé à la disposition de l'équipe réserve en CFA. Après six mois sans club, Loris Arnaud s'engage en février 2013 avec le Chernomorets Burgas (D1 bulgare). Six mois plus tard, suite à un essai non concluant au Slask Wroclaw (Pologne), il rentre en France pour aider Orléans à monter en Ligue 2. En janvier 2016, Loris Arnaud choisit à nouveau l'exotisme et le championnat vietnamien, qu'il remporte avec Hanoi le 19 septembre 2016. Un an plus tard, gêné par les blessures et libre de tout contrat, il découvre le championnat indonésien et porte les couleurs du Persela FC, basé à Lamonongan. Après avoir marqué 15 buts en 29 matches sous ses nouvelles couleurs, il rejoint le Tira Persikabo pour une année 2019 sans relief, gâché par une blessure au tendon d'Achille qui l'a éloigné des terrains pendant six mois. Au début de l'année 2021, il a retrouvé les chemins des pelouses en signant au FC Versailles (National 2).

## ARRIBAS (Claude)

Difficile de vivre dans l'ombre de José Arribas, entraîneur légendaire des Canaris et inspirateur du célèbre jeu à la nantaise... C'est pour s'aguerrir que son fils Claude est prêté au PSG au début de la saison 1971-72. Son choix s'est porté vers Paris pour faciliter son service militaire, qu'il effectuera au Bataillon de Joinville. Capitaine de l'équipe de France Junior puis international espoir aux côtés de Jean-Michel Larqué chez les Bleuets, Claude Arribas débute en première division avec Paris quelques jours après avoir fêté son 20e anniversaire à Bordeaux (défaite du PSG 2-0). Souvent titularisé, c'est - ironie du sort - face au FC Nantes qu'il inscrit son premier but en championnat, n'évitant pas la défaite des siens (2-3, le 05/02/1972). Milieu de terrain infatigable, il est la révélation de cette saison qui s'achève par la scission entre Parisiens et Sangermanois. Pour Arribas, c'est le retour à Nantes et la consécration avec le titre de champion de France 1972-1973. Avec 17 matches joués et quatre buts inscrits, papa entraîneur peut être fier de la saison de son rejeton ! Mais la concurrence est rude pour le jeune canari, barré au milieu du terrain par le duo composé de Henri Michel et Gilles Rampillon. Pour jouer à nouveau, Arribas choisit de rejoindre Bordeaux (1974-76), Rennes (1976-78), Cannes (1978-81) et Angers (1981-85). Il met finalement un terme à sa carrière professionnelle et joue à Saint-Brévin (1985-86), Chateaubriand (1986-88), puis devient entraîneur-joueur à Vertou (1988-89), Challans (1989-90) et Les Ponts de Cé, jusqu'en 1991. Arribas travaille pour le groupe Promodes dans le secteur agro-alimentaire, près d'Angers, avant de prendre une retraite bien méritée.

## ARTETA (Mikel)

Le prêt de Mikel Arteta au mois de janvier 2001 laisse circonspect bien des supporters parisiens. Que peut apporter ce jeune joueur basque de 18 ans, habitué à l'équipe réserve du FC Barcelone ? Surnommé « Guardioleta » pour son style de jeu inspiré par son idole Pep Guardiola, Arteta a pourtant été sacré champion d'Europe des moins de 16 ans avec l'Espagne en 1998. Quelques semaines

plus tôt, il avait participé au stage d'avant saison avec l'équipe première de Barcelone, bluffant son entraîneur Louis Van Gaal lors d'une rencontre amicale à Berlin. Depuis, il patiente en équipe réserve mais le Barça compte sur lui : la clause de cession dans son contrat s'élève à 180 millions de francs (environ 27 millions d'euros). Luis Fernandez, qui avait l'œil sur ce phénomène depuis son séjour à Bilbao, l'aligne avec les Rouge et Bleu pour la première fois le 10 février 2001 lors du naufrage parisien en Coupe de France face à Auxerre (0-4). Certains se seraient découragés après un tel début, mais le jeune Basque va rapidement s'imposer au milieu du terrain parisien. Son maintien dans la capitale devient l'objectif principal de l'entraîneur du PSG, qui obtient la prolongation du prêt pour une saison supplémentaire. La deuxième année d'Arteta à Paris sera de la même veine, l'espoir espagnol devenant indispensable au jeu parisien au fil des mois. Le choc est terrible lorsque le 21 mars 2002, les Glasgow Rangers affirment avoir obtenu le transfert du jeune Basque avec Barcelone. Mikel Arteta a beau clamer son innocence et nier la signature du contrat, Fernandez a déjà compris qu'il vient de perdre sa perle rare. Le 4 mai 2002, le PSG perd à Lille (0-1) et rate la qualification pour la lucrative Ligue des Champions. C'est la dernière sortie officielle du jeune espoir, qui va garnir son compte en banque et son palmarès en Écosse, remportant un titre de champion, une coupe nationale et une Coupe de la Ligue avec le club protestant de Glasgow. En 2004, Arteta rejoint l'Espagne et le Real Sociedad pour espérer enfin s'imposer au pays. C'est un échec. Six mois plus tard, retour en Grande-Bretagne, à Everton. De 2005 à 2011, il retrouve le niveau de jeu entrevu à Paris avec les Toffees. En 2010, il obtient la nationalité anglaise sans pouvoir être sélectionné par son pays d'adoption sur recommandation de la FIFA. À quelques heures de la fin du mercato 2011, Mikel Arteta rejoint les Gunners d'Arsenal avec la lourde mission de remplacer son compatriote Cesc Fabregas. Titulaire indiscutable chez les Gunners, il est nommé capitaine de l'équipe londonienne par son entraîneur Arsène Wenger au début de la saison 2014-2015 et remporte la Coupe d'Angleterre et le Community Shield (2014 et 2015). Le joueur basque connait une série de blessures qui vont l'écarter du onze type. En juillet 2016, alors que son contrat n'a pas été renouvelé chez les Gunners, Mikel Arteta annonce officiellement sa retraite, à l'âge de 34 ans, et rejoint Pep Guardiola dans le staff de Manchester City. Après plus de trois ans d'apprentissage auprès de son idole et mentor, il accepte de remplacer Unai Emery à la tête d'Arsenal, le 20 décembre 2019. Avec succès, et déjà deux trophées à la clé : la Coupe d'Angleterre puis le Community Shied six mois après son arrivée chez les Gunners.

## ASSAD (Salah)

Francis Borelli rêvait d'associer Salah Assad et Mustapha Dahleb, deux des plus beaux fleurons du foot algérien. Lorsque le buteur hollandais du PSG, Cees Kist, est déclaré persona non grata au Camp des Loges, le président parisien saute sur l'occasion pour proposer à Mulhouse un échange entre Kist et Assad. Mulhouse, relégué en D2 n'avait de toute façon plus les moyens de conserver sa star, arrivée en Alsace en 1982. Assad, surnommé « Rouget » ou le « Rouquin » avait explosé lors de la Coupe du Monde 1982 en Espagne, participant à l'exploit de l'Algérie vainqueur de l'Allemagne (2-1). Adolescent, il avait rejoint les rangs du RC Kouba, près d'Alger, avec lequel il avait remporté le titre de champion d'Algérie en 1981. Il enchante alors les foules avec un geste technique hors du commun, le ghoraf, un passement de jambe qui n'aurait pas laissé indifférent Ronaldinho lui-même... Dauphin du Camerounais N'Kono au Ballon d'Or Africain (1982) à seulement 25 ans, il profite de sa notoriété pour obtenir

du président Chadli Bendjedid en personne la possibilité de s'expatrier vers la France, alors que les règlements lui interdisent d'aller jouer à l'étranger avant 28 ans. Recruté par le nouveau promu Mulhouse, Assad inscrit 13 buts en 21 rencontres de championnat avant de baisser de pied, pour un mal récurrent au genou gauche. En mars 1983, l'opération est inévitable et c'est avec des béquilles qu'il débarque au PSG. De bien mauvais augure pour la suite de la saison, qu'il débute fin octobre par deux passes décisives contre Lille (4-5, le 22/10/1983). Ses nombreux départs pour jouer avec l'Algérie et des nouvelles douleurs au genou finiront par convaincre le staff parisien qu'il n'est définitivement pas l'homme de la situation. Assad retourne à Mulhouse, où il jouera les deux saisons suivantes en D2. À la Coupe du Monde 1986 au Mexique, il se blesse à nouveau au genou et reste un an sans jouer. Sa carrière semble terminée lorsqu'on découvre enfin le mal récurrent dont il souffre : un simple kyste au niveau de l'articulation du genou. En 1987, il rejoue pour son club formateur à Kouba avant de se retirer dans une Algérie au bord de la guerre civile. Sympathisant du FIS, parti islamique dissous en 1991, Assad sera emprisonné pendant quatre longues années, sans jugement. À sa sortie, il revient à Kouba et devient manager général du club jusqu'en 2003, avant de se retirer définitivement de la vie sportive et publique. La relève a été assurée par ses deux fils jumeaux : Abdellah, un attaquant qui n'a pas percé ; et Hamza, défenseur latéral du KC Kouba. Propriétaire d'une boutique d'équipements de sport et d'une société dans le domaine médical, Assad devient en 2015 consultant pour une chaîne sportive qatarie et mène une vie paisible et tranquille en famille, à Kouba près d'Alger. Il a été honoré le 16 juin 2019 à Doha au Qatar en marge du match Algérie-Mali (3-2) par la fédération algérienne, pour ses exploits sous le maillot des Fennecs : 98 sélections et 21 buts, de 1977 à 1989.

## ASSOCIÉS

À la fin de l'année 1969, Guy Crescent, futur président du PSG, se déplace à Madrid pour rencontrer Santiago Bernabeu, le légendaire président du Real. À son retour, le système des socios est adopté : des supporters qui participent activement – et financièrement ! – à la vie du club, avec un droit de regard sur les décisions prises par la direction. 18 000 associés, représentés par des délégués, rejoindront l'équipe de la capitale en 1970. Une belle idée et une première en France qui s'achèvera deux ans plus tard, au soir de la scission.

## ATALANTA BERGAME

voir P30

**1/4 de finale de la Ligue des Champions**
Le mercredi 12 août 2020, à l'Estadio da Luz (Lisbonne), match à huis clos
**Arbitre :** A.Taylor (Angleterre).
**Buts :** Pasalic (26e) pour l'Atalanta Bergame ; Marquinhos (90e), Choupo-Moting (90e+3) pour le PSG.
**Avertissements :** Djimsiti (37e), Freuler (45e), de Roon (50e), Zapata (53e), Toloi (67e), Palomino (85e) pour l'Atalanta Bergame, Bernat (54e), Herrera (57e), Paredes (75e) pour le PSG.
**ATALANTA BERGAME :** Sportiello – Toloi, Caldara, Djimsiti (Palomino 60e) – Hateboer, de Roon, Freuler, Gosens (Castagne 82e) – Dario Gomez (cap.) (Malinovskyi 59e) – Pasalic (Muriel 70e), Zapata (Da Riva 82e).
**Entraîneur :** G. Gasperini.
**PSG :** Navas (Rico 79e) – Kehrer, Thiago Silva (cap.), Kimpembe, Bernat – Marquinhos, Gueye (Paredes 72e), Herrera (Draxler 72e) – Sarabia (Mbappé 60e), Icardi (Choupo-Moting 79e), Neymar.
**Entraîneur :** T. Tüchel

## ATALANTA BERGAME-PSG : 1-2 (1-0)

C'est à Lisbonne, dans « un Final 8 » inédit à et huis-clos que le PSG va terminer sa saison européenne. Cinq mois plus tôt, les Parisiens avaient assuré leur qualification pour les 1/4 de finales de la Ligue des Champions après un succès 2-0 face au Borussia Dortmund, avant la fin prématurée de la saison en championnat, et un confinement pour endiguer la pandémie de la Covid-19. Pour ce quart de finale face à l'Atalanta Bergame, troisième du championnat d'Italie, les Rouge et Bleu sont privés d'Angel Di Maria (suspendu), de Marco Verratti (blessé au mollet) et de Kylian Mbappé, touché à la cheville trois semaines plus tôt et préservé sur le banc des remplaçants. Dès l'entame du match, Neymar a une superbe occasion d'ouvrir le score pour le PSG. Seul face au gardien de but italien, il rate inexplicablement le cadre (3e). Le début de match est équilibré, après une première alerte pour Navas sur une tentative de la tête signée Hateboer (11e), le gardien de but parisien s'incline sur une frappe du gauche de Pasalic (27e). Ney-

mar a deux occasions d'égaliser (28e, 42e) mais le numéro 10 brésilien est maladroit face au but et le PSG est mené à la pause. En seconde période, les Parisiens poussent pour revenir au score et les joueurs d'Atalanta multiplient les fautes. L'entrée en jeu de Kylian Mbappé à l'heure de jeu confirme la mainmise sur la rencontre des joueurs de Thomas Tuchel, mais le temps défile inexorablement… Pire, le PSG perd son gardien de but Keylor Navas sur blessure. Le portier parisien quitte la pelouse, remplacé par Sergio Rico alors que Mauro Icardi laisse sa place à Eric-Maxim Choupo-Moting (79e). La défense héroïque de l'Atalanta plie mais ne rompt pas, on entre dans le money-time lorsque Choupo-Moting renverse le jeu pour Neymar. Le Brésilien centre vers Marquinhos, qui dévie le ballon dans les buts et égalise (90e). Le match a changé d'âme, on joue la dernière minute du temps additionnel quand Neymar sert son compère Mbappé, qui centre pour Choupo-Moting. L'attaquant camerounais reprend du droit et donne la victoire aux Parisiens (90e+3) à l'issue d'une fin de rencontre au scénario hitchcockien. Le PSG est en demi-finale en ce 12 août 2020, jour anniversaire des 50 ans du club. Eric-Maxim Choupo-Moting, le héros du match, est aux anges : « Quand je suis entré, je me suis dit que l'on ne peut pas être battu ainsi. L'histoire est parfaite, on est en demie ! On n'a jamais perdu confiance, je pense que l'on mérite cette victoire. Tout est possible dans le football ! »

## ATEBA BILAYI (Jean-Hugues)

Recruté avec Marco Yepes et Sylvain Armand par Vahid Halilhodzic à l'été 2004, Ateba est le moins connu du trio canari. Repéré au tournoi de Montaigu en 1997 alors qu'il défend les couleurs du Cameroun, Ateba signe à Nantes après deux semaines d'essai avec les Canaris. À 15 ans, il quitte le cocon familial pour devenir professionnel, mais ne joue qu'une dizaine de matches en moyenne de 2001 à 2004. Paradoxalement, c'est à Paris qu'il vient chercher du temps de jeu, persuadé qu'il a les qualités requises pour s'imposer dans la capitale. Son rêve tournera vite au cauchemar, ni Halilhodzic, ni Fournier, ni Lacombe ne comptent sur lui. Onze matches joués seulement de 2004 à 2006 l'obligent à quitter Paris pour Châteauroux (Ligue 2) jusqu'en 2009. Après plusieurs mois sans jouer et un essai non concluant en Écosse à Dundee United, Ateba accepte de s'exiler en Grèce au Atrominos FC jusqu'à la fin de l'année 2010. Sans club lors de son retour de Grèce, l'international camerounais souhaite se relancer au Paris FC (National) au début de l'année 2013, mais sa période d'essai reste sans suite. À 32 ans, Ateba poursuit sa carrière en Australie, au Kinston City FC à Victoria, puis le défenseur camerounais signe une licence en amateur à l'ACBB à Boulogne-Billancourt, en CFA2. Six mois plus tard, alors que le club des Hauts de Seine accède en CFA, Ateba préfère chercher un dernier challenge professionnel mais ne trouve aucun club, et décide alors de mettre un terme à sa carrière de footballeur.

## AUGUSTIN (Jean-Kevin)

Difficile de trouver sa place au PSG, quand la concurrence a pour noms Ibrahimovic, Cavani ou Lavezzi... Jean-Kevin Augustin a préféré s'épanouir à l'étranger, malgré des débuts prometteurs sous le maillot rouge et bleu. Après avoir touché ses premiers ballons à Plaisir puis à l'ACBB à Boulogne-Billancourt, « J-KA » se fait rapidement un surnom lors de son arrivée au PSG en 2009, à l'âge de 12 ans. En février 2013, il se révèle lors de la Al Kass Cup U17 avec 3 buts inscrits en quatre matches, alors qu'il n'a que 15 ans... Surclassé dans toutes les catégories de jeunes, il confirme lors de la Youth League en septembre 2014, signe son premier contrat professionnel et intègre quelques mois plus tard le groupe entraîné alors par Laurent Blanc. Augustin réussit des débuts prometteurs, le 8 avril 2015 en demi-finale de la Coupe de France face à Saint-Étienne (4-1), avec une passe décisive pour un certain Zlatan Ibrahimovic. Lors de la tournée estivale du club aux États-Unis, il enquille les buts (5 au total en 5 matches) et remporte l'ICC avec le PSG. Annoncé sur le départ pour un prêt à Caen et Angers, le départ de Lavezzi pour la Chine change la donne et augmente sensiblement son

temps de jeu, avec au total 17 matches et 1 but inscrit en 2015-2016. À l'occasion des championnat d'Europe U19 en Allemagne, Augustin confirme et mène les Bleuets au titre : meilleur joueur et meilleur buteur de la compétition (6 buts) aux côtés d'un jeune surdoué nommé Kylian Mbappé. La saison 2016-2017 sera pourtant décevante : 13 petits matches et un but, et l'obligation de partir pour augmenter sensiblement son temps de jeu. Alors international U20, Augustin choisit l'Allemagne et le RB Leipzig, réputé pour sa confiance aux jeunes espoirs du football français. Un nouveau départ qui débute par une altercation avec le sélectionneur des espoirs, Sylvain Ripoll, à l'origine de son exclusion des Bleuets tout au long de la saison. À Leipzig, il découvre l'Europe en Ligue des Champions puis en Ligue Europa, qui s'achève face à Marseille (1-0, 2-5) en quart de finale de la compétition. Non sans avoir défrayé à nouveau la chronique pour avoir refusé une sélection en équipe de France Espoirs, invoquant une fatigue musculaire avant d'être pourtant aligné par Leipzig lors d'un match amical… En 2018-2019, Augustin perd la confiance de son entraîneur malgré une 3e place en Bundesliga. Il décide alors de revenir en France, pour un prêt d'un an à Monaco. Mais l'aventure s'achève six mois plus tard sur un échec, avec un seul but inscrit en 13 matchs. Le 27 janvier 2020, il rejoint Leeds (D2 anglaise) , mais il ne joue que 3 matches. Libéré de son contrat par Leipzig, Jean-Kevin Augustin tente de relancer sa carrière à Nantes mais connait une saison difficile, des tests médicaux ayant révélé qu'il était atteint du syndrome du « covid long », incompatible avec le sport de haut niveau.

## AURIER (Serge)

Trois ans au PSG et un bilan contrasté : le passage de Serge Aurier à Paris restera à jamais entaché par ses messages controversés sur les réseaux sociaux… Né en Côte d'Ivoire et fils de Léon Gbizié, star du football ivoirien dans les années 1970, le jeune Serge rejoint la France en 2002 après le divorce de ses parents et s'installe en région parisienne, à Sevran (Seine-Saint-Denis). Une nouvelle vie et un nouveau nom après avoir été adopté par son beau-père, Michel Aurier, chauffeur de bus. Le football est sa passion : après les débuts à Villepinte au poste de milieu de terrain défensif, il rejoint le centre de formation de Lens en compagnie de son frère Christopher. Champion de France en U18 puis capitaine de l'équipe réserve, il est un des plus grands espoirs des Sang et Or quand il signe son premier contrat professionnel en juin 2009. À Lens, il découvre la Ligue 1, reste fidèle à ses couleurs lors de la relégation en Ligue 2 en 2011 puis quitte le club nordiste, en difficultés financières, pour Toulouse en janvier 2012. Installé au poste de défenseur latéral droit, ses performances et sa condition physique ne laissent pas indifférents les plus grands clubs européens. Après avoir opté pour la sélection ivoirienne en 2013 et un parcours honorable à la Coupe du Monde avec les Éléphants au Brésil en 2014, il signe au PSG le 23 juillet 2014, sous forme de prêt avec option d'achat. En concurrence avec le Hollandais Gregory Van der Wiel Aurier devient un héros national en participant à la victoire historique lors de la Coupe d'Afrique des Nations avec la Côte d'Ivoire en Guinée Équatoriale en février 2015, puis défraie la chronique quelques semaines plus tard en insultant l'arbitre sur une vidéo publiée sur les réseaux sociaux, écopant de 3 matches de suspension infligés par l'UEFA. Malgré un temps de jeu réduit (16 matches au total, pour un but inscrit), le PSG lève son option d'achat, pour un contrat de quatre ans. Désormais titulaire, il va à nouveau déraper lors d'une vidéo désormais célèbre le 13 février 2016, sur Periscope. La saison suivante, Thomas Meunier le pousse vers le banc des remplaçants et provoque son départ pour l'Angleterre et Tottenham, où il tarde à s'imposer, avant d'être enfin titularisé sur le flanc droit de la défense au début de la saison 2019-2020.

## AYACHE (William)

Le PSG, champion de France 1986, s'offre un recrutement prestigieux en engageant le défenseur international William Ayache. Ce natif d'Alger a débuté à Tarbes, remportant ses premiers titres districts et ligue, en 1974 (minimes) et 1976 (cadets). Excellent sprinter, il est alors détenteur des records de Bigorre sur deux distances, 80 et 150 mètres. Il connait tout avec son club formateur, le FC Nantes : deux titres de champion de France (1980, 1983) et une Coupe de France (1979).

Avec les Bleus, il remporte le titre Olympique aux J.O. de Los Angeles (1984), une Coupe Intercontinentale (1985) et participe à une demi-finale de la Coupe du Monde (1986). Ses débuts avec Paris sont encourageants, malgré une blessure apparemment anodine à la cheville. Après quelques jours de repos, Ayache reprend la compétition et les problèmes s'accumulent. La rechute est brutale pour l'ancien Canari qui après trois mois d'arrêt retrouve enfin les terrains. Sa saison parisienne est décevante, Ayache quitte le PSG et signe à Marseille, où il connaîtra les mêmes soucis. S'en suit un long parcours qui le mène à Nantes, Bordeaux, Montpellier, Nice, à nouveau Marseille et Nîmes avant de se stabiliser à Cannes (1992-95). En 1996, il débute au poste d'entraîneur, assurant l'intérim entre Safet Susic et Guy Lacombe. Un an plus tard, il retrouve Luis Fernandez et devient entraîneur-adjoint à l'Athletic Bilbao en Espagne. Lorsque Luis revient à Paris en décembre 2000, il espère un poste similaire, mais ses vœux ne seront pas exaucés. Après avoir entraîné le FC Mougins et joué avec l'Équipe de France de beach soccer en 2004 et 2005, Ayache occupe le poste de consultant TV sur les chaînes de sport pour Canal Plus, puis sur beIN Sport. Il rejoint en août 2014 le pôle recrutement du FC Nantes avec Olivier Monterrubio, avant d'être limogé à la fin de l'année 2016 par le président Kita. Il vit à Mougins, où un tournoi en son honneur a été créé pour la catégorie des jeunes de moins de 13 ans. William Ayache est désormais éducateur sportif dans les environs de Cannes.

## BACCONNIER (Thierry)

Thierry Bacconnier a suivi la voie tracée par son père, milieu de terrain du Stade Français dans les années 1960. Né à Paris, il quitte la capitale pour le sud-est de la France et débute à Bollène en Cadets, puis à Orange, avant d'intégrer le centre de formation du PSG en 1980. Bacconnier joue son premier match officiel sous le maillot rouge et bleu le 5 février 1980 face à Lens (4-3).

Il faut attendre la saison du titre en 1985 pour le voir enfin s'imposer dans le onze type (22 titularisations), profitant des blessures de ses concurrents directs, Claude Lowitz et Michel Bibard. International Espoirs, il participe à la victoire historique des Bleuets le 16 novembre 1985 pour la qualification aux Championnats d'Europe face à la Yougoslavie (7-0, la France devait s'imposer par 6 buts d'écart pour se qualifier). Sa forte personnalité et son franc-parler provoquent sa mise à l'écart et la colère de son entraîneur Gérard Houllier, qui accepte son départ en 1988 pour Angers après huit saisons à Paris. Quatre ans plus tard, sa carrière s'achève à Châteauroux. Thierry Bacconnier nous a quittés le 1er janvier 2007, victime d'un arrêt cardiaque, à l'âge de 47 ans. Le 31 mai 2008, les anciens du PSG lui avaient rendu un vibrant hommage en participant à une rencontre amicale. Deux ans plus tard, le 13 mai 2011, le stade municipal de Bollène était rebaptisé « stade Thierry-Bacconnier ».

## BADE (Jack)

Justow Fontaine l'appelait avec affection son « poulain ». Le destin des deux hommes est étroitement lié de Toulouse à Paris, en passant par Albi. Formé à la JS Capestérienne, « Jacky », comme on le surnomme, est issu d'une famille célèbre à Marie-Galante : son père, Ludovic, a été élu maire de Capesterre durant trente-six années, de 1935 à 1971 ! Le fils, doué pour le ballon rond, est sélectionné en équipe Cadets, Juniors et Seniors de la Guadeloupe. Pour poursuivre des études de médecine, il rejoint la métropole en 1964, à Toulouse et Albi, et se lie d'amitié avec son entraîneur Justo Fontaine. International amateur, il accepte de rejoindre son mentor et le PSG en 1973, à l'âge de 28 ans, pour renforcer la défense parisienne. Comparé à Marius Trésor pour son style de jeu et ses interventions musclées, Bade accumule les pépins physiques : handicapé par ses adducteurs la première saison, il rate le match de la montée contre Valenciennes. En 1975, malgré des débuts réussis en première division, les ligaments croisés du genou le lâchent, puis un drame familial endeuille sa fin de saison. Le 17 janvier 1976, alors qu'il retrouve enfin son meilleur niveau, il est agressé par le défenseur d'Avignon Didier Gilles. Le verdict est terrible, entorse grave du genou gauche avec arrachement des ligaments et ouverture de la coque condylienne. À 31 ans, sa carrière se termine sur cette fausse note. Il sera honoré par le club le 22 novembre 1976, lors d'une cérémonie très émouvante. Après avoir réussi son examen final de pédiatrie quelques mois plus tard, Bade rentre en Guadeloupe et ouvre un cabinet à Pointe-à-Pitre pour s'occuper des enfants, un métier qu'il pratiquait toujours avec la même passion en 2021. Depuis 1990, il préside le Football Artistique Club (FAC) qui participe à de nombreux matches amicaux, et n'oublie jamais d'honorer la mémoire de son frère José, décédé en 1994. Un stade a été inauguré à la mémoire de cet amoureux du sport, et du cyclisme en particulier.

## BADIANE (Jean-Michel)

Né à Paris et formé au Camp des Loges, Jean-Michel Badiane a longtemps espéré une place de titulaire dans le club de son cœur, mais le jeune international Espoirs s'était finalement résolu à quitter le PSG pour bénéficier du temps de jeu qu'il n'aurait jamais obtenu dans la capitale. En 1993, Badiane, âgé de 9 ans, accompagne son oncle à Saint-Germain-en-Laye pour une journée de détection. Il participe à une rencontre amicale et se fait remarquer par l'entraîneur des Benjamins du PSG, qui lui propose d'intégrer le centre de formation. Après trois saisons à l'INF Clairefontaine, il revient à Paris et devient rapidement un titulaire inamovible en défense centrale, avec l'équipe de CFA. Il signe un premier contrat professionnel en juin 2004 et séduit Vahid Halilhodzic, qui le titularise en Ligue 1 pour ses grands débuts à Toulouse (1-2, 21/08/2004). Badiane dispute 11 rencontres officielles pour sa première saison professionnelle, à seulement 21 ans. Il inscrit son premier but face à Troyes en Coupe de la Ligue (4-1, 26/10/2005) et répond toujours présent lorsque l'on fait appel à lui. Dans l'esprit de Laurent Fournier, puis de Guy Lacombe, il reste un joueur d'appoint. Pour cette raison, il quitte le PSG pour Sedan, en 2006. Après trois saisons dans les Ardennes, et seulement vingt apparitions en championnat, Badiane résilie son contrat le 13 avril 2009. Après deux ans et demi de galère et un retour aux sources pour garder la forme du côté du Camp des Loges, Badiane relance sa carrière au Paris FC (National) en 2011, après avoir proposé ses services gratuitement pour sa première année de contrat. À la fin de la saison 2012-2013, après deux saisons à nouveau gâchées par les blessures, il espère un dernier challenge qui n'arrivera jamais. Jean-Michel Badiane range définitivement les crampons pour devenir consultant pour RMC Sport jusqu'à la fin de la saison 2019-2020. En 2021, il gérait une société de conseil, avec, toujours, l'ambition d'entraîner un jour prochain une équipe professionnelle.

## BAHEBECK (Jean-Christophe)

Le jeune attaquant parisien n'avait pas raté ses débuts avec les pros, en inscrivant le but décisif face au Mans (2-0, 02/03/2011 en quart de finale de la Coupe de France). Une première tonitruante pour ce grand espoir du PSG, originaire de Persan en région parisienne. Il signe une licence à l'US Persan, avant d'être repéré par le PSG lors d'un tournoi de détection à Sens. Avec 5 buts inscrits, il tape dans l'œil des recruteurs parisiens mais devra attendre ses 14 ans pour rejoindre le club de son cœur, malgré des sollicitations de Marseille et Bordeaux. Grand, vif, capable de

jouer dans l'axe ou sur les côtés, Bahebeck est alors surnommé « Serial buteur ». International en U16, il réussit un doublé et une passe décisive pour ses débuts avec la sélection U18 au tournoi de Limoges face à la Grèce (4-1, 27/10/2010). Titulaire en CFA, champion de France U19 avec le PSG en 2010 et 2011, Bahebeck signe son premier contrat professionnel avec le club de la capitale en 2011, mais son temps de jeu s'amenuise avec l'arrivée des stars à Paris. Après avoir été appelé en équipe de France Espoirs et terminé meilleur buteur du tournoi de Toulon avec les Bleuets, Bahebeck est prêté successivement à Troyes (2012-2013) puis à Valenciennes (2013-2014), deux équipes reléguées en fin de saison en Ligue 2. C'est l'heure du retour à Paris, avec une titularisation surprise et un succès lors du Trophée des Champions face à Guingamp en Chine (2-0, 02/08/2014). Après un début de saison intéressant, son temps de jeu diminue drastiquement. Il participe à un nouveau succès au Trophée des Champions à Montréal face à Lyon (2-0, 01/08/2015) puis doit se résoudre à un nouveau prêt, à Saint-Étienne (23 matches et 3 buts). Toujours sous contrat au PSG, il découvre le championnat italien à Pescara (2016-2017), puis les Pays-Bas au FC Utrecht. Le 21 août 2018, il signe officiellement pour le club hollandais et quitte la capitale sans avoir confirmé ses excellents débuts sous les couleurs rouge et bleu. Deux ans plus tard, après un dernier exercice gâché par des blessures, Bahebeck signe au Partizan Belgrade en Serbie, avec l'espoir de relancer sa carrière, à l'âge de 27 ans.

## BAJOC (Pierre)

Quinze matchs officiels disputés sous le maillot parisien en sept saisons : le bilan est bien maigre pour ce défenseur central dont la qualité principale est un jeu de tête bien au-dessus de la moyenne. Né au Lamentin en Martinique et passé par l'Éclair Rivière-Salée, il rejoint le PSG à 18 ans. Bajoc profite de la blessure de Thierry Morin pour participer à neuf rencontres de D1, avant de replonger dans l'anonymat en D3 avec l'équipe réserve. Trop timide pour s'imposer au plus haut niveau, il quitte le club en 1980, joue à l'USM au Mans (1980-1985) et a entraîné à Connerré, à Sainte-Jamme-sur-Sarthe et à La Milesse. Il a travaillé au Mans, dans la fonction publique, avant de prendre sa retraite.

## BAKKER (Mitchel)

Son arrivée au début de la saison 2019-2020 a surpris les fans parisiens : pourquoi le PSG décide-t-il d'engager ce jeune défenseur latéral de 18 ans, sans aucune expérience du plus haut niveau ? Inconnu du grand public, Mitchel Bakker a été formé à l'Ajax Amsterdam, réputé pour son centre de formation. International hollandais dans toutes les catégories de jeunes, des U15 aux U19, arrière gauche au tempérament offensif, il peut aussi jouer dans l'axe de la défense. Mitchel Bakker espère faire mieux que son père, Edwin Bakker, formé lui aussi à l'Ajax d'Amsterdam, qui avait participé au championnat du monde Juniors avec les Pays-Bas aux côtés de Marco van Basten en 1983 (battu en quart de finale par l'Argentine) et buteur pour ses débuts avec le club batave face à Haarlem (6-0, 30/01/1983). Des débuts sans lendemain, une carrière qui se poursuit à Willem II et Groningen avant une grave blessure (fracture de la jambe) et une fin de carrière prématurée. Désormais chauffeur de taxi, le père de Mitchel Bakker a vu avec satisfaction son fils débuter au PSG, pour quelques minutes face à Pau (2-0, 29/01/2020), puis dans la peau d'un titulaire contre Dijon (6-1, 12/02/2020) en Coupe de France. Après l'arrêt du championnat suite à la crise de la Covid-19, Bakker est l'invité surprise de Thomas Tuchel au Stade de France, avec deux titularisations, en finale de la Coupe de France face à Saint-Étienne (1-0, 24/07/2020) puis en Coupe de la Ligue contre Lyon (0-0, 6-5 t.a.b.), et deux trophées à la clé. International espoir à seulement 20 ans, il postule régulièrement au poste d'arrière gauche au PSG.

## BAMBA (Souleymane)

Défenseur au gabarit impressionnant (1,90 m, 86 kg), Souleymane Bamba rejoint à 14 ans le centre de préformation du PSG à Verneuil-sur-Seine avant d'effectuer un court passage à la Juventus Turin, alors que son contrat avec les Rouge et Bleu arrive à échéance. Excellent avec la Primavera (l'équipe réserve de la Juve), il paraphe un contrat de trois ans avec « la Vieille Dame », mais le PSG refuse de signer sa lettre de sortie, suite à un différend avec l'agent du joueur. De retour dans la capitale, Bamba poursuit ses classes et rejoint le groupe pro en 2004. Il dispute avec les Juniors de la Côte d'Ivoire le Championnat du monde des U20 en Arabie saoudite et débute avec les pros, à seulement 19 ans, lors d'une rencontre de championnat à Nice (1-1, 28/11/2004). Écarté du groupe professionnel, il finit par quitter le PSG pour Dunfermline en Écosse, avec lequel il dispute la finale de la Coupe d'Écosse 2007 face au Celtic Glasgow (0-1, 206/05/2007). Bamba porte les couleurs du Hibernian FC, de 2008 à 2010, et participe à la Coupe du monde en Afrique du Sud avec la Côte d'Ivoire, son pays d'origine. En 2011, il rejoint Leicester City, alors en D2 anglaise. Titulaire indiscutable en défense centrale avec sa sélection lors de la Coupe d'Afrique des Nations 2012 (défaite en finale des Éléphants face à la Zambie, 0-0, 7-8 t.a.b., 12/02/2012), et 2013 (battue en quart de finale par le Nigeria, 1-2, 03/02/2013), il rejoint la Turquie en 2012-2013 et porte les couleurs de Trabzonspor, mais une blessure à la cheville le fait disparaître du groupe turc. Le 26 août 2014, Bamba rejoint Palerme, tout juste promu en Serie A italienne, mais il ne joue presque jamais (un seul match en six mois). Celui que les Britanniques avaient surnommé avec affection « Sol » décide alors de retourner en Angleterre, à Leeds (D2) pour 18 mois réussis, avec le brassard de capitaine en prime, avant de perdre sa place de titulaire. Après un essai sans lendemain à Derby County, Bamba s'épanouit alors à Cardiff, où il participe activement à la promotion en Premier League à l'issue de la saison 2017-2018. À 35 ans, il porte toujours les couleurs du club gallois, relégué en Championship (D2), qui a communiqué le 11 janvier 2021 pour soutenir son défenseur qui vient de vaincre, un cancer du système lymphatique.

## BANING (Albert)

Annoncé comme le successeur de Modeste M'Bami, Albert Baning n'a pas réussi à s'imposer avec les Rouge et Bleu, se contentant de quelques apparitions en équipe première. Le parcours du milieu de terrain camerounais reste atypique : international Cadets et Juniors, formé aux Brasseries du Cameroun de Douala, il quitte l'Afrique à 16 ans… pour la Chine ! Baning porte les couleurs de Dalian Shide (2001-2002), Zhuhai Anping (2002-2003) puis Zhuhai Zhongbang (2003-2004). S'il ne regrette pas cette expérience exotique sur le plan humain, un retour en Europe est indispensable pour progresser sur le plan sportif. Le FC Aarau, en Suisse, lui offre une période d'essai qui se conclut par un contrat en bonne et due forme. Six mois plus tard, il signe au PSG avec l'espoir de s'imposer. Sans connaître le succès. Il rejoint Sedan (2007-2008) puis Grenoble (2008-2009) et Strasbourg (2010) en prêt avant de partir en Israël, au Maccabi Tel-Aviv en 2010-2011. Après une saison sans club, Baning est de retour en France en 2012, sous les couleurs du FC Metz (National). Un an plus tard, direction la Bulgarie et le Slavia Sofia (2013-2014). En janvier 2014, Baning retourne à Sedan, alors en National, sans s'imposer. Au début de l'année 2017, c'est au Racing Colombes, modeste club en Division d'Honneur, qu'il tente de se relancer. Six mois plus tard, c'est à Gueugnon (National 3) qu'il pose ses bagages, tout en débutant une formation d'arbitre. Capitaine des Forgerons, il a quitté le club à la fin de la saison 2019-2020 pour des raisons économiques, et a rejoint l'équipe du FC Saint-Leu, en championnat de Régional 1.

## BARATELLI (Dominique)

voir P40

## BARBERAT (Dominique)

Pur produit du football parisien, ce natif de Châtenay-Malabry a connu la sélection nationale en Juniors, avant de débuter avec le PSG et d'inscrire un but en championnat au Parc des Princes contre Lyon (2-0, 11/05/1976). Pierre Alonzo, alors responsable du centre de formation, avait placé cet ailier droit en défense pour le rendre plus altruiste, mais c'est aux avant-postes qu'il se montrera le plus performant. L'arrivée de Velibor Vasovic et une vilaine blessure à la cheville vont entraver sa progression et provoquer son départ vers Rouen, en 1977. Deux ans plus tard, il rejoint Châtellerault (1979-1980) puis Quimper (1980-1983), Alès (1983-1986), et l'AS Cannes (1986-1989), où il inscrit le but décisif pour l'accession en première division face à Sochaux, (2-0, 13/06/1987). Après trois saisons sur la Croisette, direction Istres avant d'achever sa carrière professionnelle en 1991, à 33 ans. Agent immobilier, Barberat est revenu à ses premières amours en 1998, en qualité d'agent de joueurs pour la société BD Sports et Consulting implantée à Grasse, dans les Alpes-Maritimes.

## BARCELONE (FOOTBALL CLUB)

voir P42

## BARRABÉ (Claude)

À 16 ans et demi, ce natif de l'île de la Réunion se présente au concours de l'INF Vichy, et en sort premier sur 120 candidats. Sa famille et son club de Tampon lui avancent les fonds nécessaires pour rejoindre la métropole et suivre la longue tradition des gardiens de but formés à Vichy, dont les plus célèbres représentants sont Jean-Luc Ettori et Pascal Olmeta. En 1986, Barrabé rejoint le PSG, pour seconder Joël Bats. Lorsque le portier de l'équipe de France se blesse, il répond présent en jouant 6 matches de D1 pour un seul but encaissé. Barrabé est appelé en équipe de France Espoirs et participe au triomphe des Bleuets, champions d'Europe en 1988. Lors du match aller de la finale en Grèce, il est héroïque (0-0, 25/05/1988), mais il ne participe pas au match retour, suspendu pour cette rencontre. Barré par son mentor à Paris, il accepte un prêt à Brest et reste finalement deux saisons en Armorique. En 1990, l'ambitieux Montpellier le recrute, Barrabé réussit quelques coups d'éclat en Coupe d'Europe avant d'être rendu responsable de l'élimination des siens pour une faute de main contre Manchester United (0-2, 19/03/1991). En 1994, il retrouve le Parc des Princes avec Montpellier mais s'incline en finale de la Coupe de France face à Auxerre (0-3, 14/05/1994). Deux ans plus tard, après une saison passée à Caen, Barrabé revient en région parisienne et signe à Créteil-Lusitanos, puis met un terme à sa carrière en 1999. C'est l'heure de regagner la Réunion. Il se charge de la promotion du Festisable au Tampon, un tournoi exhibition de Beach

**Gardien de but**
Né le 26 décembre 1947
à Nice

**Son parcours :** Ajaccio (1967-1971),
Nice (1971-1978),
PSG (1978-1985).
**Son palmarès :** Vainqueur de la Coupe
de France (1982, 1983)
21 sélections avec l'équipe de France.

# Dominique BARATELLI

Son règne dans les buts parisiens fut sans partage : de 1978 à 1984, Dominique Baratelli a disputé 260 rencontres officielles consécutives sous les couleurs du PSG, record inégalé et – sans doute – inégalable. Pourtant, tout ne fut pas rose pour ce Niçois pur et dur, qui débute au Stade Niçois puis au Cavigal avant de passer professionnel à l'AC Ajaccio, en 1967. À 19 ans, il est déjà titulaire en Division 1 et réalise quatre années pleines en Corse. L'OGC Nice, qui n'avait pas su déceler ce talent prometteur, lui permet de revenir chez lui par la grande porte. De 1971 à 1978, Baratelli, surnommé « Doumé » par ses supporters, ne va rater qu'un seul match de championnat, lors de la saison 1976-1977. Les supporters niçois n'ont pas oublié son fameux arrêt à la dernière minute du match retour au Camp Nou face à Barcelone (0-2, 03/10/1973) assurant la qualification des Aiglons, victorieux 3-0 à l'aller. Baratelli rejoint l'équipe de France et remplace Georges Carnus lors de la tournée des Bleus en Afrique en 1972. Son parcours avec les Bleus se résume à 21 sélections, et une rivalité dans les buts avec le Nantais Jean-Claude Bertrand-Demanes, puis le Messin André Rey. En 1976, la carrière de Baratelli ne tient qu'à un fil et à la compétence d'un chirurgien, alors qu'il vient de se sectionner un tendon de la main en passant accidentellement au travers d'une baie vitrée… Son septennat niçois s'achève sur un échec relatif et un palmarès vierge de titre. Ses dirigeants ne s'opposent pas à son départ, le blessant au plus profond de son orgueil. Après une finale de la Coupe de France perdue contre Nancy (1-0, 13/05/1978) et une Coupe du monde en Argentine qu'il suit sur le banc des remplaçants, Baratelli signe à Paris pour relancer sa carrière et découvrir un nouvel univers, à bientôt 30 ans. Favori du Parc, qui apprécie sa régularité, le gardien du PSG est l'un des principaux artisans d'un premier succès en Coupe de France en 1982 (sept penalties arrêtés tout au long de la compétition). Dix ans après ses débuts avec les Bleus, à 35 ans, il participe à l'épopée de l'équipe de France lors du Mundial espagnol mais ses relations tendues avec le sélectionneur Michel Hidalgo, qui lui préfère Jean-Luc Etorri et Jean Castaneda, l'obligent à rester sur le banc des remplaçants. En 1984, souffrant de troubles de la vue, il laisse sa place en début de championnat à Jean-Michel Moutier, avant d'être handicapé par une déchirure intercostale tenace. À 38 ans, c'est l'heure de la retraite, après 593 matches de championnat en première division ! Et le début d'une nouvelle aventure, à Cagnes-sur-Mer (Division 4) au poste d'entraîneur. Il retrouve l'OGC Nice pour former Lionel Letizi et découvrir Hugo Lloris, âgé seulement de 10 ans, puis occupe un poste d'animateur pour les jeunes au service des Sports de la mairie de Cagnes-sur-Mer jusqu'à sa retraite en septembre 2010.

**8e de finale aller de la Ligue des champions**
Le mardi 16 février 2021, au Camp Nou.
**Arbitre :** B. Kuipers (Pays Bas).
**Buts :** Messi (27e sp) pour Barcelone, Mbappé (32e, 65e, 85e), Kean (70e) pour le PSG.
**Avertissement :** Gueye (20e) pour le PSG.
**BARCELONE :** Ter Stegen - Dest (Mingueza 71e), Piqué (Riqui Puig 78e), Lenglet, Alba - De Jong, Busquets (Pjanic 78e), Pedri (Francisco Trincão 78e) - Dembélé, Messi (cap.), Griezmann (Braithwaite 85e).
**Entraîneur :** R. Koeman.
**PSG :** Navas - Florenzi (Kehrer 89e), Kimpembe, Marquinhos (cap.), Kurzawa - Paredes, Gueye (Herrera 45e), Verratti (Draxler 73e) - Mbappé, Icardi, Kean (Danilo Pereira 85e).
**Entraîneur :** M. Pochettino.

## FC BARCELONE (ESP) -PSG : 1-4 (1-1)

Quatre ans après l'élimination face à Barcelone et la lourde défaite au Camp Nou (1-6), le PSG retrouve le club catalan et sa star argentine, Lionel Messi. L'heure de la revanche a sonné pour les Rouge et Bleu, pourtant privés de l'ancien barcelonais Neymar Jr, blessé aux adducteurs. En l'absence du numéro 10 brésilien, Kylian Mbappé va enfiler le costume de héros lors d'une soirée inoubliable pour tous les supporters parisiens. Dans un Camp Nou vide, et alors que le début de match est équilibré, c'est Barcelone qui ouvre le score sur un penalty transformé par Lionel Messi, obtenu après une légère faute de Layvin Kurzawa, qui a touché involontairement la jambe de Frenkie De Jong (27e). Ce coup du sort ne modifie pas les intentions des Rouge et Bleu et 5 minutes plus tard, le PSG a déjà refait son retard : Marco Verratti, très inspiré dans la surface de réparation du Barça, sert Kylian Mbappé qui égalise d'une puissante frappe du gauche (32e). Le match tient toutes ses promesses, mais le plus beau est à venir pour

les Parisiens. Mauricio Pochettino remplace Idrissa Gueye par Ander Herrera à la pause, les occasions de but se multiplient et c'est à nouveau Mbappé qui trouve le chemin des filets, suite à un centre de Florenzi mal dégagé par la défense catalane (65e). Cinq minutes plus tard, un coup-franc frappé par Leandro Paredes est repris victorieusement de la tête par Moise Kean, Paris s'envole et récite son football face à des Barcelonais désemparés. Sur un nouveau contre parfaitement emmené par Julian Draxler, Mbappé récupère le ballon et place un tir imparable du pied droit (85e). Le score n'évoluera plus, le PSG a fait un grand pas vers la qualification et a enfin exorcisé une remontada de cauchemar, le 8 mars 2017. Un triplé, le trophée de l'homme du match et une immense joie pour le héros du soir, Kylian Mbappé : « On venait ici pour gagner, et on l'a fait, avec la manière ! Je suis content, j'ai toujours voulu donner le meilleur de moi-même avec le PSG, c'est un maillot qui me tient à cœur. Cette victoire est magnifique, mais on n'a rien gagné et on reste concentré sur nos objectifs ». Trois semaines après cet exploit en terre catalane, le PSG se qualifie pour les quarts de finale de la compétition après quelques frayeurs et un match nul (1-1) au Parc des Princes. Mais cette victoire au Camp Nou est un message à l'Europe : le club parisien, déjà finaliste de la précédente édition, est désormais un prétendant à la victoire finale.

Soccer, puis intègre le staff de la sélection de la Réunion. Après avoir été nommé commissaire à la Direction technique régionale de la FFF pour l'île de la Réunion et instructeur FIFA de beach soccer, il va connaître la consécration dans cette discipline, en remportant le titre de champion d'Afrique avec Madagascar en 2015, quelques mois après son arrivée au poste de sélectionneur. Ce succès a permis à Claude Barrabé de devenir sélectionneur de l'équipe de France de beach soccer, à compter du 10 février 2020.

## BATHENAY (Dominique)

voir P46

## BATS (Joël)

voir P50

## BAUDA (Denis)

Né à Grenoble, Denis Bauda débute à 19 ans sous le maillot local, lors de la saison 1963-1964. Son entraîneur Albert Batteux, qui a dirigé le célèbre Stade de Reims et l'équipe de France en 1958, va lui inculquer les valeurs de respect, de passion et d'abnégation qui l'accompagneront tout au long de sa carrière. Après Grenoble, Bauda rejoint Metz (1969-1972), Bastia (1972-1973), Nancy (1973-1974) puis le PSG, tout juste promu en D1. À 27 ans, cet international Espoirs et militaire joue à Paris milieu défensif ou défenseur latéral après avoir débuté au poste d'ailier gauche. Bauda souffre pour assimiler la défense en ligne, chère à Justo Fontaine, puis finit par s'imposer même s'il connaît l'infortune d'être le premier joueur expulsé depuis le retour des Parisiens parmi l'élite en 1974 pour deux avertissements (Bastia-PSG 3-0, 08/08/1975). En 1977, avec plus de 100 matches sous le maillot du PSG, il signe à Poissy où il achève sa carrière professionnelle un an plus tard. Bauda devient entraîneur à Stiring-Wendel puis à Forbach en Moselle. De retour en Isère, il travaille pour le quotidien Le Dauphiné libéré au service Expéditions avant de partir en préretraite dans la région grenobloise en février 2004. La relève a été assurée, par son fils Pierre-Emmanuel, entraîneur de tennis professionnel.

## BAZIN (Sébastien)

Sébastien Bazin a dirigé le PSG de 2006 à 2011. Né le 9 novembre 1961 à Boulogne-Billancourt, il est à la tête de Colony Capital en Europe, un fonds d'investissement américain créé par le Libano-Américain Tom Barrack, actionnaire majoritaire du club parisien. Ce passionné de football et de rugby est titulaire d'une maîtrise de gestion, option finance, à la Sorbonne et d'une licence en sciences économiques. Le 3 février 2009, il est devenu le 14e président non exécutif du PSG, puis président du conseil d'administration et directeur général de la SESE, responsable du site du Parc des Princes. En 2009, Sébastien Bazin nomme Robin Leproux à la tête du club, avant de céder, le 30 juin 2011, 70 % des parts du PSG aux nouveaux actionnaires qatariens. Le 6 mars 2012, les 30 % restants sont vendus à QSI, mettant un terme au chapitre Colony Capital. Un an plus tard, Sébastien Bazin devient PDG de l'opérateur hôtelier Accor, partenaire maillot du PSG à compter du 22 février 2019.

## BECKENBAUER (Franz)

12 septembre 1976 : Daniel Hechter se déplace à Munich pour négocier le transfert de Franz Beckenbauer, le capitaine du Bayern et de l'Allemagne championne du monde en 1974. À 29 ans, le « Kaizer » souhaite quitter la Bavière mais le président parisien devra mettre un terme aux négociations devant les prétentions salariales du joueur. Quelques mois plus tard, Beckenbauer prendra la direction du Cosmos New York, aux États-Unis.

## BECKHAM (David)

voir P54

## BÉHIER (Michel)

Pur Sangermanois, Michel Béhier rejoint le Stade Saint-Germain en 1951, à l'âge de 10 ans. En 1970, il participe activement à la naissance du PSG, encadrant les jeunes pousses du club en équipe réserve. Amateur, il dirige en parallèle le garage familial et répond présent en 1972, après la scission et le retour en Division 3. Sa hargne et son abnégation au poste d'arrière gauche seront précieuses pour le PSG, qu'il quitte en 1974 pour le club amateur du Pecq (Yvelines). Béhier met un terme à sa carrière en 1978 en remportant la Coupe des Yvelines avec le brassard de capitaine et se consacre à son métier de garagiste. Aujourd'hui retraité, Béhier reste un sportif assidu, entre les compétitions de tennis en catégorie des plus de 65 ans, le vélo et le golf.

## BELLEMARE (Pierre)

L'animateur vedette de la station de radio Europe 1 a eu la lourde charge d'organiser l'appel de souscription pour la création d'un grand club à Paris. Le 1er février 1970, cet extraordinaire narrateur permettra au PSG d'attirer plus de 18 000 souscripteurs. Le 26 mai 2018, Pierre Bellemare, légende du paysage audiovisuel, est décédé en région parisienne, à l'âge de 88 ans.

## BELMADI (Djamel)

Formé au PSG, c'est pourtant à Marseille, le club de son cœur, qu'il trouve enfin la reconnaissance qu'il espérait. Pensionnaire du Camp des Loges pendant cinq saisons aux côtés de son ami Nicolas Anelka, le gamin de Champigny-sur-Marne a attendu son heure pour rejoindre le groupe professionnel sous la direction de Luis Fernandez. Quelques minutes sur la pelouse face à Gueugnon (1-1, 10/01/1996), c'est bien peu, et son départ pour Martigues se déroule dans l'indifférence générale. Repéré par l'OM en 1997, il restera six saisons sous contrat avec le club olympien, non sans avoir été prêté à Cannes (1998-1999), au Celta Vigo (2000) et à Manchester City (2003). Lors de son dernier séjour à Marseille (2000-2003), il devient même le chouchou du Vélodrome. En 2003, à seulement 27 ans, Belmadi rejoint les Émirats arabes unis et Al-Ittihad, avant de revenir en P48

**Milieu de terrain puis libero**
Né le 13 février 1954
à Pont-d'Ain

**Son parcours Joueur :** Granges-lès-Valence, RC Tain-Tournon, Saint-Étienne (1971-1978), PSG (1978-1985), Sète (1985-1986).
**Entraîneur :** Sète (1986-1988), Reims (1988-1989), Monastir (1989), Saint-Étienne (mars-juin 1996), Choisy-le-Roi (1996-2000), Nîmes (2000-2002), Seychelles (2002), Sedan (2002-2003), JS Kabylie (2005), Qatar (2006), Émirats arabes unis (2005-2006, puis 2008-2009), Al-Gharafa (entraîneur adjoint, juin-décembre 2011).
**Son palmarès :** Champion de France (1974, 1975, 1976), vainqueur de la Coupe de France (1974, 1975, 1977, 1982, 1983).
**20 sélections avec l'équipe de France.**

# Dominique BATHENAY

Pour les supporters stéphanois, sa frappe surpuissante à Anfield Road, dans le fief des Reds de Liverpool (1-3, 16/03/1977), reste à jamais gravée dans les mémoires. À Paris, Dominique Bathenay est devenu le premier capitaine des Rouge et Bleu victorieux d'un trophée, la Coupe de France, remportée face aux Stéphanois (2-2, 6-5 t.a.b., 15/05/1982). Révélé à Saint-Étienne, il remporte trois titres de champion et trois coupes nationales. La défaite en finale de la Coupe d'Europe des clubs champions à Glasgow face au Bayern Munich (0-1, 12/05/1976) est vécue comme un drame national par la France entière, emportée par une marée verte sans précédent. Sept saisons à Saint-Étienne, des titres à la pelle, 12 sélections avec l'équipe de France : il est l'heure de trouver un nouveau challenge et c'est à Paris, où tout est à construire, qu'il pose finalement ses valises. Sa première saison sous les couleurs parisiennes (1978-1979) lui laisse un goût d'inachevé. Annoncé sur le départ, Bathenay reste finalement et s'impose, récupérant au passage le brassard de capitaine. Sa reconversion au poste de libero lui ouvre de nouveau les portes des Bleus, sept ans après sa première sélection (France-Pérou 0-1, 28/04/1982). La saison suivante, il inscrit un but magnifique face au Lokomotiv Sofia (5-1, 28/09/1982) et remporte une 5e Coupe de France contre Nantes, devenant au passage le recordman d'une épreuve chère à son cœur. Malheureusement, la belle histoire d'amour entre Paris et son capitaine s'achève en 1985 pour Bathenay. Il dispute une dernière saison à Sète puis devient entraîneur dans la cité chère à Georges Brassens. Il poursuit son périple à Reims, termine la saison à Monastir en Tunisie (1989) puis revient en région parisienne, à Choisy-le-Roi. Bathenay ne résiste pas à l'appel de Saint-Étienne, sans éviter la relégation des Verts (mars-juin 1996). Président de la Commission de la Coupe de France (1996-2000), Bathenay entraîne Nîmes, devient sélectionneur des Seychelles puis Sedan (2002-2003). Le parcours de l'ancien capitaine parisien l'emmène en Algérie au JS Kabylie aux Émirats arabes unis et au Qatar (sélection olympique). Assistant de Bruno Metsu aux Émirats arabes unis, il devient sélectionneur en septembre 2008 mais quitte son poste en 2009 sur un échec. Après six mois au Qatar à Al-Gharafa avec son ami Bruno Metsu, il est de retour en France. En 2021, il vivait à Thiais, en région parisienne.

→ Europe en 2005 à Southampton (Angleterre). En 2007, il rentre en France, à Valenciennes, pour deux saisons gâchées par les blessures. À 33 ans, il décide de mettre un terme à sa carrière et devient entraîneur du club qatarien de Lekhwiya, champion en 2011 et 2012. Belmadi dirige par la suite l'équipe B du Qatar et remporte le championnat d'Asie de l'Ouest en janvier 2014, puis reprend en main la sélection A du Qatar, avec un succès de prestige en Arabie saoudite lors de la Coupe du Golf des Nations quelques mois plus tard. Il revient entraîner Lekhwiya et remporte 5 trophées en trois ans, réalisant même un triplé inédit (championnat, coupe et Coupe du Prince) en 2018. Sur ce succès, Djamel Belmadi est nommé en août 2018 sélectionneur de l'Algérie et devient un héros national un an plus tard : il permet aux Fennecs de remporter le deuxième trophée majeur de leur histoire après 29 ans d'attente, la Coupe d'Afrique des Nations, le 19 juillet 2019 en Égypte, après avoir vaincu le Sénégal (1-0) en finale.

## BELMONDO (Jean-Paul)

Notre « Bébel » national, l'acteur préféré des Français et commandeur de la Légion d'honneur depuis 2007, faisait partie intégrante du comité directeur du PSG en 1973 aux côtés de son ami Daniel Hechter. Passionné de football et gardien de but à ses heures perdues, Jean-Paul Belmondo reste, à 88 ans en 2021, un supporter inconditionnel des Rouge et Bleu, après avoir été un spectateur passionné et assidu au Parc des Princes, avec son ami Charles Gérard.

## BELTRAMINI (Jean-François)

Chez les Beltramini, parler de famille nombreuse est un euphémisme : ils sont seize enfants, installés tous aux Clayes-sous-Bois en région parisienne. Fils d'un maçon italien, Jean-François, le quatorzième de la lignée, s'est rapidement passionné pour le ballon rond. Un parcours classique : débuts aux Clayes, puis Versailles et le CA Mantes, où il concilie travail et football. En 1973, à l'âge de 24 ans, Reims lui propose un premier contrat professionnel, mais le club champenois ne respecte pas ses engagements. Beltramini signe à Laval, le Groupement (l'ancêtre de la LNF) le suspend six mois pour rupture abusive de contrat. Cette inactivité l'incite à reprendre le métier de maçon. Il finit par rejoindre Laval (1974-1975) et le Paris Football Club (1975-1979) où il débute en première division. À 30 ans, il inscrit 14 buts, malgré une dizaine de titularisations au poste de défenseur. Cette polyvalence séduira le président Borelli et le PSG, qu'il rejoint en 1979. Orphelin de Carlos Bianchi, le PSG va s'en remettre aux talents de son buteur, qui inscrit 14 buts en 30 rencontres officielles. L'arrivée de Dominique Rocheteau réduira à néant son temps de jeu la saison suivante. En 1981, il signe à Rouen et participe activement à l'accession en D1 puis au maintien des « Diables Rouges » inscrivant 19, puis 14 buts de 1982 à 1984. À 37 ans, il reste l'atout offensif numéro 1 des Normands mais n'évite pas la descente en D2. C'est l'heure de la retraite pour ce véritable héros en Normandie, qui suivra avec regret la longue agonie des Rouennais, désormais en National. Après avoir joué et entraîné le club amateur de Villepreux, où il résidait désormais, il travaillait dans l'entreprise familiale avec ses frères dans le BTP avant de décéder le 27 août 2014, des suites d'une longue maladie. Le 3 juin 2016, un stade à son nom a été inauguré à Clayes-sous-Bois, sa ville natale, où il résidait.

## BENACHOUR (Selim)

Le petit meneur de jeu tunisien n'a jamais pu s'imposer au PSG, qu'il avait rejoint à l'âge de 12 ans. Né à Paris, habitué du Parc des Princes où il admire son idole Safet Susic, Benachour a gravi patiemment les échelons pour enfin débuter avec les pros lors d'une rencontre amicale face au Japon (1-1, 08/10/2000). Cinq mois plus tard contre Galatasaray en Ligue des champions, il participe à son premier match officiel avec le PSG (2-0, 13/03/2001). Proche de Nicolas Anelka, Benachour doit pourtant quitter la capitale pour s'aguerrir et gagner du temps de jeu. Prêté à Martigues (2001-2002) puis à Troyes (janvier-juin 2003), il revient plus fort à Paris et sympathise avec Ronaldinho, qui le prend sous son aile. Ses prestations avec l'équipe de Tunisie, avec laquelle il participe à la Coupe du monde au Japon (2002) puis au sacre à la Coupe d'Afrique des Nations (2004), lui laissent espérer une place de titulaire à Paris. Mais Luis Fernandez voit en lui un remplaçant de luxe pour sa star brésilienne, Vahid Halilhodzic lui préfère ses poulains Branko Boskovic et Serguei Semak, et son expérience sous la direction de Laurent Fournier se résume à quelques rencontres. En 2005, son contrat n'est pas renouvelé, il quitte le PSG pour relancer sa carrière au Portugal, au Vitoria Guimaraes. Cette saison s'achève sur un nouvel échec, Benachour rejoint le championnat russe et le Rubin Kazan puis le club koweitien d'Al-Qadisiya, à la fin de l'année 2007. En fin de contrat, il revient en Europe et signe en Liga espagnole à Malaga (2009-2010). Après une première saison plutôt réussie (23 matches), Selim Benachour résilie son contrat à l'amiable. Un court passage au Camp des Loges pour se remettre en forme, puis Benachour retourne au Portugal, au Club Sport Maritimo en janvier 2011. Au début de la saison 2012-2013, il porte les couleurs de l'Apoël Nicosie, à Chypre pour deux saisons plutôt réussies, avec plusieurs matches en Ligue des champions. En juillet 2014, à 32 ans, son départ pour l'Iran et le Paykan FC surprend. Un an plus tard, il rejoint son ami Nicolas Anelka en Inde, au Mumbai City FC. En juillet 2016, c'est le retour aux sources, à Martigues, alors en championnat CFA. Selim Benachour passe ses diplômes d'entraîneur avec succès, tout en coachant l'équipe des U17, puis des U19. C'est en Roumanie, à Foresta Suceava (D3) qu'il débute sa nouvelle carrière d'entraîneur en 2018. Après un bref passage en Pologne au poste de directeur technique et entraîneur adjoint de l'Olimpia Grudziadz (D2), Selim Benachour a été nommé le 11 septembre 2020 responsable des équipes de jeunes à Oldham (D4 anglaise).

## BENARBIA (Ali)

Champion de France avec Bordeaux, élu meilleur joueur de la saison par ses pairs, Ali Benarbia choisit pourtant de tourner le dos à la Ligue des champions pour rejoindre le PSG, le club qui l'a toujours fait rêver. Lors de ses débuts à Narbonne, il joue déjà au

**Gardien de but**
Né le 4 janvier 1957
à Mont-de-Marsan

**Son parcours Joueur :** FC Sochaux (1974-1980), AJ Auxerre (1980-1985), PSG (1985-1992).
**Entraîneur :** PSG (entraîneur des gardiens puis entraîneur adjoint 1992-1998), Châteauroux (1998-1999), Lyon (entraîneur des gardiens et entraîneur adjoint 2000-...)
**Son palmarès :** Joueur : Champion de France (1986), Champion d'Europe (1984), vainqueur de la Coupe intercontinentale (1985) avec l'équipe de France.
**Entraîneur :** champion de France (1994, 2002, 2003, 2004, 2005, 2006, 2007, 2008), vainqueur de la Coupe de France (1993, 1995, 1998), vainqueur de la Coupe de la Ligue (1995, 1998, 2001).
**50 sélections avec l'équipe de France**

# Joël BATS

Avant de garder les buts parisiens de 1985 à 1992 et de détenir le record de sélections en équipe de France pour un portier (50 capes) jusqu'à l'émergence de Fabien Barthez, Joël Bats est passé par le centre de formation de Sochaux. Il débute sa carrière professionnelle lors d'un déplacement à Saint-Étienne, au stade Geoffroy-Guichard. Doublure d'Albert Rust dans le Doubs, c'est à Auxerre qu'il devient le meilleur gardien de but français, récompensé par une première sélection avec l'équipe nationale face au Danemark (1-3, 07/09/1983). Un an plus tard, il devient champion d'Europe avec les Bleus victorieux en finale de l'Espagne au Parc des Princes (2-0, 27/06/1984), puis le héros de la folle soirée de Guadalajara, où il détourne un penalty de Zico pour éliminer le Brésil de la Coupe du monde au Mexique (1-1, 4-3 t.a.b., 21/06/1986). En 1985, cet amoureux de la nature et de la pêche, mais aussi poète et chanteur à ses heures perdues, surprend en rejoignant le PSG et la capitale. Un an plus tard, il est champion de France et devient indispensable à Paris, avec lequel il atteindra le cap symbolique des 500 matches en Ligue 1. Au PSG, il connaît tout : un titre de champion de France (1986), le sauvetage lors du dernier match de championnat au Havre (1988), la résurrection du club avec Tomislav Ivic (1989) puis l'arrivée de Canal+ (1991). Après sept ans de bons et loyaux services, le PSG, qui vient d'engager Bernard Lama, lui offre la reconversion qu'il souhaitait. Michel Denisot lui confie la responsabilité de la préparation des gardiens de but, il est également l'œil du club et supervise les équipes adverses. Sa mission sera élargie lors du retour de Ricardo au club en 1996 : Joël Bats est l'entraîneur adjoint du Brésilien, avec lequel il remportera le doublé Coupe de France-Coupe de la Ligue en 1998. Après treize saisons à Paris, il doit quitter le PSG et rejoint Denisot à Châteauroux pour sa seule expérience d'entraîneur en solo qui s'achève sur un échec (1998-1999). Bats signe à Lyon et devient l'entraîneur de Grégory Coupet, d'Hugo Lloris puis de Rémy Vercoutre. Pressenti pour entraîner les gardiens de but du PSG en 2009, Joël Bats a préféré poursuivre sa mission avec les Gones jusqu'en décembre 2017, où il a rejoint Rémi Garde comme entraîneur adjoint à l'Impact de Montréal au Canada jusqu'en août 2019, avant de revenir en France.

milieu du terrain et se fait remarquer par sa technique, bien au-dessus de la moyenne. C'est à Martigues, qu'il rejoint en 1985, qu'on le découvre. La route vers la gloire est longue : débuts en D2 en 1988, puis en première division en 1993, à l'âge de 27 ans. Après deux saisons d'apprentissage, il poursuit son ascension à Monaco, où il obtient un titre de champion de France (1997), accumulant les passes décisives pour ses attaquants Sonny Anderson et Thierry Henry. La saison suivante, malgré l'arrivée de David Trezeguet, Monaco perd son titre. Réputé pour son franc-parler, le milieu de terrain algérien quitte alors le Rocher pour Bordeaux, où il prend une part prépondérante au titre de champion de France obtenu par les Girondins au terme d'un dernier match victorieux au Parc des Princes (3-2, le 29/05/1999). Malgré ce sacre, le PSG l'engage et l'entraîneur Philippe Bergeroo lui confie le brassard de capitaine. Et Paris renaît, obtient une deuxième place méritée derrière Monaco, mais échoue en finale de la Coupe de la Ligue face à Gueugnon (0-2, 22/04/2000). La saison suivante, Benarbia, proche de Nicolas Anelka, lui propose un retour à Paris. Avec Luccin et Dalmat, le PSG choisit le pari de la jeunesse. De son côté, Benarbia accepte les sollicitations de la fédération algérienne et débute avec les Fennecs le 1er septembre 2000, face au Burkina Faso. Il obtient le Fennec d'Or, titre honorifique récompensant le meilleur joueur algérien de l'année pendant trois saisons (de 1999 à 2001). Dans la capitale, ses relations avec Philippe Bergeroo ne sont plus au beau fixe, le temps de jeu du petit milieu de terrain se réduit au fil d'une saison ratée, malgré l'arrivée de Luis Fernandez à la fin de l'année 2000. Après une dernière pige au début de la saison 2000-2001, il décide de quitter les Rouge et Bleu. Pour l'Angleterre et Manchester City, alors en Division 2 (League One), après un essai non concluant à Sunderland. Les Blues de Manchester vont tomber sous le charme de Benarbia, surnommé « le nouveau Zidane » ou « le petit génie algérien » par la presse britannique, pourtant avare en louanges. Manchester City est de retour en Première League, Anelka rejoint son ami de toujours dans le nord de l'Angleterre. Benarbia décide alors de quitter le club mancunien et part pour le Qatar, à Al-Rayyan (2003-2005) puis au Qatar Sports Club (2005-2006). À la fin de l'année 2006, à 38 ans, le joueur met un terme à sa carrière et s'installe au Qatar, où il intègre la fédération de football en tant que conseiller. Il devient consultant foot pour Al Jazeera Sport, Canal+, puis consultant pour RMC Sport.

## BEN ARFA (Hatem)

Son arrivée au PSG, le 1er juillet 2016, était un rêve devenu réalité : le jeune Hatem, né à Clamart tout près du Parc des Princes, n'avait jamais caché son amour pour les Rouge et Bleu, le club de son cœur. Son père Kamel, ancien international tunisien, lui a transmis la passion du ballon rond, et c'est à 7 ans, à l'ASV Châtenay-Malabry, qu'il débute. Après avoir poursuivi sa formation à Montrouge, Boulogne-Billancourt et Versailles, Ben Arfa rejoint l'INF Clairefontaine et se fait connaître dans un documentaire diffusé par Canal+, sur le parcours de jeunes footballeurs. En 2002, à l'âge de 15 ans, il intègre le centre de formation de l'Olympique Lyonnais. Deux ans plus tard, le jeune prodige a déjà remporté avec les Bleuets l'Euro 2004 en catégorie U17, aux côtés des Nasri, Menez et Benzema, puis débute en Ligue 1 contre Nice (1-0, 06/08/2004). Il remporte de nombreux trophées avec les Gones : 4 titres de champion de France (de 2005 à 2008), une Coupe de France (2008) et 3 Trophées des champions (2005 à 2007). Le 13 octobre 2007, il débute avec les Bleus face aux îles Féroé et marque le dernier but de la rencontre (6-0). Il réussit une saison pleine avec Lyon (49 matches, 9 buts) avant de rejoindre Marseille au début

de la saison 2008-2009. Repositionné au poste de meneur de jeu, Ben Arfa va vivre trois saisons contrastées avec l'OM, malgré un triplé (champion de France, Coupe de la Ligue et Trophée des champions) en 2010. Didier Deschamps ne souhaite pas le conserver à Marseille et Ben Arfa part à Newcastle (prêt d'un an avec option d'achat), avant d'être gravement blessé (double fracture tibia-péroné) deux mois après son arrivée dans le nord de l'Angleterre. Ses quatre saisons à Newcastle sont irrégulières, avec des buts spectaculaires mais une condition physique parfois inadaptée au plus niveau. Le 1er septembre 2014, Ben Arfa est prêté à Hull City pour un nouvel échec, avant un retour à France au début de l'année 2015, direction Nice. Mais le règlement de la FIFA interdit de jouer pour trois clubs différents lors d'une saison et Ben Arfa doit attendre six mois avant de débuter avec les Aiglons, pour deux années réussies (18 buts en 39 matches). Libre de tout contrat, Ben Arfa signe enfin au PSG et marque pour ses débuts, avec la victoire au Trophée des champions à la clé (4-1 face à Lyon, 06/08/2016). La suite ne sera pas du même acabit : en manque de temps de jeu, il est écarté du groupe professionnel le 16 avril 2017 et ne jouera plus jamais sous le maillot rouge et bleu. Après une saison blanche, Ben Arfa retrouve le chemin des pelouses à Rennes, remportant ainsi la Coupe de France face au PSG (2-2, 6-5 t.a.b., 27/04/2019). Il quitte pourtant Rennes sur ce succès et doit patienter six mois avant de retrouver un club, le Real Valladolid en Espagne, avec lequel il ne joue que 5 matches suite à la crise de la Covid-19. À la fin de son contrat de six mois, Hatem Ben Arfa s'engage le 7 octobre 2020 avec les Girondins de Bordeaux, mais sa saison est décevante et c'est un nouvel échec pour un joueur longtemps considéré comme le petit prodige du football français.

## BEN MUSTAPHA (Kamel)

Après avoir débuté sa carrière en Tunisie à Monastir, Kamel Ben Mustapha rejoint la France en 1966 à Ponthierry en pupille. En 1971, il quitte Melun et rejoint le tout nouveau PSG, pour renforcer l'équipe réserve en Division 3. Il connaît son heure de gloire le 28 juin 1972, inscrivant le premier but de la victoire du PSG en Coupe de Paris face à Malakoff (2-1). Après Paris, il rejoint Lucé, Chartres, Melun (1978-1980) puis privilégie sa carrière professionnelle et prend la direction d'un cabinet d'expert-comptable à Chartres. Président du Football club de Lucé pendant de nombreuses années, Kamel Ben Mustapha s'est occupé de l'association « Maison pour tous » et il a participé activement à la relance du football en Eure-et-Loir, dans sa chère ville de Chartres.

**Milieu de terrain**
Né le 2 mai 1975
à Londres

**Son parcours :** Manchester United (1992-2003), Real Madrid (2003-2007), Los Angeles Galaxy (2007-2012), Milan AC (prêts, 2010 et 2011), PSG (janvier à juin 2013)
**Son palmarès :** vainqueur de la Ligue des champions (1999), de la Coupe intercontinentale (1999), champion d'Angleterre (1996, 1997, 1999, 2000, 2001, 2003), champion d'Espagne (2007), champion des États-Unis (2011, 2012), champion de France (2013), vainqueur de la Coupe d'Angleterre (1996, 1999), du Charity Shield (1996, 1997) et de la Supercoupe d'Espagne (2004).
**115 sélections avec l'équipe d'Angleterre, 17 buts**

# David BECKHAM

Le 31 janvier 2013, le PSG a changé de dimension en engageant David Beckham. À 37 ans, c'est un dernier défi pour l'enfant chéri du football anglais, qui a connu tous les succès à Manchester, Madrid ou à Los Angeles. Recalé par Tottenham, c'est à Manchester United qu'il signe son premier contrat, à l'âge de 14 ans. Le 23 septembre 1992, Beckham débute avec les Red Devils en Coupe de la Ligue à Brighton (1-1). Quelques mois plus tard, après un prêt à Preston North End, Beckham est de retour à Manchester et va s'imposer sur le flanc droit de MU, au côté d'un certain Éric Cantona. En 1996, l'équipe entraînée par Alex Ferguson réussit le doublé championnat-coupe, avant un quadruplé exceptionnel trois ans plus tard (champion d'Angleterre, Coupe nationale, Ligue des champions et Coupe intercontinentale). Une année exceptionnelle pour la nouvelle idole du foot anglais, qui épouse la « Spice Girl » Victoria Adams le 4 juillet, pour former le couple le plus glamour du Royaume-Uni. Sa carrière en équipe d'Angleterre lui laisse un goût amer : aucun titre majeur et une expulsion lors du Mondial en France contre l'Argentine (2-2, 3-4 t.a.b. en 8e de finale, 30/06/1998) qui va diviser le pays et déchaîner les tabloïds anglais. En 2003, Beckham quitte l'Angleterre et Manchester United (394 matches officiels, 85 buts) pour l'Espagne et le Real Madrid, rejoignant les « Galactiques » Figo, Zidane et Ronaldo. À Madrid, il ne remporte qu'un seul titre de champion en quatre ans et décide, contre toute attente de partir jouer aux États-Unis, à l'âge de 32 ans. Beckham joue son dernier match avec la sélection anglaise face à la Biélorussie (3-0, 14/10/2009), après avoir porté le brassard de capitaine jusqu'en 2006. Avec 115 sélections, il est toujours le troisième joueur le plus capé pour la sélection des Trois Lions. Ambassadeur du soccer aux États-Unis au Los Angeles Galaxy, Beckham effectue deux piges de six mois en Europe, au Milan AC (2009 et 2010). C'est en Italie, face au Chievo Vérone (1-0, 14 mars 2010) que sa carrière internationale s'achève sur blessure (rupture du talon d'Achille). Après six mois d'arrêt, il est de retour à Los Angeles et remporte deux titres de champion (2011, 2012). Icône de la mode et ambassadeur de nombreuses marques, Beckham rejoint alors le PSG. Un ambassadeur de charme pour le club parisien, qui lui permet de remporter à Paris un nouveau titre de champion, le dixième de sa carrière, lors d'une soirée inoubliable au Parc des Princes, le 18 mai 2013 face à Brest (3-1), avec le brassard de capitaine pour ses adieux. Le 29 janvier 2018, David Beckham a annoncé la création d'une équipe de football à Miami : l'Inter Miami FC, qui a fait ses grands débuts en Major League Soccer le 1er mars 2020.

## BENSOUSSAN (Michel)

Formé à l'école paloise par le père de Jean-Michel Larqué, Michel Bensoussan a rapidement trusté les sélections dans son Sud-Ouest natal, malgré la concurrence du jeune gardien bordelais et futur entraîneur du PSG, Philippe Bergeroo. À 20 ans, il effectue son service militaire et fait un essai au PSG qui se révèle concluant. En 1976, il signe un contrat professionnel et bénéficie des précieux conseils du portier titulaire, Ilja Pantelic. Le 31 janvier 1976, Bensoussan est pour la première fois titularisé dans les buts parisiens pour la rencontre de Coupe de France contre Corbeil (3-1). La saison suivante, le retrait de Pantelic lui donne une place de titulaire, malgré la concurrence avec Daniel Bernard. En 1978, il accepte un prêt pour le PFC, puis retourne au PSG. Doublure de Dominique Baratelli désormais incontournable, Bensoussan préfère rejoindre d'autres cieux, à Rouen (1980-1985) puis à Caen (1985-1989). Il devient champion olympique avec les Bleus aux JO de Los Angeles en 1984, même s'il ne participe à aucune rencontre lors de la compétition. En 1989, quinze ans après ses débuts au Camp des Loges, il revient au PSG pour seconder Joël Bats. La boucle est bouclée pour celui que l'on surnomme « le grand », devenu agent immobilier à Saint-Germain-en-Laye et désormais retraité à Pau.

## BERCHICHE (Yuri)

Une seule saison à Paris pour Yuri Berchiche, qui n'aura laissé que des bons souvenirs aux fans rouges et bleu. Pur produit de la formation basque, Berchiche a connu des débuts mouvementés : passer de la Real Sociedad au rival de l'Athletic Bilbao n'est pas un acte facile, et partir à 17 ans pour l'Angleterre est un pari risqué. À Londres, il poursuit sa progression, avec un prêt à Cheltenham Town (D3) puis en Espagne au Real Valladolid, jusqu'en 2010. Tottenham ne le conserve pas et Berchiche retrouve son cher Pays basque à Irun, puis revient à la Real Sociedad, son club formateur. Deux saisons en prêt à Eibar (D3 espagnole) l'aguerrissent, avec un titre de champion de

la Liga 2 (D2 espagnole) en 2014 avant de revenir à San Sebastian dans la peau d'un titulaire, pour trois saisons réussies. Son arrivée au PSG, officialisée le 7 juillet 2017, est une surprise mais le défenseur basque va bouleverser la hiérarchie au poste d'arrière gauche, pour devenir l'égal de Layvin Kurzawa et remporter trois trophées (championnat, Coupe de France et Coupe de la Ligue). Un an plus tard, le club parisien, en manque de liquidités suite aux décisions du fair-play financier, accepte de le vendre à l'Athletic Bilbao, avec une belle plus-value au passage. Toujours présent sur les réseaux sociaux pour encourager ses anciens coéquipiers parisiens, Berchiche était, en 2021, cadre à Bilbao, un des clubs doyens du football espagnol.

## BERCY (Palais omnisport de Paris-Bercy)

De 1984 à 1991, le PSG a organisé son tournoi en salle et a régalé les spectateurs, remportant au passage les éditions de 1987 et 1990. Safet Susic reste le roi du POPB, réussissant plusieurs gestes techniques exceptionnels et finissant meilleur buteur avec 11 buts en 1989, un total jamais égalé. En 2007 et 2009, le PSG a participé à Bercy au tournoi RTL Futsal, avec pour prestigieux adversaire l'équipe de France 1998.

## BÉREAU (Bernard)

Bernard Béreau débute sa carrière à l'US Auteuil, à l'âge de 9 ans. Après quelques années en scolaire, il poursuit sa carrière à Courbevoie puis rejoint à 20 ans le célèbre Racing, où il apparaît à cinq reprises dans la formation professionnelle. Il rejoint alors le CAP (Club Athletic Paris) pendant trois saisons, puis l'ancêtre du PSG, le Stade Sangermanois en 1964. Kinésithérapeute de métier, il s'occupe aussi de ses coéquipiers et devient, en 1970, un des piliers du nouveau PSG. Tout au long de cette première saison, sa polyvalence (il peut jouer défenseur puis, huit jours plus tard, attaquant) en fait un élément indispensable de l'équipe et l'un des principaux artisans de la montée en D1. Le recrutement de plusieurs joueurs professionnels semble le cantonner à une place en équipe réserve, mais les nombreuses blessures et les contre-performances des Parisiens vont modifier la donne. Le 28 août 1971, trois minutes après son entrée en jeu, il inscrit un but splendide contre Lille (4-1) et participe à 10 matches en première division, inscrivant 2 buts. Toujours kiné de l'équipe, il décide après la scission de poursuivre l'aventure PSG en D3. Véritable patron de la défense, Béreau participe à la remontée du PSG. Une dizaine de fois, il rendra service au club la saison suivante, terminant sa carrière avec les Rouge et Bleu contre Sète (0-0) le 14 avril 1974, dix ans après son arrivée à Saint-Germain. Quelques mois plus tôt, il aura participé à la première rencontre officielle du PSG au Parc des Princes, contre le Red Star (3-1, le 11 novembre 1973). Une belle manière de boucler la boucle pour cet infatigable milieu de terrain, décédé le 17 janvier 2005, à l'âge de 64 ans.

## BERGEROO (Philippe)

Passionné de rugby qu'il pratique dans sa jeunesse au Pays basque, Philippe Bergeroo choisit finalement le football et s'impose comme un gardien de but de tout premier plan, du haut de ses 191 cm. Formé à Saint-Jean-de-Luz, il rejoint les Girondins de Bordeaux et joue son premier match professionnel contre Saint-Étienne (0-2) en 1972. International Juniors, Espoirs et B, il décide de quitter la Gironde pour relancer sa carrière à Lille et débute avec l'équipe de France A face aux USA (3-0, 10/10/1979). Un nouveau départ pour l'ambitieux Toulouse FC (1983-1984) lui permet de devenir la doublure de Joël Bats chez les Bleus, vainqueur du Championnat d'Europe en 1984. Quatre ans plus tard, il met un terme à sa carrière et rejoint le staff de l'équipe de France pour s'occuper des gardiens de but. Dix ans avec les Bleus qui s'achèvent par une victoire exceptionnelle en Coupe du monde, aux côtés d'Aimé Jacquet. En 1998, il rejoint le PSG et Alain Giresse, le nouvel entraîneur des Rouge et Bleu. Artur Jorge remplace Giresse, puis quitte à son tour le club. Le 13 mars 1999, Bergeroo est nommé entraîneur du PSG et va mener les siens jusqu'à la Ligue des champions, après une méritoire seconde place lors de la saison 1999-2000. Paris engage Luccin, Dalmat et Anelka pour viser le titre mais va connaître un début de saison difficile. Le 2 décembre 2000, Paris sombre à Sedan (1-5) et Bergeroo doit à son tour quitter le PSG. En 2002-2003, l'ex-entraîneur parisien retrouve un poste à Rennes, qu'il quittera après seulement dix matches. Il réintègre la Fédération française de football et s'occupe de l'équipe nationale des U17, avec laquelle il remporte en 2004 le Championnat d'Europe. Après avoir dirigé de nombreuses sélections de jeunes pendant plus d'une décennie (U16, U17, U18, U19, U20), Bergeroo est nommé sélectionneur de l'équipe de France féminine le 30 juillet 2013. Trois ans plus tard, après des Jeux olympiques décevants en 2016, il n'est pas conservé à ce poste. Depuis ce départ et son retour dans le Sud-Ouest de la France, il se passionne désormais pour le rugby… et la pêche à la truite !

## BERNARD (Daniel)

Daniel Bernard débute à 10 ans à Saint-Lorentin, dans la banlieue niçoise, puis rejoint le Cavigal de Nice et l'AS Saint-Étienne, en catégorie Juniors. Une pige à Joinville pour effectuer son service militaire en 1969 avant d'intégrer le Stade Rennais, dont il défendra les couleurs pendant huit saisons. Considéré comme un des meilleurs portiers français, il porte le maillot tricolore en catégorie Juniors (une trentaine de fois), Militaire, Amateurs et Espoirs. Le 25 mai 1975, il est sur le banc des remplaçants pour la rencontre Islande-France (0-0). Le Stade Rennais connaît alors deux relégations en trois saisons, l'éloignant de l'équipe de France. En 1977, il signe au PSG pour relancer sa carrière mais un début de saison catastrophique lui fait perdre sa place de titulaire. En concurrence avec Bensoussan, il profite de la blessure de ce dernier pour retrouver du temps de jeu, sans s'imposer. Daniel Bernard quitte la capitale et rejoint Brest (1978-1984) puis Monaco (1984-1985). Il s'installe dans le Finistère, devient commercial pour La Mondiale et chez un imprimeur informatique, puis chauffeur de taxi à Brest avant d'arrêter son activité suite à une mise en invalidité. Daniel Bernard est décédé le 9 avril 2020, à l'âge de 70 ans.

## BERNAT (Juan)

Arrivé en toute discrétion au PSG à la fin du mercato estival en 2018, Juan Bernat est devenu un titulaire indiscutable sur le flanc gauche de la défense parisienne. Formé à Valence en Espagne où il débute à l'âge de 7 ans, il gravit tous les échelons pour débuter avec l'équipe professionnelle le 27 août 2011 face à Santander, un match totalement fou remporté par les Valenciens (4-3). Il faut attendre la saison 2013-2014 pour voir Bernat gagner ses galons de titulaire, avec son

numéro fétiche sur le dos, le 14. À l'issue de cette saison, Pep Guardiola, alors entraîneur du Bayern Munich, tombe sous son charme et Bernat franchit une nouvelle étape dans sa carrière en rejoignant le club munichois. La première saison en Allemagne est une réussite : le 12 octobre 2014, il débute avec l'équipe d'Espagne face au Luxembourg et marque pour ses débuts (4-0), lui qui avait participé épisodiquement à la victoire des U19 espagnols au championnat d'Europe en 2012 en Estonie, sans jamais s'imposer avec les jeunes pousses de la Roja. Les titres s'accumulent au Bayern, avec quatre titres de champion d'Allemagne (2015, 2016, 2017 et 2018), mais un parcours terni par les blessures (déchirure musculaire et deux mois d'absence en 2016, problème au ligament en 2017 et quatre mois sans jouer) qui réduisent drastiquement son temps de jeu. Non conservé par le Bayern, Bernat décide alors de relancer sa carrière au PSG, avec la réussite que l'on connaît. Infatigable sur son flanc gauche, buteur surprise en Ligue des champions (5 sur 6 buts inscrits au total sous les couleurs rouge et bleu), il s'impose à Paris et retrouve même l'équipe d'Espagne le 26 mars 2019 face à Malte (2-0), après plus de trois ans d'absence.A 28 ans, il reste un cadre au PSG, malgré une saison blanche et sa blessure le 16 septembre 2020 (rupture du ligament croisé intérieur du genou gauche) lors d'un match de championnat face à Metz (1-0).

## BERNEDE (Antoine)

Formé aux Solitaires de Paris, Antoine Bernede a rejoint le PSG à l'âge de 13 ans, après avoir impressionné les recruteurs parisiens lors d'un tournoi de quartier, à Belleville. Milieu de terrain polyvalent, régulièrement surclassé, on le découvre lors du parcours des Parisiens en Youth League lors de la saison 2015-2016 où les jeunes Rouge et Bleu échouent en finale de la compétition face à Chelsea (1-2, 18/04/2016), puis avec le titre de champion de France U17 – une première depuis 2011 – par les Titis Parisiens, avec un but à la clé lors de la victoire en finale contre Saint-Étienne (4-2, 04/06/2016). Quelques mois plus tard, il signe son premier contrat professionnel avec le PSG, puis profite de l'absence des Mondialistes 2018 pour remporter le Trophée

des champions à Shenzhen en Chine face à Monaco (4-0, 04/08/2018) en remplaçant le capitaine parisien Thiago Silva en fin de rencontre. Dans la foulée, Thomas Tuchel le titularise pour les deux premiers matches de Ligue 1 au Parc des Princes contre Caen (3-0, 12/08/2018) puis à Guingamp (3-1, 18/08/2018). Deux titularisations sans lendemain, Bernede retourne avec l'équipe réserve en National 2 et comprend que son avenir est ailleurs. Le 6 février 2019, il s'engage avec le Red Bull Salzbourg. Malgré deux fractures du tibia, le même jour à un an d'intervalle (25 septembre 2019 et 2020), il a retrouvé le chemin des pelouses et vient de remporter un troisième doublé championnat-coupe avec le club autrichien en 2020-2021.

## BERTHAUD (Dominique)

Engagé par Justo Fontaine en 1975, Berthaud quitte Évreux et l'anonymat de la Division 3 avec l'ambition de découvrir le football professionnel. Stagiaire, il débute pourtant la saison au poste de milieu de terrain défensif et dispute 14 rencontres de D1 au cours des six premiers mois de la saison. Il n'ira pas plus loin : avec 15 matches joués, la Ligue de Football exigerait la signature automatique d'un contrat pro. Il quitte Paris et rejoint Angoulême (1976-1980), Thonon (1980-1981) avant de retrouver Robert Vicot, à Rouen. Berthaud participe à la montée des Normands en D1 en 1981-1982 et sa carrière s'achève à Quimper (1985). Il entraîne à Rochefort (1985-1989 puis 1992-1996 avant de devenir directeur sportif), Évreux, en D3 (1989-1992), puis Cognac (2003-2006). En 2021, Dominique Berthaud vivait à Port-des-Barques, en Charente-Maritime.

## BIANCHI (Armando)

Ne lui cherchez aucun lien familial avec son illustre homonyme, Carlos Bianchi. Armando n'est pas argentin mais bien français. Né en Italie à Tavernerio, il arrive en France à l'âge de 4 ans et obtient la nationalité française à 21 ans. C'est à Rouen qu'il signe son premier contrat professionnel en 1972. Milieu défensif à ses débuts, il finit son parcours en Normandie six ans plus tard, en position de meneur de jeu. Francis Borelli apprécie cette polyvalence et l'engage suite à un essai concluant au tournoi de Paris en 1978. Après une première saison réussie, il a la lourde tâche de remplacer la star parisienne Joao Alves, blessé au début du championnat. Au terme d'une rencontre face à Nîmes (0-2, 13/10/1979), Armando Bianchi doit à son tour abandonner ses camarades pour environ six mois, souffrant d'une hernie discale. Pas rancunier, il accepte un prêt à Nîmes la saison suivante avant de revenir sur Paris, au Paris FC (1981-1982) puis au Racing Paris 1 (1982-1983), avec lequel il monte en première division. Une dernière pige à Grenoble, puis il rejoint Roanne en qualité d'entraîneur-joueur (1985-1988). Blessé au genou, Bianchi travaille dans un cabinet d'assurance jusqu'en 1997. En 2005, retour au FC Roanne : après avoir dirigé les U17 et occupé les postes de responsable administratif, de la communication et d'Internet pour le club du Loire Nord FC, Armando Bianchi a cessé toute activité avec le football au début de l'année 2012.

## BIANCHI (Carlos)

voir P62

## BIANCONI (Pierre)

Disparu mystérieusement le 29 septembre 1993, Pierre Bianconi restera à jamais une figure historique du football corse et un joueur au tempérament bien trempé, voire un tantinet excessif pour ses adversaires directs ! Formé à l'EF Bastia, il signe un premier contrat au Sporting Club Bastia après une formation à l'INF Vichy (1980). Attaquant, c'est au poste de défenseur latéral qu'il va s'imposer sur l'île de Beauté, non sans avoir porté les couleurs de Besançon, Cannes et Nîmes. L'épisode cannois s'achève dans la confusion, après une altercation avec l'attaquant toulousain Marcico lors d'une rencontre amicale. L'arbitre sort le carton rouge, Bianconi le déchire et frappe l'homme en noir, écopant d'une suspension de six mois ferme. En 1987, Francis Borelli le repère lors d'un derby corse face

à Ajaccio et lui propose un contrat de quatre ans avec le PSG. Le début de saison est une réussite, mais les vieux démons réapparaissent : il est expulsé pour avoir agressé le joueur monégasque Youssouf Fofana (0-1, le 19/08/1987). Une vilaine blessure au genou, suivie d'une autre à la cheville, le laisse sur le flanc pour le reste de la saison. Sans regret, il retourne à Bastia dont il devient le capitaine emblématique jusqu'en 1993. Engagé politiquement, il disparaît quelques mois plus tard, victime de la guerre entre les différentes factions indépendantistes en Corse. La légende Bianconi reste vive sur l'île de Beauté, où les plus folles rumeurs laissent entendre que l'ancien capitaine de Bastia aurait détruit la voiture de location mise à la disposition par le club quelques jours avant sa disparition et que son corps serait enterré sous la tribune Est de Furiani, le théâtre de ses exploits. Sa sœur, l'écrivain Léa Casale, avait publié deux ouvrages, Le Bleu de l'Innocence en 2010 puis L'idole d'une génération en 2013 avec l'espoir de connaître enfin la vérité sur la disparition de Pierre Bianconi. Sans succès…

## BIBARD (Michel)

Pur produit du centre de formation du FC Nantes, Michel Bibard a réussi là où beaucoup d'autres avaient échoué : confirmer après avoir quitté le club nantais. Avec son camarade Fabrice Poullain, il a réussi une carrière honorable avec le PSG, obtenant même un titre de champion de France lors de sa première saison au club (1985-1986). Après des débuts timides à Amboise et Saumur, Bibard intègre le centre de formation de Nantes en 1976. Cet attaquant de formation se transforme en défenseur latéral à vocation offensive et ne joue qu'une seule rencontre en première division contre Sochaux (2-1, 29/01/1977). Assez pour se voir accorder un titre de champion de France au terme de cette première saison. En 1981, il devient enfin titulaire et fait partie de la « dream team » nantaise, championne en 1983. Logiquement, il intègre l'équipe de France, et obtient six sélections et un titre de champion olympique à Los Angeles en 1984. En 1985, c'est le grand saut vers Paris et une saison exceptionnelle, avec à la clé un nouveau titre de champion (son quatrième), puis un podium à la Coupe du monde au Mexique avec les Bleus. Durant ses six années sous le maillot parisien, Bibard répond toujours présent à tous les postes défensifs, participant à 182 rencontres officielles. L'arrivée de Canal+ et le renouvellement d'une grande partie de l'effectif l'obligent à quitter la capitale, direction le sultanat d'Oman pour une pige de six mois avec son compère parisien Philippe Jeannol. De retour en France, Bibard ouvre un hôtel-restaurant à Chatenay-Malabry dans la région parisienne, et s'occupe des U15 de Rueil-Malmaison. En 2001, il prend en charge les U17 nationaux du PSG, sans connaître le succès. Après avoir entraîné Rueil-Malmaison (2002-2007), le FC Saint-Leu (2007), puis le FC Saint-Cloud (Promotion d'Honneur), il profite désormais d'une retraite bien méritée, à compter du 1er avril 2020.

## BICYCLETTE

L'attaquant du PSG Amara Simba est le grand spécialiste de la bicyclette, un des gestes les

**Attaquant**
Né le 26 avril 1949
à Buenos Aires

**Son parcours : Joueur :** Velez Sarsfield (1967-1973
Reims (1973-1977), PSG (1977-1979),
Strasbourg (1979-1980),
Velez Sarsfield (1980-1984), Reims (1984-1985).
**Entraîneur :** Reims (1984-1988), Nice (1988-1990)
PFC (directeur technique, 1990-1991),
Velez Sarsfield (1993-1996), AS Roma (1996),
Boca Juniors (1998-2001 puis 2003-2004),
Atletico de Madrid (2005-2006),
Boca Juniors (manager 2009-2010,
puis entraîneur 2012-2014).
**Son palmarès : Joueur :** champion d'Argentine (1968), meilleur buteur du Championnat de France (1974, 1976, 1977, 1978, 1979).
**Entraîneur :** champion d'Argentine (1993, 1995, 1996, 1998, 1999, 2000, 2003),
vainqueur de la Copa Libertadores (1994, 2000, 2001, 2003), vainqueur de la Coupe intercontinentale (1994, 2000, 2003), vainqueur de la Coupe interaméricaine (1996).
**14 sélections avec l'Argentine, 7 buts**

# Carlos BIANCHI

Surnommé « El Goleador » pour ses talents de buteur, Carlos Bianchi avait mis au supplice les défenseurs du PSG avant de rejoindre le club en 1977, inscrivant la bagatelle de 12 buts (dont un sextuplé !) en 3 saisons face aux Parisiens. C'est à 12 ans que le jeune Argentin signe une première licence au Velez Sarsfield. En 1970, il termine meilleur réalisateur du championnat puis récidive lors de la saison suivante, inscrivant 42 buts. Bianchi débarque en Europe et choisit Reims en 1973. Il devient rapidement la coqueluche du stade Delaune. Ses stats sous le maillot rémois sont exceptionnelles : 140 buts (dont 115 buts en championnat) et 3 titres de meilleur buteur. En 1974, une grave blessure à la jambe lors d'une rencontre amicale au Parc des Princes le prive d'un nouveau titre de meilleur buteur. Au PSG, Bianchi va réussir une première saison exceptionnelle, inscrivant 37 buts en 38 rencontres ! Une réussite surprenante pour un buteur myope : 5/10 à l'œil gauche, 8/10 à l'œil droit. En 1978, avec 28 buts, il remporte un cinquième titre de meilleur buteur. Le Goleador argentin n'a jamais rien gagné en France. Pour changer la donne, il quitte la capitale et signe à Strasbourg, champion de France en titre. Souffrant d'une pubalgie, il ne connaît pas le succès espéré. En 1980, il va terminer sa carrière à Velez, avec 385 buts inscrits en 546 matches de championnat, difficile de trouver buteur plus efficace ! De retour à Reims il devient entraîneur du club champenois quelques mois plus tard. Une nouvelle carrière qu'il poursuivra à Nice et au Paris FC, avant de connaître la consécration à Velez Sarsfield, puis à Boca Juniors, remportant quatre Copa Libertadores et trois Coupes intercontinentales. Un palmarès inégalé malgré deux échecs en Europe avec l'AS Roma, puis à l'Atletico de Madrid. Son retour à Paris a été envisagé, pour remplacer Gérard Houllier (1988) puis Philippe Bergeroo (2000). Même s'il possède une maison dans les Yvelines, Carlos Bianchi n'aura jamais entraîné le PSG. En 2009, il est de retour à Boca Juniors comme directeur sportif puis comme entraîneur. L'aventure se termine en août 2014 pour l'ancien buteur rouge et bleu, toujours attentif aux résultats de ses anciennes équipes de cœur : Velez Sarsfield et Boca Juniors en Argentine, Reims et le PSG en France.

plus techniques et spectaculaires du football. Le buteur des Rouge et Bleu a réussi cet exploit à trois reprises en championnat de France, au rythme d'un but par saison : face à Mulhouse (1-0, 07-04-1990) puis Nîmes (2-0, 26-10-1991) et avec Cannes... face au PSG (2-0, 13-04-1991), alors qu'il est prêté sur la Croisette. Pas rancuniers, les dirigeants parisiens le réintègrent dans l'effectif quelques mois plus tard.

## BIED (Sylvain)

Passé par l'ASU Lyon, Villeurbanne et Saint-Priest, Sylvain Bied rejoint le PSG en qualité de quatrième gardien de but. Mais rien ne tourne rond dans la maison parisienne en cette saison 1984-1985. Profitant des blessures (Baratelli, Merelle) et des mises à l'écart (Moutier), Bied débute au Parc de Princes contre le Sporting Lisbonne (1-3, 19/03/1985, lors d'un match amical) puis Georges Peyroche lui renouvelle sa confiance une semaine plus tard, à Lens (1-4, 26/03/1985) où il encaisse un but après seulement 84 secondes de jeu ! Bied poursuit sa carrière à Valenciennes, Fontainebleau, Amiens, Melun, Orléans, Dijon, Angers et Saint-Pryvé – Saint-Hilaire, en CFA 2. Entraîneur des gardiens de but à Laval (2002-2004), Amiens (2004-2006), Dieppe (2007), Beauvais (adjoint, 2007-2008), et le petit club d'Amiens-Montières en Promotion de District de la Somme (2009). Sylvain Bied est tragiquement décédé le 18 février 2010, à l'âge de 45 ans.

## BIÉTRY (Charles)

Journaliste sportif de formation et Breton de cœur, Charles Biétry s'est fait connaître aux Jeux olympiques de Munich en 1972, en annonçant la mort de plusieurs membres de la délégation olympique israélienne par des preneurs d'otages palestiniens. Ce scoop, alors qu'il travaille à l'AFP, lance sa carrière, qu'il poursuivra sur Canal+ à la direction du sport en 1984, lors du lancement de la chaîne cryptée. En 1992, il est nommé président du PSG Omnisports, puis remplace Michel Denisot à la tête du PSG Football en 1998. Six mois plus tard, il décide d'abandonner son poste, se retire de la section omnisports et rejoint TF1, puis devient directeur des Sports à France Télévision. Passionné de football, il accepte de rejoindre Créteil au mois de juin 2001 en qualité de directeur sportif, mais quitte le club cristolien trois semaines plus tard. À la fin de l'année 2001, Charles Biétry abandonne la direction des Sports et occupe la fonction de conseiller, auprès de Marc Tessier, le grand patron du groupe public. Au mois de septembre 2006, le journaliste rejoint Onzéo, la chaîne de télévision de Lens et Saint-Étienne, puis devient recruteur à titre bénévole pour le Stade Rennais (2007). En septembre 2009, il occupe la fonction de directeur éditorial à l'Équipe TV avant d'accepter en 2011 la direction de beIN Sports. Après avoir lancé avec succès la chaîne sportive qatarienne en France, Charles Biétry intègre l'organigramme du LOSC à Lille de 2017 à 2020 au poste de conseiller du président Gérard Lopez. Conseiller municipal à Carnac, en Bretagne, il a fait son entrée au conseil d'administration du Vannes OC (National 2), qui a l'ambition de retrouver le monde professionnel après le dépôt de bilan du VOC en juin 2014.

## BISEVAC (Milan)

Une seule saison pour Milan Bisevac à Paris (25 matches, 1 but), avant de quitter la capitale pour Lyon en 2012. Le défenseur avait rejoint lors de l'intersaison 2011 son ancien entraîneur et mentor à Valenciennes, Antoine Kombouaré. Après avoir joué dans plusieurs clubs serbes, c'est à l'Étoile Rouge Belgrade que Bisevac se fait un nom. Formé à l'OFK Belgrade, où il commence au poste de milieu de terrain à l'âge de 12 ans, il séduit le versatile public du Maracana de Belgrade lors d'un match du tour préliminaire de la Ligue des champions face au PSV Eindhoven (3-2, 10/08/2004) et confirme son excellent parcours avec les Serbes au Championnat d'Europe Espoirs, battus en finale par l'Italie (0-3, 08/06/2004) à Bochum en Allemagne, puis aux JO d'Athènes quelques semaines plus tard. Avec l'Étoile Rouge Belgrade, Bisevac réussit une première saison délicate avant de faire le doublé championnat-coupe. Une victoire historique avant la partition entre la Serbie et le Monténégro, la fin d'un processus de séparation entre les différentes ethnies de l'ex-Yougoslavie. Une guerre qui l'a personnellement touché, ses parents vivant alors dans l'enclave serbe du Kosovo. Bisevac a découvert la France lors d'un match de Coupe UEFA, avec un doublé d'un jeune joueur inconnu, son futur coéquipier Kevin Gameiro (2-2 face à Strasbourg, 15/12/2005). Quelques mois plus tard, il signe à Lens, mais devra patienter six mois avant de rejoindre les Sang et Or, suite à un décès familial. Bisevac débute avec la sélection serbe face à la République tchèque (3-2, 16/08/2006) et va connaître une seconde saison difficile avec Lens : il est absent sur blessure lors de la défaite en finale de la Coupe de la Ligue… face au PSG (1-2, 29/03/2008) et assiste impuissant à la relégation des Nordistes, dépassés en fin de Championnat par les Parisiens. Il quitte Lens pour Valenciennes et devient un joueur essentiel du onze entraîné par Antoine Kombouaré. De retour avec la sélection serbe après trois ans d'absence (Israël-Serbie 0-2, 09/02/2011), Bisevac signe enfin à Paris en 2011 et s'impose rapidement comme un titulaire incontournable en défenseur central, aux côtés de Mamadou Sakho. Carlo Ancelotti lui maintient sa confiance sur le flanc droit de la défense à un poste qu'il a déjà occupé dans sa jeunesse, puis les arrivées d'Alex et de Thiago Silva en défense l'obligent à réfléchir sur son avenir à Paris. Le 16 août 2012, c'est officiel : Milan Bisevac rejoint l'Olympique Lyonnais, sans avoir démérité au PSG et avec le respect de tous les supporters parisiens. En janvier 2016, gêné par les blessures (rupture des ligaments croisés à Monaco un an plus tôt), il résilie son contrat et part en l'Italie à la Lazio Rome pour six mois sans relief. Le 24 août 2016, Bisevac retrouve le Championnat de France avec Metz pour deux saisons. Après la relégation des Lorrains en 2018, il choisit de rester dans la région et rejoint le Luxembourg, à Dudelange (2018-2019) puis le FC Swift Hesperange, en Division d'Honneur, avant de ranger les crampons. Installé en Lorraine, il était, en 2021, entraîneur adjoint du FS Magny, modeste club (Régional 2) près de Metz.

## BLANC (Jean-Claude)

Depuis le 7 octobre 2011 et sa nomination au poste de directeur général du PSG, Jean-Claude Blanc est en charge de l'ensemble des activités du club, à l'exception du secteur sportif, sous la responsabilité de Leonardo. Un nouveau défi pour ce passionné de sport, titulaire d'une maîtrise en administration des affaires à la Harvard Business School. De 1987 à 1992, Jean-Claude Blanc est directeur marketing et des cérémonies d'ouverture et de clôture des Jeux olympiques d'Albertville. En 1994, il devient directeur général d'Amaury Sport Organisation (ASO), société qui détient la propriété et gère de nombreux événements sportifs (Tour de France cycliste, Paris-Dakar, Marathon de Paris) et participe activement à la création de l'Équipe TV. De 2001 à 2006, direction la Fédération française de tennis où il est responsable de l'organisation de Roland-Garros, du tournoi de Bercy et des rencontres en Coupe Davis. Passionné de football, Jean-Claude Blanc devient administrateur de la Juventus Turin en 2005. Après la relégation en Serie B de la Juve suite à un scandale sportivo-financier dans le football italien, il est nommé administrateur délégué et directeur général de la « Vieille Dame » en 2006. Après avoir sauvé et relancé le club, qui retrouve rapidement la Serie A, Jean-Claude Blanc accède à la présidence le 12 octobre 2009. À la tête de la Juve, il est à l'origine de la construction d'un nouveau stade propriété du club, une grande première en Italie. Le 28 avril 2010, Jean-Claude Blanc passe le relais à Andrea Agnelli, tout en conservant un poste d'administrateur pour le club italien jusqu'en septembre 2011. Ses nombreux succès séduisent les nouveaux investisseurs qatariens du PSG, qui ont l'ambition de développer la marque et le club à l'international. Après avoir organisé le rachat et la renaissance du PSG Handball, il s'est consacré à la stratégie commerciale du PSG en matière de partenariats et au développement de la marque, désormais installée dans le top 10 du football mondial.

## BLANC (Laurent)

Trois saisons au PSG et 11 trophées font de Laurent Blanc l'entraîneur le plus titré de l'histoire des Rouge et Bleu. Avant de diriger le club de la capitale, le « Président », comme on le surnomme, a réussi une carrière exceptionnelle, de ses débuts à 18 ans sous les couleurs de Montpellier et ses adieux vingt ans plus tard à Manchester United. Vingt ans, 9 clubs, dont certains noms prestigieux (Montpellier, Naples, Nîmes, Saint-Étienne, Auxerre, Barcelone, Marseille, l'Inter Milan, Manchester United), mais surtout un parcours inoubliable avec l'équipe de France, avec 97 sélections de 1989 à 2000. La victoire en Coupe du monde en 1998 puis au Championnat d'Europe deux ans plus tard l'ont hissé au panthéon du football français, et c'est avec le même succès qu'il entame une carrière d'entraîneur en 2007 après avoir passé ses diplômes. Ses débuts à Bordeaux sont une réussite, avec un titre de champion de France en 2009, le dernier pour les Girondins. Après trois saisons en Gironde, il est nommé le 2 juillet 2010 sélectionneur de l'équipe de France, mais les Bleus échouent en quart de finale de l'Euro 2012 et il quitte son poste sur cet échec, le 30 juin 2012. Après une saison blanche, le PSG l'engage suite au départ

de Carlo Ancelotti en juillet 2013. L'ancien défenseur des Bleus aurait pu rejoindre le club de la capitale vingt ans plus tôt : en 1992, son arrivée était même quasi actée en provenance de Naples. Son parcours sur le banc parisien est une réussite, avec les deux premiers quadruplés dans l'histoire du football français en 2015 et 2016. Mais l'élimination européenne en quart de finale de la Ligue des Champions face à Manchester City en avril 2016 est à l'origine de son départ, officialisé le 23 juin 2016. Après avoir espéré diriger un club digne de son standing et plus de quatre ans d'attente, Laurent Blanc a enfin retrouvé un poste et entraîne désormais Al Rayyan SC au Qatar depuis le 19 décembre 2020.

## BLAYAU (Pierre)

Après des études supérieures à Normale Sup, Sciences Po et l'ENA, Pierre Blayau devient inspecteur des finances en 1978. Quatre ans plus tard, il se lance dans le secteur privé, à Saint-Gobain puis à Pont-à-Mousson. En 1993, il prend la direction du groupe Pinault-Printemps-Redoute, puis devient président de la FNAC, avant de diriger la société Moulinex. Nommé PDG de Geodis Calberson, une filiale logistique de la SNCF, il dirige en parallèle le Stade Rennais, de 1998 à 2000. Devenu trésorier général de la Ligue de Football, il est nommé en mai 2005 au poste de président du conseil de surveillance du PSG, qu'il abandonnera un an plus tard au profit d'Alain Cayzac sur un succès en finale de la Coupe de France face à Marseille. De retour à la SNCF et à Geodis, Pierre Blayau est nommé en 2009 au poste de directeur de la branche transport et logistique. De juin 2013 à novembre 2014, il dirige le conseil de surveillance d'Areva, multinationale française spécialisée dans l'énergie nucléaire et les énergies renouvelables, puis en janvier 2015, il est nommé président de la Caisse centrale de réassurance (CCR), un poste qu'il occupait toujours en 2021.

## BOCANDÉ (Jules)

Le 7 mai 2012, à l'âge de 53 ans, Jules Bocandé nous a quittés. Roi des buteurs à Metz, l'idole du Sénégal n'avait pas connu le même succès lors de son court passage au PSG.

Né à Ziguinchor au Sénégal, Jules Bocandé est rapidement surclassé et remporte une première coupe nationale en 1979, avec le Casa Sport. La saison suivante, il perd son sang-froid lors de la finale de la coupe et fait un croche-pied à l'arbitre. Le verdict est sans appel : il est suspendu à vie et il doit partir vers la Belgique et Tournai, en Division 3. Il joue alors au poste de milieu de terrain offensif, mais son entraîneur le positionne au poste d'avant-centre. Un tel phénomène finit par attirer les recruteurs, Seraing récupère en 1982 cet excellent buteur. Deux années plus tard, le FC Metz l'engage pour une poignée de francs, profitant de la faillite du club belge. Et la bonne affaire pour le club lorrain : en inscrivant 33 buts en 61 matches, Bocandé explose et remporte le titre de meilleur buteur de D1 en 1986, avec 23 buts. Les grands clubs français se l'arrachent, son manager paraphe un contrat avec Bordeaux, mais c'est finalement au PSG qu'il signe. La vie parisienne et sa légende de fêtard invétéré sont-elles à l'origine de son échec parisien ? En 40 matches officiels, il n'inscrit que 6 petits buts et entre en conflit ouvert avec son entraîneur, Gérard Houllier. En novembre 1987, son départ devient inéluctable, il rejoint Nice et se rappellera au bon souvenir des Parisiens en participant à l'écrasante victoire des Aiglons au Parc des Princes (0-4, 30/04/1988). En 1991, Bocandé quitte Nice et rejoint Lens puis repart en Belgique à Alost (1992-1993) avant de mettre un terme à sa carrière. De retour au Sénégal, Bocandé est nommé sélectionneur (1994), jette l'éponge, part en Gambie puis revient dans le staff technique au poste de conseiller, devenant un acteur incontournable du football sénégalais. Installé dans sa région natale – la Casamance – et reconverti dans les affaires, il gère une boutique de sport, une discothèque et un atelier de flocage de vêtement, tout en occupant le poste d'adjoint à la mairie de Ziguinchor. Tout bascule au début de l'année 2012 : victime d'un accident vasculaire cérébral, Jules Bocandé conserve quelques séquelles et se déplace alors avec difficulté. Après plusieurs mois d'attente, un retour en France est alors organisé pour des soins plus adaptés, du côté de Metz où personne ne l'a oublié. Alors que sa jambe le fait horriblement souffrir, l'opération devient inévitable. Éternel optimiste, Bocandé a prévu par la suite de compléter sa formation d'entraîneur en Moselle avant de rentrer au Sénégal ! Le 3 mai, il subit une première intervention, mais des complications apparaissent. Deux jours plus tard, nouvelle opération sous assistance respiratoire. Son état ne cesse alors de se dégrader, jusqu'à son décès. Ses funérailles, chez lui à Ziguinchor, se sont transformées en deuil national en présence du président de la République du Sénégal, Macky Sall. Un hommage émouvant mais tardif pour l'un des plus grands joueurs dans l'histoire du football sénégalais, qui sera honoré en Belgique à Seraing avec la création de l'Académie Jules-Bocandé, un projet porté conjointement avec le FC Metz qui n'a jamais oublié son buteur charismatique.

## BODMER (Mathieu)

La signature de Mathieu Bodmer au PSG semblait inéluctable : supporter du club parisien depuis son plus jeune âge, il rêvait de fouler la pelouse du Parc des Princes, le stade de ses deux idoles, George Weah et David Ginola. Malgré un test concluant alors qu'il évolue en catégorie Benjamins, le jeune Mathieu choisit Caen, après avoir débuté à l'ALM Évreux à l'âge de 5 ans. Il pratique alors le basketball au collège, car il n'y a aucune section foot ! À Évreux, Bodmer rencontre le futur défenseur parisien Bernard Mendy avec lequel deviendra ami, devenant même son témoin de mariage et le parrain de son fils. Il se fait connaître lors de son parcours à Caen (1996-2003), où il évolue en défense.

Après 79 matches en Ligue 2, Bodmer rejoint Lille et Claude Puel en 2003. Installé au poste de milieu défensif, il gagne rapidement sa place dans le onze de départ et explose au plus haut niveau. Surnommé « le Vieira Blanc » pour sa puissance et sa technique, il intéresse les plus grands clubs français et les recruteurs du PSG ne sont pas insensibles à son talent. C'est pourtant à Lyon qu'il signe en 2007 après quatre années dans le Nord, avec l'ambition de porter le maillot de l'équipe de France. En mars 2008, il est convoqué pour la première fois par Raymond Domenech, mais joue finalement avec l'équipe A' face au Mali (3-2, 25/03/2008). Après six premiers mois prometteurs à Lyon au poste de défenseur central, Mathieu Bodmer va accumuler les pépins physiques, alors qu'il n'avait jamais connu de blessures en huit saisons en professionnel. Il participe activement au doublé Championnat-Coupe de France en 2008, mais rechigne à jouer en défense centrale. Son calvaire à Lyon s'achève sur un échec en 2010, et il rejoint tout naturellement le club de son cœur, le PSG. Après des débuts difficiles, c'est à Lyon que Bodmer lance sa saison, en marquant un but capital en Coupe de la Ligue (2-1, 27/10/2010). Dans un rôle plus offensif, juste derrière Guillaume Hoarau, Bodmer inscrit dix buts et participe au bon parcours du PSG. Fort de sa polyvalence, il poursuit sur sa lancée la saison suivante, devenant même un homme de base du nouvel entraîneur Carlo Ancelotti, qui lui confie le poste de vice-capitaine. Son début de saison 2012-2013 est plus compliqué et la concurrence est rude :

avec seulement quatre apparitions en L1, Bodmer accepte de quitter Paris en janvier 2013 pour rejoindre Saint-Étienne, en prêt sans option d'achat. Après six mois dans le Forez, il se relance à Nice où il porte le brassard de capitaine. En manque de temps de jeu après trois années réussies, Bodmer rejoint Guingamp et l'ancien entraîneur parisien Antoine Kombouaré. Le 23 juin 2017, il s'engage avec Amiens, tout juste promu en Ligue 1. Le 23 juin 2020, à l'âge de 37 ans, Mathieu Bodmer met officiellement un terme à sa carrière de footballeur. Il devient alors consultant pour la chaîne Téléfoot, parrain de l'Union nationale du foot entreprise (UNFE) et s'adonne désormais au tennis ballon pour l'équipe des Pirates à Évreux, sa ville natale.

## BOLI (Yannick)

Dans la famille Boli, tout le monde connaît Basile, le défenseur de l'OM, et Roger, l'attaquant lensois. Laurent Boli, vainqueur de la Coupe Gambardella avec le PSG en 1991, n'a pas connu pour sa part le succès espéré. Le petit dernier, prénommé Yannick, a rejoint le PSG à l'âge de 12 ans. Passé par Créteil et l'INF Clairefontaine, cet attaquant connaît la consécration avec les jeunes du club en remportant le titre de champion de France U18. Guy Lacombe le remarque en 2006 et il inscrit son premier but avec les pros, lors d'un match amical face à Laval (3-3, 08/07/2006). Paul Le Guen l'invite à s'entraîner avec l'équipe première au Camp des Loges, et Yannick Boli marque le but victorieux du PSG en demi-finale de la Coupe de France, à Amiens (1-0, 06/05/2008). Il affirme alors que le Real Madrid souhaite l'engager, exige une revalorisation salariale, mais c'est finalement au Havre qu'il part s'aguerrir, pour un bilan désespérant (12 apparitions et aucun but). En janvier 2010, après six mois sans jouer avec les pros, Boli quitte finalement le PSG et signe un contrat à Nîmes (L2). Son parcours dans le Gard est chaotique (23 matches et 4 buts en 18 mois), il refuse au début de l'année 2011 un départ pour la Belgique et le modeste club de Courtrai. Six mois plus tard, alors qu'il ne joue plus à Nîmes, Boli se retrouve sans club jusqu'au début de la saison 2012-2013, où il rejoint le Chernomorets Bourgas en Bulgarie. Après une saison honorable, il signe en février 2013 au FC Zorya Luhansk (Ukraine) mais quitte le pays au moment des affrontements avec la Russie lors de la crise après l'indépendance en Crimée. En août 2014, il rebondit à l'Anji Makhatchkala (D2 russe) et remporte le titre de meilleur buteur en seconde division. Boli poursuit son tour du monde : après avoir signé le 16 janvier 2017 un contrat aux Émirats arabes unis avec Al-Ain FC, le contrat est finalement dénoncé par le club du Moyen-Orient et Boli accepte alors de partir en Chine au Dalian Yifang (D2 chinoise). Malgré l'accession en première division et un bilan honorable (16 buts et 5 passes décisives), il n'est pas conservé et s'envole alors vers les États-Unis, pour une saison aux Colorado Rapids, sans connaître le succès espéré. Nouveau départ vers une destination encore plus exotique : la Thaïlande et le Ratchaburi Mitr Phol à la fin de l'année 2018. Auteur d'un triplé pour ses grands débuts face au promu Trat FC, il termine meilleur buteur (14 buts) dans une équipe entraînée par un certain Marco Simone. Star de la Thai League, il a porté récemment les couleurs du Port FC à Bangkok et du Chiangmai United Football Club. Bien loin du Real Madrid et du légendaire stade Santiago Bernabeu...

## BORELLI (Francis)

Lorsque Daniel Hechter doit démissionner du poste de président du PSG après l'affaire de la caisse noire en janvier 1978, Francis Borelli, son vice-président, le remplace à la tête des Rouge et Bleu. Modeste joueur de football au Patriote de Sousse en Tunisie où il évolue en défense centrale, il fait partie des premiers dirigeants du nouveau PSG en 1973. Éditeur et

publicitaire, il va mener l'équipe de la capitale jusqu'au titre national en 1986, un trophée que Paris attendait depuis cinquante ans. Charmeur et excellent communicant, Francis Borelli avait fêté les deux premières Coupes de France remportées par les Rouge et Bleu (1982 et 1983) en embrassant la pelouse du Parc des Princes, un geste qui restera à jamais dans l'histoire du club. En 1991, il abandonne son poste et laisse la présidence à Pierre Lescure et Michel Denisot. La fin de treize ans de règne. Le président d'honneur du PSG reprendra la direction de l'AS Cannes (1992 à 1996) mais restera le plus fidèle supporter du PSG. Francis Borelli est décédé le 2 octobre 2007. En sa mémoire, une tribune du Parc des Princes porte désormais son nom.

## BORRELLI (Luc)

Deux saisons à Paris ont suffi au regretté Luc Borrelli pour séduire partenaires, supporters et dirigeants du PSG. Son tragique décès lors d'un accident de voiture le 3 février 1999 a bouleversé la famille rouge et bleu, qui n'a pas oublié son gardien de but, victorieux de la Coupe de la Ligue avec le PSG en 1995. Formé à Marseille, sa ville natale, Luc Borrelli obtient le titre honorifique de champion de Provence avec l'ASPPT (1979). À 19 ans, il rejoint Toulon et s'impose dans le Var, disputant 143 rencontres en 7 saisons. Le PSG l'engage pour seconder Bernard Lama, avec lequel il va sympathiser. Il obtient un titre de champion de France (1994), puis participe au succès parisien en Coupe de la Ligue lors de

la finale remportée face à Bastia au Parc des Princes (2-0, 3 mai 1995). Luc Borrelli quitte la capitale sur ce succès et rejoint Caen, qui lui offre une place de titulaire. En 1998, il signe à Lyon, où il n'aura malheureusement pas l'occasion d'achever sa première saison chez les Gones. Ses amis et sa famille organisent en sa mémoire chaque année un stage à Sainte-Tulle (Alpes-de-Haute-Provence), un projet qui lui tenait particulièrement à cœur et dont Grégory

Coupet est l'un des parrains les plus actifs. Le club de Caen a renommé une tribune du stade Malherbe en son honneur, Toulon en a fait de même au stade de Bon Rencontre.

## BOSKOVIC (Branko)

Annoncé comme le successeur de Safet Susic, Branko Boskovic n'a jamais réussi à s'imposer dans la capitale. Surnommé « Bolé » par ses admirateurs, il débute sa carrière à Mogren Budva au Monténégro puis rejoint le prestigieux Étoile Rouge de Belgrade en 1997, à l'âge de 17 ans. Son palmarès s'enrichit de 2 titres de champion de Serbie-Monténégro (2000, 2001) et de 3 coupes nationales (1999, 2000, 2002). Boskovic obtient sa première sélection le 27 mars 2002 face au Brésil (0-1) et aspire alors à rejoindre un grand club européen. Le PSG l'engage quelques heures

avant la clôture du marché des transferts, le 28 août 2003. Malgré la confiance de Vahid Halilhodzic, il n'arrive pas à s'imposer à Paris et son temps de jeu se réduit peu à peu, malgré un doublé au stade Vélodrome contre Marseille en 16e de finale de la Coupe de la Ligue (victoire du PSG 3-2, 10/11/2004). Prêté à Troyes en 2005, il quitte le PSG un an plus tard et libère une place de joueur extracommunautaire pour le jeune espoir uruguayen Cristian Rodriguez. Sans club pendant six mois, il signe au début de l'année 2007 au Rapid Vienne. Champion d'Autriche en 2008 et titulaire indiscutable, il devient international monténégrin et porte le brassard de capitaine lors d'un match à Wembley face à l'Angleterre (0-0, le 12/10/2010). Quelques mois plus tôt, Boskovic a cédé aux sirènes de la MLS aux États-Unis pour signer un contrat au DC United. Après deux ans et demi à Washington (43 matches, un seul but), Boskovic annonce officiellement son départ, le 21 novembre 2012, pour raisons familiales et retourne en Autriche, au Rapid Vienne. Un dernier passage sans relief (29 matches et 4 buts) jusqu'à la fin de son contrat en 2014 puis un retour discret au Monténégro. Au début de la saison 2018-2019, Branko Boskovic a repris du service au poste de directeur sportif à Radanovici, pour le club de l'OFK Grbalj, un poste qu'il occupait toujours en 2021.

## BOSSER (Jean-Pierre)

Le défenseur breton rejoint le PSG lors de la saison 1989-1990 en provenance de Nice, il ne s'était jamais acclimaté au soleil niçois et à sa chaleur écrasante ! Formé à Pont- l'Abbé, Bosser porte les couleurs de Quimper (1978-1979), Angers (1979-1981) et Montluçon (1981-1982). Militaire au Bataillon de Joinville, un grave accident interrompt sa carrière pendant plus de six mois après avoir reçu accidentellement une décharge de fusil de chasse ! Bosser renaît à Brest (1982-1988), où il inscrit un but exceptionnel d'une frappe de plus de 60 mètres à Toulon (3-2, 09/02/1986) avant de rejoindre Nice (1988-1989). Ce globe-trotter du ballon rond apporte sa polyvalence en défense, où il peut jouer à tous les postes. Avec 60 matches en 2 saisons, Bosser a su convaincre le défensif Tomislav Ivic, puis l'offensif Henri Michel, qu'il avait sa place dans un club aussi prestigieux que le PSG. L'arrivée de Canal+ est à l'origine de son départ vers Mulhouse, où il arrête sa carrière en 1994, à 34 ans. De retour dans son Finistère natal, il entraîne jusqu'en 2008 le petit club de Crozon-Morgat (DSR régionale) puis, après une coupure de deux années, les Marcassins de Treogat (D2 district Finistère Sud). Titulaire du DEF (diplôme d'entraîneur fédéral), Bosser quitte la Bretagne pour une destination plus exotique au début de l'année

2013 : le FC Saint-Denis, sur l'île de la Réunion. Deux ans plus tard, on le retrouve en Bretagne, au FC Bigouden (D2 district Finistère Sud) jusqu'en juin 2017. Après plusieurs années loin des pelouses, Jean-Pierre Bosser fait son grand retour au début de la saison 2020-2021 sur le banc du FC Bigouden, club de la ville de Plovan, avec l'ambition de mener son équipe en D1 district.

## BOUBACAR (Sarr)

Né à Dakar, Boubacar Sarr (son prénom est désormais plus célèbre que son nom) débute à 16 ans au Dial Sporting Club et intègre rapidement l'équipe nationale sénégalaise. Dès son plus jeune âge, il est surnommé « Locotte », une mauvaise prononciation du mot loco en espagnol : un ami lui a donné ce sobriquet car il peut jouer à tous les postes sur un terrain de football, et rendre « fous » ses adversaires… En 1973, Boubacar passe professionnel et signe à Toulon, alors en seconde division. Meilleur buteur du championnat en 1975 avec 22 buts, il rejoint l'OM avec lequel il remporte la Coupe de France, inscrivant un but en finale face à Lyon (2-0, 12/06/1976). Pas assez pour convaincre les dirigeants marseillais, qui le prêtent à Cannes où il confirme ses talents de buteur. Marseille le rappelle et Boubacar inscrit 21 puis 17 buts, faisant taire ses derniers détracteurs. Son contrat se termine, il décide alors de quitter l'OM et signe au PSG pour épauler Carlos Bianchi, puis finalement le remplacer après le départ imprévu du « Goleador » argentin à Strasbourg. Boubacar s'acquitte parfaitement de cette tâche, inscrivant 12 buts avec les Rouge et Bleu avant de voir son élan coupé par une fracture de la jambe lors d'une rencontre au Parc des Princes face à Monaco (2-1, 27/01/1980). Sept mois plus tard, le PSG recrute Dominique Rocheteau. Boubacar et Toko complètent le trio offensif des Rouge et Bleu et le 15 mai 1982, ils sont tous les trois présents sur la pelouse du Parc des Princes lors du premier succès parisien en Coupe de France, en finale contre Saint-Étienne (2-2, 6-5 t.a.b.). Après avoir participé aux premières rencontres européennes du club, « Bouba », comme on le surnomme, revient à Marseille épauler les Minots en route vers la D1 en 1983, puis rejoint Martigues (1984-1987) avant de terminer sa carrière aux États-Unis, à New Jersey en 1988. Le 28 décembre 1986 à Dakar, 60 000 spectateurs viennent assister au jubilé de Boubacar, après trois jours de fête au pays pour cet événement exceptionnel. De retour au Sénégal, il prend en main avec Jules Bocandé la sélection sénégalaise qu'il qualifie pour le Championnat d'Afrique des Nations en 1994. Quatre ans plus tard, Boubacar revient au PSG pour épauler le staff technique. En janvier 2006, Laurent Fournier est remplacé par Guy Lacombe et Boubacar rejoint la cellule de recrutement du club jusqu'en 2007, où son contrat n'est pas renouvelé. La fin d'un parcours passionné entre Bouba et le PSG, presque vingt ans après les débuts de l'attaquant sénégalais à Paris. À 57 ans, l'interprète du célèbre « La Béguine à Bouba » a été manager bénévole au club de Villennes-Orgeval (78), supervisant les entraîneurs des jeunes. Il travaille aussi sur un projet qui lui tient à cœur, la création d'une section Sport-Études au Sénégal près de Dakar. En juillet 2009, Boubacar rejoint le Qatar au poste de sélectionneur des U19, aux côtés de son ami Bruno Metsu. Sa mission s'achève le 3 février 2011, après le limogeage du staff technique suite à l'élimination prématurée du Qatar en Coupe d'Asie. De retour en France, Bouba assiste avec fierté aux débuts de son fils Mouhamadou Boubacar Sarr à Lyon, puis pleure le décès tragique de son ami de toujours, Jules Bocandé, le 7 mai 2012. Il retourne alors au Sénégal, et reste un supporter attentif de ses deux clubs de cœur en France, le PSG… et Marseille.

## BOURILLON (Grégory)

Après deux saisons et demie au PSG gâchées par les blessures, puis un long séjour sur le banc des remplaçants, Grégory Bourillon avait quitté la capitale sur un échec. Passé par Montsûrs en Mayenne, c'est tout naturellement à Laval, où il est né, qu'il choisit de devenir footballeur professionnel. À 16 ans, Bourillon rejoint le centre de formation de Rennes et remporte le championnat de France des U17 (2002). La saison suivante, c'est la consécration avec le succès en finale de la Coupe Gambardella face à Strasbourg (4-1, 31/05/2003) avec ses compères Yoann Gourcuff et Jimmy Briand. Il possède alors une solide expérience, avec 21 matches en L1 pour sa première saison pro, depuis ses débuts face à Nice (0-0, 23/11/2002). Placé juste devant la défense, ce milieu de terrain va rapidement devenir un cadre du Stade Rennais, malgré plusieurs blessures. International Espoirs depuis 2004 (19 sélections) après avoir connu l'équipe de France dans toutes les catégories de jeunes (U17, U18 et U19), il atteint les demi-finales du Championnat d'Europe des U21 avec les Bleuets au Portugal, battus par le vainqueur du trophée, les Pays-Bas (2-3, 01/06/2006). En 2006, Bourillon descend d'un cran après l'arrivée de Pierre Dréossi à Rennes, qui le place en défense centrale. Un choix payant, le jeune Rennais s'impose dans un rôle qu'il maîtrise parfaitement. Trois mois plus tard, c'est le drame : après un choc avec le Sochalien Isabey, il se blesse gravement (rupture du ligament croisé du genou droit) et met un terme à sa saison (0-1, 03/02/2007). Convalescent, il accepte avec enthousiasme la proposition du PSG, mais peine à s'imposer comme un titulaire indiscutable. Mal à l'aise dans la capitale, le discret Bourillon finit par quitter le club, sans regret, en janvier 2010 pour retrouver la Bretagne et Lorient, dont il devient une pièce maîtresse jusqu'en 2014. Il poursuit sa carrière au Stade de Reims (2014-2016), à Angers (2016-2017) sans jamais retrouver une place de titulaire. Son parcours en Ligue 2 à Châteauroux relance sa carrière. Après deux saisons dans le Berry et un titre surprenant de meilleur buteur du club en 2018-2019 (8 buts inscrits en championnat), il refuse la prolongation de contrat proposé par ses dirigeants et met un terme à sa carrière.

## BRAS (Jean-Claude)

Politique et sport font-ils bon ménage ? Jean-Claude Bras, surnommé tout au long de sa carrière « le Rouge » pour ses sympathies communistes, n'a jamais su dissocier ses deux passions. Né à Paris dans les quartiers populaires, dernier d'une famille de sept enfants, il débute à 12 ans sous les couleurs des Hongrois de Paris, puis rejoint le club des « Sports et Loisirs Vert et Blanc », équipe sponsorisée par une maison d'édition. En 1964, il signe au Red Star, pour une première saison avec les Amateurs avant de rejoindre l'équipe fanion. C'est à Valenciennes qu'il découvre l'univers professionnel, puis il rejoint la

Belgique et le FC Liège. Attaquant adroit et réaliste, Bras débute avec l'équipe de France quelques semaines plus tard et s'impose chez les Bleus, inscrivant même un doublé pour fêter sa troisième sélection (France-Suède 3-0, 01/11/1969). Le tout nouveau PSG n'hésite pas à l'engager, malgré sa sulfureuse réputation, pour un contrat d'une durée de sept ans. Le 1er août 1970, il inscrit le premier but dans l'histoire du club, lors d'une rencontre amicale face à Quevilly (1-2). Son investissement et ses performances sur les terrains ne sont pas étrangers aux excellents résultats du PSG, champion de France du National en 1971. Meilleur buteur du club la saison suivante (12 buts), il assiste impuissant à la scission entre Parisiens et Sangermanois, reste fidèle une saison au PFC, et retourne chez lui, à Saint-Ouen, au Red Star. Le club audonien va connaître une longue descente aux enfers et Bras, reconverti en défenseur latéral, n'évitera pas le dépôt de bilan du club en 1978. Le Red Star FC est mort et laisse sa place à l'AS Red Star, qui repart en Division d'Honneur avec à sa tête Jean-Claude Bras, qui cumule les fonctions de… président et buteur ! Pendant douze ans, l'ancien attaquant international, qui a raccroché les crampons, va mener son club aux portes de la Ligue 1 et du Stade de France. Mais le chemin est semé d'embûches et au gré des soucis juridiques, négociations houleuses avec le Consortium du Stade de France, puis un dépôt de bilan inévitable, Bras jette l'éponge au début de la saison 2001-2002, alors que le club végète en CFA 2. Depuis ce départ, Jean-Claude Bras dirige une entreprise de commerce international et reste un fidèle supporter du Red Star.

## BRAVO (Daniel)

voir P76

## BRÉSIL

Trente-deux Brésiliens ont porté les couleurs parisiennes depuis 1970, un record pour les Rouge et Bleu. Venir du pays où le football est roi n'est pas un gage de succès, les héritiers du Roi Pelé ayant connu des fortunes diverses lors de leur séjour dans la capitale : un immense succès pour Raí, Valdo, Ricardo, Leonardo ou Nenê, un goût d'inachevé pour Ronaldinho, qui n'a remporté aucun titre à Paris et une énorme déception pour Adailton, André Luiz, Everton Santos, Souza, Edmilson ou Joel Camargo. Lors de la saison 2012-2013, six joueurs brésiliens portaient le maillot parisien : Maxwell, Thiago Silva, Alex Costa, Lucas Moura, Nenê et Thiago Motta (né au Brésil, il possède un passeport italien et joue pour la Squadra Azzura). Pour la saison 2020-2021, trois joueurs brésiliens portent les couleurs rouge et bleu : le capitaine Marquinhos, la recrue Rafinha et Neymar Jr, le numéro 10 et la star de la sélection auriverde.

## BRISSON (François)

Sa longévité au plus haut niveau (503 matches, 102 buts et 18 saisons en L1) ne surprendra pas les supporters du PSG présents lors de ses débuts, à l'occasion d'un match de championnat contre Reims (2-3, 21/12/1975). Formé à l'Union Sportive de Bourg-la-Reine, ce passionné de sport a débuté au handball, avant de terminer second au championnat de France du triple saut Cadets, en 1973. Mais il choisit le football et rejoint le centre de formation du PSG, après avoir été recruté lors d'un tournoi de jeunes à Pâques, en 1974. Superbe dribbleur, Brisson réussit une saison pleine en 1977 (32 matches, 4 buts) sous la direction de Jean-Michel Larqué. En 1979, il part s'aguerrir à Laval puis revient à Paris, où la concurrence est terrible aux avant-postes. C'est à Lens qu'il va enfin justifier tous les espoirs portés en lui, inscrivant 41 buts en 4 saisons. Des performances qui lui ouvrent les portes de l'équipe de France, aux côtés d'un jeune débutant nommé Luis Fernandez face aux Pays-Bas (2-1 pour les Bleus, 10/11/1982). Le plus beau reste à venir : en inscrivant trois buts, dont le premier face au Brésil en finale de la compétition (2-0, 11/08/1984), François Brisson participe activement au triomphe de l'équipe de France aux Jeux olympiques de Los Angeles. Après Lens, il débute un long tour de France qui passe par Strasbourg (1985-1986), Marseille (1986-1987), Laval (1987-1989), Lyon (1989-1990) et Lille (1990-1993). À 37 ans, il se retire des terrains et entame une carrière d'entraîneur à Montauban (1994-1997). Il rejoint alors le staff technique de Lens, pour assister l'entraîneur Daniel Leclercq. Avec les Sang et Or, il connaît l'euphorie du titre de champion en 1998 et, en octobre 1999, il est nommé entraîneur du club nordiste. Une première expérience qui s'achève huit mois plus tard, après un parcours réussi en Coupe UEFA (demi-finaliste de la compétition, battu par Arsenal). Rolland Courbis le remplace en 2000, François Brisson retrouve un poste de superviseur, puis prend en main les Crocodiles nîmois en 2002. De 2006 à 2017, l'ancien attaquant parisien travaillait en qualité de recruteur et superviseur des équipes adverses de l'Olympique de Marseille. En 2021, il vivait entre Cassis et Calais.

## BRISSON (Gilles)

La Hollande avait les jumeaux Van de Kerkhof, Paris a eu ses « jumeaux » Brisson ! Gilles, le cadet, a connu une progression fulgurante, passant de Bourg-la-Reine au PSG, soit huit divisions en quelques semaines. Passionné de sport, comme son frère, il pratique l'octathlon (huit disciplines en athlétisme) et brille en saut en hauteur. Alors que François décide d'intégrer le PSG, Gilles préfère pour sa part se consacrer à ses études de comptabilité et le rejoindra finalement dix-huit mois plus tard. Défenseur latéral, il débute avec le statut amateur, rejoint le Camp des Loges… en métro, et joue quelques matches aux côtés de son frère, avant d'accepter la proposition de Just Fontaine qui souhaite l'engager à Toulouse. C'est dans la Ville Rose qu'il s'épanouit pendant huit saisons, avec une année de prêt au Paris FC (1981-1982). En 1986, il rejoint Sochaux, avant de terminer sa carrière à Dunkerque (1988-1989) et Perpignan (1989-1991). Souffrant du genou il préfère jeter l'éponge. Après avoir entraîné à Rochefort (1997-2001), à Montauban (2001-2002), Gilles Brisson est depuis 2011 entraîneur du club de La Patriote à Saint-Savinien-sur-Charente (4e division de district).

## BROCHAND (Bernard)

En 1973, Daniel Hechter s'adresse à l'agence de publicité DDB pour trouver un nouveau sponsor pour le PSG, alors en seconde division. Son président, Bernard Brochand, négocie un contrat avec un partenaire (Canada Dry) et, quelques mois plus tard, il devient membre du comité de gestion du club parisien. Il a remporté dans sa jeunesse la Coupe Gambardella avec Cannes, un titre de champion de France Amateurs et joué plusieurs matches en professionnel avec le Stade Français à Paris, puis à Brest. International Juniors, Universitaire et Militaire il a privilégié les études, refusant des propositions de l'OGC Nice. Spécialiste en communication, Bernard Brochand devient président de l'Association PSG en 1991, après avoir négocié l'arrivée du groupe Canal+. Aux côtés de Michel Denisot, il va présider les destinées du club et remporter de nombreux trophées, avant d'abandonner son poste dix ans après sa nomination pour se consacrer à la vie politique. Avec succès : maire de Cannes de 2001 à 2014, Bernard Brochand était ➔P78

**Attaquant, puis milieu de terrain défensif**
Né le 9 février 1963
à Toulouse

**Son parcours :** Nice (1979-1983), Monaco (1983-1987), Nice (1987-1989), PSG (1989-1996), Parme (1996-déc. 1997), Lyon (janvier-juin 1998), Marseille (1998-1999), Nice (1999-2000).
**Son palmarès :** champion d'Europe (1984) avec l'équipe de France, champion de France (1994), vainqueur de la Coupe d'Europe des vainqueurs de coupe (1996), vainqueur de la Coupe de France (1985, 1993, 1995), vainqueur de la Coupe de la Ligue (1995).
**13 sélections, 1 but avec l'équipe de France.**

# Daniel BRAVO

Le « Petit Prince » du football français aura connu le pire, puis le meilleur lors des sept saisons passées sous le maillot parisien. Né à Toulouse et passé par Cugnaux, Daniel Bravo débute à l'âge de 17 ans en première division avec l'OGC Nice, le 24 juillet 1980, face à Metz, puis inscrit son premier but pour ses débuts avec les Bleus lors de la rencontre face à l'Italie (2-0, 23/02/1982). Tout semble lui sourire, malgré la relégation du club niçois en 1982. Présenté comme le digne successeur de Johan Cruyff en personne, il connaît sa première déconvenue en apprenant qu'il ne fait pas partie du groupe de l'équipe de France pour la Coupe du monde 1982. Transféré à Monaco un an plus tard, il remporte la Coupe de France en 1985 mais devient le symbole de cette génération du football français qui ne s'est jamais imposée dans les années 1980, avec les Touré, Ferreri ou Vercruysse. Après quatre saisons décevantes sur le Rocher, il retourne à Nice en 1987. Avec les Aiglons, il retrouve le chemin des filets (15 buts) et le brassard de capitaine. Nice ne s'oppose pas à son départ et Bravo accepte les propositions du PSG. Ses débuts dans la capitale sont perturbés par une blessure au genou. Peu en confiance sous le règne de Tomislav Ivic, il commence la saison suivante en trombe pour les débuts d'Henri Michel (5 buts en 5 rencontres en 1990). Rappelé en équipe de France par Michel Platini, Daniel Bravo va pourtant devenir la tête de turc du Parc des Princes, qui ne lui pardonne aucun écart. Artur Jorge ne compte pas sur lui et préfère aligner Georges Weah, Amara Simba ou François Calderaro. Il doit attendre le départ de l'entraîneur portugais et l'arrivée de Luis Fernandez pour se voir confier un poste inédit de milieu de terrain défensif. À 32 ans, une nouvelle carrière débute et les sifflets du Parc ne sont plus qu'un lointain souvenir. Les trophées s'accumulent : un doublé Coupe de France – Coupe de la Ligue en 1995 puis la victoire en Coupe d'Europe des vainqueurs de coupe en 1996. Sur ce triomphe, Daniel Bravo rejoint l'Italie et Parme, puis Lyon et Marseille, avec lequel il dispute la finale de Coupe UEFA face à son ancien club, Parme (0-3, 12/05/1999). De retour à Nice, en D2, il met un terme à sa carrière à 37 ans, après vingt ans de bons et loyaux services, et 532 matches en L1 pour 88 buts inscrits. Daniel Bravo entame alors avec succès une carrière de consultant TV : pour le groupe TPS Infosport (2001-2007), sur Canal+ (2007-2016) puis sur beIN Sports.

toujours, en 2021, député de la 8e circonscription des Alpes-Maritimes sous l'étiquette RPR, UMP puis Les Républicains, à l'âge de 83 ans.

## BROST (Jean-Louis)

Ailier droit au gabarit discret (1,69 m pour 65 kg), il est resté fidèle aux couleurs rouges et bleu lors de la scission en 1972. Brost a tout connu avec les Rouge et Bleu : son arrivée au modeste Stade Sangermanois en 1969, la création du PSG et la montée en D1 deux ans plus tard. Il débute en première division le 1er septembre 1971, lors du naufrage des Parisiens vaincus à Nantes sur le score sans appel de 6-0. Malgré ses douze rencontres parmi l'élite, Brost choisit de conserver son statut amateur et poursuit l'aventure avec le PSG en Division 3. L'attaquant parisien devient un rouage essentiel et un exemple pour ses jeunes coéquipiers avec lesquels il retrouvera la D1. Il rejoint le Stade Français (1974-1975), Fontainebleau (1975-1976) puis met un terme à sa carrière. Brost devient directeur de production chez Daniel Hechter, puis directeur de logistique à DHL. Après avoir occupé un poste au comité directeur de l'association du Racing Club de France pendant plus de quinze ans, et désormais retraité, il était, en 2021, toujours présent dans l'univers du ballon rond, avec un poste de secrétaire général du district des Hauts-de-Seine de football.

## BROUILLARD

En ce début de saison 1984-1985, le PSG accumule les contre-performances en Championnat et rêve de sauver ce qui peut l'être en Coupe d'Europe, malgré une défaite au match aller au Parc des Princes face aux Hongrois de Videoton (2-4).
Le 7 novembre 1984, Paris est rapidement mené en Hongrie (0-2) et perd Alain Couriol, gravement blessé au genou avant qu'un épais brouillard n'envahisse le stade. Le match est interrompu et rejoué en intégralité le lendemain, avec un PSG handicapé par les blessures (le défenseur central et capitaine Dominique Bathenay est aligné au poste d'ailier gauche !). Mais le miracle ne se produit pas, les Rouge et Bleu s'inclinent logiquement (0-1) et quittent la Coupe UEFA par la petite porte.

## BUCAREST (Steaua)

voir P80

## BUENO (Carlos)

L'attaquant uruguayen, avec son compère Cristian Rodriguez, a rejoint le PSG en 2005 en provenance du Penarol Montevideo. En conflit avec son club, qui refusait de lui délivrer sa lettre de sortie et avait demandé à la FIFA de bloquer son contrat, Bueno a attendu six mois avant de pouvoir exercer librement sa profession à Paris. Auteur de 57 buts en 6 saisons avec Penarol, il avait remporté deux titres de champion d'Uruguay (1999 et 2003), terminant meilleur buteur en 2003 avec 24 buts. Dans l'ombre de l'inamovible Pauleta, il n'a jamais réussi à s'imposer dans la capitale. Prêté au Sporting Lisbonne, le buteur d'Amérique du Sud quitte Paris en 2007. Après avoir résilié son contrat, il s'engage à Boca Juniors en

Argentine, pour un nouvel échec (seulement 7 matches pour 1 but). Au début de l'année 2008, l'impensable se produit : Bueno retourne au Penarol, en Uruguay, et doit s'excuser publiquement pour son départ houleux deux ans plus tôt. Avec 11 buts inscrits (second meilleur buteur du championnat) et la première place du tournoi de clôture en 2008, le buteur uruguayen semble avoir réussi son pari. Ses frasques hors du terrain et ses amours avec la sulfureuse Vitoria Saravia l'obligent à repartir vers un nouvel exil en Europe. Prêté à la Real Sociedad en Espagne, il participe activement à la remontée du club basque en Liga, en inscrivant le but de la montée face au Celta Vigo (2-0, 13/06/2010). Malgré cette réussite, il n'est pas conservé et retraverse l'Atlantique, direction le Chili (Universidad de Chile, 2010), le Mexique (Querétaro FC, 2010-2012) avant un prêt réussi à San Lorenzo en Argentine (8 buts en 18 matches, 2012). Au début de l'année 2013, Carlos Bueno porte les couleurs du Deportivo Universidad Catolica au Chili, avant de revenir en Argentine, à Belgrano (2013-2014), San Martin (2014-2015), Sarmiento (2016) et Argentinos Juniors (2016). Au début de l'année 2017, Carlos Bueno se lance un nouveau défi en s'engageant avec le Santa Tecla Futbol Club au Salvador. Le 21 mai 2017, lors de la finale du tournoi de clôture, il entre en jeu et marque un but en finale face à Alianza (4-0) et remporte un dernier titre avant d'annoncer son départ du club. En 2018, Bueno rentre en Uruguay et participe à la montée en première division du Cerro Largo FC. Celui qui a fait connaître la culture uruguayenne à Antoine Griezmann lorsqu'ils se sont croisés à la Real Sociedad était le capitaine de Cerro Largo (D2 uruguayenne) en janvier 2020, avant de mettre un terme à sa carrière, à l'âge de 40 ans.

## BUFFON (Gianluigi)

Le 6 juillet 2018, c'est un véritable coup de tonnerre dans l'histoire du PSG : la légende de la Juventus Turin, Gianluigi Buffon rejoint la France après 23 ans de carrière en Italie, à Parme et à la Juventus. Un nouveau challenge pour un gardien de but considéré comme le meilleur portier du monde au palmarès exceptionnel : champion du monde avec l'Italie à l'issue de la séance des tirs au but face à la France (1-1, 5-3 t.a.b., 09/07/2006), vainqueur de la Coupe UEFA avec Parme en 1999, neuf fois champion d'Italie, quatre coupes nationales, cinq Supercoupes avec la Juventus Turin, il vient à Paris pour remporter le titre dont il rêve : la Ligue des champions. À 17 ans, celui que l'on surnomme affectueusement « Superman » débute sa glorieuse carrière avec Parme, face au grand Milan AC (0-0, 19/11/1995). Vainqueur de l'Euro Espoirs avec les U21 italiens (1996), il devient l'un des plus jeunes gardiens de buts titulaires en Serie A. En 2001, quand Parme connaît des graves difficultés financières, Buffon rejoint la Juve et remporte tous les trophées, à l'exception de la Ligue des champions où il échoue en finale à trois reprises (2003, 2015 et 2017). L'homme avec plus de 800 matches professionnels en Italie doit apporter la sérénité et l'expérience qu'il manque alors aux Rouge et Bleu. En concurrence avec Alphonse Areola, Buffon va commettre une erreur fatale lors de la défaite à domicile face à Manchester United → P.82

**Tour préliminaire retour de la Ligue des champions**
Mercredi 27 août 1997, au Parc des Princes, 42 686 spectateurs
**Arbitre :** M. Jol (Pays-Bas)
**Buts :** Raí (2e s.p., 23e, 56e), Simone (31e), Maurice (41e)
**Avertissements :** Maurice (38e), Le Guen (51e), Raí (56e), Domi (64e)/Rotariu (5e), Reghecampf (10e)
**PSG :** Revault – Algerino, Le Guen, Roche, Domi – Ngotty – Gava, Raí (cap.), Leonardo – Simone, Maurice (J. Leroy 76e)
**Entraîneur :** Ricardo
**STEAUA BUCAREST :** Ritli – Reghecampf, Csik, Rachita, Baciu (Ciocoiu 67e), Miu – Rotariu (cap.) – Serban (Munteanu 71e), Milataru, Nagy (Hrib 33e) – Rosu
**Entraîneur :** Stoichita

## PSG-STEAUA BUCAREST (ROU) : 5-0 (4-0)

« Une boulette à 70 patates ! » La presse, qui estime à 70 millions de francs le manque à gagner en cas d'élimination, n'est pas tendre avec le club de la capitale. Battu 3-2 en Roumanie, le PSG perd la rencontre sur tapis vert sur le score de 3-0, pour avoir aligné Laurent Fournier, pourtant suspendu avant cette rencontre. L'UEFA applique le règlement, Paris devra inscrire quatre buts pour se qualifier. Un fax égaré et la lucrative Ligue des champions s'éloigne irrémédiablement. Malgré tout, Paris croit au miracle et peut compter sur la détermination de ses joueurs, prêts pour l'exploit. Dès l'annonce du verdict, son capitaine Raí a remobilisé ses troupes en déclarant : « On peut rentrer dans l'histoire ! Je sens un truc, une ferveur, le parfum de la victoire. » Ricardo aligne une équipe du PSG résolument offensive, avec un quintet composé de Raí, Leonardo, Gava, Simone et Maurice. Dès l'entrée des joueurs pour l'échauffement, le Parc gronde, les 42 686 spectateurs ont déjà compris qu'ils vont assister à une soirée ex-

ceptionnelle. Malgré la pluie, Paris se rue littéralement sur les buts du Steaua et, après seulement deux minutes de jeu, Maurice est retenu par le maillot dans la surface de réparation. L'arbitre accorde un penalty que Raí, malgré la pression, transforme sans trembler (2e). Les Roumains sont incapables de réagir, asphyxiés par le rythme des Rouge et Bleu. Paris double logiquement la mise sur un corner de Leonardo repris par Raí de la tête au premier poteau (23e). Leonardo, une nouvelle fois décisif, sert Marco Simone dans l'axe, le buteur parisien contrôle et marque d'une frappe en pivot (32e). 3-0 après trente minutes de jeu, l'exploit est à portée de main des Parisiens ! Le quatrième but arrive au terme d'un mouvement collectif exceptionnel : Paul Le Guen , sur sa ligne de but près du poteau de corner, relance vers Marco Simone. Une talonnade vers Leonardo, qui lance immédiatement Florian Maurice dans l'axe : personne ne reverra le buteur parisien, victorieux de son duel face à Ritli au terme d'une course folle (41e). Le match est déjà plié, Raí réussit même un triplé, en reprenant de la tête un coup franc de l'inévitable Leonardo (56e). Le Steaua Bucarest est définitivement K.-O., le PSG a réussi son incroyable pari et se qualifie pour la Ligue des champions. Michel Denisot rend un hommage vibrant aux supporters parisiens : « Ce soir, il a été plus grand que jamais ! »

→ (1-3, 06/03/2019), synonyme de cruelle élimination en Ligue des champions. Malgré deux titres au PSG (Ligue 1 et Trophée des Champions) et en fin de contrat, Gianluigi Buffon décide alors de mettre un terme à ce court intermède d'un an au PSG pour revenir à la Juventus Turin, son club de cœur. À 43 ans en 2021, l'heure de la retraite n'avait pas encore sonné pour l'une des plus grandes légendes du football mondial.

## BULKA (Marcin)

La signature du géant polonais a surpris lors de l'été 2020. Marcin Bulka, âgé de 20 ans, semblait promis à une carrière à Chelsea, le club qui l'avait recruté en Pologne à seulement 15 ans. Formé au Stegny Wyszogrod, au MDK Krol Macius Club Plock et au FCB Escola Varsovia, club partenaire du FC Barcelone, on l'imagine alors en Catalogne après un essai mais c'est finalement à Chelsea qu'il signe en septembre 2016. Titulaire avec les Blues en Youth League, Bulka ne joue jamais avec l'équipe première de Chelsea, se contentant de trois passages sur le banc en trois saisons. Le PSG engage ce jeune espoir polonais, international dans toutes les catégories de jeunes, qui débute avec les Rouge et Bleu lors du succès parisien à Metz en Ligue 1 (2-0, 30/08/2019) avant de retrouver un rôle de troisième gardien de but derrière les recrues Keylor Navas et Sergio Rico. Au début de la saison 2020-2021, Marcin Bulka est prêté sans option d'achat au FC Cartagena (Espagne) puis à Châteauroux (Ligue 2) depuis le 31 janvier 2021, pour gagner du précieux temps de jeu.

## BUREAU (Bernard)

En 1977, ce jeune buteur de 19 ans, qui prépare quelques mois plus tôt un CAP de cuisinier, passe du modeste club de Chelles (D1 de district) au PSG. Et le miracle se produit : il apparaît dans le groupe professionnel et débute à Sochaux, le 19 septembre 1978 (1-2). Attaquant racé et excellent joueur de tête, il inscrit 5 buts et ouvre son compteur dès sa première titularisation, contre Nîmes au Parc des Princes (3-2, 26/11/1978). Bureau totalise 10 buts pour ses deux premières saisons, puis disparaît de l'équipe après les arrivées de Toko et Rocheteau. En 1981, il part à Brest puis rejoint Lille (1983-1986) où il devient international olympique. Le 22 janvier 1986, il est le bourreau des Parisiens, invaincus depuis 26 matches, en inscrivant un doublé. Bureau rejoint par la suite le Matra Racing (1985-1988) et Nancy (1988-1990). En 1990, il signe au Stade de Reims qui va déposer le bilan en fin de saison. Bernard Bureau met alors un terme à sa carrière et s'installe en région nantaise. Il ouvre une société de nettoyage automobile, place ses capitaux dans une boîte de nuit, Le Quai West, puis revient à ses premiers amours, la restauration, dans un restaurant à Nantes baptisé Aux délices de la pomme de terre, avant de s'investir dans l'immobilier et la rénovation d'appartements en Loire-Atlantique.

## BURKINA FASO

Le 10 février 1998, le PSG et son manager général Claude Le Roy signent un partenariat avec un centre de formation situé à l'est de la capitale du Burkina Faso, Ouagadougou. Cette école d'apprentis footballeurs s'appelle modestement Planète Champion et a été inaugurée deux ans plus tôt, avec pour mission d'encadrer une vingtaine de jeunes de 13 à 16 ans. À l'occasion de cette signature, le président de la République du Burkina Faso, plusieurs ministres et l'empereur des Mossis, chef religieux de l'ethnie locale, portent le maillot rouge et bleu et s'amusent lors d'une rencontre amicale face aux jeunes apprentis du centre. Un an plus tard, après le départ de Michel Denisot et son remplacement par Charles Biétry, le PSG décide de se désengager de cet ambitieux projet.

# C

## CABAYE (Yohan)

Le 29 janvier 2014, le PSG, alors en quête d'un milieu de terrain défensif pour soulager la doublette Verratti-Motta, jette son dévolu sur Yohan Cabaye. Un nouveau défi pour un joueur qui s'est fait connaître à Lille, après avoir touché ses premiers ballons dans sa ville natale de Tourcoing. À 12 ans, il rejoint le LOSC et gravit les échelons jusqu'à ses débuts professionnels à Istres (2-0, 07/11/2004). Un an plus tard, Cabaye est sacré champion d'Europe U19 après avoir vaincu l'Angleterre en finale (3-1, 29/07/2005) et gagne rapidement sa place de titulaire dans le onze lillois, à seulement 19 ans. Son septennat à Lille s'achève par un incroyable doublé Championnat-Coupe de France en 2011 et plus de 250 matches sous le maillot nordiste. Cette saison 2010-2011 est aussi celle de ses grands débuts avec les Bleus, face à la Norvège (1-2, 11/08/2010), la première de ses 48 capes sous le maillot de l'équipe de France. Après Lille, il choisit l'Angleterre et Newcastle, devenant un élément de base du onze des Magpies. Sa cote est alors au plus haut : lors de l'été 2013, Arsenal souhaite l'engager mais Newcastle refuse de le céder au club entraîné alors par Arsène Wenger. Six mois plus tard, l'offre du PSG lui permet de revenir en France avec l'ambition de s'imposer malgré la concurrence. Son parcours parisien sera décevant, avec un faible temps de jeu et un statut de doublure de luxe. Cabaye se blesse aux adducteurs et rate la fin de la saison 2014-2015. Son départ est inéluctable, après avoir été annoncé à l'AS Roma et à West Ham, c'est l'heure du retour en Angleterre, à Crystal Palace. Finaliste de la Coupe d'Angleterre face à Manchester United (1-2, a.p., 21/05/2016), présent avec les Bleus lors de l'Euro 2016, Cabaye reste alors une valeur sûre du football français malgré son manque de médiatisation en Angleterre. Il est un joueur essentiel de Crystal Palace jusqu'en 2018, mais Didier Deschamps ne compte plus sur lui après l'Euro et la défaite en finale contre le Portugal (0-1 a.p., 10/07/2016). À 32 ans, Cabaye surprend et rejoint Al Nasr Dubaï aux Émirats arabes unis. Six mois compliqués avant d'être libéré de son contrat, le 13 janvier 2019, jusqu'à la signature à l'AS Saint-Étienne pour la saison 2019-2020. Son contrat d'un an chez les Verts n'est pas renouvelé, Yohan Cabaye met fin à sa carrière en février 2021 avant son retour au PSG en juin 2021, au poste de directeur technique du centre de formation et de la préformation.

## CAISSE NOIRE

Le 20 décembre 1977, la presse révèle un système de double billetterie mis en place au

Parc des Princes pour alimenter une « caisse noire » et rémunérer les joueurs. Pendant quinze jours, le PSG est dans la tourmente et, le 5 janvier 1978, un comité de cinq responsables de la Ligue de Football, appelé alors le Groupement, prononce la radiation à vie de son président Daniel Hechter. Le 19 décembre 1980, le Conseil d'État décidera d'invalider cette décision jugée illégale. La nouvelle direction du PSG publiera en mai 1979 un « livre blanc » sur les comptes du club, pour mettre fin à la plus sombre période dans l'histoire du club.

## CALDERARO (François)

Célèbre pour fêter ses buts d'une spectaculaire pirouette, Calderaro n'a pas souvent eu l'occasion de régaler le public du Parc lors de ses deux saisons sous les couleurs parisiennes. Formé à Reims, où il débute à 7 ans, Calderaro porte le maillot champenois pendant 19 saisons. C'est sous les ordres de l'ancien buteur du PSG, Carlos Bianchi, qu'il explose enfin, inscrivant la bagatelle de 17 buts en 26 rencontres lors de la saison 1986-1987. En 1990, Metz l'engage et le grand public le découvre enfin. Il marque 19 buts lors de sa seconde année en Lorraine et termine dauphin du Marseillais Jean-Pierre Papin, puis obtient plusieurs sélections avec l'équipe de France B, la réserve officielle des Bleus. À 28 ans, les ténors du championnat lui font les yeux doux. Le PSG est le plus convaincant, mais l'arrivée surprise de Georges Weah change la donne : dans l'esprit de son entraîneur Artur Jorge, Calderaro n'est qu'un joker offensif. Sa première saison lui laisse un goût amer, malgré 6 buts inscrits en championnat. En 1993, il joue peu, handicapé par une blessure au genou. Le PSG est champion de France, mais sa contribution à ce titre est réduite. Déçu, il rejoint Toulouse, où il inscrit 50 buts en 3 saisons, confirmant ses redoutables talents de buteur. En 1998, il quitte le foot professionnel pour Montauban, où il s'occupe des moins de 15 et de 17 ans, puis devient directeur sportif de l'équipe première qui évolue alors en CFA 2. François Calderaro s'installe dans le Nord, à Berck (Pas-de-Calais), où il a investi dans une petite brasserie au début de l'année 2009.

## CALDERON (Gabriel)

Gaby Calderon a laissé à Paris le souvenir d'un joueur talentueux et d'un personnage attachant et cultivé. Formé au Racing Club, puis passé par Independiente (1982-1983), Calderon est sacré champion du monde Juniors au Japon avec l'Argentine en 1979, aux côtés d'un certain Diego Maradona. Sélectionné pour la Coupe du monde en 1982, il rejoint l'Europe et le Betis Séville en Espagne, inscrivant 18 buts pour sa dernière année chez les Andalous. Son départ pour le PSG, après quatre saisons, provoque la démission du président du club, pris à partie

par des supporters furieux à l'annonce de ce transfert. À Paris, Calderon va tout connaître : une première saison difficile et une relégation évitée de justesse (1987-1988), une bagarre pour le titre avec l'OM (1988-1989), puis la rupture avec son entraîneur Tomislav Ivic en fin de saison (1989-1990). À quatre journées de la fin du championnat, usé par les choix tactiques d'Ivic qui l'a fait jouer à six postes différents, il décide de préparer la Coupe du monde avec l'Argentine en s'entraînant avec l'équipe réserve en Division 3. Calderon atteindra la finale du tournoi mondial, vaincu par l'Allemagne (0-1, 08/07/1990) pour la dernière de ses 38 sélections. En fin de contrat avec le PSG, il peine à trouver un club et se retrouve trois mois au chômage, avant de rebondir en Suisse à Sion (1990-1992). Après une saison à Caen (1992-1993) puis à Lausanne (1993-1994), Calderon met un terme à sa carrière. Son retour à Caen, en qualité de manager général (1997-1998 puis 2001-2002), s'achève sur un échec, à l'opposé de son projet d'école de football qu'il a créée à Séville. Ambassadeur de l'UEFA, collaborateur de la FIFA, Calderon dirige la sélection d'Arabie saoudite (novembre 2004-décembre 2005), l'équipe du sultanat d'Oman (avril 2007-janvier 2008) et le club d'Al-Ittihad en Arabie saoudite (2008-2009). Champion en 2009, il est évincé après la défaite en finale de la Ligue des champions d'Asie. Il est nommé entraîneur à Al-Hilal en 2010, remporte un nouveau titre de champion puis entraîne Bani Yas (Émirats arabes unis) avant de diriger la sélection de Bahreïn jusqu'en août 2013. Six mois plus tard, il tente sans succès de sauver de la relégation son club de cœur, le Betis Séville, et quitte l'Espagne sur cet échec. On le retrouve alors aux Émirats arabes unis (Al-Wasl, octobre 2014-mai 2016), au Qatar (Qatar SC, juillet-novembre 2017) puis en Iran (Persepolis, juillet 2019-janvier 2020). À 60 ans, il rentre alors en Argentine mais reste prêt à refaire ses valises pour un nouveau défi.

## CALENDA (Roméo)

Formé à Aubergenville, le natif de Meulan dans les Yvelines peut se targuer d'un titre de champion de France en 1994, l'année de son service militaire. Prêté deux saisons à Châteauroux, son retour en 1996 lui laisse espérer des jours meilleurs. Malgré quatre apparitions en Coupe d'Europe, le verdict est cruel et le milieu de terrain quitte définitivement Paris, direction Laval (1997-1999), Grenoble (1999-2000), Valence (2000-2004) et Poitiers (2004-2005), où il met un terme à sa carrière, à seulement 33 ans. Roméo Calenda reprend avec son épouse une chocolaterie dans la région poitevine. Pour le plaisir, il joue à l'Espérance Sportive de Saint-Benoît, puis entraîne ce club de Promotion de Ligue en région Poitou-Charentes.

## CALLEGARI (Lorenzo)

Annoncé comme un futur crack au PSG, ce milieu de terrain d'origine italienne débute le football au CSM Clamart avant de rejoindre le centre de préformation du PSG, à l'âge de 13 ans, après avoir été repéré lors d'un stage Urban Foot organisé par la PSG Academy. Avec ses copains du centre de formation Alec Georgen, Mamadou Doucouré, Odsonne Édouard et Jonathan Ikoné, Callegari est sacré champion d'Europe U17 avec les Bleuets en Bulgarie (2015). Il participe à l'aventure de la Youth League du PSG en 2015-2016, même s'il est absent sur blessure pour la finale perdue face à Chelsea (1-2, 18/04/2016) et remporte le titre de champion de France U19. Le nouvel entraîneur parisien Unai Emery lui donne du temps de jeu lors de l'ICC aux États-Unis, où les supporters parisiens découvrent cet élégant milieu de terrain défensif ou relayeur. Appelé régulièrement en équipe professionnelle en début de saison, Callegari débute avec le PSG pour quelques minutes en fin de match face à Angers (2-0, 30/11/2016) avant de rentrer dans les rangs.

Au début de l'année 2017, alors qu'il végète avec l'équipe réserve, un prêt de 18 mois au Genoa en Italie est annoncé. Il faudra attendre le 10 juillet 2018 et la fin de son contrat pour que ce transfert soit enfin officialisé. Aligné avec l'équipe réserve, Callegari rejoint rapidement Ternana sous forme de prêt (Serie C italienne). Son parcours italien est un échec, avant un retour en France dans le modeste club d'Avranches (National) où il retrouve alors Alec Georgen, qu'il connaît depuis ses débuts à Clamart. Au début de la saison 2020-2021, Lorenzo Callegari s'est engagé, à 22 ans, avec le FC Chambly, club de Ligue 2.

## CAMARA (Zoumana)

Zoumana Camara signe au PSG en 2007, c'est un retour aux sources pour ce Parisien né à Colombes, qui commence le football à 8 ans sous le maillot du Matra Racing. Le rival du PSG va disparaître et le jeune espoir se retrouve au Centre de formation de Saint-Étienne, avec lequel il remporte un titre de champion de France en U17. Défenseur solide

et intraitable dans les duels, Camara devient titulaire en D1 en 1997-1998 (26 matches, 1 but), mais décide de quitter le Forez pour rejoindre l'Inter Milan, à seulement 19 ans. Au milieu des stars de l'effectif des Nerazzurri, il tarde à trouver sa place et accepte un prêt à Empoli, puis un second à Bastia pour son retour en France (1999-2000). Revenu à son meilleur niveau, il rejoint l'OM et réussit une saison exemplaire, qui s'achève par une première sélection avec les Bleus face à l'Australie (0-1, 01/06/2001), à l'occasion de la Coupe des confédérations. L'instabilité à Marseille, où les entraîneurs se succèdent à un rythme fou (Abel Braga, Galtier, Clemente, Ivic), puis une vilaine blessure aux adducteurs, vont couper net son élan. Bernard Tapie, le président de l'OM, le prête à Lens et déclare publiquement que Camara est désormais perdu pour le football. À force de courage et d'abnégation, « Papus », comme on le surnomme, va retrouver le chemin des pelouses et rejoint Saint-Étienne, son club formateur (2004) après une saison en Angleterre à Leeds United. Il tient sa revanche, devient un cadre de la défense centrale stéphanoise. Rappelé par le sélectionneur Raymond Domenech qui le laisse sur le banc des remplaçants, il peut mesurer le chemin parcouru depuis ses débuts à Paris, son passage en Italie et son retour après sa grave blessure. À 28 ans, cet enfant de la capitale revient enfin chez lui, au Parc des Princes où il vibrait dans sa jeunesse devant les exploits de George Weah et David Ginola. Motivé comme jamais, il n'hésite pas à aller au bras de fer pour rejoindre le PSG, malgré le refus stéphanois. Il remporte à Paris la Coupe de la Ligue (2008), puis la Coupe de France (2010). Son temps de jeu se réduit avec l'arrivée des nouveaux actionnaires qatariens en 2011 et celles d'Alex, Thiago Silva et Marquinhos. Camara reste un joueur essentiel et apprécié par ses entraîneurs, Carlo Ancelotti puis Laurent Blanc. Champion de France à trois reprises (2013, 2014 et 2015), il est titularisé et porte le brassard de capitaine lors de son dernier match officiel, en Ligue 1 face à Reims (3-2, 23 mai 2015). Après plus de 400 matches professionnels et 19 ans de carrière, il rejoint le staff parisien au poste d'entraîneur adjoint, puis de coordinateur sportif du centre de formation et va diriger l'équipe U19 en 2021-2022.

## CAMP DES LOGES

Le Camp des Loges, situé à Saint-Germain-en-Laye, est le centre d'entraînement du PSG. À l'origine, le terrain était occupé par une base militaire qui accueillait la direction régionale du Génie en Île-de-France. Le Stade Sangermanois, et le PSG depuis 1970, sont les locataires de cet ensemble omnisport. Jusqu'en 1974 et la montée en première division, les Rouge et Bleu jouaient leurs rencontres de championnat au stade Georges-Lefèvre, baptisé ainsi en mémoire d'un ancien joueur de Saint-Germain, mort au combat pendant la Seconde Guerre mondiale. Le Camp des Loges accueille le centre de formation, inauguré le 4 novembre 1975, et les rencontres à domicile de l'équipe réserve et des sections de jeunes du PSG. Le 4 novembre 2008, après dix mois de travaux, un nouveau bâtiment situé à 400 mètres de l'ancien centre d'entraînement a ouvert ses portes et comporte tous les équipements nécessaires à un club de haut niveau. Le 12 septembre 2013, suite à un nouveau contrat de sponsoring, le centre d'entraînement a été rebaptisé « centre d'entraînement Ooredoo » avant le futur déménagement à Poissy, annoncé pour 2022.

## CANA (Lorik)

Son départ pour Marseille, au mois d'août 2005, a été vécu comme une véritable trahison par tous les supporters du PSG. À 22 ans, Lorik Cana était devenu un titulaire indiscutable avant de signer pour le rival historique du PSG. Au gré des choix de son père, honnête footballeur professionnel, la famille Cana a beaucoup voyagé, passant par la Turquie et la Suisse. En 1999, la guerre éclate dans les Balkans et au Kosovo, les Cana obtiennent le statut de réfugiés politiques et le jeune Lorik intègre le centre de formation de Lausanne Sports. Remarqué par le Real Madrid puis par Arsenal, il doit effectuer un essai à Londres chez les Gunners. Un problème de visa met rapidement un terme à ses espoirs. Le PSG en profite et il se retrouve au centre de formation au Camp des Loges, à l'âge de 15 ans. Combatif, le milieu de terrain finit par séduire Luis Fernandez, qui le titularise pour son premier match en Ligue 1 à Nantes (1-1, 19/04/2003). Vahid Halilhodzic apprécie son tempérament de guerrier et en fait un de ses hommes de base, aux côtés de Modeste M'Bami. Tout réussit au jeune Albanais né au Kosovo, qui termine sa première saison par une qualification pour la Ligue des champions et une victoire en Coupe de France face à Châteauroux (1-0, 29/05/2004). International

albanais, il participe au succès historique face au champion d'Europe, la Grèce (2-1, 04/09/2004) mais peine, à l'image de son équipe, et n'est plus un titulaire indiscutable dans l'esprit de son nouvel entraîneur Laurent Fournier, qui a pris la succession d'Halilhodzic. Son départ devient inéluctable, Marseille lui ouvre les bras et tombe sous le charme de Cana. Capitaine de l'OM, Cana a réussi à se faire adopter par les supporters marseillais, mais n'a remporté aucun titre avec Marseille. Il quitte la Canebière en 2009 après le départ de son entraîneur Éric Gerets, direction l'Angleterre et Sunderland. Rapidement promu capitaine, il doit faire face à une campagne de presse critiquant son engagement jugé trop excessif. Un an plus tard, Lorik Cana quitte l'Angleterre et signe en 2010 à Galatasaray en Turquie pour quatre ans. Un an plus tard, nouveau départ vers la Lazio Rome. Après des débuts difficiles, il devient un titulaire indiscutable en Italie et remporte la Coupe d'Italie face au rival de l'AS Roma (1-0, 26/05/2013). Moins utilisé lors de la saison 2014-2015, Cana accepte un dernier défi et rentre en France, au FC Nantes pour une saison sans relief. Non retenu par les Canaris, il va vivre une nouvelle déconvenue lors de l'Euro 2016, avec la première expulsion du tournoi lors de Suisse-Albanie (1-0, 11/06/2016) après seulement 36 minutes de jeu. Il met alors un terme à sa carrière avec 92 sélections dont 41 avec le brassard de capitaine, et révèle qu'il souffre depuis plusieurs années d'un souci au cœur et d'une myocardite, qui l'empêchait de respirer correctement. Ambassadeur honoraire du Kosovo depuis 2015, il vit désormais à Tirana, s'occupant notamment de son association LC5 pour les enfants albanais.

## CANADA DRY

La boisson dont le célèbre slogan publicitaire précisait : « Cela ressemble à de l'alcool, a le goût de l'alcool mais ce n'est pas de l'alcool ! » est le premier sponsor du PSG en 1973, alors en seconde division. C'est Bernard Brochand, publicitaire et futur président du PSG qui avait négocié ce premier contrat.

## CANAL+

La chaîne de télévision cryptée et privée a vu le jour le 4 novembre 1984. Les principaux abonnés sont des passionnés de cinéma et de sport. Canal+ décide alors d'investir dans le football et devient propriétaire du PSG, le 31 mai 1991, après avoir négocié la reprise de club parisien avec la mairie de Paris. Pendant le premier septennat sous la présidence de Michel Denisot, le PSG va accumuler les titres. De 1998 à 2006, le club parisien connaît des difficultés et accumule les déficits. Le groupe Vivendi, propriétaire de Canal+ depuis le mois de septembre 1999, confirme que le PSG n'est plus essentiel à l'avenir du groupe et le 11 avril 2006, le PSG est officiellement vendu au trio formé par Colony Capital, Butler Capital Partners et Morgan Stanley.

## CAPITAINE

De Tchouki Djorkaeff à Marquinhos, 77 joueurs ont porté le brassard de capitaine au PSG. Mention spéciale à Thiago Silva, capitaine à 293 reprises de 2012 à 2020, un record pour le club Rouge et Bleu. 10 joueurs parisiens n'ont porté le brassard de capitaine qu'à une seule reprise : Jean-Claude Lemoult, Laurent Fournier, Bruno Carotti, Nicolas Anelka, Peguy Luyindula, Jérémy Menez, David Beckham, Leandro Paredes, Ander Herrera et Marco Verratti.

## CARDETTI (Martin)

Annoncé comme le successeur de Carlos Bianchi, le petit buteur Argentin (1,70 m), surnommé « El Chapulin » en hommage à un héros de BD sud-américaine, aura fait illusion quelques mois à Paris, avant de disparaître de l'actualité du PSG. Formé à Rosario Central avec lequel il remporte la Copa Conmebol en 1995 (l'équivalent sud-américain de la Coupe UEFA), c'est à River Plate qu'il se fait connaître, inscrivant 17 buts en 19 rencontres lors du tournoi d'ouverture 2001-2002. Profitant du non-renouvellement de son contrat à River,

Cardetti annonce son départ malgré le refus de ses dirigeants. Après six mois sans jouer, il rejoint alors le PSG pour effacer une première expérience européenne ratée, à Salamanque en Espagne. Les débuts sont prometteurs : avec 7 buts en 12 rencontres, le goleador argentin s'affirme comme un élément de choix pour Luis Fernandez. Les blessures puis la maladresse face aux buts mettront un terme à cette série. Cardetti doit quitter Paris, douze mois seulement après son arrivée. Après son départ, il accumule les désillusions, en Espagne (Valladolid), en Argentine (Racing Club puis Gimnasia), au Mexique (Pumas Mexico), en Colombie (Deportivo Cali). Martin Cardetti rentre en Argentine pour des raisons familiales en août 2007 et signe au Club Atletico Colon de Santa Fe. Après une saison gâchée par les blessures et une résiliation de contrat qu'il conteste, Cardetti trouve enfin un nouveau club, la modeste équipe uruguayenne du Boston River (D2), dont il devient par la suite entraîneur et actionnaire du club, avec Carlos Montoya et Walter Silvani. En mars 2012, il est de retour en Argentine et occupe le poste de directeur sportif à Juventud Unida à San Luis, modeste club de troisième division, puis poursuit sa route au Costa Rica, au Club Sport Uruguay de Coronado (D1) et à San Carlos (D2). En janvier 2019, Cardetti est licencié et retourne s'installer en Argentine, où il finance et parraine un complexe de football dans un centre pénitencier. On le retrouve quelques mois plus tard en Équateur, pour entraîner le club du Mushuc Runa Sporting Club jusqu'au 9 novembre 2019, où Cardetti confirme son départ suite à de nombreux désaccords avec le conseil d'administration du club. Après une année sabbatique, l'ancien buteur argentin entraîne depuis le 4 janvier 2021 le Bogota FC, qui joue en championnat de Colombie (D2).

## CARDIET (Louis)

« Loulou » Cardiet, capitaine emblématique du Stade Rennais, accepte de quitter sa Bretagne natale en 1973 pour un dernier défi, à 30 ans : faire remonter le PSG en Division 1. Alors qu'il se destinait à être marin, après un apprentissage à l'Arsenal, Louis Cardiet signe une première licence à Lorient à 15 ans. Un passage à Berné, puis un transfert au Stade Rennais en 1962 et la carrière de ce défenseur latéral intraitable est lancée. Devenu un titulaire indiscutable, il remporte une première victoire en Coupe de France, en finale face à Sedan (2-2 puis 2-1), puis une seconde six ans plus tard, contre Lyon avec le brassard de capitaine (1-0). Loulou Cardiet devient le héros du peuple breton. Logiquement, il rejoint l'équipe de France mais compte seulement 6 sélections, la dernière sous les ordres de Just Fontaine au Parc des Princes (2-4, 03/06/1967 pour un match amical contre l'URSS). En 1973, ce même Fontaine n'hésitera pas à l'engager pour renforcer la défense du PSG. Pari réussi pour Cardiet, qui participe à 88 rencontres en deux ans (plus de 40 matches par saison) puis se retire en 1976, pour jouer et entraîner l'US Berné, chez lui en Bretagne. Après avoir rangé définitivement les crampons, Cardiet devient négociant dans le commerce de poissons près de chez lui, à Quimperlé. Retraité, il résidait à Lorient où il est décédé le 28 avril 2020, à l'âge de 76 ans

## CARDINET (Gilles)

Annoncé comme l'un des plus grands espoirs du club à la fin des années 1970, Gilles Cardinet n'a pas réussi à s'imposer avec les Rouge et Bleu, se contentant de 13 apparitions avec les professionnels de 1977 à 1985. À 15 ans, il rejoint le centre de formation au Camp des Loges. International Scolaires et

Cadets, second du concours du jeune footballeur en 1976, il peut jouer milieu offensif ou attaquant. Prêté à Brest (1980-1981), Cardinet signe à Valenciennes (1985) puis met un terme à sa carrière en 1990, alors qu'il joue à Poissy, pour se lancer dans la publicité. Sans renier sa passion du ballon rond, entraîneur adjoint à Valenciennes, il dirige l'équipe de la Banque de France (DH corporatif) puis le HAC en championnat district. Gérant de la société Alpesport, agence de publicité par l'objet dans l'équipement sportif créée en 2004 à Monthion (Savoie), il est depuis le 9 mars 2008 conseiller municipal de cette charmante commune proche d'Albertville, avec pour mission principale la gestion des écoles et les dossiers sur la jeunesse. Le 27 mai 2012, Gilles Cardinet a rechaussé les crampons pour participer à son jubilé, à Escaudain (Nord). En 2021, il était salarié de la société CTOP (Communication Textiles Objets Publicitaires).

## CARON (Bernard)

Une saison au PSG et puis s'en va. La mairie de Paris, pour éponger les dettes du PFC en 1979, avait imposé le recrutement de trois joueurs au président Borelli, qui choisira Beltramini, Huck et Caron. Le robuste défenseur central, formé à Sedan et révélé à Nancy avec Michel Platini (111 matches de 1974 à 1978, une victoire en Coupe de France face à Nice 1-0, 13/05/1978), avait confirmé sous le maillot du PFC, sans pouvoir empêcher la relégation en D2. Barré par Pilorget et Morin, victime de blessures à répétition, Caron ne joue que 7 rencontres avant de partir à Rouen (1980-1983), et terminer sa carrière à Périgueux (1983-1988) comme entraîneur-joueur. En 2021, il vivait en Aquitaine, dans son moulin, occupant son temps entre la pétanque, la pêche à la truite et sans téléphone portable ! Il entraînait le FC Penne Saint-Sylvestre (1re division de district de Lot-et-Garonne) puis le Football Club de Villeneuve-sur-Lot, depuis le début de la saison 2017-2018.

## CAROTTI (Bruno)

Quinze ans après ses débuts à Montpellier, Bruno Carotti était revenu sur ses terres pour mettre un terme à sa carrière dans le club cher à la famille Nicollin. À Paris, il n'a laissé qu'une image, celle de l'éphémère capitaine victorieux du Trophée des champions face à Lens, un soir d'été 1998 (1-0, 30/07/1998). Né en Espagne à Puerto Pollensa, aux Baléares, Carotti débute sa carrière en région parisienne, à Clamart, au poste d'avant-centre, puis à Versailles et à Vanves, avant de rejoindre Montpellier à l'âge de 14 ans. Six ans plus tard, il joue en Ligue 1 au poste de milieu défensif. International Espoirs puis A', il signe à Nantes en 1996 pour remplacer Benoît Cauet engagé par le PSG. Deux saisons plus tard, Carotti se fixe en défense centrale et rejoint à son tour Paris. Mais son caractère discret et effacé s'accommode difficilement à la crise vécue par le PSG en cette saison 1998-1999. Dix-huit mois plus tard, Carotti quitte sans regret la capitale, direction Toulouse, avant de revenir à Montpellier au début de la saison 2001-2002, où il porte le brassard de capitaine. À 37 ans, après 469 matches avec les pros, il met un terme à sa carrière sur l'accession de Montpellier en L1. Le devoir accompli, il passe ses diplômes d'entraîneur avant d'être nommé directeur sportif à Montpellier au début de la saison 2011-2012, un poste qu'il occupait toujours en 2021.

## CARRÉ (Thierry)

Cet excellent dribbleur, décédé depuis plus d'une dizaine d'années, avait participé à l'épopée du Stade Sangermanois en Coupe de France lors de la saison 1968-1969, qui s'était achevée en quarts de finale face au futur vainqueur, l'OM (0-2, 1-5). Après douze mois d'exil à Saint-Cyr, Carré signe pour le tout nouveau PSG en 1970, avec lequel il obtiendra le titre de champion de France du National (Ligue 2), avant de quitter la capitale pour la Picardie et Amiens puis le club amateur de Mantes-la-Jolie.

## CASAGRANDE (Dominique)

Un parcours atypique que celui de Dominique Casagrande : amateur jusqu'à l'âge de 23 ans, champion de France de rugby universitaire aux côtés de Ntamack, Ibanez ou Pelous et titulaire d'une maîtrise en sport et management, le gardien de but de Nantes devient champion de France à la surprise générale, douze mois après son arrivée chez les Canaris. Formé à Muret, ce solide troisième ligne au rugby choisit finalement le ballon rond, avec le succès que l'on sait. Mais son parcours nantais s'achèvera lors de sa troisième année, victime des blessures et de la concurrence d'un jeune prodige de 17 ans, Mickaël Landreau. Il joue au FC Séville, alors en D2 espagnole, puis revient en France au PSG, pour seconder Bernard Lama alors sur le départ. Le gardien de but emblématique des Rouge et Bleu rempile finalement pour une saison et Casagrande patiente à nouveau sur le banc pour douze mois supplémentaires. Pire, il est titulaire lors de la défaite du PSG en finale de la Coupe de la Ligue face à Gueugnon (0-2, 22/04/2000). La saison suivante, Philippe Bergeroo lui promet une place de titulaire, puis recrute Lionel Letizi, qui profite de la première bévue du gardien parisien pour s'installer dans les buts du PSG. En 2001, son départ pour Saint-Étienne, et l'échange avec Jérôme Alonzo, lui donne enfin l'occasion de rejouer en Ligue 2. Après une saison à Créteil-Lusitanos (2003-2004), une troisième fracture de la main l'oblige à mettre prématurément un terme à sa carrière, à 33 ans. Titulaire, en plus de sa maîtrise, d'un diplôme de gestion des entreprises de l'université de Toulouse, Casagrande devient consultant pour Canal+. Marié à l'ex-animatrice de télévision Cécile Siméone, il dirige depuis 2005 avec l'ancien rugbyman Yannick Bru un cabinet indépendant spécialisé dans la gestion des actifs financiers pour les sportifs professionnels, CBC Sports et Conseils. En 2007, Dominique Casagrande participe à la création d'un site Internet sur le football amateur « Footengo » et ouvre plusieurs centres de football indoor où il organise des tournois de foot à 5 dans la région lyonnaise, appelés les « Boss du foot ». Après avoir acheté le tennis club de Barolles, il investit dans un restaurant gastronomique à Bignais, situé dans un ancien couvent. En 2021, il était responsable du secteur Sport et Events chez Amarante International, société spécialisée dans l'accompagnement sécuritaire en zone à risque.

## CAUET (Benoît)

Benoît Cauet ne sera resté qu'une seule saison au PSG, la plus aboutie de son extraordinaire carrière, commencée en 1987 pour se terminer vingt ans plus tard, en 2006. C'est à l'ASPTT Nantes qu'il débute. Ignoré par le FCNA, il rejoint l'OM et remporte ses deux premiers titres de champion de France (1989 et 1990). À 21 ans, il part à Caen pour gagner du temps de jeu et participe à l'épopée du Stade Malherbe, qui décroche une qualification européenne (1993). Fort de ses succès et nouvel international Espoirs, Cauet rejoint Nantes en 1994 et devient champion de

France, au terme d'une saison exceptionnelle (1995). Dès l'officialisation du départ de Daniel Bravo pour l'Italie, le PSG se tourne vers Cauet, libre de tout contrat. Il s'impose rapidement aux côtés de Raí et Leonardo, mais l'Inter Milan a jeté son dévolu sur le milieu de terrain parisien. Cauet quitte la capitale pour le Calcio et remporte une Coupe UEFA face à la Lazio Rome en finale au Parc des Princes (3-0, le 06/05/1998). Après quatre saisons à l'Inter, direction le Torino (2001-2002) puis Côme (2002-2003) avant de revenir en France, à Bastia (2003-2004). Il tente un dernier pari et rejoint la Bulgarie et le CSKA Sofia, avec lequel il obtient un titre de champion (2005). Une derrière pige à Sion, en Suisse (2006), et il met un terme à sa carrière, à 37 ans. Consultant télé pour Sky TV Italie et Sportitalia, Benoît Cauet dirige de 2012 à 2018 les jeunes du centre de formation de l'Inter Milan (15-17 ans) avant de franchir le pas à Concarneau, club de National, qu'il rejoint au début de l'année 2019. Un nouveau défi qui s'est achevé sur un échec un an plus tard, avec sa mise à l'écart le 12 février 2020. En janvier 2021, il a entraîné la Berrichonne de Châteauroux, avant d'être remplacé un mois plus tard par Marco Simone.

## CAVANI (Edinson)

voir P94

## CAYZAC (Alain)

Diplômé d'HEC (1963) et de l'université de Berlin (études politiques, 1964), Alain Cayzac débute sa carrière en tant que directeur de marques à Procter et Gamble. En 1972, il devient le C de la fameuse agence RSCG qu'il fonde avec Bernard Roux, Jacques Séguéla et Jean-Michel Goudard. De 1984 à 1991, il est le PDG de RSCG France, et devient membre du comité directeur du PSG en 1986. De 1991 à 1996, après la fusion de RSCG et Eurocom (groupe Havas), Alain Cayzac préside Euro-RSCG France et Euro-RSCG Worldwide. En parallèle, après le rachat du PSG par Canal+, il devient un des actionnaires minoritaires (en compagnie de Bernard Brochand et de Charles Talar) des Rouge et Bleu. Passionné de sport, Alain

Cayzac succède à Bernard Brochand en juin 2001 à la présidence de l'Association PSG. De 1997 à 2005, il est nommé vice-président et Chief Communication Officer du Groupe Havas, avant de quitter ses fonctions fin décembre 2005. En mai 2006, après la vente du PSG par Canal+ et l'arrivée de nouveaux actionnaires, Alain Cayzac est nommé président du conseil de surveillance du club. Le 30 août 2006, il devient PDG du PSG pour deux années difficiles, où le club doit se battre pour son maintien et faire face à des crises sans précédent (décès d'un supporter après un match face à Tel-Aviv, banderole « anti-ch'tis » lors de la finale de la Coupe de la Ligue face à Lens). Courageux, il défend le PSG avant de démissionner le 21 avril 2008. Toujours proche du club et membre du conseil d'administration de la Fondation PSG, il avait tenté de renouer le dialogue avec les anciens abonnés en 2010, aux côtés de Franck Borotra. Alain Cayzac a été fait chevalier de l'ordre de la Légion d'honneur le 8 avril 2009, et nommé en 2011 président d'honneur du club d'Évreux FC 27 (Division d'Honneur), cher à Mathieu Bodmer et Bernard Mendy. Fidèle au PSG et toujours présent au Parc des Princes, il reste un ardent supporter du club parisien.

## CEARÀ (Marcos)

Belle histoire que celle de Cearà : dans son enfance, il travaille dans les champs avec ses parents, pour subvenir au besoin de ses sept frères et sœurs. La famille est pauvre, le quotidien est difficile jusqu'à ses 11 ans, et son déménagement dans les favelas de Sao Paulo. Il débute dans un club scolaire puis, deux ans plus tard, rejoint le centre de formation de Santos. On le surnomme alors « Cearà », du nom de sa région natale, située dans le Nord-Est. Le début de sa carrière est chaotique. Prêté à plusieurs reprises, il connaît la relégation avec Santa Cruz et dispute plusieurs matches en troisième division ! Évangéliste, il garde la foi, devient titulaire à Coritiba et Sao Ceatano, puis signe au prestigieux Internacional de Porto Alegre. C'est le déclic et les titres s'accumulent : une Copa Libertadores face à Sao Paulo en finale (2006), puis la victoire au Mondial des clubs 2006. À Tokyo, au marquage d'un certain Ronaldinho, Cearà réussit une performance exceptionnelle et les Brésiliens s'imposent logiquement face aux Catalans en finale (1-0, 16/12/2006). Pour Cearà, il est temps de poursuivre sa carrière en Europe. Le Betis Séville en Espagne souhaite l'engager, mais il préfère répondre aux sollicitations du PSG, recommandé par l'ancien Parisien Valdo, son coéquipier à Santos en 2009. À son arrivée, il devient la doublure de Bernard Mendy, puis finit par s'imposer, malgré une erreur défensive incroyable au Parc des Princes contre Caen (0-1, 01/12/2007) qui fait de lui la risée du Parc. La foi vient à nouveau à son secours et il revient plus fort, terminant l'année par un premier trophée avec Paris : la Coupe

de la Ligue (PSG-Lens, 2-1, 29/03/2008). Cearà poursuit son parcours à Paris en toute discrétion et garde toujours le sourire, malgré une place de titulaire perdue après l'arrivée de Christophe Jallet au poste d'arrière latéral. Nommé vice-capitaine du club sous la direction d'Antoine Kombouaré, Cearà retrouve alors le onze de départ jusqu'à l'arrivée de Carlo Ancelotti. Relégué sur le banc des remplaçants, il quitte le club pour Cruzeiro au Brésil en juin 2012, et libère une place d'extracommunautaire à son compatriote recruté au Milan AC, Thiago Silva. À Cruzeiro, Cearà participe à l'âge d'or du club basé à Belo Horizonte, avec deux titres de champion du Brésil en 2013 et 2014. Après quatre saisons à Cruzeiro et libre de tout contrat, le défenseur → P.96

**Attaquant**
Né le 14 février 1987
à Salto (Uruguay)

**Son parcours :** Danubio FC (2005-2007), Palerme (2007-2011), Naples (2010-2013), PSG (2013-2020), Manchester United (2020-...)
**Son palmarès :** champion d'Uruguay (2007), vainqueur de la Coupe d'Italie (2012), champion de France (2014, 2015, 2016, 2018, 2019, 2020), vainqueur de la Coupe de France (2015, 2016, 2017, 2018 et 2020), vainqueur de la Coupe de la Ligue (2014, 2015, 2016, 2017, 2018 et 2020), vainqueur du Trophée des champions (2014, 201
2017 et 2019), vainqueur de la Copa America avec l'Uruguay (2011)
**International uruguayen (116 sélections, 50 buts)**

# Edinson CAVANI

« El Matador », comme on le surnomme, fait désormais partie de la légende du PSG. Meilleur buteur de l'histoire des Rouge et Bleu (200 buts), son parcours à Paris n'a pourtant pas toujours été simple, mais sa persévérance et sa simplicité ont su séduire les fans du club de la capitale. Né à Salto en Uruguay, le jeune Edinson semble rapidement prendre la relève de son père Luis, ancien footballeur. Formé au Danubio FC à Montevideo, il remporte à 20 ans un premier titre de champion d'Uruguay (2006-2007) au poste d'avant-centre, après avoir joué au milieu de terrain jusqu'à l'âge de 15 ans. Remarqué par de nombreux clubs européens, Cavani choisit de signer à Palerme en Italie en janvier 2007. Buteur lors de ses débuts en Serie A face à la Fiorentina (1-1, 11/03/2007), il s'impose après une première saison d'adaptation au football européen aux côtés d'un certain Javier Pastore. Après trois ans et demi réussis à Palerme et une participation remarquée à la Coupe du monde en Afrique du Sud avec l'Uruguay (4e de la compétition), Cavani signe à Naples en 2010, toujours en quête d'un successeur à l'iconique Diego Maradona. 104 buts en 138 matches, une victoire en Coupe d'Italie (2012) et un titre de meilleur buteur de la Serie A (29 buts en 2012-2013) lui donnent le statut d'idole pour le peuple napolitain. Avec l'Uruguay, il remporte en 2011 avec ses compères Diego Forlan et Luis Suarez, un titre que la Celeste attendait après seize ans d'abstinence : la Copa America. À 26 ans, il est désormais considéré comme l'un des plus grands buteurs, et les plus grands clubs européens souhaitent alors l'engager. C'est le PSG qui finalement l'emporte : le 16 juillet 2013, Cavani rejoint la France pour un montant record de 64 millions d'euros, et suit les traces de son demi-frère Walter Guglielmone, qui avait joué en Ligue 1 lors de la saison 2002-2003… à l'AC Ajaccio. Positionné aux côtés du buteur suédois Zlatan Ibrahimovic, l'attaquant uruguayen va se mettre au service de la star parisienne, puis exploser après le départ du Suédois, remportant au passage deux titres de meilleur buteur en Ligue 1 (2016 et 2017) et un trophée de meilleur joueur (2017). Premier Parisien à avoir atteint le cap symbolique des 200 buts sous le maillot Rouge et Bleu, Edinson Cavani connaît une saison 2019-2020 contrastée, avec l'arrivée de Mauro Icardi. Après avoir demandé à quitter le club en janvier 2020, il termine la dernière saison de son contrat mais refuse de participer à la phase finale de la Ligue des champions à Lisbonne. Un choix mal compris par les fans parisiens, avant l'annonce de sa signature à Manchester United.

brésilien s'engage à Coritiba en 2016, à l'âge de 36 ans. Des passages sans relief à l'Internacional Porto Alegre (2016-2017) puis, en D2, à l'America de Belo Horizonte (2017). C'est l'heure de la retraite et du retour en France, reconverti en agent de joueurs avec la société qui a géré sa carrière, Taveira Sports Group. Depuis le 29 octobre 2020, Marcos Cearà est le directeur du nouveau centre de la Paris Saint-Germain Academy au Brésil, à Belo Horizonte.

## CENZATO (Gérard)

À 23 ans, ce défenseur semblait avoir tiré un trait sur sa carrière professionnelle, malgré des débuts prometteurs à Nancy (saison 1970-1971). Formé à Saint-Maur, puis passé par Sens, Cholet et le Paris-Joinville, il trouve enfin sa voie en intégrant le PSG durant l'été 1974, en qualité de stagiaire. Profitant des nombreuses blessures, Cenzato participe à la première victoire du PSG en D1 au Parc des Princes face à Angers (3-2, 23/08/1974). En 1977, devenu professionnel, il rejoint le PFC, puis le club de Fontainebleau, avec lequel il terminera sa carrière, après un bref passage comme entraîneur-joueur à Bagneaux-Nemours (1982-1983) et Étampes (1983-1985). Entraîneur des jeunes à Melun et à Fontainebleau, Cenzato découvre deux jeunes joueurs au talent prometteur : Claude Makelele et Lilian Thuram. Responsable des U13 au Mée-sur-Seine, il assiste aux débuts de Clément Chantôme, puis devient éducateur sportif à Fontainebleau en 2005, avant de prendre sa retraite.

## CÉSAR (Augusto Belli Michelon)

Annoncé comme le successeur de Ricardo, le

défenseur brésilien César n'a jamais réussi à s'imposer dans la capitale. Né en 1975 à Bebedouro, dans la province de Sao Paulo, César connaît une enfance difficile dans un quartier défavorisé. Il débute à Ponte Preta, (2e division) et devient vice-champion du monde Juniors en 1995 avec le Brésil. L'année suivante, après un passage remarqué au tournoi de Toulon avec les Espoirs, il signe à Portuguesa. César connaît les joies de la sélection en 1998 et accepte un an plus tard les propositions du PSG. Fatigué par le parcours du Brésil à la Copa America puis à la Coupe des confédérations, barré en défense par Rabesandratana, Okpara et El-Karkouri, il ne s'éternise pas dans la capitale. La suite de son parcours confirme ses difficultés à s'imposer en Europe : ses passages à Rennes (2000-2002) puis à Tenerife en Espagne (2004-2006) s'achèvent sur un échec. Au Brésil, ni Corinthians, ni l'Atletico Paranaense n'ont réussi à le relancer. En février 2007, César sombre dans l'anonymat du championnat brésilien à Fortaleza, Ponte Preta (2008) et Mirasol (2009). Il met alors un terme à sa carrière, devient responsable de la formation à l'Atletico Monte Azul (série A2) puis directeur du département des sports à Bebedouro, sa ville natale.

## CFA OMNISPORTS

Le Centre de formation d'apprentis omnisports Île-de-France a été créé par convention avec le conseil régional en 1994 et dépend de l'Éducation nationale. Il accueille des jeunes de 16 à 25 ans, à fort potentiel sportif, pour les aider à préparer un sport au plus haut niveau. La formation est gratuite, le CFA Omnisports assure les repas et l'hébergement des apprentis les plus éloignés de leur domicile dans ses deux centres, à Saint-Germain-en-Laye pour les footballeurs et les éducateurs polyvalents, à Paris à la porte de Saint-Cloud pour les autres sports (basket, handball, rugby, volley-ball, judo).

## CHAMPION (de France)

Le PSG compte 9 titres de champion de France, remportés en 1986, 1994, 2013, 2014, 2015, 2016, 2018, 2019 et 2020. Un club seulement en France a fait mieux que les Rouge et Bleu : l'AS Saint-Étienne, avec 10 titres de champion.

## CHAMPS-ÉLYSÉES (avenue)

Le PSG avait pris la bonne habitude de fêter ses trophées sur la plus belle avenue du monde. Le 9 mai 1996, au lendemain du succès des Rouge et Bleu en finale de la Coupe d'Europe des vainqueurs de coupe, 50 000 Parisiens seront présents sur les Champs-Élysées pour saluer leurs héros. Le 15 mai 1998, le PSG a inauguré une boutique officielle, au 27, avenue des Champs-Élysées.

## CHANTÔME (Clément)

Clément Chantôme est l'un des plus beaux exemples de réussite du centre de formation, qu'il a rejoint à l'âge de 12 ans. Lors de la saison 2006-2007, les Rouge et Bleu voient apparaître une génération de jeunes joueurs talentueux et sans complexe. Clément Chantôme est le premier sur la liste, aligné lors de l'ouverture de la saison (Trophée des champions contre Lyon, 1-1, 4-5 t.a.b., 30/07/2006). Milieu de terrain défensif, Chantôme peut être une satisfaction pour les éducateurs du PSG. Originaire de Savigny-le-Temple – comme Claude Makelele – le jeune espoir parisien accompagne tous les dimanches son père, arbitre de football, sur les terrains de la région parisienne. Dès l'âge de 5 ans, il rejoint les débutants à Savigny. Jean-Pierre Dogliani, responsable de la formation et ancien joueur du PSG, le repère alors qu'il porte les couleurs du Mée-sur-Seine, club partenaire du PSG, en Benjamins. En 1999, il intègre la préformation, à Conflans-Saint-Honorine, et poursuit son apprentissage à Verneuil, avant d'intégrer le centre de formation à Saint-Germain-en-Laye. Champion de France avec les U18 en 2006, il confirme la saison suivante, signe professionnel et participe, à seulement 19 ans, à 33 rencontres officielles avec les Rouge et Bleu. Sa régularité est récompensée par une première sélection avec les Espoirs, le 9 novembre 2006, victorieuse face à la Suède (1-0). La saison 2007-2008 est celle de la consécration, avec une victoire en Coupe de la Ligue (face à Lens, 2-1, 29/03/2008). Si le PSG se bat pour éviter la relégation, Chantôme confirme alors son exceptionnel potentiel. L'arrivée de Claude Makelele va bouleverser la donne au poste de milieu de terrain. Chantôme perd sa place de titulaire et son avenir semble s'assombrir dans la capitale. Mais il décide de rester fidèle à Paris, un choix qu'il ne va pas regretter : à nouveau aligné dans l'entrejeu parisien, il connaît enfin la consécration d'une première – et unique – sélection avec l'équipe de France, lors du match face au Japon (0-1, 12/10/2012). Malgré un temps de jeu réduit,

Chantôme remporte alors un premier titre de champion de France en 2013. En manque de temps de jeu, il rejoint Toulouse pour un prêt sans option d'achat (2013-2014) puis revient à Paris pour une saison presque blanche (12 matches officiels). C'est l'heure du départ pour Rennes mais les blessures successives l'obligent à partir pour un prêt à Lens, en Ligue 2 (2017-2018). Libre de tout contrat, Chantôme choisit de revenir en région parisienne et signe au Red Star sans pouvoir éviter la relégation du club audonien en National 1 à l'issue de la saison 2018-2019. À seulement 32 ans et après six mois sans club, il s'engage en janvier 2020 avec Poissy en National 2, cinq ans après avoir côtoyé les sommets sous les couleurs du PSG.

## CHARBONNIER (Jean-François)

Jean-François Charbonnier fut une valeur sûre du PSG de Francis Borelli entre 1984 et 1991, et un redoutable buteur (15 buts) malgré son poste de milieu défensif. Né à Lyon, passé par Rillieux-la-Pape et Saint-Priest, c'est à Reims, à 18 ans, qu'il se fait remarquer. Il joue six saisons (1978-1984) au poste de meneur de jeu en Champagne mais Reims échoue systématiquement à accéder en D1. Pire, le célèbre Stade de Reims se meurt, le PSG saisit l'occasion et l'engage en 1984 pour compléter son duo de milieux défensifs, composé de Jean-Claude Lemoult et Luis Fernandez. Sans faire de bruit, et malgré un prêt d'une saison à Cannes (1986-1987), « Jeff » devient un rouage essentiel des Rouge et Bleu, participant activement au premier titre parisien en 1986 (17 matches, 2 buts). L'arrivée de Canal+ marque la fin d'une époque et provoque le départ des Jeannol, Bibard, Tanasi et consorts. À 32 ans, Charbonnier rejoint le PFC, et intègre par la suite le staff technique du second club parisien, tout d'abord en entraînant les moins de 17 ans (1993-1995) puis au poste d'entraîneur adjoint (1995-2000). En 2006-2007, il dirige l'équipe du Monts-d'Or Azergues-Chasselay, qu'il mène jusqu'en CFA 2. Au début de l'année 2009, Jean-François Charbonnier relève un nouveau challenge et accepte d'entraîner le FC Corbas près de Lyon. Il quitte le club en 2011, dirige la réserve de Vaulx-en-Velin puis prend la direction du CS Ozon (Promotion Excellence) au début de la saison 2012-2013. En 2015, on le retrouve à la tête de l'AS Craponne (Promotion d'Honneur de Ligue), une expérience qui s'achèvera après seulement quatre mois. Au début de la saison 2019-2020, il fait son grand retour au poste de manager général du CS Neuville (Régional 3) avant de prendre du recul un an plus tard, suite à des problèmes de santé. Le 7 décembre 2020, Jean-François Charbonnier nous a quittés, à l'âge de 61 ans.

## CHELSEA

voir P100

## CHIESA (Serge)

Le 12 juillet 1977, le meneur de jeu de Lyon et de l'équipe de France (12 sélections) doit signer son contrat en présence du président du PSG, Daniel Hechter. Depuis plusieurs jours, le joueur, Lyon et Paris ont trouvé un accord sur le montant du transfert mais, contre toute attente, Serge Chiesa refuse de parapher le contrat. Pris au dépourvu, Daniel Hechter demandera à son entraîneur, le tout jeune retraité Jean-Michel Larqué, de rechausser les crampons pour dépanner le PSG en ce début de saison. Chiesa poursuivra sa carrière à Lyon jusqu'en 1983, participant à 475 matches de Championnat sous le maillot lyonnais.

## CHOQUIER (Camille)

Le Camp des Loges et le PSG n'ont aucun secret pour lui : depuis 1961 et son arrivée au Stade Sangermanois, Camille Choquier s'était dévoué corps et âme pour la promotion du football parisien et du PSG, son club de toujours. Ce grand gardien de but, après des débuts à Abbeville puis Épinal, se retrouve presque par hasard dans la région parisienne, suite à une mutation professionnelle. Il assiste à la création du tout nouveau PSG en 1970, devient un symbole du club – bien malgré lui – lorsqu'il perd connaissance après un violent choc à la tête à Brest lors d'une rencontre de National (1-1, 27/03/1971). Hospitalisé en Bretagne et, malgré des troubles de la mémoire, il retrouve rapidement sa place pour mener les siens au titre quelques mois plus tard. Lors de la scission, il reste fidèle aux Rouge et Bleu et lorsqu'il met un terme à sa carrière en 1974, il rejoint le centre de formation au Camp des Loges. Entraîneur de l'équipe réserve (de 1979 à 1985), il seconde Pierre Alonzo sur le banc de touche parisien lors de la saison 1979-1980, pour un intérim de quelques semaines. Conseiller technique du club en 1985, Camille Choquier quitte alors la capitale pour entraîner Amiens, puis Melun, Poissy, le Racing 92, Corbeil et Les Lilas en région parisienne. Son ancien élève Luis Fernandez lui confie un poste de coordinateur du recrutement pour l'Île-de-France en 2001, un rôle qu'il tiendra jusqu'au départ de l'entraîneur manager du club. Sélectionneur de l'équipe de France de la Police (jusqu'en 2004), il collabore avec l'UNECATEF, syndicat des joueurs, et s'occupe de la formation des cadres de la Ligue de Paris. En 2008, Camille Choquier entraîne l'USR (Unité Sainte-Rosienne) en Guadeloupe avant de revenir en métropole en septembre 2011, où il profitait en 2021 d'une retraite bien méritée.

## CHOUPO-MOTING (Eric-Maxim)

Invité surprise du mercato estival parisien en 2018, Eric-Maxim Choupo-Moting a vécu deux saisons contrastées sous le maillot parisien. Fils d'un père basketteur de nationalité camerounaise et d'une mère allemande, le jeune Eric-Maxim intègre à 15 ans le centre de formation du Hambourg SV, la ville où il est né. Après avoir signé un premier contrat professionnel en mai 2007, puis fait ses premiers pas avec Hambourg lors d'un match de Coupe d'Allemagne face à Kiel (5-0,

05/08/2007), sa carrière débute enfin deux ans plus tard lors de son prêt à Nuremberg, pour la saison 2009-2010. International Espoirs avec l'Allemagne, il choisit alors la sélection du Cameroun en 2010 et participe à la Coupe du monde avec les Lions Indomptables, puis explose enfin au plus haut niveau lors de sa signature à Mayence, entraîné alors par un certain Thomas Tuchel. Titulaire malgré une saison blanche en 2012-2013 et une vilaine blessure au genou, il va au bout de son contrat de trois ans, puis signe à Schalke 04 où il participe régulièrement à la Ligue Europa. En 2017, à nouveau libre de tout contrat, Choupo-Moting quitte l'Allemagne pour l'Angleterre et Stoke City. Un an plus tard, il rejoint le PSG et ses stars pour étoffer l'armada offensive des Rouge et Bleu, et devient même, quelques mois plus tard, capitaine de la sélection du Cameroun. Attaquant polyvalent, loué pour sa mentalité exemplaire, Eric-Maxim Choupo-Moting a souvent répondu présent quand Thomas Tuchel a fait appel à lui, mais c'est surtout cet incroyable →P102

**1/4 de finale retour de la Ligue des champions**
Le mercredi 11 mars 2015, à Stamford Bridge (Londres).
**Arbitre :** M. Kuipers (Pays Bas).
**Buts :** Cahill (81e) et Hazard (96e s.p.) pour Chelsea ; David Luiz (86e) et Thiago Silva (114e) pour le PSG.
**Avertissements :** Oscar (37e), Ramires (52e), Diego Costa (73e) pour Chelsea ; Thiago Motta (33e), Matuidi (40e), David Luiz (73e) et Verratti (75e) pour le PSG.
**Expulsion :** Ibrahimovic (31e) pour le PSG.
**CHELSEA :** Courtois - Ivanovic, Cahill, Terry, Azpilicueta - Ramires (Drogba 91e), Matic (Zouma, 84e), Oscar (Willian 46e), Fabregas, Hazard - Diego Costa.
**Entraîneur :** J. Mourinho.
**PSG :** Sirigu - Marquinhos (cap.), David Luiz, Thiago Silva, Maxwell - Verratti (Rabiot 82e), Thiago Motta, Matuidi (Lavezzi, 82e) - Pastore (Van der Wiel 118e), Cavani - Ibrahimovic.
**Entraîneur :** L. Blanc.

## CHELSEA FC-PSG : 2-2 (1-1, a.p.)

Trois semaines après le 8e de finale aller de la Ligue des champions, les Parisiens sont en ballottage défavorable (1-1 au Parc des Princes). Les Rouge et Bleu traversent la Manche pour retrouver le Chelsea de José Mourinho, et une revanche espérée pour les Parisiens, éliminés par le club londonien la saison précédente en quarts de finale de la compétition (3-1 au Parc des Princes, 0-2 à Stamford Bridge). Face aux leaders du championnat anglais, la mission des joueurs de Laurent Blanc est claire : les Parisiens devront marquer pour se qualifier. Pour réussir l'impossible, le technicien lance au coup d'envoi son trio d'attaque Pastore-Cavani-Ibrahimovic, David Luiz est titulaire en défense et Thiago Motta fait son retour dans l'entrejeu. Mais après une première demi-heure très disputée, tout bascule. Suite à un contact entre Zlatan Ibrahimovic et Oscar, le Suédois est sévèrement expulsé, sous la pression des Londoniens (31e). Un carton rouge sorti dès la trentième minute aurait dû enterrer les rêves

des supporters du club de la capitale... Et pourtant. Le PSG, malgré l'infériorité numérique, se procure les plus belles occasions de but. Une frappe de Cavani trouve le poteau (58ᵉ) puis une tentative de Pastore échoue de peu (71ᵉ), la tension monte à Londres lorsque Diego Costa, qui commet une faute grossière sur Thiago Silva, n'écope que d'un carton jaune (73ᵉ). Contre le cours de jeu, les Parisiens encaissent un but à dix minutes de la fin, sur une demi-volée imparable de Cahill sur corner (81ᵉ). Mais c'est sans compter sur l'ancien joueur de Chelsea, David Luiz, qui égalise de la tête sur le ballon de Lavezzi au premier poteau (86ᵉ) pour raviver alors l'espoir lors de la prolongation. Le scénario du match devient fou, Thiago Silva touche le ballon du bras lors d'un duel aérien avec Kurt Zouma, concédant un penalty qu'Eden Hazard transforme pour redonner l'avantage à Chelsea (96ᵉ). Mais le PSG a du cœur lors de ce match exceptionnel à Stamford Bridge, avec un Thiago Silva revanchard en sauveur du club. Une première tentative de la tête du capitaine parisien est sauvée miraculeusement par Thibaut Courtois (113ᵉ). Sur un corner botté par Thiago Motta, Thiago Silva s'envole dans les airs, et place une tête lobée au fond des filets de Chelsea (114ᵉ). Incroyable égalisation pour un grand moment d'exaltation. Réduits à 10 pendant plus d'une heure et demie, menés deux fois au score, les hommes de Laurent Blanc ont arraché au terme d'un scénario épique leur qualification pour les quarts de finale de la Ligue des champions. À la fin de la rencontre, Thiago Silva ne cachait pas son émotion après cette folle soirée : « C'était incroyable. Je suis très content de mon équipe après ce match. Avec un joueur en moins, c'était très dur. La qualité de jeu était là aujourd'hui ! »

geste maladroit pour arrêter un ballon de son coéquipier Christophe Nkunku qui allait pénétrer dans les buts, face à Strasbourg le 7 avril 2019, qui reste dans la mémoire des supporters parisiens. Jusqu'à son incroyable retour en grâce à Lisbonne pour le Final 8 de la Ligue des champions : son entrée en jeu face à l'Atalanta Bergame et son but décisif en quart de finale (2-1, 12/08/2020) sauvent les Rouge et Bleu, finalistes de l'épreuve face au Bayern Munich (0-1, 23/08/2020). En fin de contrat, il quitte Paris la tête haute et rejoint alors le club bavarois.

## CHRISTIAN (Corrêa Dionisio)

Le buteur brésilien, malgré ses 28 buts en deux saisons sous les couleurs parisiennes, n'a pas laissé une marque indélébile lors de son passage au PSG. Il a pourtant inscrit 16 buts pour seulement 27 titularisations lors de sa première année, réussissant au passage un quadruplé face à Strasbourg (4-2, 26/01/2000). On n'avait plus vu un tel ratio but par match depuis Carlos Bianchi en 1977. Issu d'une famille modeste avec six frères et sœurs, Christian a vécu une première expérience au Portugal entre 1992 et 1996, sans connaître le succès. En 1993, il effectue même un essai sans lendemain au Havre. De retour au pays, à l'Internacional Porto Alegre, il confirme enfin, inscrivant 23 buts dans le championnat brésilien. Cette efficacité retrouvée lui ouvre les portes de la sélection, avec laquelle il gagne la Copa America et la Coupe des confédérations en 1999. Malgré une première saison réussie sous le maillot parisien, la concurrence avec l'arrivée de Nicolas Anelka, les blessures et le manque de réussite vont l'éloigner de l'équipe type et le cantonner sur le banc des remplaçants. L'arrivée de José Aloisio précipite son départ pour Bordeaux, où il ne reste que six mois. Son retour au Brésil à Palmeiras puis quelques mois en Turquie à Galatasaray ne changent pas la donne. En 2003, ses passages au Grêmio Porto Alegre, puis à Omiya Ardija au Japon, à Sao Paulo, à Botafogo, à la Juventude et au Corinthians se sont achevés sur des échecs. En février 2007, il tente de se relancer à l'Internacional Porto Alegre, le club qui l'a révélé. Il joue peu et rejoint Portuguesa (janvier-juin 2008) puis le championnat mexicain, à Pachuca. Remplaçant, il participe à la Coupe du monde des Clubs FIFA à la fin de l'année 2008 au Japon avant de revenir à Portuguesa, en série B (seconde division) brésilienne au début de l'année 2009. Après six mois à Monte Azul (janvier-juin 2010) et un court séjour à Pelota (juillet 2010) et à Sao Ceatano, Christian a mis un terme à sa carrière et occupe un poste de directeur des ventes dans l'industrie des combustibles à Igrejinha, près de Porto Alegre.

## CISOWSKI (Thadée)

L'attaquant du Racing et de l'équipe de France (13 sélections, 11 buts) est, bien malgré lui, un personnage clé dans l'histoire du PSG : c'est lors de son jubilé au Parc des Princes le 8 mai 1973 que Daniel Hechter et Justo Fontaine se rencontrent pour la première fois et décident de s'investir financièrement pour redonner un grand club de football à Paris.

## CISSÉ (Aliou)

Né à Zinguinchor au Sénégal, Aliou Cissé quitte l'Afrique à l'âge de 9 ans pour vivre à Champigny-sur-Marne, en région parisienne. À Viry-Châtillon puis à Joinville, ses clubs formateurs, ce fervent supporter du PSG attend un appel du pied des dirigeants parisiens. C'est pourtant à Lille qu'il poursuit sa formation avant de se faire un prénom à Sedan, en Championnat National (1997-1998). Son fougueux tempérament séduit Charles Biétry, qui lui offre l'occasion de revêtir les couleurs de ses rêves. À 22 ans, sa carrière parisienne débute, mais sa première saison s'achève avec seulement 9 petits matches au compteur, suite à une longue suspension pour avoir provoqué accidentellement la blessure d'un joueur adverse avec l'équipe réserve. L'année 1999 marque l'éclosion du jeune défenseur central, sous le règne de Philippe Bergeroo. Il rejoint l'équipe nationale du Sénégal, dont il devient le capitaine. Cissé perd sa place et choisit de rebondir à Montpellier. À l'issue de son prêt d'un an, et après une Coupe du monde réussie avec les Lions de la Teranga, Cissé quitte la France et signe à Birmingham, pour une somme record de 7 millions d'euros. Après deux saisons dans les Midlands, il signe à Portsmouth (2004-2006) avant de revenir à Sedan au début de l'année 2007. Dix-huit mois plus tard, il quitte les Ardennes pour le Nîmes Olympique (Ligue 2) au terme d'une saison sans relief. Mis rapidement à l'écart du groupe professionnel, Cissé a payé au prix fort la plainte qu'il a déposée contre des « supporters » nîmois coupables d'insultes racistes. À 33 ans, il quitte le club gardois et met fin à sa carrière ce joueur. En juillet 2010, Aliou Cissé est nommé entraîneur adjoint à Louhans-Cuiseaux (National), un poste qu'il va abandonner après six mois catastrophiques. Il passe alors ses diplômes d'entraîneur à Clairefontaine, puis devient sélectionneur des U23 du Sénégal, qu'il a menés en quart de finale des Jeux olympiques à Londres (battus par le vainqueur de l'épreuve, le Mexique, 2-4, 04/08/2012). Favori pour entraîner les Lions de la Téranga en 2013 – après avoir assuré l'intérim en février 2012 – il est coiffé sur le fil par Alain Giresse. Ce n'est finalement que partie remise : Aliou Cissé est nommé sélectionneur du Sénégal, le 4 mars 2015. Quatre ans plus tard, il conduit la sélection en finale de la Coupe d'Afrique des Nations, avec une cruelle défaite face à l'Algérie (0-1). Malgré cet échec, il reste pour le peuple sénégalais l'homme providentiel qui mènera le pays à ce premier trophée majeur tant espéré…

## CISSÉ (Édouard)

Formé à l'AS Billère, c'est à Pau sous la direction de l'ancien joueur René Girard qu'Édouard Cissé s'impose comme un grand espoir du football français. À 19 ans, il rejoint Paris sur la pointe des pieds. Une première titularisation en Ligue des champions et un but inscrit au Parc des Princes contre son camp face au Bayern Munich (3-1, 05/11/1997) ne freine pas son enthousiasme. La saison

1997-1998 s'achève sur un doublé Coupe de France – Coupe de la Ligue. Alain Giresse remplace Ricardo et Cissé est prié d'aller jouer sous d'autres cieux. Ses trois prêts à Rennes (1998-1999), en Angleterre (West-Ham, 2002-2003), puis avec Monaco, où il dispute la finale de la Ligue des champions face à Porto (0-3, 26/05/2004) lui donnent la confiance qui lui manquait. De retour à Paris, il s'impose au milieu du terrain et réussit une excellente fin de Championnat 2006-2007, en inscrivant un but exceptionnel face à Lyon (1-1, 05/05/2007). Cissé choisit alors de quitter la France après 259 matches officiels pour le PSG, et rejoint le Besiktas Istanbul, avec lequel il réalise le doublé championnat-coupe de Turquie en 2009. C'est l'heure du retour en France et, comme Modeste M'Bami et Lorik Cana, il choisit… Marseille, après avoir déclaré qu'il ne porterait jamais les couleurs du rival préféré du PSG ! Avec l'OM, il remporte un Championnat de France, une Coupe de la Ligue et le Trophée des champions puis il résilie son contrat et rejoint son ancien coéquipier Laurent Fournier à Auxerre en 2011-2012. Après une saison difficile en Bourgogne, il n'est pas conservé dans l'effectif suite à la relégation en Ligue 2. Edouard Cissé met alors un terme à sa carrière, à 35 ans, passe les diplômes d'entraîneur et devient consultant pour beIN Sports puis pour TF1 et Téléfoot, de 2016 à 2018. Il a fondé en décembre 2019 une agence de management à Paris, Up6Rade.

## CLASSIQUE

Le « Classique » en France oppose les deux rivaux historiques du championnat, le PSG et l'Olympique de Marseille. Ce surnom a été donné par les médias au début des années 1990 en comparaison au « Clasico » espagnol entre le FC Barcelone et le Real Madrid. Les deux rivaux français se sont affrontés à 100 reprises, avec 45 victoires pour le PSG, 22 résultats nuls et 33 défaites. Mention spéciale à Zlatan Ibrahimovic, auteur de 11 buts face à l'OM et meilleur buteur parisien lors du « Classique » devant Edinson Cavani (7 buts) et Pedro Miguel Pauleta (6 buts).

## CLÉMENT (Jérémy)

Né à Béziers, Jérémy Clément grandit à Rives, en Isère. Il rejoint le centre de formation de l'Olympique Lyonnais en 1997, à 13 ans, et fait ses classes avec les Gones. Le 24 avril 2004, son entraîneur Paul Le Guen lui offre une première apparition en Ligue 1, contre Rennes à Gerland (3-0). Excellent milieu de terrain récupérateur, il remporte trois titres de champion de France (2004, 2005 et 2006) sans gagner ses galons de titulaire. En 2006, le jeune international Espoirs décide de suivre Le Guen aux Glasgow Rangers et les deux hommes se retrouveront cinq mois plus tard au PSG. Blessé pour ses débuts sous les couleurs parisiennes (PSG-Valenciennes 1-0, 30/01/2007), Clément connaît des débuts difficiles. De retour face à Lens le 1er avril 2007, le PSG retrouve enfin le chemin du succès et la performance de son milieu de terrain n'y est pas étrangère. La saison suivante, il monte encore en puissance. Victorieux de la Coupe de la Ligue face à Lens au Stade de France (2-1, 29/03/2008), il est décisif dans la course au maintien en inscrivant un but capital au Parc des Princes contre Saint-Étienne (1-1, 11/05/2008). Paris a sauvé sa place en première division et Claude Makelele rejoint Paris, à un poste identique à celui de Jérémy Clément. Après avoir patienté sur le banc, il est aligné aux côtés de son illustre aîné et va rapidement retrouver une place de titulaire. Au début de la saison 2010-2011, le grand retour au premier plan de Chantôme va bouleverser la hiérarchie au milieu du terrain. Clément perd sa place dans le onze parisien, un nouveau statut difficilement acceptable pour l'ambitieux milieu de terrain qui décide alors de quitter la capitale et prend la direction de Saint-Étienne, au début de la saison 2011-2012. En 2017, après six saisons dans le Forez et 192 matches joués, il rejoint la Ligue 2 et Nancy, qui vise la remontée en Ligue 1. En Lorraine, il prépare l'après-football, entreprend des études de management du sport et ses deux dernières saisons professionnelles sont décevantes. Le 25 juin 2019, il quitte Nancy sans regret pour se rapprocher de l'endroit où il a grandi, en Isère. À 35 ans, Jérémy Clément découvre le monde amateur en National 3, sous les couleurs de Bourgoin-Jallieu, et entraîne les U14 du club alors qu'il passe les diplômes du brevet d'entraîneur professionnel. En avril 2020, il a mis un terme à sa carrière de joueur, et a été nommé entraîneur de Bourgoin-Jallieu pour le début de la saison 2020-2021.

## CLOAREC (Joël)

Une petite minute sous le maillot Rouge et Bleu : la carrière parisienne de Joël Cloarec se résume à ces quelques secondes passées sur la pelouse de Geoffroy-Guichard, en remplacement de David Ginola lors de la victoire du PSG à Saint-Étienne (2-1, 08/08/1992). L'attaquant est célèbre pour avoir participé au premier match d'une sélection bretonne en 1988, lors d'un tournoi en salle face aux États-Unis. Formé à Concarneau et passé par Brest (1986-1991) puis Châteauroux (1991-1992), il est victime de la concurrence à Paris et rebondit à Valenciennes, en Ligue 2. Artur Jorge ne souhaite pas le récupérer après son prêt et c'est à Guingamp (1994-1996) qu'il met un terme à sa carrière professionnelle. Il intègre l'AS Vitré, en tant que joueur (1997-2002), puis entraîneur (2002-2011). Joël Cloarec dirige ensuite l'AS Bonchamp (DH, 2011-2013) puis revient à Vitré, pour devenir directeur sportif de l'autre club de la ville, la Vitréenne. Depuis le début de la saison 2020-2021, il entraîne cette équipe évoluant en championnat Régional 2.

## COBOS (José)

L'idole de La Meinau à Strasbourg (1986-1993) puis du stade du Ray à Nice (1999-2005) n'aura pas connu un tel destin à Paris : lors des trois saisons et demie passées sous les couleurs du PSG, les supporters parisiens gardent le souvenir d'un joueur talentueux, mais trop fragile et inconstant. International A' et contacté par plusieurs clubs espagnols, il choisit pourtant Paris pour poursuivre sa progression et intégrer l'équipe de France. Blessé au genou au début de la saison, il voit ses coéquipiers s'envoler vers le titre et reste, dans l'esprit d'Artur Jorge, un élément complémentaire et non un titulaire en puissance. L'arrivée de Luis Fernandez lui donne une nouvelle chance, qu'il va savoir saisir. Malheureux, il assiste en civil à la victoire du PSG en Coupe d'Europe contre le Rapid Vienne (1-0), convalescent après une énième blessure à la cuisse. À la fin du mois de novembre 1996, il quitte la capitale pour l'Espanyol Barcelone sur cette étrange impression de n'avoir jamais réussi à s'imposer sous les couleurs du PSG, malgré 110 apparitions officielles. En Espagne (1996-1998) puis à Toulouse (1998-1999), on reste aussi sur notre faim. À Nice, on retrouve enfin le vrai Cobos. Il met alors un terme à sa carrière, à 37 ans, en 2005. José Cobos devient entraîneur adjoint et recruteur pour l'OGC Nice, jusqu'en octobre 2007. Son parcours au poste de coordinateur sportif à l'AS Monaco s'achève après seulement quatre mois et la fin de sa période d'essai, en 2009. Au début de l'année 2010, il rejoint Gernot Rohr au Gabon jusqu'en mai 2012. À son retour, il devient propriétaire d'une plage à Théoule-sur-Mer (Alpes-Maritimes) et gère deux restaurants à Monaco. Résident niçois, il fait partie depuis 2014 de l'équipe municipale du maire Christian Estrosi, avec le titre d'adjoint au maire délégué aux événements sportifs.

## COL (Philippe)

Cet attaquant de formation reconverti au poste d'arrière latéral a connu son heure de gloire en finale de la Coupe de France face à Saint-Étienne (2-2, 6-5 t.a.b., 15 mai 1982). Après avoir débuté à Nanterre en Poussins, c'est à l'INF Vichy qu'il poursuit sa formation avant de rejoindre le Red Star en 1975. Roger

Lemerre, son entraîneur, le positionne au poste d'arrière latéral, où il s'épanouit. Trois saisons plus tard, le PSG profite des soucis financiers rencontrés par le club de Saint-Ouen pour débaucher le joueur, libre de tout contrat. À Paris, Col va disputer 5 saisons et aligner 117 rencontres officielles. En 1983, il quitte le PSG pour Toulon, puis Sète avant de terminer sa carrière à Saint-Quentin. Son fils, qui a joué aux côtés de Nicolas Anelka avec les moins de 17 ans du PSG, aurait pu reprendre le flambeau à Paris, mais il s'est blessé et a dû abandonner le football. Après avoir entraîné plusieurs clubs dans la région parisienne (dont Suresnes, où il est né), Philippe Col ouvre une agence immobilière, à Rueil-Malmaison, dans les Hauts-de-Seine, et profitait, en 2021, d'une retraite bien méritée.

## COLLECTOR (maillot)

Le PSG est généreux, à l'image du maillot porté par les joueurs parisiens face à Metz le 12 avril 1972 : une tunique avec un large cœur pour mettre en avant une association spécialisée pour soigner les maladies cardiaques, « Les Petits Princes ». Plus récemment, le PSG a honoré les victimes des attentats du 13 novembre 2015 avec un maillot spécial « Je suis Paris » puis, le 21 avril 2019, 1 000 maillots floqués du visuel de Notre-Dame sont commercialisés pour participer à la reconstruction de l'édifice parisien qui avait brûlé quelques jours plus tôt. Un an plus tard, c'est avec un flocage « Tous Unis » que le club de la capitale a rendu hommage au personnel hospitalier lors de la crise de la Covid-19 en commercialisant un maillot en collaboration avec l'Assistance publique – Hôpitaux de Paris, quelques jours après avoir porté face à Bordeaux une tunique en soutien à la Chine, premier pays touché par la pandémie, avec le message « Stay Strong China ».

## COLLETER (Patrick)

Artur Jorge voulait recruter cet arrière gauche au tempérament bien trempé, au début de la saison 1991-1992. Après avoir intégré le centre de formation de Brest à l'âge de

16 ans, le jeune attaquant se mue en redoutable défenseur latéral. Il quitte la Bretagne et vit une saison mouvementée à Montpellier (1990-1991). Paris le recrute, pour cinq saisons riches en émotions et en titres : un championnat (1994), deux Coupes de France (1993, 1995), une Coupe de la Ligue (1995) et un titre européen, face au Rapid Vienne (1996). Dur sur l'homme, Colleter symbolise les duels passionnés entre le PSG et Marseille lors des années 1990, et ses excès sur la pelouse et dans les tribunes. En 1996, il quitte Paris et rejoint les Girondins de Bordeaux. Une seule saison en Gironde et il signe à l'OM, à la surprise générale, où personne n'a oublié son tempérament de feu. En janvier 1999, il rejoint l'Angleterre et Southampton. Une dernière pige à Cannes (2000-2001) avant de mettre un terme à sa carrière et devenir entraîneur de Saint-Médard-en-Jalles, petit club de Division d'Honneur en Gironde. Son ami Ricardo lui propose un poste d'entraîneur adjoint à Bordeaux (2005) et à Monaco (2007-2009). Domicilié à Nice et sans proposition dans le milieu du football, il devient consultant pour la chaîne beIN Sports (2012) et retrouve un poste d'adjoint aux côtés de Laurent Fournier Red Star (2013) avant de reformer le duo avec Ricardo à Al-Nassr en Arabie Saoudite (2017) puis lors du retour du Brésilien à Bordeaux (2018-2019). Depuis le retour de Ricardo au Brésil, il réside en Gironde et espère un nouveau challenge.

## COLONY CAPITAL

Colony Capital a été le principal actionnaire du PSG de 2006 à 2011. Cette société est une firme internationale de fonds d'investissement privée, basée à Los Angeles, aux États-Unis. La compagnie a éte fondée en 1991 et officie principalement dans le domaine de l'immobilier.

## COMAN (Kingsley)

En entrant en jeu à Sochaux le 17 février 2013 (défaite des Parisiens 2-3), Kingsley Coman était devenu le plus jeune joueur à porter le maillot du PSG, à 16 ans, 8 mois et 4 jours. Une juste récompense pour ce grand espoir du football français, originaire de Seine-et-Marne en région parisienne. Après avoir débuté au club de Moissy-Cramayel à l'âge de 6 ans au poste de milieu de terrain offensif, il rejoint la préformation du PSG à l'âge de 9 ans. Passé par le centre de préformation à Verneuil, Coman est naturellement appelé en équipe de France U16 au Tournoi de Montaigu,

et remporte le titre de meilleur joueur de la compétition. Le 17 janvier 2012, il fait partie du groupe parisien victorieux lors de la première édition de l'Al Kass Cup à Doha, au Qatar. Après avoir participé à la qualification des Bleuets pour la phase finale de l'Euro U17, Coman est de nouveau sous les projecteurs lors du bon parcours parisien au NextGen Séries, avec un but inscrit face aux jeunes de la Juventus Turin le 19 décembre 2012 (score final 2-2). Carlo Ancelotti, séduit par ses qualités de dribbleur et son explosivité, l'invite à s'entraîner avec le groupe professionnel, avant ses débuts historiques à Sochaux. Coman participe à la victoire au Trophée des champions, le 3 août 2013 face à Bordeaux (2-1), pour les débuts de Laurent Blanc et brille avec les Titis Parisiens en Youth League, mais il refuse de signer le premier contrat professionnel proposé par le PSG. À 18 ans et libre de tout contrat, les plus grands clubs européens se l'arrachent et c'est la Juventus Turin qui l'engage pour 5 saisons, le 7 juillet 2014. Le coup est dur pour les formateurs du PSG, Coman va se forger un palmarès exceptionnel loin de Paris : depuis 2013, il a toujours été sacré champion, au PSG (2013, 2014), à la Juventus Turin (2015) et au Bayern Munich (2016, 2017, 2018, 2019, 2020 et 2021) qu'il a rejoint le 30 août 2015. Joueur clé du onze bavarois, Coman est aussi international depuis sa première cape le 13 novembre 2015 face à l'Allemagne (2-0) et devient le plus jeune joueur français à disputer une compétition majeure avec les Bleus lors de l'Euro 2016. Absent lors de la victoire de l'équipe de France à la Coupe du monde en 2018 suite à une série de blessures, il s'est rappelé au bon souvenir des supporters parisiens en inscrivant le seul but de la finale de la Ligue des champions entre le Bayern Munich et le PSG (0-1, 23/08/2020). À 24 ans, il possède un des plus beaux palmarès européens avec notamment 10 titres consécutifs de champion (PSG, Juventus Turin et Bayern Munich) depuis ses débuts professionnels. Il restait, en 2021, l'un des plus beaux espoirs du football français, laissant aux supporters du PSG une immense amertume suite à son départ lors de l'été 2014.

## CONTE (Antoine)

Ce solide défenseur central a découvert la Ligue 1 lors de la victoire parisienne à Toulouse (4-0, 29/01/2013). Champion de France des U17 en 2011, Conte a porté les couleurs du Val de Fontenay puis du CO Vincennes avant de rejoindre le PSG, à l'âge de 13 ans. Passé par le centre de préformation à Verneuil, il truste les titres avec les jeunes du PSG puis rejoint l'équipe réserve en CFA. Milieu de terrain de formation, ce fan de Steven Gerrard s'est finalement installé en défense centrale. International avec les U17 et les U18, Conte espère suivre la voie tracée par son idole qui l'a pris sous son aile depuis ses premiers pas avec l'équipe professionnelle, Mamadou Sakho, mais la concurrence est terrible à Paris. Le 13 août 2013, il part en prêt au Stade de Reims après avoir participé à l'épopée des U19 lors de l'Euro 2013 en Lituanie, qui s'est achevé par une cruelle défaite face à la Serbie en finale (0-1, 01/08/2013). Après une première saison d'apprentissage en Champagne, il quitte définitivement le PSG en s'engageant pour 3 saisons avec Reims. On le retrouve alors dans la rubrique des faits divers, avec une garde à vue suite à l'agression d'un jeune homme après une violente dispute avec sa compagne, le 8 décembre 2016. Une affaire et une mise en examen à l'origine de son départ vers Israël et le Beitar Jérusalem au début de l'année 2017. En novembre 2019, sa décision de quitter la pelouse lors d'un match face au Maccabi Haïfa après avoir été victime d'injures racistes reste son dernier fait d'armes, avant sa condamnation en première instance le 26 janvier 2021 à 3 ans d'emprisonnement, dont un an de prison ferme pour violence avec arme.

## CORDY (Annie)

Annie Cordy, de son vrai nom Léonie Cooreman, est une chanteuse belge, née à Laeken (Bruxelles) le 16 juin 1928. En

1970, elle est la marraine du club et l'interprète du premier hymne du club, « Allez Paris », sorti sous le label CBS et dont le refrain était le suivant : « Allez, allez, Paris ! / Ton équipe est la plus forte / En avant les gars te portent / Tous dans un seul cri / Allez FC Paris / Droit au but va notre seul espoir / Nous voulons ce soir / Te fêter Paris ! » Elle nous a quittés le 4 septembre 2020, à l'âge de 92 ans.

## CORIDON (Charles-Édouard)

Son but contre Porto (2-0, 20/10/2004) en Ligue des champions a marqué les esprits, avec cet exceptionnel « coup du scorpion » venu d'ailleurs. C'est la seule action d'éclat de la saison pour le milieu de terrain antillais, prié de quitter la capitale après une saison très décevante. Formé au Club Franciscain en Martinique, c'est à Guingamp qu'il découvre le monde professionnel. Son ascension connaît un terrible coup d'arrêt au Parc des Princes : fracture du péroné suite à un tacle involontaire du futur entraîneur du PSG, Paul Le Guen (PSG-Guingamp 4-2, 08/10/1997). De retour sur les pelouses, il rejoint Lens pour 5 saisons avant de signer au PSG en 2004. À 31 ans, Coridon peine à s'imposer chez les Rouge et Bleu, malgré son coup d'éclat face à Porto. Après une fin de saison pénible et une mise à l'écart du groupe professionnel, il quitte sans regret le PSG pour la Turquie et le modeste club d'Ankaragucu. Coridon met un terme à sa carrière professionnelle, mais participe à la Digicel Cup avec la sélection martiniquaise en 2007. Il signe alors pour l'équipe des Amateurs de l'Union Squiffiec-Trégonneau en Côtes-d'Armor, qui évolue en championnat District et s'occupe depuis le début de la saison 2009-2010 du projet sportif du club. Coridon devient le parrain de KCM (Karaïb Culture Management) qui organise des stages de foot pour les jeunes antillais de 13 à 17 ans puis entraîne Carhaix, petit club de promotion d'Honneur (2015-2018). Formateur dans l'âme, il a pris en charge les U18 du Lannion FC au début de la saison 2019-2020.

## COSTE (Christian)

Redoutable buteur, Christian Coste débute sa carrière dans sa région natale, à Lunel, Alès et Sète. Transféré à Lille, il inscrit 48 buts en 98 matches de D1, avant de porter les couleurs de Reims, Laval puis Thonon jusqu'en 1982. À son actif, il compte 5 sélections avec les Bleus (2 buts inscrits) au milieu des années 1970. Il devient entraîneur en Suisse, au Chênois, puis intègre le staff technique du PSG en 1984, où il prend en charge le centre de formation et l'équipe réserve, avant de remplacer Georges Peyroche le 28 mars 1985. Après trois mois à la tête de l'équipe pro et une finale de Coupe de France perdue contre Monaco (0-1), il devient l'assistant de Gérard Houllier.

Après le titre de champion de France, Coste quitte la capitale et entraîne Annecy (D2), devient conseiller technique départemental en Seine-et-Marne, puis responsable du Centre national de formation féminine. En 2000, il quitte le PSG et occupe le poste de DTN au Gabon, puis dirige la JS Kabylie en Algérie au début de l'année 2005. De retour en France, Coste devient consultant pour Canal+ Sport, dirige l'AS Chelles (2008-

2010) et Fontenay-Trésigny (District) en 2011. Il est nommé directeur technique du club de Pontault-Combault, et siège au comité directeur du district de Seine-et-Marne au titre de représentant des éducateurs, ainsi qu'à la Ligue Paris Île-de-France à la commission de labellisation des clubs jusqu'en 2017.

## CÔTE-CHAUDE

Le 20 janvier 1994, le PSG se déplace à Geoffroy-Guichard pour disputer sous la neige son 32e de finale de Coupe de France face à Côte-Chaude, modeste équipe de Division d'Honneur en Régional. Le club de football de Côte-Chaude, créé en 1926 par un groupe de mineurs, va s'incliner sur le score sans appel de 10-0, le plus gros total de buts enregistrés par le PSG lors d'un match officiel.

## COUPE DE FRANCE

Avec 14 victoires en Coupe de France, le PSG est le recordman de l'épreuve, devant l'Olympique de Marseille (10 titres). L'équipe de la capitale, victorieuse pour la première fois en 1982, est la seule équipe à avoir remporté la Coupe nationale quatre fois consécutivement (de 2015 à 2018) et reste sur 7 finales au Stade de France, pour 6 succès et un seul échec, contre Rennes (2-2, 5-6 t.a.b., 27/04/2019).

## COUPE DE LA LIGUE

La Coupe de la Ligue a baissé le rideau le 31 juillet 2020 devant un stade presque vide suite à la crise de la Covid-19 et les restrictions sanitaires. Une triste fin pour une compétition devenue officielle en 1994, et qui permettait au vainqueur de se qualifier pour la Coupe UEFA, devenue Ligue Europa. Le PSG restera le club le plus titré dans une compétition longtemps décriée, avec 9 victoires et une seule finale perdue, contre Gueugnon en 2000. Victorieux lors de la première édition en 1995 face à Bastia au Parc des Princes (2-0, 03/05/1995), le club parisien a bouclé la boucle avec un 9e trophée – en 26 éditions – en finale contre Lyon (0-0, 6-5 t.a.b.) à la fin du mois de juillet 2020.

## COUPE DU MONDE

Six joueurs ont remporté le plus précieux des trophées alors qu'ils portaient les couleurs du PSG : Raí (1994) et Ronaldinho (2002) avec le Brésil, Lama (1998), Areola, Kimpembe, Mbappé (2018) avec la France. Ronaldinho, lors de la victoire des Brésiliens face aux Allemands (2-0, 30/06/2002), et Kylian Mbappé face à la Croatie 18 ans plus tard (4-2, le 15/07/2018) étaient titulaires lors de ces deux finales.

## COUPET (Grégory)

À 39 ans, Grégory Coupet a mis un terme sous le maillot du PSG à son exceptionnelle carrière à Saint-Étienne (1-1, 29/05/2011),

son club formateur. C'est à Lyon que Grégory Coupet a connu la gloire et les titres, mais c'est chez le rival stéphanois qu'il a débuté sa carrière en L1, à 21 ans, contre Angers (2-0, 26/03/1994), après avoir intégré le centre de formation en 1989. Les Verts perdent leur place en première division et Coupet rejoint l'OL au mois de janvier 1997, lors d'un échange avec l'ancien Parisien Jean-Luc Sassus. À Lyon, il devient un élément essentiel d'une équipe qui accumule les titres, et rejoint naturellement l'équipe de France, pour débuter avec les Bleus lors d'un match de la Coupe des confédérations face à l'Australie (1-0, 01/06/2001). Il débute avec la sélection une idylle parfois compliquée, avec en point d'orgue le choix du sélectionneur Raymond Domenech, qui lui préfère Fabien Barthez pour la phase finale de la Coupe du monde 2006. Coupet est un excellent gardien de but, mais c'est surtout un caractère hors du commun, capable de surmonter des blessures qui l'ont mis sur le flanc pour de longs mois (fracture de la main avec les Verts, blessure au ligament postérieur du genou en 2004-2005, rupture du ligament latéral interne du genou gauche au début de la saison 2007-2008). Il s'est toujours relevé de ces coups du sort, pour revenir encore plus fort. Son départ en 2008 pour l'Atletico Madrid en Espagne, puis son nouveau statut de remplaçant (6 matches en Liga) auraient pu le pousser vers une retraite bien méritée. Mais Coupet a toujours faim de titres, et signe au PSG. Le 28 novembre 2009, il se fracture la cheville au Parc des Princes face à Auxerre (1-0) et ne retrouve les terrains qu'en fin de saison. Sa deuxième année est décevante, après avoir perdu sa place au profit d'Apoula Edel, il est de retour mais commet une grossière erreur de main en finale de la Coupe de France face à Lille (0-1, 14/05/2011). Une fin au goût amer pour Coupet, qui devient consultant pour la radio et la télévision (RMC, beIN Sports). Après avoir passé avec succès en 2016 ses diplômes d'entraîneur, Grégory Coupet succède à son ami Joël Bats en janvier 2018, au poste d'entraîneur des gardiens de but. Il a quitté le club lyonnais et a rejoint Dijon pour occuper le même poste au début de la saison 2020-2021.

## COURIOL (Alain)

Né à Paris, formé à l'INF Vichy et révélé à Monaco, cet attaquant international n'a jamais pu s'imposer au PSG, victime de blessures à répétition. Ses performances sur le Rocher, où il devient champion de France en 1982, en font un international en puissance. Lors de la Coupe du monde 1982 en Espagne, Couriol marque même face à la Pologne, lors du match pour la 3e place (Pologne-France 3-2, 10/07/1982). Après avoir grandi à Sarcelles en région parisienne, il répond favorablement aux propositions du PSG. Couriol réussit une première saison convenable, et inscrit un but face à la Juventus Turin en Coupe d'Europe (2-2, 19/10/1983), puis se blesse gravement au genou en 1984. Cette blessure l'éloigne des pelouses pendant deux saisons, il ne retrouve jamais la totalité de ses moyens et quitte le club parisien en 1989, direction Toulon. Le cœur n'y est plus, Couriol revient dans la région parisienne pour une pige à Saint-Leu, puis à Franconville. Une fracture du péroné l'oblige à ranger définitivement les crampons. Éducateur sportif aux Mureaux (1997-2003), il n'est pas reconduit dans ses fonctions et travaille pour une société de transports de fonds, la Brink's. En 2007, Couriol occupe brièvement le poste d'entraîneur au CEP Lorient, avant d'être remercié deux mois après son arrivée. Il devient président d'honneur de l'association Footballeurs sans frontières et travaille pour la ville d'Arzon (Morbihan) dont il entraîne l'équipe première de 2010 à 2015. Alain Couriol, mis à l'honneur par son club formateur de Sarcelles en 2019, vivait toujours en Bretagne en 2021 et travaillait comme agent de sécurité.

## COUTARD (Thierry)

Milieu de terrain anonyme du PSG lors de la saison 1972-1973, Thierry Coutard s'était rappelé au bon souvenir de son club formateur le 1er mars 1997, avec Clermont Foot, modeste équipe de National 2. Les Auvergnats, entraînés alors par l'ancien Parisien, éliminaient le PSG en 8e de finale de la Coupe de France (4-4, 4-3 t.a.b.). Paris a mené pourtant 4-1 avant de sombrer inexorablement. Coutard, qui avait aussi porté les couleurs de Montluçon et entraînait à Guéret (1999-1996), connaît son heure de gloire, mais Clermont évitera de justesse la descente en fin de saison. Après cet exploit, Coutard reste fidèle à son club. Après avoir accepté le poste d'entraîneur adjoint, il devient directeur du stade Gabriel-Monpied, et responsable de stages de football à Clermont et des clubs partenaires. En 2013, on le retrouve à la tête du SA Thiers pour une seule saison, qu'il mène en CFA 2 avant de prendre sa retraite d'entraîneur, à 61 ans. Membre du comité directeur de la ligue d'Auvergne puis consultant pour France Bleu Auvergne, Coutard a accepté de revenir sur le banc en décembre 2018, avec un retour réussi à Thiers, club auvergnat évoluant désormais en National 3, avant de laisser sa place à son adjoint Jean-Rémi Ferraton au début de la saison 2020-2021.

## COVID 19

Le PSG n'est pas resté inactif lors de la crise engendrée par l'épidémie de la Covid-19. Le 24 mars 2020, la Fondation PSG a fait un don de 100 000 euros au Secours Populaire puis, deux jours plus tard, le club parisien met en vente 1 500 maillots collectors « Tous Unis » pour récupérer des fonds au profit des Hôpitaux de Paris, une vente qui a rapporté plus de 260 000 euros. Le PSG, qui a fait un don de 100 000 euros à Action contre la Faim le 6 mai 2020, a aussi lancé une plateforme d'appel aux dons. Quand PSG rime avec solidarité…

## CRESCENT (Guy)

Dans sa jeunesse, la poliomyélite (une maladie infectieuse qui peut entraîner des paralysies plus ou moins graves au niveau moteur ou respiratoire) semble condamner Guy Crescent. Refusant l'inévitable, le futur président du PSG réussira à vaincre son handicap, pour tout simplement apprendre à marcher. Né en 1920, il devient à 50 ans le président du tout nouveau PSG, après avoir dirigé le groupe de transport Calberson. À Paris, il préside le club aux côtés d'Henri Patrelle et Pierre-Étienne Guyot, avant de passer la main lors de la scission en 1972. Passionné de sport, Guy Crescent organise les Jeux mondiaux d'hiver des handicapés physiques et crée la Fondation Michel-Platini pour soigner et accompagner les toxicomanes. Homme au destin exceptionnel, il est décédé le 16 octobre 1996. Pour honorer sa mémoire, « l'Association du Prix Guy Crescent » récompense chaque année un homme ou une femme au destin exceptionnel et une rue Guy Crescent a été inaugurée en décembre 2020, au nouveau centre d'entraînement de Poissy.

## CRISTOBAL (Parralo Aguilera)

Recommandé par son ami Mauricio Pochettino, Cristobal rejoint le PSG en 2001 à 34 ans. Son palmarès est déjà bien fourni : 454 matches et quatorze ans de Liga au FC Barcelone (où il débute en 1987, à seulement 19 ans), à Oviedo, Logroñes et à l'Espanyol Barcelone, où il a remporté la Coupe d'Espagne en 2000 ; 6 sélections et un but avec la Roja. Un dernier pari réussi pour cet homme cultivé, qui participe à 83 matches officiels en deux saisons avec le PSG. Son professionnalisme et sa rigueur en font un titulaire indiscutable à Paris aux yeux de son entraîneur, le plus espagnol des Français, Luis Fernandez. Ses larmes de vaincu au Stade de France, au soir d'une finale de Coupe perdue contre Auxerre (1-2, le 31 mai 2003) pour son dernier match officiel ont ému tout le peuple rouge et bleu. Cristobal revient à l'Espanyol Barcelone en novembre 2003 pour seconder Luis Fernandez, nommé entraîneur, puis devient directeur sportif du club en 2005. Deux ans et demi plus tard, il démissionne et devient recruteur au Benfica Lisbonne (Portugal). En février 2009, il rentre au pays et entraîne le modeste club de Santa Eulalia, dans la région des Baléares. Au début de la saison

2009-2010, Cristobal prend en main le club du Girona FC (D2 espagnole), avec son ami croate Janko Jankovic qu'il a connu lors de son parcours à Oviedo, mais le début de saison catastrophique (aucune victoire après neuf journées) provoque son limogeage le 25 octobre 2009. Lors de la saison 2012-2013, Cristobal retrouve l'équipe Juniors du CF Damm, un club formateur à Barcelone, puis devient directeur sportif de ce modeste club catalan. En 2016, il est à La Corogne, au poste d'entraîneur adjoint de l'équipe réserve, avant un court intérim de quelques mois (octobre 2017 à février 2018) et un triste bilan de 3 victoires en 15 matches. Après cet échec, Cristobal dirige le Deportiva Alcorcon (D2 espagnole, 2018-2019), le Racing Santander (D2, juillet 2019-février 2020) et le Racing Club de Ferrol (D3) depuis le 12 février dernier.

## CROISIÈRE

Janvier 1983. Le président Francis Borelli, jamais à court d'idées, décide d'innover pour la préparation du groupe professionnel en organisant une « croisière du football ». Les familles accompagneront les joueurs pour donner une allure festive à cette préparation somme toute inédite ! Le 2 janvier, le bateau quitte Toulon sans les joueurs, qui reprennent l'entraînement au Camp des Loges. Après deux jours de traversée, escale au Maroc où le PSG affronte, à Casablanca, la Renaissance Sportive de Settat (D1 marocaine). Le lendemain, retour sur le bateau, direction l'Espagne. Loin de s'adonner à longueur de journée au farniente au bord de la piscine, les joueurs s'entraînent sur le bateau ! Et sous l'œil amusé des badauds, Dahleb, Fernandez et leurs camarades effectuent footings et étirements. Le 8 janvier, nouveau départ à destination de l'Afrique et du Sénégal, où le PSG est attendu pour disputer un match de gala face à l'équipe nationale. Si la rencontre se dispute sur un rythme peu soutenu et dans une ambiance festive, Georges Peyroche ne cache pas sa surprise lorsque, au coup de sifflet final et sur demande expresse du ministre des sports sénégalais, présent dans les tribunes, la rencontre est prolongée de 20 minutes ! Le lendemain du match, alors que le bateau suit son chemin vers Agadir, la totalité du groupe professionnel est de retour à Paris. Si les participants n'oublieront pas cette aventure inédite dans l'histoire du club, Peyroche tirera un bilan bien moins enthousiaste de cette semaine : « Je suis très mitigé. Trop fatigant, trop de voyage et pas assez d'entraînement ! »

## CRUYFF (Johan)

Le 17 juin 1975, la star des Pays-Bas est l'invitée du PSG et de son ami Daniel Hechter pour le tournoi de Paris. Johan Cruyff renforce l'équipe de la capitale et éblouit le public du Parc avec un succès face aux Portugais du Sporting Lisbonne (3-1). Le président du PSG avouera quelques années plus tard qu'il avait obtenu l'accord oral du meneur de jeu hollandais pour rejoindre Paris, mais l'équipe de Barcelone s'était opposée à ce transfert. Cruyff, entraîneur du Barça, reviendra au Parc des Princes vingt ans plus tard pour af-

fronter le PSG en quart de finale de la Ligue des champions et sera vaincu après une confrontation mémorable (1-1, 2-1 au Parc des Princes, 15/03/1995). Johan Cruyff est décédé le 24 mars 2016 à l'âge de 68 ans, emporté par un cancer des poumons.

## CRUZ (Fernando)

En 1970, l'Association des Portugais de Paris est à l'origine du transfert du fidèle défenseur de Benfica au palmarès impressionnant : 346 matches (pour un seul but), huit titres de champion, quatre coupes nationales et cinq finales de Coupe d'Europe des clubs champions, avec deux succès (1961 et 1962) pour trois défaites (1963, 1965 et 1968). Sans oublier ses onze sélections avec l'équipe nationale et une participation à la Coupe du monde en Angleterre en 1966. Cruz débute en 1956 avec les jeunes de Benfica puis rejoint l'équipe première trois ans plus tard. Arrière gauche rigoureux, Cruz, surnommé « le Pêcheur », va accumuler les titres et les trophées avant de terminer sa carrière sur un dernier succès face à Braga (5-0), le 16 novembre 1969. Quelques mois plus tôt, il a joué son dernier match européen face à l'Ajax Amsterdam… à Paris, sur la pelouse du stade de Colombes. Le coach de Benfica choisit de rajeunir son équipe et le défenseur se retrouve sur le banc des remplaçants. À 30 ans, Fernando Cruz rejoint le PSG pour apporter son expérience et atteint l'objectif du début de saison, la montée en D1. Il n'a pas inscrit de but malgré un penalty tenté – et raté – face au Havre en début d'année 1971. Le défenseur portugais poursuit sa carrière en Amérique du Sud, puis aux États-Unis. Ce fidèle supporter du Benfica Lisbonne, désormais retraité, a été honoré par le club de son cœur à la fin de l'année 2008, en présence de son ami Eusebio. Le 23 septembre 2012, Fernando Cruz, à 72 ans, était l'invité d'honneur de l'association des supporters de Benfica à Canas de Senhorim, dans la région centrale du Portugal. À 81 ans en 2021, il restait un fervent supporter du Benfica Lisbonne.

## CUBILIER (Éric)

Prêté par Monaco lors de la saison 2003-2004, le défenseur latéral formé à Nice n'aura pas réussi à s'imposer dans la capitale. Les supporters parisiens n'oublieront pas ses larmes et la solidarité de tous ses coéquipiers, quelques jours après le décès de sa mère au début du mois de novembre 2003. Cubilier poursuit sa carrière à Lens, revient à Monaco, puis signe à Nantes (2006-2007) et Metz (2007-2008, prêt). Son retour chez les Canaris se termine mal, le joueur fait constater par huissier son absence du groupe pro et se fait licencier pour faute grave, le 26 octobre 2008. Libre de tout engagement, Éric Cubilier effectue un essai concluant à Bastia (L2) en janvier 2009 et signe un contrat jusqu'en juin 2010. Souvent blessé et peu utilisé, il quitte la Corse avec un maigre bilan de 11 matches en 18 mois. Après avoir espéré un dernier challenge, il se consacre à la promotion du « footy », ou footvolley, à Nice, un sport venu des plages du Brésil, un mix de beach-volley et de football, devient consultant pour France Bleu Azur avant d'intégrer la cellule de recrutement de l'OGC Nice en octobre 2019.

## CUP (Collectif Ultras Paris)

Le 11 août 2017, les dirigeants du PSG signent une convention avec le Collectif Ultras Paris, permettant le retour des abonnements pour les supporters Ultras regroupés dans le virage Auteuil. Un an plus tôt, plusieurs groupes de supporters s'étaient associés pour permettre le retour des anciens abonnés, qui n'étaient plus présents au stade depuis la mise en place du plan Leproux pour pacifier le Parc des Princes en 2010. Le CUP compte aujourd'hui plus de 3000 membres et a réussi son pari : faire renaître la ferveur et accompagner le PSG, au Parc des Princes et à l'extérieur, en France et en Europe. Les supporters parisiens ont du cœur et ont multiplié les initiatives solidaires lors de la pandémie du Covid-19 via leur branche sociale, le Collectif Ultras Paris Solidarité, en organisant des maraudes hebdomadaires pour aider les plus démunis et en se mobilisant pour soutenir les soignants.

## DA FONSECA (Omar)

Omar Da Fonseca est devenu champion de France avec le PSG lors de la saison 1985-1986, même si sa contribution au titre s'est finalement révélée de moindres importances (seulement 10 titularisations pour 2 buts en championnat). Comme son illustre compatriote Carlos Bianchi, Da Fonseca débute à Velez Sarsfield en Argentine à l'âge de 13 ans, mais c'est à Rosario en 1980 qu'on découvre ses talents de buteur. Attiré par une expérience en Europe, il est accueilli à bras ouverts par Tours, malgré un précontrat signé avec l'OGC Nice. Ses nombreux buts (23 en Ligue 2 lors de la saison 1983-1984) attisent les convoitises des plus grands clubs français. Il choisit le PSG en 1985, avec l'espoir d'obtenir rapidement sa naturalisation et libérer une place pour un joueur étranger. Blessé lors du premier match de championnat face à Bastia sur terrain neutre à Reims (4-2, 16/07/1985), Da Fonseca attend six mois pour obtenir ce précieux sésame, mais reste dans l'ombre de Dominique Rocheteau, le buteur des Rouge et Bleu. Malgré le titre, son départ est inévitable. Le désormais buteur franco-argentin rejoint Monaco (1986-1988) puis Toulouse (1988-1990), avant de terminer sa carrière au Paris FC, dont il deviendra l'entraîneur. Après avoir occupé la fonction d'agent de joueurs (il découvre David Trezeguet) et une pige en tant que recruteur de Libourne Saint-Seurin, il est nommé responsable du recrutement à Saint-Étienne en juin 2005 et consultant TV sur Canal+. Le 9 novembre 2008, Da Fonseca est évincé de ses fonctions suite au départ calamiteux des Verts en championnat. En 2009, l'ancien buteur argentin devient consultant pour Direct 8 puis Canal+. Au début de la saison 2012-2013, il rejoint beIN Sports, où on découvre sa passion et son enthousiasme pour le football sud-américain et le championnat espagnol. Fin 2020, il a publié son autobiographie, *Gracias a la vida*.

## DAGBA (Colin)

Son sérieux, sa polyvalence et son professionnalisme ont séduit Thomas Tuchel, qui a souvent loué les qualités de ce défenseur latéral droit. Tout n'a pourtant pas été facile pour Colin Dagba, qui a découvert le football à Lillers puis à Isbergues dans le Nord. Milieu de terrain offensif, il rêve de devenir joueur professionnel et rejoint à 12 ans le réputé centre de formation du RC Lens. Trois ans plus tard, le coup est dur quand le club des Sang et Or lui apprend qu'il ne sera pas conservé. À 15 ans, il décide alors de rejoindre l'US Boulogne pour terminer sa formation. Un choix payant : repositionné en défense, Dagba s'épanouit et se retrouve surclassé, il est élu meilleur latéral

droit de CFA 2 lors de la saison 2015-2016. Le PSG décide alors d'engager ce jeune espoir de 18 ans, qui signe un contrat de stagiaire professionnel le 1er juillet 2016. Un nouveau tournant dans sa carrière, il participe aux matches de l'équipe réserve et des U19 en Youth League, puis profite des absences après la Coupe du monde lors de la tournée estivale en 2018 pour intégrer le groupe formé par le nouvel entraîneur Thomas Tuchel. Pour ses grands débuts officiels, il est même titulaire lors du succès au Trophée des champions face à Monaco (4-0, 04/08/2018). Quelques mois plus tard, il décline la sélection du Bénin, dont est originaire son père, et participe à l'Euro Espoirs avec les Bleuets, qui s'achève en demi-finale face à l'Espagne (1-4, 27/06/2019). Après avoir prolongé son contrat jusqu'en 2024, Colin Dagba poursuivait, en 2021, son apprentissage et faisait désormais partie du groupe professionnel, avec de nombreux trophées remportés sous les couleurs rouge et bleu, et plus de 70 matches joués depuis ses débuts en 2018.

## DAHLEB (Mustapha)

voir P120

## DALMAT (Stéphane)

Engagé par le PSG pour environ dix millions d'euros, Stéphane Dalmat devait représenter avec ses compères Nicolas Anelka et Peter Luccin un PSG rajeuni, proche de la banlieue parisienne et de la génération « black, blanc, beur ». Issu d'un milieu modeste et ouvrier, élevé dans la cité des Quatre Soleils près de Tours, il débute en Poussins à Joué-lès-Tours au poste de libero avant de rejoindre Châteauroux en 1996, à l'âge de 17 ans. Une saison pour s'imposer avec La Berrichonne, la confirmation à Lens (1998-1999), puis la consécration avec Marseille (1999-2000) lui ouvrent les portes du PSG avec l'ambition, à court terme, d'intégrer le groupe de l'équipe de France. À 21 ans, l'espoir du football français va connaître son premier échec. Après six mois sous le maillot rouge et bleu et seulement 26 matches officiels, il est obligé de quitter le PSG et rejoint l'Inter Milan, dans le cadre d'un échange avec le Brésilien Vampeta. Pendant deux saisons et demie, il côtoie Ronaldo et Clarence Seedorf, mais ne s'installe jamais dans le onze titulaire. En 2003, il décide de quitter l'Italie pour l'Angleterre et Tottenham en prêt. Souvent blessé, il finit par rejoindre Toulouse, de nouveau en prêt (2004-2005), puis Santander (Espagne, 2005-2006), et gagne une réputation de globe-trotter et de mercenaire. En 2006, il tente – en vain – de se relancer à Bordeaux, avant de signer à Sochaux (2007-2010). Souvent décrié pour ses excès, il retrouve le niveau de jeu entrevu à ses débuts. En 2010, Stéphane Dalmat rejoint l'ambitieux Stade Rennais, son onzième club depuis ses débuts professionnels. Après deux saisons en Bretagne, il accepte un dernier défi à Nîmes (L2) puis se rétracte et met fin à sa carrière en juillet 2012. L'après-football est difficile, il coupe toute relation avec le milieu, sombre dans la dépression et passe plusieurs jours dans le coma en 2018 après un accident de scooter à Bordeaux, avant de rester six mois en fauteuil roulant suite à ses blessures (fracture du bassin). Un événement qui marquera à jamais l'un des plus grands espoirs perdus du football français.

## DANIEL ALVES

Deux ans au PSG et un sentiment contrasté pour le passage à Paris de Daniel Alves, le joueur le plus titré de l'histoire du football,

avec 40 titres en vingt ans de carrière. Né à Juazeiro dans l'État de Bahia, il débute au poste d'ailier puis se fait connaître au Brésil après avoir été repositionné au poste d'arrière droit sous les couleurs de Bahia, remportant en 2002 son premier trophée officiel, la Copa Nordeste. Repéré par de nombreux clubs européens, Dani Alves choisit l'Espagne et le FC Séville, alors aux sommets du football espagnol. En 2003, il remporte le championnat du monde U20 avec le Brésil, avec un succès face à l'Espagne en finale (1-0, 19/12/2003) puis gagne cinq trophées en six ans avec le club andalou, dont deux coupes UEFA (2006 et 2007) et une Supercoupe d'Europe (2006). Avec le Brésil, il remporte la Copa America en 2007, marquant même un but en finale face au rival argentin (3-0, 15/07/2007). Son style offensif séduit le FC Barcelone, qu'il rejoint en juin 2008. Dès sa première année en Catalogne, il remporte six trophées mais ne peut participer à la victoire en Ligue des champions, suspendu pour la finale face à Manchester United (2-0, 27/05/2009). Joueur clé de l'ère Guardiola, Dani Alves va se forger un palmarès exceptionnel : 23 trophées de 2009 à 2016 avec Barcelone, avec 391 matches sous le maillot blaugrana, il est le joueur étranger le plus capé derrière Leo Messi. Le 27 juin 2016, Dani Alves se lance un nouveau défi en rejoignant l'Italie et la Juventus Turin mais, malgré un doublé championnat-coupe d'Italie, le contrat est rompu à l'amiable après une fin de saison compliquée et la défaite en finale de la Ligue des champions face au Real Madrid (1-4, 03/06/2017). À 34 ans, il décide alors de rejoindre le PSG, qui cherche un joueur d'expérience, et retrouve Neymar, qui signe à Paris quelques semaines après l'arrivée de son ami dans la capitale. Les débuts en Rouge et Bleu sont réussis : but sur coup franc et homme du match lors du Trophée des champions face à Monaco (2-1, 29/07/2017). Sa première saison parisienne s'achève sur une victoire en Coupe de France face aux Herbiers (2-0, 08/05/2018) mais aussi par une blessure à un ligament du genou qui l'éloignera des pelouses pour plus de six mois. Son expérience, conjuguée à la signature de son ancien coéquipier à la Juventus, Gianluigi Buffon, doit permettre aux Parisiens de franchir enfin le cap des huitièmes de finale de la Ligue des champions lors de la saison 2018-2019, et l'élimination cruelle face à Manchester United confirme l'échec de la saison rouge et bleu. En fin de contrat, Dani Alves annonce son départ du PSG, le 23 juin 2019, et son retour dans la foulée au Brésil à Sao Paulo. À 36 ans, l'infatigable joueur brésilien remporte, avec le brassard de capitaine, la Copa America en finale face au Pérou (3-1, 07/07/2019), le 40e trophée d'une carrière déjà exceptionnelle, qui n'est pas encore achevée. En 2021, il rêvait du seul trophée qui manquait à son palmarès, la Coupe du monde, qu'il espérait bien jouer en 2022.

## DANILO PEREIRA

Son arrivée à Paris le 5 octobre 2020, lors du dernier jour du mercato, a ravi les supporters parisiens, qui attendaient avec impatience ce numéro 6 tant espéré depuis le départ de Thiago Motta. Danilo Pereira n'est pas un in-

→P122

**Attaquant puis milieu de terrain**
Né le 8 février 1952
à Bejaia (Algérie)

**Son parcours :** Flohimont (1958-1969), Sedan (1966-1971), Belcourt (1971-1973), Sedan (1973-1974), PSG (1974-1984), Nice (1984-1985).
**Son palmarès :** vainqueur de la Coupe de France (1982, 1983), Fennec du siècle en 2001 (meilleur joueur algérien de tous les temps).
**International algérien**

# Mustapha DAHLEB

Comparer Mustapha Dahleb et Zinédine Zidane peut paraître farfelu, connaissant la carrière et le palmarès de notre « Zizou » national. Pourtant, les deux hommes ont de nombreux points communs, de leurs origines algériennes à leur jeunesse en France. Sur le terrain, même sens du dribble, même altruisme. Ils ne supportent pas les injustices et les combattent, en participant à de nombreuses manifestations caritatives. Zidane est devenu une star dans un monde où le football est roi, Dahleb a vécu une carrière qui aurait pu le mener au Real ou au Barça, mais il est resté fidèle à Paris. On ne s'en plaindra pas. La famille Dahleb a rejoint la France en 1954. Ils s'installent à Givet, dans les Ardennes, et Mustapha Dahleb devient rapidement l'attraction du club de Flohimont, petit hameau de 350 habitants. Sedan repère le phénomène et lui fait faire un match d'essai au printemps 1966. À seulement 14 ans, il porte le numéro 10 et intègre le centre de formation du club ardennais. Le 14 décembre 1969, il débute en D1 à Angers, à 17 ans. Après deux années en Algérie pour faire son service militaire, il revient à Sedan et inscrit 17 buts (saison 1973-1974). Star du Championnat, il n'hésite pas à entrer en conflit avec ses présidents, les frères Laurant, peu habitués à négocier une prime de départ avec leurs joueurs. Paris lui ouvre les bras pour 1,35 million de francs, un montant record pour un transfert en France à l'époque. Arrivé à Paris dans la plus grande discrétion, il va disputer 309 matches sous les couleurs du PSG et inscrire 98 buts. Attaquant reconverti au poste de meneur de jeu, capitaine de l'équipe sous la direction de Velibor Vasovic, Dahleb a enchanté le public du Parc pendant dix ans, remportant au passage deux Coupes de France (1982 et 1983). Sa prestation lors de la Coupe du monde en Espagne en 1982, où il ridiculise l'Allemagne avec l'Algérie (2-1, 16/06/1982), lui vaut la reconnaissance, bien tardive, du petit monde du ballon rond. Il n'a pas hésité récemment à égratigner l'image de cette fabuleuse équipe d'Algérie, éliminée suite à un accord secret entre l'Autriche et l'Allemagne lors d'un match de poule (0-1, 25/06/1982). À 31 ans, après dix ans au PSG, le joueur algérien quitte la capitale et rejoint Nice, avant de mettre un terme à sa carrière en 1985. Reconverti dans les affaires, Dahleb est consultant dans un groupe international, avec pour mission de conseiller gouvernements ou entreprises sur la faisabilité de projets sur le continent africain. Il réside entre l'Algérie et la France, qui ne l'a jamais oublié. Le 11 juillet 2003, Mustapha Dahleb a été promu chevalier de la Légion d'honneur. Discret, il était toujours, en 2021, un témoin attentif de l'évolution du football algérien et n'avait qu'un regret : n'avoir jamais pu organiser son jubilé dans son jardin, le Parc des Princes.

connu : à 29 ans, il est le capitaine de Porto et international portugais lorsqu'il signe au PSG, sous forme de prêt avec option d'achat. Son début de parcours est atypique : né en Guinée-Bissau, il rejoint le Portugal à 6 ans et se fait connaître avec les équipes de jeunes au Benfica Lisbonne après des débuts à Estoril. À 19 ans, il quitte le Portugal et signe à Parme son premier contrat professionnel. Prêté en Grèce à l'Aris Salonique (janvier-juin 2011), il est alors sélectionné avec les U20 portugais, inscrit un but décisif de la tête en demi-finale en Colombie face aux Bleuets de Griezmann (2-0, 17/08/2011) avant d'échouer en finale face au Brésil (2-3, 20/08/2011). Danilo Pereira retourne à Parme et débute en Serie A contre Catane (3-3, 21/12/2011). Prêté au Roda JC (Pays-Bas), il réalise enfin une saison pleine. Libre de tout contrat à l'été 2013, il décide alors de rentrer au Portugal et devient un joueur clé du Maritimo Funchal. Il est pour la première fois sélectionné avec l'équipe nationale et débute en amical face au Cap-Vert (0-2, 31/03/2015). Des débuts cauchemardesques et sans conséquence au sein d'une équipe bis du Portugal, avant un transfert à Porto lors de l'été 2015. Dès sa première saison, il s'impose au poste de milieu de terrain défensif et participe à la victoire historique des Portugais à l'Euro 2016 en France. Titulaire en demi-finale face au pays de Galles (2-0, 06/07/2016), il n'entre pas en jeu lors de la finale contre l'équipe de France (1-0 a.p., 10/07/2016). Avec Porto, il découvre la Ligue des champions et remporte le premier trophée de sa carrière, le championnat en 2018. Le 4 avril 2018, Danilo Pereira se blesse au tendon d'Achille et rate la Coupe du monde en Russie. Après cinq mois sans jouer, il est de retour sur les terrains mais termine second du championnat derrière Benfica avec Porto. Le 9 juin 2019, il remporte la première Ligue des Nations avec la sélection portugaise en battant les Pays-Bas en finale (1-0, 09/06/2019) chez lui, au stade du Dragon à Porto. Au début de la saison 2019-2020, il est promu capitaine de Porto et mène son équipe au doublé championnat-coupe nationale. Après ce succès, il accepte alors de donner un nouvel élan à sa carrière et signe au PSG, après plus de 200 matches et 5 saisons réussies dans le nord du Portugal.

## DAVID LUIZ

Sa gentillesse et son sourire ont illuminé le PSG de 2014 à 2016, deux saisons à Paris avec huit trophées pour le défenseur brésilien. Issu du quartier de Diadema, l'un des plus dangereux de Sao Paulo, David Luiz s'intéresse à de nombreux sports, dont le tennis et le judo, qu'il va pratiquer en club jusqu'à l'âge de 14 ans. Il choisit le football et rejoint le centre de formation de l'Esporte Clube Vitoria à Bahia, à 1 500 kilomètres de ses parents. Un passage difficile pour ce milieu de terrain, qui découvre à 17 ans le poste de défenseur central suite à la blessure d'un coéquipier. Deux ans plus tard, il rejoint l'Europe et le Benfica Lisbonne, en janvier 2007. L'histoire retiendra que c'est face au PSG au Parc des Princes qu'il débute sa carrière avec le club lisboète (1-2, 08/03/2007). Avec Benfica, il remporte un championnat (2010), deux Coupes de la Ligue (2009 et 2010) et un titre honorifique de meilleur joueur du championnat pour la saison 2009-2010, puis débute avec la sélection brésilienne le 10 août 2010 par un succès face aux États-Unis (2-0). Son départ pour un grand club européen semble inéluctable, et c'est Chelsea qui l'engage officiellement, le 25 janvier 2011. La saison 2011-2012 est celle de la consécration, avec les Blues : absent sur blessure lors de la finale de la Coupe d'An-

gleterre face à Liverpool (2-1, 05/05/2012), il est bien présent lors de la victoire en Ligue des champions face au Bayern Munich (1-1, 4-3 t.a.b., 19/05/2012). Désormais incontournable en sélection, il porte même le brassard de capitaine face à l'Afrique du Sud (1-0, 07/09/2012), s'impose en défense centrale aux côtés de Thiago Silva et remporte la Coupe des confédérations avec la Seleçao (2013), quelques semaines après un nouveau trophée européen avec Chelsea : la Ligue Europa, avec une victoire en finale face au Benfica Lisbonne (2-1, 15/05/2013). Capable d'évoluer en défense ou au poste de milieu défensif, sa polyvalence séduit le PSG qui l'engage le 13 juin 2014, quelques semaines avant la Coupe du monde qui va ébranler le Brésil et David Luiz, capitaine lors de l'échec historique à domicile en demi-finale face à l'Allemagne (1-7, 08/07/2014). À Paris, il retrouve le sourire, inscrivant même un but capital à Chelsea (2-2, 11/03/2015) face à son ancienne équipe. L'arrivée de Marquinhos au PSG semble le diriger vers un poste de milieu défensif, mais c'est finalement l'intérêt de Chelsea qui est à l'origine de son départ surprise de Paris, le 31 août 2016. Un retour gagnant : les Blues sont sacrés champions d'Angleterre et David Luiz fait partie de l'équipe type de la saison en 2016-2017. Une saison sans lendemain, le joueur brésilien disparaît peu à peu du onze dirigé par Antonio Conte avant de retrouver une place de titulaire lors de l'arrivée de Maurizio Sarri à l'été 2018. Le départ du coach italien et le choix de rajeunir l'effectif de Chelsea avec le nouvel entraîneur Franck Lampard sont à l'origine de son départ pour le rival londonien, Arsenal. Après deux années chez les Gunners et deux trophées remportés (la Coupe d'Angleterre (2-1 en finale face à Chelsea, le 01/08/2020) puis le Community Shield (contre Liverpool 1-1, 5-4 t.a.b., le 29/08/2020), il a quitté Arsenal à la fin de son contrat en juin 2021.

## DEBBAH (James)

Au début de sa carrière, James Debbah était plus populaire que George Weah au Liberia. C'est difficile à croire mais à Monrovia, celui que l'on surnommait affectueusement « Salansa » (le silencieux) était idolâtré comme un dieu, un dieu sans royaume… De ses débuts au Mighty Barrolle à Monrovia à sa fin de carrière en Indonésie, Debbah a traîné la réputation d'un joueur talentueux, mais trop irrégulier pour s'imposer au plus haut niveau. Habitué du Championnat de France (il a porté les couleurs de Monaco, Lyon et Nice), il signe au PSG à la fin de l'année 1997 après cinq mois difficiles en Belgique, à Anderlecht. Une erreur de casting pour ce grand serviteur du football au Liberia (72 sélections et 42 buts avec les Lone Stars) qui poursuit sa carrière en Turquie (Ankaragücü), en Grèce (Iraklis Salonique), aux Émirats arabes unis (Al Jazira Abu Dhabi, 2001-2003) puis à Bahreïn (Al Muharraq Club, 2004) avant de diriger le centre de formation du club qui l'a révélé, l'Union Douala au Cameroun. En 2008, à la surprise générale, James Debbah rechausse les crampons et signe au PKT Bontang, club indonésien. Toujours affûté, il inscrit 13 buts en 2008-2009, avant de mettre un terme à sa carrière, à l'âge de 40 ans. De retour au Liberia, il devient agent de joueurs, reçoit la médaille de l'ordre du Mérite le 25 juillet 2012 pour sa carrière, avant d'être nommé sélectionneur des Lone Stars en novembre 2014. Il quitte ses fonctions en juillet 2018 sur un bilan décevant avec seulement 7 victoires en 20 rencontres. Un départ mal digéré par « Salansa », reconverti dans les affaires et propriétaire de champs de canne à sucre, qui semble juste recouvrer la parole pour critiquer l'action de son ancien compère George Weah, président du Liberia depuis 2018.

## DE FALCO (Marcel)

Né à Marseille, le jeune Minot rejoint le PSG à 21 ans pour s'aguerrir, mais son bilan parisien est décevant : quatre matches pour un petit but, lors de sa seule titularisation avec les Rouge et Bleu (PSG-Saint-Étienne 3-1, 11/02/1984). Constatant son échec, De Falco quitte Paris et joue à Laval (1984-1985), Orléans (1985-1986), Béziers (1986-1987), Valence (1987-1988), Rodez (1988-1989), Endoume (1989-1992) et Cassis où il achève sa carrière en 1998. Il entraîne le FA Val Durance à Orgon et Sénas (1998-2000) puis crée sa structure, spécialisée dans l'enseignement des disciplines sportives et les activités de loisirs. En 2021, Marcel De Falco était vice-président du Tennis Club de Bois-Luzy et responsable du complexe sportif, et jouait pour le plaisir avec les anciens de l'OM.

## DEHOUCK (Philippe)

Né à Lille, c'est à Thonon-les-Bains qu'il touche ses premiers ballons. En 1987, le PSG lui offre un contrat de stagiaire, mais avec seulement quatre matches au compteur, Dehouck préfère revenir près de chez lui à Annecy. Il entraîne dans sa région l'US Mont-Blanc Passy (PHR), Taninges (District), Évian (Excellence) puis revient à Taninges, à un poste de dirigeant. En 2013-2014, Philippe Dehouck entraîne le modeste club du SC Morzine (District Haute-Savoie), un poste qu'il occupait toujours en 2021. En parallèle, il avait occupé en 2016 le poste de sélectionneur de l'équipe de France… des montagnes ! Une compétition folklorique qui regroupe douze nations tous les quatre ans, représentées par un village de montagne dont l'équipe joue entre la 7e et 12e division nationale.

## DÉHU (Frédéric)

Son départ du PSG pour l'OM a marqué les esprits, mais l'ancien capitaine des Rouge et Bleu a pourtant vécu quatre saisons pleines à Paris et s'est relancé après un échec lors de son séjour au FC Barcelone (1999-2000). Originaire de Villeparisis, dans la région parisienne, Fred Déhu est repéré par Lens alors qu'il joue au poste d'attaquant, à Meaux. Les Sang et Or l'installent en défense centrale, il fait ses débuts à l'âge de 17 ans en Division 2, le 20 octobre 1990. La saison suivante, Lens remonte en D1 et Déhu connaît la consécration avec un titre de champion de France en 1998, puis une victoire en Coupe de la Ligue face à Metz (1-0, 08/05/1999). International (5 sélections avec les A), Frédéric Déhu décide alors de tenter sa chance en Espagne, à Barcelone. Son parcours catalan est décevant, gâché par les blessures (11 matches en Liga, 8 en Ligue des champions). Au début

de la saison 2000-2001, il rejoint le PSG, pour quatre saisons plutôt réussies, avec le brassard de capitaine en prime. La fin de son parcours parisien restera marquée par les sifflets des supporters parisiens lors de la remise de la Coupe de France après la finale face à Châteauroux (1-0, 25/05/2004). On ne lui pardonne pas son départ pour l'OM, où il va s'imposer en défense centrale pendant deux saisons (2004-2006). À 34 ans, il décide alors de revenir en Espagne, au FC Levante. Déçu par la gestion chaotique du club et après seulement douze apparitions, il met officiellement un terme à sa carrière, le 26 mars 2008, et s'installe en Espagne. En 2010, Déhu a passé avec succès le concours pour devenir entraîneur, mais ses contacts en 2012 avec Tarbes (CFA) et le Paris FC (National) n'ont pas abouti. Il a créé en 2014 une société spécialisée dans l'organisation événementielle, qui gère les événements autour du golf et du football, ses deux passions. En 2021, il dirigeait, depuis 2018, le bureau français, situé à Nice, de l'agence YouFirst Sports, société espagnole de management de joueurs du football.

## DELHUMEAU (Guy)

En recrutant Guy Delhumeau, gardien de Poitiers et de l'équipe de France Amateurs (21 sélections), le PSG engage en 1971 un des meilleurs espoirs au poste de gardien de but, célèbre pour ses performances avec les Bleus lors des Jeux olympiques de 1968 à Mexico. Ce gardien longiligne (1,82 m) réussit une saison honorable avec les Rouge et Bleu, puis poursuit sa carrière au Paris FC, à Boulogne-sur-Mer et à Nice, où il devient la doublure de Dominique Baratelli. Après avoir rangé les crampons, Delhumeau reprend l'entreprise familiale, spécialisée dans le secteur du transport de poissons. Il accepte un poste de directeur sportif au Stade Poitevin, le club de son cœur, jusqu'en 1997, puis collabore avec le CA Neuville (club de District) avant de prendre sa retraite en 2004.

## DE LUCAS (Enrique)

Luis Fernandez est à l'origine de sa venue dans la capitale, avec Mikel Arteta. Si le jeune Basque formé à Barcelone sera une divine surprise pour les Parisiens, le parcours de De Lucas au PSG se révèle décevant. Passé par le FC Barcelone en équipe de jeunes puis à l'Espanyol Barcelone, avec lequel il remporte la Coupe d'Espagne en 2000, le jeune espoir espagnol (4 sélections en U21) accepte le défi parisien en janvier 2001. Après six mois de prêt et seulement 5 matches joués, l'attaquant ibérique retourne à l'Espanyol Barcelone avant de rejoindre Chelsea et l'Angleterre en 2002. Aux côtés de stars londoniennes et sous la direction du coach italien Claudio Ranieri, De Lucas se retrouve au milieu d'un imbroglio entre les Blues et Alaves, qui affirme avoir le joueur sous contrat : le départ de l'Espagnol douze mois plus tard pour le club ibérique semble indiquer qu'un tel document a bel et bien été signé. Après quatre saisons au Pays basque (2003-2007), il joue au Real Murcie (2007-2009), au FC Cartagena (D2, 2009-2010) puis au Celta Vigo, promu en 2012. Le 4 mars 2013, Enrique De Lucas fait le buzz dans une vidéo très controversée : sur le banc des remplaçants, on peut le voir boire un verre… de bière, ce qu'il démentira formellement ! Quelques semaines plus tard, alors qu'il lui reste un an de contrat, le Celta Vigo le libère et De Lucas signe à Hercules, en D2 espagnole. En 2014, le club d'Alicante descend en troisième division, et le joueur espagnol met fin à sa carrière professionnelle, même s'il accepte une dernière pige en février 2015 pour le petit club amateur de Biggleswade United, près de Bedford. Diplômé en radiologie (et spécialisé en diététique et nutrition), Enrique De Lucas débute alors une carrière de consultant à la télévision et d'agent de joueurs, partageant sa vie entre l'Espagne et Londres, sa ville d'adoption. Pour le plaisir, ce passionné de motos a rechaussé les crampons lors de la saison 2017-2018 au FC Deportivo Galicia, petit club amateur situé à Londres et composé de joueurs... espagnols !

## DELOFFRE (Jean)

Son amitié avec Jean-Pierre Dogliani et Justo Fontaine l'a conduit du côté du Camp des Loges, au début de la saison 1973-1974. Fontaine, éphémère sélectionneur de l'équipe de France en 1967 (2 matches !), lui donne sa seule cape avec les Bleus puis l'arrache à Avignon, où il pensait terminer sa carrière à 34 ans. C'est à Abbeville que Deloffre débute à l'âge de 7 ans, avant de remporter son premier trophée, la Coupe Gambardella, avec Lens en 1958. Après sept saisons sous le maillot sang et or, il rejoint Angers et obtient avec le SCO une méritoire 3e place en championnat (1966-1967) derrière Saint-Étienne et Nantes. Aux côtés de Dogliani et Poli, un duo qu'il retrouvera à Paris, il vit ses plus belles années professionnelles. Après quatre saisons en Anjou, direction Nice, Angoulême, puis Avignon avant de rejoindre le club de la capitale. Sous le maillot rouge et bleu, il apporte son expérience à un groupe jeune et perfectible, et participe activement à la montée du PSG parmi l'élite. En 1975, fier du devoir accompli, Deloffre quitte Paris et devient entraîneur-joueur à Grenoble (1975-1977). En 1978, il accepte la proposition de Vittel (Division d'Honneur) avant d'arrêter sa carrière, trop pris par sa profession dans diverses sociétés de vêtements sportifs. En 1996, Jean Deloffre rejoint le district des Vosges, avec pour mission la promotion du futsal, de la jeunesse et de la technique, avant d'être nommé président de l'Amicale des éducateurs des Vosges puis membre d'honneur du district des Vosges de football.

## DELPLANQUE (Dominique)

Le PSG fonde beaucoup d'espoir sur ce jeune attaquant né à Suresnes en 1952. Malheureusement, son apport à l'armada offensive du PSG se résume à un seul but pour deux rencontres en Championnat National (ex-Ligue 2), en 1971.

## DELYVALDES (Julio Cesar)

L'attaquant panaméen, engagé pour remplacer Georges Weah en 1995, n'a fait illusion que six mois au PSG. Il a eu le temps d'inscrire 14 buts avant de connaître une période

d'inefficacité qui lui sera fatale, le poussant vers le banc des remplaçants, puis vers un départ de la capitale, après seulement deux saisons. Dely Valdes débute à Colon en 1985 et, après un court séjour en Argentine, c'est en Uruguay, au Nacional Montevideo, que « Panagol » se fait connaître, empochant deux titres de meilleur joueur et de meilleur buteur du championnat (1990 et 1991). Aux côtés de ses deux frères, Armando Javier et Jorge Luis (son jumeau), il devient un pilier de la sélection panaméenne, puis rejoint l'Europe et le championnat italien, à Cagliari, en 1993. Ses 21 buts inscrits en deux saisons séduisent les dirigeants parisiens. Le buteur à l'éternel sourire et aux dents couvertes d'or connaîtra, après un claquage aux adducteurs, le bonheur de participer à la victoire face au Rapid Vienne à Bruxelles (1-0, 08/05/1996). Au terme de ses deux saisons de contrat, malgré un bilan pourtant positif, Dely Valdes rejoint le championnat espagnol, à Oviedo, puis à Malaga. Après plus de 90 buts inscrits en 6 saisons de Liga, et après avoir obtenu la nationalité espagnole, il revient en Uruguay au Nacional Montevideo (2003), puis achève sa carrière chez lui, à Panama City, au Club Deportivo Arabe Unido (2004-2006). Il dirige l'académie de football qu'il a fondée près de chez lui, à Colon. L'Europe lui manque, et Julio Cesar Dely Valdes retourne à Malaga pour y occuper le poste d'entraîneur adjoint, de 2008 à 2010. De retour en son pays, Dely Valdes accepte finalement, à 44 ans, le poste de sélectionneur du Panama, qu'il mène jusqu'en demi-finale de la Gold Cup en 2011, puis en finale deux ans plus tard, battu par les États-Unis (0-1, 28/07/2013). L'ambition est alors une qualification inédite pour la Coupe du monde en 2014, mais deux buts encaissés face aux Américains dans les arrêts de jeu (2-3 au final, 16/10/2013) qualifient le Mexique et éliminent le Panama. Son contrat s'achève sur cet échec, l'ancien buteur parisien poursuit alors sa carrière d'entraîneur au Club Deportivo Arabe Unido, où il avait achevé sa carrière de joueur huit ans plus tôt (Panama, 2014-2015), au CD Aguila (Salvador, 2015) avant de rentrer en Espagne et de prendre en main les U19 de Malaga. En octobre 2018, il dirige l'Atletico Malagueno, l'équipe réserve de Malaga, qu'il mène jusqu'à la troisième division espagnole avant d'être remercié le 11 octobre 2018 après un début de saison décevant. De retour au pays, il reprend en main l'équipe nationale le 11 février 2019 pour un intérim qui s'achève après la Gold Cup en août 2019. Modeste et discret, il s'occupe des jeunes Espoirs panamaéens (U23 puis U20) avant de d'entraîner depuis janvier 2021 le Tauro FC à Panama.

## DENISOT (Michel)

Michel Denisot débute sa carrière de journaliste à l'âge de 15 ans, en tant que correspondant pigiste pour un journal local, dans l'Indre. En 1972, il quitte la province et rejoint Paris, où il multiplie les petits boulots pour la première chaîne de l'ORTF, qui deviendra TF1. Après avoir coprésenté le journal télévisé de 13 heures, il intègre le service des sports de TF1 et anime Téléfoot aux côtés de Thierry Roland. En 1984, il quitte la première chaîne et rejoint Canal+ en tant que producteur présentateur. Président de La Berrichonne de

Châteauroux de 1989 à 1991, ce passionné de football accepte le poste de président délégué du PSG, avec lequel il obtiendra sept titres en sept ans : une Coupe d'Europe des vainqueurs de coupe (1996), un titre de champion (1994), trois Coupes de France (1993, 1995, 1998) et deux Coupes de la Ligue (1995, 1998). Sept ans de pouvoir avant de laisser la main à Charles Biétry, qui ne résistera que quelques mois à la tête du PSG. Après son départ, il est nommé le 24 novembre 1998 à l'ordre de la Légion d'honneur pour son formidable parcours à la tête du club parisien. Devenu directeur des Sports à Canal+, ce Berrichon de cœur préside à nouveau le club de Châteauroux (2003 à 2005), puis devient directeur adjoint de la chaîne cryptée en 2004. À partir de septembre 2004, il produit et présente l'émission quotidienne Le Grand Journal. En 2012, Michel Denisot devient directeur de la version française du magazine "Vanity Fair" et souhaite se consacrer au cinéma. Animateur et chroniqueur sur Europe 1 depuis septembre 2020, il est de retour à présidence de Châteauroux en mars 2021, pour son troisième passage dans le Berry.

## DERBY (parisien)

N'en déplaise aux supporters du Red Star à Saint-Ouen, le PSG a disputé son premier « vrai derby » face à son double historique, le Paris Football Club. Le 18 août 1978, quarante et un ans après un Racing Paris – Stade Français à Colombes, 25 000 spectateurs assistent à ce duel fratricide qui s'achève sur un résultat nul (2-2) au Parc des Princes. Le Racing Paris perpétuera cette tradition de 1984 à 1990 (10 matches pour un bilan équilibré de 4 victoires, 3 nuls et 3 défaites pour les Rouge et Bleu. Le 25 février 1990, le PSG chute « à domicile » face aux jeunes pousses du RP1 (1-2) pour le dernier derby parisien à ce jour. L'éventuelle accession en Ligue 1 du Paris Football Club pourrait relancer le derby parisien, vingt ans après les derniers duels avec les Ciel et Blanc du Racing Paris.

## DERRICK (Jantzen)

Bien avant David Beckham, un joueur anglais a tenté sa chance au PSG... Le club de la capitale, qui découvre la première division en 1971, rêve de Pelé, mais engage cet expérimenté attaquant qui avait connu son heure de gloire à Bristol City dix ans plus tôt, en débutant en seconde division anglaise quelques jours avant de fêter ses 17 ans. Après douze saisons à Bristol (259 matches officiels et 31 buts), et un prêt à Mansfield (1971), il rejoint le PSG – et double son salaire ! – mais ne dispute que trois rencontres avec les Rouge et Bleu. Derrick porte les couleurs de Bath, puis met un terme à sa carrière, à 32 ans. Il devient conseiller financier à Bristol pour le secteur de l'automobile, puis commercial dans la vente de véhicules aux particuliers et aux entreprises jusqu'à sa retraite. Passionné de golf, il reste, à 78 ans en 2021, un supporter acharné du club qui l'a formé, le Bristol FC. Les supporters des « Robins » le considèrent toujours comme l'un des plus talentueux attaquants de l'histoire du club.

## DESTRUMELLE (Jean-Pierre)

À 17 ans, Jean-Pierre Destrumelle remporte le concours du plus jeune footballeur. L'avenir s'annonce radieux pour le jeune milieu de terrain du FC Rouen, qui débute avec l'équipe professionnelle quelques semaines plus tard. Recruté par l'OM en 1966, Destrumelle remporte la Coupe de France à Colombes face à Bordeaux (2-0, 18/05/1969) et décide, à la surprise générale, de rejoindre le tout nouveau PSG en 1970. Avec les Rouge et Bleu, il remporte le National et permet aux siens d'accéder à la D1, douze mois après la création du club. Formateur dans l'âme, il accepte d'entraîner l'équipe réserve du PSG en 1971 et n'hésite pas à rechausser les crampons pour dépanner l'équipe première. Lors de la scission, fidèle à Saint-Germain, il préfère quitter le club et prend en main la destinée de Valenciennes, qu'il mène jusqu'en première division. Bastia et Lyon, où il découvre un jeune espoir nommé Laurent Fournier, apprécieront ses talents d'entraîneur. Après une dernière pige à Béziers, Destrumelle rejoint la Corse et s'occupe des équipes de jeunes à Valinco, près de Sartène où il réside. Le 24 avril 2002, la famille du PSG apprenait son décès, à l'âge de 61 ans.

## DHORASOO (Vikash)

Vikash Dhorasoo débute de sa carrière en 1993, au Havre. Le petit meneur de jeu (1,68 m) s'impose en Normandie et remporte le Championnat du monde militaire (1995). Après cinq saisons au HAC, il signe à Lyon, où ses relations difficiles avec son entraîneur Jacques Santini l'isolent du groupe. En 2001, il accepte un prêt d'une saison à Bordeaux et remporte la Coupe de la Ligue, aux côtés de Pedro Miguel Pauleta (Bordeaux-Lorient 3-0, 20/04/2002). De retour à Lyon, il joue deux saisons pleines et remporte ses premiers titres de champion de France (2003 et 2004). Le Milan AC lui fait les yeux doux et il rejoint l'Italie. Spectateur lors de la finale de la Ligue des champions perdue face à Liverpool, Dhorasoo sait qu'il doit retrouver un temps de jeu conséquent pour conserver sa place en équipe de France. À 32 ans, il rejoint le PSG, le club qu'il supportait dans sa jeunesse. L'idylle entre Paris et son meneur de jeu de poche ne durera qu'une saison avec, en point d'orgue, cette fabuleuse frappe victorieuse en finale de la Coupe de France contre Marseille (2-1, 29 avril 2006). Son unique but sous les couleurs parisiennes. Il suit la Coupe du monde en Allemagne depuis le banc de touche, et filme avec une caméra amateur ses moments de solitude dont il tirera un film, Substitute. À son retour, Dhorasoo entre en conflit avec son entraîneur Guy Lacombe. Le 26 septembre 2006, il est mis à pied, puis licencié une semaine plus tard, une première dans l'histoire du football français. Après une année sans jouer, il retourne en Italie à Livourne, mais son séjour s'achève après quatre mois, sans le moindre match officiel. Le 11 janvier 2008, Vikash Dhorasoo annonce la fin de sa carrière de joueur. L'après-football est animé : parrain du Paris Foot Gay à partir de 2005, il devient président éphémère de l'Entente Sannois Saint-Gratien pour quelques mois en 2009. Au début de l'année 2012, ce redoutable joueur de poker est à l'origine du manifeste « Tatane », pour un « football festif et durable ». Lors des élections municipales en 2020, il est tête de liste pour La France insoumise dans la course à la mairie de Paris, mais ne recueille que moins de 5 % du vote des électeurs du 18e arrondissement.

## DIABY (Moussa)

Formé au PSG, Moussa Diaby portait en 2021 les couleurs du Bayer Leverkusen après des débuts prometteurs sous les couleurs rouge et bleu. Il débute à l'Espérance Paris dans le

19e arrondissement de la capitale, puis rejoint le centre de formation du PSG à 13 ans, et truste les trophées en catégories Jeunes, avec un titre de champion de France U17 en 2016. Quelques mois plus tard, il reçoit le « Titi d'or » et s'affirme comme l'un des plus grands espoirs du club, malgré sa petite taille (1,70 m) qu'il compense par une exceptionnelle vivacité. Régulièrement aligné en Youth League, Diaby accepte au début de l'année 2018 un prêt à Crotone en Italie, quelques mois après la signature de son premier contrat professionnel. Après six mois et deux apparitions avec l'équipe première en Italie, c'est l'heure du retour en France. Sa performance lors de l'Euro U19 en Finlande avec les Bleuets (1 but et 3 passes décisives) confirme son potentiel et Thomas Tuchel lui accorde sa confiance lors de la tournée estivale du club. Entré en jeu lors du premier match de Championnat face à Caen (3-0, 12/08/2018), Diaby joue au total 34 matches officiels, avec 4 buts inscrits et 7 passes décisives. Le PSG, sous la contrainte liée au fair-play financier imposé par l'UEFA, autorise alors son départ vers l'Allemagne et le Bayer Leverkusen. Un nouveau challenge à seulement 20 ans pour Diaby, devenu titulaire et considéré comme l'un des plus grands espoirs évoluant en Bundesliga lors de la saison 2019-2020.

## DIALLO (Abdou)

Parti en Allemagne après des débuts prometteurs à Monaco, Abdou Diallo a fait son grand retour dans le championnat français en signant au PSG lors de l'été 2019. Un choix ambitieux pour ce défenseur originaire du Sénégal passé par le centre de formation de Tours, et qui a débuté sa carrière professionnelle à Monaco. À 18 ans, il joue son premier match en Ligue 1 lors du succès monégasque face à Marseille (1-0, 14/12/2014). Une première sans lendemain, Diallo accepte un prêt à Waregem (Belgique) pour s'aguerrir et gagner du temps de jeu en 2015-2016, après avoir participé à l'Euro U19 avec les Bleuets qui s'est achevé en demi-finale face à l'Espagne (0-2, 16/07/2015). Défenseur gaucher capable de jouer dans l'axe ou sur

le flanc gauche, il ne joue que 11 matches officiels en 2016-2017 qui voit le sacre de l'AS Monaco, champion de France à l'issue de la saison. Comme beaucoup de jeunes espoirs français, il rejoint alors le championnat allemand, à Mayence (2017-2018) puis au Borussia Dortmund (2018-2019), qui termine second de la Bundesliga. International et capitaine de l'équipe de France Espoirs, Abdou Diallo signe au PSG le 16 juillet 2019 pour 5 saisons, avec l'ambition de s'imposer malgré la forte concurrence en défense centrale. Il n'a pas été épargné par les blessures mais restait, à 25 ans, un élément capable de suppléer la doublette Marquinhos-Kimpembe, titulaire depuis le départ de Thiago Silva en charnière centrale.

## DIANÉ (Amara)

Quel souvenir les supporters parisiens garderont-ils d'Amara Diané lors de son parcours au PSG ? L'homme qui a sauvé le club, avec un doublé à Sochaux pour la dernière journée de championnat (2-1, 17/05/2008) ? Ou ce joueur nonchalant, irrégulier, parti à 26 ans chercher fortune au Qatar ? La carrière de cet excellent dribbleur détonne : il n'est jamais passé par un centre de formation et a connu un parcours atypique, passant de la Division d'Honneur avec Roye à la Ligue 1 à Strasbourg en moins de quatre saisons. À 17 ans, Diané quitte la Côte d'Ivoire et atterrit à Mantes-la-Jolie chez son oncle, en banlieue parisienne. Il assiste en spectateur à son premier match au Parc des Princes à la fin de l'année 1999, et tombe sous le charme de Jay-Jay Okocha. Bien malin celui qui aurait pu croire que ce jeune inconnu foulerait à son tour la pelouse du Parc ! Recruté par Roye en CFA 2, il est l'artisan de la montée du club picard en CFA, puis rejoint Reims au début de la saison 2003-2004. Ses 19 buts en championnat permettent à Reims de se maintenir en Ligue 2. Il rejoint la Ligue 1 et Strasbourg (2005), suivant les conseils de son ami Didier Drogba. Ses 11 buts en Alsace confirment ses talents de buteur, malgré la relégation de Strasbourg à l'issue de la saison. Lyon lui fait les yeux doux, mais c'est le PSG qui l'engage pour 3,5 millions d'euros. Son début de saison est gâché par une blessure à la cuisse et si Diané inscrit un but exceptionnel face à Rennes (1-0, 28/10/2006), c'est après l'arrivée de Paul Le Guen qu'il va se montrer décisif. International ivoirien, après des débuts réussis face à l'île Maurice (3-0, 22 mars 2007), sa saison 2007-2008 laisse un goût amer malgré son doublé décisif à Sochaux et une victoire en Coupe de la Ligue. Il quitte le club pour signer un lucratif contrat avec le club qatarien d'Al-Rayyan, dont il devient l'attaquant vedette (39 buts en 65 matches),

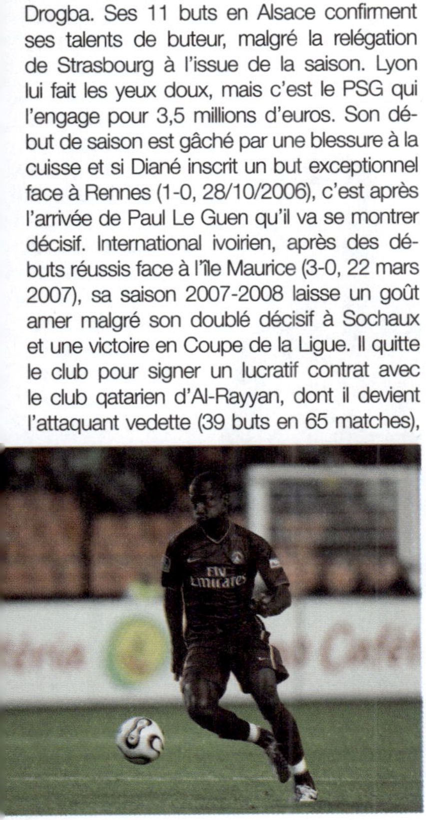


Diané rejoint au début de l'année 2011 le club d'Al-Gharafa, sans connaître le même succès. En novembre 2011, il quitte le Qatar pour les Émirats arabes unis : à Al-Nasr (Dubaï, 2011-2012) puis à Al-Dhafra (Abu Dhabi, 2012-2013). L'heure du retour en Europe est arrivée : après un essai non concluant aux Queens Park Rangers en Angleterre (mars 2014), c'est finalement à Tubize, club dont le président est sud-coréen (D2 belge), qu'il fait son grand retour, à 32 ans, après six saisons au Moyen-Orient. Un court intérim avant un nouveau départ vers la Corée du Sud qui n'arrivera jamais. Amara Diané raccroche alors les crampons et s'installe à Abidjan. Il vit désormais entre la France et la Côte d'Ivoire.

## DIARRA (Lassana)

Dans sa quête d'un remplaçant à Thiago Motta, le PSG jette son dévolu en janvier 2018 sur Lassana Diarra. Une recrue de choix pour un joueur expérimenté (34 sélections en équipe de France), qui a déjà gagné de nombreux trophées en Angleterre et en Espagne. C'est à Paris, où il est né, que Diarra découvre le football au Paris FC (1998-1999), avant de poursuivre sa formation à Nantes (1999-2001) et au Mans (2001-2002). Diarra débute sa longue carrière professionnelle au Havre en Ligue 2, lors de la saison 2004-2005. International Espoirs, il remporte le tournoi de Toulon avec les Bleuets en 2005, attise les convoitises de nombreux grands clubs européens et signe à 19 ans à Chelsea, qui cherche un successeur à Claude Makélélé. Aux côtés du futur capitaine parisien, il remporte ses premiers trophées (championnat d'Angleterre 2006, Coupe d'Angleterre et Coupe de la Ligue en 2007) sans toutefois s'imposer dans le onze dirigé par José Mourinho. Malgré son faible temps de jeu avec les Blues, Lassana Diarra débute sa carrière avec les Bleus contre la Lituanie (1-0, 07/02/2007). Le 31 août 2007, il pense se relancer chez le voisin londonien d'Arsenal sans succès, et il quitte les Gunners six mois plus tard pour le modeste club de Portsmouth. Un choix risqué mais gagnant avec une place de titulaire

et une victoire en Coupe d'Angleterre face à Cardiff (1-0, 17/05/2008). Toujours ambitieux, il rejoint le 17 décembre 2008 le Real Madrid, qui cherche un successeur… à Claude Makélélé. En Espagne, il remporte de nouveaux trophées, dont le titre de champion en 2012, même si son temps de jeu s'est réduit lors de la seconde partie de la saison. Après quatre saisons en Espagne (87 matches avec les Merengues), et six mois sans pratiquement jouer, Lassana Diarra rejoint le championnat russe et l'ambitieux Anji Makhatchkala. Une saison réussie, puis un transfert au Lokomotiv Moscou (2013-2014) avant une saison blanche suite à un litige financier avec le club moscovite. On le pense alors perdu pour le football de haut niveau, mais il va rebondir à Marseille en juillet 2015, avec un retour réussi et remarqué en équipe de France. Nommé capitaine à l'OM, il sort du onze olympien après l'arrivée de Rudi Garcia sur la Canebière et rejoint en avril 2017 les Émirats arabes unis et Al Jazira. Sa signature au PSG le 23 janvier 2018 est une nouvelle surprise mais, à 33 ans, malgré 5 trophées remportés en 2 saisons, il ne joue que 19 matches officiels avec les Rouge et Bleu. Le 21 février 2019, il résilie son contrat avec le club parisien et met un terme à sa carrière de joueur professionnel pour se consacrer, avec Blaise Matuidi, à la commercialisation d'une boisson isotonique, Heroic sport, puis une collection de cosmétiques pour hommes.

## DIAWARA (Kaba)

C'est à Toulon, où son père est employé à l'arsenal, que Kaba Diawara débute son périple de footballeur : 17 clubs en 17 saisons ! Cette instabilité gâche une carrière pourtant riche en coups d'éclat, comme un doublé avec Bordeaux au stade Vélodrome qui permettra quelques mois plus tard aux Girondins de remporter sur le fil le titre de champion de France en 1999. Avec le PSG, lors de ses deux passages dans la capitale (en 2000 puis en 2003), il n'a jamais réussi à s'imposer. International Espoirs avec les Bleus, il a choisi finalement de porter les couleurs de la Guinée, confirmant son goût invétéré pour le changement de couleur ! Après Toulon, Diawara a joué pour des clubs français (Bordeaux, Rennes, Marseille, le PSG, Nice et Ajaccio), anglais (Arsenal, Blackburn et West Ham), espagnol (Racing Ferrol), qatariens (Al Gharafa Doha, Al Kharitiyath), turcs (Gaziantepspor, Ankaragücü) et chypriote (Alki Larnaca, jusqu'à la fin de l'année 2008). À 36 ans, il met un terme à sa carrière en 2011 après deux saisons à Arles-Avignon avant de devenir consultant spécialisé sur le football africain, à Orange puis sur Canal+ à partir de 2012. En 2015, après avoir entamé une carrière d'agent de joueur, Kaba Diawara est nommé team manager de la sélection de Guinée, puis entraîneur adjoint après l'arrivée du nouveau sélectionneur Didier Six à la fin de l'année 2019.

## DIENG (Oumar)

Protégé de Bernard Lama qui l'avait découvert à l'école nationale du football au Sénégal, Oumar Dieng n'aura jamais saisi sa chance lors de son séjour à Paris. Remarqué par Lille alors qu'il porte les couleurs du Jeanne-d'Arc

de Dakar, Dieng débute en D1 à seulement 17 ans avec les Dogues et ne résiste pas à l'appel du pied du PSG en 1994. La concurrence féroce en défense de Roche, Ricardo, Kombouaré ou Le Guen et un contrôle positif au cannabis, entraînant sa suspension pour deux mois en novembre 1995, mettront un terme à ses ambitions dans la capitale. Après avoir participé aux JO de Los Angeles en 1994, Dieng rejoint la Sampdoria Gènes en Italie (1996), et revient en France à Auxerre (1998), puis Sedan (1999). Il s'exile en Turquie (Rizespor, Trabzonspor, Konyaspor), puis en Grèce (Akratitos). En 2006, Dieng devient entraîneur-joueur à Kavala (D2 grecque) avant de mettre un terme à sa carrière. Recruteur pour Trabzonspor puis agent, Oumar Dieng partage sa vie entre Paris, Dakar et Lille. Il s'est inscrit à une formation du droit du sport à la Sorbonne et collabore avec Diambars Management, une structure d'accompagnement des sportifs professionnels, et a entraîné en 2016 les jeunes de son club formateur, le CA Romainville.

## DIGARD (Didier)

Ancien international espoir, le milieu de terrain a débuté à Gisors, où il est né, jusqu'en catégorie Benjamins première année. Remarqué par Le Havre Athletic Club, il rejoint le centre de formation du club doyen du football français. Fan de Didier Deschamps et Patrick Vieira, Digard devient capitaine du HAC, à seulement 20 ans. Après trois saisons en Ligue 2, il rejoint le PSG. Une saison gâchée par une vilaine blessure à la cuisse, et une mise à l'écart décidée par Paul Le Guen après un début de championnat catastrophique. Avec 19 matches de Ligue 1 au compteur, Digard constate son échec et demande à quitter le PSG, direction l'Angleterre et Middlesbrough. Il joue 23 matches en Premier League, avant d'être blessé au genou au mois de février 2009 et d'assister, impuissant, à la relégation de son équipe. Prêté pour dix-huit mois à Nice en janvier 2010, il va s'imposer chez les Aiglons et porter le brassard de capitaine malgré plusieurs blessures. Après 6 saisons à Nice et 165 matches joués, Didier Digard se lance un nouveau défi, à l'âge de 29 ans. Direction l'Espagne et l'ambitieux Betis Séville, mais c'est un échec. Un prêt à Osasuna, avec une rupture des ligaments croisés quelques semaines après son arrivée (2016-2017), puis une pige de six mois au FC Lorca en 2018 (D2 espagnole), et il revient en France. Après un essai non concluant au Paris FC, il met un terme à sa carrière de joueur professionnel. Le 18 novembre 2019, il a fait son retour à l'OGC Nice avec les U17, puis comme entraîneur adjoint d'Adrian Ursea deux semaines plus tard.

## DIGNE (Lucas)

Barré au PSG par l'incontournable Maxwell au poste d'arrière gauche, Lucas Digne ne sera resté que deux saisons à Paris. Né à Meaux en région parisienne, il débute à l'US Mareuil-sur-Ourcq et à l'US Crépy-en-Valois avant de rejoindre le centre de formation de Lille, à l'âge de 12 ans. Le 27 juillet 2010, il signe son premier contrat professionnel avec le LOSC et débute un an plus tard, face à Sedan en Coupe de la Ligue (3-1, 26/10/2011). International en catégories Jeunes, il débute en Espoirs au début de la saison 2012-2013. Titulaire indiscutable à Lille et nommé dans la catégorie du meilleur espoir de la Ligue 1 pour la saison 2012-2013, Lucas Digne rejoint le PSG le 17 juillet 2013, pour 5 saisons. Quelques jours plus tôt, il remporte la Coupe du monde des U20 avec les Bleuets en Turquie après une victoire en finale contre l'Uruguay (0-0, 4-1 t.a.b.). À Paris, il remporte de nombreux trophées (8 titres au total) mais peine à exister face à l'expérimenté Maxwell. International français depuis février 2014, il participe à la Coupe du monde 2014 au Brésil puis quitte les Bleus, en manque de temps de

jeu à Paris. Pour relancer sa carrière suite à l'arrivée de Layvin Kurzawa dans la capitale au début de la saison 2015-2016, il rejoint l'AS Roma et son ancien entraîneur, Rudi Garcia. Au terme de son prêt, Digne quitte définitivement le PSG, direction le FC Barcelone. Malgré de bons débuts en Catalogne, il n'est que la doublure de Jordi Alba et rate la Coupe du monde 2018 et le triomphe des Bleus. À 25 ans, il doit s'imposer en club et rejoint Everton et le championnat anglais. Un choix gagnant : Lucas Digne a été élu meilleur joueur de la saison par les supporters du club pour 2018-2019, devant un certain Idrissa Gueye, et il a retrouvé sa place dans le groupe de l'équipe de France.

## DI MARIA (Angel)

voir P136

## DISTIN (Sylvain)

Curieux parcours que celui de Sylvain Distin, remercié du centre de formation parisien en 1997, puis réengagé en 2000 après avoir remporté la Coupe de la Ligue avec Gueugnon… face au PSG, au Stade de France quelques semaines plus tôt (2-0, 22/04/2000). Avec modestie et sans arrière-pensée, il retrouve les couleurs parisiennes, participant à 45 rencontres officielles en une saison. Mais le projet d'un PSG inspiré par sa banlieue a vécu : le défenseur central quitte la France et rejoint l'Angleterre, à Newcastle. Ce prêt aux Magpies se transforme en transfert définitif, puis Distin rejoint Manchester City en 2002. Pendant cinq saisons, il porte les couleurs des Blues de Manchester, dont il devient le capitaine emblématique. En 2007, libre de tout contrat, il rejoint Portsmouth. Le 17 mai 2008, Pompey remporte la FA Cup face à Cardiff City, à Wembley (1-0). Transféré à Everton en 2009, Distin reste une valeur sûre en Angleterre, avec plus de 450 matches en 12 saisons. Le 23 février 2013, lors du match Norwich-Everton (2-1), il entre dans le livre des records en devenant le premier joueur non britannique à jouer 400 matches en Premier League. Le 14 mai 2014, il revient avec ironie sur le manque de reconnaissance en France, en déclarant sur les réseaux sociaux qu'il met

fin à sa carrière internationale, alors qu'il n'a jamais été appelé avec les Bleus… Ses six saisons à Everton s'achèvent sur quelques minutes jouées face à Tottenham (0-1, 24/05/2015) et une formidable ovation des fans des Toffees, avec 210 matches au total sous le maillot des Blues de Liverpool. À 34 ans, il signe à Bournemouth, promu en Premier League, puis met un terme à sa carrière en juin 2016, avec au total 469 matches joués dans l'élite du championnat anglais. Installé à Bournemouth dans le sud de l'Angleterre, il a créé Aventus15, spécialisé dans le coaching et la préparation physique des joueurs de football professionnels.

## DJA DJÉDJÉ (Franck)

Né en Côte d'Ivoire à Abidjan, Franck Dja Djédjé rejoint la France à l'âge de 12 ans. Après avoir paraphé une licence au SC Solitaires de Paris, il signe au PSG à l'âge de 13 ans. Attaquant véloce et efficace, il devient international dans toutes les catégories de

Jeunes et connaît la consécration avec l'équipe de France des moins de 19 ans, championne d'Europe en s'imposant en finale à Belfast face à l'Angleterre (3-1, 29/07/2005). Malgré ce succès, il ne réussit pas à s'imposer avec le PSG, ne disputant que quelques bouts de matches en deux saisons. Prêté à Brest (2004-2005), il quitte de nouveau le PSG pour un prêt d'une année, à Grenoble. À son retour, c'est l'heure des choix pour le jeune espoir parisien : il s'engage pour trois saisons à Grenoble et décline les sollicitations de l'équipe de France Espoirs pour jouer sous les couleurs de la Côte d'Ivoire. En Isère, il rentre dans l'histoire du club en inscrivant le premier but officiel dans la nouvelle enceinte du stade des Alpes, le 15 février 2008, contre Clermont Foot. Après avoir participé à l'accession en Ligue 1 de Grenoble, puis aux JO de Pékin avec la Côte d'Ivoire, il retrouve la Ligue 2 à Strasbourg et à Vannes (prêt) en 2009-2010. De retour en Ligue 1 avec Arles-Avignon, il devient le premier buteur en D1 pour le club provençal, à Sochaux (1-2, 07/08/2010). Il ne peut éviter la relégation de son équipe, et signe à Nice au début de la saison 2011-2012 pour une année plutôt réussie (33 matches, 4 buts). Le 31 août 2012, à quelques heures de la fin du mercato d'été, Franck Dja Djédjé quitte la France et rejoint le club du Tchernomorets Odessa, en Ukraine. Le début d'un périple autour du monde pour ce véritable globe-trotter, qui l'emmène en Norvège (Sarpsborg, 2014), en Biélorussie (Dynamo Minsk, 2015), en Écosse (Hibernian, 2015), au Qatar (Al-Shahania, 2016), au Kazakhstan (Irtych Pavlodar, 2017 et Kayzar Kyzylorda, 2018) avant de revenir au France à l'AS Cannes (National 3) en 2019 puis entraîneur du club amateur de Saint Laurent du Var.

## DJORKAEFF (Jean)

Son arrivée à Paris en 1970 a surpris plus d'un spécialiste du ballon rond. Difficile d'imaginer le capitaine de l'équipe de France rejoindre le PSG, un club ambitieux, certes, mais qui vient de voir le jour et doit débuter en championnat National, la Ligue 2 de l'époque. Celui que l'on a affectueusement surnommé « Tchouki » est un homme de défi. International junior, cet attaquant de pointe va se transformer en redoutable arrière droit, le poste qu'il occupe lors de ses débuts avec Lyon en championnat face à Limoges (2-1, 28/12/1958). Avec l'OL, il remporte une première Coupe de France en 1964 et récidive avec Marseille en 1969. Tel est le paradoxe de ce grand joueur, capitaine des Bleus, avec plus de 500 matches au plus haut niveau à son actif, mais qui n'a jamais obtenu le titre suprême, le Championnat de D1. Après huit années à Lyon et quatre à l'OM, il rejoint donc le PSG et conserve sa place en équipe de France. Il mène les Rouge et Bleu vers le titre du National et joue son dernier match avec les Bleus le 2 septembre 1972, contre la Grèce (1-3). Tchouki, lors de la scission, a choisi le

**Milieu de terrain**
Né le 14 février 1988
à Rosario (Argentine)

**Son parcours :** Rosario Central (2005-2007), Benfica Lisbonne (2007-2010), Real Madrid (2010-2014), Manchester United (2014-2015), Paris Saint-Germain (2015-...)
**Son palmarès :** vainqueur de la Coupe du monde U20 (2007) et des Jeux olympiques (2008) avec l'Argentine, vainqueur de la Ligue des champions (2014), champion du Portugal (2010), champion d'Espagne (2012), champion de France (2016, 2018, 2019 et 2020), vainqueur de la Coupe d'Espagne (2011 et 2014), de la Coupe de France (2016, 2017, 2018 ,2020 et 2021), vainqueur de la Coupe de la Ligue du Portug (2009 et 2010), de la Supercoupe d'Espagne (2012 vainqueur de la Coupe de la Ligue (2016, 2017, 2018 et 2020), vainqueur du Trophée des champions (2016, 2018, 2019 et 2020).
**International argentin (102 sélections, 20 buts)**

# Angel DI MARIA

Un septennat au PSG pour Angel Di Maria, devenu indispensable aux Rouge et Bleu. « El Fideo » est un cadre du onze parisien, six ans après son arrivée en provenance de Manchester United. Le 6 août 2015, le PSG engage une référence mondiale du football, qui a débuté sa carrière en 2005 sous les couleurs de Rosario Central, son club formateur en Argentine. Enfant hyperactif, ses parents envisagent de lui faire pratiquer le karaté, avant de l'inscrire au club de football d'El Torito, où il inscrit 64 buts en une saison ! Angel Di Maria donne vie au rêve de son père, qui voulait devenir footballeur professionnel à River Plate. Le monde le découvre lors de la Coupe du monde des U20 remportée par l'Argentine. Malgré son absence face aux Tchèques en finale suite à une blessure quelques jours plus tôt (2-1, 22/07/2007), le Benfica Lisbonne l'engage alors pour sa première expérience en Europe. Un an plus tard, Di Maria inscrit le but décisif en finale lors de la victoire de l'Argentine aux Jeux olympiques de Pékin en finale face au Nigeria (1-0, 23/08/2008). Avec Benfica, il remporte un titre de champion du Portugal (2010) et deux coupes nationales (2009 et 2010) avant de rejoindre le Real Madrid, le 8 juillet 2010. En Espagne, Di Maria réussit cinq saisons pleines avec un titre de champion (2012) mais surtout un succès en Ligue des champions face au rival de l'Atletico (4-1, 24/05/2014) où il est élu homme du match. Ailier gauche, il s'est épanoui à Madrid au poste de milieu relayeur mais cette saison exceptionnelle s'achève sur une triste défaite, vécue sur le banc de touche en finale de la Coupe du monde face à l'Allemagne (0-1, 13/07/2014) : le club espagnol lui avait formellement interdit de participer à cette rencontre, suite à une blessure à la cuisse huit jours plus tôt. Une déception et une cassure entre le joueur et le Real Madrid, qui ne s'oppose pas à son départ vers Manchester United le 26 août 2014, le transfert le plus cher dans l'histoire de la Premier League à ce moment-là. Son année en Angleterre tourne au cauchemar et son départ est inéluctable, le PSG en profite pour l'engager lors de l'été 2015. Sa première saison à Paris est réussie, avec un triplé championnat, Coupe de France et Coupe de la Ligue, où il inscrit le but décisif en finale contre Lille (2-1, 23/045/2016). Di Maria termine meilleur passeur décisif de la Ligue 1 (18 passes). L'arrivée d'Unai Emery, puis les transferts de Neymar et Kylian Mbappé le font douter et son départ de Paris est annoncé, mais l'Argentin ne lâche rien et devient à nouveau indispensable, sauvant à de nombreuses reprises son équipe grâce à sa patte gauche diabolique. Épanoui au PSG, avec 17 trophées au compteur, il est entré dans la légende du club en battant le record de passes décisives, détenu par Safet Susic (103 passes en matches officiels).

projet professionnel et défendra les couleurs du PFC jusqu'en 1974. À 36 ans, l'heure de la retraite a sonné. Avec 48 sélections et 3 buts, Jean Djorkaeff peut partir avec le sentiment du devoir accompli. Son fils Youri prendra la relève quelques années plus tard. Tchouki entame alors une carrière d'entraîneur qui le mène de l'UG Arménienne de Décines, à Grenoble et Saint-Étienne, puis il devient l'adjoint d'Henri Michel, le sélectionneur de l'équipe de France (1986-1987). En 2000, il prend la succession de Dominique Bathenay et il est nommé président de la commission centrale de la Coupe de France, un poste qu'il abandonne en 2013. À 82 ans en 2021, il vivait une retraite paisible dans la région lyonnaise.

## DJORKAEFF (Youri)

voir P140

## DOGLIANI (Jean-Pierre)

voir P144

## DOMENECH (Raymond)

L'ancien sélectionneur de l'équipe de France a passé une saison sous le maillot du PSG, lors de la saison 1981-1982. Il n'a pas laissé un souvenir impérissable dans la mémoire des supporters parisiens. Formé à Lyon, il débute à l'âge de 8 ans, puis avec l'OL contre Nice (0-2, 12/08/1970) lors d'un match de D1 où le Niçois Helmut Metzler est gravement blessé. On croit – à tort – que Domenech est le responsable de cette blessure, une réputation de joueur violent qu'il accepte avec le sourire… Il participe à la finale de la Coupe de France perdue contre le Stade Rennais (0-1, 20/06/1971), puis remporte le trophée deux ans plus tard (victoire en finale face à Nantes 2-1, 17/06/1973). Il quitte les Gones en 1977 pour Strasbourg, où il devient champion de France en 1979. En 1981, ce défenseur rugueux et moustachu rejoint le PSG pour une petite année sans relief (22 matches joués) perturbée par une blessure à la cheville. Domenech signe à Bordeaux (1982-1984), et devient entraîneur-joueur à Mulhouse. En 1988, il retourne à Lyon et construit les fondations de l'OL. Cinq ans plus tard, il est nommé sélectionneur de l'équipe de France Espoirs. En 2004, Raymond Domenech succède à Jacques Santini et prend en main l'équipe de France, qu'il mène jusqu'à la finale de la Coupe du monde perdue contre l'Italie (1-1, 3-5 t.a.b., 09/06/2006). À la suite du fiasco du Mondial en Afrique du Sud, il est licencié pour faute grave le 6 septembre 2010. Après une année sabbatique, Domenech devient consultant et chroniqueur pour "Tribune Foot" sur Ma Chaîne Sport puis sur la chaîne L'Équipe aux côtés de sa compagne, Estelle Denis. Président de l'UNECATEF, il accepte d'entraîner le FC Nantes au début de l'année 2021, un défi qui tourne au cauchemar avec son licenciement 46 jours plus tard.

## DOMI (Didier)

Pur produit du centre de formation du PSG, qu'il fréquente depuis l'âge de 12 ans, vainqueur du Mondial Minimes avec les Bleus en 1992, Didier Domi débute avec les pros à seulement 16 ans et demi (PSG-Lyon 2-1, 24/01/1995) et semble promis à un bel avenir sous les couleurs parisiennes. Le natif de Sarcelles bat tous les records de précocité et devient le symbole d'un PSG qui n'a pas peur de donner sa chance à ses jeunes espoirs. Le capitaine Raí, en hissant symboliquement sur ses épaules le défenseur parisien à l'issue d'une victoire en Coupe de France en 1998 (en finale contre Lens 2-1, 02/05/1998), semble indiquer qu'il voit en Domi son digne

successeur. Mais six mois plus tard, lassé d'attendre une place de titulaire et flatté par la cour de l'entraîneur de Newcastle Ruud Gullit, il rejoint les Magpies pour plus de 4 millions d'euros. Ses deux années outre-Manche vont l'aguerrir à défaut de compléter son palmarès, malgré une finale de Coupe d'Angleterre perdue face à Manchester United devant plus de 79 000 spectateurs. Luis Fernandez, de retour au PSG, va convaincre Domi de revenir vers ses premières amours en janvier 2001. C'est un échec : dix-huit mois plus tard, le défenseur latéral retrouve le championnat anglais à Leeds, puis part pour l'Espagne où il remporte la coupe nationale avec l'Espanyol Barcelone en 2006. Après ce succès, Domi rejoint l'Olympiakos Le Pirée, devient champion à trois reprises (2007, 2008, 2009) et remporte deux coupes de Grèce (2008, 2009). En janvier 2011, il rejoint les États-Unis et les New England Revolution en MLS pour une saison, avant de mettre un terme à sa carrière et s'installer au Qatar. En 2021, il suivait toujours avec intérêt l'évolution du PSG et livrait ses analyses de consultant pour la chaîne Al Jazeera et le site So Foot.

## DOSSEVI (Pierre-Antoine)

Le petit frère d'Othniel Dossevi, né à Lomé au Togo et buteur du FC Tours (12 buts en D2 lors de la saison 1974-1975), rejoint le PSG mais patiente six mois avant de débuter, Paris refusant de payer une indemnité de formation à Tours… Il ne participe qu'à deux rencontres de Championnat, et inscrit un but face à Sochaux (2-3, 07/12/1975). Déçu par son faible temps de jeu, il préfère revenir à Tours et retrouve la D1 (1980-1981) avant de porter les couleurs de Dunkerque (1981-1983) puis de Bourges (1983-1984). Il met alors un terme à sa carrière, revient à Tours et aide au centre de formation puis ouvre un bar. Un choix qu'il regrette avant de retourner au Togo, pour entraîner un club à Lomé. Dossevi rentre alors à Tours et devient régisseur du centre de formation. Très attaché à sa ville de Tours, il faisait partie de la liste du candidat divers droite Xavier Dateu, qui a recueilli moins 5 % aux élections municipales le 15 mars 2020. La relève est assurée par ses deux fils, Thomas, ancien attaquant international togolais passé par Reims, Valenciennes et Nantes, et Matthieu, qui jouait en Turquie au Denizlispor en 2021. Et le petit dernier, Kris-Kevin, a réussi pour sa part une excellente carrière en athlétisme (100 m, 200 m, longueur, triple saut). Les Dossevi, une vraie famille de champions !

## DOSSEVI (Othniel)

L'attaquant africain, passé par l'Étoile Filante Lomé, a quitté le Togo à l'âge de 16 ans pour continuer ses études de droit en France. On aime le foot chez les Dossevi : les huit frères ont tapé dans le ballon rond, l'aîné, Lionel, ayant montré la voie au poste de gardien but de l'équipe du Togo ! En parallèle, il est un redoutable buteur passé par Tours, Montferrand et l'US Ambert. En 1972, il rejoint le PSG et inscrit 18 buts en 3 saisons. Othniel Dossevi reste dans l'histoire des Rouge et Bleu le premier buteur du PSG au Parc des Princes, lors d'une rencontre de championnat de D2 face au Red Star (3-1, 10/11/1973). Il joue par la suite au PFC et à Avion. Professeur agrégé de français, littéra- →P.142

**Milieu de terrain**
Né le 9 mars 1968
à Lyon

**Son parcours joueur :** UG Arménienne Lyon-Décines, Saint-Priest, Villeurbanne, Grenoble (1984-1989), Strasbourg (1989-1990), Monaco (1990-1995), PSG (1995-1996), Inter Milan (1996-1999), Kaiserslautern (1999-février 2002), Bolton (février 2002-2004), Blackburn Rovers (août-novembre 2004), New York MetroStars-Red Bulls (janvier 2005-octobre 2006).

**Son palmarès :** vainqueur de la Coupe du monde (1998), champion d'Europe des Nations (2000), vainqueur de la Coupe des confédérations (2001), vainqueur de la Coupe d'Europe des vainqueurs de coupe (1996), vainqueur de la Coupe UEFA (1998), vainqueur de la Coupe de France (1991), meilleur buteur de D1 (1994).

**International : 82 sélections avec l'équipe de France, 28 buts**

# Youri DJORKAEFF

Les apparences sont parfois trompeuses : Youri Djorkaeff n'a passé qu'une saison sous les couleurs parisiennes, mais son nom restera à jamais gravé dans l'histoire des Rouge et Bleu pour sa participation à la victoire européenne du PSG, en 1996. Son arrivée à Paris en 1995 est une énorme réussite personnelle pour le président Denisot. Djorkaeff a toujours eu un faible pour le PSG et suit les traces de son père Jean, premier capitaine du club en 1970. Surdoué du ballon rond, surnommé « le Snake » pour la trajectoire bien particulière de ses frappes, Djorkaeff a débuté sa carrière professionnelle à Grenoble, sous l'œil protecteur de son père. Il découvre la Ligue 1 avec Strasbourg, signe ensuite à Monaco avec lequel il remporte la Coupe de France en finale contre Marseille (1-0, 08/06/1991), puis un titre de meilleur buteur en 1994 avec 20 buts. À Paris, il réussit une année pleine, se montre décisif en Coupe d'Europe et inscrit 20 buts en 47 matches, toutes compétitions confondues. L'Italie le réclame et il signe au prestigieux Inter Milan, avec lequel il gagne une seconde Coupe d'Europe au côté de la star mondiale brésilienne, Ronaldo (Coupe UEFA, Inter Milan-Lazio Rome 3-0, 06/05/1998), après avoir perdu une première finale la saison précédente contre Schalke 04 (0-1, 1-0, 1-4 t.a.b. en 1997). Sous le maillot intériste, il inscrit pour sa première saison 14 buts et s'impose comme l'un de meilleurs joueurs étrangers du Calcio. Le plus beau reste à venir : Youri Djorkaeff est champion du monde avec les Bleus au Stade de France (1998), puis champion d'Europe en 2000, avant de remporter la Coupe des confédérations l'année suivante. Avec 28 buts sous le maillot bleu, il reste l'un des meilleurs buteurs de l'histoire de l'équipe de France. Après l'Italie, ce globe-trotter invétéré rejoint Kaiserslautern et l'Allemagne (67 matches, 16 buts), Bolton (75 matches, 20 buts) et Blackburn Rovers (3 matches) en Angleterre, puis New York aux États-Unis. À 38 ans, Youri Djorkaeff a mis un terme à sa carriere au mois d'octobre 2006. Consultant TV pour Orange Sport de 2008 à 2012, il a créé sa fondation pour aider les jeunes footballeurs en herbe aux États-Unis, puis a été nommé directeur général de la Fondation FIFA le 18 septembre 2019, avec pour mission de mener des programmes sociaux et d'aider à la reconstruction d'infrastructures sportives.

ture, grec et latin à Bordeaux, Othniel Dossevi, désormais retraité, est devenu le premier supporter de ses jumeaux : Damiel, excellent perchiste et champion d'Europe Espoirs en 2005, et de Narayane, spécialiste du relais et du saut en longueur.

## DOUCHEZ (Nicolas)

Nicolas Douchez a commencé le football à Aulnay-sous-Bois (93) avant de signer au Paris FC. À l'âge de 16 ans, il rejoint le centre de formation du Havre et devient la doublure du Slovaque Alexander Vencel, inamovible titulaire de 2000 à 2005. Douchez accepte de partir à Châteauroux, pour un prêt d'une saison. Il gagne enfin du temps de jeu en L2 et assiste, sur le banc des remplaçants, à la défaite des Castelroussins en finale de la Coupe de France face au… PSG (0-1, 29/05/2004). Au retour de son prêt, il quitte sans regret la Normandie, direction Toulouse, et retrouve son ancien coéquipier Christophe Revault. Douchez débute avec les Pros en huitièmes de finale de la Coupe de la Ligue et élimine… le PSG (2-0, 21/12/2005). Deux mois plus tard, Revault se blesse et il s'installe dans les buts toulousains (86 matches en 4 saisons). En 2007, Douchez rejoint Rennes et franchit un nouveau palier, à l'image de la qualification pour la Coupe UEFA face aux Ukrainiens de Simferopol (1-0 puis 0-1, 10-9 t.a.b., 26/07/2008). Héroïque dans les buts rennais, le gardien inscrit avec sang-froid le tir au but décisif. Ses performances séduisent Raymond Domenech, qui le convoque dans le groupe France avant le match aux îles Féroé en octobre 2009. Deux ans plus tard, il choisit le PSG, le club de son cœur : gamin, il venait au Parc des Princes admirer les exploits de son idole, Joël Bats. Mis en concurrence lors de son arrivée à Paris avec le gardien de but italien Salvatore Sirigu, Nicolas Douchez devient la doublure du portier italien et il est décisif en fin de saison pour l'obtention du titre de champion de France en 2013. Après 5 saisons au PSG et 43 matches joués (dont 25 en coupes nationales), il quitte la capitale et signe à Lens en Ligue 2. Malgré un titre honorifique de meilleur gardien de but en seconde division aux trophées UNFP en 2016-2017, il ne parvient pas à faire monter le club lensois en Ligue 1. Une dernière pige au Red Star (2018-2019), puis il annonce officiellement la fin de sa riche carrière professionnelle le 7 juin 2019, à l'âge de 39 ans. En 2020, il était consultant sportif pour la chaîne Téléfoot.

## DOUIS (Jean-François)

Moins connu que son frère Yvon, attaquant international de l'équipe de France (20 sélections), Jean-François Douis a débuté à Rouen avant de se faire un prénom à l'OGC Nice (1971-1977). De retour à Rouen, il ne reste qu'une seule année en Normandie et rejoint le PSG où il retrouve son ancien coéquipier Dominique Baratelli en 1978. Titulaire en début de saison au poste de libero, une blessure l'éloigne définitivement des pelouses lors du derby face au PFC (1-1, 17/12/1978). À seulement 29 ans, il met un terme à sa carrière et devient agent commercial jusqu'en 1999 pour deux sociétés d'articles de sport, Adidas et Le Coq sportif. En 2021, Jean-François Douis était retraité après plusieurs années au poste d'éducateur sportif en Gironde, à Saint-Médard-en-Jalles, où il résidait toujours.

## DOYEN (Ligue 1)

Après la relégation du FC Nantes à l'issue de la saison 2006-2007, le PSG est devenu le doyen de la Ligue 1, qu'il fréquente depuis

1974. Derrière les Rouge et Bleu, Lyon (depuis 1989) est le plus vieux pensionnaire du Championnat de première division.

## DRAMÉ (Boukary)

Remarqué par le PSG alors qu'il dispute la finale de la Coupe de Paris des moins de 15 ans, Boukary Dramé quitte son club d'Aulnay-sous-Bois pour intégrer le centre de préformation de Verneuil. Meneur de jeu de formation, Dramé joue milieu excentré avant de se fixer au poste de latéral gauche. En 2005, il rejoint le groupe professionnel et débute en Ligue 1 face à Strasbourg (1-0, 10/09/2005). Quelques semaines plus tard, il est appelé avec la sélection du Sénégal, victorieuse face au Mali (3-0, 08/10/2005). Titulaire avec la CFA, le nouvel international est récompensé de ses efforts lors du dernier match de Championnat à Metz, avec une première titularisation à la clé (0-1, 13/05/2006). Trois mois plus tôt, Dramé avait participé à la Coupe d'Afrique des Nations avec le Sénégal, terminant quatrième de la compétition. Passé professionnel, il devient un concurrent sérieux pour Bernard Mendy et participe à 32 matches avec le PSG en 2006-2007. À 22 ans, il signe à Sochaux en 2007, puis accepte un prêt avec option d'achat à la Real Sociedad (D2 espagnole) un an plus tard. Un choix décevant : Dramé ne joue presque jamais (seulement deux apparitions), et finit par revenir à Sochaux, où il retrouve une place de titulaire à la surprise générale. À la fin de la saison 2010-2011, Boukary Dramé refuse la prolongation de contrat proposé par le club sochalien et rejoint le championnat italien, au Chievo Vérone, en août 2011. Un choix payant : avec le numéro 93 sur le dos, il réussit un parcours exemplaire pendant trois saisons, avec 66 matches en Serie A et des buts inscrits contre la Juventus à Turin (1-1, 03/03/2012) et face à Naples (2-0, 10/03/2013). En 2014, Boukary Dramé signe à l Atalanta Bergame en Serie A (63 matches de championnat de 2015 à 2017) puis à la SPAL (janvier-juin 2018). À34 ans et après une année sans club, il rejoint alors Paganese (D3 italienne, 2019-2020) avant de mettre un terme à sa carrière.

## DRAXLER (Julian)

L'arrivée de l'élégant Julian Draxler au PSG, le 3 janvier 2017, est un pari risqué pour le club de la capitale. Surdoué du football allemand et champion du monde avec l'Allemagne à 21 ans, Draxler a porté en catégories Jeunes les couleurs de Rentford et du SV Buer, avant de rejoindre le centre de formation de Schalke 04 en 2001, à l'âge de 8 ans. Il pour- →P. 46

**Milieu de terrain**
Né le 17 octobre 1942
à Marseille, décédé le 17 avril 2003

**Son parcours joueur :** Marseille (1953-1964), Angers (1964-1970), Bastia (1970-1972), Monaco (1972-1973), PSG (1973-1976).
**Son palmarès :** champion de D2 (1969).
**1 sélection avec l'équipe de France**

# Jean-Pierre DOGLIANI

Tous ceux qui ont eu l'immense honneur de rencontrer Jean-Pierre Dogliani ne pourront jamais l'oublier. L'homme qui a fait monter le PSG en première division aura marqué à jamais l'histoire du club, par son charisme, sa gentillesse et sa vision passionnée du football. Ironie du sort, Dogliani est né à Marseille, où il a débuté sa carrière. Le 3 décembre 1961, il joue son premier match de Championnat à Cannes (1-4). Trois saisons à l'OM, une soixantaine de matches au compteur, et il rejoint Angers. Dans une équipe au tempérament résolument offensif, il explose : Angers inscrit la bagatelle de 128 buts en 40 matches lors de la saison 1968-1969 en championnat de D2. Avec 22 buts, Dogliani termine meilleur buteur de son équipe avec son ami Jean Deloffre, qu'il retrouvera au PSG quelques saisons plus tard. Le 22 mars 1967 au Parc des Princes, il porte le maillot de l'équipe de France entraînée par Justo Fontaine et inscrit le but français face à la Roumanie (1-2). Il ne rejouera plus jamais avec les Bleus, victime et de son tempérament et de sa réputation de rebelle. Passé par Bastia et Monaco, Dogliani accepte de rejoindre le PSG et son ami Fontaine en 1973, en rachetant lui-même sa dernière année de contrat pour se libérer. À Paris, il est le leader de l'équipe, le capitaine, l'homme décisif qui inscrit un doublé lors du match retour de barrages contre Valenciennes (4-2, 04/06/1974). Les premières années en D1 marqueront le début de la rupture avec son entraîneur, qui abandonne la défense en ligne et joue plus prudemment. Une trahison pour Dogliani, qui finit par se brouiller définitivement avec Fontaine après un succès face à Lens (4-2, 25/01/1976) où il a pourtant inscrit un doublé. Quelques jours plus tard, il se blesse gravement au genou gauche. Sa carrière s'achève ainsi. Dogliani rejoue quelques minutes lors de son jubilé en 1981 face à Boca Juniors et son artiste Diego Maradona. En 1986, il replonge à Strasbourg, au côté de Daniel Hechter. Il devra abandonner son poste de directeur général en 1989, après avoir assuré l'intérim sur le banc de touche au mois de septembre 1988. Il revient en région parisienne et entraîne les Jeunes à Versailles, puis devient superviseur à Montpellier. En 1996, Dogliani retrouve le PSG et s'occupe du recrutement jusqu'en 2001. Rattrapé par la maladie, il prend du recul, abandonne la présidence de l'Association des anciens joueurs du PSG, avant de décéder le 17 avril 2003. Heureux d'avoir vécu sa passion sans limite, comme il l'expliquait à ses proches : « On me demande souvent si j'ai eu des regrets. Mais j'ai toujours été heureux. Si je n'avais pas été footballeur, j'aurais aimé l'être. »

suit son apprentissage à Gelsenkirchen et débute en Bundesliga face à Hambourg (0-1, 15/01/2011) à 17 ans et 117 jours, le quatrième plus jeune joueur dans l'histoire de la Bundesliga. Trois jours plus tard, il signe son premier contrat professionnel. Tout va alors très vite, avec des débuts en sélection allemande le 26 mai 2012, à seulement 19 ans. Avec Schalke 04, il remporte ses premiers trophées : une Coupe d'Allemagne (2011, avec un but en finale face à Duisbourg 5-0, 21/05/2011) puis une Supercoupe nationale (2011) et découvre la Ligue des champions, avant l'apothéose sous le maillot de la Mannschaft et quelques minutes jouées face au Brésil lors de la demi-finale historique (7-1, 08/07/2014). Un an plus tard, alors qu'il est annoncé à Arsenal et à la Juventus Turin, il rejoint Wolfsburg et gagne sa place de titulaire lors de l'Euro 2016. Il souhaite alors quitter le championnat allemand et le déclare à la presse, mais ses dirigeants refusent ce départ, avant d'accepter finalement les propositions du PSG six mois plus tard. Ses débuts à Paris sont exceptionnels, avec un but lors de sa première apparition sous le maillot rouge et bleu contre Bastia en Coupe de France (7-0, 07/01/2017) et une superbe performance contre Barcelone en Ligue des champions (4-0, 14/02/2017). Ses six premiers mois sont une réussite, et il est même nommé capitaine de la sélection allemande lors de la Coupe des confédérations en Russie (victoire en finale face au Chili 1-0, 02/07/2017), avec le trophée de meilleur joueur du tournoi. L'arrivée de Neymar lors de l'intersaison 2017-2018 change la donne et l'oblige à reculer au poste de milieu relayeur. Après les blessures du joueur brésilien, Julian Draxler, en mal de confiance, peine à s'imposer malgré l'arrivée au poste d'entraîneur de son compatriote Thomas Tuchel, et perd sa place dans le onze parisien. Sa saison 2019-2020 est décevante, puis il retrouve du temps de jeu, à l'image de son bon début de championnat en 2020-2021. Le 17 mai 2021, Julian Draxler, qui a séduit son nouvel entraîneur Mauricio Pochettino, a prolongé son contrat avec le club de la capitale jusqu'en 2024.

## DRÉOSSI (Pierre)

Le directeur sportif du Stade Rennais aura connu une année noire au PSG : engagé par Gérard Houllier avant le départ de ce dernier, il n'a jamais obtenu la confiance de Tomislav Ivic et s'est contenté lors de la saison 1988-1989 d'un rôle de remplaçant de luxe, bien éloigné des ambitions du défenseur nordiste. Formé à Wasquehal et Lille, ce natif de Roubaix a connu la joie des premières sélections avec les Espoirs, avant de tenter sa chance à Sochaux (1983-1985) puis à Nice (1985-1988). Dréossi n'a fait qu'un bref passage au PSG et poursuit sa carrière à Cannes jusqu'en 1992, où il y met un terme avec 502 matches de première division au compteur (pour seulement 4 buts inscrits). Il prend en main le centre de formation de l'AS Cannes, et devient entraîneur adjoint (1994-1996). Dréossi retourne alors à Lille, dont il devient directeur sportif puis directeur général. En 2002, le Stade Rennais le débauche et lui offre un poste de manager général. Après le départ de l'entraîneur Laszlo Boloni, Dréossi accepte d'entraîner le Stade Rennais au début de la saison 2006-2007, avant d'abandonner le poste dix-huit mois plus tard au profit de Guy Lacombe. Il reste manager du club jusqu'au 11 juin 2013 et son éviction surprise, après onze ans en Bretagne. Le 21 décembre 2015, il devient le responsable sportif du Paris FC, un poste qu'il quitte au début de l'année 2020. Onze mois plus tard, Pierre Dréossi est nommé directeur sportif du Panathinaïkós FC, en Grèce.

## DUCROCQ (Pierre)

À 12 ans, Pierre Ducrocq porte déjà les couleurs parisiennes et s'impose lors de ses débuts professionnels comme le digne successeur de Luis Fernandez. Milieu de terrain travailleur, jamais battu dans les duels, Ducrocq aura tout connu avec le PSG. La joie lors de ses débuts avec les pros en 1995, à seulement 18 ans, lors du match face à Lyon en Coupe de la Ligue (2-1, 24/01/1995), puis à l'occasion du doublé Coupe de France – Coupe de la Ligue en 1998 et enfin à l'annonce de sa sélection avec l'équipe A', l'antichambre des Bleus quelques semaines plus tard. Puis la désillusion lors de sa mise à l'écart en 2001 par l'homme qui lui avait donné sa chance six ans plus tôt, Luis Fernandez. Amoureux du PSG, il doit se résoudre à quitter la capitale pour un prêt en Angleterre à Derby County, avant de signer au Havre en 2002. Devenu capitaine du club doyen du football français il poursuit discrètement son parcours en Normandie. En 2007 il retrouve la Ligue 1 à Strasbourg, pour une seule saison avant la relégation des Alsaciens. En 2009, Pierre Ducrocq rejoint l'Athletic Club Kavala, en Grèce. Après deux saisons réussies dans ce club ambitieux, particulièrement touché par le scandale des matches truqués dans le championnat grec – perte du statut professionnel et relégation en D4 en 2011 – Ducrocq met un terme à sa carrière de footballeur après une opération au dos, à l'âge de 35 ans. Il s'oriente alors vers le métier d'agent sportif, au sein de la société Kémari, et devient consultant au début de l'année 2013 pour la radio France Bleu Paris puis pour la radio RMC depuis 2016, un poste qu'il a quitté au début de la saison 2020-2021 pour se consacrer exclusivement à son métier d'agent.

## DUMOT (Bernard)

Recommandé par Robert Vicot qui l'a dirigé à Châteauroux, Bernard Dumot rejoint le PSG en 1972 pour renforcer un groupe inexpérimenté et rétrograde en Division 3. Petit gabarit (1,71 m, 56 kg), ce milieu de terrain au souffle inépuisable connaît son heure de gloire en débutant en première division lors du derby parisien face au Red Star (2-0, 24/11/1974). Une belle récompense pour cet international amateur, qui quitte le club en 1976 pour Orléans avant de porter les couleurs du PFC (1977-1979), de Poissy (1979-1980) et de Marly. Dumot, qui avait commencé à travailler en apprenti à 14 ans, ouvre une société de dépannage en électroménager à Saint-Germain-en-Laye. En 2006, c'est le départ pour le centre-ouest de

la France, dans les Deux-Sèvres. Après avoir ouvert une école de football et présidé l'USCCS (Union sportive du Chesnay-

Chey-Sepvret), il a repris la direction de son commerce d'électroménager à Saint-Germain-en-Laye, le « Remue-Ménage ».

## DUTRUEL (Richard)

Recruté à 14 ans alors qu'il porte les couleurs de Thonon en Haute-Savoie, Dutruel est devenu l'un des meilleurs gardiens de but français avec, pour point d'orgue, son match avec les Bleus face au Cameroun (1-1, 04/10/2000). Au PSG, il est sacré champion de France Cadets en 1988, remporte la Coupe Gambardella en 1991, mais il reste dans l'ombre des deux gardiens de but titulaires à Paris et en équipe de France, Joël Bats puis Bernard Lama. Prêté à Caen (de 1993 à 1995), Dutruel choisit l'exil en Espagne et réussit au-delà de ses espérances en signant au FC Barcelone en 2000, après quatre ans au Celta Vigo. Titulaire au Barça, il perd sa place et rebondit en 2002 à Alaves, avant de revenir en France, à Strasbourg. Une grave blessure au dos l'oblige à mettre un terme à sa carrière, en 2005. Directeur général adjoint pour le promu Évian-Thonon-Gaillard, il décide de démissionner en juin 2011. Richard Dutruel, élu depuis 2008 à Publier-Amphion, est désormais maire adjoint chargé des Sports, de la Cité de l'eau et de l'événementiel sportif pour cette petite ville de Haute-Savoie.

## ÉCLAIRAGE (panne)

M. Mouchotte, arbitre de la rencontre opposant le Stade de Reims au PSG le 18 février 1977, est obligé d'interrompre définitivement la partie à un quart d'heure de la fin du match, suite à une panne d'éclairage. Le PSG mène au score (3-2) et souhaite faire homologuer le résultat, se référant à la décision prise par le Groupement (la Ligue de football) qui avait, dans des circonstances identiques, donné la victoire à Reims face à Ajaccio lors de la saison 1972-1973. Dans un premier temps, la commission sportive du Groupement donne raison au club parisien. Cette décision est mise en délibéré, le Stade de Reims fait appel et le PSG devra attendre 83 jours pour se voir officiellement attribuer les deux points de la victoire. Le succès le plus long à se dessiner dans l'histoire du club !

## ÉCRAN GÉANT

Le 7 juillet 1999, deux écrans géants de 50 m2 sont installés au Parc des Princes.

Ces deux écrans, situés sur les côtés des deux virages d'Auteuil et de Boulogne, sont l'aboutissement du plan de rénovation du stade parisien à la fin de la Coupe du monde 1998. Après l'accord du Conseil de Paris puis la mission de maîtrise d'œuvre confiée à l'architecte du Parc de Princes, Roger Taillibert, la mise en place de ces deux écrans est le symbole des efforts voulus par les responsables du Parc pour rendre l'enceinte de la porte d'Auteuil plus conviviale et moderne.

## EDEL (Apoula Edima Bete)

En 2011, le parcours d'Edel Apoula au PSG s'est achevé après quatre saisons dans la capitale. Tout ne fut pas facile pour le gardien de but né au Cameroun mais de nationalité... arménienne ! À 14 ans, alors qu'il débute au FC PWD Kumba au Cameroun, Edel Apoula rencontre un agent français qui lui propose un contrat dans le club arménien de Pyunik Erevan. Malgré le climat très rude, il remporte quatre titres de champion, de 2002 à 2005. Edel devient même international arménien, en U19, U21, puis en sélection A. Désireux de poursuivre sa carrière dans un club européen plus huppé, il effectue des essais à Marseille, Istres, Bordeaux, Benfica Lisbonne et au PSG. En janvier 2006, Edel quitte l'Arménie sans l'accord de son club et rejoint son ancien entraîneur en Roumanie, au Rapid Bucarest. Après six mois sans jouer suite aux démarches des dirigeants arméniens auprès de l'UEFA, il repart au Cameroun, sans club, et apprend avec soulagement que sa situation est enfin débloquée. Il peut enfin débuter à Bucarest, croisant même la route du PSG lors d'une rencontre de Coupe UEFA. Au début de la saison 2007-2008, le PSG l'engage au poste de troisième gardien. Après le départ de Jérôme Alonzo, Apoula Edel devient la doublure de Mickaël Landreau et dispute son premier match officiel en Coupe de la Ligue face à Nancy (2-0, 12/11/2008). Second portier derrière Grégory Coupet, il profite de la blessure du gardien pour s'installer dans les buts parisiens, mais ses performances sont irrégulières, à l'image de sa grossière erreur contre Monaco (0-1, 20/01/2010). Vainqueur de la Coupe de France face aux Monégasques (1-0, 01/05/2010), il devient titulaire en début de saison 2010-2011, mais une nouvelle erreur à Lyon (2-2, 29/11/2010) le fragilise, après les rumeurs sur la falsification de ses papiers d'identité. Edel Apoula perd sa place après l'élimination en Ligue Europa contre Benfica (1-1, 17/03/2011) au profit de Grégory Coupet et n'est pas conservé par le PSG. Il rejoint alors l'Hapoël Tel-Aviv en Israël, avec lequel il remporte la coupe nationale en 2012. En août 2014, il rejoint le nouveau championnat indien, l'Indian Super League, et remporte deux titres consécutifs, avec l'Atletico Kolkata (2014) et le Chennaiyin FC (2015), et le titre de meilleur gardien de but de la compétition. Après une nouvelle pige à l'Hapoël Tel-Aviv et un dernier passage en Inde, au FC Pune City (2016), il est de retour en région parisienne et garde, depuis, à 34 ans en 2020, les buts du FC Mantois, en National 3, le 5e niveau du championnat français…

## EDMILSON (Gonçalves Pimenta)

Annoncé comme le digne successeur de Leonardo, Edmilson a totalement raté son parcours parisien. L'attaquant brésilien, après un début de carrière sans relief à Colatina (1991), puis à Democrata (1991-1993), part incognito pour le Portugal et Madère. Après une saison, il signe à Salgueiros et explose enfin (15 buts en 1994-1995). Porto l'engage pour deux saisons plutôt réussies, avec deux titres de champion du Portugal à la clé (1996, 1997). Edmilson rêve de la sélection brésilienne et rejoint le PSG avec cet objectif avoué. Du rêve à la réalité, il y a un pas qu'il n'a jamais franchi. Surnommé « l'Express de Porto » par la presse lusitanienne, Edmilson reste à quai à Paris et quitte la capitale douze mois après son arrivée pour revenir au Portugal, au Sporting Lisbonne, pour quatre saisons et un titre de champion (1999-2000). De retour au Brésil à Palmeiras en 2001, il retourne au Portugal, à Portimonense au (2003-2004) puis débarque à Oslo, au FC Lyn (2004-2005) avant de revenir dans le club qu'il a fondé en 1998, le CTE (Centre d'entraînement Edmilson !) à Colatina au Brésil. Après une dernière pige en Belgique (RCS Visé, 3 matches) et un court passage à Guilhabreu au Portugal où il finit par s'occuper de l'école des jeunes footballeurs (septembre 2006), il dépose les crampons. De retour à Colatina, « Rathino » devient président de son club, l'Espirito Santo Sociedade Esportiva (ESSE), avec l'objectif de former et révéler des jeunes joueurs brésiliens à Colatina, dans le centre-ouest du pays.

## EL KARKOURI (Talal)

Personnage hors norme, Talal El Karkouri semble n'avoir jamais connu le doute. Sûr de lui, son discours ambitieux, voire arrogant, a provoqué l'ire des supporters parisiens, qui ne l'ont jamais adopté, et entraîné son départ en 2004. Remarqué par le PSG alors qu'il dispute le Championnat du monde des clubs au Brésil avec son équipe, le Raja Casablanca, le défenseur marocain signe un contrat avec les Rouge et Bleu… pour un mois ! Les débuts sont prometteurs, le Servette de Genève doit le récupérer à l'issue de ce contrat hors norme, mais cède devant la volonté du joueur et du PSG, qui l'engage pour quatre saisons. Son tempérament finira par lasser ses plus fidèles supporters. El Karkouri est prêté en Grèce à l'Aris Salonique (2000-2001), puis en Angleterre à Sunderland (2002-2003), avant de quitter définitivement la capitale sur un succès en Coupe de France contre

Châteauroux (1-0, 29/05/2004). Les Anglais de Charlton l'engagent, le prêtent au Qatar à Al-Gharafa (2006), puis le rappellent pour participer au sauvetage du club, menacé par la relégation. Malgré trois buts inscrits en 2006-2007, Charlton est relégué et El Karkouri repart au Moyen-Orient, au Qatar SC. Au début de l'année 2009, El Karkouri avait fait son grand retour parmi les Lions de l'Atlas, face à la République tchèque (0-0), mais le limogeage du sélectionneur marocain Roger Lemerre met un terme à ce surprenant retour et à son parcours avec la sélection nationale (53 sélections, 5 buts). Au Qatar, El Karkouri n'a gagné qu'un seul trophée avec le Qatar SC, la Coupe du Prince (2009). Il s'engage en 2011 avec le club qatarien d'Umm Salal (D1) avant la résiliation de son contrat… une semaine plus tard ! En mai 2012, l'inimitable Talal El Karkouri, surnommé « le Mur humain » au Maroc, met officiellement un terme à sa carrière de joueur professionnel pour devenir entraîneur. Au début de la saison 2015-2016, il devient entraîneur adjoint du Raja Casablanca aux côtés de Rudy Krol, avant de quitter le club lors du départ de l'entraîneur néerlandais quelques mois plus tard. En février 2018, il prend en main Umm Salal, le club où il a terminé sa carrière, sa première expérience en tant qu'entraîneur numéro 1 en 2018. Une expérience sans lendemain, avant un retour comme adjoint au Raja Casablanca, de juin à novembre 2019.

## ÉLYSÉE (palais)

Le 9 mai 1996 à 16 heures, le président de la République Jacques Chirac invite les joueurs, le staff technique et les dirigeants du PSG à l'Élysée pour venir fêter la victoire en Coupe d'Europe des vainqueurs de coupe. Bernard Lama offre au président son maillot et sa paire de gants et les joueurs, avec les cheveux peints en rouge et vert, font même chanter Jacques Chirac pour fêter ce succès historique. Le président fidèle supporter du PSG, avouera avoir annulé un dîner officiel pour regarder à la télévision la finale et le triomphe des Rouge et Bleu… Quelques années plus tard, Nicolas Sarkozy, président de la République de 2007 à 2012, deviendra à son tour un fidèle spectateur du PSG au Parc des Princes, un club qu'il supporte depuis plus de trente ans.

## EMERY (Unai)

En engageant officiellement Unai Emery le 28 juin 2016 pour succéder à Laurent Blanc, le PSG recrute un jeune entraîneur ambitieux (45 ans) qui restent sur trois succès consécutifs en Ligue Europa avec le FC Séville. Né au Pays basque espagnol, Emery passe par le centre de formation de la Real Sociedad et rêve alors de succéder à son grand-père, qui a gagné la Coupe d'Espagne avec Irun dans les années 1930, et à son père, qui a porté les couleurs du Deportivo La Corogne. Une ambition brisée par les blessures et la concurrence : de 1996 à 2003, Unai Emery ne joue qu'en seconde division espagnole, à Toledo, Ferrol et Leganes. À 34 ans, il met un terme à sa carrière de footballeur, suite à une blessure au genou lors d'une saison en D3 espagnole avec le Lorca Deportiva CF. En janvier 2004, il débute une nouvelle carrière au poste d'entraîneur et permet à Lorca de monter en D2 espagnole, une grande première pour ce modeste club espagnol. En 2006, il rejoint Murcie qu'il fait monter en Liga puis signe à Valence au début de la saison 2008-2009. Ses quatre saisons sur le côté sont une réussite : Valence se qualifie en Ligue Europa puis en Ligue des champions, et joue le titre avec le Real Madrid et le FC Barcelone. Désormais considéré comme un entraîneur tactique et innovant, Emery choisit alors l'exil et signe au Spartak Moscou. C'est un premier échec, et un limogeage le 25 novembre 2011 à la suite d'une humiliante défaite face au Dynamo Moscou (1-5). De retour en Espagne, Emery retrouve rapidement un poste et signe en janvier 2013 au FC Séville. Avec le club sévillan, Emery remporte enfin ses premiers trophées, avec un triplé inédit en Ligue Europa (2014, 2015, 2016). Il rejoint alors le PSG pour mettre fin à la malédiction européenne des Rouge et Bleu, mais le cataclysme à Barcelone (1-6, 08/03/2017) puis l'élimination la saison suivante face au Real Madrid le condamnent, malgré sept trophées remportés en deux saisons avec le PSG. Il quitte Paris et rejoint Arsenal, où il succède au mythique Arsène Wenger, en poste depuis vingt-deux ans chez les Gunners. Un pari difficile et perdu : malgré une nouvelle finale de Ligue Europa (défaite face à Chelsea 1-4, 29/05/2019), il est remercié et quitte Arsenal le 29 novembre 2019. Depuis le début de la saison 2020-2021, Unai Emery dirige Villarreal, qui a remporté la Ligue Europa face à Manchester United.

## ENTENTE (PSG-OM)

Le 19 février 1975, une équipe composée de joueurs du PSG et de l'Olympique de Marseille participe à une rencontre amicale et s'impose 3-2 face aux Brésiliens de Botafogo à Colombes. Ce match est organisé au profit de la veuve de George Magendie, rugbyman du Racing Club de France récemment décédé. Une entente PSG-OM, une belle image à méditer à l'heure où la rivalité entre les deux équipes dépasse largement le cadre du simple match de football depuis plusieurs années.

## ERDING (Mevlüt)

Mevlüt Erding réalise son rêve en rejoignant la capitale en 2009 : s'il quittait Sochaux, c'était Paris et rien d'autre ! Un bel exemple d'opiniâtreté pour ce fils d'immigré turc, dont le vrai nom de famille est Erdinç : c'est suite à une faute de frappe lors de la venue de ses parents en France que son patronyme devint Erding… Après avoir grandi dans le Jura, il débute tout naturellement dans le club local, Jura Sud. À 13 ans, il inscrit un quadruplé face au FC Sochaux qui le recrute pour son centre de formation. Les parents du jeune espoir franco-turc refusent dans un premier temps de laisser partir leur fils, l'intervention du grand frère parviendra à les convaincre du bien-fondé de ce départ. Après avoir fait ses classes dans le Doubs, Erding débute en L1 le 19 novembre 2005 à Ajaccio, et réussit une entrée tonitruante : remplaçant, il inscrit le but de la victoire dans les arrêts de jeu, quatre minutes après ses débuts professionnels. Pour sa première saison, il inscrit 2 buts (pour 10 matches en L1). Dans la foulée, il est sélectionné avec l'équipe de France des moins de 17 ans et remporte la Méridian Cup

en Égypte aux côtés de Benzema. Sous le regard intéressé des dirigeants turcs… En 2006, il marque 16 buts en 20 matches, avec l'équipe réserve. Il est déterminé à quitter Sochaux, mais son entraîneur Frédéric Hantz s'oppose à son départ. C'est un tournant dans sa carrière : à 19 ans, il explose et inscrit 11 buts en 29 rencontres, sauvant Sochaux de la relégation en fin de saison. Ses performances et sa volonté de jouer avec les Espoirs turcs quelques mois plus tôt séduisent le sélectionneur Fatih Terim, qui l'appelle pour l'Euro 2008. Il entre en jeu en fin de rencontre pour la demi-finale de la compétition, face à l'Allemagne (2-3, 25/06/2008). Les dirigeants sochaliens lui donnent un bon de sortie pour l'été 2009. Il signe au PSG et inscrit 19 buts lors de la saison 2009-2010, remportant au passage la Coupe de France, contre Monaco (1-0 a.p., 01/05/2010). Après avoir inscrit le premier but du championnat de L1 face à Saint-Étienne (3-1, 07/08/2010), Erding va connaître une deuxième saison parisienne difficile (9 buts seulement, toutes compétitions confondues). Annoncé sur le départ, il choisit de rester à Paris, malgré l'arrivée de Kevin Gameiro, puis quitte finalement le PSG lors du mercato hivernal, direction Rennes (2012-2013) puis Saint-Étienne (2013-2015). À 28 ans, il quitte alors la France pour Hanovre en Allemagne pour six mois compliqués sans le moindre but. Deux prêts à Guingamp (janvier-juin 2016) et Metz (2016-2017) ne relancent pas sa carrière qui se déroule désormais en Turquie, à l'Istanbul Basaksehir (2017-2018), Antalyaspor (2018-2019, en prêt) à Fenerbahce (2019-2020) et au Fatih Karagümrük Spor Kulübü depuis le début de la saison 2020-2021.

## ESPORTS

La section eSports du PSG a été fondée le 20 octobre 2016, en association avec le groupe Webedia. Un choix stratégique pour le PSG, qui souhaite développer sa marque en Asie et toucher un public plus jeune. Un pari rapidement gagnant : dix jours après avoir lancé sa franchise eSports, Lucas Cuillerier, dit « DaXe », l'une des recrues phares du club rouge et bleu, est devenu champion du monde sur le jeu vidéo FIFA 17. Le PSG met en place une équipe consacrée à League of Legends (2016-2017) et Rocket League (2017-2019) où il remporte plusieurs tournois majeurs (Leipzig en janvier 2018, Valence en juillet 2019), et poursuit son partenariat avec des clubs asiatiques : LGD Gaming en Chine

pour les jeux Dota 2 et FIFA Online, Team RRQ en Indonésie sur Mobile Legends, et le 18 juin 2020 avec le club hongkongais Talon eSports, avec une participation historique au championnat du monde à Shanghai en octobre 2020. Le PSG eSports possède actuellement des équipes sur cinq jeux : League of Legends, FIFA, Dota 2, FIFA Online et le jeu mobile Brawl Star, où l'équipe parisienne a été sacrée championne du monde le 23 novembre 2020. Le PSG eSports, désormais dirigé par Yassine Jaada, va développer son projet et veut créer, comme il l'a fait pour le football, un réseau d'Academy en France et à travers le monde. Il permettra de détecter et former les futurs talents de la scène compétitive du jeu vidéo.

## EUROPE

Avec 239 matches européens* au compteur, le PSG n'est devancé que par un club français au nombre total de matches joués en Coupe d'Europe : Lyon (262 matches). Deux clubs français ont remporté un trophée européen depuis la première édition en 1956 : Marseille en 1993, puis le PSG, victorieux de la Coupe d'Europe des Vainqueurs de Coupe le 8 mai 1996, à Bruxelles. Paris a joué son premier match européen face au Lokomotiv Sofia (0-1), le 15 septembre 1982 et s'est imposé depuis ses débuts à 125 reprises, pour 53 nuls et 61 défaites. Le PSG a disputé 127 matches en C1 (Ligue des Champions), 38 matches en C2 (Coupe des Coupes), 72 rencontres en C3 (Ligue Europa) et 2 matches en Supercoupe.

** Ce classement ne prend pas en compte la Coupe Intertoto.*

## EVERTON (Leandro dos Santos Pinto)

Arrivé à Paris au début de l'année 2008, à l'âge de 21 ans, Everton ne s'est jamais imposé dans la capitale, avant de rapidement repartir pour le Brésil. Le jeune attaquant brésilien, lors de son arrivée au PSG, avait pourtant comparé son jeu à celui de Robinho, alors star du Real Madrid et de la sélection brésilienne ! Formé à Sao José, il évolue à Santo André, Sao Bernardo, Bragantino puis aux Corinthians. Transféré avec son compatriote Souza, Everton débute au stade Vélodrome face à Marseille (1-2, 17/02/2008) et finit avec l'équipe réserve quelques semaines plus tard avant de se blesser tout seul, contre Bastia au Parc des Princes (2-1, 18 mars 2008) pour son troisième et dernier match à Paris. Prêté à Fluminense (2008-2009), à Albirex Niigata (Japon, 2009-2010), à Goias (2010), puis à Ponte Preta (2011) sans jamais s'imposer, il est enfin performant... en Corée du Sud, à Seongnam et remporte son premier trophée, la coupe nationale (face à Suwon en finale 1-0, 15/10/2011). En 2012, son contrat avec le PSG arrive enfin à son terme, il poursuit son aventure entre la Corée du Sud (Seongnam, FC Séoul, Ulsan Hyundai), l'Inde (Mumbai City FC, ATK) et le Brésil (Figuereinse, Santa Cruz, Botafogo) pour 21 changements de club en 15 saisons ! Depuis août 2019, il porte les couleurs du Figuerense FC, son troisième passage dans ce club brésilien (après 2013 et 2016) basé à Florianopolis, dans l'État de Santa Carina.

## FADIGA (Bandiougou)

Le 17 septembre 2020, le jeune Bandiougou Fadiga débute sa carrière professionnelle au PSG lors du succès des Parisiens contre Metz (1-0) au Parc des Princes. Des débuts réussis pour ce milieu de terrain d'origine malienne, très technique, qui a commencé le football à Issy-les-Moulineaux en région parisienne. À l'été 2013, à l'âge de 12 ans, Fadiga rejoint le centre de préformation du club à Verneuil pour apprendre le métier de footballeur. En 2017, il est sacré champion de France U17 malgré un temps de jeu réduit et plusieurs blessures, puis il s'épanouit dans un rôle de milieu de terrain relayeur. Thiago Motta, en 2018-2019, lui donne sa chance avec les U19 en Youth League et, le 29 janvier 2019, il signe son premier contrat professionnel avec son club formateur. Jamais appelé en sélection de jeunes malgré les sollicitations du Mali, qui souhaitaient l'aligner lors du Mondial U20 en Pologne en mai 2019, il est annoncé sur le départ un an plus tard. Les nombreuses absences en début de saison et ses performances lors des séances d'entraînement changent la donne pour Thomas Tuchel, séduit par la polyvalence de ce jeune joueur. Fadiga a donc réussi des débuts prometteurs avec les Rouge et Bleu, à l'âge de 19 ans, avant d'être prêté au Stade Brestois pour gagner du temps de jeu lors de la saison 2020-2021.

## FAN-CLUBS

Au début de l'année 2020, le PSG comptait plus de 120 fan-clubs aux quatre coins du monde et sur cinq continents différents : une trentaine en France et en Europe, et une vingtaine en Afrique et en Asie. Les différents fan-clubs participent au rayonnement international du PSG depuis 2003 et la création du tout premier groupe de supporters officiels des Rouge et Bleu, sur l'île de la Réunion. Depuis 2016, le nombre de fan-clubs du PSG a été multiplié par trois, confirmant la progression et la reconnaissance du club à l'étranger.

## FÉMININE (section)

voir P156

## FERNANDES (Jean-Claude)

Champion de France Cadets avec le PSG en 1988, le jeune milieu de terrain parisien connaît la joie d'une première apparition avec les pros lors d'un match de championnat face à Sochaux au Parc des Princes (1-0, 11/08/1993). Ces trente minutes sous le maillot parisien lui donnent officiellement un titre de champion de France au palmarès. Prêté à Nancy la saison suivante, il réussit quelques coups d'éclat en Lorraine, inscrivant au passage deux buts face à l'OM, alors relégué en Ligue 2. Souffrant des genoux, Fernandes su- →P158

## FÉMININE (section)

La section féminine du PSG a vu le jour en 1971, et comptait 33 licenciées lors de la saison 1971-1972. L'histoire retiendra que les filles du PSG, qui cherchaient désespérément un entraîneur, ont vu un jour débarquer à la gare de Saint-Germain-en-Laye… un abbé en soutane, intéressé par le poste ! Les Parisiennes vont participer au Championnat de Paris jusqu'en 1979, sous la direction d'Alain Régent, avant d'intégrer un Championnat de France élargi à 48 clubs. Reléguées en 1995, les filles du PSG vont retrouver l'élite après avoir largement dominé le groupe A du championnat de Nationale 1B en 2001, avec le titre de champion national suite à des succès à Caluire (5-0) et à Tours (2-1). Pendant huit saisons, les Parisiennes, entraînées par Sébastien Thierry (2000-2004), puis Cyril Combettes (2004-2007), se maintiennent au milieu du tableau en première division. L'arrivée d'Éric Leroy en 2007 marque un nouveau départ pour la section féminine du PSG, avec une place de finaliste du Challenge de France (Coupe de France féminine), battue par Lyon au Stade de France (0-3, 03/06/2008). Simon Tahar, président de l'Association PSG, présente alors un projet sur trois ans pour jouer le titre de champion. Le recrutement est prestigieux, avec les internationales Élise Bussaglia, Sonia Bompastor et Camille Abily, et le PSG remporte son premier trophée, le Challenge de France, en écrasant Montpellier en finale (5-0, 23/05/2010). Quelques mois plus tôt, les Parisiennes avaient battu le record d'affluence pour un match féminin, au Parc des Princes face à Juvisy (5 892 spectateurs, victoire 1-0, 18/10/2009). « Les Princesses » se qualifient pour la Ligue des champions après une victoire sur le fil acquise face à Montpellier (1-0, 29/05/2011) grâce à un penalty en toute fin de match de la capitaine emblématique du club, Sabrina Delannoy. Les nouveaux patrons qataris du club décident alors de renforcer l'effectif pour se rapprocher de Lyon, qui truste tous les titres français et européens. Les entraîneurs Farid Benstiti (2012-2016), Patrice Lair (2016-2018) et Olivier Echouafni (depuis 2018) ont permis aux Parisiennes de se rapprocher de son rival historique, avec une victoire en Coupe de France (1-0 face à Lyon, 31/05/2018) et deux finales de Ligue des champions (1-2 contre Francfort, 14/05/2015 et face à Lyon 0-0, 6-7 t.a.b., 01/06/2017). L'émergence des jeunes formées au club (Perle Morroni, Grace Geyoro et Marie-Antoinette Katoto), la montée en puissance de l'attaquante Kadidiatou Diani et les expérimentées Irene Paredes et Nadia Nadim sont les fers de lance de l'ambitieuse formation du PSG féminine 2020-2021, avec toujours le même espoir : devenir, à l'instar des garçons, l'un des plus grands clubs du continent européen.

# LE PALMARÈS DU PSG DEPUIS 1998

**1998-1999 :**
**Championnat :** 3e du groupe A de Nationale 1B.
**1999-2000 :**
**Championnat :** 2e du groupe A de Nationale 1B.
**2000-2001 :**
**Championnat :** 1er du groupe A et champion de France de Nationale 1B.
**2001-2002 :**
**Championnat :** 5e
**Challenge de France :** 1/4 de finaliste, battu par Toulouse (0-3)
**Meilleure buteuse :** Boyeldieu (16 buts).
**2002-2003 :**
**Championnat :** 7e
**Challenge de France :** 8e de finaliste, battu par Montpellier (3-5)
**Meilleure buteuse :** Boyeldieu (13 buts).
**2003-2004 :**
Championnat : 8e
**Challenge de France :** 1/4 de finaliste, battu par Compiègne (0-0, 5-6 t.a.b.)
**Meilleure buteuse :** Boyeldieu (5 buts).
**2004-2005 :**
**Championnat :** 10e
**Challenge de France :** demi-finaliste, battu par Juvisy (0-7)
**Meilleure buteuse :** Boyeldieu (10 buts).
**2005-2006 :**
**Championnat :** 8e
**Challenge de France :** 8e de finaliste, battu par Toulouse (3-2, 2-4 t.a.b.)
**Meilleures buteuses :** Gobert, Morel, Prévost (4 buts).
**2006-2007 :**
**Championnat :** 7e

**Challenge de France :** 16e de finaliste, battu par Compiègne (1-4)
**Meilleure buteuse :** Mula (9 buts).
**2007-2008 :**
**Championnat :** 5e
**Challenge de France :** finaliste, battu par Lyon (0-3)
**Meilleure buteuse :** Delie (16 buts).
**2008-2009 :**
**Championnat :** 8e
**Challenge de France :** 16e de finaliste, battu par Le Mans (1-1, 3-4 t.a.b.)
**Meilleure buteuse :** Prévost (7 buts).
**2009-2010 :**
**Championnat :** 3e
**Challenge de France :** vainqueur, bat Montpellier (5-0).
**Meilleure buteuse :** Abily (12 buts).
**2010-2011 :**
**Championnat :** 2e
**Challenge de France :** 16e de finaliste, battu par Vendenheim (0-1)
**Meilleure buteuse :** Katia (12 buts).
**2011-2012 :**
**Championnat :** 4e
**Coupe de France :** 1/2 finaliste, battu par Montpellier (0-1)
**Ligue des champions :** 8e de finaliste, battu par Francfort (0-3, 2-1)
**Meilleure buteuse :** Dali (10 buts).
**2012-2013 :**
**Championnat :** 2e
**Coupe de France :** 1/2 finaliste, battu par Saint-Etienne (0-2)
**Meilleure buteuse :** Asllani (23 buts).
**2013-2014 :**
**Championnat :** 2e
**Coupe de France :** finaliste, battu par Lyon (0-2)
**Ligue des champions :** 16e de finaliste, battu par Tyreso (1-2, 0-0)
**Meilleure buteuse :** Delie (29 buts).
**2014-2015 :**
Championnat : 2e
**Coupe de France :** 8e de-finaliste, battu par Guingamp (1-1, 6-7 t.a.b.)
**Ligue des champions :** finaliste, battu par Francfort (1-2)
**Meilleure buteuse :** Delie (20 buts).
**2015-2016 :**
**Championnat :** 2e
**Coupe de France :** demi-finaliste, battu par Montpellier (2-2, 3-4 t.a.b.)
**Ligue des champions :** demi-finaliste, battu par Lyon (0-7, 0-1)

**Meilleure buteuse :** Cristiane (23 buts).
**2016-2017 :**
**Championnat :** 3e
**Coupe de France :** finaliste, battu par Lyon (1-1, 6-7 t.a.b.)
**Ligue des champions :** finaliste, battu par Lyon (0-0, 6-7 t.a.b.)
**Meilleure buteuse :** Delie (28 buts).
**2017-2018 :**
**Championnat :** 2e
**Coupe de France :** vainqueur, bat Lyon (1-0)
**Meilleure buteuse :** Katoto (26 buts).
**2018-2019 :**
**Championnat :** 2e
**Coupe de France :** 1/4 de finaliste, battu par Lyon (0-1)
**Ligue des champions :** 1/4 de finaliste, battu par Chelsea (0-2, 2-1)
**Meilleure buteuse :** Katoto (30 buts).
**2019-2020 :**
**Championnat :** 2e
**Coupe de France :** finaliste, battu par Lyon (0-0, 3-4 t.a.b.)
**Ligue des champions :** 1/2 finaliste, battu par Lyon (0-1)
**Meilleure buteuse :** Katoto (24 buts)
**Trophée des championnes :** finaliste, battu par Lyon 1-1 (4-3 t.a.b.).
**2020-2021 :**
**Championnat :** 1er
**Ligue des champions :** 1/2 finaliste, battu par Barcelone (1-2, 1-2)
**Meilleure buteuse :** Katoto (24 buts).

bit deux arthroscopies puis signe à Châteauroux, où il ne retrouvera jamais la plénitude de ses moyens. Il met un terme à sa carrière professionnelle à seulement 25 ans et devient entraîneur-joueur à Sainte-Geneviève-des-Bois, qu'il mène jusqu'en CFA en 2006-2007. Depuis 2008 et l'arrivée à ses côtés de l'ancien joueur du PSG, Emmanuel Dorado, il occupe les fonctions de manager général puis directeur sportif à Sainte-Geneviève. La relève est désormais assurée par sa fille Charlotte, défenseur au FC Fleury (D1 féminine).

## FERNANDEZ (Luis)

Voir P160

## FERNANDEZ (Vincent)

Ses parents espagnols, originaires de La Corogne, lui ont donné la passion du ballon rond. Vincent Fernandez, né à Saint-Germain-en-Laye, a naturellement débuté sa carrière du côté du Camp des Loges, en rejoignant le PSG en catégorie Poussins. Chez les jeunes, il remplace au pied levé un gardien de but blessé et s'impose à ce nouveau poste. Prêté une saison à Châteauroux en 1994, il gagne ses premières capes avec l'équipe de France Espoirs, devient champion du monde militaire en Italie (1995) et revient à Paris, dans l'ombre de Bernard Lama. À 19 ans, il débute au PSG face au Real Madrid à Santiago Bernabeu lors du jubilé en l'honneur de Juanito, puis remplace le gardien de l'équipe de France, absent sur blessure à la mi-septembre 1996. Un intérim réussi avec brio qui se transformera en place de numéro 1 en février 1998, profitant des erreurs de Christophe Revault dans les buts parisiens. Trois mois plus tard, Fernandez remporte la Coupe de la Ligue puis la Coupe de France au Stade de France. Bernard Lama revient à Paris, Fernandez refuse le rôle de doublure et quitte Paris. Sochaux lui offre enfin la reconnaissance qu'il recherche, avec à la clé un titre de champion de D2 avec les Lionceaux (2001). Après deux saisons à Strasbourg (2002-2004), il signe à Châteauroux, là où tout a commencé pour lui. En 2012, après 18 saisons chez les pros et 499 matches au compteur, Vincent Fernandez quitte La Berrichonne, à l'âge de 37 ans. Il s'installe à Poinçonnet dans l'Indre et devient propriétaire d'une salle de fitness qu'il gère avec son épouse.

## FIORÈSE (Fabrice)

Son transfert du PSG vers l'OM en 2004 a profondément changé l'image de Fabrice Fiorèse. En conflit avec son entraîneur Vahid Halilhodzic, il avait décidé de rejoindre son ami Frédéric Déhu à Marseille et provoqué la colère des supporters du PSG. Pur Savoyard, Fiorèse a joué sous les couleurs d'Aiguebelle et de Chambéry avant de rejoindre le centre de formation de Lyon, à 16 ans. Avec les Gones, il gagne la Coupe Gambardella (1994), mais il ne réussit pas à s'imposer dans l'effectif professionnel. En avril 1997, Lyon le libère et il rejoint Guingamp, où il explose enfin, sous les ordres de Guy Lacombe. Le 26 janvier 2001, après quatre saisons et demie en Bretagne, Fiorèse signe au PSG. À Paris, il devient ambitieux, remporte une Coupe de France (2004) et rêve d'intégrer l'équipe de France. Sa suspension pour simulation après un match contre Bordeaux au Parc des Princes (1-1, 19/12/2002) lui vaut une réputation de tricheur, qu'il a du mal à accepter. Il regrette ce geste, mais le mal est fait, anéantissant tous ses espoirs de porter un jour la tunique bleue. Le pire est à venir : suite à son départ controversé, il échoue à Marseille, quitte la Canebière pour un prêt à Al-Rayyan au Qatar, puis revient en France à Lorient. Son retour au Parc des Princes se transforme en cauchemar pour le PSG, vaincu par les Merlus (2-3, 05/08/2006) avec un doublé de Fiorèse. Son compteur but n'ira pas plus loin, il joue très peu à Lorient (7 matches) et doit revenir

à Marseille, où il est toujours sous contrat. Le 31 décembre 2007, il résilie son contrat avec l'OM et signe à Amiens (2008) puis Troyes (2008-2009), relégué en National. À 34 ans, il met un terme à sa carrière. En février 2011, Fabrice Fiorèse, qui s'est installé dans le Var, devient président du club de Saint-Tropez, avant de démissionner sept mois plus tard. Après avoir renoncé à la présidence du club d'Albertville en juin 2012, Fabrice Fiorèse a été de nouveau sous les feux de l'actualité, pour avoir échappé à une violente agression à son domicile quelques mois plus tard. Depuis ce sombre fait-divers, il s'est lancé dans le commerce, en ouvrant deux boutiques de chaussures à Saint-Tropez, un glacier puis un restaurant à Annecy.

## FINAL 8

Le PSG a vécu, en cette année 2020 bouleversée par la crise sanitaire, une première au niveau européen, avec l'organisation d'un Final 8 de la Champions League, inédit, à Lisbonne et à huis clos pour sacrer le club champion d'Europe. Un tournoi joué du 12 au 23 août, et où les Parisiens ont successivement battu l'Atalanta Bergame en quart de finale (2-1, 12/08/2020) et le RB Leipzig en demi-finale (3-0, 18/08/2020) avant d'échouer en finale face au Bayern Munich, non sans avoir fait jeu égal avec les Bavarois (0-1, 23/08/2020). Un succès, cinquante ans jour pour jour après le premier match officiel des Rouge et Bleu à Poitiers (1-1) le 23 août 1970, aurait fêté symboliquement l'anniversaire du club. Mais l'essentiel est ailleurs : le PSG a pris date, et fait désormais partie du gotha européen et du cercle très fermé des favoris pour les prochaines éditions de la Ligue des champions.

## FINALE

Le PSG s'est souvent distingué par ses performances en coupes nationales ou européennes et a déjà participé à 31 finales depuis son premier succès en Coupe de France face à Saint-Étienne (2-2, 6-5 t.a.b., 15/05/1982). Mieux, Paris s'est imposé à 24 reprises pour seulement 7 défaites et compte à son actif 14 Coupes de France, 9 Coupes de la Ligue et une Coupe d'Europe des vainqueurs de coupe. Un palmarès inégalé en France, cinquante ans après la création du club de la capitale.

## FITTE-DUVAL (Jean-Claude)

Passé par Poissy, le Red Star et Quimper, ce grand serviteur du football francilien signe au Stade Sangermanois en 1966 et participe activement à la création du club en 1970, en encadrant les Jeunes amateurs du PSG. Défenseur latéral, il met un terme à sa carrière en 1971, à 39 ans, pour se consacrer à son métier de plombier-chauffagiste dans les Yvelines. Fitte-Duval, surnommé « Fitte », est décédé dans un accident de voiture le 6 novembre 1998.

**Milieu de terrain**
Né le 2 octobre 1959
à Tarifa

**Son parcours : Joueur :** AS Minguettes (1969-1970), AS Saint-Priest (1970-1978), PSG (1978-1986), Matra Racing (1986-1989), AS Cannes (1989-1993).
**Entraîneur :** AS Cannes (1992-1994), PSG (1994-1996), Athletic Bilbao (1996-2000), PSG (décembre 2000-2003), Espanyol Barcelone (2003-2004), Al-Rayyan (juin-novembre 2005), Beitar Jérusalem (novembre 2005-2006), Betis Séville (décembre 2006-2007), Reims (2009), Israël (2010-2011).
**Palmarès : Joueur :** champion d'Europe des Nations (1984), vainqueur de la Coupe intercontinentale (1985) avec l'équipe de France, champion de France (1986), vainqueur de la Coupe de France (1982, 1983).
**Entraîneur :** vainqueur de la Coupe des vainqueurs de coupe (1996), vainqueur de la Coupe de France (1995), vainqueur de la Coupe de la Ligue (1995).
**International : 60 sélections, 6 buts avec l'équipe de France.**

# Luis FERNANDEZ

Joueur, entraîneur, manager général, directeur sportif du centre de formation : Luis Fernandez a tout connu avec le PSG, un club qui reste à tout jamais dans son cœur. Après avoir grandi dans la cité des Minguettes à Vénissieux, le fougueux milieu de terrain d'origine espagnole rejoint le centre de formation du PSG en 1978. Il débute en championnat contre Nancy (2-1, 11/08/1978) puis obtient la nationalité française. Formidable compétiteur, il devient un titulaire indiscutable et remporte deux Coupes de France avec les Rouge et Bleu (1982, 1983). Il fait ses débuts avec l'équipe de France face aux Pays-Bas (2-1, 10/11/1982). Avec les Bleus, il remporte le Championnat d'Europe (1984) puis participe à la folle épopée au Mexique, inscrivant le tir au but décisif face au Brésil à Guadalajara (1-1, 4-3 t.a.b., 21/06/1986). Capitaine du PSG, il devient champion de France (1986), mais décide de quitter son club formateur pour l'ambitieux Matra Racing. Miné par les blessures, Fernandez rejoint l'AS Cannes en 1992 et participe à la phase finale du Championnat d'Europe avec les Bleus de Michel Platini, à 33 ans. Il met un terme à sa carrière de joueur professionnel et devient entraîneur de l'AS Cannes, qu'il mène jusqu'à une qualification européenne. En 1994, Michel Denisot le rappelle à Paris pour diriger les Rouge et Bleu, avec lesquels il remporte un doublé Coupe de France – Coupe de la Ligue (1995) puis une victoire historique en Coupe d'Europe des vainqueurs de coupe (1996). Il quitte le club sur ce succès et obtient d'excellents résultats avec l'Athletic Bilbao. En décembre 2000, après le licenciement de Philippe Bergeroo, le peuple parisien réclame le retour de son enfant chéri. Malgré l'arrivée de la star brésilienne Ronaldinho, Paris ne gagne aucun trophée. Luis doit à nouveau quitter le club sur cet échec, en 2003. Il entraîne l'Espanyol Barcelone, Al-Rayyan au Qatar, le Beitar Jérusalem en Israël puis le Betis Séville en 2007. Il signe à Reims (2009) qu'il quitte après la relégation en National, devient sélectionneur d'Israël (mars 2010-décembre 2011) et de la Guinée (avril 2015-mai 2016) sans connaître le succès. En France, il devient l'incontournable animateur vedette de Luis attaque, sur RMC (de 2003 à 2016) et consultant sur beIN Sports (depuis 2013). Toujours attentif à l'évolution du PSG, Luis Fernandez a occupé le poste de directeur sportif du centre de formation du club parisien lors de la saison 2017-2018.

## FLOCH (Louis)

L'idole du Parc des Princes au début des années 1970, sous le maillot du PFC puis du PSG, a marqué les esprits de toute une génération de spectateurs à Paris. Ce pur Breton connaît des débuts difficiles : gravement blessé alors qu'il joue avec l'équipe de France Juniors, il doit cesser le football pendant une année. Réputé pour son sens du dribble, il débute à Rennes, puis connaît la joie d'une sélection avec les Bleus, alors qu'il porte les couleurs de Monaco en D2 (ex-Ligue 2). Double buteur contre la Norvège (3-1, 11/10/1970), il signe au PFC en 1972. Ses 30 buts inscrits en deux saisons n'évitent pas la relégation du second club de la capitale. Daniel Hechter, séduit par le personnage, accepte de l'engager alors qu'il s'était promis de ne jamais solliciter des joueurs issus du Paris FC. Bien lui en prend, « Loulou » affole les défenses adverses pendant deux saisons et son départ en 1976 attriste les inconditionnels des Rouge et Bleu. Après avoir joué à Brest (1976-1980), Floch achète une maison de presse à Roscoff, dans son Finistère natal, et occupe différents postes dans des petits clubs régionaux : joueur à Cléder, entraîneur-joueur à Roscoff, entraîneur des Jeunes et président du club à Saint-Pol-de-Léon et conseiller du président à Morlaix pendant plusieurs années. À 73 ans en 2021, Loulou Floch est désormais un retraité comblé et au grand cœur : il a offert ses maillots de l'équipe de France pour la lutte contre la mucoviscidose, dont la vente a rapporté plus de 20 000 euros à une association.

## FLORENZI (Alessandro)

Le 11 septembre 2020, le PSG engage Alessandro Florenzi sous forme de prêt avec option d'achat. Le polyvalent arrière droit (il peut aussi jouer milieu de terrain) est un titulaire indiscutable avec la sélection italienne. Né à Rome, Florenzi a rejoint l'AS Roma, le club de son cœur, à l'âge de 11 ans. Champion d'Italie U19 en 2011 et capitaine des jeunes Giallorossi, il débute avec les pros à 20 ans, en remplaçant le légendaire Francesco Totti face à la Sampdoria Gênes (3-1, 22/05/2011). Il est alors prêté au FC Crotone en D2 italienne et réussit une saison pleine, avec le titre honorifique de meilleur jeune de la Serie B. De retour à Rome, il est alors positionné au milieu de terrain et s'impose comme un élément des plus prometteurs pour le club de la Louve. À 21 ans, il est pour la première fois appelé en équipe d'Italie face à la France (1-2, 14/11/2012) puis est battu en finale de l'Euro U21 en Israël contre l'Espagne (2-4, 18/06/2013) aux côtés d'un certain Marco Verratti... Rudi Garcia, lors de son arrivée au poste d'entraîneur de l'AS Roma, le positionne alors au poste d'attaquant sur le côté droit, avant de le faire jouer en défense un an plus tard. Le 15 octobre 2013, il marque son premier but en équipe nationale, pour sa première titularisation face à l'Arménie (2-2). À 22 ans, tout lui réussit et son avenir semble radieux, même si son palmarès reste vierge, avec trois « titres » de vice-champion d'Italie en 2014, 2015 et 2017. Son parcours à l'AS Roma est idyllique, avec des buts exceptionnels : un retourné acrobatique face au Genoa en championnat (4-0, 12/01/2014) et une frappe de plus de 50 mètres face au FC Barcelone en Ligue des champions (1-1, 16/09/2015). Le peuple romain n'a pas caché son émotion quand Florenzi, buteur face à Cagliari le 21 septembre 2014, est monté en tribunes pour enlacer sa grand-mère. Malgré une saison 2016-2017 gâchée par les blessures, il reste un joueur emblématique à Rome, et hérite même du brassard de capitaine au début de la saison 2019-2020 après le départ de l'iconique Daniele De Rossi. Le sommet de sa carrière romaine mais aussi le début de la fin de l'idylle avec son club formateur : il perd sa place de titulaire et, le 30 janvier 2020, il rejoint le FC Valence et l'Espagne pour un prêt de six mois. Une décision prise à contrecœur et six mois compliqués sur fond de crise sanitaire, avant le départ en prêt pour le Paris Saint-Germain et les retrouvailles avec son ami Marco Verratti. Le début de parcours de l'international italien (38 sélections, 2 buts) est une réussite, avec 36 matches joués en 2020-2021. Le PSG semble alors avoir trouvé le pendant de Juan Bernat sur le flanc droit, avec des caractéristiques communes et un goût prononcé en direction des buts adverses.

## FLY EMIRATES

Fly Emirates a été le sponsor maillot du PSG de 2004 à 2018. Lancée le 25 octobre 1985, Fly Emirates est la compagnie aérienne internationale des Émirats arabes unis, basée à Dubaï. Après avoir débuté avec deux appareils affrétés (un Boeing 737 et un Airbus A300-B4), Fly Emirates est devenue en quelques années un groupe influent sur le marché du tourisme et du transport. Détenue à 100 % par le gouvernement de Dubaï, la compagnie a dû se développer et croître afin de rester compétitive, poussée en cela par la politique de Dubaï en faveur de la liberté de l'espace aérien, une politique que soutient pleinement la compagnie. Indépendante financièrement et prospère, Fly Emirates n'est pas subventionnée par ses différents propriétaires au-delà par son financement initial.

## FONDATION PSG

La Fondation PSG a aussi fêté son anniversaire en cette année 2020. Depuis vingt ans, elle a pour vocation d'aider les enfants défavorisés ou malades, les jeunes et les communautés en difficulté. Premier club sportif professionnel à s'être engagé dans la création d'une fondation d'entreprise, le PSG a articulé son plan d'actions autour de plusieurs axes : l'emploi et la formation, en créant des emplois pour les jeunes et en les formant au brevet d'État d'éducateur sportif, puis en organisant

des stages et des actions sur le terrain. La Fondation PSG, présidée par Nasser Al-Khelaïfi depuis la fin novembre 2012, a pour vocation de véhiculer les valeurs et les couleurs du PSG auprès des jeunes Franciliens : le respect et le fair-play. À travers le sport et ses valeurs, elle cherche aussi à agir pour aider les personnes en difficulté : les enfants malades, les jeunes des quartiers populaires, les jeunes adultes en leur offrant un programme d'insertion sociale et professionnelle, les personnes confrontées à des situations d'urgences. En vingt ans, plus de 250 000 enfants et jeunes ont bénéficié de ses programmes.

## FONTAINE (Just)

Le meilleur buteur lors d'une phase finale de la Coupe du monde (13 buts en 1958) est l'homme du renouveau du PSG en 1973. Sa collaboration avec Daniel Hechter permet à Paris de retrouver la première division après le barrage victorieux face à Valenciennes, le 4 juin 1974. Né à Marrakech au Maroc, Fontaine rejoint la France et Nice en 1953 et inscrit 17 buts pour sa première saison en D1. Formidable buteur, il remporte la Coupe de France (1954) puis le Championnat (1956) avec les Aiglons, puis signe à Reims en 1956. La grande équipe du Stade Rémois va échouer de justesse en finale de la Coupe d'Europe des clubs champions (0-2, 03/06/1959), mais accumule les titres en France, remportant trois titres de champion (1958, 1960 et 1962) et une Coupe nationale (1958). L'année 1958 est l'année Fontaine, qui termine meilleur buteur du Championnat (34 buts) et réussit un parcours exceptionnel avec l'équipe de France, troisième de la Coupe du monde en Suède. Le 1er janvier 1961, la carrière du buteur des Bleus bascule quand il est victime d'une double fracture de la jambe gauche lors d'un match de championnat à Sochaux. De retour sur les pelouses, sa jambe cède à nouveau. Il joue son dernier match au plus haut niveau le 11 février 1962, face à Monaco (1-0) et quitte les terrains avec des statistiques impressionnantes : 165 buts en 200 matches de championnat et 30 buts en 21 sélections avec les Bleus. Employé chez Adidas, cofondateur du syndicat des footballeurs, l'UNFP, il est un éphémère sélectionneur de l'équipe de France (2 matches du 22 mars au 3 juin 1967). Sa rencontre avec Daniel Hechter marque son grand retour au plus haut niveau. Directeur technique du PSG, il reste trois saisons à la tête des Rouge et Bleu avant de quitter la capitale. Fontaine entraîne l'US Toulouse en D2 et la sélection du Maroc, jusqu'en 1982. Après avoir ouvert plusieurs magasins de sport, il est désormais retraité à Toulouse. Sacré cinquième joueur du siècle en France par *L'Équipe* et nommé chevalier de la Légion d'honneur, il reste, à 87 ans, l'un des plus grands personnages de l'histoire du football français.

## FORMATION (centre)

Le PSG a inauguré son centre de formation au Camp des Loges le 4 novembre 1975. Depuis plus de trente ans, de nombreux jeunes sont passés par ce centre qui a pour vocation d'assurer la formation des jeunes joueurs sous contrat avec le club. Quatorze Titis parisiens formés au Camp des Loges ont porté haut les couleurs de l'équipe de France : Luis Fernandez, François Brisson, Jean-Claude Lemoult, Amara Simba, Nicolas Anelka, Richard Dutruel, Mamadou Sakho, Clément Chantôme, Kingsley Coman, Adrien Rabiot, Presnel Kimpembe, Alphonse Areola, Jonathan Ikoné et Mike Maignan.

## FOULARD (coup du)

Le 11 septembre 1993, le PSG accueille Montpellier avec sa nouvelle star, le Brésilien Raí, débarqué quelques jours plus tôt. Le capitaine du Brésil va enthousiasmer le public du Parc des Princes, inscrire l'unique but de la rencontre et réussir son fameux coup du foulard, une passe effectuée en frappant le ballon derrière la jambe d'appui. Ce geste, très esthétique, sera la marque de fabrique de « capitaine Raí » lors de ses cinq saisons passées sous le maillot rouge et bleu. Le 8 janvier 2020, Kylian Mbappé s'est montré le digne successeur du numéro 10 brésilien et aurait

pu inscrire un but sur ce geste exceptionnel, mais sa tentative face à Saint-Étienne (6-1) en Coupe de la Ligue a raté de peu le cadre. Un geste spectaculaire réussi aussi récemment par Neymar, Leandro Paredes et Angel Di Maria, confirmant l'amour des Sud-Américains pour le coup du foulard…

## FOURNIER (Laurent)

Voir P166

## FRANCE (amical)

Avant de s'installer à Clairefontaine, l'équipe de France s'entraînait sur le site de Jouy-en-Josas, à quelques kilomètres de Saint-Germain-en-Laye. Les Bleus avaient pris la bonne habitude de venir défier le PSG au Camp des Loges, pour des rencontres amicales souvent animées et riches en buts. Trois fois, de 1976 à 1978, les Rouge et Bleu sont des sparring-partners de luxe pour l'équipe de France qui s'impose à une seule reprise (1-0, 06/10/1976) pour deux matches nuls (3-3, 26/03/1977 puis 2-2, 04/10/1978). Le 2 novembre 1981, le Parc des Princes ouvre ses portes pour une rencontre à huis clos entre les deux équipes. Les Bleus préparent le match décisif face aux Pays-Bas pour la qualification à la Coupe du monde en Espagne et seront tenus en échec par les Parisiens (1-1). Heureusement pour l'équipe de France, elle sera plus performante face aux Hollandais et gagnera son ticket pour le Mundial espagnol, le début de la folle épopée de la bande à Michel Platini.

## FRANCE (équipe)

De Jean Djorkaeff à Alphonse Areola, 55 joueurs du PSG ont porté le maillot de l'équipe de France alors qu'ils étaient sous contrat avec le club de la capitale. Blaise Matuidi, avec 55 capes, est le joueur parisien le plus sélectionné, Dominique Rocheteau et Kylian Mbappé, avec 12 buts, étant les meilleurs buteurs du PSG avec les Bleus. Le 26 juin 1996 à Manchester, cinq joueurs du PSG sont titulaires (Lama, Roche, Guérin, Djorkaeff et Loko) pour rencontrer la République tchèque (0-0, 5-6 t.a.b.), un record dans l'histoire du club égalé lors de France-Japon (0-1) le 12 octobre 2012 avec la présence sur la pelouse de Sakho, Matuidi, Menez, Jallet et Chantôme.

## FRAU (Pierre-Alain)

Pierre-Alain Frau n'a pas été épargné pour ses dix-huit mois sous le maillot du PSG : entre ses deux mois de suspension et les blessures, l'attaquant parisien a eu rarement l'occasion de montrer ses qualités de vitesse et son sens du dribble. Formé à Sochaux, qu'il a rejoint à l'âge de 12 ans, Frau débute en Ligue 2 lors de la saison 1997-1998 puis s'affirme sous le maillot des Lionceaux, et remporte au passage la Coupe de la Ligue en finale face à Nantes (1-1, 5-4 t.a.b., 17/04/2004). International espoir, il participe au Championnat d'Europe en Suisse en 2002 et s'incline en finale face à la République tchèque (0-0, 1-3 t.a.b.). Auteur de 17 buts en Ligue 1 en 2003-2004, Frau accepte de rejoindre Lyon et remporte un premier titre de champion de France à l'issue de cette première saison. Il →P158

**Milieu de terrain**
Né le 14 septembre 1964
à Lyon

**Son parcours : Joueur :** Lyon (1980-1988), Saint-Étienne (1988-1990), Marseille (1990-1991), PSG (1991-1994), Bordeaux (1994-1995) PSG (1995-1998), Bastia (1998-octobre 1998).
**Entraîneur :** Bastia (octobre 1998-avril 1999), Pacy-sur-Eure (2002-2003), équipe réserve PSG (2003-février 2005), PSG (février-décembre 200 Nîmes (octobre-décembre 2007), Créteil Lusitanos (2009-2010), Strasbourg (2010-2011), Auxerre (2011-2012), Red Star (2013), Créteil Lusitanos (2016), AS Poissy (2019-2020).
**Son palmarès :** champion d'Europe Juniors (1983 avec l'équipe de France, vainqueur de la Coupe d'Europe des vainqueurs de coupe (1996), champion de France (1991, 1994), vainqueur de la Coupe de France (1993, 1998), vainqueur de la Coupe de la Ligue (1998).
**International : 3 sélections avec l'équipe de France**

# Laurent FOURNIER

Joueur de devoir sur le terrain, Fournier n'a laissé que des bons souvenirs comme joueur, puis comme entraîneur du PSG. À 16 ans, il débute en championnat avec Lyon face à Strasbourg, puis le capitaine des Bleuets devient champion d'Europe Juniors en 1983. Lyon ne truste pas encore les titres et Fournier doit se contenter du championnat de D2 pendant plusieurs années. En 1988, il rejoint le rival stéphanois puis, deux ans plus tard, signe à l'OM et joue une première finale européenne, face à l'Étoile Rouge de Belgrade (0-0, 3-5 t.a.b., 29/05/1991). Quelques semaines plus tard, il rejoint la capitale. Le 26 août 1992, Fournier est appelé en équipe de France pour la rencontre face au Brésil (0-2). Malgré une victoire en Coupe de France (1993) puis un titre de champion (1994), il quitte Paris pour Bordeaux, à la surprise générale. L'intermède bordelais ne dure qu'une saison, Fournier revient chez lui et participe au succès européen face au Rapid Vienne (1-0, 08/05/1996). Suspendu pour la rencontre du tour préliminaire de la Ligue des champions face au Steaua Bucarest, il se retrouve – bien malgré lui – responsable de la défaite 3-0 sur tapis vert pour un fax malencontreusement égaré. Le PSG sauvera la face quelques jours plus tard, à l'issue d'un match exceptionnel (5-0 au match retour). Proche de Michel Denisot, Fournier quitte le club en 1998, non sans regret. Il retrouve le Parc des Princes pour son jubilé, organisé le 20 mai 2000. Après son départ de la capitale et un passage à Bastia, il devient entraîneur à Pacy-sur-Eure, puis s'occupe de la réserve du PSG en 2003. Lorsque Vahid Halilhodzic est démis de ses fonctions le 8 février 2005, Fournier reprend en main l'équipe professionnelle. Il ne résiste pas plus de dix mois à la tête des Rouge et Bleu. Licencié alors que son équipe ne compte qu'un point de retard sur le second de la L1, il doit laisser sa place à Guy Lacombe. Après deux ans sans club, Fournier retrouve un poste à Nîmes (deux mois en 2007) puis au Créteil Lusitanos (2009-2010) et à Strasbourg (2010-2011). Auxerre l'engage pour son grand retour en Ligue 1, mais il ne peut éviter la chute des Bourguignons, avant d'être évincé en mars 2012. Après deux passages sur les bancs du Red Star (2013) et de nouveau à Créteil Lusitanos (2016), Laurent Fournier a ouvert un restaurant à Feucherolles (78) et pris en main l'AS Poissy (National 2) au début de la saison 2019-2020, avant d'être démis de ses fonctions le 25 octobre 2020.

souhaite augmenter son temps de jeu et part pour six mois de prêt à Lens. Avec les Sang et Or, « PAF » retrouve les chemins des filets et ne voit plus son avenir à Lyon. En juillet 2006, le PSG l'accueille les bras ouverts. Alors qu'il commence à s'adapter au jeu parisien, Frau blesse accidentellement le joueur de Sedan Stéphane Noro, le 14 octobre 2006 au Parc des Princes. Pour ce geste maladroit, il écope d'une suspension de deux mois. Il ne se remet jamais de cette décision et quitte la capitale pour Lille, au début de l'année 2008. Frau ne s'impose jamais dans le Nord et devient le joker du LOSC, vainqueur du doublé Championnat – Coupe de France en 2011. Déçu par son faible temps de jeu, il rejoint alors le Stade Malherbe à Caen. Avec seulement 6 buts inscrits lors de la saison 2011-2012, il ne peut empêcher la relégation des Caennais et décide alors de quitter la France pour le club qatarien d'Al-Wakrah, sans connaître le succès. En janvier 2013, c'est le retour en France et la fin de sa carrière au FC Sochaux, son club formateur. Il accepte alors de prendre en main les U15 puis devient entraîneur adjoint du club sochalien au début de la saison 2017-2018, avant de prendre, l'année suivante, les rênes des U19 nationaux.

## FUSION (Paris Football Club – Stade Sangermanois)

Le PSG est né de la fusion entre le Stade Sangermanois, un club amateur, et le Paris Football Club, une association de personnalités regroupées pour la création d'un grand club de football à Paris. Le 10 juin 1970, un protocole est établi entre les deux partenaires et, une semaine plus tard, la fusion est entérinée. Le 26 juin 1970, nouvelle étape dans l'histoire de la création du Paris Saint-Germain Football Club : la réunion du conseil d'administration extraordinaire du tout nouveau club de la capitale confirme la mise en place de différents secteurs pour les associés, et Pierre-Étienne Guyot est officiellement élu président.
Le PSG attend le mois d'août pour voir officiellement le jour. Dans un premier temps, les associés votent pour élire les délégués. Parisiens et Sangermanois se partagent équitablement les postes au conseil d'administration du club, lors du vote organisé le 12 août 1970. Le 27 août, le Journal officiel confirme la création du nouveau club de la capitale, le PSG est officiellement né.

G

## GALLARDO (Marcelo)

Arrivé au mercato d'hiver 2006 pour remplacer Vikash Dhorasoo au poste de meneur de jeu, le numéro 10 argentin a connu des débuts difficiles et a finalement quitté le club après le retour de Paul Le Guen aux commandes du PSG. À 31 ans, Gallardo n'avait connu que deux clubs avant de signer à Paris : River Plate en Argentine et Monaco. Avec les « Millionnaires » de River Plate, il a remporté quatre tournois d'ouverture (1993, 1994, 1996, 1997) et deux tournois de clôture (1997 et 2004). Vainqueur de la Copa Libertadores à 20 ans face aux Colombiens de l'América Cali, Gallardo est une star du football argentin. Il compte 44 sélections pour 14 buts avec l'équipe nationale et a laissé d'excellents souvenirs en France, lors de son passage à Monaco (1999-2003). Au sommet de son art, il devient champion de France, puis est élu meilleur joueur de la saison 1999-2000. Gallardo connaît le meilleur sur le Rocher, mais aussi le pire, victime d'une agression dans les couloirs du stade Vélodrome à Marseille, le 7 avril 2000. Après 102 matches et 18 buts à Monaco, il accepte de revenir à River Plate en 2003, et remporte un nouveau titre de champion d'Argentine. Cet excellent meneur de jeu décide, à 31 ans, un dernier challenge en Europe et rêve de s'imposer dans la capitale. Mais il n'entre pas dans les plans de Paul Le Guen et quitte Paris avec un maigre bilan (28 matches, 2 buts), direction les États-Unis et le DC United. « La Poupée », comme on le surnomme, retourne au début de l'année 2009 à River Plate. C'est face à l'ennemi héréditaire Boca Juniors qu'il se réconcilie avec ses fans, en inscrivant le but égalisateur (1-1, 19 avril 2009). Capitaine de River, il avait failli quitter l'Argentine après avoir été agressé avec sa famille à son domicile le 28 mars 2009. Souvent remplaçant, il quitte finalement le club de son cœur en août 2010 pour l'Uruguay et le Nacional Montevideo. Blessé au genou en début de saison, il revient pour remporter le titre de champion d'Uruguay en 2011, puis est nommé dans la foulée entraîneur du Nacional, avec qui il remporte deux titres de champion. Au sommet de sa popularité, il décide pourtant d'abandonner son poste en juin 2012. Un choix surprenant avant un retour triomphal à River Plate, le 7 juin 2014. Et les titres s'enchaînent : une Copa Sudamericana (équivalent de la Ligue Europa) en 2014, la Recopa Sudamericana (Supercoupe) en 2015, 2016 et 2019, la Coupe d'Argentine en 2016, 2017 et 2019 et surtout deux Copa Libertadores en 2015 et 2018. Un palmarès riche en coupes – mais sans aucun titre de champion d'Argentine – qui a permis à Marcelo Gallardo d'être aujourd'hui une légende vivante pour les nombreux supporters de River Plate.

## GAMBARDELLA (Coupe)

Le PSG a remporté la Coupe Gambardella, la Coupe de France organisée pour les juniors, lors de l'édition 1991, s'imposant en finale contre l'AJ Auxerre (1-1, 3-1 t.a.b., 14 mai 1991 à Nantes). Richard Dutruel, Bernard Allou et Pascal Nouma sont les héros de cette folle épopée. Les Parisiens, qui avaient réussi une première épopée exceptionnelle en 1972 (demi-finalistes) ont échoué en finale lors des éditions 1978 face à l'INF Vichy (1-3), en 1989 face au Havre (0-0, 2-4 t.a.b.), puis le 2 mai 1998 contre Saint-Étienne (1-1, 3-5 t.a.b.) pour la première finale organisée au Stade de France.

## GAMEIRO (Kevin)

Titulaire indiscutable lors de son arrivée en 2011, Kevin Gameiro a fini par perdre sa place au profit de la star suédoise Zlatan Ibrahimovic. Une décision cruelle pour un joueur fan de Marco Simone et supporter de cœur du PSG... Le jeune Kevin débute en Poussins à Marly-la-Ville, le club de son père, Dominique. Déjà obnubilé par le but, il poursuit sa formation à Chantilly, marquant la moitié des buts de son équipe, championne régionale en U13. Il est invité à faire un essai à l'INF Clairefontaine, mais il n'est pas retenu, les recruteurs le jugeant trop petit ! Gameiro est recalé et ne fera pas partie de cette génération 1987, menée par Ben Arfa, Benzema, Nasri et Ménez... En 2004, Strasbourg l'engage. En Alsace, Gameiro apprend ses gammes et découvre le maillot tricolore, en sélection des U18 et U19. Buteur attitré de l'équipe réserve, il débute en Ligue 1... au Parc des Princes face au PSG (0-1, 10/09/2005), puis va saisir sa chance pour sa première titularisation en Coupe UEFA, en inscrivant un doublé de la tête face à l'Étoile Rouge de Belgrade (2-2, 14/12/2005). Deux mois plus tard, c'est le drame : blessé aux ligaments croisés du genou gauche, il est éloigné des terrains pendant plus de six mois. Pour son grand retour lors de la saison 2007-2008, Gameiro est sélectionné avec l'équipe de France Espoirs lors du festival de Toulon et remporte la compétition, avec le titre de meilleur joueur et de meilleur buteur (5 buts en 3 matches). En Championnat, il inscrit 6 buts, mais Strasbourg est relégué en 2008. Il signe alors à Lorient et devient rapidement un atout majeur offensif des Merlus : 11 buts, puis 17, et finalement 22 en 2010-2011. Buteur, mais aussi passeur décisif, Gameiro est convoité par de nombreux clubs français et étrangers, mais préfère poursuivre sa progression en Bretagne. Annoncé en équipe de France après l'arrivée de Laurent Blanc, il débute lors de la défaite au Stade de France contre la Biélorussie (0-1, 03/09/2010), mais son entrée tonitruante a marqué les esprits. Une première cape qui met fin aux espoirs du Portugal, le sélectionneur Carlos Queiroz ayant approché Gameiro dont le grand-père paternel est portugais. Le 6 juin 2011, il est pour la première fois titulaire avec les Bleus et inscrit son premier but en Ukraine (victoire 4-1). Quelques semaines plus tard, alors que son départ pour Valence et l'Espagne semble acté, Gameiro signe au PSG. Après un excellent début de saison, il va perdre sa place de titulaire lors de l'arrivée de Carlo Ancelotti. Déclaré intransférable, Kevin Gameiro devient la doublure de Zlatan Ibrahimovic et se fait remarquer par ses nombreux buts décisifs dans la conquête du titre de champion de France en 2013. L'arrivée d'Edinson Cavani à Paris confirme que son séjour au PSG touche à sa fin. Le 25 juillet 2013, Gameiro signe au FC Séville où il rentre dans l'histoire du football français en remportant trois Ligue Europa consécutives (2014, 2015, 2016). Après trois saisons réussies en Andalousie (67 buts en 145 matches), son parcours en Espagne lui permet de revenir en équipe de France, et se poursuit à l'Atletico de Madrid (2016-2018, avec une nouvelle victoire en Europa League) puis au FC Valence en 2018. Toujours efficace, il marque un but décisif lors du succès en finale de la Coupe d'Espagne face au FC Barcelone (2-1, 25/09/2019). Après trois saisons à Valence, son contrat n'a pas été renouvelé à l'issue de la saison 2020-2021.

## GARCERAN (Tony)

Né à Béziers, c'est à Valenciennes que ce défenseur latéral s'est fait connaître, avant de rejoindre l'ambitieux Stade de Reims en 1977. Le début des ennuis pour Garceran : le club champenois dépose le bilan, son transfert pour l'OM est annulé in extremis et Paris l'engage, profitant de ses bonnes relations avec Reims. Arrivé blessé dans la capitale, il connaît un terrible coup d'arrêt, victime d'un tacle appuyé du joueur marseillais Robert Buigues (2-1 pour le PSG, 09/12/1979). Le verdict est sans appel : fracture du péroné avec complication à la cheville et fin de saison prématurée. De retour sur les terrains, Garceran accumule les pépins physiques et attend avec impatience la fin de son contrat pour quitter le PSG. Il rebondit en Corse, au Gazélec Ajaccio comme joueur puis entraîneur. En 1984 il entraîne le CA Propriano, champion de Corse et promu en Division d'Honneur, puis quitte le monde du football. Gérant d'une boutique de vêtements, il se lance dans la restauration à Sospel, de 1995 à 2011, avant de retourner vivre en Corse et d'ouvrir un restaurant à Ajaccio en 2014, dont il était toujours le gérant en 2021.

## GARRILIÈRE (Alain)

Un seul match officiel pour ce jeune milieu de terrain lors de la saison 1970-1971. Alain Garrilière compte à son actif des sélections en équipe de Paris Juniors et une présélection avec l'équipe de France Juniors, en 1971. Après avoir joué à Marly-le-Roi et travaillé dans une compagnie d'assurances, il est décédé le 19 septembre 1997 d'une crise cardiaque.

## GAVA (Franck)

Une seule saison pour le milieu de terrain international, recruté avec son compère lyonnais Florian Maurice pour dynamiser une attaque parisienne jugée vieillissante en 1997. Né à Montargis, Gava joue en sélection Cadets nationale avec Patrice Loko, qu'il retrouvera en sport-études, à Gien. Le début d'une belle amitié entre les deux hommes, réunis sous le maillot parisien quinze ans plus tard. Parti à Nancy, il explose à Lyon où il devient international et meilleur passeur du Championnat à deux reprises, lors des saisons 1994-1995 et 1996-1997. Au PSG, dans un rôle moins offensif, Gava réussit une année honorable malgré des soucis à la cheville. La saison s'achève sur un doublé Coupe de la Ligue-Coupe de France, qui symbolise la fin de la présidence de Michel Denisot et le début de l'ère Charles Biétry. Gava ne résiste

pas à ce changement et se voit contraint de quitter le PSG pour rejoindre Monaco. Une nouvelle saison gâchée par les blessures, puis un départ à Rennes qui s'achève sur un imbroglio juridique, une arthrose aux gros orteils l'obligeant à mettre un terme à sa carrière en 2000, avec 305 matches de première division au compteur. Déclaré inapte au travail, Franck Gava fait condamner le club breton au tribunal des prud'hommes à lui verser les salaires qui courent jusqu'à la fin de son contrat, en juin 2002. Sa blessure au pied lui interdit de rejouer régulièrement au ballon, il passe les diplômes d'entraîneur et rachète le club de Martigues, relégué en championnat National. Quelques mois plus tard, l'équipe provençale est mise en faillite et il rentre à Lyon, où il vivait toujours en 2021. Passionné de courses hippiques et redoutable joueur de poker, Gava est devenu marchand de biens et profite aujourd'hui de son patrimoine en famille dans le cadre de la société qu'il a fondée en 1996 avec son épouse.

## GEORGEN (Alec)

Son parcours parisien ressemble étrangement à celui de son compère Lorenzo Callegari, qu'il a côtoyé à Clamart et qu'il avait retrouvé en 2019-2020 à Avranches. Joueur offensif à ses débuts, Alec Georgen est replacé au poste d'arrière droit lors de son passage au centre de formation du PSG, qu'il rejoint à l'âge de 13 ans. En 2015, il signe son premier contrat professionnel pour les Rouge et Bleu à seulement 16 ans, quelques semaines après avoir remporté le Championnat d'Europe U17 face à l'Espagne en finale (4-1, 22/05/2015) et participé activement au beau parcours des U19 en Youth League, qui s'achève en finale face à Chelsea (1-2, 18/04/2016) avant d'être sacré champion de France avec les U19. Six mois plus tard, il débute avec les pros lors d'un match de Coupe de la Ligue face à Bordeaux (4-1, 24/01/2017). Pour gagner du temps de jeu, il quitte alors le PSG en janvier 2018 et rejoint l'AZ Alkmaar aux Pays-Bas, mais il doit se contenter de matches avec l'équipe réserve et termine son prêt sur une blessure au tendon d'Achille. De retour à Paris, le nouvel entraîneur Thomas Tuchel lui fait confiance lors de la tournée estivale aux États-Unis, mais le malheureux Georgen se blesse à nouveau lors d'un match amical face à l'Atletico de Madrid (3-2, 30/07/2018) et doit se faire opérer d'une désinsertion du ligament croisé au mois d'octobre après une rechute à son genou droit.

Le 21 mars 2019, il retrouve les chemins de l'entraînement après cinq mois de convalescence et l'émergence de Colin Dagba, désormais doublure de Daniel Alves et Thomas Meunier. Le PSG décide alors de mettre un terme à son contrat après la suppression de l'équipe réserve, et Georgen se retrouve à Avranches, en National, avec l'espoir de revenir au plus haut niveau après cet intermède dans la Manche, à seulement 21 ans. Au début de la saison 2020-2021, il a retrouvé un club un peu plus ambitieux, l'AJ Auxerre en Ligue 2.

## GERALDAO (Dutra Pereira)

Surnommé Geraldao (« le grand Geraldo »), ce géant brésilien, réputé comme excellent tireur de coup franc, est le premier échec du PSG de Canal+ en 1991. Le parcours footballistique de Geraldao est atypique, de ses débuts à Cruzeiro au Brésil à seulement 16 ans, à un départ pour le Qatar à Doha quelques mois plus tard, et la consécration lors de ses débuts en Europe, à Porto, avec lequel il remporte la Coupe Intercontinentale en 1987. International (17 sélections), Geraldao suit son entraîneur Artur Jorge au PSG et rejoint ses compatriotes Ricardo et Valdo. Si ces deux derniers ont marqué à jamais l'histoire du Paris Saint-Germain, le défenseur central brésilien s'est surtout fait remarquer par sa lourdeur et son embonpoint ! Son échec dans la capitale entraîne son départ vers le Mexique et l'América, avant un retour au Brésil au Gremio Porto Alegre (1993), puis à Portuguesa de Dosportos, à Sao Paulo (1994). Souffrant du genou, il met un terme à sa carrière et n'hésitera pas à attaquer en justice son club formateur de Cruzeiro en 1998, pour ne pas l'avoir soigné, alors qu'il s'était blessé à ses débuts en 1985. Il décide alors de quitter le milieu du football professionnel pour se consacrer à l'exploitation de ses trois fermes agricoles, spécialisées dans la vente du bétail. En 1996, il passe ses diplômes d'entraîneur, à Rio de Janeiro (1996) et devient directeur sportif du club d'Ipatinga (D2 du Brésil, 1997-1999). Puis Geraldao décide de repartir au Portugal, au club du Maritimo Funchal, sur l'île de Madère (2000-2003) où il supervise le transfert d'un jeune espoir nommé Pépé, qui fera les beaux jours du Real Madrid… En 2004, il devient entraîneur de l'équipe B de Porto, avant de rentrer au Brésil pour raisons personnelles. À son retour, Geraldao rejoint le staff technique du CRB Maceio, sans connaître le succès (2005). Il s'installe à Belo Horizonte, devient recruteur au Brésil pour Maritimo puis entraîne à Governador Valadares en 2008, la ville où il est né. En 2021, il était agent de joueurs, n'hésitant pas à conseiller son ami José Mourinho qu'il avait rencontré vingt ans plus tôt à Porto.

## GERMAIN (Bruno)

Capitaine du PSG en 1991, Bruno Germain n'est resté que deux saisons à Paris, victime de la concurrence et des choix imposés par son entraîneur Artur Jorge, qu'il avait déjà côtoyé sous les couleurs du Matra Racing. Formé à Orléans, Bruno Germain se fait un nom à Nancy (1982-1986) puis choisit de rejoindre le Racing Paris, malgré un protocole d'accord signé avec le PSG quelques semaines plus tôt. Une saison à Toulon (1988-1989) où Bernard Tapie le remarque et l'engage à l'OM. Au milieu des stars olympiennes, Germain devient indispensable, remportant trois titres de champion de France, mais échouant en finale de la Coupe d'Europe face à l'Étoile Rouge de Belgrade. Il quitte la Canebière sur cet échec, direction le PSG, qui lui a pardonné son infidélité pour le Racing quelques saisons plus tôt. Leader naturel, Germain est nommé capitaine de ce Paris « nouvelle vague » et réussit une première saison exemplaire, qui s'achève par une qualification européenne. Sa deuxième année ne sera pas du même acabit : blessé à la cuisse lors du tournoi de Paris, il doit se contenter d'une place de remplaçant de luxe et perd son brassard. L'heure du départ a sonné, Germain signe à Angers

(1993-1994), revient à Marseille (1994-1995) puis à Orléans, le club de ses débuts. Sans jamais avoir retrouvé le niveau qui lui avait permis d'obtenir sa seule cape avec les Bleus (0-1 contre la RDA, 18/11/1987). Après avoir mis un terme à sa carrière en 1996, Bruno Germain a occupé un poste de consultant TV, puis a repris le chemin d'Orléans, au poste de directeur sportif. Il gère désormais son patrimoine immobilier, joue avec les anciens de l'OM, et conseille son fils Valère, attaquant à Marseille depuis 2017.

## GILLET (Stéphane)

Numéro 3 dans les buts parisiens derrière Lionel Letizi et Jérôme Alonzo, l'unique fait d'armes de Stéphane Gillet avant sa signature au PSG se résumait à un titre de champion de Belgique Juniors avec le Standard de Liège. Passé par le Spora Luxembourg et Elversberg (D3 allemande), le gardien de but de la sélection luxembourgeoise (2000-2006) n'a finalement joué qu'une seule rencontre officielle avec Paris, ne se montrant guère rassurant face aux modestes Autrichiens du Rapid Vienne (2-2, 01/11/2001). Il poursuit sa carrière au Luxembourg (Racing Union), puis en Angleterre (Chester, 4e division), avant de rentrer au Luxembourg à la Jeunesse d'Esch (2007-2008) et au Sporting Club Steinfort (2008-2010) où il achève sa carrière. Stéphane Gillet débute une reconversion dans le bâtiment, se passionne alors pour le rugby, débute sous le maillot du Rugby Club Luxembourg qui joue en D 2 en Allemagne avant d'être annoncé en équipe nationale du Luxembourg au poste de deuxième ligne ! En avril 2016, il a ouvert une école pour former les jeunes gardiens de but, KMS, à Kehlen au Luxembourg.

## GINOLA (David)

voir P176

## GIRARD (Jean-Luc)

Ne cherchez aucun lien de parenté entre Jean-Luc et René Girard, l'ex-entraîneur de Montpellier, pilier des Girondins de Bordeaux au début des années 1980. International Juniors, ce Parisien né dans le 15e arrondissement s'est contenté d'une petite apparition avec le PSG, pour un match sans enjeu à Nancy (défaite du PSG 6-1, 28/05/1985). C'est au Red Star qu'il va trouver la reconnaissance, occupant tous les postes possibles tout au long des vingt années passées au sein du club audonien. Joueur, entraîneur puis directeur sportif : il va tout connaître à Saint-Ouen, du rêve de L1 et du Stade de France jusqu'à l'enfer de la DH en 2005. Girard décide de relancer sa carrière d'entraîneur à Pau au début de la saison 2006-2007, mais le 9 octobre 2007, il est démis de ses fonctions après une série de mauvais résultats. Après plusieurs années d'attente, il trouve enfin un nouveau challenge au début de la saison 2011-2012 et entraîne le club de Sénart-Moissy (2011-2014), l'US Ivry (2014-2015) et le Racing Neauphle-Pontchartrain (Régional 2), dans les Yvelines.

## GIRESSE (Alain)

Éphémère entraîneur du PSG en 1998, Alain Giresse n'a pas connu la carrière que son immense talent de joueur laissait espérer. Petit par la taille (1,63 m) mais grand par le talent : avec l'équipe de France ou avec Bordeaux et Marseille, ses deux clubs, Giresse a connu la gloire et les titres : deux championnats de France (1984 et 1985), une Coupe de France (1986) et 586 matches de D1 qui font de lui le joueur de champ le plus capé dans l'histoire du Championnat. En 1995, il devient entraîneur à Toulouse après avoir occupé le poste de directeur sportif.

Trois ans plus tard, le nouveau président du PSG, Charles Biétry, l'engage pour succéder au tandem Ricardo-Bats. Son règne ne dure que quelques mois et s'achève le 8 octobre 1998, après la défaite de trop face à Lens (0-1) au Parc des Princes. Giresse retrouve Toulouse (janvier 1999-octobre 2000) puis choisit l'exil, au Maroc (FAR Rabat 2001-2003). Voyageur infatigable, il occupe les postes de sélectionneur en République démocratique du Congo (2003), en Géorgie (mars 2004-juillet 2005), au Gabon (mars 2006-février 2010), au Mali (mai 2010-mai 2012 puis mars 2015-septembre 2017), au Sénégal (novembre 2013-janvier 2015) et en Tunisie (décembre 2018-août 2019), sans connaître le succès espéré.

## GIULY (Ludovic)

voir P180

## GOMA (Alain)

Le défenseur auxerrois n'a passé qu'une saison au PSG et n'a connu que des déconvenues sous les couleurs parisiennes avec, en point d'orgue, ce but inscrit contre son camp, synonyme d'élimination européenne face aux modestes Israéliens du Maccabi Haïfa (2-3, 01/10/1998). Goma, né à Sault dans le Vaucluse, commence à jouer au football lors de son arrivée en région parisienne. Première licence en Poussins à Versailles et premiers contacts pour rejoindre le centre de formation du PSG. Ses parents ne donnent pas suite et préfèrent l'envoyer à Auxerre, où il va gravir tous les échelons et remporter trois titres : un Championnat (1996) et deux Coupes de France (1994 et 1996). Défenseur latéral athlétique, il débute en équipe de France contre la Turquie (4-0) le 9 octobre 1996 et semble promis à un bel avenir. Le PSG l'engage en 1998, avec la lourde responsabilité de remplacer Roche et Ngotty partis sous d'autres cieux. C'est mission impossible pour ce jeune gaillard de 26 ans, qui rêve de la Premier League anglaise et qui a déjà refusé, à contrecœur, une proposition de Tottenham pendant la trêve hivernale. Six mois plus tard, il quitte le PSG et rejoint Newcastle, puis joue à Fulham jusqu'en 2006. Sans club, Goma trouve refuge au Qatar, à Al Wakrah pour une seule saison, puis met fin à sa carrière et rentre en Europe. Il vit à Londres, ouvre un centre de remise à niveau appelé « AlGoFit » (Alain Goma Fitness) pour les sportifs de haut niveau, puis se lance dans l'immobilier en travaillant pour la société Indigo Development Ltd, avant de créer sa propre structure, AlGom Property en mai 2017.

## GRÂCE (présidentielle)

Le PSG, pour son retour en Ligue 1, s'impose à Sochaux (1-0) le 2 août 1974. Au coup de sifflet final, les Sochaliens ont déposé des réserves, contestant la présence de Jean-Pierre Dogliani sur la pelouse du stade Bonal. Les dirigeants ont aligné le capitaine du PSG alors qu'il était sous le coup d'une suspension, mais cette sanction devenait caduque après la grâce présidentielle voulue par le nouveau président de la République, Valéry Giscard d'Estaing. Le 21 octobre, le résultat est entériné. Sochaux fait appel de cette décision. Il faudra attendre le 17 avril 1975, huit mois après la rencontre, pour que le Conseil fédéral déboute la requête sochalienne et que le PSG récupère enfin les deux points glanés sur le terrain.

## GRAPIN (Patrick)

Le 22 septembre 1979, cet attaquant habitué au Championnat de D3 (National) se voit enfin récompensé de son excellent début de saison (10 buts inscrits en 9 rencontres) par une convocation avec l'équipe première, lors d'une rencontre face à Nancy au Parc des Princes. Après le Racing (1972-1974), Rennes

**Attaquant**
Né le 25 janvier 1967
à Gassin

**Son parcours :** Toulon (1985-1988), Matra Racing (1988-1990), Brest (1990-décembre 1991), PSG (décembre 1991-1995), Newcastle (1995-1997), Tottenham (1997-2000), Aston Villa (2000-février 2002), Everton (février-juin 2002).
**Son palmarès :** champion de France (1994), vainqueur de la Coupe de France (1993, 1995), vainqueur de la Coupe de la Ligue (1995, 1999), élu meilleur joueur de la Premier League anglaise en 1999.
**International : 17 sélections et 3 buts avec l'équipe de France**

# David GINOLA

Avec son look de gravure de mode, son sens du spectacle et son art du dribble, Ginola aurait pu devenir un des plus grands joueurs français, voire l'égal de l'icône du plus anglais des « Frenchies », Éric Cantona. Son côté beau gosse et son franc-parler l'ont finalement plutôt desservi. Désigné comme le responsable de la défaite de l'équipe de France face à la Bulgarie le 17 novembre 1993, il a pourtant su se relever et mener le PSG jusqu'au titre de champion de France quelques mois plus tard. Originaire de Sainte-Maxime, ville balnéaire voisine de Saint-Tropez, c'est à Toulon que Ginola débute sa carrière professionnelle. À 21 ans, ce grand espoir du football français rejoint le Matra Racing, puis signe à Brest en juillet 1990. Seize mois plus tard, le Brest Armorique dépose le bilan, le PSG en profite et devance l'OM pour engager ce pur Méridional. Artur Jorge va lui apporter la rigueur et muscler son jeu, pour en faire un des plus grands attaquants européens des années 1990. Le duo offensif avec George Weah met au supplice les défenses du Real Madrid ou de Barcelone, la presse espagnole n'hésitant pas à surnommer David Ginola « El Magnifico ». Ses titres avec Paris lui font oublier le rôle de bouc émissaire qu'on a voulu lui donner après la piteuse élimination des Bleus avant la Coupe du monde en 1994. Capitaine du PSG en 1994 pour l'arrivée de Luis Fernandez, Ginola rêve de porter les couleurs des plus grands clubs européens. C'est finalement en Angleterre à Newcastle qu'il pose ses valises. Deux saisons plutôt moyennes et il rejoint Londres, à Tottenham. Les Spurs remportent la League Cup (1999), l'année où Ginola est élu joueur de l'année par la presse et par les joueurs, rejoignant son illustre compatriote Éric Cantona. La suite de son parcours outre-Manche, à Aston Villa et Everton, ne sera pas dans la même veine. À 35 ans, le beau David abandonne le ballon rond et cherche à devenir acteur, sans connaître le succès même s'il prête sa voix à la crevette Jacques pour l'adaptation française du film d'animation Le Monde de Némo en 2003, puis joue un premier grand rôle dans le film Mr Firecul, sorti en 2004 avant de donner quelques répliques dans la série Les Feux de l'amour en 2008. Après avoir espéré un retour au PSG et proposé ses services à un poste de directeur sportif, Ginola a fait son grand retour médiatique en France en participant à l'émission Danse avec les stars (2011). En 2013, il est consultant sur Canal+ pour le championnat anglais, puis devient incontournable dans le paysage audiovisuel français en présentant sur M6 l'émission La France a un incroyable talent. Il s'est aussi personnellement impliqué pour mettre en avant la formation des gestes de premier secours, après avoir été miraculeusement sauvé suite à un arrêt cardiaque, le 19 mai 2016.

(1974-1975) et Malakoff (1975-1976), Grappin a rejoint le centre de formation du PSG en 1976, tout en poursuivant ses études pour devenir professeur d'EPS. Blessé à la cheville, il préfère privilégier sa carrière professionnelle et rejoint l'AS Poissy, dont il deviendra l'entraîneur (1989-1993) puis le directeur sportif (1993-1998). Il est alors nommé adjoint au Président pour une association sportive liée à Peugeot Citroën, l'USCPCAR (Union Sportive et Culturelle de Peugeot Citroën Automobiles Région Parisienne) avant de prendre sa retraite en 2018, entre le Croisic (Loire-Atlantique) et Paris.

## GRAVELAINE (Xavier)

Xavier Gravelaine n'a jamais réussi à s'imposer au PSG, malgré trois passages dans le club de la capitale. En 1993, il signe à Paris pour remplacer Ginola alors sur le départ. Passé par le centre de formation du FC Nantes, Gravelaine a joué à Pau, à Saint-Seurin et Laval, avant d'exploser au Stade Malherbe de Caen en 1992 : 20 buts inscrits en Championnat et des débuts réussis en équipe de France face à l'Autriche au Parc des Princes (2-0, 14/10/1992). Mais Ginola reste finalement au PSG et il doit se contenter du rôle de joker offensif. Avec deux petits buts en 20 rencontres, sa participation au titre de champion de France en 1994 est anecdotique. Prêté à Strasbourg, Gravelaine revient à Paris un an plus tard. Luis Fernandez a remplacé Artur Jorge, mais le nouvel entraîneur parisien ne compte pas sur lui. Après cinq matches (et un but), il file à Guingamp pour un nouveau prêt. C'est à Marseille (1996-1998) qu'il va se relancer, ce qui ne l'empêche pas de partir à Montpellier au terme de cette saison (1998). La surprise est grande lorsque Artur Jorge, de retour au PSG, le sollicite à nouveau. Oubliée la brouille entre les deux hommes en 1993 ! La désillusion sera à la hauteur de ses espoirs : l'entraîneur portugais est licencié et remplacé par Philippe Bergeroo. Au terme d'un long contentieux entre les deux parties, Gravelaine quitte une nouvelle fois le PSG par la petite porte. Son périple footballistique l'emmène alors vers Watford en Angleterre (1999), au Havre (2000), à Monaco (2000-2001), à Caen (2001-2002), Ajaccio (2002), Istres (2003-2004) et Sion (2004) où il met un terme à sa carrière, à 36 ans. Consultant pour France Télévisions de 2004 à 2012, Xavier Gravelaine a réussi sa reconversion dans le milieu du football avec les postes successifs d'entraîneur puis manager à Istres (2005-2007), conseiller sportif à Nantes (2007), manager sportif à l'En Avant Guingamp (2008-2010), directeur général du football à Caen (2013-2018), directeur sportif à Avranches (2019) et directeur du football à Guingamp, de mars à septembre 2020.

## GRAILLE (Francis)

Francis Graille est né en 1955 au Puy. Après avoir choisi la carrière d'enseignant, il devient journaliste radio et animateur de talk-shows sur la chaîne publique France 3. En 1986, Francis Graille devient directeur général de la filiale Rhône-Alpes du groupe NRJ puis, deux ans plus tard, il prend la direction des programmes et de la régie pub de Télé Lyon Métropole. À la fin de l'année 1990, il fonde la société Concept TV puis rachète Visual TV, spécialisée dans la production audiovisuelle d'événements sportifs. En 1999, ce passionné de sport devient copropriétaire du LOSC puis, en 2000, président du club lillois. Nommé au conseil d'administration de la LNF, il est nommé président délégué du PSG le 5 juin 2003, avec la volonté affichée de racheter

le club à son actionnaire principal, Canal+. Après une première saison 2003-2004 plutôt réussie (qualification pour la Ligue des champions et victoire en Coupe de France), Francis Graille est obligé de licencier son entraîneur et ami Vahid Halilhodzic. Il est limogé à son tour le 2 mai 2005 et cède sa place à Pierre Blayau. Au début de l'année 2007, Francis Graille rejoint l'agence de marketing Sportfive et occupe les fonctions de directeur général en charge des activités média, puis le groupe Lagardère Sports de juillet 2008 à septembre 2009, avant de revenir vivre sans sa région natale, en Auvergne. Passionné de courses automobiles, il a participé au Trophée Lotus, championnat regroupant des voitures rétro de la célèbre marque anglaise. Le 17 mai 2017, Francis Graille est devenu président de l'AJ Auxerre, un poste qu'il a quitté le 3 mai dernier pour se rapprocher de sa famille et profiter de sa retraite, à l'âge de 66 ans.

## GRONDIN (Willy)

Le gardien de but parisien n'a joué qu'une seule rencontre avec le PSG, lors de la victoire en Coupe de France contre Évian Thonon Gaillard (3-1, 24/01/2010). Formé à Nantes et doublure de Mickaël Landreau, il joue en Ligue des champions avec les Canaris face au Bayern Munich (1-2, 19/02/2002). En manque de temps de jeu, il est prêté au Mans (2004-2005), puis signe à Valenciennes pour seulement 10 matches en 4 saisons. En juillet 2009, il rejoint le PSG. Il met alors un terme à sa carrière en 2010. Un an plus tard, Grondin devient entraîneur des gardiens de buts de l'équipe réserve à Nantes, son club formateur, puis celui de l'équipe professionnelle à partir de septembre 2012.

## GÜCLÜ (Metehan)

Un quart d'heure de jeu et un but inscrit à Nantes le 17 avril 2019 et puis s'en va… Tel est le bilan de Metehan Güclü, attaquant franco-turc passé par le centre de formation parisien. Formé à Bondy, où il croise un certain Kylian Mbappé en U15, Güclü intègre le PSG en 2012, à l'âge de 13 ans. Attaquant puissant, à l'image d'Edinson Cavani, Güclü se fait remarquer avec les U19 en Youth League, et termine meilleur buteur de l'équipe réserve en Nationale 2 lors de la saison 2018-2019, avec 11 buts inscrits en 14 matches. International turc en catégories Jeunes (U17, U18 et U19), il séduit Thomas Tuchel qui le convoque pour le Winter Tour 2019 au Qatar, puis il signe son premier contrat professionnel dans la foulée, le 21 février 2019. L'entraîneur allemand lui offrira du temps de jeu à Nantes, avec un but inscrit après

seulement 15 minutes sur les pelouses (2-3, 17/04/2019). Des débuts remarquables et remarqués qui suscitent l'intérêt de nombreux clubs français et européen. Le PSG n'aligne pas d'équipe réserve en 2019-2020, après avoir marqué un but en présaison face à Syd- ➜P182

**Attaquant**
Né le 10 juillet 1976
à Lyon

**Son parcours :** Lyon (1994-janvier 1998), Monaco (janvier 1998-2004), Barcelone (2004-2007), AS Roma (2007-2008), PSG (2008-2011), Monaco (2011-2012), Lorient (2012-2013)
**Son palmarès :** champion de France (2000), vainqueur de la Coupe de la Ligue (2003), vainqueur de la Coupe de France (2010), vainqueur du Trophée des champions (2000), vainqueur de la Ligue des champions (2006), champion d'Espagne (2005, 2006), vainqueur de la Supercoupe d'Espagne (2005, 2006), vainqueur de la Supercoupe d'Italie (2007 vainqueur de la Coupe d'Italie (2008).
**International : 17 sélections, 3 buts avec l'équipe de France**

# Ludovic GIULY

En 2008, Ludovic Giuly signe au PSG, un dernier défi pour « Speedy Gonzalez », comme on surnomme affectueusement le natif de Lyon, fils d'un ancien gardien de but du Sporting Club de Bastia. Fier de ses origines corses, il n'hésite pas à revenir chaque année à Zalana, le village de son enfance. Il début au club de Chasselay, mais entame sa carrière professionnelle à Lyon, après avoir remporté la Coupe Gambardella en 1993. Il joue quelques mois au poste de milieu défensif, puis trouve enfin sa vraie place, sur le flanc droit de l'attaque. Son entraîneur Jean Tigana le remarque alors qu'il joue en CFA et l'invite avec les pros, en janvier 1995. Trois ans plus tard, il est devenu un titulaire indiscutable lorsqu'il accepte de rejoindre Tigana à Monaco. Sur le Rocher, il réussit des débuts prometteurs et obtient son premier titre en remportant le Championnat de France en 2000. Il débute en équipe de France (Écosse-France 0-2, 29/03/2000), mais n'est pas sélectionné pour l'Euro. La saison 2001-2002 est un cauchemar avec une grave blessure (rupture des ligaments du genou) qui l'écarte des terrains pendant de nombreux mois. Motivé comme jamais pour son retour, il inscrit un doublé lors de la victoire en Coupe de la Ligue face à Sochaux (4-1, 17/05/2003), puis remporte la Coupe des confédérations avec les Bleus. La saison suivante, Monaco étonne l'Europe et n'échoue qu'en finale de la Ligue des champions, battu par Porto (0-3, 26/05/2004). Un finale au goût amer, qu'il quitte sur blessure en début de rencontre. Ludovic Giuly signe alors à Barcelone et truste les titres, remportant enfin la Ligue des champions au Stade de France contre les Anglais d'Arsenal (2-1, 17/05/2006). Déçu de ne plus être appelé avec les Bleus, il poursuit avec brio son chemin à la Roma (2007-2008) puis signe au PSG. Son parcours dans la capitale est une réussite, Giuly remporte la Coupe de France face à Monaco (1-0 a.p., 01/05/2010) et inscrit 19 buts en 3 saisons. Il retourne à Monaco, puis rejoint Lorient en 2012, avant de mettre un terme à sa carrière, à l'âge de 36 ans. Comme il l'avait promis, il accepte pour le plaisir de jouer pour le petit club amateur de Chasselay Monts d'Or Azergues Foot, où il avait débuté sa carrière en 1981. Patron d'un centre de rééducation à Saint-Raphaël, Camp 8, il a créé en 2010 la société Ultimate Players, entreprise de services aux footballeurs professionnels. Ludovic Giuly est resté proche de l'AS Monaco : après une dernière pige en 2016-2017 avec l'équipe 3, en DHR, il devient entraîneur adjoint de l'équipe réserve (National 2) en 2019-2020 et reste ambassadeur du club de la Principauté.

ney (3-0, 30/07/2019), Güclü quitte le PSG et rejoint Rennes où il espère gagner du temps de jeu. Une blessure en début de saison et une opération au tendon de l'ischio-jambier freinent alors sa progression. Après trois mois sur le flanc, Rennes accepte de le prêter à Valenciennes en Ligue 2, pour gagner du temps de jeu.

## GUEDES (Gonçalo)

Treize matches et six mois au PSG auront suffi à Gonçalo Guedes, jeune espoir du football portugais, pour se faire un nom et devenir indispensable au FC Valence en Espagne. Formé au Benfica Lisbonne, Guedes fait partie de l'équipe U19 finaliste de la Youth League en 2013-2014, avant de débuter avec les pros en Coupe du Portugal le 18 octobre 2014 face au Sporting Club de Covilha (3-0). Attaquant sur le flanc gauche, il remporte alors de nombreux trophées avec les Aigles Rouges, dont trois titres de champion du Portugal. International Espoirs et titulaire en club à seulement 20 ans, son potentiel et sa polyvalence séduisent le PSG, qui le suivait depuis déjà deux ans. Alors que Guedes est annoncé à Manchester United et qu'il vient de débuter avec la sélection portugaise, le club parisien l'engage le 25 janvier 2017 pour devenir la doublure d'Edinson Cavani. 13 matches avec le PSG et 0 but inscrit, le bilan est décevant et le club de la capitale décide de le prêter au FC Valence en Espagne. Un choix payant : Guedes devient indispensable et Valence se qualifie pour la Ligue des champions après trois ans d'absence. Après avoir joué la Coupe du monde en 2018 avec le Portugal, Guedes est définitivement vendu à Valence, avec une belle plus-value au final pour le PSG. Sa progression est alors freinée par de nombreuses blessures, malgré le but décisif lors de la victoire en finale du Portugal face au Pays-Bas (1-0, 09/06/2019) à l'occasion de la première édition de la Ligue des Nations.

## GUÉRIN (Vincent)

voir P184

## GUEYE (Idrissa)

Difficile de trouver un successeur à Thiago Motta, inamovible au poste de sentinelle au milieu du terrain parisien de 2012 à 2018. Le PSG semblait avoir enfin trouvé l'oiseau rare avec l'arrivée de l'international sénégalais Idrissa Gueye, le 30 juillet 2019. Gueye, né à Dakar, est issu de l'académie Diambars, chère à Bernard Lama. Les débuts sont pourtant difficiles, mais il ne lâche rien malgré sa petite taille et sa frêle silhouette. À 18 ans, Gueye rejoint la France et Lille, où il débute lors d'un match de Coupe de France face à Colmar (0-0, 9-10 t.a.b., 23/01/2010) après avoir fait ses classes avec l'équipe réserve. La saison 2010-2011 est celle de la confirmation, avec un doublé Championnat-Coupe de France sous le maillot lillois et une prestation remarquée en finale de la Coupe face... au PSG (1-0, 14/05/2011). Infatigable ratisseur de ballons, et désormais international sénégalais, le discret Idrissa Gueye profite de la blessure de Rio Mavuba pour s'imposer à Lille. Celui qui porte depuis 2014 le flocage « Gana », son deuxième prénom et celui de son grand-père, quitte Lille après cinq saisons réussies, direction l'Angleterre et Aston Villa. Épanoui dans un championnat où le tacle est roi, Gueye poursuit son ascension un an plus tard en signant à Everton le 2 août 2016, après la relégation des Vilains de Birmingham. Comparé à N'Golo Kanté pour ses qualités de relance, Idrissa Gueye a franchi un nou-

veau palier le 30 juillet 2019 en signant au PSG, dont il devient une pièce essentielle du onze de Thomas Tuchel. Au PSG, il veut gagner des titres, lui qui n'a plus rien gagné depuis le doublé du LOSC en 2011, à l'image de la finale de la CAN perdue avec le Sénégal face à l'Algérie (0-1) le 19 juillet 2019. À 31 ans, après des débuts exceptionnels, le sympathique et discret Idrissa Gueye reste un cadre de l'équipe entraînée désormais par Mauricio Pochettino, malgré la concurrence au poste de milieu défensif et le recrutement de Leandro Paredes et Danilo Pereira.

## GUICCI (Daniel)

Né à Paris, c'est à Valenciennes que ce rugueux défenseur central s'est fait connaître. International amateur, il accepte le défi du PSG tout nouvellement créé et gagne ses galons de titulaire au côté de Roland Mitoraj, avant de terminer la saison dans la douleur en raison de problèmes récurrents aux adducteurs. Le 24 janvier 1971 à Caen, il devient le premier joueur expulsé dans l'histoire du PSG, pour avoir répondu à une paire de gifles assenée par un Yougoslave inconnu nommé Sorgic. Passé professionnel en 1972, il poursuit l'aventure avec le PFC et termine sa carrière au Mans en 1978. Il est décédé le 31 mars 2016, à l'âge de 73 ans.

## GUIGNEDOUX (Bernard)

En inscrivant le premier but officiel du PSG face à Poitiers (1-1, 23/08/1970), Guignedoux est entré à jamais dans l'histoire du PSG. Une belle récompense pour ce serviteur du football à Saint-Germain (22 saisons passées du côté du Camp des Loges), qui a trusté les sélections (Amateurs, Universitaires, Espoirs et Militaires). Né à Saint-Germain-en-Laye, Guignedoux se fait remarquer lors du concours du plus jeune footballeur de la Ligue de Paris en 1961, où il termine second. Le Racing le repère, le prête à Levallois et le récupère jusqu'en 1965. Joueur amateur, il privilégie l'affectif et signe au Stade Sangermanois, puis accepte le défi du tout nouveau PSG. Milieu de terrain de taille modeste (1,68 m), Guignedoux est l'homme de base du jeu parisien et réussit deux excellentes saisons (73 matches, 15 buts). La scission est un véritable crève-cœur : devenu professionnel et lié par contrat, il abandonne ses camarades et joue pour le

Paris FC jusqu'en 1980, avec un intermède de trois saisons à Monaco de 1974 à 1977. Professeur d'éducation physique, il retourne ➔ P188

**Milieu de terrain**
Né le 22 novembre 1975
à Boulogne-Billancourt

**Son parcours :** Bry-sur-Marne (1973-1979), Joinville-le-Pont (1979-1984), Brest (1984-1988), Matra Racing (1988-1989), Montpellier (1989-1992 PSG (1992-1998), Heart of Midlothian (1998-1998), Red Star (2001-2002).
**Son palmarès :** champion d'Europe Espoirs (1988) avec l'équipe de France, vainqueur de la Coupe d'Europe des vainqueurs de coupe (1996), champion de France (1994) vainqueur de la Coupe c France (1990, 1993, 1995, 1998), vainqueur de la Coupe de la Ligue (1995, 1998)
**Internatonal : 19 sélections, 2 buts avec l'équipe de France**

# Vincent GUÉRIN

Le plus Titi des Parisiens, né à quelques centaines de mètres du Parc des Princes, a passé six saisons au PSG et remporté tous les trophées de l'ère Denisot. Une belle récompense pour ce travailleur inlassable, si discret mais tellement précieux. C'est à Brest qu'on le découvre. Guérin participe au parcours de l'équipe de France Espoirs qui s'achève par un titre de champion d'Europe en 1988. Sur ce succès, il quitte la Bretagne et rejoint l'ambitieux Matra Racing. Une saison en demi-teinte, il signe à Montpellier et remporte la Coupe de France au Parc des Princes, face à son ancienne équipe du Racing (2-1, 02/06/1990). Artur Jorge, qui l'a connu lors de son passage au Matra Racing, souhaite l'engager à 26 ans et Guérin rejoint le PSG en 1992. Il devient rapidement un élément de base du onze parisien. Le 8 septembre 1993, il débute avec les Bleus à l'occasion d'un match amical face à la Finlande (2-0). Son but décisif face à Barcelone (2-1, 15/03/1995) en quart de finale de la Ligue des champions reste le moment fort de sa carrière parisienne. Avec le PSG, il remporte un titre de champion, trois Coupes de France, deux Coupes de la Ligue et une Coupe d'Europe en 1996 face au Rapid Vienne. Le 29 janvier 1997, il inscrit un but lors du match prestigieux organisé à Lisbonne, opposant une sélection des meilleurs joueurs européens et africains. Neuf mois plus tard, c'est la stupeur à l'annonce de son contrôle positif à la nandrolone, un produit anabolisant. Le cœur n'y est plus, il clame son innocence et se bat pour sa réhabilitation, ce qui le mènera jusqu'au tribunal de Versailles, puis au Conseil d'État. En 1998, il quitte la capitale, direction Édimbourg en Écosse et le club d'Heart of Midlothian. Une dernière pige au Red Star en 2001 et il met un terme à sa carrière. Le 27 mai 2003, le Parc des Princes est le théâtre de son jubilé puis, en 2005, il succède à son ami Laurent Fournier à la tête de l'équipe réserve du PSG. Il quitte ses fonctions en 2007 et devient consultant TV pour les chaînes Direct 8, W9 et France 4. Nommé ambassadeur de l'Athletic Club de Boulogne-Billancourt (club amateur) en 2008, il développe la société qu'il a créée en juin 2002, Vincent Guérin Sports, dans le secteur de l'événementiel. Cette agence, basée à Paris, a pour vocation d'animer des soirées organisées avec des personnalités du sport professionnel ou du journalisme. En juillet 2019, il a fait son grand retour au PSG, et se consacre depuis au poste d'entraîneur adjoint de l'équipe U19.

au PSG en 1981 pour entraîner la troisième équipe du club qu'il mène jusqu'à la CFA 2. Guignedoux dirige les 15 ans nationaux du PSG (1992-1999), puis signe à temps plein au centre de formation, où il se lie d'amitié avec Antoine Kombouaré. Tuteur de formation du futur entraîneur du PSG, il accepte de le suivre à Strasbourg puis à Valenciennes, où il occupe le poste d'entraîneur adjoint. A 62 ans, il est de retour au PSG et au Camp des Loges pour occuper le poste de responsable technique au sein de la section amateur, avant de prendre sa retraite en 2012. Personnage discret et attachant, Bernard Guignedoux est décédé le 1er janvier 2021, à l'âge de 73 ans.

## GUILLOCHON (Yannick)

Né à Saint-Germain-en-Laye, Yannick Guillochon porte les couleurs du PSG en catégorie Poussins et ne connaît qu'un seul maillot jusqu'à ses débuts professionnels, en 1982. Il s'impose en défense et débute en première division au Parc des Princes, contre Metz (2-0, 20/08/1983). Défenseur technique et élégant, il réussit six premiers mois exceptionnels, couronné par un titre honorifique de meilleur espoir français décerné par France Football, aux côtés d'un certain José Touré. Les blessures vont freiner l'éclosion du défenseur du PSG : un claquage aux ischio-jambiers le prive de la finale de la Coupe de France 1983, puis d'une place en sélection olympique lors de ses trois saisons parisiennes. En 1985, après une saison décevante, Guillochon quitte le PSG pour la Normandie et Le Havre, puis rejoint Rennes. Le 20 octobre 1989, il se casse la jambe lors d'un match à Angers et ne retrouve jamais la totalité de ses moyens. Deux ans à Poissy pour le plaisir, puis le grand saut vers l'après-football, plutôt réussi : Yannick Guillochon dirige une société à Chambourcy spécialisée dans les travaux de menuiserie, bois et VPC, MAG-IDF.

## GUINNESS BOOK

Le 22 novembre 1996, le PSG entre dans la grande histoire du Guinness World Records, le livre officiel des records. Lors de la rencontre PSG-Marseille, un maillot géant drape la tribune Auteuil, aux mensurations exceptionnelles : 4 m de hauteur pour 28,5 m de largeur. Il pèse environ 1 200 kg ! C'est un record dans l'histoire du football français.

## GUYOT (Pierre-Étienne)

Pierre-Étienne Guyot est le premier président du PSG depuis la création du club en 1970 jusqu'au 4 juin 1971. Il fut notamment président de la Fédération française de golf de 1970 à 1981 et président de la Fédération internationale de tir sportif aux armes de chasse de 1972 à 1981. Vice-président du Racing Club de France, il est devenu après la scission président d'honneur du PFC à partir de juin 1972. Décédé en 1985, le monde du golf l'honore tous les ans en organisant le championnat de France professionnel par équipes sous le nom de « Challenge Pierre-Étienne-Guyot ».

## HADDAD (Rudy)

Star précoce du PSG, Rudy Haddad n'a pas connu le destin qu'il espérait dans la capitale. À 12 ans, il est la révélation de la Danone Cup organisée au Parc des Princes, une compétition réservée aux Benjamins. Les spectateurs assistent à une démonstration technique de ce jeune surdoué, déjà considéré comme la future star du football parisien. Après avoir paraphé son premier contrat avec le PSG à l'issue du tournoi, Haddad quitte le club des Lilas pour intégrer le centre de formation au Camp des Loges, puis l'INF Clairefontaine. De retour au PSG en 2001, il devient titulaire avec l'équipe réserve et débute au Parc des Princes avec les pros le 9 avril 2005 face à Bordeaux (1-1). Le remplacement de Vahid Halilhodzic par Laurent Fournier va accélérer son intégration, même si le jeune attaquant doit se contenter de quelques rares apparitions en Ligue 1. Vainqueur du tournoi Espoirs de Toulon avec les Bleus (2005), Haddad accepte de partir à Valenciennes et rejoint son ancien mentor Antoine Kombouaré, pour s'aguerrir et s'imposer au PSG à l'issue de son prêt. Sa saison dans le Nord est décevante, le jeune espoir revient à Paris mais n'a pas convaincu son nouvel entraîneur, Paul Le Guen. Dix ans après ses premiers pas sur la pelouse du Parc, il doit quitter le club et part en Israël, au Maccabi Tel-Aviv. Un an et demi après son départ, il rentre en France, avec un prêt à Châteauroux (L2) en janvier 2009. Après dix-huit mois dans le Berry, Haddad signe à Auxerre en 2012, sans pouvoir empêcher la relégation des Bourguignons. Il choisit de rester à Auxerre jusqu'en 2014 et la fin de son contrat. Il s'entraîne alors avec l'équipe réserve du PSG au Camp des Loges et retourne en Israël et porte les couleurs de l'Hapoël Ashkelon, avec lequel il accède à la première division jusqu'à son départ à l'issue de la saison 2017-2018 et son retour en région parisienne.

## HALILHODZIC (Vahid)

Joueur puis entraîneur du PSG, Halilhodzic a laissé un souvenir contrasté de ses deux passages à Paris. Engagé en 1986 sur les conseils de son ami Safet Susic, le buteur bosniaque est déjà une valeur sûre du Championnat de France. Champion et meilleur bu-

teur du Championnat avec Nantes (1983 et 1985), il est devenu la star des Canaris après avoir tenu le même rôle à Mostar, en Bosnie-Herzégovine. Grand, excellent technicien, Halilhodzic n'a pas connu un tel destin avec l'équipe de Yougoslavie, malgré 32 sélections (et seulement 8 buts). Son premier passage au PSG est un échec, voire une erreur de casting. Avec Rocheteau et Bocandé, Paris possède déjà son quota de buteurs. Avec 9 buts en 22 rencontres, il quitte Paris après une seule saison et met un terme à sa carrière. Revenu au Velez Mostar en qualité de directeur sportif, il assiste impuissant à la guerre des Balkans. Menacé de mort, il revient en France, à Beauvais. Entraîneur dans l'Oise, il démissionne après une saison, constatant le peu d'ambition du club. Après une longue période de chômage, il rebondit à Casablanca. Le Raja remporte la Ligue des champions africaine (1997), puis Halilhodzic rentre en France sur ce prestigieux succès. Le 2 septembre 1998, il accepte de prendre en main le LOSC, alors dans les profondeurs du classement de la L2. Lille va renaître, remonter en Ligue 1 et accéder, avec des moyens réduits, à la Ligue des champions. Après une saison à Rennes (2002-2003), il rejoint Francis Graille, nouveau président du PSG. La première saison est une réussite : Paris remporte la Coupe de France et termine second du championnat avec, à la clé, une qualification pour la Champions League. La seconde tourne au cauchemar, sur fond de conflits avec plusieurs joueurs cadres de l'équipe. Le mardi 8 février 2005, l'entraîneur bosniaque est limogé de son poste d'entraîneur. Il dirige ensuite le club de Trabzonspor en Turquie (2005-2006) puis l'équipe d'Al-Ittihad Jeddah, en Arabie saoudite (juillet-novembre 2006) avant de devenir sélectionneur de la Côte d'Ivoire (2008-2010). Il est démis de ses fonctions en février 2010, suite à sa première défaite en 24 matches lors des quarts de finale de la CAN face à l'Algérie (2-3 a.p.). Après avoir remporté le doublé championnat-coupe avec le club croate du Dinamo Zagreb, Vahid Halilhodzic est nommé le 22 juin 2011 sélectionneur de l'équipe d'Algérie, qu'il mène jusqu'en huitièmes de finale de la Coupe du monde en 2014. Il part alors en Turquie et signe à Trabzonspor, mais se fait limoger quatre mois après son arrivée. Le 12 mars 2015, Halilhodzic rebondit au Japon. Malgré des résultats encourageants, il est critiqué par plusieurs joueurs cadres et remercié quelques semaines avant la Coupe du monde en Russie. C'est en France que l'on retrouve « Coach Vahid », de retour à Nantes, trente-deux ans après avoir quitté le club comme joueur. Malgré une saison réussie, le caractériel Halilhodzic quitte les Canaris le 2 août 2019, en désaccord avec ses dirigeants, avant de retrouver un costume de sélectionneur quelques jours plus tard, avec l'équipe nationale du Maroc.

## HALLET (Gérard)

International amateur, Gérard Hallet n'a pas connu la carrière professionnelle qu'on lui prédisait après un parcours exceptionnel avec l'équipe de France aux JO de Mexico en 1968. Quart-de-finalistes de la compétition, les Bleus de Larqué Horlaville et Delhumeau avaient redonné l'espoir à une sélection française alors au fond du trou. Une belle récompense pour le natif de Sézanne (Marne), qui joue ses premiers matches aux côtés de ses quatre frères. En 1965, Montluçon l'engage et lui propose une reconversion chez le manufacturier Dunlop. Six ans plus tard, avec 26 sélections en équipe de France Amateurs, Hallet franchit le pas et signe au PSG tout juste promu en D1. En inscrivant 8 buts en 34 rencontres, l'attaquant ne déçoit pas. Après la scission en 1972, il ne reste que six mois au Paris FC, préférant privilégier son avenir professionnel à l'AJ Auxerre. En 1972, l'équipe chère à Guy Roux n'est qu'un modeste club de troisième division (ex-National) et Hallet obtient le droit de jouer à son poste de prédilection, meneur de jeu. Capitaine, il assiste à la montée en puissance du club bourguignon. Clin d'œil du destin, c'est lors de la finale de la Coupe de France contre Nantes (1-4, 16/06/1979) au Parc des Princes qu'il dispute son dernier match professionnel. Gérard Hallet a ouvert un magasin d'articles de sport et poursuit sa collaboration avec les équipes de jeunes à Auxerre, avant de prendre sa retraite en Bourgogne.

## HAMBOURG (Francis Piasecki)

Depuis l'arrivée de Daniel Hechter et Justo Fontaine en 1973, aucun Parisien n'a eu l'honneur de porter le maillot bleu de l'équipe de France avant l'arrivée en 1978 des deux Dominique, Bathenay et Baratelli. Un joueur du PSG a pourtant été sélectionné avec les Bleus et a joué une rencontre avec l'équipe de France, face à Hambourg, à Strasbourg (0-0, 07/10/1975). Mais ce match est amical et ne sera finalement pas comptabilisé comme une cape officielle pour le milieu de terrain parisien.

## HANDBALL (PSG Handball)

voir P190

## HANDICAP

Le 4 février 1998, Lionel Drexler, responsable du Parc des Princes, reçoit le trophée départemental de l'Association des handicapés de France. Cette distinction récompense les efforts du club parisien pour accueillir les handicapés, le stade de la porte d'Auteuil reste à ce jour une des enceintes sportives les mieux adaptées pour l'accueil des personnes handicapées moteur. Dans sa volonté d'intégration, le PSG a participé activement à la création d'un groupe de supporters en 2005, « Handicap PSG », situé dans une tribune réservée près de la pelouse côté tribune Paris.

## HAVET (Pascal)

Avec ses cheveux longs et un engagement physique au-dessus de la moyenne, Pascal Havet avait tout pour impressionner ses adversaires directs. Passé par Pont-de-l'Arche et Rouen, il signe au PSG en 1980 avec pour ambition d'apprendre le métier, aux côtés de joueurs aussi chevronnés que Baratelli, Bathenay ou Janvion. Le début de saison catastrophique du club va provoquer la mise à l'écart de ce trio et la titularisation du jeune défenseur normand, à tout juste 20 ans. Dix matches en D1 récompensent son excellent état d'esprit, avant un départ pour le Red Star, puis Lyon en 1986, où il signe son premier contrat pro. Deux ans plus tard, il retourne à Rouen, puis termine sa carrière à Angoulême, où il devient entraîneur adjoint aux côtés d'Éric Guérit, jusqu'en CFA 2. Pascal Havet joue et entraîne à Sireuil, à Ruelle-sur-Touvre (2003), puis au CS Leroy Angoulême, depuis 2010. En parallèle, il a ouvert un magasin d'équipements sportifs, Sport Pub et Communication, à Gond-Pontouvre, près d'Angoulême.

## HECHTER (Daniel)

Si Daniel Hechter n'est pas le créateur du PSG, il est l'homme qui a sauvé le club en 1973 et a redonné l'espoir à tous les amoureux du football à Paris. En 1962, Daniel Hechter fonde sa société. En réalisant des collections adaptées à un large public, il est considéré comme un des inventeurs du prêt-à-porter. Supporter du Racing dans sa jeunesse, ce passionné du ballon rond souhaite s'investir dans un club de la capitale. Après des contacts non aboutis avec le Red Star puis le Paris FC, le couturier trouve une oreille attentive du côté du Paris Saint-Germain, tout juste promu en Division 2. Le 15 juin 1973, →P193

## HANDBALL (PSG Handball)

Le 4 juin 2012, QSI, déjà propriétaire du club de football du PSG, devient propriétaire du Paris Handball, désormais appelé PSG Handball. C'est un retour aux sources pour le PSG (voir « Omnisports ») et un sauvetage pour le club parisien, proche de la descente en D2 les deux saisons précédentes. Une semaine plus tard, Paris engage l'entraîneur Philippe Gardent puis enrôle de nombreuses stars du hand : les Français Didier Dinart, Luc Abalo et Samuel Honrubia et le Danois Mikkel Hansen. Les nouveaux dirigeants parisiens veulent faire du PSG Handball un grand d'Europe, à l'image du club de football. Le pari est réussi : le PSG Handball a remporté 18 titres en 8 saisons, avec de nombreuses stars qui se sont succédé sous le maillot rouge et bleu : Daniel Narcisse (2013), Xavier Barachet, William Accambray et Thierry Omeyer (2014), Luka et Nikola Karabatic (2015), Nedim Remili et Uwe Gensheimer (2016), Rodrigo Corrales et Sandor Sagosen (2017), Viran Morros (2018) et Vincent Gérard (2019). Il reste au PSG, à l'instar des footballeurs, un objectif majeur : la conquête d'un premier titre européen que les Rouge et Bleu ont entrevu le 4 juin 2017, battus par Skopje en finale à Cologne lors du Final 4 d'un petit but inscrit dans la dernière seconde du match (23-24).

# LE PALMARÈS DU PSG HANDBALL DEPUIS 2012-2013

**2012-2013 :**
**Entraîneur** Philippe Gardent
**Championnat :** 1er
**Coupe de France :** finaliste, battu par Montpellier (28-35)
**Coupe de la Ligue :** 1/4 de finaliste, battu par Nantes (35-36 a.p.).

**2013-2014 :**
**Entraîneur** Philippe Gardent
Championnat : 2e
**Coupe de France :** vainqueur, bat Chambéry (31-27)
**Coupe de la Ligue :** 1/2 finaliste, battu par Saint-Raphaël (46-47 ap. t.a.b.)
**Trophée des Champions :** 3e, battu par Chambéry (31-32 a.p.)
Ligue des champions : 1/4 de finaliste, battu par Veszprem (26-28, 26-31).

**2014-2015 :**
**Entraîneur** Philippe Gardent
**Championnat :** 1er
**Coupe de France :** 1/4 de finaliste, battu par Montpellier (31-32)
**Coupe de France :** vainqueur, bat Nantes (32-26)
**Coupe de la Ligue :** vainqueur, bat Montpellier (31-25)
**Trophée des champions :** vainqueur, bat Dunkerque (34-23)
**Ligue des champions :** 1/4 de finaliste, battu par Veszprem (24-24, 28-34).

**2015-2016 :**
**Entraîneur** Zvonimir Serdarusic
**Championnat :** 1er
**Coupe de France :** finaliste, battu par Montpellier (32-38)
**Coupe de la Ligue :** finaliste, battu par Montpellier (26-31)
**Trophée des champions :** vainqueur, bat Saint-Raphaël (29-27)
**Ligue des champions :** troisième, battu par Kielce (26-28).

**2016-2017 :**
**Entraîneur** Zvonimir Serdarusic
**Championnat :** 1er
**Coupe de France :** 8e de finaliste, battu par Montpellier (28-34)
**Coupe de la Ligue :** vainqueur, bat Nantes (31-27)
**Trophée des champions :** vainqueur, bat Nantes (35-26)
**Ligue des champions :** finaliste, battu par Skopje (23-24).

**2017-2018 :**
**Entraîneur** Zvonimir Serdarusic
**Championnat :** 1er
**Coupe de France :** vainqueur, bat Nîmes (32-26)
**Coupe de la Ligue :** vainqueur, bat Toulouse (40-30)
**Trophée des champions :** finaliste, battu par Nantes (26-32)
**Ligue des champions :** 3e, battu par Nantes (28-32).

**2018-2019 :**
**Entraîneur** Raul Gonzalez
**Championnat :** 1er
**Coupe de France :** 1/4 de finaliste, battu par Montpellier (31-32)
**Coupe de la Ligue :** vainqueur, bat Montpellier (31-25)
**Trophée des champions :** 4e, battu par Nantes (45-46 ap. t.a.b.)
**Ligue des champions :** 1/4 de finaliste, battu par Kielce (24-32, 35-26).

**2019-2020 :**
**Entraîneur** Raul Gonzalez
**Championnat :** 1er
**Coupe de France :** titre non décerné
**Coupe de la Ligue :** titre non décerné
**Trophée des champions :** vainqueur, bat Montpellier (34-27)
**Ligue des champions :** 3e battu par Barcelone (37-32).

**2020-2021 :**
**Entraîneur** Raul Gonzalez
**Championnat :** 1er
**Coupe de France :** vainqueur, bat Montpellier (30-26)
**Ligue des champions :** qualifié pour le Final4.

l'accord est signé, Daniel Hechter prend les commandes du PSG. Il dessine le maillot historique de couleur rouge et bleu, s'inspirant du célèbre maillot de l'Ajax d'Amsterdam. Son investissement personnel et financier permet à Paris de remonter en 1974 parmi l'élite du football français. Une sombre affaire de double billetterie au Parc des Princes va provoquer son départ précipité, dans les premiers jours de l'année 1978. Radié à vie par le Groupement des clubs professionnels, le président parisien sera réhabilité par le Conseil d'État quelques années plus tard. En 1986, il reprend en main le RC Strasbourg, mais doit abandonner la présidence trois ans plus tard, sans avoir connu le succès espéré.

## HEINZE (Gabriel)

Il avait promis, juré, qu'il avait le cœur rouge et bleu à jamais. Il reviendrait un jour dans la capitale, lui, le guerrier, l'homme qui symbolisait à lui seul la série exceptionnelle du PSG face à l'OM, (8 succès de 2002 à 2004). Sa signature à Marseille en 2009 a été vécue comme une trahison par des supporters parisiens qui ne l'avaient jamais oublié. Il semble loin, ce 20 juin 2001, où un jeune joueur inconnu et plutôt timide débarque au Camp des Loges, pour son premier entraînement. Luis Fernandez a recruté ce défenseur argentin à Valladolid en Espagne et compte l'associer en défense à son compatriote, l'expérimenté Mauricio Pochettino. Né d'un père allemand et d'une mère italienne en 1978, Heinze a débuté dans son club formateur, les Newell's Old Boys, puis a rejoint l'Europe et la Liga à seulement 19 ans. Prêté une saison au Sporting Lisbonne (1998-1999), il a fini par s'imposer à Valladolid. À Paris, le défenseur argentin va réussir une carrière exceptionnelle, devenant le chouchou du Parc des Princes, impressionné par sa fougue et son tempérament de guerrier. Titulaire indiscutable sur le flanc gauche de la défense, il connaît l'immense honneur de la sélection argentine le 30 avril 2003 face à la Libye (3-1). Ses trois saisons parisiennes s'achèvent par une qualification pour la Ligue des champions et une victoire en finale de la Coupe de France contre Châteauroux (1-0, 29/05/2004), un match auquel il ne peut malheureusement pas participer, retenu à la même date avec l'équipe d'Argentine. Désiré par les plus grands clubs eu-

ropéens, il choisit l'Angleterre et Manchester United, où il débarque après avoir remporté le titre olympique en Grèce (victoire 1-0 en finale face au Paraguay, 27/08/2004). Sous le maillot mancunien, il n'est pas épargné par les blessures et sera absent pendant huit mois pour sa première saison, victime d'une blessure aux ligaments croisés du genou. De nouveau sur pied pour la Coupe du monde 2006 en Allemagne, Heinze est sacré champion d'Angleterre en 2007, puis rejoint le grand Real Madrid. La première saison, il remporte le titre de champion d'Espagne, mais il finit par quitter l'Espagne, pour un retour en France, direction Marseille ! Gabriel Heinze a participé au retour de l'OM au premier plan, remportant 3 titres en 2 ans avant d'annoncer son départ pour l'AS Roma en Italie. Après une saison sans relief, il est de retour en Argentine et joue pour le club qui l'a révélé, le Newell's Old Boys de 2012 à 2014, où il annonce sa retraite sportive. Il décide alors de se tourner vers la carrière d'entraîneur, à Godoy Cruz (2015), Argentinos Juniors (2016-2017) et Velez Sarsfield depuis décembre 2017, un club qu'il a quitté le 6 mars 2020 malgré une prometteuse 3e place en championnat argentin. Après neuf mois d'attente, Gaby Heinze a retrouvé un club : il entraîne désormais Atlanta United en MLS aux États-Unis.

## HÉLDER (Manuel Elias Domingos Baptista)

Les six mois passés par Hélder au PSG n'ont pas laissé un souvenir impérissable aux supporters parisiens. Le petit milieu de terrain portugais peut faire valoir une malchance plutôt tenace : engagé par Artur Jorge juste avant son licenciement, il se blesse au genou quelques jours après la signature de son contrat ! Ce milieu de terrain défensif, international olympique et Espoirs, a signé sa première licence à 14 ans, dans sa ville natale de Torres Vedras. Il est passé par le SC Torreense (1991-1992), Farense (1992-1993), Braga (1993-1994) et Boavista (1995-1998), où il remporte la Coupe du Portugal en 1997 contre Benfica, 3-2 en finale, puis la Supercoupe l'année suivante, avant de signer à Paris. Le joker du PSG n'a participé qu'à sept rencontres sous les couleurs parisiennes, et poursuit sa carrière en Liga espagnole, au Rayo Vallecano, (2000-2004), puis revient à Torreense au Portugal, jusqu'en 2006. Cinq ans plus tard, après avoir passé ses diplômes pour entraîner, Hélder devient coach adjoint aux côtés de Pedro Caixinha à l'UD Leiria et au Nacional à Madère (2011-2012) avant de suivre son mentor au Mexique, au Club Santos Laguna (2013-2015), au Qatar, à Al-Gharafa (2015-2016), en Écosse, aux Glasgow Rangers (2016-2017), et de nouveau au Mexique, au club de Cruz Azul (décembre 2017-septembre 2019).

## HÉLDER CRISTOVAO (Rodrigues Marino)

Engagé par Vahid Halilhodzic pour renforcer la défense centrale du PSG, Hélder Cristovao rejoint Paris à 33 ans pour disputer sa dernière saison professionnelle. Du Benfica Lisbonne en passant par La Corogne en Espagne ou Newcastle en Angleterre, le défenseur portugais a remporté un titre de champion du Portugal (1994) et quatre coupes nationales, trois avec Benfica et une avec La Corogne. Sans oublier 35 sélections et 3 buts inscrits avec l'équipe nationale du Portugal. Son ami Pauleta l'a convaincu de rejoindre le PSG pour un dernier défi. Derrière le duo en défense formé par Pierre-Fanfan et Yepes, Hélder se montre parfait et devient un leader du groupe, mais il suit difficilement le rythme de la L1, bien trop rapide pour ses 33 printemps... À la surprise générale, après son départ du PSG, il décide de relever un dernier défi en Grèce à l'AE Larissa, avant de ranger définitivement les crampons au terme de la saison 2005-2006. Il revient au Portugal et ouvre une école de football à Estoril et un restaurant à Alcoitao, les deux connus sous le sigle « C32 ». Hélder

Cristovao entame une carrière d'entraîneur à Estoril (2e division au Portugal), mais il est licencié au bout de trois mois. En 2011, il est nommé entraîneur adjoint à Portimonense, avant d'abandonner son poste six mois plus tard suite à la relégation en D2 portugaise. En 2012, Cristovao collabore avec le quotidien Record, journal spécialisé dans le sport, s'engage pour soutenir un mouvement citoyen près de la ville d'Estoril, « Viva Cascais », puis devient entraîneur de l'équipe réserve du Benfica Lisbonne, de 2013 à 2018. En juin 2018, direction, l'Arabie saoudite au poste de directeur du football à Al-Nasr, dont il va entraîner l'équipe pour un court intérim, avec un titre de champion à la clé (2019). Une pige à Al-Ettifaq (D1 Arabie saoudite) et l'envie d'entraîner à nouveau l'ont mené au DAC Streda en Slovaquie, qu'il a dirigé de janvier à mai 2020 sans connaître le succès, avant de retourner au Portugal.

## HELLEBUYCK (David)

Recruté en 2006 pour occuper le flanc gauche du PSG, David Hellebuyck n'a jamais réussi à s'imposer dans la capitale. Formé à Lyon, il devient champion d'Europe des moins de 19 ans à Reykjavik en Islande en 1997. Malgré ce titre, il part à Guingamp pour un prêt de dix mois sous les ordres de Guy Lacombe, puis rejoint le FC Lausanne (2000-2001). Sa carrière est relancée en Suisse, où il joue la Coupe UEFA et dispute enfin une saison pleine (32 matches). Il rentre en France à Saint-Étienne, remporte un titre de champion de Ligue 2 en 2004 et s'impose comme un titulaire indiscutable pendant ses cinq saisons dans le Forez. En 2006, Hellebuyck accepte un nouveau challenge et un échange avec le Parisien Christophe Landrin. Peu utilisé par Guy Lacombe puis Paul Le Guen, il quitte le PSG sur un échec et rejoint Nice en 2007. Après cinq saisons chez les Aiglons, il met un terme à sa carrière le 30 mai 2012, en raison de blessures récurrentes au genou gauche, après 380 matches avec les professionnels en France. Quelques mois plus tard, il prépare la soutenance d'un diplôme dans l'organisation sportive et fait valider son brevet d'éducateur sportif d'État (BE1). Installé dans le Sud, à Cannes, puis à Genève en Suisse où il s'occupe de locations saisonnières, on l'a retrouvé récemment sur le Net avec la création de sa chaîne YouTube, où il se fait plaisir à la guitare et au chant…

## HEREDIA (Ramon)

Recommandé par son ami Carlos Bianchi, Ramon « Cacho » Heredia arrive à Paris avec l'étiquette du sauveur, l'homme à même de redonner confiance à une défense qui prend l'eau de toutes parts en ce début de saison 1977-1978. Son palmarès est impressionnant : 48 sélections avec l'équipe d'Argentine, deux titres de champion d'Argentine avec San Lorenzo, puis deux avec l'Atletico de Madrid en Espagne, ainsi qu'une finale de la Coupe d'Europe des clubs champions (défaite face au Bayern Munich 1974) et une victoire en Coupe intercontinentale (1975, contre Independiente). Les débuts à Paris sont prometteurs, mais une blessure à la cheville l'éloigne des terrains pour plusieurs mois. Peu motivé, Heredia subira les foudres de son nouvel entraîneur Velibor Vasovic qui finira par le licencier au début de l'année 1979. Il termine sa carrière à Buenos Aires au Sarmiento de Junin (D2). De retour en Espagne, Heredia entraînera le CD Toledo, l'Atletico de Madrid (deux mois en 1993) à l'époque de la présidence du sulfureux Jesus Gil, Cadix

(1994-1995), Real Jean et l'Union Deportiva San Pedro à Marbella (1997-1998). Après avoir occupé un poste de relations publiques pour un restaurant chic de Madrid, il s'installe une année à Dubaï, puis fait son grand retour en Espagne pour entraîner le modeste club du Deportivo Mostoles (D3 espagnole) à Madrid avant d'être remercié sans gloire après une série de quatre défaites, un mois seulement après sa nomination (novembre-décembre 2010). Au début de l'année 2012, Heredia rentre en Argentine après trente-huit ans d'exil pour raisons familiales. Le 22 septembre 2012, San Lorenzo l'a honoré, pour fêter le 40e anniversaire du titre historique. En 2015, Heredia s'installe définitivement en Espagne et vit à Madrid, dans le quartier de Majahonda.

## HÉRÉSON (Bernard)

Le solide défenseur originaire de Guadeloupe, formé à Épinay-sur-Seine et Romainville, a débuté sa carrière professionnelle à Laval avant de rejoindre le PSG en 1991. Avec six titularisations pour cette première année du PSG version Canal+, le contrat est largement rempli pour Héréson. Le désir de jouer est le plus fort : prêté à Lens, il signe définitivement pour les Sang et Or en 1993 après s'être rappelé aux bons souvenirs du PSG en inscrivant le but victorieux pour Lens (2-1, 21/03/1993). Il rejoint Caen (1995-1998), Créteil (1999-2000), effectue des essais en Angleterre et Israël, puis signe à Rouen (2001-2002). Blessé au genou, Héréson met alors un terme à sa carrière. En 2021, il travaillait à l'aéroport de Roissy, au poste de contrôleur d'avions pour Air France.

## HERRERA (Ander)

Dès son arrivée au PSG le 4 juillet 2019, Ander Herrera a rapidement séduit les supporters parisiens par sa gentillesse et sa disponibilité. Le milieu de terrain espagnol, né à Bilbao au Pays basque, a vécu à Vigo puis a débuté à sa carrière à Saragosse, son club formateur qu'il a rejoint à l'âge de 15 ans. Champion d'Espagne Cadets (2015), il débute en D2 espagnole face à Levante (2-1, 01/02/2009) et participe à la montée en Liga de Saragosse quelques mois plus tard. Milieu de terrain technique, on le considère alors comme le successeur de Pep Guardiola, Mikel Arteta et Cesc Fabregas. Arsenal souhaite l'engager mais il choisit alors de retourner au Pays basque, à l'Athletic Bilbao. International Espoirs, il remporte l'Euro Espoirs U21 au Danemark, inscrivant même un but en finale face à la Suisse (2-0, 25/06/2011). À Bilbao, il devient indispensable sous les ordres de Marcelo Bielsa et joue deux finales, avec deux défaites à la clé : la Ligue Europa face à l'Atletico de Madrid (0-3, 09/05/2012) et la Coupe d'Espagne contre le FC Barcelone (0-3, 25/05/2012). Après trois saisons au Pays basque, il franchit une nouvelle étape en signant à Manchester United, le 26 juin 2014. Avec les Red Devils, il remporte de nombreux trophées : une Coupe d'Angleterre (2016), une Coupe de la Ligue et une Ligue Europa (2017) aux côtés d'un certain Zlatan

Ibrahimovic et connaît ses deux seules sélections avec l'équipe d'Espagne, face à l'Angleterre (2-2, 15/11/2016) et la France (2-0, 28/03/2017). Après cinq années à Manchester, 191 matches joués pour les Red Devils et libre de tout contrat, il décide au début de la saison 2019-2020 de rejoindre le PSG pour apporter son expérience et sa polyvalence aux Rouge et Bleu. Un choix gagnant : depuis son arrivée dans la capitale, l'expérimenté Ander Herrera est devenu un cadre du vestiaire parisien.

## HIROUX (Gaël)

Formé à l'INF Clairefontaine, Gaël Hiroux a connu un joli flirt avec le PSG lors de l'été 2001, participant activement à la victoire des Rouge et Bleu en Coupe Intertoto. Son unique but face à La Gantoise au Parc des Princes (7-1, 01/08/2001) reste à jamais gravé dans sa mémoire, mais les histoires d'amour finissent toujours mal et le jeune attaquant sera prié d'aller voir ailleurs, à Martigues. Le FC Liège, Wasquehal, le Red Star, Poissy, l'Arménienne ASO à Issy-les-Moulineaux puis l'AC Boulogne (jusqu'à la fin de la saison 2008) ont accueilli cet attaquant dont la carrière n'a vraiment jamais décollé. International français en catégorie 17 ans, issu des cités de Trappes, Hiroux ne connaîtra jamais le destin de son illustre prédécesseur, Nicolas Anelka. En octobre 2011, il devient agent commercial spécialisé dans le commerce de gros de composants et d'équipements électroniques, puis dirige une société de vente en ligne et par correspondance. Après avoir vécu à Trappes, puis à Toulouse entre 2013 et 2018, il s'est installé en 2019 près de Rouen.

## HOARAU (Guillaume)

Inoxydable Guillaume Hoarau, toujours présent à la pointe de l'attaque du FC Sion en Suisse à l'âge de 36 ans. C'est sur ses terres, l'île de la Réunion, que l'ancien buteur parisien débute sa carrière de footballeur. Il multiplie les prouesses sous le maillot de la SS Capricorne, puis de la Jeunesse Sportive Saint-Pierroise, tout en poursuivant des études qui le mèneront jusqu'à l'obtention d'un Bac S (scientifique). En janvier 2004, il est repéré par les recruteurs du Havre et rejoint la Normandie… et son climat frileux ! Après des débuts contrastés, à l'image de son premier match avec les pros (défaite à Châteauroux 1-2, 12/05/2004). Le Havre accepte de le prêter à Gueugnon pour qu'il s'aguerrisse. Avec les Forgerons, il inscrit 9 buts en 23 matches de L2, et contribue largement au maintien des Bourguignons. C'est un nouvel homme qui retourne au Havre, avec une place de titulaire à la clé. Le longiligne (1,92 m) attaquant explose et inscrit 28 buts, pour terminer meilleur buteur de la Ligue 2. Son profil séduit les décideurs parisiens qui lui font signer un contrat le 18 janvier 2008, avant de le prêter dans la foulée au Havre. Hoarau attendra six mois pour rejoindre Paris, et tremblera pour son équipe jusqu'à l'ultime journée du championnat 2007-2008. Le PSG s'est sauvé, il remplace sur la pelouse la légende Pauleta et ne tarde pas à trouver ses marques, inscrivant son premier but officiel pour ses débuts au Parc des Princes (1-0, 16/08/2008). Son doublé au stade Vélodrome contre l'OM va définitivement faire taire ses derniers détracteurs (4-2, 26/10/2008) et il termine la saison avec un impressionnant total de 17 buts en championnat, pour sa première saison à ce niveau. Rien ne semble arrêter son irrésistible ascension qui lui permet de frapper aux portes de l'équipe de France, qu'il rejoint en 2010 lors du match amical en Norvège (2-1, 10/08/2010). Quelques semaines plus tôt, il a terminé la saison 2009-2010 par un but capital en finale de la Coupe de France contre Monaco (1-0 a.p., 01/05/2010). Lors de la saison 2010-2011, il inscrit 20 buts et confirme ses talents de buteur, tout en s'installant dans le groupe de l'équipe de France. L'arrivée de Kevin Gameiro le pousse vers le banc des remplaçants, avant la renaissance lors d'un doublé à Lyon (4-4, 25/02/2012), puis celle de Zlatan Ibrahimovic le fait encore reculer dans la hiérarchie des buteurs parisiens. Il quitte le PSG en janvier 2013 après quatre ans et demi et 56 buts inscrits pour les Rouge et Bleu. Guillaume Hoarau choisit l'exotisme et le club de Dalian Aerbin en Chine pour une année compliquée et une erreur de casting, avant un retour en France et un prêt de six mois à Bordeaux. Il rejoint la Suisse et les Young Boys de Berne en 2014, c'est un choix gagnant. Double champion de Suisse (2018 et 2019), meilleur joueur (2016) et meilleur buteur (2019) du championnat. Libre de tout contrat en 2020, Hoarau choisit de rester en Suisse et de porter les couleurs du FC Sion.

## HORLAVILLE (Daniel)

Daniel Horlaville est un cas unique dans l'histoire du football français : il est le seul joueur à avoir porté le maillot de l'équipe de France tout en restant amateur. Véritable star à Quevilly, le meneur de jeu normand remporte le titre de champion de France amateur, en 1967, participe aux Jeux olympiques à Mexico en 1968 et joue une rencontre avec les Espoirs (rebaptisée « équipe de France A » quelques semaines plus tard), contre la Roumanie au Parc des Princes (1-0, 30/04/1969). Lorsqu'il accepte enfin de passer professionnel, Rennes, Marseille et Nice lui font les yeux doux, mais c'est le PSG qui trouve grâce à ses yeux, Horlaville souhaitant rester au plus près de sa Normandie natale. Si les dirigeants parisiens pensent avoir déniché l'oiseau rare, ils vont vite déchanter : c'est un joueur blessé au genou depuis le mois de mars 1971 qui signe son contrat et qui rechute rapidement lors de son retour sur les pelouses. Quatorze mois de souffrance et seulement sept apparitions soldent son parcours avec le PSG. Comme la totalité du groupe professionnel, il joue sous les couleurs du PFC sans réellement influer sur le jeu de son équipe. Handicapé par son genou, il part à Rouen (1974-1978) et retourne à Oissel, où il est né, comme joueur puis comme entraîneur jusqu'en 2001. Après son retrait des terrains, Horlaville est nommé responsable des installations techniques à la mairie de la ville d'Oissel. Le 28 avril 2019, il nous a quittés à l'âge de 73 ans.

## HOULLIER (Gérard)

Joueur de football amateur, Gérard Houllier est Professeur d'anglais lorsqu'il décide de se consacrer au métier d'entraîneur. Il dirige les clubs du Touquet, de Noeux-les-Mines puis de Lens, avant de rejoindre le PSG en 1985. Il devient champion de France à l'issue d'une saison exceptionnelle avec une série d'invincibilité de 26 matches. La suite est moins glorieuse, après avoir laissé sa place à Erick Mombaerts, il reprend l'équipe en main et sauve le PSG, longtemps menacé par la relégation. En 1988, Houllier rejoint la Fédération française de football et devient l'adjoint de Michel Platini, qu'il remplace en 1992 à la tête des Bleus. La défaite surprise face à la Bulgarie (1-2, 17/11/1993) lui ferme les portes de la Coupe du monde aux États-Unis en 1994. Houllier ne survit pas à cet échec et devient directeur technique national, jusqu'en 1998. Le terrain lui manque, il accepte alors d'entraîner le Liverpool FC. En 2001, les Reds remportent quatre trophées, dont la Coupe UEFA et la Supercoupe d'Europe. Le 13 octobre 2001, Houllier est victime d'un grave malaise cardiaque et doit subir une opération à cœur ouvert. Il effectue un retour triomphal quelques mois plus tard, remporte la League Cup en 2004 mais son contrat n'est pas renouvelé. Après une année de repos, il rejoint Lyon et remporte deux titres de champion de France. En 2007, il quitte l'OL et devient à nouveau DTN du football français jusqu'en septembre 2010. Houllier retourne alors en Angleterre, pour une saison à Aston Villa (2011-2012). En juin 2012, il devient directeur sportif des New York Red Bulls aux États-Unis, puis directeur mondial de la branche football du groupe Red Bull. En septembre 2016, il avait intégré l'organigramme de l'Olympique Lyonnais, au poste de conseiller extérieur en matière sportive. Gérard Houllier est décédé le 14 décembre 2020, à l'âge de 73 ans.

## HUCK (Jean-Noël)

L'arrivée de Jean-Noël Huck au PSG, dans le cadre des accords avec le Paris FC, est une excellente opération pour les Rouge et Bleu. Le président Borelli récupère un international (17 sélections), formé à Mutzig en Alsace et révélé à l'OGC Nice, dont il est un élément de base pendant sept saisons. Toujours placé, jamais gagnant : tel était la devise des Niçois dans les années 1970. Sur la Côte d'Azur, il ouvre une boutique de prêt-à-porter, Huck Store, qui deviendra célèbre après

une confrontation en Coupe de France face à Bastia au début du mois d'avril 1976 (2-2, 0-4). Après de nombreux incidents en Corse sur la pelouse, Huck se fait le porte-parole des Niçois et verra son magasin dévasté à coup de cocktails Molotov, œuvre d'un groupuscule nationaliste, le « groupe d'étudiants corses ». À l'issue de son septennat à Nice, Huck décide de tenter sa chance à Paris. La saison au PFC est un échec, mais son parcours avec le PSG est plus en rapport avec son standing, à un poste inédit de défenseur latéral. En 1981, il retourne chez lui, en Alsace, à Mulhouse puis à Strasbourg où il achève sa carrière à Monaco, pour sa 466e rencontre en D1 (0-3, 01/03/1985). Il devient entraîneur à Strasbourg, à Guingamp puis à Nice. En 1991, suite aux difficultés financières du club niçois, il préfère se retirer pour se consacrer aux boutiques de prêt-à-porter qu'il gère dans le sud de la France avec son épouse.

## HUGO LEAL (Miguel Ribeiro)

Engagée par Luis Fernandez pour muscler son milieu de terrain, la jeune star portugaise a déjà un CV prestigieux, avec des débuts au Benfica Lisbonne (1996-1999), puis un premier transfert à l'étranger à seulement 19 ans, à l'Atletico de Madrid. Avec la sélection portugaise des U17, il remporte deux Championnats d'Europe (1995, 1996). Le Parc des Princes, il connaît : Hugo Leal n'a honoré qu'une seule sélection avec le Portugal, face au Pays Bas, sur la pelouse de l'enceinte d'Auteuil (0-0, 10/02/1999). Engagé pour une somme record de 62 millions de francs (environ 9 M€), Hugo Leal ne va jamais réussir à s'imposer à Paris. Trop fragile, il passe la plupart du temps à l'infirmerie du club et connaît une énorme désillusion lors de la finale de la Coupe de France face à Auxerre. Le joueur portugais ouvre le score pour Paris puis se fait sévèrement expulser à l'heure de jeu. À dix contre onze, le PSG est vaincu (1-2, 31/05/2003). Hugo Leal quitte le PSG en 2004 sur un sentiment d'inachevé. Laissé libre de tout contrat, il veut relancer sa carrière à Porto. C'est un fiasco. Il tente de se relancer à l'Academica Coimbra (2004-2005), puis au Sporting Braga (2005-2007), sans succès. Après six mois sans club, le milieu de terrain portugais joue à Belenenses (2007-2008), mais souffre de blessures à répétition. Son passage à Trofense (2008-2009) le relance enfin, il signe à l'UD Salamanque (D2 espagnole en 2009-2010) puis retourne au Portugal, au Vitoria FC à Setubal (2010-2012) puis à Estoril (2012-2013). À 33 ans, Hugo Leal met alors un terme à sa carrière de footballeur professionnel. Il entre dans le conseil d'administration du club d'Estoril, accepte d'entraîner l'équipe à la fin de la saison 2014-2015 et occupe aujourd'hui le poste de responsable à la formation du club. En 2018, il a participé à la création de la société Fut4All Corporate, basée près de Lisbonne, spécialisée dans les ressources humaines dans le secteur du football professionnel.

## HUIS CLOS

Suite aux incidents en marge du match contre Marseille au Parc des Princes (0-3, 28/02/2010), les Parisiens avaient joué trois matches officiels à huis clos. Après un match à Nice, sanctionné pour les excès de ses supporters (0-1, 20/03/2010), le PSG s'est déplacé à Auxerre en Coupe de France (0-0, 6-5 t.a.b., 23/03/2010) et au Parc des Princes face à Boulogne (3-0, 28/03/2010) dans un stade vide. Les Parisiens avaient déjà connu une telle expérience le samedi 26 février 2005 pour une rencontre de Championnat opposant le PSG à Bastia (1-0). Paris était sanctionné de fumigènes lors de la rencontre PSG-Metz (3-0, 18/12/2004). Avec l'apparition de la pandémie de la Covid-19, les Parisiens ont joué la majorité de leurs matches en 2020 sans public, un véritable crève-cœur pour tous les fans parisiens…

## HUMBERTO (Coelho)

Le défenseur international du Benfica Lisbonne a réussi une excellente première sai-

son avec le brassard de capitaine, avant de sombrer la saison suivante, victime d'une blessure au genou et d'un conflit latent avec son entraîneur Vasovic. À Benfica pour ses débuts, le gamin né dans la région de Porto à Ramalde a eu l'honneur de remplacer le défenseur Germano, un monument à Lisbonne. International Juniors, Humberto va se forger un palmarès impressionnant : quatre titres de champion et trois coupes nationales. Il rejoint le PSG en 1975, s'étonne du manque de structures, puis finit par plier face à l'intransigeance de Vasovic, qui souhaite lui confier un poste inédit de milieu défensif. L'entraîneur parisien, constatant le manque de motivation du joueur, l'envoie au Brésil négocier un contrat avec Fluminense qu'il refuse de signer. Mis à l'essai à Anderlecht, Humberto devient un poids financier pour le club et Benfica accepte finalement son retour au Portugal. Malins, les dirigeants portugais le prêtent dans la foulée à Las Vegas pour une pige de deux mois, réalisant une nouvelle plus-value exceptionnelle. De retour chez lui, Humberto va revenir à son meilleur niveau et enrichir son palmarès, égalant le record de sélections d'Eusebio (64 capes) avant d'arrêter sa carrière sur un titre de meilleur footballeur portugais (1984), victime d'une grave blessure au genou. Il devient entraîneur à Salgueiros et Braga, puis prend en main la sélection du Portugal (décembre 1997-juillet 2000) qu'il quitte au soir d'une cruelle défaite face à l'équipe de France en demi-finale de l'Euro 2000 (1-2 a.p., but en or, 28/06/2000). Humberto rebondit au Maroc, dirige la sélection de Corée du Sud, le club d'Al-Shabab en Arabie saoudite, puis revient au Portugal au début de l'année 2007 pour s'occuper d'une école de football. Le 1er juillet 2008, il est de retour aux affaires et devient sélectionneur de la Tunisie. Un an plus tard, après l'élimination des Aigles de Carthage lors des qualifications pour la Coupe du monde 2010, il est limogé. La ville de Resende, dans le nord du Portugal, l'honore alors en inaugurant la rue... Humberto Coelho ! En novembre 2011, l'ancien défenseur de Benfica et du PSG est nommé vice-président de la Fédération portugaise de football, avec pour mission de s'occuper des équipes nationales, un poste qu'il occupait toujours en 2021 dans un comité directeur où l'a rejoint un certain Pedro Miguel Pauleta.

## IBISEVIC (Vedad)

Le jeune protégé de Vahid Halilhodzic n'a pas su saisir sa chance à Paris, avant d'enfin connaître la consécration en Bundesliga. Un bel épilogue pour ce jeune globe-trotter, né à Tuzla en Bosnie, passé par Bâle en Suisse avant d'atterrir, à 15 ans, aux États-Unis. Sorti du lycée, il rejoint l'université de Saint-Louis et truste les titres au soccer, le football made in USA. Halilhodzic le repère devant son petit écran, lors d'un match avec la sélection de Bosnie Espoirs. Son essai au Camp des Loges est concluant et un contrat lui est proposé, qu'il signe dans la foulée. À Paris, il apprend le métier (seulement six apparitions avec l'équipe pro), puis part à Dijon, en Ligue 2, avant d'exploser à Aix-la-Chapelle, malgré la relégation en 2007. Il gagne sa première cape avec l'équipe de Bosnie face à la Norvège le 24 mars 2007 et signe à Hoffenheim, alors en D2. Après avoir contribué à la montée du club en Bundesliga, Ibisevic réalise une exceptionnelle première partie de saison en 2008-2009 : 18 buts en 17 matches avant de se blesser (rupture des ligaments du genou). Six mois plus tard, il est de retour et souhaite rejoindre les Blackburn Rovers en Angleterre, mais le transfert est annulé en raison d'un problème de visa. En janvier 2012, Ibisevic est enfin transféré mais reste en Bundesliga, au VfB Stuttgart jusqu'en 2015, quand il rejoint le Hertha Berlin, où il porte le brassard de capitaine jusqu en 2020. À 36 ans, il signe à Schalke 04, mais ce dernier challenge se termine sur un fiasco, avec la résiliation de son contrat six mois plus tard. Un triste épilogue pour un joueur avec plus de 300 matches en première division allemande. Il a déjà fait son entrée dans le top 10 des joueurs les plus utilisés en Bundesliga lors de la dernière décennie, et à la 4e place des buteurs étrangers du championnat allemand, derrière trois stars du Bayern Munich : Robert Lewandowski, Claudio Pizarro et Giovane Elber.

## IBRAHIMOVIC (Zlatan)

voir P202

## ICARDI (Mauro)

voir P204

## IKONÉ (Jonathan)

Formé à Bondy et coéquipier de Kylian Mbappé en catégories Jeunes, Jonathan Ikoné n'a pourtant jamais côtoyé la star du PSG, recrutée en 2017 six mois après son départ en prêt pour Montpellier. Ikoné a rejoint le centre de formation du PSG en 2010, à l'âge de 12 ans. Avec les Titis Parisiens, il remporte un titre de champion de France U19 et atteint la finale de la Youth League en 2015-2016, avant de signer un premier contrat professionnel avec →P202

**Attaquant**
Né le 3 octobre 1981
à Malmö

**Son parcours :** Malmö FF (1989-2001), Ajax Amsterdam (2001-2004), Juventus Turin (2004-2006), Inter Milan (2006-2009), FC Barcelone (2009-2010), Milan AC (2010-2012 PSG (2012-2016), Manchester United (2016-201 Los Angeles Galaxy (2018-2019), Milan AC (2020-...)

**Son palmarès :** champion des Pays-Bas (2002, 2004), champion d'Italie (2007, 2008, 2009, 201 champion d'Espagne (2010), champion de France (2013, 2014, 2015, 2016), vainqueur de la Coupe du monde des clubs (200 de la Supercoupe UEFA (2009), de la Ligue Europa (2017), de la Coupe des Pays-Bas (2002), de la Supercoupe des Pays-Bas (2002), de la Supercoupe d'Italie (2006, 2008, 2011), de la Supercoupe d'Espagne (2009, 2010), de la Coupe de France (2015, 2016), de la Coupe de la Ligue en France (2014, 2015, 201 du Trophée des champions en France (2013, 2014, 2015), du Community Shield (2016) de la Coupe de la Ligue en Angleterre (2017), meilleur buteur du championnat italien (2009, 2012) et français (2013, 2014, 2016).

**International : 116 sélections, 62 buts avec l'équipe de Suède**

# Zlatan IBRAHIMOVIC

Il y aura au PSG un avant et un après Zlatan… Le 18 juillet 2012, c'est officiel : Zlatan Ibrahimovic, star du football suédois et meilleur buteur du Calcio, signe à Paris pour trois saisons. Un transfert exceptionnel pour un joueur hors norme ! Le jeune Zlatan, élevé dans les cités de banlieue à Rosengard, débute le football à l'âge de 6 ans au Malmö BI et au FBK Balkan. Joueur talentueux mais caractériel, ce fils d'immigrés yougoslaves connaît une adolescence agitée avant de rejoindre le club de Malmö en 1995. Il débute avec l'équipe première à Halmstad (1-2, 19/09/1999), puis quitte la Suède en 2001 pour l'Ajax Amsterdam, après avoir débuté en équipe nationale face aux Îles Féroé (0-0, 31/01/2001). Ses trois saisons aux Pays-Bas confirment son exceptionnel talent et séduisent la Juventus Turin, pour ses deux premiers Scudetti (2005 et 2006), retirés à la Juve en raison de l'affaire des matches truqués. Après la relégation en Serie B de la « Vieille Dame » de Turin, Ibrahimovic rejoint l'Inter Milan et remporte trois nouveaux titres de champion d'Italie. En 2009, il termine meilleur buteur avec 2 buts inscrits et fait taire ses derniers détracteurs. Au sommet de son art, « Ibra » décide alors de rejoindre le prestigieux FC Barcelone, mais ses relations tendues avec son entraîneur Pep Guardiola l'obligent à quitter la Catalogne un an plus tard. De retour en Italie, au Milan AC, il remporte un nouveau titre de champion (2011), puis un second titre de meilleur buteur (2012). Le PSG souhaite l'engager et finit par obtenir gain de cause, le 18 juillet 2012. Un mois plus tôt, Ibra avait inscrit un but exceptionnel avec la Suède face à l'équipe de France (2-0, 19/06/2012) lors de l'Euro 2012… Son impact sur la Ligue 1 est exceptionnel, Ibrahimovic affole les compteurs avec ses buts et passes décisives. Après avoir inscrit à Lille (2-1, 02/09/2012) le but le plus rapide (27 secondes de jeu) dans l'histoire du club en Championnat, il devient le premier buteur parisien à marquer au moins 30 buts en une saison depuis Carlos Bianchi, vingt-cinq ans plus tôt. Orgueilleux, sûr de sa force et provocateur, Zlatan Ibrahimovic va survoler le Championnat français, remportant 12 trophées – et deux quadruplés – avec les Rouge et Bleu. Le 14 mai 2016, il quitte comme un seigneur la France, après la saison la plus aboutie de sa carrière, et 50 buts inscrits en 50 matches officiels. Après le PSG, direction Manchester United où il remporte le Community Shield (face à Leicester 2-1, 07/08/2016) puis la Coupe de la Ligue (contre Southampton 3-2, 26/02/2017) en inscrivant les buts décisifs. Une grave blessure (rupture des ligaments croisés) le laisse sept mois sur le flanc, mais l'orgueilleux Zlatan va revenir sur les pelouses, avant de quitter l'Europe pour les États-Unis et le Los Angeles Galaxy en mars 2018. Malgré de nombreux coups d'éclat, il ne remporte pas le titre aux États-Unis et accepte une dernière pige en Europe, pour un retour au Milan AC en janvier 2020. Une légende ne meurt jamais : à 39 ans, après une saison réussie, il a prolongé son contrat avec le club milanais jusqu'en 2022.

**Attaquant**
Né le 19 février 1993
à Rosario

**Son parcours :** Sarratea (1998-2002), Vecindario (2002-2008), FC Barcelone (2008-2011), Sampdoria Gênes (2011-2013), Inter Milan (2013-2019), PSG (2019-...)
**Son palmarès :** champion de France (2020), vainqueur de la Coupe de France (2020 et 2021), vainqueur de la Coupe de la Ligue (2020) vainqueur du Trophée des champions (2020) co-meilleur buteur du championnat italien (2015, 2018)
**International : 8 sélections, 1 but avec l'équipe d'Argentine**

# Mauro ICARDI

En engageant Mauro Icardi en toute fin de mercato pour un prêt d'une saison avec option d'achat, le PSG a réussi un coup de Maître et préparé la succession du charismatique Edinson Cavani. Les deux redoutables buteurs sont nés en Amérique du Sud mais leurs caractères sont bien différents, entre le discret Cavani et l'exubérant Icardi. Né à Rosario, Mauro Icardi rejoint l'Espagne et les îles Canaries à l'âge de 9 ans. Buteur précoce, il rejoint le centre de formation du FC Barcelone six ans plus tard. Un passage mitigé à La Masia qui s'achève en janvier 2011 par un départ pour l'Italie et la Sampdoria Gênes, à seulement 18 ans. Un choix payant, Icardi termine meilleur buteur avec l'équipe réserve (2011-2012) puis marque le but de la victoire pour ses débuts en professionnel face à la Juve Stabia (2-1, 12/05/2012) en D2 italienne. La Sampdoria accède alors la Serie A et le jeune Icardi affole les compteurs, inscrivant même un quadruplé contre Pescara (6-0, 27/01/2013). Tout va alors très vite pour le buteur argentin, qui rejoint l'Inter Milan au début de la saison 2013-2014 puis est appelé avec la sélection d'Argentine contre l'Uruguay de Cavani (2-3, 15/10/2013). Avec l'Inter, Icardi va connaître un parcours passionné, entre deux titres de meilleur buteur et le brassard de capitaine à partir du 2016, mais aussi des rapports parfois conflictuels avec les supporters des Nerazzurri. En 2018, il devient le plus jeune buteur à atteindre le cap des 100 buts en Serie A au XXI$^{e}$ siècle, mais le palmarès de l'Inter reste dramatiquement vierge malgré les prouesses de son avant-centre. Ses frasques extra-sportives, ses tatouages et sa relation avec Wanda Nara, qui deviendra son épouse et son agente, lui donnent une sulfureuse réputation en Italie et en Argentine. Cela n'effraie pas le PSG, ravi d'accueillir un buteur si décisif, à l'image de ses débuts tonitruants sous le maillot rouge et bleu. Ses 20 buts inscrits en 34 matches ont largement contribué au triplé remporté par les Rouge et Bleu depuis son arrivée (Championnat, Coupe de France, Coupe de la Ligue), les trois premiers trophées de sa carrière. Même si la fin de saison a été difficile, le PSG a levé l'option d'achat du buteur argentin, désormais lié au club de la capitale jusqu'en 2024. Il devra désormais confirmer et regagner une place de titulaire à la pointe de l'attaque rouge et bleu malgré l'arrivée d'un sérieux concurrent le buteur italien Moise Kean.

→ les Rouge et Bleu le 11 juin 2016. International Espoirs, il remporte le Championnat d'Europe U17 avec les Bleuets, terminant second meilleur buteur de la compétition (3 buts inscrits) derrière son coéquipier Odsonne Édouard. Le 28 juillet 2016, le monde du football découvre ce jeune attaquant virevoltant lorsqu'il inscrit un but exceptionnel à l'ICC face au Real Madrid devant plus de 86 000 spectateurs à Colombus aux États-Unis (3-1, 28/07/2016). Une préparation estivale remarquée par Unai Emery, qui le fait débuter en professionnel en Ligue des champions, face à Ludogorets (3-1, 28/09/2016). En janvier 2017, après seulement 7 apparitions avec les pros du PSG, Ikoné est prêté à Montpellier sans option d'achat. Un an et demi dans l'Hérault et il s'affirme alors comme un des plus grands espoirs du Championnat français. À l'issue de son prêt, le PSG ne le retient pas et Lille l'engage alors pour cinq ans. Avec ses compères Jonathan Bamba et Nicolas Pépé, Ikoné qualifie son équipe pour la Champions League et connaît même la joie d'une première sélection avec l'équipe de France, avec un but en prime face à l'Albanie (4-1, 07/09/2019). Un bel exemple de l'excellent travail du centre de formation du PSG pour le joueur de 22 ans, qui a confirmé cet excellent début de carrière sous le maillot du LOSC.

## INTERTOTO (Coupe)

La Coupe Intertoto a été créée en 1961. De 1995 à 2008, l'UEFA décida de reprendre l'organisation de la compétition et la réorganisa, en autorisant notamment les vainqueurs à participer à la Coupe UEFA. Le PSG a disputé la Coupe Intertoto en 2001, et a gagné le trophée après s'être imposé en finale face aux Italiens de Brescia (0-0 à Paris, 1-1 en Italie). Le Brestois et ancien défenseur parisien Bernard Mendy est l'heureux détenteur du trophée, qu'il conserve jalousement !

## IVIC (Tomislav)

Modeste footballeur sous les couleurs du FC Split, Tomislav Ivic est devenu un entraîneur au palmarès incomparable, au gré de ses voyages et de ses rencontres. Cet homme instruit, formidable meneur d'hommes, a entraîné en Croatie, aux Pays-Bas, en Belgique, en Turquie, en Italie, au Portugal, en Espagne, aux Émirats arabes unis et en Iran. Champion de Yougoslavie avec Hajduk Split, puis des Pays-Bas avec l'Ajax d'Amsterdam, Ivic remporte ses plus beaux trophées au Portugal avec Porto : une Coupe intercontinentale, une Supercoupe d'Europe et un titre de champion pour l'année 1988. Homme de défi, il rejoint le PSG quelques mois plus tard et permet au club parisien, pourtant menacé par la relégation quelques mois plus tôt, de se battre jusqu'au bout pour le titre avec Marseille. La saison suivante, avec un effectif plus ambitieux, il ne parvient pas à séduire le difficile public du Parc des Princes, qui accepte difficilement son style de jeu basé sur la rigueur défensive. Le « Sorcier », comme il est surnommé, revient en France pour occuper le poste d'entraîneur à Marseille (2001). Malgré un malaise cardiaque à la fin de l'année 2001, Ivic reste un technicien réputé pour sa rigueur. Au début de la saison 2006-2007, il dirige en Belgique le centre de formation du Standard de Liège, avant de prendre une retraite bien méritée en Croatie, à Split, après 43 saisons sur le banc de touche et 14 titres à son palmarès dans… 14 pays ! Le 24 juin 2011, Tomislav Ivic est décédé à Split, à l'âge de 77 ans, suite à des complications cardiaques.

J

## JACQUES (Robert)

À 13 ans, Robert Jacques quitte sa Guadeloupe natale pour tenter sa chance à Nice, lors d'une sélection de jeunes footballeurs. Il finit troisième et participe au Concours du jeune footballeur à Colombes, en 1972. Remarqué par l'INF Vichy, il intègre la plus prestigieuse école de football et signe son premier contrat professionnel à Valenciennes. Après six saisons dans le Nord, Aldo Platini, père du célèbre Michel, le remarque et le fait signer à

Nancy pour trois années réussies en Lorraine. Ses performances face au PSG attirent l'attention du président Borelli, ravi de l'accueillir au PSG en 1985. Le début d'une saison exceptionnelle pour les Parisiens, qui s'achève par un premier titre de champion de France. Malgré la concurrence, Jacques a largement contribué à ce succès historique, inscrivant 6 buts en 27 rencontres. Paris est à un tournant de son histoire et dépense sans compter pour renforcer son attaque. Robert Jacques préfère quitter le PSG la tête haute et signe à Saint-Étienne, mais ses rapports conflictuels avec son entraîneur Robert Herbin l'obligent à mettre prématurément un terme à sa carrière professionnelle, en 1988. Toujours passionné du ballon rond, il a décidé de transmettre son savoir comme entraîneur, puis au poste de directeur technique à l'Arsenal de Petit-Bourg en Guadeloupe, jusqu'en août 2010. Depuis 2009, son club organise un tournoi en son honneur, le Challenge Robert-Jacques, opposant les meilleurs jeunes des Antilles, en catégorie 14-15 ans.

## JALLET (Christophe)

Recruté pour sa polyvalence au poste de défenseur, Christophe Jallet a réussi un parcours exemplaire sur le côté droit de la défense parisienne, de 2009 à 2014. Né à Cognac de parents viticulteurs, il grandit à Nercillac, petit village en Charente. Cet amoureux de la nature y débute dans le club municipal, avant d'être recruté par Cognac pour jouer au poste de meneur de jeu. À 14 ans, il rejoint le sport-étude à Niort, et obtient un BTS d'œnologie. En 2003, à 20 ans, il passe professionnel et débute sa carrière à Niort en Ligue 2, où il joue au poste de milieu défensif, comme ses deux idoles, Patrick Vieira et Claude Makélélé. Deux ans plus tard, les Chamois descendent en National. Une chance que saisit Jallet pour se faire remarquer, après avoir hérité du brassard de capitaine. Après la remontée de Niort, il débarque à Lorient, promu en Ligue 1 en 2006. Arrivé sur la pointe des pieds, il débute son parcours au poste de milieu droit par… une victoire au Parc des Princes, contre le PSG (3-2, 05/08/2006). Quelques semaines plus tard, il inscrit un but exceptionnel contre Lens d'une frappe en demi-volée croisée (1-1, 25-08-2006). Installé au poste d'arrière droit, il aligne les matches (36 en 2006-2007, 37 en 2007-2008) avant de s'absenter plusieurs mois en 2008-2009 pour soigner une pubalgie. Le PSG l'engage en 2009 pour soulager Ceara, mais il devient rapidement un titulaire incontournable sur le flanc droit parisien, en défense mais aussi dans une position plus offensive. Cette première saison s'achève en apothéose : meilleur passeur du PSG en Ligue 1 (9 passes décisives), un premier titre et un centre parfait pour le but victorieux de Guillaume Hoarau en finale de la Coupe de France face à Monaco (1-0, 01/05/2010). Annoncé comme la possible surprise de l'équipe de France pour la Coupe du monde en Afrique du Sud, il est préconvoqué chez les Bleus par Laurent Blanc avant le match amical face à la Norvège. Une sélection qu'il va enfin connaître le 9 août 2012, lors du match France-Uruguay (0-0) pour le plus grand plaisir de son ancien entraîneur à Lorient, Christian Gourcuff, qui l'imaginait un jour en Bleu. Au début de la saison 2010-2011, il gagne sa place de titulaire au PSG, et hérite du brassard de capitaine après l'arrivée de Carlo Ancelotti. Double champion de France (2013 et 2014), vainqueur de la Coupe de la Ligue et du Trophée des champions (2013), il décide alors de quitter le PSG à 30 ans, qui vient d'engager Serge Aurier. Un départ avec le sentiment du devoir accompli en 5 saisons et 198 matches joués pour les Rouge et Bleu. Lyon l'engage alors pour trois saisons, avant deux années à Nice (2017-2019) et une 17e et dernière cape avec les Bleus en Allemagne (2-2, 14/11/2017). Le 23 juillet 2019, Christophe Jallet rejoint Amiens, à l'âge de 36 ans, pour apporter son expérience et sa mentalité exemplaire. Une dernière saison en Ligue 1 puis l'heure de la retraite, annoncée officiellement le 26 juin 2020, après plus de 500 rencontres au plus haut niveau. Deux mois plus tard, il devient consultant pour Téléfoot puis sur Canal +.

## JANVION (Gérard)

Le malheur des uns fait souvent le bonheur des autres… Saint-Étienne en crise, Paris récupère au début de la saison 1983-1984 le défenseur international Gérard Janvion (40 sélections de 1975 à 1982). Après Bathenay et Rocheteau, le PSG accueille un troisième « Vert » dans son effectif, et l'un des plus talentueux. Le Martiniquais, né à Fort-de-France, a débuté au CS Case-Pilote avant de rejoindre le Forez en 1972. C'est à l'occasion d'un tournoi à Roubaix, où il terminera meilleur buteur et meilleur joueur, qu'il attire l'attention des dirigeants de Saint-Étienne. Après des débuts difficiles, il gagne sa première Coupe de France face à Monaco (2-1, 08/06/1974) à son poste de prédilection, meneur de jeu. Avant de devenir l'un des meilleurs défenseurs français, le Stéphanois jouait aux avant-postes ! Reconverti au poste d'arrière latéral, Janvion devient indispensable et accumule les titres : quatre Championnats et trois Coupes nationales avec les Verts. La France le découvre lors de la finale européenne perdue face au Bayern Munich (0-1, 12/05/1976). Titulaire avec les Bleus vaincus par l'Allemagne lors de la Coupe du monde 1982 (3-3, 4-5 t.a.b.) à Séville, il entre définitivement au panthéon des plus grands joueurs du football français. Comment expliquer son échec au PSG, où il n'a jamais réussi à s'imposer ? Le timide Martiniquais n'était tout simplement pas fait pour la vie parisienne. Handicapé par les blessures, en désaccord avec son entraîneur Lucien Leduc et placé à un poste de milieu de terrain qu'il n'apprécie guère, Janvion sera mis à l'écart du groupe professionnel après une défaite en Coupe d'Europe face aux Hongrois de Videoton (2-4, 24/10/1984). Sa décision est prise, il quitte à la fin de la saison le monde professionnel et rejoint Béziers en Ligue 2. De passage à Vals-les-Bains (Ardèche) et à L'Étrat (Loire), il part entraîner Sainte-Suzanne, à la Réunion, puis rentre en Martinique pour diriger Case-Pilote et l'Assaut de Saint-Pierre. Entraîneur adjoint de la sélection de Martinique en 2002, Janvion atteint les quarts de finale de la Gold Cup (Coupe des Nations de la zone CONCACAF) et s'occupe de l'équipe de football des Espoirs avant son passage au Case-Pilote (2003-2006). Puis il cesse toute collaboration pour vivre loin du football, regrettant le peu d'intérêt des dirigeants stéphanois avec lesquels il a collaboré en 2000, pour une mission de recrutement de quatre mois sans lendemain. Gérard Janvion, après avoir travaillé dans une société dans le secteur de l'eau potable et occupé un poste de conseiller pour la marque MC Sports, est désormais un retraité paisible. Depuis 2018, le champion de Martinique reçoit désormais le « trophée Gérard-Janvion », un bel hommage au plus grand joueur martiniquais de l'histoire du football.

## JEAN (Philippe)

À 17 ans, ce jeune défenseur latéral débute avec les pros lors d'un déplacement à Monaco (0-0, 26/11/1977) et se blesse à l'heure de jeu, à l'image de son parcours parisien rythmé par les blessures. Formé à Palaiseau, cet international Cadets et Juniors participe en parallèle à l'épopée du PSG en Coupe Gambardella, qui s'achève en finale contre l'INF Vichy (défaite 1-3). Un an plus tard, une nouvelle blessure lors de sa première titularisation à Nantes (0-1, 27/04/1979) l'oblige à quitter le club, en direction du voisin et néanmoins rival, le Paris FC. Entraîneur à Igny (1987-1992) puis à Juvisy jusqu'en janvier 2001, Philippe Jean est devenu commercial pour une société de fournitures de bureau.

## JEANNOL (Philippe)

Sept saisons au PSG et 219 matches officiels sous le maillot parisien. Les chiffres parlent d'eux-mêmes, le discret Philippe Jeannol a réussi un excellent parcours et tout connu à Paris, de la joie du titre de champion de France en 1986 au soulagement lors du sauvetage du club en 1988. Paradoxalement, le défenseur parisien garde un souvenir ému de cette période difficile où les joueurs ont su se faire violence pour sauver le club d'une relégation annoncée. Avant de rejoindre le PSG, Jeannol avait assisté à l'éclosion d'un phénomène à Nancy, son ami Michel Platini.

Après la victoire en Coupe de France face à Nice (1-0, 13/05/1978), il devient champion olympique aux Jeux de Los Angeles, s'imposant à Pasadena face au Brésil devant plus de 100 000 spectateurs (2-0, 11/08/1984). Arrivé à Paris sur la pointe des pieds, il devient incontournable lors du premier titre de champion. Avec 6 buts au compteur, cet excellent tireur de coups francs est un élément de base du PSG de Gérard Houllier. Le 11 octobre 1986, il va enfin connaître la consécration d'une sélection avec les Bleus, mais la France s'incline au Parc des Princes face à l'URSS (0-2) et perd toutes ses chances de qualification pour le Championnat d'Europe 1988. Avec Paris, le parcours est irrégulier, à l'image de son équipe. Décevant en 1988, remarquable un an plus tard, Jeannol va connaître les foudres du corps arbitral et une suspension record de quatre mois pour avoir craché sur un arbitre après une défaite à Mulhouse (0-1, 14/10/1989), ce qu'il a toujours nié. Annoncé sur le départ la saison suivante, il rejoint Nancy pour la reprise de l'entraînement, puis décide contre toute attente de revenir une saison au PSG, pour sa dernière année chez les Rouge et Bleu. À 33 ans, il choisit l'exotisme avec son compère Michel Bibard et signe au sultanat d'Oman. De retour en France en 1992, après avoir obtenu ses diplômes pour entraîner, il coupe complètement avec le monde du football et se consacre à la restauration, en ouvrant deux crêperies. Mais la passion du ballon rond reprend le dessus, et il devient consultant pour Canal+. Désormais retraité, il réside à Quiberon, dans le Morbihan, où il s'est présenté sur la liste de Gildas Gouarin (sans étiquette) aux élections municipales de 2020 mais n'a pas obtenu de siège.

## JESÉ RODRIGUEZ

Si le PSG a réussi quelques beaux coups sur le marché des transferts ces dernières saisons, la venue de Jesé en 2016 reste l'un de plus grands échecs des recruteurs Rouge et Bleu. Quand il signe à Paris pour cinq ans le 8 août 2016, Jesé est encore un grand espoir du football espagnol, à seulement 23 ans. Formé au Real Madrid après

avoir débuté sous les couleurs de Huracan à La Palmas, il a rejoint le centre de formation des Merengues à 14 ans et se fait remarquer avec l'équipe réserve, la Castilla. Attaquant polyvalent pouvant jouer dans l'axe ou sur les côtés, Jesé débute avec l'équipe professionnelle du Real Madrid le 13 décembre 2011 en Coupe d'Espagne face à Ponferradina, en remplaçant Cristiano Ronaldo en fin de match. Considéré alors comme le plus grand talent issu du centre de formation depuis Casillas en 1999, il est le héros de la finale de l'Euro U19 avec la sélection espagnole en Estonie, en inscrivant le but décisif face à la Grèce (1-0, 15/07/2012). Lancé par José Mourinho, il va se révéler sous les ordres de Carlo Ancelotti en 2013-2014, malgré la concurrence de Bale, Isco et Di Maria. Il inscrit son premier but pour le Real Madrid lors d'un Clasico face à Barcelone (1-2, 26/10/2013). Des débuts prometteurs, mais son temps de jeu est réduit suite à une grave blessure au genou lors d'un match de Ligue des champions face à Schalke 04 (3-1, 18/03/2014) et neuf mois d'absence. À son retour, il souffre de la concurrence à son poste de Lucas Vazquez et assiste sur le banc des remplaçants au succès en Champions League des Madrilènes en 2016. Un an plus tôt, Jesé, passionné de musique et chanteur dans un groupe de dance, Big Flow, s'est lancé dans une carrière solo sous le nom de Jey M. C'est un joueur de football revanchard et une star du reggaeton, musique espagnole dérivée du reggae, qui débarque à Paris le 8 août 2016, avec sa compagne Aura Ruiz. Une présentation haut de gamme et un énorme fiasco :

engagé pour seconder Edinson Cavani, Jesé ne joue que 14 matches et deux titularisations pour seulement 2 buts inscrits. Son avenir à Paris s'assombrit, et ses prêts, chez lui à Las Palmas (janvier-juin 2017), en Angleterre à Stoke City (2017-2018), au Bétis Séville (janvier-juin 2019) et au Portugal au Sporting Lisbonne (2019-2020), sont de cuisants échecs. Le 6 décembre 2020, le contrat de Jesé au PSG est officiellement rompu, avant un nouveau retour à Las Palmas, désormais en D2 espagnole.

## JOEL (Camargo)

Le PSG, tout juste promu en D1 en 1971, rêve d'attirer Pelé, mais doit finalement se contenter d'un autre Brésilien champion du monde en 1970, Joel Camargo. Défenseur très technique, il est surnommé « Acucareiro » (le Sucrier) pour sa manière bien particulière de jouer avec les bras ouverts. Joel a tout gagné avec Santos et le Brésil aux côtés du Roi Pelé : 5 titres de champion de l'État de Sao Paulo, 2 Coupes du Brésil, 36 sélections et un titre de champion du monde en 1970, même s'il n'a participé à aucune rencontre au Mexique. C'est après cette compétition et la signature de Joel Mendes qu'il est surnommé Joel « Camargo ». Arrivé à Paris en décembre 1971, Joel n'a plus joué au football depuis deux mois, marqué moralement par un accident de voiture et le décès d'une jeune fille qu'il a involontairement provoqué. Les dirigeants parisiens n'ont pas pris la mesure de ce facteur psychologique, malgré un programme personnel de remise en forme. Le joueur brésilien ne participe qu'à deux rencontres sous le maillot parisien avant d'être licencié le 8 février 1972. De retour au Brésil, il mettra un terme à sa carrière après avoir joué dans des clubs mineurs au Brésil, le CRB Maceio et le Saad EC. Homme modeste, il va connaître des difficultés financières l'obligeant à vendre ses médailles suite à des placements hasardeux dans l'immobilier. Joel doit travailler comme docker dans le port de Santos, puis comme éducateur sportif pour les jeunes footballeurs. Toujours populaire à Santos, où il a disputé 309 matches officiels pour 5 buts inscrits, Joel a reçu un vibrant hommage organisé par son club et la fédération brésilienne le 11 novembre 2006, juste avant une rencontre de championnat opposant Santos à Parana. Pour beaucoup d'observateurs brésiliens, il reste l'un des meilleurs défenseurs du monde, malgré son échec à Paris. Le 23 mai 2014, Joel Camargo est décédé à Santos à l'âge de 67 ans, des suites d'un arrêt cardiaque, après plusieurs jours d'hospitalisation.

## JORDAN

Le 13 septembre 2018 est un jour historique pour le PSG : le partenariat exclusif pour trois ans entre le club parisien et Jordan Brand est officialisé au Parc des Princes. C'est une grande première pour un club de football avec la marque créée par l'iconique Michael Jordan, ancienne gloire des Chicago Bulls, en partenariat avec Nike. L'association PSG-Jordan Brand c'est une collection exclusive chaque année, avec un maillot porté en Ligue des champions et une collection lifestyle. Un

nouvel atout pour le club parisien, qui souhaite développer sa marque en Amérique du Nord et en Asie, et toucher un public dépassant le strict cadre du football. Une nouvelle étape dans l'ambition projet du PSG, qui souhaite devenir la première franchise mondiale dans le secteur du sport professionnel.

## JORGE (Artur)

Artur Jorge, l'homme à la célèbre moustache, a remporté le titre de champion de France avec les Rouge et Bleu en 1994. Décrié pour son jeu jugé trop défensif, Artur Jorge a pourtant été un redoutable buteur sous le maillot de Porto, Coimbra, Benfica et Belenenses. Avec Benfica, il remporte 4 titres de champion, 3 Coupes du Portugal et 2 titres de meilleur buteur de 1969 à 1973. Paradoxalement, il ne s'impose pas avec l'équipe nationale et n'inscrit qu'un petit but en 16 sélections. Souvent blessé en fin de carrière, Artur Jorge a le temps d'étudier à l'Institut du sport de Lisbonne et de rencontrer des théoriciens de l'effort physique. Il met ses théories en pratique en 1980, quand il devient entraîneur au Vitoria Guimaraes. C'est à Porto qu'il va connaître la consécration, remportant la Coupe d'Europe des clubs champions en 1987. Technicien réputé pour sa rigueur et son professionnalisme, Jorge accepte les propositions du Matra Racing, mais revient au Portugal un an plus tard, pour diriger Porto et la sélection nationale. En 1991, le PSG engage ce personnage érudit et francophone, pour remporter le titre de champion de France. En trois ans, l'objectif est atteint : Paris gagne une Coupe nationale (1993), éblouit l'Europe face au Real Madrid (4-1, 18/03/1993) avant le sacre de champion de France (1994). Critiqué pour son jeu trop prudent, il quitte la capitale sur ce succès. Quelques mois plus tard, Artur Jorge est opéré avec succès d'une tumeur au cerveau, une expérience bouleversante qu'il ne raconte qu'avec pudeur. Il poursuit sa carrière à Benfica, dirige l'équipe nationale suisse, puis portugaise, Tenerife aux Canaries et le Vitesse Arnhem aux Pays-Bas. Il n'a pas oublié le PSG et, au mois d'octobre 1998, il revient à Paris après le limogeage d'Alain Giresse. Cinq mois après son arrivée, il ne survit pas au départ de Charles Biétry et se voit contraint de quitter le club. Depuis cet échec, Artur Jorge a beaucoup voyagé : aux Émirats arabes unis pour entraîner Al Nasr, puis Al Hilal à Riyad (2000-2002), au Portugal à Coimbra où il s'était révélé (2002-2004), en Russie au CSKA Moscou (2004), en Afrique pour diriger le Cameroun (2004-mars 2006). En 2007, Jorge revient en région parisienne pour sauver Créteil en Ligue 2, mais il échoue. Après une dernière pige au MC Alger avec pour assistant Valdo, l'ancien joueur brésilien du PSG (décembre 2014-octobre 2015), Artur Jorge était, à 75 ans en 2021, retraité au Portugal.

## JOURNAL OFFICIEL

Le 27 août 1970, le Journal officiel entérine la fusion entre l'association Paris Football Club (PFC) fondée en 1969 et déclarée à la préfecture de Police de Paris sous le numéro 69/1416 et la section de football du Stade Sangermanois. Le PSG est né, avec pour objet de promouvoir la pratique et le développement du football. Sa durée est illimitée et ses couleurs sont celles de la ville de Paris, le rouge et le bleu.

## JUBILÉ

Six jubilés ont été organisés au Parc des Princes en l'honneur d'anciens joueurs du PSG : pour le regretté Jean-Pierre Dogliani et Jean-Louis Leonetti (05/09/1981), Laurent Fournier (21/05/2000), Raí (10/11/2001), Vincent Guérin (27/05/2003), Pedro Miguel Pauleta (31/05/2009) et Bernard Lama (11 juin 2011).

## JUDO (PSG Judo)

Le 1er septembre 2017, la famille du PSG s'est agrandie avec l'inauguration du PSG Judo, la cinquième section sportive du club après le football masculin, le football féminin, le handball masculin et l'eSport. Un projet mené par une ancienne figure du club, Djamel Bouras, ancien judoka du premier PSG judo de 1992 à 2002, qui avait été sacré champion olympique en 1996. En septembre 2018, un dojo situé place d'Italie dans le XIIIe arrondissement de Paris est mis à la disposition de nombreux espoirs du judo français et de Teddy Riner, icône du judo français au palmarès exceptionnel : 2 titres olympiques, 10 médailles consécutives au championnat du monde en plus de 100 kg et toutes catégories depuis 2007. Le PSG Judo, c'est aussi une école qui accueille toutes les catégories d'âge, de 4 ans aux adultes, dirigée par Nicolas Mossion. Trois ans après sa création, le club parisien a déjà remporté de nombreux titres en catégories Juniors, masculine et féminine, et compte désormais une trentaine d'athlètes, qui ont participé pour la première fois au Championnat de France par équipes à Brest en octobre 2020. Il faut désormais compter avec le nouveau club de la capitale et ses grands espoirs du judo français, dont Faiza Mokdar (19 ans), déjà sacrée championne de France en catégorie moins de 52 kg.

## JUSTIER (Lionel)

Ses cheveux longs et blonds lui donnaient un faux air de Jean-Pierre Rives, le capitaine légendaire du XV de France. Débarqué à Paris après un essai infructueux à Sochaux et grâce à l'intervention de son ami Michel Rouvier, Lionel Justier séduit Just Fontaine qui accepte de l'intégrer au centre de formation du club. En quelques semaines, il passe de l'anonymat du championnat de Promotion d'Honneur avec Boulogne-Billancourt à l'ivresse du Parc des Princes,

ébloui par son talent et son culot lors d'une rencontre exceptionnelle contre Saint-Étienne (2-0, 15/02/1976). Une ascension extraordinaire pour ce jeune joueur de 18 ans qui va l'emmener jusqu'à l'équipe de France B, l'antichambre des Bleus. Mais la gloire est éphémère, Justier perd sa place en partant pour le service militaire et se voit contraint de quitter le PSG lors de l'arrivée de Jean-Michel Larqué en 1978. Prêté au Paris FC, il quitte définitivement la capitale pour Brest (1979-1982) puis joue à Nîmes, Angoulême, Montceau-les-Mines, Châtellerault et Beauvais, où il met un terme à sa carrière en 1989. Après une dernière pige avec Mantes et Saint-Ouen-l'Aumône, Justier range définitivement les crampons et travaille dans une société de transport en région parisienne, avant de prendre sa retraite.

## KALIMUENDO-MUINGA (Arnaud)

Prêté une saison à Lens pour s'aguerrir, Arnaud Kalimuendo est un des grands espoirs du PSG. Né à Suresnes, aîné d'une famille de quatre enfants originaires de la République démocratique du Congo, Kalimuendo est passé par le FC Saint-Cloud, puis a rejoint le centre de préformation des Rouge et Bleu à l'âge de 10 ans, en juillet 2012. Attaquant de pointe capable de jouer sur les côtés, il va faire ses gammes et, malgré un temps de jeu limité en U17, Thiago Motta lui fait confiance lors de son passage sur le banc des U19 en 2018-2019, alors qu'il n'a que 16 ans et inscrit même un but à Liverpool pour ses débuts en Youth League (défaite 2-5, 18/09/2018). Un choix gagnant pour Motta, avec 26 buts en 33 matches lors de cette saison. Le 8 juillet 2019, il signe un premier contrat professionnel avec le PSG et confirme ses talents de buteur lors de la Coupe du monde U17 au Brésil avec les Bleuets en inscrivant 5 buts, dont un triplé pour assurer la 3e place face aux Pays-Bas (3-2, 17/11/2019). Quelques mois plus tôt, Kalimuendo a intégré le groupe professionnel pour un déplacement à Lyon, à seulement 17 ans, après avoir séduit Thomas Tuchel. Titulaire indiscutable à la pointe de l'attaque en U19, le jeune attaquant parisien profite de nombreuses absences en début de saison pour être titularisé pour les débuts en Ligue 1 à Lens (0-1, 10/09/2020) après avoir marqué plusieurs buts lors de la préparation des Rouge et Bleu. Le PSG décide alors de le prêter pour une saison sans option d'achat au club lensois, pour lui donner du temps de jeu en Ligue 1. Désormais international Espoirs, Kalimuendo a prolongé son contrat avec le PSG jusqu'en 2024 et a confié son ambition avant son départ à Lens : revenir et s'imposer un jour à Paris, son club de cœur.

## KALOU (Bonaventure)

L'ancien attaquant du PSG a débuté sur les terrains vagues d'Oumé, en Côte d'Ivoire. À 17 ans, Kalou signe à l'ASEC Abidjan, le club le plus populaire du pays et s'impose déjà comme un excellent dribbleur. Après un doublé championnat-coupe en 1997, il rejoint l'Europe et le Feyenoord Rotterdam aux Pays-Bas. Débarqué au cœur de l'hiver, le 16 décembre 1997, il connaît des débuts laborieux, puis finit par s'adapter au jeu européen, remportant un titre de champion de Hollande et la Coupe UEFA face au Borussia Dortmund (3-2, 08/05/2002) en finale. Ni attaquant de pointe, ni milieu offensif, ce « neuf et demi » découvre le championnat de France avec Auxerre en 2002 et devient un joueur complet sous les ordres de son entraîneur

et mentor, l'inusable Guy Roux. Lors de son dernier match en Bourgogne, il inscrit le but décisif en finale de la Coupe de France face à Sedan (2-1, 04/06/2005) moins de vingt-quatre heures après avoir disputé un match qualificatif pour le Mondial 2006 avec la Côte d'Ivoire en Libye. Sur ce succès, il rejoint le PSG et réussit des débuts éblouissants avec les Parisiens au Parc des Princes, avec un but et trois passes décisives contre Metz (4-1, 05/08/2005). Cette première saison sous les couleurs du PSG s'achève par un nouveau but décisif, en finale de la Coupe de France pour le classique contre l'OM (2-1, 29/04/2006). Après une Coupe du monde décevante avec la Côte d'Ivoire, Bonaventure Kalou retrouve le maillot parisien avec l'ambition de devenir l'un des leaders du groupe. Son inconstance puis l'arrivée de Paul Le Guen le poussent vers le banc des remplaçants, et même en CFA. Avec seulement 2 buts en 27 matches de Championnat, son départ est inéluctable. Kalou quitte donc le PSG sur un échec, pour un prêt à Lens avant de signer un contrat de deux ans à Al-Jazira aux Émirats arabes unis. Cinq mois après son départ, il rentre en Europe et connaît le chômage, les textes de la FIFA interdisant à un joueur de porter le maillot de trois clubs au cours de la même saison. En juillet 2008, il retourne aux Pays-Bas pour signer à Heerenveen et se contente d'un statut de remplaçant jusqu'en janvier 2010. Après plusieurs mois sans jouer, Kalou met un terme à sa carrière, en février 2011. Il devient manager, gère la carrière de son frère cadet Salomon, travaille avec la sélection de Côte d'Ivoire et s'occupe de la Fondation Kalou, qui souhaite venir en aide aux personnes défavorisées en Afrique. Le 13 octobre 2018, Bonaventure Kalou, qui n'est pourtant affilié à aucun parti politique, a été élu maire de Vavoua, ville située dans le centre de la Côte d'Ivoire et peuplée d'environ 100 000 habitants.

## KEAN (Moise)

Débarqué à Paris en toute fin de mercato, Moise Kean est la recrue surprise du PSG pour cette saison 2020-2021. L'attaquant international italien n'est pourtant pas un inconnu, après avoir vécu des débuts retentissants sous le maillot de la Juventus Turin, le club qui l'a formé. Originaire de Côte d'Ivoire, sa maman, fervente catholique, l'avait appelé Moise après un rêve quelques mois avant sa naissance… Kean est un surdoué du ballon rond, dès ses débuts dans le Piémont à Asti à l'âge

de 7 ans, puis au Torino avant de rejoindre le rival, la Juventus, en 2010. La « Vieille Dame » couve sa pépite qui brille en catégorie Jeunes, inscrivant même 24 buts en 25 matches en U17 lors de la saison 2015-2016. Quelques mois plus tard, il débute en Serie A face à Pescara (3-0, 19/11/2016) et devient, à

16 ans et 8 mois, le plus jeune joueur de la Juventus aligné en Championnat, puis inscrit son premier but quelques mois plus tard, face à Bologne (2-1, 27/05/2017). Prêté une saison à Vérone pour s'aguerrir, il brille avec les Espoirs italiens à l'Euro U19 en Finlande, avec 4 buts inscrits, dont un doublé, malheureusement inutile lors de la finale perdue face au Portugal (3-4 a.p., 26/07/2018). De retour à la Juve, il remporte le titre de champion d'Italie, mais peine à s'imposer dans l'ombre de la superstar du club, Cristiano Ronaldo, malgré 6 buts inscrits en 13 matches joués. Il est aussi appelé pour la première fois en sélection, à seulement 18 ans, lors du succès italien face aux États-Unis (1-0, 20/11/2018) puis inscrit son premier but lors de sa première titularisation face à la Finlande (2-0, 23/03/2019). Tout semble lui sourire, mais la Juventus, accepte alors de le transférer, direction l'Angleterre et Everton. Sa saison chez les Blues de Liverpool est compliquée : seulement 2 buts en 29 matches joués, et c'est au PSG qu'il accepte de relancer sa carrière. Un choix réfléchi, alors qu'il parle déjà français, et une réussite avec des débuts tonitruants sous les couleurs parisiennes. Appelé régulièrement avec l'équipe d'Italie, heureux au PSG, son échec anglais ne semble n'être qu'une parenthèse dans la carrière de Moise Kean, désormais revenu au plus niveau depuis son arrivée dans la capitale.

## KEBANO (Neeskens)

Le jeune milieu de terrain offensif du PSG avait réussi des débuts tonitruants en huitième de finale de la Coupe de France à Martigues (4-1, 02/02/2011), puis en inscrivant son premier but en quart de finale face au Mans (2-0, 02/03/2011). L'espoir parisien, qui a commencé le sport par le judo, a débuté sa carrière à Montereau (Seine-et-Marne) avant de rejoindre le centre de formation du PSG, à seulement 13 ans. Son père, Nestor, ancien footballeur à Kinshasa (ex-Zaïre, République démocratique du Congo), a choisi de prénommer son fils Neeskens en hommage à Johan Neeskens, surnommé « Johan II », fidèle serviteur de Johan Cruyff en sélection, à l'Ajax Amsterdam, puis à Barcelone. Sa taille (1,72 m) est compensée par son explosivité et sa technique, et l'a mené en équipe de France en U17 et U19. Après avoir remporté avec le PSG le titre de champion de France en U19, en 2010 et 2011, Kebano signe son premier

contrat professionnel en juin 2011, puis est prêté au Stade Malherbe de Caen (L2) pour 2012-2013. À l'issue de son prêt, il quitte la France et rejoint la Belgique, au Charleroi SC (2013-2015) puis à Genk (2015-2016). Désormais international sous le maillot de la République démocratique du Congo, il a remporté le titre honorifique de meilleur joueur africain du championnat belge en 2015. Le 26 août 2016, Neeskens Kebano signe à Fulham (D2 anglaise). Après deux saisons réussies et malgré seulement 7 matches joués en Premier League en 2018-2019, il est décisif la saison suivante lors de la remontée des Cottagers parmi l'élite, avec 2 buts décisifs en barrage face à Cardiff City en demi-finale des play-offs, avant la victoire à Wembley contre Brentford (2-1, a.p., 04/08/2020). Régulièrement appelé en sélection de la RDC, Neeskens Kebano a prolongé son contrat à Fulham jusqu'en 2022. À 29 ans en 2021, le pari semble réussi pour le jeune joueur formé à Paris, désormais épanoui du côté de Londres.

## KEHRER (Thilo)

L'arrivée de Thilo Kehrer au PSG le 16 août 2018 a surpris les spécialistes du club de la capitale. À 21 ans, la signature de ce défenseur polyvalent est un choix du nouvel entraîneur Thomas Tuchel, convaincu par le potentiel du joueur de Schalke 04. Né à Tubingen d'un père allemand et d'une mère originaire du Burundi, il rejoint à 13 ans le centre de formation du VfB Stuttgart, puis il décide en

2012 de terminer sa formation à Schalke 04. À Gelsenkirchen, il remporte le titre de champion d'Allemagne en U19 (2015) et joue avec la sélection allemande en équipes de jeunes. Le 6 février 2016, Kehrer joue son premier match professionnel avec Schalke 04 contre Wolfsburg (3-0, 16/02/2016) puis inscrit son premier but un an plus tard, lors d'un derby face au Borussia Dortmund (1-1, 01/04/2017). Capitaine de la sélection Espoirs, sa polyvalence – ainsi que sa pratique courante du français, langue maternelle de sa mère – séduit le PSG qui l'engage en 2018-2019. Ses débuts à Paris sont encourageants, dans l'axe de la défense ou sur le côté droit. Après avoir été appelé pour la première fois avec la sélection allemande face au Pérou (2-1, 09/09/2018), Kehrer connaît sa première titularisation avec la Mannschaft, face à la France à Saint-Denis (1-2, 16/10/2018). La fin de saison est plus compliquée, avec son erreur fatale face à Manchester United lors de l'élimination des Rouge et Bleu en Ligue des champions (1-3, 06/03/2019). Blessé au pied droit et absent pour de longs mois, Kehrer perd sa place de titulaire lors de la saison 2019-2020, même s'il participe au quadruplé des Rouge et Bleu, et à l'excellent parcours en Ligue des champions à Lisbonne, avec une place dans le onze de départ en finale contre le Bayern Munich (0-1, 27/08/2020). Cette fin de saison réussie est à nouveau gâchée par les blessures lors de la reprise du championnat, mais Thilo Kehrer, âgé seulement 24 ans, doit désormais franchir un nouveau palier pour s'imposer au PSG, dans l'axe ou sur le flanc droit de la défense parisienne.

## KELBAN (Fabrice)

Le 31 juillet 1997 à Reykjavik, Fabrice Kelban connaît son heure de gloire en remportant le championnat d'Europe Juniors avec les Bleuets face au Portugal (1-0). Le défenseur parisien, victorieux aux côtés de Christanval, Saha et Hellebuyck, est annoncé comme le grand espoir du PSG, mais ne confirmera jamais avec les Rouge et Bleu, malgré une première titularisation surprise en Ligue des champions face au Besiktas Istanbul (2-1, 10/12/1997). Prêté à Martigues (1998-1999), Créteil (1999-2000) puis à Charleroi (2001-2002), dans le cadre d'un partenariat entre les deux clubs, il sera définitivement transféré en Belgique, après dix-huit mois difficiles. En 2004, après un court passage au Liban à l'Olympique Beyrouth, Kelban met un terme à sa carrière, à seulement 26 ans. Il rentre alors en France et vit désormais en région parisienne.

## KENEDY (Daniel Pimentel dos Santos)

Ses yeux et son regard hypnotique ont fait craquer les supportrices parisiennes, mais le bilan du charmant Kenedy (malgré 41 matches officiels avec le PSG) ne restera pas dans les mémoires. Lorsqu'il débarque à Paris, à seulement 22 ans, Kenedy n'est qu'un joueur de complément dans l'esprit de son entraîneur Ricardo. Le départ soudain de Patrick Colleter change la donne et met en lumière ce jeune arrière latéral offensif au destin peu ordinaire. Né en Guinée-Bissau, une ancienne colonie portugaise située au sud du Sénégal, il grandit sous le regard attendri de sa grand-mère,

qui a pris le relais de ses parents dès son plus jeune âge. Son père, ancien joueur professionnel, l'a prénommé Kenedy en hommage au président américain JFK, son idole. Sans s'apercevoir qu'il a oublié un N sur l'acte de naissance ! Formé au Benfica Lisbonne, le défenseur portugais participe aux Jeux olympiques avant d'accepter les propositions parisiennes. Un an plus tard, il rentre au pays et rejoint Porto, dans le cadre du transfert d'Edmilson. C'est un nouvel échec, il rebondit alors à l'Estrela Amadora (1998-2001), puis au Maritimo Funchal (2001-2003) après un court passage en D2 espagnole (3 matches seulement à Albacete) et retrouve la sélection portugaise. Kenedy connaît une énorme désillusion en 2002, lorsqu'il rate la Coupe du monde suite à un contrôle positif à la furasénide, un diurétique interdit par la FIFA. Il poursuit son tour des clubs au Portugal, signe au Sporting Braga (2004), à l'Academica de Coimbra (2005). À 31 ans, c'est alors l'heure de l'exil pour l'Apoël Nicosie (Chypre, 2005-2006), et les clubs grecs du PAE Ergotelis (2006-2009) et du Kallithea (prêt, juin-décembre 2007). En 2009, Kenedy signe à l'Aias Salamina (D2 grecque), avant de mettre un terme à sa carrière de joueur pour entraîner les clubs du Jason AO Ilion (2010-2011) et Peramaikos (2011-2012) en championnat régional grec avant de retourner au Portugal. Il poursuit alors sa carrière d'entraîneur dans des clubs amateurs portugais, au CD Pinhalnovense (mars-juin 2015), au Vitoria de Sernache (septembre-décembre 2015), à Coruchense (janvier-juin 2016), à Almancilense (septembre-octobre 2016) puis à Leixoes, en seconde division (novembre 2016- août 2017) où il emmène son équipe jusqu'en quarts de finale de la coupe nationale. Au début de la saison 2018-2019, Kenedy, qui s'est récemment confié sur son addiction aux jeux, a entraîné le club amateur SL Cartaxo à Santarem, avant de s'installer à Madère.

## KEZMAN (Mateja)

Le parcours parisien de Mateja Kezman s'est achevé le 3 novembre 2010 par une résiliation de contrat inévitable, tant les performances du buteur serbe ont déçu les supporters parisiens. Surnommé « Batman » par les fans néerlandais, la future star du PSV Eindhoven débute sa carrière au FC Zemun, avant d'être prêté au Radnicki Pirot (D2 serbe) en 1995. Ce buteur précoce (16 ans), supporter du Partizan Belgrade, inscrit 9 buts en 17 matches

lors de son passage au Sartid Smederevo (1997-1998) et réalise son rêve en rejoignant le club de son cœur en 1998. Deux ans plus tard, il débute en sélection et marque son premier but en Chine (4-2, 25/05/2000). Il participe à l'Euro 2000 et connaît sa première désillusion en se faisant expulser face à la Norvège… 39 secondes après son entrée en jeu. Le PSV Eindhoven l'engage pour remplacer Ruud van Nistelrooy. En 4 saisons, il inscrit 105 buts en 122 rencontres de Championnat. Des statistiques exceptionnelles qui ne laissent pas indifférents les plus grands clubs européens. En 2004, le Chelsea de Claude Makélélé l'engage, mais la concurrence est terrible avec Didier Drogba. Malgré un but décisif en finale de la League Cup face à Liverpool (3-2 a.p., 27/02/2005), il rejoint l'Espagne et l'Atletico de Madrid pour augmenter son temps de jeu. Décisif en sélection serbe, pour laquelle il inscrit le but de la qualification au Mondial 2006 face à la Bosnie-Herzégovine (1-0, 12/10/2005), il souffre en Espagne (8 buts seulement) et ne reste qu'une saison, pour rejoindre Fenerbahçe et la Turquie. Il se blesse et n'inscrit que 11 buts en Championnat. Le PSG l'engage, mais il peine en début de saison. Déçu par son manque d'efficacité et son peu de temps de jeu, Kezman jette son maillot à terre lors de son remplacement (PSG-Bordeaux 0-3, 04/02/2009) et sera suspendu 15 jours pour ce geste. Malgré ses excuses puis l'arrivée d'Antoine Kombouaré, son temps de jeu est très faible. Kezman accepte un prêt au Zénith Saint-Pétersbourg puis quitte Paris sans regret. En janvier 2011, il rejoint la Chine, porte les couleurs du South China AA et inscrit le but victorieux lors de la finale de la Hong Kong FA Cup. Rentré en Europe, Kezman signe en septembre au Bate Borisov, en Biélorussie, pour un contrat de quatre mois qui ne sera pas renouvelé. De retour en Chine pour participer à l'Asian Challenge Cup avec South China en janvier 2012, Kezman est approché six mois plus tard par son club formateur, le FK Smederevo, mais, à 33 ans, il préfère décliner l'offre pour se consacrer à son nouveau métier d'agents via sa société nommée « Football Identité ».

## KIMMAKON (Jérémi)

Sept minutes en Coupe de la Ligue, face à l'AC Ajaccio (3-1, 17/12/2014) auront suffi à Jérémi Kimmakon pour faire partie de la grande histoire du PSG. Né à Lagny-sur-Marne en région parisienne, ce milieu offensif a débuté à l'AC Boulogne-Billancourt et au Créteil Lusitanos, avant de rejoindre le centre de formation de Châteauroux. Il participe à la Coupe du monde U17 avec la Côte d'Ivoire au Mexique puis, au début de la saison 2014-2015, rejoint le PSG à 21 ans pour renforcer l'équipe réserve et connaît son jour de gloire à Ajaccio, un soir de décembre 2014. Le retour en CFA est compliqué et son départ est acté, pour Bournemouth en Angleterre. Ce séjour anglais est un échec et lors, de son retour en France, Kimmakon décide alors d'arrêter le football, avant de rebondir en Italie, à Pomigliano (Serie D). Un exil qui se termine en 2017 par sa signature à Bourges (National 3, 2017-2018) puis à Blois (National 2, 2018-2019) et aux Herbiers (National 2, 2019-2020). À 26 ans, il porte à nouveau les couleurs de Blois en 2020-2021, confirmant un parcours plutôt chaotique pour l'ex-Titi parisien.

## KIMPEMBE (Presnel)

voir P222

## KIST (Kees)

Arrivé à Paris presque par hasard, la fédération yougoslave refusant de libérer Safet Susic, Kees Kist a connu une année contrastée sous le maillot parisien. Chouchou du public, il sera sacrifié par le président Borelli et échangé avec l'attaquant algérien de Mulhouse, Salah Assad. C'est à Rimini en Italie que le PSG découvre cet attaquant, lors d'un tournoi amical de présaison. Le buteur hollandais (21 sélections, 11 buts). À Heerenveen, son premier club professionnel (1970-1972), il se fait rapidement connaître pour ses buts… et ses chaussures blanches. Une grande première dans le football professionnel, habitué à un certain conformisme et à des chaussures de couleur unie noire. L'histoire retiendra que cette grande première au niveau mondial est l'œuvre de la marque Adidas, qui avait fabriqué des chaussures sur mesure pour l'attaquant hollandais, car son métatarse (os du pied) était cassé. Il jouera cinq ans en blanc, avant de revenir à plus de conformité… Meilleur buteur de l'AZ 67 Alkmaar, pendant dix années, Kist obtient le Soulier d'or récompensant le meilleur buteur européen en 1980, avec 34 buts inscrits. Blessé à l'oreille, il n'a marqué « que » 12 buts en 21 rencontres en 1980-1981 avant d'inscrire 29 buts et remporter le Soulier de bronze en 1982. Kist rêve d'un nouveau challenge et accepte rapidement les propositions parisiennes. Son début de saison est idyllique et lui permet d'être dans l'équipe type du quotidien *L'Équipe* à la moitié du championnat. Avec 18 buts en 47 rencontres officielles, Kist termine meilleur buteur de la saison au PSG mais cela ne suffit pas à convaincre ses dirigeants, qui le proposent à Mulhouse, pour un échange avec l'attaquant algérien Salah Assad. Le joueur n'apprécie guère, déclare forfait pour une rencontre de fin de Championnat et part en catimini négocier son départ en Alsace. Pour le punir, son entraîneur Georges Peyroche l'exclut du groupe avant la finale de la Coupe de France remportée le 11 juin 1983 face à Nantes (3-2). Kist quitte la capitale par la petite porte. À Mulhouse, il n'inscrira que 10 buts en D2, mais se rappelle aux bons souvenirs de ses anciens coéquipiers en éliminant le PSG de « sa » Coupe de France (0-1, 28/01/1984). À 32 ans, il retourne aux Pays-Bas, à l'AZ 67 puis à Heerenveen et devient le meilleur buteur dans l'histoire du Championnat hollandais, avec 211 buts en 372 rencontres. Après avoir rangé les crampons, il se lance dans la carrière d'entraîneur, mais ne connaîtra pas le succès : Kist a dirigé Hoek, Wolvega, Steenwijk, Hoogeven, Dedemsvaart, Steenwijker Boys, modestes équipes des ligues inférieures des Pays-Bas. Il entraîne le VV Tobert (D3) de janvier 2009 à mai 2010, avant de prendre du recul pour se lancer dans la politique au sein du parti Steenwijk Social, la ville où il réside. Le 10 novembre 2012, pour le 100e anniversaire de la création du club local – le VV Steenwijk – et l'ouverture d'un musée, il a offert à la ville son Soulier d'or et ses deux prix de meilleur buteur du championnat hollandais lors d'une célébration solennelle.

## KOKKINIS (Thomas)

Espoir du club et protégé de Joël Bats, Thomas Kokkinis, à 19 ans, a connu des débuts professionnels catastrophiques, encaissant son premier but… après seulement trente secondes de jeu lors de la déroute à Montpellier (0-4, 09/08/1990). Le jeune gardien du PSG ne se remettra jamais de ce coup du sort et préférera quitter le club quelques mois plus tard. Pourtant, sa carrière sous les couleurs parisiennes avait remarquablement débuté : formé à Marly puis passé par Poissy, Kokkinis remporte le Championnat de France Cadets (1988) avec le PSG puis dispute une finale de la Coupe Gambardella (1989). Le cauchemar de La Mosson sera exorcisé bien des années plus tard sous les couleurs de Metz en 1994, avec plusieurs titularisations au plus haut niveau. Passé par le Red Star, Rouen, Poissy, Épinal et Cherbourg, Kokinnis joue en 2006-2007 à Croix-de-Savoie, en National. À 36 ans, il signe à Mantes-la-Jolie, en CFA 2, avant de mettre un terme à sa carrière en 2008. Il obtient le diplôme du Brevet d'éducateur sportif et occupe le poste d'agent pour le golfeur français Christian Cévaër, un sport

**Défenseur**
Né le 13 août 1994
à Beaumont-sur-Oise

**Son parcours : Joueur :** AS Éragny, (2002-2005), PSG (2005-...)
**Palmarès :** vainqueur de la Coupe du monde (2018 champion de France (2015, 2016, 2018, 2019 et 2020), vainqueur de la Coupe de France (2015, 2016 2017, 2018, 2020 et 2021), vainqueur de la Coupe de la Ligue (2016, 2017, 2018 et 2020), vainqueur du Trophée des champions (2014, 2016, 2017 et 2020).
**International : 13 sélections avec l'équipe de France**

# Presnel KIMPEMBE

Ses formateurs au Camp des Loges le confient volontiers aujourd'hui : Presnel Kimpembe est un magnifique exemple pour tous les jeunes, lui qui est devenu champion du monde avec l'équipe de France en 2018. Son père, d'origine congolaise, et sa mère, dont la famille vient d'Haïti, ont insufflé leurs valeurs de travail au jeune Presnel, qui intègre le centre de formation du PSG en 2005 à l'âge de 9 ans, après avoir joué à l'US Éragny, dans l'Oise. À Paris, il se frotte aux meilleurs jeunes en Youth League, qui s'achève en quarts de finale face au Real Madrid (0-1, 11/03/2014), et devient même international U20 avec l'équipe de la République démocratique du Congo. Sa carrière va basculer au début de la saison 2014-2015, où Laurent Blanc est privé de ses mondialistes en défense. L'entraîneur parisien fait confiance à son jeune espoir, qui débute au Stade de France (3-1, 17/10/2014). Le 17 mars 2015, il signe son premier contrat professionnel puis remporte avec les Bleuets le tournoi de Toulon et choisit alors de défendre les couleurs tricolores. Les départs successifs de Zoumana Camara (retraite, 2015) et David Luiz (Chelsea, 2016) vont le faire monter dans la hiérarchie des défenseurs centraux au PSG, et sa performance face à Messi et le FC Barcelone en Ligue des champions au Parc des Princes (4-0, 14/02/2017) confirme son incroyable potentiel. Un an plus tard, Kimpembe débute avec l'équipe de France face à la Russie (3-1, 27/03/2018) et participera au sacre des Bleus à la Coupe du monde trois mois plus tard, avec un match joué face au Danemark (0-0, 26/06/2018). De retour au PSG, il est le héros heureux (avec un premier but inscrit, 12/02/2019), puis malheureux (sa main à l'origine du penalty synonyme d'élimination à la dernière minute du match, 06/03/2019) du duel face à Manchester United en huitièmes de finale de la Ligue des champions. Malgré ce coup du sort, Presnel Kimpembe n'a jamais baissé les bras et il est revenu plus fort et ambitieux, avec un superbe parcours en Champions League à Lisbonne jusqu'à la finale perdue face au Bayern Munich (0-1, 23/08/2020). Il est aujourd'hui un homme de base du onze parisien et un titulaire indiscutable en défense centrale, depuis le départ de Thiago Silva. À 26 ans, le plus beau reste à venir pour Kimpembe, qui a prolongé son contrat pour son club de cœur jusqu'en 2023.

qu'il pratique assidûment depuis 1989. Licencié du club de golf du Prieuré et vainqueur du Grand Prix de Béthemont en 2012, Thomas Kokkinis était classé au mois de mars 2013 au 118e rang en catégorie Amateurs français, et au 8e rang pour les golfeurs âgés de plus de 35 ans ! En parallèle à cette passion, il revient à Poissy et occupe de 2009 à 2016 la fonction de responsable financier, en charge de la gestion et du suivi du sponsoring pour le club de CFA. En avril 2017, Kokkinis s'est éloigné du football, malgré l'obtention d'un master 2 en management et marketing dans le sport professionnel. En 2021, il était salarié dans le secteur des achats et de la communication pour la société MBF Aluminium, spécialisée dans la fonderie sous pression pour l'automobile.

## KOMBOUARÉ (Antoine)

voir P226

## KOPA (Raymond)

À 41 ans, Raymond Kopa a été approché pour porter les couleurs parisiennes et renforcer le PSG, alors en D2. L'ancien joueur d'Angers, de Reims et du Real Madrid, avec lequel il a remporté trois Coupes d'Europe des clubs champions, est un ami personnel de Justo Fontaine. Les deux hommes se sont rencontrés à Reims et ont participé ensemble à la folle épopée des Bleus lors de la Coupe du monde 1958, qui s'est achevée en demi-finale. Quelques jours après son arrivée au PSG en 1973, Fontaine fait le forcing pour convaincre Kopa, qui hésite et refuse finalement, préférant se consacrer à ses activités professionnelles et au lancement de sa nouvelle marque de vêtements sportifs. Le 29 août 1973 à Saumur, Kopa accepte de porter le maillot parisien pour renforcer l'équipe contre une sélection régionale. Le PSG s'impose facilement 9-2 pour ce match amical avec un triplé du toujours jeune Kopa, laissant bien des regrets à son ami Justo. Le 3 mars 2017, Raymond Kopa nous a quittés à l'âge de 85 ans, à Angers. Le SCO et Reims lui ont rendu hommage : le stade d'Angers porte désormais son nom, et une statue l'honore en Champagne devant le stade Auguste-Delaune.

## KOUASSI (Tanguy)

Le 22 janvier 2020, Tanguy Kouassi est entré dans l'histoire du PSG en inscrivant le 4000e but officiel du club à Reims en demi-finale de la Coupe de la Ligue (3-0). À 17 ans, le longiligne défenseur central (1,87 m) est né à Paris, a débuté à Épinay-sous-Sénart, Moissy-Cramayel et Fontainebleau avant de rejoindre le centre de formation du PSG en 2016. Capitaine en équipe de France des Jeunes, il participe à l'Euro U17 en Irlande puis à la Coupe du monde U17 au Brésil, inscrivant au passage un but face au rival historique des Bleus, l'Espagne, en quart de finale (6-1, 11/11/2019). L'élimination face au Brésil (2-3, 14/11/2019) est une énorme déception, compensée par la joie d'un premier match en professionnel avec les Rouge et Bleu à Montpellier (3-1, 07/12/2019). Tout s'enchaîne alors, avec ce 4000e but inscrit à Reims, puis un doublé à Amiens (4-4, 15/02/2020) qui lui permet de devenir le plus jeune joueur du PSG à inscrire deux buts lors d'un match officiel des Rouge et Bleu. Sa carrière au PSG va pourtant s'arrêter à l'issue d'une première saison prometteuse (14 matches et 3 buts inscrits). Le club parisien lui propose alors un premier contrat professionnel, mais Tanguy Kouassi préfère signer au Bayern Munich et quitte le PSG le 1er juillet 2020, pour le plus grand regret des supporters Rouge et Bleu.

## KRYCHOWIAK (Grzegorz)

Après l'échec de Yohan Cabaye (2014) et Benjamin Stambouli (2015), le PSG espère avoir enfin trouvé le successeur de Thiago Motta en engageant Grzegorz Krychowiak, le 3 juillet 2016. Une nouvelle étape pour le milieu de terrain polonais, qui a rejoint la France et Bordeaux à l'âge de 16 ans. Après avoir participé à la Coupe du monde U17 avec la Pologne et inscrit un but exceptionnel sur coup franc face au Brésil (1-0, 30/06/2007), il participe à la finale de la Coupe Gambardella perdue face à Rennes (0-3, 27/05/2008) et s'affirme comme un des plus grands espoirs des Girondins. Déjà international avec la Pologne après sa première cape face à la Serbie (1-0, 14/12/2008), Krychowiak ne joue qu'en équipe réserve à Bordeaux et accepte un prêt à Reims, alors en National, pour gagner du temps de jeu. Il va participer à la montée des Rémois en Ligue 2, avant de revenir à Bordeaux puis de partir à Nantes le 15 novembre 2011, pour un nouveau prêt. Son retour à Reims en 2012, qui vient de monter en Ligue 1, va lancer sa carrière. Ses deux saisons en Champagne marquent les esprits, à l'image de son but victorieux face au PSG (1-0, 02/03/2013). Désormais titulaire avec la Pologne, Krychowiak franchit un nouveau palier en signant au FC Séville en Espagne. Il va remporter deux fois consécutivement la Ligue Europa (2015, 2016) sous la direction d'Unai Emery, qui lui propose alors de rejoindre le PSG quelques semaines après son arrivée à Paris. Il ne trouve jamais sa place dans le onze parisien et rejoint West Bromwich Albion, en Angleterre, le 30 août 2017, après une saison noire et seulement 19 matches joués. Ce prêt outre-Manche lui redonne du temps de jeu avant un nouveau prêt au Lokomotiv Moscou en 2018-2019, malgré une Coupe du monde en demi-teinte avec la Pologne dans la foulée. Krychowiak est désormais une pièce essentielle du Lokomotiv, qui l'a engagé définitivement un an plus tard, avec un niveau de jeu que les supporters parisiens n'ont jamais connu lors de sa saison ratée au PSG.

## KURZAWA (Layvin)

Six saisons au PSG et un bilan contrasté pour Layvin Kurzawa, capable du meilleur (un triplé contre Anderlecht en Ligue des champions, le 31 octobre 2017, score final 5-0) mais aussi du pire... Le 27 août 2015, Kurzawa quitte Monaco avec l'ambition de remplacer Maxwell, inamovible arrière gauche du PSG depuis son arrivée au club au début de l'année 2013. Formé à Monaco après avoir débuté à Fréjus et Saint-Raphaël, Kurzawa joue son premier match officiel sous le maillot monégasque contre Lens en Coupe de la Ligue (1-0, 22/09/2010) à tout juste de 18 ans, puis →P226

**Défenseur**
Né le 16 novembre 1963
à Nouméa

**Son parcours : Joueur :** Tanari Plum (1975-1983), Nantes (1983-1990), Toulon (juin-novembre 1990), PSG (novembre 1990-1995), Sion (1995-1996), Aberdeen (1996-1998), RC Paris (1998-1999).
**Entraîneur :** PSG (CFA, 1999-2003), Strasbourg (2003-2004), Valenciennes (2005-2009), PSG (2009-2011), Al-Hilal (2012-2013), Lens (2013-2016), Guingamp (2016-2018), Dijon (2019), Toulouse (2019-2020), Nantes (2021-...)
**Palmarès : Joueur :** champion de France (1994), vainqueur de la Coupe de France (1993, 1995), vainqueur de la Coupe de la Ligue (1995), vainqueur de la Coupe de Suisse (1996).
**Entraîneur :** vainqueur de la Coupe de France 20
**International Espoirs, B et olympique**

# Antoine KOMBOUARÉ

Joueur puis entraîneur, Antoine Kombouaré n'aura laissé que des bons souvenirs lors de ses dix années passées au PSG. Le futur défenseur débute à Plum, en Nouvelle-Calédonie. À 20 ans, alors qu'il joue un match avec une sélection régionale, un recruteur de Loire-Atlantique le remarque et lui propose un contrat de stagiaire à Nantes. La chance est au rendez-vous, Kombouaré va la saisir et s'imposer chez les Canaris au poste de stoppeur. En 1990, il part à Toulon pour découvrir un nouveau challenge. Cinq mois plus tard, le club varois, criblé de dettes, doit s'en séparer. Kombouaré rejoint le PSG et connaît des débuts difficiles, avant de se révéler sous les ordres d'Artur Jorge, recruté en 1991. Malgré la concurrence d'Alain Roche et de Ricardo, il se montre décisif en Coupe d'Europe face à Anderlecht (1-1, 08/12/1992), au Real Madrid (4-1, 18/03/1993), puis contre Nantes en finale de la Coupe de France (3-0, 12/06/1993), inscrivant à chaque occasion le but libérateur. Avec le PSG, il remporte un titre de champion, deux Coupes de France et une Coupe de la Ligue avant de quitter le club, après cinq années riches en émotion. Le défenseur néo-caledonien rejoint la Suisse et Sion, puis l'Écosse et Aberdeen, où il peut s'adonner à sa passion, le golf. En 1998, à 34 ans il envisage de mettre un terme à sa carrière se rétracte pour une dernière pige avec le Racing Club Paris, puis retourne au Camp des Loges pour entraîner la CFA du PSG. Avec les jeunes Espoirs du club, il remporte un titre en 2003. Sur ce sacre, Kombouaré prend en main les destinées de Strasbourg (2003-2004), puis de Valenciennes en 2005. Le club nordiste accède en Ligue 1 la saison suivante et assure son maintien jusqu'en 2009. Technicien réputé pour sa rigueur, mais aussi pour ses colères contre les arbitres, Antoine Kombouaré retourne au PSG et remporte son premier trophée en 2010 avec la Coupe de France face à Monaco en finale (1-0 a.p., 01/05/2010). Maintenu à son poste après l'arrivée des nouveaux actionnaires du PSG en juillet 2011, il est démis de ses fonctions le 22 décembre 2011 et cède sa place à Carlo Ancelotti, alors que le PSG venait d'être sacré champion d'automne. Consultant sur M6 pendant l'Euro, Kombouaré s'engage le 27 juin 2012 avec le club saoudien d'Al-Hilal. Le 31 janvier 2013, il est limogé alors que son équipe occupait la seconde place du Championnat. Il revient en France à Lens et fait remonter le club nordiste en Ligue 1 (2013-2016), puis entraîne Guingamp (2016-2018), Dijon (janvier-juin 2019), Toulouse (octobre 2019-janvier 2020) et Nantes depuis le 11 février 2021, avec pour objectif le maintien des Canaris en Ligue 1.

→ remporte la Coupe Gambardella quelques mois plus tard face à Saint-Étienne (1-1, 4-3 t.a.b., 14/05/2011). Malgré la relégation en Ligue 2, il poursuit son apprentissage sur le Rocher monégasque et signe son premier contrat professionnel le 10 février 2012. Approché par la fédération polonaise, il débute avec les Espoirs français en 2013, quand Monaco retrouve enfin la Ligue 1. La saison 2013-2014 est celle de la confirmation, avec une place dans l'équipe type du Championnat lors de la cérémonie des Trophées UNFP. Malgré la polémique sur son « chambrage » maladroit lors d'un match décisif en Espoirs face à la Suède en barrages après avoir inscrit un but qu'il pensait décisif (1-4, 14/10/2014), Didier Deschamps l'appelle en équipe de France pour une première cape face à l'Albanie (1-1, 14/11/2014). Titulaire indiscutable à Monaco, Kurzawa rejoint le PSG avec beaucoup d'ambition au début de la saison 2015-2016, pour concurrencer puis remplacer Maxwell. Cinq ans plus tard, malgré les nombreux trophées remportés avec les Rouge et Bleu, il ne s'est pas imposé face à la concurrence de Yuri Berchiche (2017) puis Juan Bernat (depuis 2018) et même Mitchel Bakker. Le 29 juin 2020, alors que son départ semblait inéluctable, le PSG a prolongé le contrat de Layvin Kurzawa jusqu'en 2024. Un nouveau départ pour le latéral gauche parisien, désormais l'un des tauliers du vestiaire, qui a retrouvé du temps de jeu au début de la saison 2020-2021 suite à la grave blessure de Juan Bernat.

## LACHUER (Yann)

Le talentueux meneur de jeu auxerrois n'a pas connu le succès qu'il espérait au PSG. Quelques semaines après son arrivée, le recrutement de Jay-Jay Okocha l'oblige à tenir un poste plus défensif et le condamne aux seconds rôles, bien loin de ses ambitions. Son arrivée à Paris est un retour aux sources : né à Champigny-sur-Marne, Lachuer a débuté à Joinville-le-Pont, en région parisienne. En 1992, il rejoint Créteil et séduit Auxerre et son entraîneur Guy Roux. C'est en 1997, après un prêt d'une saison à Châteauroux, qu'il devient un titulaire indiscutable. Libre de tout contrat, il est engagé par le PSG en 1998, mais sa personnalité introvertie n'est pas compatible avec la folie parisienne. Prêté à Bastia, il reste deux saisons sur l'île de Beauté puis retourne à Auxerre, avec lequel il remporte deux Coupes de France (2003 et 2005). Plaque tournante de l'équipe auxerroise pendant cinq saisons, Lachuer quitte la Bourgogne pour un nouveau défi avec Troyes. Malgré ses dix passes décisives, l'ESTAC est reléguée à l'issue de la saison. À 35 ans, il signe à Châteauroux, après avoir espéré revenir à Auxerre. Sa saison est décevante, avec seulement 17 matches et 3 buts. En décembre 2008, après deux mois sans jouer, Yann Lachuer s'engage avec l'US Orléans, qui joue en CFA. Le 18 avril 2009, sa carrière s'achève lors d'un match face à la réserve de Guingamp : rupture des ligaments croisés, à 36 ans. Au début de la saison 2009-2010, il devient entraîneur de l'US Orléans qu'il mène jusqu'en National, avant de quitter le club en 2012. En 2016, Lachuer dirige l'USM Saran (CFA 2) jusqu'en novembre 2017, où il prend en main Créteil-Lusitanos en National, jusqu'à la relégation des Cristoliens un an plus tard. Le 19 novembre 2018, il accepte un nouveau défi à Romorantin (National 2), alors dernier du championnat. Pari réussi, avec le maintien et le titre honorifique de meilleur entraîneur de National 2 en 2018-2019. Toujours en poste en Sologne en 2021, il occupait aussi le poste de consultant sportif pour Infosport+.

## LACOMBE (Guy)

Avant d'embrasser la carrière d'entraîneur, Guy Lacombe a été un excellent milieu de terrain passé par Nantes, Lens, Tours, Toulouse, Rennes, Lille et Cannes. Il remporte les Jeux olympiques en 1984 avec l'équipe de France

et participe à 354 matches en Ligue 1 pour 45 buts. Il accepte le poste d'éducateur sportif pour le centre de formation à Cannes (1990 à 1995). Consciencieux et travailleur, Lacombe entraîne Cannes, Toulouse, Guingamp et Sochaux. Dans le Doubs, il remporte la Coupe de la Ligue (2004) puis quitte le club après un long conflit avec son président. Pierre Blayau le nomme entraîneur du PSG à la fin de l'année 2005. Les six premiers mois sont difficiles, mais restent anecdotiques au soir de la finale de la Coupe de France remportée face à Marseille (2-1, 29/04/2006). Maintenu à son poste par Alain Cayzac, Lacombe doit quitter le club sur une défaite à domicile contre Valenciennes (1-2, 13/01/2007). Son année à la tête du PSG s'achève sur cet échec, il devient consultant sportif pour Canal+ et France TV. Un an après son départ du PSG, il trouve enfin un nouveau challenge et dirige le Stade Rennais. Sa seconde année en Bretagne se termine sur un goût amer, avec une défaite en finale de la Coupe de France contre Guingamp (L2) (1-2, 09/05/2008). Ses jours en Bretagne sont comptés et c'est à Monaco qu'il tente de se relancer. Battu à nouveau en finale de la Coupe de France contre… le PSG (0-1 a.p., 01/05/2010), il est licencié le 10 janvier 2011. Après dix-huit mois sans club, Lacombe a vécu sa première expérience à l'étranger sur le banc d'Al-Wasl (Émirats arabes unis) pour trois petits mois : le 17 février 2013, il est destitué de son poste d'entraîneur. De retour en France, Guy Lacombe rejoint la Direction technique nationale en tant qu'entraîneur national et responsable de la formation des cadres techniques. Il annonce officiellement qu'il quitte ses fonctions pour raisons personnelles le 3 octobre 2017 avant de se raviser six mois plus tard. De retour à la DTN, il est alors en charge de la formation des entraîneurs dans le cadre du BEPF (brevet d'entraîneur professionnel).

## LAH (Alboury)

Repéré par le président Borelli alors qu'il défend les couleurs du Sénégal au tournoi de Bercy, Lah rejoint le PSG en 1989 après avoir porté les couleurs du Rail, l'équipe des chemins de fer sénégalais où travaillait son père, puis le Diaraf Dakar. Son parcours parisien est un véritable calvaire : prêté à Guingamp, Lah se blesse aux adducteurs et souffre d'une pubalgie. De retour au PSG, son contrat ne peut être homologué et l'attaquant sénégalais se retrouve blessé et sans licence. Après cette première saison blanche, Lah fait plusieurs apparitions avec le groupe professionnel lors de la saison 1990-1991, sans connaître le succès espéré. Prêté à Châteauroux, il revient à Paris puis quitte le PSG sans regret.

Lah participe à la CAN 1992 avec le Sénégal, mais c'est aux Émirats arabes unis à Al-Wahda (1998-2000) qu'il connaît enfin la consécration, remportant le championnat (1999), la Coupe du Président (2000) et le titre de meilleur buteur, avec respectivement 29 buts et 17 buts. Surnommé « Al Bouri » Lah, il encourage les sportifs sénégalais à rejoindre les pays du Golfe, provoquant la polémique au Sénégal. Il rentre au pays sous le nom de… Alboury Lakh ! Entraîneur du club de Thiès Baxaan, il dirige depuis 2007 le centre de formation Africa Promo Foot à Thiès, à 80 kilomètres de Dakar, et préside le club du même nom, qui joue en D2 au Sénégal. Africa Promo Foot souhaite promouvoir et accompagner les jeunes footballeurs sénégalais, à l'image de Diambars Football Club cher à Bernard Lama.

## LAMA (Bernard)

voir P232

## LAMBERT (Bernard)

Né le 29 novembre 1949, ce défenseur a disputé plusieurs rencontres lors de la saison 1972-1973, où le club parisien est engagé en Championnat D3. Une juste récompense pour ce solide joueur amateur, présent au Stade Sangermanois avant la création du PSG en 1970 et décédé depuis plusieurs années.

## LANDRE (Loïck)

Le défenseur parisien a disputé son premier match contre Nancy en L1 (2-2, 10/05/2011). Une juste récompense pour ce jeune espoir, formé à Paris après avoir débuté à Aubervilliers. Il rejoint le PSG à 13 ans et poursuit sa formation avec les équipes de jeunes, remportant au passage le titre de champion de France en catégorie des moins de 19 ans, avec un but décisif lors de la demi-finale face à Nantes (1-1, 4-2 t.a.b., 04/06/2010). Landre intègre alors l'effectif du CFA, et participe au déplacement européen à Lviv, en Ukraine, en décembre 2010. Le solide défenseur central (1,79 m, 78 kg) connaît enfin la joie d'être appelé en sélection, avec les U19 lors d'un tournoi à Porto. Le 20 juin 2011, Landre signe un premier contrat professionnel avant d'être prêté à Clermont (janvier-juin 2012) et au GFC Ajaccio (2012-2013), deux clubs de Ligue 2. En 2013, c'est le départ du PSG et un transfert à Lens, avec lequel il devient titulaire en défense centrale pendant trois saisons, dont une en Ligue 1. International Espoirs, il souhaite alors quitter la France et, après plusieurs mois à l'écart, il est transféré au Genoa en janvier 2017, qui le prête alors pour six mois à Pise, en Serie B. Mis au placard à Gênes, Landre revient en France en 2018-2019 et signe pour le promu nîmois, dont il portait toujours les couleurs lors de la saison 2020-2021, malgré une blessure au genou et quatre mois d'absence, de mars à août 2019.

## LANDREAU (Mickaël)

Capable du pire comme du meilleur, le bilan des trois saisons de Mickaël Landreau à Paris (2006-2009) est contrasté. Il débute à Arthon-en-Retz, avec l'équipe des Poussins, à l'âge de 10 ans. Quatre ans plus tard, il rejoint Nantes et va passer treize saisons sous le maillot canari. Le 2 octobre 1996, Landreau débute en Ligue 1, à 16 ans, lors d'un match à Bastia (0-0) Gardien complet, il excelle dans les un-contre-un et devient un spécialiste des penaltys. Face à Ronaldinho, il se positionne au bluff sur le côté droit de la cage et détourne la frappe (PSG-Nantes 2-3, 08/12/2002). Landreau remporte plusieurs trophées avec Nantes : un Championnat de France (2001), deux Coupes nationales (1999 et 2000) et un Trophée des champions (2001). Il rejoint l'équipe de France le 3 juin 2001, lors de la victoire face au Mexique (4-0). Recruté par le PSG au début de la saison 2006-2007, il est décisif lors de la rencontre face à Monaco, repoussant un penalty de Piquionne (4-2, 10/02/2007). La saison suivante est encore plus éprouvante, avec un sauvetage à Sochaux lors de la dernière journée de cham- →P234

**Gardien de but**
Né le 7 avril 1963
à Saint-Symphorien

**Son parcours : Joueur :** Lille (1981-1982), Abbeville (1982-1983), Besançon (1983-1984), Lille (1984-1989), Metz (1989-1990), Brest (1990-1991), Lens (1991-1992), PSG (1992-décembre 1997), West Ham (janvier-juin 1998), PSG (1998-2000), Rennes (2000-2001).
**Entraîneur :** sélectionneur du Kenya (juillet-septembre 2006).
**Son palmarès :** vainqueur de la Coupe du monde (1998), champion d'Europe (2000) avec l'équipe de France.
Vainqueur de la Coupe d'Europe des vainqueurs de coupe (1996), champion de France (1994), vainqueur de la Coupe de France (1993, 1995).
**44 sélections avec l'équipe de France**

# Bernard LAMA

De Baratelli à Coupet en passant par Bats ou Sirigu, le PSG a, par tradition, connu des gardiens de but d'exception qui ont marqué l'histoire du football français. Bernard Lama est le plus grand, le capitaine du PSG victorieux de la Coupe d'Europe des vainqueurs de coupe en 1996 et l'un des leaders historiques du club, n'hésitant jamais à élever la voix pour asséner ses vérités. Mais c'est surtout un exceptionnel compétiteur. Né à Saint-Symphorien en Indre-et-Loire, l'homme est guyanais de cœur, des racines qui l'ont accompagné tout au long de sa carrière. Voyageur dans l'âme, Lama a porté les couleurs d'Abbeville, Besançon, Lille, Metz, Brest et Lens avant de rejoindre le PSG en 1992. L'homme est ambitieux et privilégie des contrats courts, pour ne pas rater l'occasion de jouer pour le grand club qu'il espère. Paris va lui donner cette chance et Lama va flamber avec le PSG, enchaînant les performances exceptionnelles lors de ses sept saisons parisiennes. Dans ses buts, Lama est un félin, capable d'incroyables arrêts réflexes. Homme de caractère, il ne renie jamais ce côté rebelle, mais restera fidèle au PSG, le club de son cœur. Le gardien de but a tout gagné avec Paris et peut raisonnablement regretter son rôle de second couteau avec les Bleus, derrière l'inamovible Fabien Barthez. Le compétiteur n'acceptera jamais le choix d'Aimé Jacquet qui lui préfère le portier monégasque, alors que le niveau des deux hommes est comparable. Après un bref passage à West Ham en Angleterre (janvier à juin 1998), Lama a quitté Paris par la grande porte en l'an 2000, menant les siens jusqu'à la Ligue des champions. Une dernière saison à Rennes et il met un terme à sa carrière de footballeur professionnel, pour se consacrer aux enfants défavorisés en Guyane ou aux diverses associations caritatives qu'il soutient. Homme de cœur, Lama s'est engagé en 2006 au Kenya, mais son passage à la tête de la sélection s'est achevé après seulement trois mois. Après avoir fêté son jubilé au Parc des Princes le 11 juin 2011, Bernard Lama s'occupe désormais de l'Institut de Diambars dont il est le cofondateur, une académie pour former les jeunes footballeurs africains défavorisés au Sénégal et en Afrique du Sud. En 2012, il a créé Dilo, une entreprise d'eau minérale et de source vendue en Guyane et occupe le poste de manager général de la sélection de Guyane, reconnue par la CONCACAF.

pionnat à Bonal (2-1, 17/05/2008). Quelques jours plus tard, il est évincé du groupe France choisi pour l'Euro 2008. Son but encaissé face à l'Écosse au Parc des Princes (0-1, 13/09/2007) a pesé lourd dans le choix du sélectionneur Raymond Domenech. En 2009, Mickaël Landreau signe à Lille, se blesse rapidement (rupture des ligaments croisés du genou, 03/07/2009), puis prend une part prépondérante à l'inattendu doublé des Lillois en 2011. En janvier 2013, il quitte Lille et rejoint Bastia. Le 4 décembre 2013, lors du derby corse face à Ajaccio (1-1), il bat le record de matches joués en première division détenu par Jean-Luc Ettori (602 matches en L1) avant de mettre un terme à sa carrière le 11 mai 2014 face à Nantes, son club formateur (0-0), pour son 618e match parmi l'élite du Championnat. Malgré sa retraite annoncée, Didier Deschamps lui offre une place de troisième gardien de but avec l'équipe de France lors de la Coupe du monde au Brésil. Consultant pour Canal+ après le Mondial, Mickaël Landreau intègre le staff technique du Paris FC en août 2016 dans le cadre de sa formation pour obtenir le diplôme d'entraîneur professionnel, puis prend en main le FC Lorient le 30 mai 2017, avec l'ambition de faire remonter les Merlus en Ligue 1. Le 18 mai 2019, il quitte le club breton à l'amiable et reprend alors ses fonctions de consultant et commentateur pour les chaînes de Canal+.

## LANDRIN (Christophe)

Une seule saison à Paris en 2005-2006 pour Christophe Landrin et un sentiment partagé pour cet athlète au corps musclé, surnommé « Robocop » par ses partenaires parisiens. Né à Roubaix, Landrin n'a connu qu'un club, le LOSC, lorsqu'il débarque à Paris. Avec sa coupe de cheveux iroquoise, il a étonné la France avec Lille, vice-champion de France avec les Dogues lillois en 2005. Le PSG souhaitait l'engager un an plus tôt, mais une fracture de la jambe lors d'un match à Toulouse en janvier a reporté son arrivée. Pour sa première apparition sous le maillot parisien, Landrin marque un but splendide de la tête contre Metz (4-1, 29/07/2005), mais tarde à s'imposer, se contentant d'un rôle de joker offensif sur le côté droit. 29 matches à Paris,

2 buts et il choisit de relancer sa carrière à Saint-Étienne en 2006, dans le cadre d'un échange avec David Hellebuyck. Après deux saisons pleines avec le brassard de capitaine, Landrin va connaître une fin de parcours difficile à Saint-Étienne. Handicapé par les blessures, il perd sa place de titulaire au profit d'un certain... Blaise Matuidi. Landrin rejoint Arles-Avignon, en Ligue 2, pour une saison (2011-2012). À 35 ans, il quitte le monde du football professionnel et prend une licence en amateurs à Veauche, dans la région stéphanoise. Au début de la saison 2013-2014, il entraîne les U17 de l'ES Veauche, avant de devenir responsable du service des sports et de la gestion des salles de cette petite ville du département de la Loire.

## LANTHIER (Gérard)

Sa moustache de bon gaulois et son pied gauche dévastateur avaient fait le bonheur d'Auxerre. À Paris, Gérard Lanthier n'a pas réussi à s'imposer et n'est finalement resté qu'une saison. Formé à Lyon, au club du Rhône Sportif où son père s'occupe des jeunes, Lanthier débute sa carrière à l'Olympique Lyonnais. À 19 ans, il côtoie Serge Chiesa et Bernard Lacombe, puis finit par quitter le club en 1977, déçu par son faible temps de jeu. Il rebondit à Avignon en Ligue 2, puis rejoint Auxerre en 1980. Sous les ordres de Guy Roux, il finit par s'imposer et devient international olympique, sans participer à la phase finale des J.O. en 1984. Le PSG engage ce meneur de jeu excentré sur le côté gauche pour épauler Safet Susic, mais les deux hommes ne s'entendent pas sur la pelouse et Lanthier devient la doublure de la star du PSG. De nouveau titulaire en fin de saison, il est présent lors de la finale de Coupe de France perdue contre Monaco (0-1, 08/06/1985), mais quitte le club quelques semaines plus tard pour Rennes. La suite de sa carrière ne sera qu'une succession de désillusions, de Rennes, à Nîmes, Orléans, au Paris FC puis à Lyon Duchère où il range les crampons (1992). Après avoir ouvert un magasin de prêt-à-porter à Lyon, Lanthier revient à Avignon pour entraîner l'équipe locale puis dirige les clubs de Montfavet et Arles. Il s'installe au Pontet, et occupe alors un poste d'agent administratif à la mairie d'Avignon en 1997. Aux côtés de sa fille Yasmina, il lance l'association Planète Bleue, qui soutient les projets socioculturels à Avignon, et devient conseiller pour la commission technique des éducateurs du district Rhône-Durance, avant de prendre sa retraite et de s'occuper d'une association musicale auprès des jeunes Avignonnais.

## LAPOSTE (Jacky)

L'arrivée de Jacky Laposte au PSG en 1972 tient à la détermination du président du PSG, Henri Patrelle. Le joueur guadeloupéen, formé à La Gauloise de La Trinité, a impressionné le président parisien lors du concours du jeune footballeur organisé à Colombes en 1969. Trois ans plus tard, Laposte accepte finalement de rejoindre le PSG avec son compère Christian André. Milieu de terrain, il participe à la remontée du PSG et devient international Espoirs, puis militaire. Une juste récompense pour cet excellent joueur français, qui avait décliné une sélection en équipe de France Juniors, refusant d'arrêter de fumer malgré l'ultimatum du sélectionneur des jeunes Bleus, Jacky Braun. Meneur de jeu, Laposte devient au fil des années un redoutable milieu défensif. Titulaire indiscutable de 1972 à 1977 (175 matches sous le maillot parisien, 17 buts), le sympathique Antillais voit sa carrière gâchée par une blessure au genou, qui l'éloigne des pelouses pendant plus d'un an. Après avoir mis prématurément un terme à sa carrière, Jacky Laposte retourne en Martinique et y travaille comme agent hospitalier.

## LARQUÉ (Jean-Michel)

Avant de devenir l'indissociable acolyte de Thierry Roland, notre « Jean-Mimi » national a été un excellent joueur de football, sous le maillot vert de Saint-Étienne. Engagé par Daniel Hechter en 1977 pour devenir l'entraîneur du PSG, Larqué est obligé de rechausser les crampons, puis devient simple joueur, constatant l'échec de ses 14 mois à la tête du club. Son père, ancien footballeur et dirigeant de la JAB de Pau, lui a donné le virus du

ballon rond en territoire de l'Ovalie. En 1964, Jean-Michel Larqué remporte le concours du Jeune Footballeur et rejoint dans la foulée l'AS Saint-Étienne, dont il va devenir le meneur de jeu emblématique. Il remporte 7 titres de champion de France, 3 Coupes nationales de 1967 à 1976. Quart-de-finaliste avec l'équipe de France aux Jeux olympiques de Mexico en 1968, Larqué ne parvient pas à s'imposer avec les Bleus et ne compte à son actif que 14 sélections, pour 2 buts inscrits. Son arrivée à Paris pour entraîner le PSG, à seulement 29 ans, est une énorme surprise et un pari risqué pour le président Hechter. Cette première expérience à la tête d'une équipe professionnelle s'achève sur un échec. Larqué se tourne alors vers le journalisme et devient consultant pour France 2 et France Inter, alors qu'il porte les couleurs du Racing pour son dernier défi de footballeur. Reconverti dans le journalisme sportif, Larqué devient rédacteur en chef de Onze Mondial, un mensuel sur le football, et commentateur des matches à la télévision en 1980, sur TF1 puis sur M6 de 2011 à 2012. Quelques mois plus tard, il rejoint Canal+ pour l'émission Les Spécialistes et poursuit sa collaboration avec la radio RMC, débutée en 2001. Il a aussi occupé le poste de président de la Ligue de football des Pyrénées-Atlantiques, et celui de vice-président de la Ligue d'Aquitaine de 2006 jusqu'à sa démission, le 7 octobre 2017.

## LASPALLES (Nicolas)

Le défenseur latéral breton a vécu six premiers mois compliqués au PSG. Formé à Guingamp, il rejoint le club de la capitale en 1998, à 27 ans. Blessé au genou lors d'un match amical, il souffre par la suite d'une déchirure au mollet et assiste, impuissant, au départ de son entraîneur Alain Giresse puis à la fin du règne de Charles Biétry, après seulement six mois à Paris. Artur Jorge ne souhaitant pas le conserver, Laspalles part à Lens et se rappelle au bon souvenir de ses employeurs en inscrivant le seul but lensois face au PSG (1-0, 13/02/1999). La saison suivante, Bergeroo lui confie une place de titulaire au poste d'arrière droit, qu'il garde jusqu'à la moitié du Cham-

pionnat avant de se retrouver sur le banc des remplaçants. Breton de cœur, le natif de Montargis choisit de rejoindre Nantes et devient champion de France pour sa première saison chez les Canaris (2000-2001). Après six mois à Lecce, pour découvrir le Championnat italien (janvier-juin 2003), Laspalles retourne à Guingamp, le club qui l'a révélé. À 33 ans, il décide de mettre un terme à sa carrière professionnelle et rejoint Lannion, modeste club amateur. En 2006, Nicolas Laspalles est de retour à Guingamp et entraîne les U12, puis les U15 depuis plusieurs saisons. En janvier 2019, il est devenu entraîneur du Lamballe FC, club breton qui joue en Régional 1.

## LAUREY (Thierry)

L'élégant défenseur central n'est resté que trois mois dans la capitale et a fait les frais des débuts catastrophiques de la défense du PSG lors de la saison 1990-1991. Son arrivée avait suscité bien des espoirs du côté du Camp des Loges : passé par Saint-Mesmin et Romilly-sur-Seine, c'est à Valenciennes qu'il se fait remarquer par Bernard Tapie, nouveau président de l'OM. Ses six premiers mois à Marseille sont idylliques, mais la pression de la presse locale et des supporters finit par user ce jeune joueur de 22 ans, qui accepte d'être prêté à Montpellier. De retour à Marseille après une saison réussie au poste de milieu de terrain défensif, Laurey apprend par les journaux son départ pour Sochaux, dans le cadre d'un échange avec Franck Sauzée. Déçu par la manière, il devient indispensable dans le Doubs. Le sélectionneur des Bleus, Michel Platini, le convoque pour la rencontre en Écosse (0-2, 08/03/1989), son unique cape avec l'équipe de France. Recruté par le PSG pour remplacer Philippe Jeannol, annoncé sur le départ, il perd sa place au profit de l'ancien Nancéen qui a finalement prolongé son contrat à Paris. Repositionné au milieu de terrain, il jette l'éponge et quitte Paris le 11 octobre 1989, direction Saint-Étienne. C'est à Montpellier qu'il retrouve enfin la plénitude de ses moyens jusqu'en 1998 où il met un terme à sa carrière débutée seize ans plus tôt avec Valenciennes face à Libourne (1-1, 28/11/1982). Laurey rejoint le staff technique de Montpellier, au poste d'entraîneur adjoint, puis responsable technique du centre de formation. Sans club à l'issue de la saison 2005-2006, il entraîne le FC Sète (2007-2008) puis Amiens (2008-2009) avant de devenir superviseur pour l'AS Saint-Étienne, en mars 2011. Huit mois plus tard, Laurey retrouve un poste d'entraîneur, à l'AC Arles-Avignon. Démis de ses fonctions le 5 novembre 2012, il entraîne le GFC Ajaccio en Ligue 2 (février 2013-mai 2016) avant de rejoindre le RC Strasbourg, qu'il a fait monter en première division et qu'il a dirigé jusqu'à son départ en 2021, avec un succès en Coupe de la Ligue (2019).

## LAVEZZI (Ezequiel)

Depuis le passage de son compatriote Juan Pablo Sorin en 2003, le Parc des Princes n'avait plus connu un tel joueur, généreux dans l'effort et toujours en mouvement. Ezequiel Lavezzi, surnommé « El Pocho » en mémoire de… son chien, a débuté le football au Coronel Aguirre de Rosario, avant de faire un essai au centre de formation de Boca Juniors, à l'âge de 16 ans. Trois mois plus tard, il se dispute avec son entraîneur, claque la porte

et envisage d'abandonner le sport pour poursuivre une formation d'électricien. Le club d'Estudiantes à Buenos Aires, alors en troisième division, le convainc de rechausser les crampons. Avec succès : un an plus tard le Genoa en Italie le recrute et le prête dans la foulée à San Lorenzo. Profitant de la rétrogradation de Gènes en Serie C en 2005, le club argentin lui offre un contrat, avant la consécration en 2007 avec le titre de champion d'Argentine. Le 18 avril 2007, Lavezzi débute avec la sélection argentine face au Chili (0-0), puis il remporte les Jeux olympiques, en entrant en jeu en finale face au Nigeria (1-0, 23/08/2008) à la place d'un certain… Lionel Messi. Un an plus tôt, Lavezzi a rejoint le Calcio et le célèbre Napoli, qui attend le successeur de Diego Maradona. Lors de ses cinq saisons à Naples, il va inscrire 38 buts en 156 matches et s'imposer comme un redoutable attaquant, aux côtés du buteur uruguayen Edinson Cavani. Son tempérament de feu a séduit les supporters du club du sud de l'Italie, mais lui joue parfois des tours à l'image de sa suspension pour trois matches suite à une altercation avec Aleandro Rosi de l'AS Roma, le 12 février 2011. Son doublé face à Chelsea en Ligue des champions (3-1, 21/02/2012) finit par convaincre ses derniers et rares détracteurs. Naples sait qu'il ne va pas pouvoir conserver son joyau, qui termine son parcours italien en remportant la Coupe d'Italie avec le Napoli, après avoir vaincu la Juventus Turin en finale (2-0, 20/05/2012). Son transfert pour le PSG n'est déjà plus un secret, il signe à Paris le 2 juillet 2012. Ses débuts en France sont compliqués, lors de son second match en L1, il est expulsé à Ajaccio (0-0, 19/08/2012). Peu utilisé par Carlo Ancelotti et blessé aux adducteurs, Lavezzi confirme enfin son talent en inscrivant un doublé face au Dynamo Kiev (2-0, 21/11/2012) pour ses premiers buts parisiens. Tout s'enchaîne alors : le Parc découvre ce joueur, vif et rapide, complément parfait de Zlatan Ibrahimovic à la pointe de l'attaque parisienne. Sa première saison au PSG s'est achevée avec un premier titre de champion de France à la clé. Le 20 février 2016, alors qu'il n'est plus titulaire à Paris, Lavezzi rejoint le club de l'Hebei China Fortune FC devenant l'un des joueurs de football les mieux payés au monde. Le 13 décembre 2019, il a officialisé sa retraite, à 34 ans, et s'occupe désormais de sa fondation pour les enfants défavorisés, «Ninos del Sur».

## LEADER (championnat)

Le PSG a occupé pour la première fois cette place honorifique le 26 juillet 1985, à l'issue de la victoire à Toulouse (3-1). Depuis cette date, les Parisiens ont pris la tête du championnat de France de première division à 367 reprises.

## LÉANDRI (Sylvain)

Ce défenseur révélé à l'OGC Nice, et formé à la prestigieuse école du Cavigal, signe à Paris en 1971. International Juniors, il rejoint le PSG à l'âge de 22 ans et gagne sa place de titulaire après la blessure de Daniel Solas (15 matches en D1). Conservé par le Paris FC après la scission, Sylvain Léandri poursuit sa carrière à Ajaccio (1974-1976) et à Vallauris (1976-1983). Après avoir travaillé dans l'entreprise familiale de fabrication de meubles et entraîné les jeunes de l'OGC Nice, il obtient la concession d'une plage au Cap-d'Ail, « Tahiti Beach », dans les Alpes-Maritimes, puis prend sa retraite en 2008.

## LECLERCQ (Robin)

Cet espoir parisien au poste de milieu de terrain offensif n'a pas été épargné par les blessures lors de ses quatre saisons passées au PSG. Formé à Suresnes et l'ACBB à Boulogne-Billancourt, Leclercq signe à Châteauroux (1970-1971) et à Sochaux, où il ne reste que six mois avant de rejoindre le PSG et l'entraîneur qui l'avait formé à Châteauroux, Robert Vicot. Son passage à Paris se résume à une succession de blessures : fracture de la malléole de la cheville gauche, blessure au ménisque du genou droit et rupture des ligaments croisés du genou droit ! En 1976, son contrat n'est pas renouvelé et il rejoint Poissy pour quatre mois, avant de ranger les crampons après une nouvelle blessure. Robin Leclercq travaille alors pour une société de travail temporaire (1980-1991) puis part en Angleterre en 1998, sur les conseils de l'ancien champion du monde Marcel Desailly, pour exercer le métier d'agent de joueurs entre le Royaume-Uni et la France.

## LE CROM (Ronan)

Comme David Beckham, Ronan Le Crom a terminé sa carrière de footballeur professionnel par un titre de champion de France sous les couleurs du PSG… Si le parcours du gardien de but breton a été moins flamboyant que le « Spice Boy », il a connu une longue carrière, débutée en Bretagne à l'âge de 7 ans à l'US Goéland de Larmor-Plage. Dès 12 ans, il s'installe dans les buts et, en

1990, l'AJ Auxerre lui propose un stage, puis un contrat au centre de formation. Son début de carrière est prometteur, avec une Coupe Gambardella remportée avec le club auxerrois en 1993, puis plusieurs apparitions sur le banc des remplaçants comme doublure de Lionel Charbonnier. Annoncé probable titulaire pour un match de Coupe d'Europe face à Arsenal, Le Crom se blesse à la cheville et se retrouve dans l'ombre de Fabien Cool. Lors de la saison 1995-1996, il fait partie du groupe dirigé par Guy Roux qui remporte le doublé Championnat-Coupe de France, avant d'être prêté en Ligue 2 à Châteauroux (1996-1997) puis à Valence (1997-1998). De retour à Auxerre, Le Crom ne joue que 3 matches en 4 ans et quitte la Bourgogne sans regret, direction Guingamp. Titulaire indiscutable en Bretagne, il est l'invité surprise dans la liste des réservistes de l'équipe de France du sélectionneur Jacques Santini pour l'Euro 2004, avant de quitter Guingamp suite à la relégation de l'En Avant à la fin de la saison 2003-2004. Direction Saint-Étienne pour une année blanche comme doublure de Jérémie Janot, avant de rebondir à Troyes (2005-2007), Lens (2007-2008), Grenoble (2008-2010) et Nancy jusqu'en juin 2011. Souvent sur le banc, son esprit d'équipe va séduire le PSG, qui l'engage en janvier 2012 après six mois sans club et un essai sans suite un an plus tôt. Paris, un club qui a marqué sa carrière : de son plus beau souvenir avec Auxerre lors d'un succès 4-0 au Parc des Princes en Coupe de France le 10 février 2001, au but exceptionnel encaissé face à Ronaldinho avec Guingamp au Roudourou le 22 février 2003, et cette fin cruelle avec le penalty victorieux de Bernard Mendy en finale de la Coupe de la Ligue alors qu'il porte les couleurs lensoises, le 29 mars 2008. Le PSG et son entraîneur Carlo Ancelotti vont lui donner, à 38 ans, la fin de carrière qu'il mérite en le faisant entrer en jeu lors du dernier match de la saison chez lui, à Lorient. Vingt minutes de bonheur, puis une expulsion et une fin de carrière atypique pour Le Crom, qui rejoint alors l'équipe de France de Beach Soccer jusqu'en 2015. Il collabore désormais avec l'UNFP, le syndicat des joueurs professionnels et Europ Sports Assur, cabinet spécialisé dans l'assurance des sportifs professionnels et partenaire officiel du football professionnel en France.

## LEDUC (Lucien)

Lucien Leduc a terminé sa carrière d'entraîneur à Paris, riche de quatre titres de champion de France (1961, 1963 et 1978 avec Monaco, 1971 avec Marseille) et deux Coupes de France (1960 et 1963 à Monaco). Avant d'être un des meilleurs entraîneurs de l'Hexagone, Leduc fut un joueur talentueux, au poste de milieu de terrain. Formé à Portel, où il est né, Leduc perd deux finales de Coupe de France avec Sète (face au Red Star, 1942) puis sous les couleurs du Red Star (contre Lille, 1947). Champion de France de l'après-guerre avec Roubaix-Tourcoing (1946), il remporte la Coupe de France lors de sa troisième tentative, sous les couleurs du Racing Club de Paris (1947). L'homme a la bougeotte et devient l'un des premiers Français à tenter sa chance dans le Championnat

italien, à Venise (1949-1951). Quelques mois à Saint-Étienne pour son retour en France et il accepte le poste d'entraîneur-joueur à Annecy en 1951. Sans regret pour sa carrière avec l'équipe de France, qui reste bloquée à quatre sélections, et une victoire face à l'Angleterre de Stanley Matthews (2-1, 19/05/1946). En 1958, Leduc accepte de rejoindre l'AS Monaco et se retrouve, à quarante ans, entraîneur en première division. Deux ans plus tard, Monaco remporte la Coupe de France. Voyageur infatigable, il dirige le Servette Genève, l'équipe d'Algérie, Angers, Marseille, Reims, le Standard Liège, le Wydad de Casablanca avant de revenir à Monaco pour remporter un nouveau titre de champion de France en 1978. Un an plus tard, il décide d'abandonner le poste d'entraîneur et seule la volonté farouche du président Borelli le fera sortir de sa retraite, en 1983. À 64 ans, sa saison à Paris sera gâchée par les conflits avec les stars de l'équipe et l'ombre de Georges Peyroche, parti de son plein gré quelques mois plus tôt, puis rapidement candidat à sa propre succession. Le 3 avril 1984, Leduc démissionne et laisse sa place à Peyroche, alors que le PSG voit s'éloigner les places européennes. Tout juste retraité et atteint par la limite d'âge exigée par l'UNECATEF, le syndicat des entraîneurs, Leduc termine sa carrière sur un échec amer. Il est décédé le 17 juillet 2004, à l'âge de 85 ans.

## LEDUNOIS (Didier)

Capitaine de l'équipe de Paris Juniors, ce défenseur rejoint le PSG en 1972 mais va accumuler les pépins physiques, avec une pubalgie qui va le handicaper pendant plus d'un an. De retour en DHR (équipe 3) du PSG, il rejoint le PUC (1975-1986) et ouvre ensuite un cabinet de kinésithérapeute à Vitry-sur-Seine. Sélectionné avec l'équipe de France universitaire, il s'est occupé de nombreux sportifs et a collaboré avec l'équipe de France et les A' après la Coupe du monde 2006.

## LE GUEN (Paul)

voir P242

## LEMOULT (Jean-Claude)

Surnommé « la Fourmi », Jean-Claude Lemoult est, avec Luis Fernandez, l'une des plus belles réussites du centre de formation du PSG. Du haut de ses 168 centimètres, Lemoult a rejoint le PSG en 1976 précédé d'une réputation flatteuse, en sa qualité de capitaine des équipes de France Cadets et Scolaires. Formé à Chaumont, il débute à Paris à seulement 17 ans, lors d'une rencontre gagnée à Nice (3-2, 15/02/1978). Le début d'une belle aventure qui le mènera jusqu'à l'équipe de France, qu'il rejoint en 1983 avant de remporter la médaille d'or aux Jeux olympiques de Los Angeles en 1984. À Paris, même s'il accepte à contrecœur de dépanner à un poste d'arrière latéral qu'il maîtrise mal, Lemoult remporte deux Coupes de France (1982 et 1983) mais perd sa place de titulaire en 1985, l'année du titre de champion. Blessé dans son orgueil, il préfère quitter le PSG après dix ans de bons et loyaux services pour rejoindre Montpellier, où il remporte une troisième Coupe nationale en 1990. Après deux saisons à Nîmes (1991 à 1993), Lemoult rejoint le groupe Nicollin. Nommé responsable du secteur parisien pour cette entreprise spécialisée dans la collecte des ordures, Lemoult s'occupe du Paris Basket en tant qu'administrateur du club puis devient président du Paris Handball jusqu'au début de l'année 2010 et le désengagement du groupe Nicollin. Proche de Michel Platini, il travaille pour l'UEFA à Nyon en Suisse avant de prendre sa retraite.

## LEONARDO

voir P246

## LEONETTI (Jean-Louis)

Personnage haut en couleur, le milieu de terrain marseillais reste le seul joueur professionnel ayant porté les couleurs du PSG de 1971 à 1972 avant de revenir au club en 1973, répondant favorablement à la demande de Justo Fontaine. À 17 ans, le jeune Leonetti issu des quartiers populaires d'Endoume réalise son rêve en rejoignant l'OM. En 1957, il remporte la Coupe Drago, devient international Espoirs et semble promis à un bel avenir au poste de milieu de terrain. Si son frère Henri reste fidèle à la région marseillaise, Leonetti préfère s'exiler pour connaître de nouveaux horizons et joue successivement à Nice, au Havre, à Rouen, Bordeaux, Aix et Angoulême avant de rejoindre le PSG en 1971. Spécialiste des coups de pied arrêtés, ce joueur complet est passé à côté d'une carrière internationale, victime de son franc-parler si méridional. Après une première saison réussie au PSG, il rejoint avec la totalité du groupe professionnel le PFC, mais reste presque un an sans jouer. Le défi est d'autant plus grand lorsqu'il rejoint le PSG repris par Daniel Hechter et qu'il participe à la remontée du club en première division, alors que le Paris FC suit le chemin inverse. En 1974, il devient entraîneur de l'équipe réserve et assiste à l'éclosion de la première génération dorée du PSG avec Jean-Marc Pilorget, Thierry Morin, François Brisson et Lionel Justier. Le 5 septembre 1981, le PSG organisera son jubilé au Parc des Princes, avec son compagnon Jean-Pierre Dogliani, face aux Argentins de Boca Juniors. De retour chez lui à Marseille, ce fanatique de la pétanque entraîne le SMUC (Stade Marseillais Université Club), devient agent immobilier dans la cité phocéenne puis prend sa retraite. Jean-Louis Leonetti nous a quittés le 3 août 2020, à l'âge de 82 ans.

## LEPROUX (Robin)

L'ancien président du PSG, (2009-2011) n'était pas un inconnu dans le petit monde du ballon rond, et avait déjà officié aux Girondins de Bordeaux comme administrateur, de 1999 à 2005. Élevé dans le milieu du show-business et de la musique (ses parents ont créé et dirigé pendant vingt-sept ans le Golf-Drouot, une salle de rock réputée au début des années 1960), Robin Leproux est diplômé de Sup de Co à Reims et a commencé son parcours professionnel chez Procter & Gamble avant de rejoindre Polygram en →P244

**Milieu de terrain puis défenseur**
Né le 1er mars 1964
à Pencran

**Son parcours : Joueur :** Landerneau (1972-1977), Pencran (1977-1982), AS Brestoise (1982-1983), Stade Brestois (1983-1989), Nantes (1989-1991), PSG (1991-1998).
**Entraîneur :** Stade Rennais (1998-2001), Lyon (2002-2005), Glasgow Rangers (2006-janvier 2007), PSG (janvier 2007-2009), Cameroun (2009-2010), Oman (2011-2015), Bursaspor (2017-2018), Le Havre (2019-...).
**Son palmarès : Joueur :** vainqueur de la Coupe d'Europe des vainqueurs de coupe (1996), champion de France (1994), vainqueur de la Coupe de France (1993, 1995, 1998), vainqueur de la Coupe de la Ligue (1995, 1998).
**Entraîneur :** champion de France (2003, 2004, 2005), vainqueur du Trophée des champions (2002, 2003, 2004), vainqueur de la Coupe de la Ligue (2008).
**17 sélections avec l'équipe de France**

# Paul LE GUEN

Né à Pencran en Bretagne, Le Guen est un Breton, et fier de l'être ! À 20 ans, alors qu'il poursuit des études et va obtenir une maîtrise en sciences économiques, le joueur amateur de l'AS Brest se voit offrir la possibilité d'intégrer le groupe professionnel chez le voisin du Brest Armorique. Une belle réussite pour ce milieu de terrain défensif qui jouait deux ans plus tôt à Pencran, en première division de district. En 1989, après six saisons à Brest, il rejoint Nantes pour deux saisons dans le ventre mou du Championnat. Recruté par Artur Jorge en 1991, il devient indispensable à Paris et le capitaine du club un an plus tard. Il est le symbole de la réussite parisienne, remportant de nombreux titres avant d'intégrer l'équipe de France face à Israël, le 17 février 1993. Buteur décisif en finale de la Coupe de France face à Strasbourg (1-0, 13/05/1995), sa « patate de Pencran » devient célèbre à Moscou, lorsqu'il inscrit un superbe but face au Spartak (2-1, 28/09/1994). Le Guen termine sa carrière de joueur en 1998 et quitte le PSG pour entraîner Rennes, à seulement 34 ans. Le succès est au rendez-vous : trois saisons en Bretagne (1998-2001), puis trois ans à Lyon où il réussit un fabuleux triplé (champion de France en 2003, 2004, 2005). Il rejoint l'équipe des Sports de Canal+ puis accepte d'entraîner les Glasgow Rangers, en Écosse. Après six mois difficiles à la tête du club protestant écossais, il prend en main le PSG. Sous sa direction, Paris flirte avec la dernière place du classement, remporte la Coupe de la Ligue, puis retrouve le haut du tableau lors de la saison 2008-2009. Ses choix surprennent parfois, à l'image de la mise à l'écart du buteur Pedro Pauleta, ou du capitanat confié au jeune défenseur de 17 ans, Mamadou Sakho. Son contrat n'est pas reconduit en 2009, après une fin de saison délicate. Paul Le Guen retrouve rapidement un poste et devient sélectionneur du Cameroun, qu'il mène jusqu'à la Coupe du monde 2010 en Afrique du Sud. Le parcours des Lions Indomptables (trois défaites) est décevant et le contrat de Le Guen non renouvelé. Il poursuit alors ses activités de commentateur avec la chaîne cryptée et devient sélectionneur du sultanat d'Oman (2011-2015). Consultant pour la chaîne L'Équipe en 2016, il entraîne en Turquie, à Bursaspor (2017-2018) puis au Havre en Ligue 2, depuis mai 2019.

1985. Il collabore avec la chaîne de télévision M6 en 1992 pour développer les activités de diversification, puis devient vice-président du directoire de M6 en 2000. En janvier 2001, Robin Leproux est nommé président du directoire de RTL, et redresse le pôle radio français de RTL Group. En 2007, il devient président du groupe Springer en France avant d'être nommé président du directoire du PSG. Passionné de football (il avait participé au championnat de France militaire avec les pompiers de Paris). Le 13 juillet 2011 Robin Leproux quitte la présidence du PSG, avec l'arrivée des nouveaux actionnaires qatariens. Un an plus tard il retrouve un poste au sein du groupe M6, à la tête de la régie publicitaire jusqu'à sa démission, le 11 septembre 2014.

## LE ROUX (Yvon)

Son parcours au PSG s'est achevé dans la douleur, après seulement quelques mois passés sous les couleurs parisiennes. Le 11 octobre 1989 lors de la rencontre France-Écosse (3-0), le genou droit du défenseur central lâche. Il n'avait plus de cartilage. Une opération est envisagée, mais les incertitudes sur sa guérison totale l'obligent à mettre prématurément un terme à sa carrière, à seulement 29 ans. Ce grand gaillard (1,88 m pour 84 kg) né à Plouvorn dans le Finistère a connu de nombreux succès, de ses débuts à Brest (1977-1983), à Monaco (1983-1985) où il échoue en finale de la Coupe de France face à Metz, en passant par Nantes (1985-1987) et Marseille, où il réussit le doublé Championnat-Coupe de France en 1989. Son palmarès avec l'équipe de France est éloquent : un titre de champion d'Europe des Nations, malgré une expulsion en fin de rencontre lors de la finale face à l'Espagne (2-0, 27/06/1984), une Coupe intercontinentale (1985) et une troisième place à la Coupe du monde au Mexique en 1986. L'équipe de France lui a beaucoup donné, mais lui a aussi coûté sa fin de carrière prématurée, alors qu'il réussissait un excellent début de saison sous les couleurs parisiennes. Après avoir tenu une maison de presse à Landivisiau, en Bretagne, Le Roux replonge à Brest et entraîne une équipe traumatisée par le dépôt de bilan en 1991. Deux ans plus tard, il rejoint le sud de la France. La Bretagne lui manque, il accepte d'entraîner Quimper (1995-1996), puis Concarneau (1997), où il occupait le poste de directeur sportif. En 2012, Yvon Le Roux a accepté de participer à la création d'une structure de football pour les jeunes joueurs bretons du Sud Finistère avant de profiter de sa retraite en Bretagne.

## LEROY (Jérôme)

Le 28 décembre 2012, Jérôme Leroy a mis un terme à sa carrière de footballeur professionnel, à l'âge de 38 ans. Vingt-cinq ans après ses débuts du côté du Camp des Loges ! Né à Béthune, Leroy rejoint le centre de formation du PSG à l'âge de 13 ans et dispute dix ans plus tard une finale européenne perdue face à Barcelone et sa star Ronaldo (0-1, 14/05/1997). Ce début de carrière, après un prêt réussi à Laval (1995-1996), s'assombrit lors de l'arrivée de Philippe Bergeroo, qui ne lui accorde pas sa confiance. Leroy quitte donc la capitale et signe à l'OM en jan-

vier 2000. Deux ans plus tard, Luis Fernandez le rappelle à Paris mais son retour au PSG ne fait pas l'unanimité, les supporters acceptant mal son séjour à Marseille. Il va finalement regagner le respect du Parc des Princes, son doublé au Vélodrome faisant définitivement taire les derniers sceptiques (Marseille-PSG 0-3, 09/03/2003). L'arrivée d'Halilhodzic va à nouveau changer la donne et provoquer son départ précipité pour Guingamp, à quelques jours de la fin du mercato estival. Après une saison en Bretagne, il rejoint Lens et inscrit un but au Parc des Princes, avec le brassard de capitaine (PSG-Lens 0-2, 06/02/2005). Une douce revanche pour l'ancien joueur du PSG, cette défaite provoque le départ de Vahid Halilhodzic et son remplacement par Laurent Fournier. En décembre 2005, à la surprise générale, Leroy rejoint Luis Fernandez au Beitar Jérusalem en Israël. Il revient en France après six mois d'exil et signe à Sochaux, où il remporte la Coupe de France face à Marseille, à l'issue de la séance des tirs aux buts en finale (2-2, 5-4 t.a.b., 12/05/2007). Il quitte Sochaux et rejoint l'ambitieux Stade Rennais. Jérôme Leroy passe 4 saisons en Bretagne (152 matches, 19 buts), puis signe en 2011 à Évian pour apporter son expérience. Le 6 mars 2012, Leroy inscrit un doublé et ses deux derniers buts en L1 face à Marseille (2-0). Il quitte Évian à la fin de la saison avec 397 matches de L1 au compteur, puis met un terme à sa carrière six mois plus tard. Il débute alors une nouvelle discipline, le MMA, un combat dans une cage où tous les coups sont permis… Le 29 juin 2013, il sort de sa retraite footballistique et porte les couleurs en Ligue 2 d'Istres (2013-2014), Le Havre (2014-2015) et Châteauroux, où une blessure à la cheville met un terme définitif à sa carrière de footballeur. Au début de la saison 2015-2016, Jérôme Leroy est nommé conseiller en charge de la politique sportive et du recrutement de La Berrichonne de Châteauroux, et assiste avec fierté aux débuts de son fils Léo, qui vient de rejoindre Montpellier. Après 5 ans dans le Berry et son départ en avril 2020, il revient huit mois plus tard pour assurer la transition sportive et nommer son ancien coéquipier Benoît Cauet au poste d'entraîneur.

## LEROY (Laurent)

Deux fractures du tibia à six mois d'intervalle ont mis un terme à la carrière prometteuse de Laurent Leroy. Ce pur « Ch'ti », né à Saint-Saulve, prend sa première licence à Onnaing et rejoint Valenciennes en Pupilles. En 1996, il quitte le cocon familial et signe à Cannes, où il débute en D1 face au PSG (0-1, 15/09/1996). À 20 ans, tout semble lui sourire : il réussit deux somptueuses bicyclettes pour ses deux premiers buts en L1, face à Caen et Montpellier. Recruté par le PSG en 1998, Leroy accepte un prêt d'une saison au Servette Genève, avant de revenir à Paris. Bergeroo lui donne sa chance, séduit par le volume de jeu du longiligne attaquant. Luis Fernandez lui maintient sa confiance, avec en point d'orgue ce doublé inutile à La Corogne en Ligue des champions (3-4, 07/03/2001). Une fracture du tibia lors d'un match à Lyon (0-2, 15/04/2001) puis, six mois après, une blessure identique contre Monaco (1-2, 05/01/2002) vont le couper net dans son élan. Prêté à Troyes (janvier-juin 2003), Leroy n'entre pas dans les plans de Vahid Halilhodzic et quitte à regret le PSG. La suite de sa carrière est chaotique : de Neuchâtel en Suisse (2003-2004) à Cannes en National (2004-2005), puis Shanghai en Chine (2007), en passant par Bordeaux et Créteil. Leroy prend une licence amateur et signe à Saint-Raphaël (CFA 2) et devient… sapeur-pompier volontaire à la caserne de →P248

**Milieu de terrain offensif**
Né le 9 septembre 1969
à Niteroi

**Son parcours : Joueur :** Flamengo (1987-1989), Sao Paulo (1989-1991), Valence (1991-1993), Sao Paulo (1993), Kashima Antlers (1994-1996), PSG (1996-1997), Milan AC (1997-2001), Sao Paulo (2001), Flamengo (2001-2002), Milan AC (2002-2003).
**Entraîneur :** Milan AC (2009-2010), Inter Milan (2011), Antalyaspor (2017)
**Son palmarès : Joueur :** vainqueur de la Coupe du monde (1994), vainqueur de la Copa America (1997), vainqueur de la Coupe des confédérations (1997), champion du Brésil (1987, 1990), champion d'Italie (1999), vainqueur de la Coupe intercontinentale (1993), vainqueur de la Copa Libertadores (1993).
**Entraîneur :** vainqueur de la Coupe d'Italie (2011).
**47 sélections avec l'équipe du Brésil, 6 buts**

# LEONARDO
## Nascimento de Araujo

Peu de joueurs avaient laissé un tel souvenir en une seule saison passée dans la capitale. Le retour de Leonardo le 14 juin 2019 au poste de directeur sportif du PSG, a ravi tous les supporters parisiens. Plus que le joueur, parfait complément de son compatriote Raí, c'est l'homme qui a marqué les esprits. Pourtant, tout n'a pas été facile pour « Léo », obligé de s'exiler au Japon avant de revenir en Europe et de flamber à Paris. À 18 ans, le jeune espoir carioca connaît les joies d'un premier titre de champion du Brésil sous les couleurs de Flamengo (1987). Sao Paulo est séduit et, avec – déjà – Raí, Leonardo poursuit sa moisson de titres : Championnat (1990), Supercopa et Coupe intercontinentale (1993) puis Recopa (1994), avant de rejoindre Valence en Espagne (1991-1993). Avec la sélection du Brésil, il remporte la Coupe du monde en 1994 au poste d'arrière gauche, mais ne participe pas à la finale contre l'Italie, en raison d'un malencontreux coup de coude suivi d'une expulsion logique face aux États-Unis. À son retour, il choisit de s'exiler au Japon, qui découvre avec frénésie le football. Considéré comme un demi-dieu au Kashima Antlers, Leonardo accepte le défi parisien en 1996 et va réussir une saison parfaite, avec 10 buts inscrits en 48 matches officiels. Le PSG échoue en finale de la Coupe d'Europe des vainqueurs de coupe face à Barcelone à Rotterdam (0-1, 14/05/1997) et rate l'occasion d'un fabuleux doublé européen. Au début de la saison 1997-1998, le Milan AC offre un pont d'or pour recruter le joueur brésilien. Après une dernière partition exceptionnelle contre le Steaua Bucarest (5-0, 27/08/1997) où Léo réussit quatre passes décisives, il quitte le PSG comme un seigneur, pour 68 millions de francs (10 M€). La Lombardie tombe à son tour sous le charme, il remporte un dernier titre de champion d'Italie (1999), puis retourne au Brésil à Sao Paulo et Flamengo où il a débuté (2001-2002). À 33 ans, Leonardo joue sa dernière saison au Milan AC, et met un terme à sa fabuleuse carrière, en 2003. Fondateur avec Raí de l'association « Gol de Letra », il est nommé entraîneur du Milan AC le 31 mai 2009, un club dont il était vice-président depuis plusieurs années. Deux ans plus tard, c'est avec le grand rival, l'Inter Milan, qu'il remporte la Coupe d'Italie avant d'accepter le challenge des nouveaux propriétaires qatariens du PSG. Grâce à lui, le club de la capitale recrute Zlatan Ibrahimovic et Thiago Silva et retrouve l'ambition, jusqu'à sa démission le 10 juillet 2013. Après un passage en Turquie pour entraîner l'ambitieux Antalyaspor (septembre-décembre 2017) puis un retour au Milan AC comme directeur sportif (juillet 2018-mai 2019), Leonardo est revenu au PSG le 14 juin 2019, six ans après avoir quitté le club de la capitale. Il est désormais le patron sportif du club et a redonné le sourire aux supporters Rouge et Bleu.

Cannes ! Laurent Leroy porte les couleurs du RC Grasse (2009-2011), puis rejoint, à l'âge de 35 ans, l'US Pégonas. En mars 2012, après une nouvelle blessure au genou, Leroy occupe le poste d'entraîneur pour cette petite équipe des Alpes-Maritimes qu'il mène du championnat District à la Division d'Honneur jusqu'en 2013. En 2021, il s'occupait pour le plaisir des U10 de son village, à La Roquette-sur-Siagne.

## LESCURE (Pierre)

Le journaliste fondateur de l'émission culte Les Enfants du rock a occupé le poste de président du PSG de 1991 à 2002, année de son départ de Canal+. Passionné de sport, c'est en qualité de directeur général de la chaîne cryptée qu'il prend officiellement la présidence du club parisien, laissant la gestion du club à son ami Michel Denisot. Son père, journaliste à L'Humanité, lui a donné le virus du journalisme. Passé par RTL puis RMC, Pierre Lescure présente le journal télévisé sur France 2 en 1972, puis devient rédacteur en chef adjoint sur Europe 1 (1974) et directeur des programmes sur RMC (1979). En 1983, il rejoint André Rousselet et prépare le lancement de la nouvelle chaîne à péage, Canal+, avec le succès que l'on sait. Pierre Lescure est à l'origine du retour de Nicolas Anelka en 2000, un transfert pour un montant record en France. Licencié de Canal+ en 2002, il devient présentateur de l'émission Ça balance à Paris puis membre de l'équipe de C à vous sur France 5 et participe aux émissions Le Carré magique et On va s'gêner sur Europe 1. Le 21 avril 2008, Pierre Lescure est nommé directeur artistique du théâtre Marigny jusqu'à sa fermeture pour travaux en juillet 2013. Depuis le 14 janvier 2014, il est le président du Festival de Cannes.

## LETIZI (Lionel)

Ses six années au PSG ont marqué à jamais Lionel Letizi, qui a vécu avec son flegme légendaire les hauts et les bas du club parisien. Né à Nice, il fait ses premières armes dans sa ville natale (1991 à 1996) après avoir effectué ses premiers arrêts à Saint-Sylvestre, petit club au nord de Nice. Gardien de but des Aiglons en Pupilles, il remporte son premier titre de champion de France de D2 en 1994 et débute parmi l'élite du Championnat à Bordeaux quelques semaines plus tard (0-1, 28/07/1994). Son style aérien est l'héritage de son père, lui-même gardien de but. Pour l'anecdote, les pères de Jérôme Alonzo et Lionel Letizi ont joué sous les mêmes couleurs, à Cannes, avant que les fistons ne débutent ensemble à Nice et se retrouvent à Paris. Gardien de l'équipe de France aux Jeux olympiques d'Atlanta en 1996, Letizi rejoint Metz dans la foulée et rate de peu la consécration avec un titre de champion de France qui échappe aux Lorrains lors du dernier match de la saison en Championnat. Un nouveau coup dur quelques semaines après sa bourde avec les Bleus face à la Russie (0-1, 25/03/1998). Un ballon en retrait mal négocié qui termine dans les filets et le rêve de participer à la Coupe du monde s'éloigne. 1998, l'année du sacre pour l'équipe de France, mais l'année maudite pour le pauvre Letizi, qui fait partie de la liste des 28 présélectionnés pour la Coupe du monde avant d'être finalement écarté. En 2000, il rejoint le PSG pour être mis en concurrence avec Dominique Casagrande, qui va rapidement lui céder sa place. Au PSG, sa complicité et la concurrence avec Jérôme Alonzo resteront à jamais dans les mémoires. Écarté au profit du « divin chauve parisien », Letizi accepte respectueusement cette décision et redevient finalement titulaire, pour terminer son parcours à Paris par une victoire historique en finale de la Coupe de France face à l'OM (2-1, 29/04/2006). L'arrivée de Mickaël Landreau l'oblige à s'exiler en Écosse aux Glasgow Rangers, sous les ordres d'un certain Paul Le Guen. Le départ de ce dernier vers Paris fragilise sa situation, alors qu'il n'est plus titulaire à Ibrox Park. Il accepte finalement de revenir à Nice en janvier 2007, pour seconder le grand espoir du football français, Hugo Lloris. Le départ de ce dernier en 2008 lui permet de retrouver une place de titulaire au sein du onze niçois avant de céder sa place au portier colombien David Ospina, appelé à devenir le titulaire. À 38 ans, Lionel Letizi met un terme à sa carrière en toute discrétion, bien à l'image du personnage, après avoir mené le Gym en demi-finale de la Coupe de France 2011, battu par Lille (0-2, 19/04/2011). Le 24 mai 2012, il est de retour à l'OGC Nice, comme entraîneur des gardiens de but, un poste qu'il un poste qu'il a occupé jusqu'en 2020 avant de rejoindre le centre de formation niçois.

## LIBREVILLE

C'est au Gabon, lors du tournoi international de Libreville, que le PSG a remporté son pre-

mier trophée international. Le 15 juillet 1979, le PSG s'impose en finale face aux Brésiliens du Santa Cruz de Recife (1-1, 4-3 t.a.b.), après avoir disposé deux jours plus tôt des Anges Blancs du Gabon sur le score de 7-2. Paris a attendu neuf saisons pour enfin remporter un trophée, après plusieurs échecs au tournoi de Paris.

## LIFESTYLE

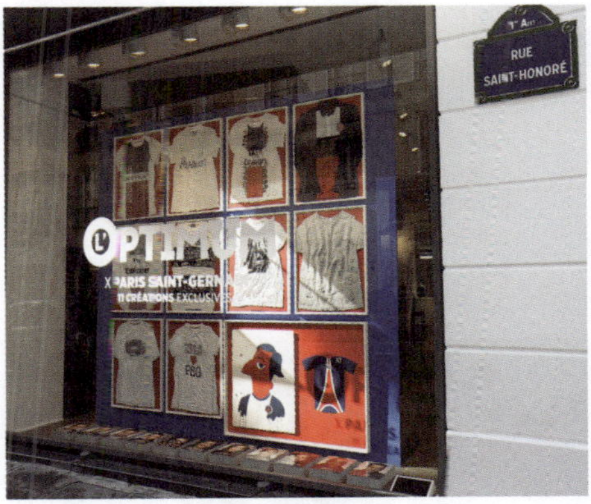


Pour développer la marque PSG, le club parisien a mis en place de nombreux partenariats avec des marques ou des boutiques prestigieuses. Parmi celles-ci, le partenariat avec Colette Paris pour deux maillots collectors, avec Afterhomework, Hugo Boss, BAPE, Replay ou Koché pour des collections exclusives. Le partenariat qui restera sans doute encore dans les mémoires est le partenariat avec Jordan Brand, une première pour la marque américaine avec un club de football.

## LIGUE DES CHAMPIONS

Le PSG a participé à 14 reprises à la Ligue des champions, la compétition la plus prisée en Europe. Paris a atteint les demi-finales lors de la saison 1994-1995, échouant face au Milan AC (0-1, 0-2) et en 2020-2021, contre Manchester City (1-2, 0-2), après la finale un an plus tôt, battu par le Bayern Munich à Lisbonne (0-1, 23/08/2020). C'est la meilleure performance du PSG, qui a participé aux 9 dernières éditions de la plus prestigieuse compétition en Europe. Les Rouge et Bleu se sont toujours qualifiés pour les huitièmes de finale en Champions League depuis 2012, une performance que seulement trois clubs européens ont réussie : le Bayern Munich, le FC Barcelone et le Real Madrid.

## LIVERPOOL

voir P252

## LJUBOJA (Danijel)

L'homme à la crête blonde n'est resté que 18 mois à Paris, mais n'a laissé que des bons souvenirs, inscrivant 8 buts en 56 rencontres officielles. Né à Vinkovci en Yougoslavie, Ljuboja rejoint la France à 13 ans et devient la terreur des défenses à Sochaux, réussissant son premier doublé en Ligue 1 lors d'une rencontre face à Montpellier (4-0, 30/10/1998).

En 2000, il rejoint l'ambitieux Strasbourg et termine meilleur buteur du championnat de L2, contribuant à la remontée des Alsaciens parmi l'élite. Après un pari avec son ami Habib Beye, alors Strasbourgeois, il se teint les cheveux et accepte de porter cette crête peu ordinaire, qu'il gardera définitivement. La victoire en Coupe de France en 2001 avec les Alsaciens confirme son exceptionnel potentiel et lui permet d'intégrer la sélection serbe. En 2003, le PSG souhaite l'engager et finit par obtenir gain de cause lors du mercato hivernal, pour un prêt avec option d'achat. Joueur talentueux mais aussi individualiste, il remporte la Coupe de France avec Paris face à Châteauroux (1-0, 29/05/2004) et participe activement à la qualification pour la Ligue des champions. Son manque de réalisme face au but le fait rentrer dans le rang en 2004-2005. Vahid Halilhodzic puis Laurent Fournier finissent par se lasser et, sans surprise, Ljuboja doit quitter le PSG. Il choisit le VfB Stuttgart en Allemagne pour une première saison en prêt, ses débuts sont prometteurs, mais son entraîneur Giovanni Trapattoni quitte le club pour Salzbourg en Autriche et souhaite l'emmener. Ljuboja choisit de rester à Stuttgart et va vite déchanter après avoir demandé à toucher le même salaire qu'au PSG (le club parisien payait la moitié de ses émoluments lors de son prêt). Obligé de jouer avec l'équipe réserve, il est prêté à Hambourg, mais il est à nouveau écarté en raison de son comportement. Pendant son absence, Stuttgart est sacré champion d'Allemagne et organise un nouveau prêt de six mois à Wolfsburg, pour la fin de la saison 2007-2008. Avec huit apparitions pour un seul but, il ne convainc pas et doit revenir à Stuttgart. Six mois après son retour, le 5 février 2009, le club lui signifie officiellement qu'il ne jouera plus jamais au sein de l'équipe première. Ljuboja retrouve les chemins des pelouses lors de son retour en Championnat de France, à Grenoble (2009-2010) puis à l'OGC Nice (2010-2011). Il quitte alors la France pour rejoindre la Pologne et le Legia Varsovie, avec un nouveau trophée à la clé : la Coupe de Pologne, sa troisième coupe nationale, remportée face à Ruch Chorzow en finale (3-0, 24/04/2012, avec un but signé

Danijel Ljuboja). Le 19 juillet, 2013, Ljuboja est de retour en France, à Lens en Ligue 2. Malgré une saison honorable (30 matches et 8 buts inscrits), il est libéré de son contrat un an plus tard et met un terme à sa carrière, à 35 ans. Il devient alors recruteur pour le Legia Varsovie, puis agent de joueurs.

## LLACER (Francis)

Adulé par les uns, décrié par les autres, « Cisco » Llacer fait désormais partie de l'histoire des Rouge et Bleu, des couleurs qu'il a portées de 1984 à 2003. D'origine espagnole, il a hérité de son prénom, Francis, en hommage à l'oncle de son père, Francisco Ballester, joueur du grand Real Madrid tragiquement disparu à l'âge de 26 ans après avoir reçu violemment un ballon dans la poitrine. Llacer, né à Lagny-sur-Marne, a rejoint le PSG à 13 ans après avoir débuté à Chalifert, puis à Meaux. Le 12 juillet 1985, alors que Paris entame une saison qui va le mener jusqu'à son premier titre de champion, il intègre officiellement le centre de formation au Camp des Loges. Avec les équipes de jeunes du PSG, il remporte un titre de champion de France Cadets (1987), puis la Coupe Gambardella (1989). Quelques semaines plus tard, Llacer débute avec l'équipe professionnelle, à seulement 16 ans et demi. Il reste à Paris lors de l'arrivée de Canal+ en 1991 et devient un joueur d'appoint, indispensable pour compenser une blessure ou une suspension. Capitaine de l'équipe de France Espoirs, il inscrit un but exceptionnel d'une frappe de volée à plus de trente mètres des buts, l'un des plus beaux dans l'histoire du club (Caen-PSG 0-2, 01/10/1994). Considéré comme un « porteur d'eau » dans le onze parisien, aux côtés des stars Raí, Weah ou Ginola, Llacer est présent sur la pelouse lors de la victoire en Coupe d'Europe face au Rapid Vienne (1-0, 08/05/1996). Quelques semaines plus tard, il est prêté à Strasbourg, où il se blesse gravement. De retour dans la capitale, il joue ensuite à Saint-Étienne (décembre 1999-juin 2000) puis à Montpellier (juin 2000-septembre 2001) avant de revenir au club sous le règne de Luis Fernandez. Considéré comme un proche de Luis, il quitte le PSG avec son mentor à la fin de la saison 2002-2003, après avoir porté le maillot parisien à 248 reprises. Luis Fernandez le rappelle à ses côtés lors de son séjour en Israël, au poste de manager adjoint (2005-2006), puis il est de retour en région parisienne, où il gère son patrimoine immobilier. Après avoir été mandaté par la société luxembourgeoise Trans Distribution pour acheter le centre équestre de Prémesques dans le Nord, Francis Llacer devient gérant d'un hôtel à Ronchin en 2014, avant d'ouvrir une salle de sport et fitness à Lille.

## LLODRA (Michel)

Michel Llodra fut un honnête joueur amateur à Saint-Germain-en-Laye et n'a participé qu'à 3 matches avec le PSG, alors en seconde division. Milieu de terrain offensif mince et longiligne, à l'image de son capitaine Jean-Pierre Dogliani, Llodra joue par la suite à Muret (CFA) puis devient commercial dans le domaine viticole avant de prendre sa retraite. Son fils Michaël Llodra célèbre joueur de tennis français, a joué en catégorie Jeunes au PSG avant de finalement choisir la petite balle jaune…

**1/2 finale aller de la Coupe d'Europe des vainqueurs de coupes**
Le jeudi 10 avril 1997, au Parc des Princes.
35 142 spectateurs.
**Arbitre :** M. Krugg (Allemagne).
**Buts :** Leonardo (11e), Cauet (42e), J. Leroy (84e) pour le PSG.
**Avertissements :** Harkness (50e) pour Liverpool.
**PSG :** Lama – Fournier, N'Gotty, Le Guen, Domi (Algerino 40e) – Cauet, Guérin, J. Leroy (Allou 87e), Leonardo, Raí (cap.) – Loko (Pouget 83e).
**Entraîneur :** Ricardo.
**LIVERPOOL :** James – Harkness, Wright, Matteo, McAteer – Redknapp, Bjornebye, J. Barnes (cap.), McManaman – Fowler, Collymore (Thomas 46e).
**Entraîneur :** R. Evans.

## PSG-FC LIVERPOOL (ANG) : 3-0 (2-0)

Tenant du titre, le PSG n'est plus qu'à trois rencontres d'un exploit jamais réalisé en Coupe d'Europe des vainqueurs de coupes : remporter un second succès consécutif, un an après sa folle soirée bruxelloise et la victoire face au Rapid Vienne (1-0, 08/05/1996). C'est une légende européenne qui se présente face aux Parisiens au stade des demi-finales, les emblématiques Reds de Liverpool, maîtres de l'Europe au début des années 1980. Cette rencontre, c'est aussi le grand rendez-vous des supporters parisiens et de leurs modèles anglais. La tribune Auteuil accueille les fans anglais avec respect : « Welcome to the legendary fans » peut-on lire sur une banderole déployée par les fans du PSG. Bien loin des affrontements tant redoutés par les forces de l'ordre.... Ricardo le sait : le point faible de Liverpool, c'est sa défense centrale, souvent trop fébrile. On craint la jeunesse et la décontraction des Reds, un sentiment qui va jouer en leur défaveur juste avant la rencontre. Portable dans le pantalon

du survêtement, lunettes de soleil au nez, l'échauffement négligé des joueurs anglais ne laisse pas indifférents les Parisiens, qui n'avaient point besoin de ce surplus de motivation... D'entrée de jeu, le PSG monopolise le ballon, affichant un engagement, un rythme et une détermination rarement vus cette saison au Parc des Princes. Leonardo trouve logiquement l'ouverture en reprenant une frappe croisée de Cauet, bien aidé par une mauvaise inspiration du gardien britannique, David James (11e). Le début d'une soirée cauchemardesque pour ce jeune gardien de but que la presse anglaise surnommera après la rencontre « Calamity James ». Mais où sont les Reds ? Absents, à l'image de cette nouvelle bévue de leur gardien. C'est cette fois Leonardo, de la tête, qui a mis le costume du passeur pour rendre la politesse à Cauet (42e). 2-0, à la pause, il faut maintenant tenir pour préserver cet excellent résultat. Patrice Loko, admirable de dévouement tout au long de la rencontre, laisse sa place au joker parisien Cyrille Pouget (83e). Un dernier changement judicieux : l'ancien Messin, après une percée rageuse sur le côté droit, centre en retrait vers Jérôme Leroy qui triple la mise (84e). Le Parc chavire, le PSG enlève, avec la manière, la première manche de cette demi-finale. Paris ira à Anfield Road avec trois buts d'avance et s'inclinera 2-0 pour décrocher sa seconde finale européenne consécutive.

## LO CELSO (Giovani)

Curieux parcours au PSG que celui de Giovani Lo Celso, jeune milieu de terrain argentin formé à Rosario, le club cher à Angel Di Maria. Après avoir débuté sa carrière professionnelle à seulement 19 ans face à Velez Sarsfield (0-0, 19/07/2015), il n'a besoin que d'une saison pour se faire un nom. Dès le début de l'année 2016, de nombreux clubs européens souhaitent enrôler cet élégant milieu de terrain gaucher et c'est le PSG qui l'engage officiellement le 26 juillet 2016, avant de le prêter pour six mois à son club formateur. Après une défaite en finale de la Coupe d'Argentine face à River Plate (3-4, 15/12/2016), il rejoint le PSG mais tarde à débuter avec les Rouge et Bleu, jusqu'au match de Coupe de France contre Avranches (4-0, 05/04/2017). La saison 2017-2018 confirme sa montée en puissance : profitant des blessures de Thiago Motta et de Marco Verratti, Unai Emery lui donne sa chance au poste de milieu de terrain récupérateur avec une titularisation surprise face au Real Madrid en Ligue des champions (1-3, 14/02/2018). Le 11 novembre 2017, il est appelé pour la première fois en équipe d'Argentine face à la Russie (1-0) et poursuit sa folle ascension, à seulement 21 ans. Sa fin de saison est une réussite, avec une efficacité retrouvée : un doublé face à Monaco (7-1, 15/04/2018) lors du match qui donne le titre de champion de France au PSG, puis un but décisif en finale de la Coupe de France contre Les Herbiers (2-0, 08/05/2018). Son avenir semble parisien après avoir fait partie du groupe des 23 joueurs argentins lors de la Coupe du monde en Russie, mais l'arrivée de Thomas Tuchel et les contraintes du fair-play financier voulu par l'UEFA vont changer la donne. Lo Celso quitte donc le PSG pour un prêt au Betis Séville, avec option d'achat. En Espagne, il confirme ses performances parisiennes et devient incontournable, avec 45 matches joués et 16 buts en une saison. Après une Copa America réussie avec l'Argentine lors de l'été 2019, le Betis Séville, qui a levé son option d'achat quelques semaines plus tôt, le prête à Tottenham en Angleterre avec une belle plus-value. Même si l'adaptation au football anglais est compliquée, les Spurs comptent désormais sur lui et l'ont engagé jusqu'en 2025.

## LOGO

Le 22 février 2013, le PSG avait dévoilé son nouveau logo, expression de la nouvelle stratégie du club avec la construction d'une marque mondiale du sport. Deux éléments disparaissaient : le berceau sous la Tour Eiffel, qui représentait Saint-Germain-en-Laye avec la fleur de Lys, et la date de création du club, 1970. Après avoir mis en avant la ville de Paris, représenté par le bateau de 1970 à 1972, le logo du PSG a intégré la tour Eiffel, le symbole de la ville lumière à travers le monde. La fleur de Lys met en valeur la ville de Saint-Germain-en-Laye et les symboles de la royauté. Avec l'arrivée de Canal+, place aux trois lettres P-S-G et disparition du logo historique sur le maillot du club, avant son retour en 1995. Pour le 40e anniversaire du club en

2010, un liseré doré a été ajouté. Dix ans plus tard, un nouveau logo a été dévoilé, pour fêter le 50e anniversaire des Rouge et Bleu.

## LOKO (Patrice)

voir P256

## LOKOLI (Dominique)

Surnommé « Bip-Bip » pour sa pointe de vitesse en hommage au héros de la Warner, Dominique Lokoli a connu cinq saisons plutôt réussies sous le maillot parisien. Né à Rouen, il débute à Choisy-le-Roi et rejoint le PSG en 1974, sur les recommandations du dirigeant du PSG Jacky Bloch. Arrivé à Paris sur la pointe des pieds, ce brillant défenseur latéral est titularisé lors des matches de préparation, alors qu'il n'a signé qu'un contrat de stagiaire. Passionné d'informatique, Lokoli a choisi le football alors qu'il brillait en athlétisme et au handball. Son surnom de « Bip-Bip » lui a été donné par son capitaine Jean-Pierre Dogliani lors d'un match joué à Bastia, alors qu'il revenait en défense après une rapide contre-attaque, la marque de fabrique de cet excellent sprinter. En 1979, Lokoli quitte le PSG et signe à Nancy (1979-1981), puis porte les couleurs d'Auxerre (1981-1984) et de Reims (1984-1986) où il laisse le souvenir d'un garçon aimable, simple et épanoui. Après un dernier passage à Montélimar, il devient éducateur sportif à la fin de sa carrière professionnelle. Dominique Lokoli s'installe alors en Corse, à Sainte-Lucie de Moriani. Entraîneur adjoint de l'AS Costa Verde (DH), il a créé les Olympiades de San Nicolao pour les jeunes sur l'île de Beauté et assiste à l'éclosion de son fils Laurent dans le tennis, vainqueur de l'Orange Bowl en décembre 2010, âgé de 26 ans en 2021.

## LOKOMOTIV SOFIA

voir P260

## LOWITZ (Claude)

À 23 ans, Claude Lowitz rejoint le PSG en 1985, après avoir débuté à Toulouse (1981-1984), puis confirmé son excellent potentiel à Metz lors de la saison 1984-1985. Son père, né en Pologne, est posé et réfléchi. Sa mère, guinéenne, est impétueuse et spontanée. Le cocktail des deux a donné naissance à ce magnifique athlète, champion de France du lancer de javelot en Cadets. Talentueux, Lowitz envisage une carrière au décathlon, mais choisit finalement le ballon rond et débute à Figeac, là où il est né. Ailier gauche à ses débuts, il joue finalement au poste de défenseur latéral et connaît des débuts difficiles à Toulouse, souffrant d'un manque de confiance qu'il va compenser par son sérieux et sa soif de réussite. International olympique, son début de saison à Paris est impressionnant, mais une blessure au ménisque va l'éloigner des pelouses pendant de nombreux mois. Malgré cette longue absence, il devient champion de France avec Paris au terme d'une première saison exceptionnelle pour le PSG, invaincu pendant 26 rencontres. L'année suivante, il semble ne jamais retrouver le niveau de jeu entrevu au début de la saison 1985-1986. La concurrence est rude en défense avec Franck Tanasi et Thierry Bacconnier, Lowitz disparaît peu à peu du onze de départ et doit se résoudre à quitter le club de la capitale. Il porte les couleurs de Marseille (1987-1988), Montpellier (1988-1989), Nantes (1989-1991), Pau (1991-1992) puis met un terme à sa carrière au Gazélec Ajaccio, en 1993. Après avoir accompagné son ancien entraîneur Marcel Husson ➔ P258

**Attaquant**
Né le 6 février 1970
à Sully-sur-Loire

**Son parcours :** Nantes (1986-1995), PSG (1995-novembre 1998), Lorient (novembre 1998-1999), Montpellier (1999-décembre 2000), Lyon (janvier-juin 2001), Troyes (2001-2002), Lorient (2002-janvier 2004), Ajaccio (janvier-juin 2004).
**Son palmarès :** vainqueur de la Coupe d'Europe des vainqueurs de coupe (1996), champion de France (1995) vainqueur de la Coupe de France (1998), vainqueur de la Coupe de la Ligue (1998), vainqueur du Trophée des champions (1998), meilleur buteur du championna de D1 (1995).
**26 sélections et 7 buts avec l'équipe de France**

# Patrice LOKO

Très jeune, Patrice Loko était un fervent supporter du PSG. Né à Sully-sur-Loire tout près d'Orléans d'un papa congolais ancien joueur du Championnat de France Amateur et d'une maman polonaise, il débute à Amilly au côté de son ami Franck Gava, qu'il retrouvera quelques années plus tard au PSG. À 16 ans, cet attaquant virevoltant rejoint le centre de formation du FC Nantes et va rapidement s'imposer à la pointe de l'attaque des Canaris, aux côtés de Nicolas Ouédec. Sous la direction de Coco Suaudeau, le jeu des Canaris atteint son apogée en 1995, avec un titre de champion de France. Loko termine meilleur buteur du Championnat, avec 22 buts. Le 17 février 1993, il dispute son premier match avec l'équipe de France lors du succès en Israël (4-0). Malgré ses 25 sélections avec les Bleus pour 7 buts inscrits, le buteur ne s'est jamais imposé sous le maillot tricolore, ce qui reste son seul regret de footballeur. En 1995, après de longues semaines d'attente, il rejoint enfin le PSG et va se retrouver, bien malgré lui, sous le feu des médias. Interpellé par la police pour n'avoir pas su gérer les bouffées délirantes dont il se dit victime, Loko est hospitalisé pendant plusieurs semaines. L'homme est blessé par un drame familial, mais va finalement se relever et retrouver sa place dans le onze titulaire parisien. Après avoir participé au succès du PSG face au Rapid Vienne (1-0) en 1996, il va réussir un excellent parcours en 1996-1997. Une saison des plus abouties, avec un triplé en Coupe d'Europe face à l'AEK Athènes (3-0, 20/03/1997), puis un quadruplé en championnat face à Nice (5-0, 27/04/1997). Personne n'a fait mieux dans l'histoire du club. Moins en vue lors de la saison suivante, il est présent pour inscrire le tir au but victorieux lors de victoire en finale de la Coupe de la Ligue contre Bordeaux (2-2, 4-2 t.a.b., 04/04/1998). Prêté à Lorient en novembre 1998, Loko porte les couleurs de Montpellier, Lyon, Troyes, de nouveau Lorient, et achève sa carrière à Ajaccio en juin 2004, à 34 ans. Désormais installé à Vannes en Bretagne, il joue pour le plaisir avec les anciens de l'équipe de France et a obtenu son diplôme d'entraîneur. Patrice Loko a créé la société Loko Sports Événements avec son frère William, qui organise des soirées à l'occasion des grands événements sportifs, et a ouvert à Vannes un bar-restaurant, La Bodeguita avec pour associé l'ancien rugbyman sénégalais Steeve Sargos.

→ au WAC Casablanca au Maroc, Lowitz rejoint l'île de la Réunion, joue à la Jeanne-d'Arc puis devient entraîneur à Saint-Pierre pendant plusieurs années. Curieux de nature, il rencontre le plus grand joueur chinois, Xu Genbao, à la Réunion en 1999, et rejoint la Chine où il s'occupe d'un centre de formation de jeunes footballeurs à Shanghai et forme les cadres techniques de ce pays qui découvre le ballon rond. De retour à la Réunion en 2008, il est nommé responsable du pôle Espoirs football à La-Plaine-des-Cafres. En 2021, il y avait toujours pour mission de découvrir les successeurs de Guillaume Hoarau, l'ancien buteur réunionnais du PSG.

## LUCAS (Rodrigues Moura da Silva)

À 20 ans, Lucas Moura est le dernier joyau brésilien du PSG. Ses dribbles chaloupés et son style de jeu résolument tourné vers l'offensif rappellent aux supporters parisiens un certain Ronaldinho... Avant de rejoindre Sao Paulo, le jeune attaquant brésilien a fait ses classes dans les équipes de jeunes du Clube Atletico Juventus et des Corinthians. Le 25 janvier 2010, le Brésil le découvre lors de la finale du championnat Juniors de Sao Paulo, où il inscrit le tir au but décisif (victoire face à Santos, 1-1, 3-0 t.a.b.). Il semble promis à un bel avenir et débute avec l'équipe première face à l'Atletico Paranaense (1-1, 08/08/2010). Après 9 matches avec les pros, celui que l'on appelle encore « Marcelinho » choisit de se faire appeler Lucas Moura, afin d'éviter d'être confondu avec Marcelinho Carioca, star au Brésil passée en France sous le maillot de l'AC Ajaccio. Le 16 septembre 2010, Lucas Moura débute donc une nouvelle carrière et poursuit son ascension en remportant le titre de « révélation du Championnat » du Brésil. Le 17 février 2011, il signe un nouveau contrat à Sao Paulo jusqu'en 2015 et devient le second joueur le mieux payé du Championnat du Brésil, derrière... Ronaldinho ! Cinq jours plus tôt, il est devenu avec le Brésil champion d'Amérique du Sud en U20, inscrivant 4 buts, dont un triplé lors du match décisif face à l'Uruguay (6-0, 12/02/2011). Tout va alors très vite pour le prodige brésilien, qui honore sa première sélection avec l'équipe A contre l'Écosse à Londres (2-0, 27/03/2011). Après avoir inscrit son premier but face au rival historique, l'Argentine (2-0, 29/09/2011), Lucas devient un titulaire indiscutable à Sao Paulo, mais l'Europe lui fait déjà les yeux doux et son départ semble inéluctable. Alors qu'il dispute les Jeux olympiques à Londres, son transfert au PSG est officialisé pour une somme record au Brésil de 40 millions d'euros. Lucas Moura restera six mois à Sao Paulo et rejoindra la France à la fin de l'année. Les Auriverdes sont battus en finale des J.O. par le Mexique (1-2, 11/08/2012) et l'attaquant brésilien doit se contenter de la médaille d'argent. À son retour au Brésil, Lucas multiplie les prouesses et offre à Sao Paulo la Copa Sudamericana, inscrivant un but lors de la finale retour avant d'offrir le second à Osvaldo (2-0 face aux Argentins du CA Tigre, l 12/12/2012). Il débarque à Paris – via Doha où le PSG se prépare – et s'affirme rapidement comme un excellent attaquant de soutien sur le côté droit. Ses 5 saisons à Paris, avec 229 matches joués et 46 buts, et de nombreux trophées remportés, confirment son exceptionnel potentiel, mais aussi son irrégularité chronique. Malgré l'arrivée de son ami Neymar, son temps de jeu se réduit drastiquement. Le 31 janvier 2018, Lucas quitte le PSG et rejoint Tottenham. En Angleterre, il va marquer les esprits avec un incroyable triplé face à l'Ajax Amsterdam (3-2, 08/05/2019) qui envoie son équipe en finale de la Ligue des champions. À 28 ans en 2021, il était désormais un cadre du onze londonien.

## LUCAU (Chiguy)

Né en République démocratique du Congo, à Kinshasa, cet attaquant athlétique débute en France à Levallois, et rejoint le PSG à 14 ans, au centre de Verneuil-sur-Seine, puis au Camp des Loges. Buteur attitré de l'équipe de CFA sous la direction d'Antoine Kombouaré, Lucau débute avec le groupe professionnel au côté de son camarade Lorik Cana mais, au contraire du futur international albanais, il doit se contenter de quelques apparitions, dont une titularisation surprise au Parc des Princes face à Rennes en L1 (0-0, 20/05/2003). Blessé puis non retenu avec le groupe professionnel les saisons suivantes, le désormais international congolais finit par quitter la capitale sans amertume et signe au Mans, avec lequel il accède à la L1 en 2005. Pour ses retrouvailles avec le PSG, le jeune attaquant inscrit le but manceau (1-1, 11/11/2006) et confirme son excellent potentiel entrevu lors de sa formation à Paris. Très peu utilisé en fin de saison, Lucau rejoint Sedan relégué en Ligue 2 (2007). Après six mois de prêt à Châteauroux et une demi-saison à Colmar, Lucau s'engage à l'US Créteil Lusitanos (National) en 2011. Une tenace pubalgie le handicape et il doit quitter Créteil un an plus tard. Après six mois de remise en forme au centre technique national de Clairefontaine, Chiguy Lucau a retrouvé un club au début de l'année 2013, en signant à Tarbes, en Championnat CFA. Un an plus tard, il rejoint le championnat thaïlandais et le club du Police United FC, à Bangkok, mais se blesse aux ligaments du genou après seulement une dizaine de matches. De retour en France, il met un terme à sa carrière, s'installe à Drancy en région parisienne et passe ses diplômes d'entraîneur. Il a récemment occupé un poste d'éducateur pour un petit club de XVI^e arrondissement de Paris et a collaboré avec la PSG Academy.

## LUCCIN (Peter)

Réussir à Paris est un challenge difficile, s'imposer sous le maillot parisien alors que l'on représente le rival historique, l'Olympique de Marseille, est un défi quasiment impossible à relever. Le bouillant Peter Luccin en a fait les frais, malgré des débuts réussis à Paris lors de la saison 2000-2001. Originaire des quartiers nord de Marseille, cet excellent milieu de terrain défensif a débuté à Cannes, remportant deux titres consécutifs de champion de France des U17 (1995 et 1996). Après ce second sacre, Luccin débute en première division lors d'une rencontre contre Montpellier et s'impose comme un vieux briscard à Cannes, alignant les sélections en équipe de France des moins de 20 ans puis en équipe de France Espoirs, dont il devient le capitaine. Comparé à Didier Deschamps pour son jeu → P262

**16e de finale retour de la Coupe d'Europe des vainqueurs de coupe**
Mardi 28 septembre 1982, au Parc des Princes.
32 000 spectateurs environ
**Arbitre :** M. Brummeier (Autriche)
**Buts :** Toko (20e et 81e), Bathenay (66e), N'Gom (85e), Lemoult (89e) pour le PSG, Bogdanov (47e) pour le Lokokomtiv Sofia.
**Avertissement :** Lalov (68e) pour le Lokomotiv Sofia.
**Expulsion :** Lalov (86e) pour le Lokomotiv Sofia.
**PSG :** Baratelli – Fernandez, Pilorget, Bathenay (cap.), Guillochon – Zaremba, Lemoult, Ardiles – Toko, Kist, N'Gom.
**Entraîneur :** G. Peyroche.
**LOKOMOTIV SOFIA :** Donev – Doudov (Vassiliev 75e), Lalov, Damianov, Markov – Arsov (cap.), Milanov, Doytchev, Bogdanov – Iliev, Velichkov.
**Entraîneur :** G. Berkov.

## PSG-LOKOMOTIV SOFIA : 5-1 (1-0)

Quinze jours plus tôt, à Sofia, des Parisiens bien trop timorés se sont inclinés par la plus petite des marges (1-0), pour la première participation du PSG à une compétition européenne. Un résultat qui a pourtant satisfait Georges Peyroche, persuadé que ses joueurs pourront renverser la tendance sur leur pelouse fétiche du Parc des Princes. L'entraîneur parisien aligne un trio d'attaquants composé de Toko, N'Gom et Kist, et a choisi son credo : tout pour l'attaque ! Dès les premières minutes, les occasions se succèdent sur les buts bulgares. Et c'est le plus logiquement du monde que Toko reprend du plat du pied un centre de Bathenay pour l'ouverture du score (20e). Un seul but de retard à la pause… C'est un miracle pour un Lokomotiv Sofia dépassé. Georges Peyroche est furieux devant le peu de réalisme de ses joueurs et, dès la reprise, les faits lui donnent raison : sur leur première occasion de but, les Bulgares égalisent d'une frappe précise de Bogdanov (47e). Paris s'en relèvera-t-il ? Après

de longues minutes de flottement, la rencontre va finalement basculer de manière inattendue, juste après l'heure de jeu. C'est tout d'abord Baratelli, éternel sauveur des siens, qui détourne superbement une frappe de Velichkov (65e). Sur la relance, le capitaine, Dominique Bathenay, se souvient que quelques années plus tôt il avait réussi, avec les Verts de Saint-Étienne, à forcer l'admiration du célèbre kop de Liverpool, d'une frappe puissante et précise… Dans des circonstances identiques, son coup de canon redonne l'avantage aux siens (66e). C'est toujours insuffisant pour assurer la qualification, mais cela a le mérite de réveiller le PSG, qui multiplie alors les offensives. La défense bulgare finit par céder à dix minutes de la fin du match, sur un exploit de Toko. L'attaquant tchadien, sur un centre de Zaremba, se couche et effectue une reprise parfaite en demi-volée (81e). Les joueurs bulgares, impuissants, ne peuvent éviter la débâcle : le regretté Michel N'Gom perce sur le côté droit et, au terme d'un exploit personnel, marque à son tour (85e) avant de donner, avec beaucoup d'altruisme, le ballon du 5-1 à son compère Jean-Claude Lemoult (89e). La messe est dite : Paris a réussi sa première européenne et a enflammé le Parc, avec cinq buts au compteur. Le mot de la fin reviendra à Toko, interviewé au coup de sifflet final et dont la réponse restera à jamais gravée dans les mémoires : « Mon but ? Ce n'est pas le plus beau de ma carrière ! J'en ai inscrit des biens plus spectaculaires que celui-ci à l'entraînement ! Vous devriez venir plus souvent me voir à l'entraînement au Camp des Loges… »

→ simple et collectif, il participe en 1997 au Championnat du monde des U20, aux côtés des Silvestre, Gallas, Henry, Trézeguet et autre Anelka. Son passage aux Girondins de Bordeaux (1996-1998) lui vaut la reconnaissance de son entraîneur, Rolland Courbis. Il suit son mentor à Marseille et revient chez lui par la grande porte, avec l'ambition de s'imposer sur la Canebière. Le jeune homme, à seulement 20 ans, a du caractère... Alors que son parcours olympien semble parti pour durer, Luccin accepte de rejoindre le PSG et ses potes Nicolas Anelka et Stéphane Dalmat en 2000 pour 90 millions de francs (environ 13 M€) et donner à ce PSG new-look un parfum de rap et de banlieue. Titulaire sous les ordres de Philippe Bergeroo, Luccin va perdre sa place lors de l'arrivée de Luis Fernandez, qui lui préfère un joueur espagnol et inconnu encore plus jeune, Mikel Arteta. Cela en est trop pour ce fort caractère, prié de quitter la capitale sur ce cuisant échec. Il rejoint la Liga espagnole et le Celta Vigo, qui voit en lui le successeur de Claude Makélélé. Il y reste quatre saisons et devient un élément de base en Galice, puis signe pour l'ambitieux Atletico de Madrid, qui rêve de détrôner le grand Real. Pendant trois années, Luccin est l'homme de base de l'Atletico et brûle de rejoindre l'équipe de France. Malgré de nombreux appels du pied, il ne portera jamais la tunique tricolore et va même connaître plusieurs revers en club. En 2007, il choisit le Real Saragosse, mais son année se termine en cauchemar, avec une humiliante relégation en seconde division espagnole. Alors qu'il cherche désespérément un club pour l'accueillir, Luccin attend la fin du mercato estival pour signer au Racing Santander. Cette saison est un échec, avec seulement neuf apparitions en Liga. Pire, Luccin se blesse gravement en mai 2009 (rupture des ligaments croisés antérieurs du ménisque droit) et se retrouve sans club, malgré des essais à l'AEK Athènes (Grèce), au Celtic Glasgow (Écosse) et à Cologne (Allemagne). Après deux années sans club, il s'engage avec Lausanne Sport (Suisse) pour une saison sans relief, avec 8 matches pour un seul but. Sa carrière semble s'achever sur ce nouvel échec lorsque le FC Dallas lui propose un contrat d'une saison en MLS. Mais le sort s'acharne à nouveau sur Luccin, qui se blesse gravement aux ligaments croisés du genou sans avoir joué un match officiel aux États-Unis. Le 5 octobre 2013, il débute enfin avec le FC Dallas puis met un terme à sa carrière de footballeur débutée quinze ans plus tôt, au début de l'année 2015. Peter Luccin entame une carrière d'entraîneur à l'académie du club de Dallas, dans les catégories U12, U13 et U14. Le 9 janvier 2019, il a été nommé entraîneur adjoint du FC Dallas, une des 26 franchises de la Major League Soccer aux États-Unis.

## LUGANO (Diego)

En recrutant Diego Lugano, le PSG pensait avoir trouvé le meneur d'hommes qu'il recherchait depuis le départ de Gabriel Heinze. Le défenseur uruguayen n'avait laissé que des bons souvenirs dans ses différents clubs, avec de nombreux trophées remportés en Uruguay, au Brésil et en Turquie. Lors de ses débuts à Canelones sous le maillot du Club Atletico Libertad, Lugano est surnommé « Tota » comme son père Alfredo, qui portait les mêmes couleurs vingt ans plus tôt. Jusqu'à 12 ans, il joue attaquant et termine meilleur buteur de son équipe, avant de s'installer au milieu du terrain, puis en défense centrale. En 1999, il signe au Nacional Montevideo, puis il est prêté une saison au CA Plaza à Colonia. Un prêt qui va lancer sa carrière : à 21 ans, il porte déjà le brassard de capitaine et revient avec un statut de titulaire au Nacional. Après avoir débuté avec l'équipe nationale à Hong Kong face à une sélection locale (3-0, 01/02/2003), il accepte alors de quitter son pays pour le Brésil et le prestigieux Sao Paulo, cher à Leonardo et Raí. Les débuts sont difficiles, mais il va finalement s'imposer, remportant au passage la Copa Libertadores face à l'Atletico Paranaense (1-1, 4-0) puis la Coupe du monde des clubs, contre Liverpool à Tokyo (1-0, le 18/12/2005). Il possède alors la particularité de refuser d'échanger son maillot à la fin du match, par respect pour les couleurs qu'il porte ! Après avoir tout gagné au Brésil, Lugano rejoint le club turc de Fenerbahçe, et remporte le titre de champion de Turquie l'année du centenaire du club (2006). Adoré par les fans stambouliotes, Lugano devient le capitaine de la Céleste. Avec la sélection de l'Uruguay, il connaît les déceptions d'une peu glorieuse élimination en barrages face à l'Australie pour la Coupe du monde 2006 à l'issue des tirs aux buts, le plus mauvais souvenir de sa carrière. Quatre ans plus tard, l'heure de la revanche a sonné : l'Uruguay n'échoue qu'en demi-finale face aux Pays-Bas (2-3, 03/07/2010), un match qu'il n'a pas joué suite à une blessure au genou. Quatrième de la Coupe du monde, l'Uruguay remporte la Copa America en Argentine un an plus tard (victoire en finale 3-0 face au Paraguay, 24/07/2011). Lors de son retour en Turquie, un scandale de matches truqués et de corruption précipite la chute de Fenerbahçe. Le PSG saute sur l'occasion pour engager Lugano, mais ses 18 mois à Paris ne resteront pas dans les mémoires... Après des débuts ratés, le joueur uruguayen se retrouve sur le banc des remplaçants, victime d'une féroce concurrence en défense centrale. L'affront est encore plus grand au début de la saison 2012-2013 : le PSG ne compte plus sur lui et l'exclut même de la liste envoyée à l'UEFA pour la Ligue des champions. Après six mois sans jouer, Lugano quitte la France sans regret, direction l'Espagne (Malaga, de janvier à juin 2013), l'Angleterre (West Bromwich Albion, 2013-2014), la Suède (BK Häcken, mars-juin 2015) et le Paraguay (Cerro Porteno, juillet 2015-janvier 2016). Le 7 janvier 2016, à l'âge de 35 ans, Diego Lugano retourne à Sao Paulo, neuf ans après son départ du Brésil. Le 3 décembre 2017, il a fait des adieux émouvants au stade Morumbi face à Bahia (1-1), avant de devenir directeur des relations internationales du Sao Paulo FC.

## LUKIC (Zivko)

Zivko Lukic n'est pas un cousin éloigné de Safet Susic, le maestro yougoslave du PSG de 1982 à 1991. Ce milieu de terrain défensif de petit gabarit (1,69 m pour 65 kg) rejoint le PSG à sa création, après avoir porté les couleurs de l'illustre Partizan Belgrade... lors d'un seul match amical en 1963. À 26 ans, il ne va finalement rester à Paris que quelques semaines, ne participant qu'à une seule rencontre de Championnat face à Quevilly au stade Jean-Bouin. Le 29 août 1970, le meneur de jeu normand et futur joueur du PSG, Daniel Horlaville, humilie le pauvre Lukic, incapable d'arrêter le talentueux numéro 10 de Quevilly. Lukic, mis à l'essai quelques semaines plus tôt lors d'un match amical face au Red Star, ne survit pas à ce camouflet mais s'installe en France, et devient... dentiste. Ainsi s'achève la carrière du premier joueur étranger du PSG, qui est décédé en 2015, sans avoir eu l'occasion de raconter son incroyable passage chez les Rouge et Bleu.

## LUYINDULA (Peguy)

Peguy Luyindula aura tout connu lors de ses six années au PSG, de son arrivée au mercato à son départ pour les États-Unis. Né à Kinshasa en République démocratique du Congo, il rejoint la France à l'âge de 2 ans pour vivre à Gien. À 15 ans, il intègre le centre de formation de Niort, puis signe à Strasbourg, malgré les sollicitations du PSG. En Alsace, il remporte la Coupe de France en 2001, et rejoint Lyon, où il gagne trois titres de champion de France (2002, 2003, 2004). Titulaire indiscutable avec les Gones, il débute avec l'équipe de France lors de la rencontre face à la Bosnie-Herzégovine (1-1, 13/10/2004). Luyindula accepte alors de rejoindre Marseille pour

remplacer Didier Drogba, mais son parcours à l'OM s'achève sur un cuisant échec. Abandonné par ses dirigeants et pris en grippe par le public du Vélodrome, il doit quitter la Canebière pour Auxerre, puis Levante. Suite à six mois difficiles en Espagne, le buteur intègre le PSG au début de l'année 2007, n'hésitant pas à accepter une baisse de salaire. Après quelques semaines pour retrouver la forme, il inscrit plusieurs buts décisifs dans la course au maintien lors de ses deux premières saisons à Paris. Sans oublier ce duel qu'il gagne en finale de la Coupe de la Ligue contre Lens, provoquant le penalty victorieux de Bernard Mendy (2-1, 29/03/2008). Annoncé sur le départ, il retrouve le chemin des filets à Marseille (4-2, 26/10/2008). C'est le déclic, Luyindula inscrit 13 buts en 2008-2009 et se montre décisif en Coupe UEFA, en marquant le but de la qualification contre Twente (4-0, 18/12/2008). Cerise sur le gâteau, il est rappelé en équipe de France pour les deux matches contre la Lituanie au début du mois d'avril 2009. L'arrivée d'Antoine Kombouaré au PSG le pousse vers le banc des remplaçants, puis provoque sa mise à l'écart du groupe professionnel au début de la saison 2011-2012. Les rapports entre le joueur et le club se détériorent lorsque Luyindula porte plainte pour harcèlement contre son employeur, après sept mois de conflit et la visite d'un huissier pour faire constater sa mise à l'écart... En mai 2012, la querelle s'achève avec la prolongation de contrat jusqu'en 2013 pour Luyindula, qui retire sa plainte. Réintégré dans le groupe professionnel par Carlo Ancelotti, il fait une apparition surprise en Coupe de la Ligue contre l'OM, 601 jours après sa dernière rencontre sous le maillot du PSG (2-0, 31/10/2012). Après avoir résilié son contrat en fin d'année, Luyindula rejoint les New York Red Bulls aux États-Unis, le 19 mars 2013. Deux saisons en MLS à un poste inédit de milieu relayeur, avant la retraite en mai 2015, à l'âge de 36 ans. Il se lance alors dans divers projets à New York, en Pennsylvanie et dans le Maryland, particulièrement dans la promotion du football à cinq à travers la société Sofive. Le 12 juillet 2019, Peguy Luyindula est devenu conseilleur stratégique à Dijon, un poste qu'il a quitté le 5 novembre 2020 lors du limogeage de l'entraîneur bourguignon, Stéphane Jobard. De retour aux États-Unis avec son épouse Julie, qui a lancé une collection de prêt à porter à New York, il a récemment représenté le PSG dans un rôle d'ambassadeur aux États-Unis pour l'équipe féminine des Rouge et Bleu, lors de la présentation de la Women's Cup.

## MABIALA (Larrys)

Né à Montfermeil en région parisienne, Larrys Mabiala débute à Nogent-sur-Oise, puis intègre pendant trois ans la section sport-études de Chantilly, dans l'Oise. À 14 ans, le PSG recrute ce grand fan de Laurent Blanc et il se retrouve à Verneuil pour deux saisons, puis rejoint le Camp des Loges. Champion de France des U18 en 2006, ce solide défenseur (1,89 m pour 84 kg) a commencé sa carrière avec l'équipe pro du PSG lors d'une rencontre de Coupe de la Ligue contre Lorient (2-1, 20/09/2006). Victime de coliques néphrétiques, le jeune espoir du PSG a vu sa progression freinée, après avoir perdu plus de dix kilos ! Attaquant de formation, il est prêté au début de la saison 2007-2008 en Angleterre au Plymouth Argyle Football Club (D2). Son prêt s'achève le 20 décembre 2007, sans avoir joué le moindre match avec Plymouth. De retour à Paris, il accepte de porter les couleurs de son pays d'origine, la République démocratique du Congo, lors d'un match amical face à l'équipe de France A' (0-0, 05/02/2008). Très peu utilisé, Mabiala débute enfin en L1 lors d'un match perdu à Toulouse (1-4, 22/03/2009). Maigre consolation, il inscrit l'unique but de son équipe avant d'être à nouveau aligné contre Nice (2-1, 05/04/2009). En fin de contrat, il signe à Nice (2009-2012) avant de rejoindre en janvier 2012 le club turc de Karabükspor jusqu'en 2015, puis Kayserispor (2015-2017) et le championnat américain aux Timbers de Portland, depuis le 3 juin 2017, dont il portait toujours les couleurs en 2021 à l'âge de 33 ans.

## MADAR (Mickaël)

Né à Paris dans le XIIe arrondissement, Mickaël Madar a porté le maillot du PSG à l'âge de 30 ans, après avoir été un fervent supporter des Rouge et Bleu dans sa jeunesse. Licencié au Red Star Club de Montreuil puis au Paris FC, il rejoint le centre de formation de Sochaux, à l'âge de 15 ans. Après des débuts en L1 prometteurs et les premières sélections avec l'équipe de France Espoirs, il va longtemps culpabiliser après le tir au but manqué en finale de la Coupe de France face à Metz en 1988, synonyme de défaite pour les Lionceaux (1-1, 4-5 t.a.b., 11/06/1988). Après un

prêt d'une saison à Laval (1989-1990), c'est à Cannes, aux côtés de Luis Fernandez, qu'il retrouve une place de titulaire. Monaco l'engage, l'équipe de France lui ouvre ses portes : Madar choisit de s'exiler en Espagne à La Corogne (1996-décembre 1998), puis en Angleterre à Everton (décembre 1998-décembre 1999). La France lui manque et le PSG le recrute au mercato d'hiver, avec son ami Bruno Rodriguez. Pour son premier match officiel, il marque le but de la victoire contre Saint-Étienne en Coupe de la Ligue (1-0, 09/01/1999). Prêté pour six mois dans la capitale, il inscrit 4 buts en 14 rencontres et signe un contrat pour les deux prochaines années. Philippe Bergeroo décide alors d'aligner la nouvelle recrue, le Brésilien Christian, et Madar perd sa place de titulaire, après avoir inscrit 8 buts au cours de la première partie du Championnat. À l'expiration de son contrat, il n'est pas conservé et reste plusieurs mois sans jouer, avant d'accepter la proposition du nouvel entraîneur du PSG, pour une pige de six mois. Une période difficile pour le buteur à la queue-de-cheval, maladroit face au but. Devenu la tête de turc du public du Parc des Princes et déçu par sa relation avec son ami Luis Fernandez, il quitte alors le PSG pour la Ligue 2 et Créteil, puis met un terme à sa carrière de footballeur à l'âge de 33 ans. Après avoir envisagé le métier d'agent de joueurs, Mickaël Madar s'installe dans le sud de la France. Il encadre des jeunes footballeurs (7 à 14 ans) lors de stages à Antibes pour la société Soccer Park, ouvre un restaurant à Juan-les-Pins, Chez Dolly, en hommage à sa maman, puis entraîne l'équipe de l'AS Cannes, de juillet 2015 à juin 2016. Après cet échec, Madar devient consultant pour Canal+, et chroniqueur pour Eurosport.

## MAHÉ (Stéphane)

Encore un jeune joueur issu du vivier de la région parisienne qui a préféré s'exiler et débuter loin de la capitale, en Bourgogne. Si Stéphane Mahé est né à Puteaux (92), ses origines footballistiques nous amènent en Bretagne, du côté de Trignac, en Loire-Atlantique. À 15 ans, il rejoint Auxerre et remporte

la Coupe Gambardella (1987) et deux titres de champion de France en D3 (1988 et 1990). Ailier ou avant-centre à Trignac où son père entraînait l'équipe locale, Mahé est repositionné arrière gauche à Auxerre. Le 20 mai 1989, il débute en Ligue 1 à Marseille et devra attendre deux saisons pour gagner sa place dans le onze entraîné par Guy Roux. Un accident de voiture en décembre 1992 a bien failli briser sa carrière, il revient plus fort, mais reste inconsolable après avoir raté le tir au but décisif lors de la demi-finale retour de la Coupe UEFA face au Borussia Dortmund, le 20 avril 1993. Un an plus tard, il remporte la Coupe de France en finale contre Montpellier (3-0, 14/06/1994), puis décide de rejoindre Paris, alors que ses relations avec Guy Roux ne sont plus au beau fixe. Arrivé à Paris pour jouer arrière gauche, son poste de prédilection, il pallie l'absence d'Alain Roche en défense centrale, puis se retrouve sur le banc de touche après le retour du défenseur international du PSG. Le coup est dur pour cet homme sensible, international A' qui rêvait de porter le maillot de l'équipe de France. Il assiste dans les tribunes à la victoire européenne face au Rapid Vienne (1-0), puis quitte le PSG à l'issue de cette première saison. Transféré à Rennes, Mahé rejoint le Celtic Glasgow (1997-2001) puis Heart of Midlothian, à Édimbourg (2001-2003) en Écosse. À son retour, il devient entraîneur-joueur à Saint-Nazaire, en Division d'Honneur (2003-2007) puis rejoint

La Chapelle-des-Marais (DH), uniquement en tant que joueur. Alors qu'il doit entraîner La Baule en 2008-2009, Stéphane Mahé choisit de poursuivre sa carrière au niveau amateur à l'Entente Sportive de Pornichet, puis ouvre une boutique spécialisée dans le sport à Saint-Nazaire, en 2008. Un an plus tard, il ouvre un second établissement pour la franchise de sport Espace Foot, à Rennes. En 2011, après quatre ans loin des terrains, Mahé accepte d'entraîner le petit club de Saint-Pierre-de-Retz (DRH), qu'il fait monter un an plus tard en Division District, puis il dirige la Saint-Aubin de Guérande (DSR, 2014-2016) et ouvre en parallèle un salon de massage et de bien-être. En juin 2017, il dirige le club de Vesoul qu'il fait monter en Régional 1 avant son départ à l'amiable en décembre 2018. Installé à Pontarlier en Franche-Comté, il espérait en 2021 un nouveau challenge.

## MAILLOT

Le PSG a joué avec un maillot rouge de 1970 à 1973, avant de porter les couleurs rouge et bleu jusqu'à ce jour. Daniel Hechter, président du PSG et célèbre couturier, a mis au goût du jour le célèbre maillot devenu depuis 47 ans le symbole du club parisien. Dans les années 1980, Paris gagne ses premiers trophées avec un maillot blanc à liseré vertical rouge et bleu, puis revient à ses premières amours. Pour fêter les 50 ans du club, le PSG porte lors de la saison 2020-2021 un maillot à bande verticale rouge, comme celui conçu par Hechter.

## MAKÉLÉLÉ (Claude)

voir P268

## MAKHEDJOUF (Florian)

L'ancien capitaine de la CFA du PSG était un pur produit du centre de formation, qu'il avait rejoint à 15 ans. Il débute le football à l'âge de 6 ans à l'ES Vitry, puis à l'US Villejuif, en région parisienne, avant de porter les couleurs de l'US Ivry en moins de 14 ans. Remarqué par Pierre Reynaud, Florian Makhedjouf rejoint le PSG et participe à la finale du Championnat de France des U16 face à Marseille (0-1, 07/06/2008). Après une année en U18 et des débuts en CFA, il est pour la première fois appelé dans le groupe professionnel lors du match PSG-Rennes (0-1, 03/05/2009). Milieu de terrain défensif plutôt rapide, avec un bon pied gauche, il débute sa carrière avec l'équipe professionnelle du PSG lors du match d'Europa Ligue face à Karpaty Lviv en Ukraine (1-1, 15/12/2010). International algérien (Juniors et Olympique), Makhedjouf quitte le PSG et rejoint Sedan (Ligue 2, 2011-2013) puis le Red Star (National puis Ligue 2, 2013-2017) et le FC Tours, pour six mois compliqués (juillet-décembre 2017). Il rebondit au Stade Lavallois au début de l'année 2018 et a quitté la Mayenne à la fin de la saison 2018-2019, sa dernière expérience professionnelle avant son retour en région parisienne.

## MAKONDA (Tripy)

Milieu de terrain de formation, Makonda s'est épanoui au poste de défenseur latéral. Il a grandi au rythme du PSG : ses parents d'origine zaïroise, s'installent tout près du Parc des Princes et le jeune Tripy, après avoir débuté à 5 ans à la Nicolaïte de Chaillot à Paris, rejoint l'ACBB Boulogne. Les recruteurs du PSG le remarquent, à 12 ans. Makonda intègre le centre de préformation de Conflans. En 2007-2008, il débute en CFA, s'entraîne avec les →P270

**Milieu de terrain**
Né le 18 février 1973
à Kinshasa (RD Congo)

**Son parcours : Joueur :** Brest (1991-janvier 1992 Nantes (janvier 1992-1997), Marseille (1997-1998 Celta Vigo (1998-2000), Real Madrid (2000-2003 Chelsea (2003-2008), PSG (2008-2011).
**Entraîneur :** PSG (adjoint, 2011-2014), Bastia (juillet-novembre 2014), Swansea (adjoint, 2017), KAS Eupen (2017-2019).
**Son palmarès :** vainqueur de la Ligue des champions (2002), vainqueur de la Coupe intercontinentale (2002), vainqueur de la Supercoupe d'Europe (2002), champion de France (1995), champion d'Espagne (2001 et 2003), champion d'Angleterre (2005 et 2006), vainqueur de la Coupe d'Angleterre (2007) vainqueur de la Coupe de France (2010), vainqueur de la Coupe de la Ligue anglaise (2005 et 2007).
**71 sélections avec l'équipe de France**

# Claude MAKELELE

À 38 ans, Claude Makélélé a mis un terme à une carrière riche en titres et en émotions. Capitaine depuis son arrivée au PSG en 2008, il a réussi son pari en soulevant la Coupe de France après la victoire face à Monaco en finale (1-0 a.p., 01/05/2010). Claude Makélélé n'avait plus rien à prouver en signant à Paris et peut regarder avec fierté tout le chemin parcouru depuis sa naissance à Kinshasa, au Congo. Son père, à l'âge de 16 ans, est déjà la star de l'équipe congolaise et doit rejoindre l'Europe pour assurer l'avenir de la famille. Après un séjour à Bruxelles, il réside à Épinay-sous-Sénart en région parisienne lorsque Claude le rejoint en 1981, à l'âge de 8 ans. Le gamin débute son apprentissage du ballon rond à Boussy-Saint-Antoine puis à Melun, avec des qualités – déjà – bien au-dessus de la moyenne. Makélélé « Junior », malgré les réticences paternelles, signe à Brest, puis rejoint le FC Nantes, quelques mois après avoir obtenu la nationalité française. Avec les Canaris, il joue son premier match en Ligue 1 contre Metz (0-0, 08/08/1992) et obtient un premier titre de champion (1995) au poste de milieu droit, puis débute avec l'équipe de France en Norvège (0-0, 22/07/1995) avant de signer à l'OM. Mais sa saison marseillaise est décevante et il choisit alors de s'exiler vers l'Espagne, au Celta Vigo puis au grand Real Madrid, avec lequel il remporte la Ligue des champions avec Zidane en 2002. Titulaire inamovible au Real, il va pourtant choisir de quitter les Merengues, et rejoint Chelsea, pour cinq saisons riches en émotions et en trophées. Avec l'équipe de France, il a connu le pire avec sa non-sélection pour la Coupe du monde 1998, puis le meilleur en 2006 lors du Mondial en Allemagne, battu en finale contre l'Italie (1-1, 3-5 t.a.b., 09/06/2006). Après avoir annoncé sa retraite internationale, Makélélé accepte de prolonger pour deux saisons avec les Bleus, jusqu'au fiasco du Championnat d'Europe en 2008. À 35 ans, il revient alors en France et choisit le PSG, qu'il va ramener vers les sommets. Capitaine des Rouge et Bleu, il rempile pour une saison en 2010 après avoir annoncé sa retraite sportive. Un an plus tard, Makélélé devient conseiller de la direction du PSG, puis entraîneur adjoint du club de janvier 2012 à juin 2014. C'est l'heure du départ, pour entraîner Bastia en Ligue 1, une aventure qui s'achève le 3 novembre 2014 sur un cuisant échec. En janvier 2016, Claude Makélélé est nommé directeur technique de l'AS Monaco, pour six mois sur le Rocher. Au début de l'année 2015, on le retrouve au pays de Galles à Swansea, pour épauler Paul Clément qu'il a croisé à Paris, puis en novembre 2017 en Belgique, à Eupen. Le 2 août 2019, il accepte de revenir à Chelsea en tant que conseiller technique et a récemment accepté un poste d'ambassadeur du football en République du Congo.

→ pros puis joue en équipe de France des moins de 18 ans. Quelques mois plus tard, Paul Le Guen l'appelle pour un match de Coupe de France contre Amiens, mais il suit la rencontre du banc des remplaçants. Makonda attend la saison suivante pour débuter en équipe première lors d'un match de Coupe UEFA contre Wolfsburg (2-0, 18/02/2009). Il signe son premier contrat pro et devient international Espoirs (France-Turquie 2-0, 08/10/2010) mais il ne s'impose jamais dans la capitale et quitte le PSG pour Brest en 2011. Après quatre ans en Bretagne et un temps de jeu réduit, Tripy Makonda choisit l'exil au Portugal, à l'Academica de Coimbra, en février 2015. La malchance est au rendez-vous, avec une blessure au genou (rupture du ligament croisé antérieur) et six mois à l'infirmerie. De nouveau sur pied lors de la saison 2016-2017, il se remet en confiance en D2 portugaise, mais il se retrouve sans club, jusqu'à la signature à l'AS Poissy en National 2, le 15 octobre 2018. Un an plus tard, il quitte la France pour le Luxembourg et porte les couleurs des Blues Boys de Muhlenbach (2019-2020) puis du Hamm Benfica, (D1 luxembourgeoise) Tripy Makonda vient de débuter une formation de management, avec l'ambition de travailler dans le secteur du football professionnel.

## MARELLA (Michel)

C'est le moins connu des buteurs lors du match retour des barrages contre Valenciennes (4-2, 04/06/1974), mais cet attaquant virevoltant a réussi une carrière honorable au PSG, inscrivant 14 buts en 58 rencontres. Originaire de Grasse, dans les Alpes-Maritimes, Marella joue à Cannes avec les équipes de Jeunes et participe à quelques rencontres avec les professionnels avant d'arrêter le football pendant trois saisons. Il joue pour le plaisir au Fort Carré à Antibes, à Issoire, puis rejoint l'AS Banque de France à Paris. Camille Choquier, le gardien de but du PSG, lui propose de rejoindre l'équipe, qui redémarre en D3 après la scission en 1972. Au poste d'ailier droit, il va participer activement à la remontée du PSG de D3 en D2, avant d'inscrire un but décisif lors du match retour des barrages contre Valenciennes. À 28 ans, il préfère ne pas signer un contrat professionnel et se consacrer à la société de vêtements pour enfants qui l'emploie. Six matches en Ligue 1 (et 2 buts), puis il retourne à l'AS Cannes, en Division 2. Après avoir porté les couleurs de Grasse, où il est né, Marella est agent immobilier depuis plus de trente ans.

## MARQUET (Patrice)

Formé à l'AS Mazargues en région marseillaise, Marquet a remporté la Coupe de la Ligue Méditerranée en Cadets avant d'intégrer le centre de formation du PSG, en Minimes. Quatre ans du côté du Camp des Loges pour faire ses gammes et il débute en 1985 lors d'un match à Nancy, avant de réussir un excellent début de saison trois ans plus tard, dans un rôle de meneur de jeu, à seulement 21 ans. Il inscrit deux buts en Championnat et pense avoir gagné ses galons de titulaire, mais Gérard Houllier rappelle Safet Susic, obligeant Marquet à rejouer avec l'équipe réserve en D3. Déçu, il accepte un prêt à Bastia (janvier-juin 1989) puis poursuit sa carrière à Toulon, Bordeaux, Lens, Le Havre, Cannes et Gueugnon avant de ranger définitivement les crampons après une dernière pige à Toulon (1997-1998) à l'âge de 33 ans. Depuis 2003, il travaille pour la société Séram, comme technicien aéronautique d'exploitation.

## MARQUINHOS

voir P272

## MARSEILLE

voir P274

## MARTEL (Didier)

Le Parc des Princes n'a pas souvent eu l'occasion d'apprécier les exploits de cet athlétique attaquant, devenu une star du football aux Pays-Bas. Né à Fréjus, dans le Var, Martel porte les couleurs d'Auxerre, Nîmes, Valence et Châteauroux avant de signer au PSG lors de la trêve hivernale, en décembre 1997. Le départ de Michel Denisot et l'arrivée de Charles Biétry vont changer la donne : Martel ne joue que cinq rencontres pour Paris avant de quitter la capitale. Obligé de s'exiler en Hollande, il rejoint Utrecht et, dès sa première saison, il est élu meilleur joueur du Championnat, devançant deux stars mondiales du ballon rond, Ruud van Nistelrooy et Brian Laudrup. Transféré au Vitesse Arnhem, Martel joue la Coupe UEFA à plusieurs reprises, puis rejoint la France après une année à Helmond Sport (2003-2004). Après avoir disputé quelques matches à Lunel dans l'Hérault, en championnat de CFA, il devient propriétaire d'une brasserie à Nîmes, Le Café de Paris. En mai 2010, la passion du ballon rond reprend le dessus, et il devient recruteur pour l'OM jusqu'en 2014, puis responsable du recrutement pour le FC Utrecht en France.

## MARTIN (Éric)

En 1976, Aldo Platini, le père de Michel, repère un jeune milieu de terrain du côté de Verdun. Interne au lycée de Tomblaine, il obtient son baccalauréat en 1979. La même année, il débute avec l'AS Nancy-Lorraine et devient le parfait complément de Michel Platini jusqu'au départ du meneur de jeu de l'équipe de France à Saint-Étienne. À la fin de l'année 1986, quelques heures avant la clôture du marché des transferts, Martin rejoint le PSG. Son parcours est gâché par les blessures : une opération aux deux ménisques du genou en avril 1987 puis, la saison suivante, un problème aux lombaires qui l'oblige à porter un corset. Mis sur la touche lors de son retour sur les terrains, l'ancien international Espoirs revient à Nancy et termine sa carrière en 1991. Avec 261 matches sous les couleurs lorraines en L1, il est l'un des plus fidèles joueurs dans l'histoire de l'AS Nancy-Lorraine. Après avoir débuté en tant que recruteur à Nancy, Martin rejoint Valenciennes au poste de responsable du recrutement et de la supervision (2005-2011) puis revient à Nancy, en charge du recrutement pour l'équipe professionnelle.

## MARTINEZ (Olivier)

Au PSG depuis l'âge de 12 ans après avoir débuté en catégorie Poussins, ce solide défenseur central a commencé sa carrière avec le PSG lors de la déroute à Nancy à la fin de la saison 1984-1985 (1-6, 28/05/1985). Martinez participe à un match de Championnat à Nancy (0-0, 01/05/1987), accepte un prêt à Abbeville →P276

**Défenseur ou milieu de terrain**
Né le 14 mai 1994
à Sao Paulo

**Son parcours :** Corinthians (2002-2012), AS Rome (2012-2013), PSG (2013-…).
**Palmarès :** vainqueur de la Copa America (2019) e médaille d'or des Jeux olympiques (2016) avec le Brésil, vainqueur de la Copa Libertadores (2011), champion de France (2014, 2015, 2016, 2018, 2019 et 2020), vainqueur de la Coupe de France (2015, 2016, 2017, 2018, 2020 et 2021)) de la Coupe de la Ligue (2014, 2015, 2016, 2017, 2018 et 2020), du Trophée des champions (2014, 2015, 2017, 2018, 2019 et 2020).
**International brésilien (47 sélections, 1 but)**

## Marcos Aoas Correa dit

# MARQUINHOS

Pour un grand nombre de supporters du PSG, Marquinhos est un symbole et un exemple. Depuis son arrivée à Paris en 2013, à seulement 19 ans, il est devenu incontournable et peut être désormais considéré comme l'un des meilleurs défenseurs du football mondial. Un rêve pour ce jeune joueur issu de Sao Paulo, qui a débuté le football à 5 ans au poste de gardien de but, avant de quitter le cocon familial à seulement 11 ans pour intégrer le centre de formation des Corinthians. Il remporte la Coupe de Sao Paulo Juniors face à Fluminense (2-1, 25/01/2012) puis intègre l'équipe professionnelle, à seulement 17 ans. Quelques jours plus tard, Marquinhos joue son premier match professionnel face à Sao Caetano (1-0, 18/02/2012) et assiste depuis le banc des remplaçants au premier sacre des Corinthians à la Copa Libertadores face à Boca Juniors lors de l'été 2012. Sa carrière se poursuit en Europe et, malgré son jeune âge, il est rapidement titulaire à l'AS Rome, même si sa saison s'achève sur une cruelle défaite en finale de la Coupe d'Italie face au rival honni, la Lazio Rome (0-1, 26/05/2013). Le PSG l'engage alors pour épauler la charnière brésilienne Thiago Silva-Alex, puis Marquinhos connaît la joie d'une première sélection avec le Brésil face au Honduras (5-0, 17/11/2013). Rien ne semble arrêter l'ascension de « Marqui », buteur lors de ses débuts au PSG, face à Olympiakos en Ligue des champions (4-1, 17/09/2013). L'arrivée de David Luiz en 2014-2015 renforce la concurrence, il joue alors arrière droit et séduit définitivement les supporters parisiens par sa rage lors d'un match au Parc des Princes face à Barcelone (3-2, 30/09/2014). Le 21 août 2016, c'est la consécration avec le Brésil et la médaille d'or du Brésil au Maracana face à l'Allemagne en finale (1-1, 5-4 t.a.b.), un trophée que n'avait jamais remporté la sélection Auriverde. Après le retour de David Luiz à Chelsea en 2016, Marquinhos devient un cadre au PSG et l'un des vice-capitaines des Rouge et Bleu, aux côtés de son mentor Thiago Silva. Toujours souriant, il accepte sans broncher quand Thomas Tuchel lui confie un nouveau poste au milieu du terrain, et reste au service de l'équipe. Depuis 2013, il a remporté 22 trophées avec les Rouge et Bleu, sans oublier la Copa America 2019 avec le Brésil. À 26 ans, sous contrat avec Paris jusqu'en 2024, il représente le présent mais aussi le futur du PSG, dont il est le capitaine depuis l'été 2020.

**30e journée Ligue 1**
Le dimanche 9 mars 2003, au stade Vélodrome
55 982 spectateurs.
**Arbitre :** M. Layec.
**Buts :** J. Leroy (28e et 83e), Ronaldinho (56e) pour le PSG.
**Avertissement :** Johansen (38e), Sytchev (72e), Lebœuf (88e) pour Marseille ; Heinze (44e), Cristobal (55e), J. Leroy (75e), Rocchi (82e) pour le PSG.
**MARSEILLE :** Runje – Van Buyten, Lebœuf (cap.), Ecker – Meïté (Sytchev, 61e), Hemdani, Celestini, Dos Santos – Fernandao (Johansen, 10e) – Bakayoko, Sakho.
**Entraîneur :** Alain Perrin.
**PSG :** Alonzo – Potillon, Pochettino (cap.), Heinze – Cristobal, Déhu, Paulo Cesar (Llacer, 73e) – J. Leroy, Ronaldinho, Pédron (Rocchi, 80e) – Ogbeche (Fiorèse, 46e).
**Entraîneur :** Luis Fernandez.

## MARSEILLE-PSG : 0-3 (0-2)

Jamais deux sans trois ? Cette saison, le PSG a remporté ses deux premiers duels face à son rival « historique » (3-0 en Championnat, 2-1 a.p. en Coupe de France) et mis un terme à une domination sans partage des Olympiens ces dernières années. C'est au Vélodrome, face à des Marseillais revanchards, que les Rouge et Bleu vont essayer de sauver une saison bien terne… La Canebière attend avec impatience la visite de Luis Fernandez, coupable d'avoir un peu trop chambré ses adversaires lors des deux premières confrontations au Parc des Princes. Entouré par plusieurs policiers en civil, l'entraîneur parisien fait une entrée remarquée dans l'arène. Près de 56 000 spectateurs sont venus assister à la mise à mort programmée des Parisiens. Les Rouge et Bleu, motivés comme jamais, ne se laissent pas impressionner par cet environnement défavorable et entament le match pied au plancher. Après un terrible choc tête contre tête entre « Gaby » Heinze et Fernandao, le Brésilien de l'OM est finalement mis K.-O.

(10e) et se voit contraint de quitter prématurément ses partenaires sur une civière. Le ton est donné. Ronaldinho semble être dans un grand soir et conduit à sa guise le jeu parisien, multipliant les prouesses techniques et les numéros de soliste, malgré un traitement de choc du duo Hemdani-Celestini. Jérôme Leroy profite alors de cette liberté et se rappelle au bon souvenir de ses anciens coéquipiers : sa frappe tendue dans un angle impossible, à plus de 25 mètres du but de Runje, fait taire une première fois le Vélodrome (1-0, 28e). Un but d'avance à la pause, ce n'est pas cher payé mais Ronaldinho va définitivement mettre fin aux espoirs de tout un stade, en interceptant une passe mal ajustée de Franck Lebœuf. On ne rattrape pas comme ça « Ronnie » ! Le meneur du PSG résiste au retour désespéré et conjugué de Van Buyten et Lebœuf, avant de tromper Runje d'une subtile balle piquée (2-0, 56e). Jérôme Leroy touche du bois sur une tentative de lob pleine d'audace (70e). Les habitués du Vélodrome ont beau pousser à fond la sono pour oublier cette sinistre soirée, un nouvel exploit de Ronnie va les plonger dans un mutisme profond, teinté d'admiration. Parti de son camp sur le côté droit, le Brésilien se joue d'Hemdani, élimine Runje avant de frapper tranquillement le ballon du plat du pied vers la cage désertée par l'infortuné gardien de but olympien. Jérôme Leroy, qui avait suivi l'action depuis le début, n'a plus qu'à pousser le cuir dans le but vide (3-0, 83e). Le match se termine dans une ambiance surréaliste, rythmée par les chants des supporters de la capitale et la musique techno assourdissante diffusée par les enceintes géantes du virage Sud marseillais. Grâce à cette victoire historique, Paris sauve sa saison aux yeux de ses fidèles et fête cette victoire comme un titre, quinze ans après son dernier succès sur la Canebière, le 21 mai 1988 (2-1, buts de Susic et Calderon).

(1989-1990), puis quitte le club parisien en 1991 pour Charleville-Mézières. Quatre ans plus tard, il met un terme à sa carrière et travaille dès lors dans le secteur bancaire, au poste de directeur de région au Crédit immobilier de France. Après avoir dirigé la mutuelle Carac en région Champagne-Ardenne, Olivier Martinez a fondé la société Éthique à Charleville-Mézières, spécialisée dans le coaching et la formation pour les entreprises, entreprise qu'il dirigeait toujours en 2021.

## MASCOTTE (Germain)

Le PSG, qui souhaite un Parc des Princes plus familial et convivial, a présenté au début de la saison 2010-2011 sa nouvelle mascotte, un lynx aux yeux bleus, dénommé Germain. Sa mission : animer les tribunes du Parc des Princes et rencontrer les enfants.

## MATUIDI (Blaise)

voir P278

## MAURICE (Florian)

Grand espoir du football français, Florian Maurice n'a pas su s'imposer au PSG malgré

des débuts prometteurs, avant de baisser le pied face à l'omniprésence de son compère, mais néanmoins rival en attaque, Marco Simone. Le jeune buteur s'est révélé à Lyon, où il est finaliste de la Coupe Gambardella (1992) puis débute en Ligue 1 la saison suivante face à Bordeaux (0-0, 08/09/1992). En 1995-1996, Maurice connaît sa meilleure saison sous le maillot lyonnais, inscrivant 18 buts en Championnat. Dans la foulée, il est appelé en équipe de France pour le match face au Mexique (3-1, 31/08/1996) après un bon parcours avec l'équipe de France olympique aux Jeux d'Atlanta. Comparé à Jean-Pierre Papin pour son style spectaculaire, il est éloigné des terrains suite à une rupture du talon d'Achille, puis revient sur les pelouses pour finaliser son transfert au PSG, pour 41 millions de francs (7 M€). Son début de parcours à Paris est idyllique, Maurice enchaîne les buts (9 réalisations en 15 matches) avant de perdre sa place de titulaire lors de la seconde partie de la saison. Sevré de ballons et écrasé par la star de l'équipe, l'Italien Marco Simone, il sera pourtant présent lors des deux finales disputées et remportées au Stade de France, en Coupe de la Ligue face à Bordeaux (2-2, 4-2 t.a.b., 04/04/1998) puis en Coupe de France contre Lens (2-1, 02/05/1998). Peu en réussite depuis le début de l'année 1998, il ne participe pas à la Coupe du monde et se voit contraint de quitter le club après l'arrivée de Charles Biétry à la présidence. Maurice part à Marseille, où son parcours à l'OM est souvent contrarié par les blessures. Prêté au Celta Vigo en Espagne (2001-2002), il revient en

France à Bastia (2002-2004) et à Istres (2004-2005), puis met un terme à sa carrière en septembre 2005 à Châteauroux, après des douleurs persistantes à la hanche. La ville de Messimy a inauguré le stade Florian-Maurice en son hommage en 2006. L'ancien buteur est devenu animateur d'une émission sur OL TV, avant d'intégrer en 2009 la cellule de recrutement à Lyon, qu'il dirige jusqu'à la fin de la saison 2019-2020 et son arrivée au Stade Rennais, avec la responsabilité de la politique sportive du club breton.

## MAURICE (Jean-Eudes)

Ce beau gaillard (1,80 m, 75 kg) a rejoint le PSG à 21 ans, alors qu'il avait effectué toute sa carrière à Alfortville. En mai 2007, il participe à un entraînement avec la CFA du PSG et séduit les entraîneurs, qui lui font signer un contrat amateur. Jean-Eudes Maurice s'impose alors avec l'équipe réserve et se voit récompensé en intégrant le groupe pro lors du match de Coupe de France contre Bastia (2-1, 18/03/2008). Surnommé « Ronaldinho » dans sa cité à Alfortville pour sa ressemblance avec l'ex-star du PSG, ses qualités de vitesse et de dribble, il signe un contrat professionnel en 2008, joue son premier match avec les pros face au Dynamo Kiev en Coupe UEFA (0-0, 08/04/2009), mais ne s'impose jamais à Paris. Prêté à Lens (L2, 2011-2012) puis au Mans (L2, 2012-2013), il devient international haïtien lors de ses débuts le 2 septembre 2011 face aux Îles Vierges (6-0), avec un but à la clé. De retour au PSG avec l'équipe réserve en 2013, il s'illustre avec Haïti lors de la Gold Cup et rejoint en octobre 2014 Marco Materazzi et Bernard Mendy en Inde, au Chennaiyin FC. Quatre mois plus tard, il poursuit son tour du monde des clubs : il débarque à Chypre, au Nea Salamina Famagouste (février-mai 2015) puis au Ermis Aradippou (juin 2015-février 2016), au Vietnam (Hanoï FC, 2016) et au Kazakhstan, au FK Taraz (2017) et FK Aktobe (2018). Une carrière décevante pour un joueur de retour en Europe au début de l'année 2020 et six mois compliqués à Namur, en quatrième division belge.

## MAXWELL (Scherrer)

voir P282

## M'BAMI (Modeste)

Le milieu de terrain camerounais a rejoint le PSG en 2003, après avoir porté les couleurs de l'Académie Kadji Sport, puis du Dynamo Douala au Cameroun. Après un essai infructueux aux Émirats arabes unis, M'Bami se fait connaître aux Jeux olympiques en 2000 à Sydney. Alors qu'il n'était pas sélectionné avec le Cameroun, il profite du forfait d'Olembé pour participer au succès des Lions indomptables, avec à la clé le but en or en quart de finale face au grandissime favori, le Brésil de Ronaldinho. Sedan et la France accueillent ce jeune espoir ambitieux de 18 ans, qui rejoint le PSG en 2003. À Paris, M'Bami s'impose comme un élément de base du onze parisien, avec lequel il remporte deux Coupes de France (2004 et 2006). Après une longue absence suite à une fracture de la malléole et une double luxation de la cheville avec rupture des ligaments internes (PSG-CSKA Moscou 1-3, 07/12/2004), M'Bami est de nouveau titulaire en 2005-2006, pour sa troisième saison dans la capitale. Il choisit alors de quitter Paris, espérant obtenir un gros contrat à l'étranger. C'est finalement l'OM qui l'engage, où il retrouve son ancien équipier Lorik Cana. ■ → P280

**Milieu de terrain**
Né le 9 avril 1987
à Toulouse

**Son parcours :** Vincennes, INF Clairefontaine (2002-2003), Créteil (2003-2004), Troyes (2004-2007), Saint-Étienne (2007-2011), PSG (2011-2017), Juventus Turin (2017-2020), Inter Miami CF (2020-...).
**Son palmarès :** vainqueur de la Coupe du monde (2018), champion de France (2013, 2014, 2015, 2016, 2018), vainqueur de la Coupe de France (2015 2016, 2017), vainqueur de la Coupe de la Ligue (2014, 2015, 2016, 2017), vainqueur du Trophée des champions (2013, 2015, 2016, 2017), champion d'Italie (2018, 2019), vainqueur de la Coupe d'Italie (2018), vainqueur de la Supercoupe d'Italie (2018).
**84 sélections, 9 buts avec l'équipe de France**

# Blaise MATUIDI

Si Blaise Matuidi est né à Toulouse, c'est en région parisienne qu'il a grandi, dans le Val-de-Marne. Dès l'âge de 6 ans, il prend sa première licence à Fontenay-sous-Bois et supporte – déjà – le PSG ! Dans les travées du Parc des Princes, il se régale des exploits de son idole, Jay-Jay Okocha. Il participe à des tournois avec le PSG en Jeunes, puis poursuit son apprentissage à Vincennes, jusqu'à ses 13 ans. Il est remarqué par les recruteurs et rejoint l'INF Clairefontaine pour trois ans. Après une saison à Créteil, Matuidi réintègre sa promotion pour sa dernière année, avant de signer à l'ESTAC à Troyes (2004). L'entraîneur Jean-Marc Furlan le prend sous son aile et lui fait gravir les échelons : premier match de L2 à Gueugnon (2-1, 23/11/2004), débuts en Ligue 1 à Nice (1-1, 30/07/2005) et titulaire, à seulement 18 ans, parmi l'élite du Championnat. Son entraîneur compare alors fièrement celui que l'on surnomme affectueusement « Petit Blaise » à Jean Tigana, l'ancien milieu de terrain de l'équipe de France dans les années 1980. Blaise Matuidi devient international Espoirs avec l'équipe de France le 15 août 2006 face à la Belgique (0-1), après avoir porté la tunique bleue avec les sélections U18 et U19. De nombreux clubs français souhaitent alors l'engager, il choisit Saint-Étienne et va rapidement devenir l'un des piliers des Verts. Le 17 mai 2008, pour son 100e match de Ligue 1 contre Monaco (4-0), il se qualifie avec Saint-Étienne pour la Coupe UEFA, 26 ans après le dernier passage des Verts dans une compétition européenne. Il est nommé capitaine et rejoint logiquement l'équipe de France en 2010, après l'arrivée de Laurent Blanc. Il connaît sa première cape en Bosnie (2-0, 07/09/2010), puis est titularisé contre la Croatie (0-0, 29/03/2011). Son avenir est désormais en Bleu, alors qu'il avait évoqué la possibilité de jouer pour l'Angola, le pays d'origine de son père. Et en Rouge et Bleu lorsqu'il rejoint le PSG, le 25 juillet 2011. Sa première saison à Paris est une réussite, même si son Championnat d'Europe avec l'équipe de France est gâché par une blessure à la cuisse. La seconde sous le maillot parisien sera exceptionnelle ! Ancelotti en fait un de ses hommes de base au milieu du terrain et il devient incontournable en Bleu, avec une performance monstrueuse en Espagne (1-1, 16/10/2012). Joueur français le plus utilisé au PSG cette saison, Blaise Matuidi devient décisif en inscrivant de nombreux buts et reste dans l'histoire du club comme l'un des principaux artisans du titre de champion de France en 2013, que les Parisiens attendaient depuis 19 ans. Ses six années au PSG sont riches en titres, même si la dernière saison est plus compliquée avec l'émergence d'Adrien Rabiot. Le 18 août 2017, Matuidi quitte le PSG avec le sentiment du devoir accompli, direction l'Italie et la Juventus Turin. Il remporte trois titres de champion avec la « Vieille Dame » et participe à la victoire de l'équipe de France à la Coupe du monde en 2018. À 33 ans, il a choisi de franchir l'Atlantique, et porte depuis le 12 août 2020 les couleurs de l'Inter Miami, le club présidé par David Beckham.

reste trois saisons à l'OM, sans s'imposer. En fin de contrat, M'Bami rejoint finalement en 2009 le Championnat espagnol à Almeria (2009-2011), la Chine au Dalian Aerbin (2011) et au Changchun Yatai (2012, prêt) puis, en août 2012, le club saoudien d'Al-Ittihad, où il a provoqué un énorme scandale… en touchant les fesses d'un adversaire lors d'un match face à Al Nassr (1-1, 28/12/2012). Il poursuit sa carrière à Al Fateh (Arabie saoudite, 2013-2014) puis en Colombie, au Millonarios FC (2014). En septembre 2014, c'est le retour en France, au Havre en Ligue 2, mais le corps ne suit plus et il doit mettre un terme à sa carrière de joueur professionnel en 2016, à l'âge de 35 ans. De retour au Cameroun, il organise des journées de recrutement pour les jeunes footballeurs en Afrique, avec sa société BPM Bami Power Sports, et a défrayé la chronique à la fin de l'année 2019 en déclinant la proposition de la fédération de son pays, qui l'avait nommé team manager de la sélection A' du Cameroun.

## MBAPPÉ (Kylian)

voir P286

## MBE SOH (Loïc)

Né au Cameroun, Loïc Mbe Soh débute le football à 8 ans en région parisienne, à Pontoise puis à Courbevoie. Attaquant lors de ses débuts, il rejoint le centre de formation du PSG à 12 ans et devient rapidement un homme de base du onze parisien en catégorie Jeunes. Champion de France en U17 en 2017, capitaine des Bleuets, son assurance et sa maturité séduisent Thomas Tuchel lors des matches amicaux de présaison en juillet 2018. Le coach allemand lui offre une place de titulaire en fin de saison à Angers (2-1, 11/05/2019) qui le fait entrer dans le top 10 des plus jeunes joueurs titulaires en Ligue 1 sous le maillot rouge et bleu, puis au Parc des Princes face à Dijon (4-0, 18/05/2019). Capitaine de l'équipe de France U18, Loïc Mbe Soh poursuit son apprentissage en Youth League et en championnat U19, et n'est apparu qu'à une seule reprise en Ligue 1 en 2019-2020, une prestation compliquée à un poste inhabituel d'arrière droit (0-2, 25/09/2019). À 19 ans, le massif Mbe Soh (1,86 m) ne sera plus appelé en équipe première par Thomas Tuchel et a préféré quitter le PSG pour gagner du temps de jeu. Il a rejoint au début de la saison 2020-2021 le club légendaire de Nottingham Forest (Championship, Ligue 2 anglaise).

## MBOMA (Patrick)

Débarqué à Paris en juin 1990, à l'âge de 20 ans, Patrick Mboma entre au PSG par la petite porte. Le natif de Douala, au Cameroun, débute en Division d'Honneur puis intègre quelques semaines l'équipe réserve en D3. Ce buteur athlétique (1,85 m pour 86 kg) passe deux saisons à Châteauroux (1992-1994) en National puis revient au PSG, où il répond toujours présent en complément du duo Weah-Ginola. Après un second prêt à Metz (1995-1996), il comprend qu'il ne s'imposera jamais à Paris. En janvier 1997, il rejoint le Championnat japonais et le club de Gamba Osaka, dont il devient la star, inscrivant 25 buts en 28 matches. Sa carrière est enfin lancée au pays du Soleil-Levant. Désormais considéré comme un attaquant de valeur internationale, Mboma signe à Cagliari en Italie (1998-2000). L'année 2000 est celle de la consécration pour le buteur camerounais : il gagne la Coupe d'Afrique des Nations avec le Cameroun, devient champion olympique et

remporte le Ballon d'or africain. Très respectueux pour le PSG qui a lancé sa carrière, il poursuit son périple à Parme (2000-janvier 2002), Sunderland en Angleterre (janvier-juin 2002), puis accepte une proposition du club de Tripoli, Al-Ittihad. Après cinq mois difficiles en Libye, il retourne au Japon qui l'avait fait star, au Verdy Kawasaki Tokyo (2003-2004) puis à Kobe (2004-2005). À 35 ans, il met un terme à sa carrière et devient agent de joueurs chez IMG McCormack et intègre le staff technique des Lions Indomptables au poste de médiateur pour l'équipe nationale. Patrick Mboma s'est reconverti dans les affaires et a créé une société de services financiers pour aider les migrants africains en France, Hope Finance. Il collabore avec RMC, participe au lancement du réseau dédié au football, « My Footlife », et enflamme le Cameroun lors de son jubilé à Yaoundé, du 24 au 26 mai 2012. Désormais consultant pour Canal+ Afrique, Patrick Mboma reste considéré comme l'un des plus grands joueurs camerounais, et africains, de l'histoire du football.

## MEÏTE (Yakou)

Un petit match et puis s'en va ! Comme plusieurs Titis parisiens, Yakou Meïté n'aura pas eu l'occasion de s'imposer au PSG, malgré des débuts prometteurs en équipes de Jeunes. Quelques minutes dans le temps additionnel lors d'un succès parisien à Guingamp en Ligue 1 (2-0, 09/04/2016) lui ont permis d'entrer dans la grande histoire des Rouge et Bleu. Originaires de Yamoussoukro en Côte d'Ivoire, ses parents s'installent à Paris et le jeune Yakou intègre le centre de formation du PSG à l'âge de 13 ans, après avoir touché ses premiers ballons au FC Solitaire cinq ans plus tôt. La concurrence est féroce, mais à force de travail, il se fait une place dans le onze parisien, sur le flanc gauche de l'attaque. Le 18 avril 2016, quelques jours après sa première en Ligue 1, son superbe but en finale de la Youth League relance les Titis parisiens en U19, qui s'inclineront finalement face à Chelsea (1-2). International en U17 et en U20 avec la Côte d'Ivoire, Meïté sait qu'il doit partir pour gagner du temps de jeu. Le 29 juillet 2016, il rejoint l'Angleterre et Reading, en seconde division. Sa première saison, avec 15 matches pour 1 but, est intéressante avant un prêt d'une saison à Sochaux, en Ligue 2 française. Dans le Doubs, celui que l'on surnommait « la Brute » pour son physique de déménageur, croise à nouveau la route du PSG en Coupe de France (4-1 pour les Parisiens, 06/02/2018). Il revient à Reading plein de confiance et séduit le coach Paul Clément avec 40 matches et 13 buts inscrits lors de la saison 2018-2019. Il débute avec la Côte d'Ivoire face au Liberia (1-0, 26/03/2019) et devient un joueur clé de Reading, club du milieu de tableau en Championship, l'équivalent de la Ligue 2. À 25 ans, alors que son départ a été annoncé suite aux difficultés financières de son club, Meïté est resté fidèle à Reading, mais il pourrait séduire un club de l'élite du championnat Anglais après sa belle saison 2020-2021 (12 buts en 25 matches).

## MENDY (Bernard)

Huit ans après son arrivée dans la capitale, Bernard Mendy avait terminé son parcours au PSG de la plus belle des manières, en marquant le but victorieux sur penalty face à Lens en finale de la Coupe de la Ligue (2-1, 29/03/2008), puis en inscrivant un but décisif pour le maintien lors d'un déplacement à Toulouse (1-1, 03/05/2008). Un beau cadeau d'adieu pour un joueur attachant, qui aura laissé un souvenir contrasté aux supporters parisiens. C'est à Évreux qu'il débute, avant de rejoindre le centre de formation de Caen en 1996. Il dispute quatre rencontres de D2 en 1998-1999 et devient, la saison suivante, un titulaire indiscutable. À 19 ans, Mendy rejoint le PSG après avoir remporté le titre de cham- →P.284

**Défenseur**
Né le 27 août 1981
à Cachoeiro de Itapermirim

**Son parcours :** Cruzeiro (2000-2001), Ajax Amsterdam (2001-2006), Inter Milan (2006-2009), Empoli (2006, prêt), FC Barcelone (2009-2012), PSG (2012-2017).
**Palmarès :** vainqueur de la Ligue des champions (2011), de la Supercoupe UEFA (2009), de la Coupe du monde des clubs (2011), champion des Pays-Bas (2002, 2004), champion d'Italie (2007, 2008, 2009), champion d'Espagne (2010, 2011), champion de France (2013, 2014, 2015, 2016), vainqueur de la Coupe des Pays-Bas (2002), de la Supercoupe des Pays-Bas (2002, 2005), de la Supercoupe d'Italie (2008), de la Supercoupe d'Espagne (2009, 2010), de la Coupe de France (2015, 2016, 2017), de la Coupe de la Ligue (2014, 2015, 2016, 2017), du Trophée des champions (2013, 2015, 2016).
**International brésilien (9 sélections)**

# Sherrer MAXWELL

14 titres avec le PSG, 6 saisons réussies sous le maillot rouge et bleu avant de devenir coordinateur sportif du club de la capitale : le bilan de Maxwell en France est exceptionnel. Meilleur ami de Zlatan Ibrahimovic, Sherrer Maxwell est pourtant l'opposé du sanguin Suédois. Le défenseur brésilien, d'un calme à toute épreuve, a conquis les supporters parisiens grâce à sa technique et sa régularité, sur le flanc gauche de la défense parisienne. À 19 ans, alors qu'il vient de devenir international Espoirs aux côtés de ses futurs coéquipiers au PSG, Alex, Nenê et Thiago Motta, Maxwell participe avec l'équipe première de Cruzeiro à un tournoi aux Pays-Bas. Il séduit l'Ajax Amsterdam, alors qu'il n'a jamais joué un match officiel avec le club de Belo Horizonte, et quitte le Brésil à l'âge de 19 ans. À Amsterdam, il retrouve un certain Zlatan Ibrahimovic, transféré le même jour que lui à l'Ajax. Le début d'une belle amitié entre les deux hommes... Malgré son jeune âge et son inexpérience, Maxwell s'impose rapidement en Europe. En 2004, il est élu meilleur joueur du Championnat. Le 21 avril 2005, lors d'un match de Coupe face à Willem II, Maxwell se blesse (déchirure des ligaments croisés du genou) et se retrouve huit mois sur la touche. Il ne portera plus jamais les couleurs de l'Ajax. . Malgré sa blessure, il rejoint l'Inter Milan en 2006, après un prêt de six mois à Empoli, l'Inter Milan possédant son quota de joueurs extracommunautaires dans son effectif. Maxwell remporte deux titres de champion d'Italie, avant de perdre sa place de titulaire après l'arrivée de José Mourinho. Le 15 juillet 2009, il quitte l'Italie et rejoint le grand FC Barcelone avec Zlatan Ibrahimovic, qu'il avait retrouvé à l'Inter Milan. Au Barça, il remporte de nombreux titres, mais doit faire face à la concurrence du Français Éric Abidal, puis de son compatriote Adriano au poste d'arrière gauche. Le 12 janvier 2012, le PSG l'engage pour trois saisons et demie, à l'âge de 30 ans. Maxwell retrouve une place de titulaire et devient rapidement indispensable au PSG. Ses performances sous le maillot rouge et bleu lui ouvrent les portes de la sélection du Brésil, à l'âge de 32 ans, face à la Suisse (0-1, 14/08/2013) puis lui permettent de faire partie du groupe des 23 lors de la Coupe du monde à domicile en 2014. Le 27 mai 2017, lors de la finale de la Coupe de France remportée face à Angers (1-0) il met un terme à une exceptionnelle carrière, et devient coordinateur sportif des Rouge et Bleu au début de la saison 2017-2018. Le 12 août 2019, Maxwell a annoncé son départ de France et il est désormais ambassadeur du club au Brésil.

pion d'Europe des moins de 18 ans en Allemagne quelques semaines plus tôt. Une belle promotion pour cet attaquant vif et rapide reconverti au poste d'arrière latéral droit. Avec Dalmat, Luccin, Anelka et Distin, ils représentent un nouveau PSG, rajeuni et proche de ses jeunes de banlieue. Le projet est ambitieux, mais va s'achever sur un cuisant échec. Mendy est le seul joueur conservé sous les couleurs parisiennes, même s'il a passé une saison en Angleterre à Bolton en 2002-2003, prêté alors qu'il n'entrait plus dans les plans de Luis Fernandez. L'arrivée de Vahid Halilhodzic lui offre à nouveau une place de titulaire sur le flanc droit de la défense et un premier trophée, la Coupe de France (victoire en finale contre Châteauroux 1-0, 29/05/2004). Quelques jours plus tôt, Mendy a réussi des débuts exceptionnels avec l'équipe de France face au Brésil (0-0, 20/05/2004), se payant même le luxe d'effacer Roberto Carlos d'un grand pont plein d'audace. Depuis cet exploit, le jeune défenseur a tout connu avec Paris, une seconde victoire en Coupe de France 2006, en finale face à Marseille (2-1, 29/04/2006), mais aussi la détresse face aux sifflets du public du Parc des Princes après un centre « au troisième poteau » dont il a le secret… L'arrivée du Brésilien Ceara le pousse vers le banc des remplaçants, avant son retour à un poste plus offensif à la fin de la saison 2007-2008. Bernard Mendy peut quitter le PSG la tête haute, direction l'Angleterre et le promu Hull City, pour une première saison réussie qui s'achève sur son départ, après la relégation des Tigers (2010). Après avoir investi son club formateur à Évreux avec son ami Mathieu Bodmer, il rejoint le Danemark et Odense en février 2011, puis retrouve la L1, sous le maillot de Brest (2012-2014). Sa fin de carrière est plus exotique, avec un court séjour à Chypre (AEL Limassol, janvier-juin 2015) et un passage remarqué dans le nouveau championnat en Inde (Chennaiyin FC et East Bengal Club) avec un titre de champion, lors de la victoire en finale de Chennaiyin alors entraîné par Marco Materazzi face à Goa (3-2, 20/12/2015). À la fin de l'année 2016, c'est l'heure du retour en France puis au PSG où il est nommé entraîneur adjoint de l'équipe féminine le 29 décembre 2017. Après le départ précipité du coach Patrice Lair, il est sur le banc lors du succès des Parisiennes en Coupe de France (1-0, 31/05/2018) avant de retrouver un poste d'adjoint, aux côtés d'Olivier Echouafni.

## MÉNEZ (Jérémy)

Talentueux et fantasque, Jérémy Ménez a inscrit à Lyon le but du sacre pour le PSG (1-0, 12/05/2013). Capable de dribbles exceptionnels, le talentueux attaquant du PSG et de l'équipe de France a réussi son pari pour son retour en France, après trois saisons à Rome. La région parisienne, il la connaît bien : né à Longjumeau, il joue alors au football avec les copains du quartier, avant de rejoindre la structure de formation du CFF Paris, à l'âge de 8 ans. Son club de cœur : le PSG ! Après avoir joué une saison à Brétigny-sur-Orge, Ménez poursuit sa formation au centre de formation du FC Sochaux (2000). À 15 ans, il joue déjà en championnat CFA et signe son premier contrat professionnel un an plus tard.

En mai 2004, avec ses copains Nasri, Benzema et Ben Arfa, il permet à la France de remporter le Championnat d'Europe des moins de 17 ans, après avoir vaincu l'Espagne en finale (2-1, 15/05/2004). En inscrivant trois réalisations, dont un but décisif en finale, il termine meilleur buteur des Bleuets avec Hatem Ben Arfa. La légende de la génération 1987 est en marche, il débute en Ligue 1 quelques semaines plus tard, à 17 ans (Sochaux-Ajaccio 1-0, 07/08/2004) puis inscrit un fabuleux triplé face à Bordeaux en seulement 7 minutes (4-0 pour Sochaux, 22/01/2005). La nouvelle attraction de Ligue 1 quitte Sochaux en 2006 et rejoint l'AS Monaco, puis devient international Espoirs (France-Écosse 3-1, 01/09/2006). Ménez reste deux saisons sur le Rocher puis décide, à 21 ans, de quitter la France pour rejoindre la prestigieuse AS Roma en Italie. Un challenge difficile, il tarde à se faire une place dans le onze romain. Quelques mois après son arrivée, la star de l'équipe, Francesco Totti, déclare pourtant que Jérémy Menez a le potentiel pour devenir le nouveau Lionel Messi ! Il finit par s'imposer à Rome, avec un exceptionnel début de saison 2010-2011. Laurent Blanc fait appel à lui pour reconstruire l'équipe de France après le fiasco sud-africain et il honore sa première sélection avec les Bleus face à la Norvège (1-2, 11/08/2010). La France le redécouvre lors du match face au Brésil (1-0, 09/02/2011), où il délivre la passe décisive à son ami Karim Benzema. Après trois saisons en Italie (114 matches et 12 buts pour la Roma), Jérémy Ménez choisit de revenir en France et signe au PSG pour trois ans. Après une première saison réussie, Jérémy Menez en connaît une moins brillante en 2012-2013, même si son but à Lyon restera gravé dans la mémoire de tous les supporters du PSG. Sa dernière saison parisienne est gâchée par les blessures, il retourne alors en Italie au Milan AC. Toujours aussi irrégulier, il disparaît du onze titulaire des Rossoneri après des débuts prometteurs. En août 2016, Ménez est de retour en France à Bordeaux, mais sa saison est décevante. Il part pour la Turquie (Antalyaspor, 2017-2018) puis au Mexique (Club America, 2018-2019) où une grave blessure aux ligaments du genou gauche l'éloigne des pelouses pendant six mois. Libéré de son contrat à l'été 2019, Jérémy Ménez rentre en France et signe alors pour le Paris FC, avec l'objectif d'assurer le maintien de l'autre club de la capitale. Mission accomplie, avant un départ vers l'Italie, à l'AS Reggina (D2) pour un nouveau challenge, à l'âge de 33 ans.

## MERCHANDISING

Le développement du PSG, avec l'apparition du fair-play financier voulu par l'UEFA, a obligé le club de la capitale à rechercher de nouvelles sources de revenus. Le merchandising, boosté par l'accord avec Jordan Brand, est aujourd'hui un élément capital pour rivaliser avec les plus grands clubs européens. Avant 2011, le PSG vendait environ 80 000 maillots par an. Dix ans plus tard, le chiffre a été multiplié par dix, avec un total proche du million de maillots, et le développement d'une franchise sportive à la renommée désormais mondiale. Les objectifs du club ont été revus à la baisse pour l'année 2020 avec l'apparition de la pandémie de Covid-19, mais le PSG a déjà réussi → 286

**Attaquant**
Né le 20 décembre 1998
à Paris

**Son parcours :** AS Bondy (2004-2011), INF Clairefontaine (2011-2013), AS Monaco (2013-2017), PSG (2017-...).
**Palmarès :** vainqueur de la Coupe du monde (2( de l'Euro U19 (2016), champion de France (2017, 2018, 2019 et 2020), vainqueur de la Coupe de France (2018, 2020 et 2021), de la Coupe de l Ligue (2018 et 2020), du Trophée des champion (2019 et 2020), meilleur buteur de la Ligue 1 (2( 2020 et 2021).
**42 sélections, 16 buts avec l'équipe de Franc**

# Kylian MBAPPÉ

Adoubé par le Roi Pelé, champion du monde avec les Bleus, Kylian Mbappé est déjà, à seulement 22 ans, une légende du football mondial. Un destin exceptionnel pour l'enfant de Bondy, né à Paris et au talent déjà hors norme en catégories Jeunes. C'est à Monaco qu'il découvre le haut niveau et remporte son premier trophée national, la Coupe Gambardella face à Lens (3-0, 21/05/2016). Six mois plus tôt, à 16 ans et 11 mois, Kylian Mbappé a débuté en Ligue 1 face à Caen (1-1, 02/12/2015) et confirme déjà une incroyable maturité pour son jeune âge. Les plus grands clubs européens souhaitent alors engager ce surdoué du ballon rond, qui remporte avec les Bleuets le Championnat d'Europe U19 en finale face à l'Italie (4-0, 24/07/2016). Fidèle à Monaco, Mbappé va s'imposer sur le Rocher et éblouir l'Europe lors du parcours monégasque en Ligue des champions, qui s'achève en demi-finale. Monaco détrône aussi le PSG et remporte le Championnat de France, le club parisien décide alors d'engager le jeune prodige, moyennant la somme record pour un joueur français de 180 millions d'euros (prêt avec option d'achat), en vue de former un duo exceptionnel avec le Brésilien Neymar. International français depuis ses débuts face au Luxembourg (3-1, 25/03/2017), Kylian Mbappé devient le chouchou des Français lors de la Coupe du monde 2018, avec quatre buts inscrits lors du tournoi, dont un en finale face à la Croatie (4-2, 15/07/2018). Il devient le troisième plus jeune joueur champion du monde et le successeur désigné de la légende brésilienne Pelé. Depuis ce sacre, Mbappé a poursuivi son ascension vers les sommets, avec un jeu plus axial et deux titres de meilleur buteur du championnat (2019 et 2020). Quatre ans au PSG, plus de 100 buts inscrits et 7 titres avec les Rouge et Bleu ne semblent pas avoir rassasié l'appétit de titres du gamin de Bondy. Son exceptionnel triplé au Camp Nou face à Barcelone en 8$^{e}$ de finale aller de la ligue des champions (4-1, le 16/02/2021) a définitivement fait taire les derniers sceptiques. Meilleur buteur du championnat pour la 3$^{e}$ saison consécutive, Kylian Mbappé a franchi un nouveau palier, et tous les amoureux du PSG espèrent qu'il poursuivra son irrésistible ascension vers les sommets sous le maillot Rouge et Bleu.

son pari : concurrencer les plus grands clubs européens sur les pelouses, mais aussi dans le secteur du merchandising.

## MÉRELLE (Franck)

La doublure de Dominique Baratelli n'a pas connu la carrière qu'il méritait, victime de l'omniprésence du gardien de but de l'équipe de France (260 matches consécutifs pour Baratelli de 1978 à 1984). Sa progression est freinée par une grave blessure, une triple fracture du tibia péroné alors qu'il vient d'intégrer l'équipe de France Espoirs (1980). Un coup dur pour cet excellent gardien de but, qui signe sa première licence à Nanteuil-lès-Meaux, avant de rejoindre l'AS Meaux deux ans plus tard. Sélectionné en équipe de France Cadets et Juniors, il intègre le PSG en 1976 avec le statut d'aspirant, avant de signer son premier contrat professionnel en 1980. Un seul match au compteur en neuf saisons dans la capitale : il décide alors de rejoindre Auxerre et devient la doublure de Bruno Martini pour une seule saison en Bourgogne (1985-1986). Mérelle trouve enfin la reconnaissance à Niort (1986-1990), puis rejoint l'ambitieux Red Star 93 avant de mettre prématurément un terme à sa carrière professionnelle en 1992, après une nouvelle blessure à la jambe. Il joue pour le plaisir à Saint-Ouen-l'Aumône et travaille jusqu'en 2012 au poste de directeur commercial de SCP, une entreprise de gestion de stockage en Seine-Saint-Denis. En 2021, il était agent immobilier du réseau Kylia, à Boulogne-Billancourt.

## MÉRIDIEN (Hôtel)

Le 10 mai 1972, cet hôtel parisien est le théâtre d'un des événements les plus importants dans l'histoire du club : la scission entre les Parisiens du Paris FC et les irréductibles fidèles à la cause du Paris Saint-Germain. Lors de l'assemblée générale en présence des délégués du club et des associés, le débat sur le changement de nom suite à la requête de la ville de Paris ne donne aucun résultat, chaque parti campant sur ses positions. Les associés sont alors consultés : « Acceptez-vous la subvention pour 1971 et 1972 en provenance de la ville de Paris, avec les conditions qui l'assortissent ? » Un premier vote donne un léger avantage aux partisans du « oui ». À cet instant précis, le PSG n'existe plus. Quelques minutes plus tard, ce premier résultat est annulé, pour cause de décompte erroné des voix. À l'issue du nouveau vote, avec 939 suffrages exprimés pour 1 191 inscrits, 623 associés acceptent les conditions de la ville de Paris, 316 restent fidèles au Paris Saint-Germain. Pour modifier les statuts du club, une majorité des deux tiers est requise. Il manque donc trois voix et, dans ces conditions, la proposition est rejetée. La scission est désormais inévitable.

## MÉTÉO (intempérie)

Le 23 juillet 1988, un événement rarissime survient au Parc des Princes. La rencontre entre le PSG et Bordeaux est reportée à une date ultérieure, suite à un violent orage qui rend la pelouse inutilisable. C'est une première dans l'histoire du Parc depuis sa construction en 1972. Les deux équipes se retrouveront le

14 septembre pour se quitter sur un résultat nul (1-1). Le 18 décembre 2010, la rencontre de Championnat face à Monaco a bien failli connaître le même sort, mais la neige fut finalement dégagée, in extremis.

## MEUNIER (Thomas)

Son franc-parler et ses goûts pour l'art dénotent dans le milieu du football. Thomas Meunier n'a laissé personne indifférent avec son style atypique sur son côté droit, lors de ses quatre années dans la capitale. Après avoir débuté le football dans les petits clubs de Sainte-Ode et Givry en Belgique, Meunier intègre à 13 ans le centre de formation du Standard Liège. Après deux saisons et plusieurs blessures, il n'est pourtant pas conservé. Sa mère l'encourage alors à persévérer et il poursuit sa carrière en D3, au Royal Excelsior Virton, au poste d'attaquant, tout en travaillant en parallèle comme magasinier ou postier. En juin 2011, alors qu'il est désormais international Espoirs, Meunier rejoint le Club Bruges et réussit ses débuts en première division, avec un but lors du succès face à Westerloo (5-0, 31/07/2011). Attaquant sur le côté gauche, il est repositionné en défense en 2012 et va s'épanouir au poste d'arrière droit, en remportant une Coupe de Belgique (2-1 face à Anderlecht en finale, 22/03/2015) puis un titre de champion (2016). International belge, il réussit un bon Euro 2016 et rejoint le PSG dans la foulée, après cinq saisons à Bruges. À Paris, Meunier est mis en concurrence avec Serge Aurier puis Dani Alves et remporte de nombreux trophées : trois titres de champion de France (2018, 2019 et 2020), deux Coupes nationales (2017, 2018) deux Coupes de la Ligue (2017, 2018) et trois Trophées des champions (2016, 2017 et 2019). Troisième de la Coupe du monde 2018 avec les Diables Rouges, il va pourtant connaître deux saisons mouvementées au PSG, avec des performances irrégulières et une communication parfois mal comprise par les supporters des Rouge et Bleu. En fin de contrat en 2020, Thomas Meunier s'engage libre pour le Borussia Dortmund et ne participe pas au tournoi final de la Ligue des champions à Lisbonne, faute d'accord entre les deux clubs. Une fin de parcours décevante, mais aussi un sentiment d'amertume et d'incompréhension entre un joueur et un club qui se sont quittés finalement sans regret.

## MICHEL (Henri)

L'ancien sélectionneur et directeur technique de l'équipe de France (1984-1988) n'est resté qu'une saison au PSG, avant l'arrivée de Canal+ et Artur Jorge en 1991. Avant d'embrasser la carrière d'entraîneur, Henri Michel a été un redoutable milieu de terrain, le meneur de jeu du FC Nantes pendant seize saisons de 1966 à 1982. Il dispute 532 matches avec les Canaris, record actuel du club, à égalité avec le gardien de but Jean-Paul Bertrand-Demanes, remporte trois titres de champion de France (1973, 1977, 1980), une Coupe de France (1979) et compte 58 sélections avec l'équipe de France, pour 4 buts inscrits. Remplacé par Michel Platini après un insipide résultat nul à Chypre (1-1, 22/10/1988), le dénouement est triste pour le sélectionneur des Bleus victorieux aux Jeux olympiques de Los Angeles en 1984 et troisièmes de la Coupe du monde au Mexique en 1986, la meilleure performance des Bleus avant leur sacre en 1998. Il signe au PSG pour relancer sa carrière, avec l'entraîneur adjoint Gérard Banide à ses côtés. La saison à Paris est difficile, les joueurs ont du mal à assimiler son style offensif après deux saisons axées sur la rigueur

défensive avec Tomislav Ivic. Après Paris, il entraîne le Cameroun (sélectionneur, 1994), Al-Nassr Riyad en Arabie saoudite (1995), la sélection du Maroc (1995-2000), puis celle des Émirats arabes unis (2000-2001), l'Aris Salonique en Grèce (2001), la Tunisie (2001-2002), le Raja Casablanca au Maroc (2003-2004), la Côte d'Ivoire (2004-2006), Al-Arabi Doha au Qatar (2006), Al-Zamalek Sporting Club en Égypte (2007), puis de nouveau la sélection du Maroc, jusqu'à son licenciement le 7 février 2008. Après avoir vécu au Liban et entraîné le club sud-africain des Mamelodi Sundowns (octobre 2008-mars 2009), Henri Michel est de retour en Égypte à Al-Zamalek mais doit rapidement démissionner après un début de saison catastrophique (novembre 2009). Il connaîtra le même sort un an plus tard au Raja Casablanca (octobre 2010), puis il devient le sélectionneur de la Guinée équatoriale (2010-2011) et du Kenya (août-décembre 2012), le huitième pays qu'il dirige depuis 1984 ! Henri Michel détient le record de participations à une phase finale de Coupe du monde avec trois pays différents : il a dirigé la France (1986), le Maroc (2000), puis la Côte d'Ivoire (2004), ce qui n'était jamais arrivé dans l'histoire de cette compétition. Le 24 avril 2018, Henri Michel est décédé à Gardanne, à l'âge de 70 ans.

## MICHUT (Edouard)

Edouard Michut a officiellement débuté sa carrière au PSG lors du déplacement victorieux en championnat à Dijon (4-0, le 27/02/2021). Né à Aix-Les-Bains, Michut a débuté sa formation au Chesnay (2009-2011) puis à Versailles (2011-2015) avant d'intégrer le centre de préformation du club parisien, à l'âge de 13 ans. Milieu de terrain relayeur surnommé « le nouveau Verratti », il est international en catégories jeunes U16 et U17 et attise les convoitises des plus grands clubs européens avant de signer un premier contrat professionnel au PSG, le 23 juillet 2020. Avec son compère Xavi Simons, il est appelé en janvier 2021 par Mauricio Pochettino à participer aux entraînements de l'équipe première, avant de devenir le 470e joueur de l'histoire du PSG lors de la victoire à Dijon.

## MITORAJ (Roland)

Arrivé à Saint-Étienne en 1958 en provenance de Montluçon, Mitoraj débute au poste d'attaquant, avant de se fixer en défense centrale. Ce fils de mineur, issu d'une famille de six enfants, effectue son service militaire de dix-huit mois, puis retrouve sa place de titulaire, mais se blesse lors d'une rencontre face au Red Star, en 1962. Absent pendant plus d'une année, il poursuit sa carrière au haut niveau sans savoir qu'il n'a plus de ligaments croisés à la jambe droite ! Il surmonte la douleur et compense son handicap par une intense musculation. À son retour, il truste les titres avec les Verts : quatre championnats de France (1967, 1968, 1969, 1970), une Coupe de France (1968) et trois sélections avec l'équipe de France. En 1970, après douze ans dans le Forez, Mitoraj rejoint le tout nouveau PSG, bénéficiant de sa liberté de contrat pour son 30e anniversaire. À Paris, il tient son rang en défense centrale et participe activement à la montée en première division, avec le titre du National. Après deux saisons réussies au Paris SG, il suit son entraîneur Pierre Phelipon à Bordeaux et assiste à l'éclosion d'un jeune phénomène chez les Girondins, Alain Giresse. En 1974, Mitoraj devient entraîneur-joueur à Aix-en-Provence, où il joue trois saisons en championnat CFA. C'est à la fin de sa carrière qu'il apprend ses soucis au genou et accepte d'intégrer la société Adidas, dans la région Centre. Il revient à Saint-Étienne pour s'occuper des moins de 17 ans, de la CFA et même être l'adjoint de Christian Sarramagna avec l'équipe professionnelle dans les années 1980. En 1997, il quitte l'ASSE et entraîne un petit club de DH, Saint-Julien-Chapteuil, jusqu'en 2003. Roland Mitoraj devient consultant pour le mensuel Actufoot puis rejoint le conseil d'administration à Saint-Étienne à la fin de l'année 2007, avant d'être remercié en 2009. Il est désormais retraité à Vorey (Haute-Loire).

## MOMBAERTS (Erick)

Après avoir joué à Montargis (1965-1970), puis Nemours (1970-1973), Erick Mombaerts rejoint le centre de formation de l'INF Vichy et ressort diplômé de la première fournée en 1974, avec Jean-Luc Ettori. Il signe à Lens en qualité de stagiaire pro, avant de suivre Gérard Houllier à Nœux-les-Mines, où il joue dans l'entrejeu. Après cinq saisons à Montluçon, il accepte, à 27 ans, le poste de conseiller technique départemental de l'Allier, que lui propose la Fédération française de football en reconnaissance de son diplôme de professeur d'EPS et de ses qualités pédagogiques. Un an plus tard, en 1984, il est nommé conseiller technique régional en Auvergne. Il obtient la note minimale pour entraîner une équipe de première division, rejoint le PSG en

1986 et remplace Christian Coste au poste d'entraîneur de l'équipe réserve et responsable du centre de formation. Lors de la saison 1987-1988, Mombaerts remplace brièvement Gérard Houllier à la tête de l'équipe première du PSG. Avec une seule victoire en huit rencontres de championnat, Houllier reprend sa place au début de l'année 1988 et Mombaerts retrouve son poste au centre de formation. En 1989, il quitte le club et rejoint Guingamp puis Cannes pour devenir entraîneur adjoint, et prend en main le groupe professionnel (1992-1994). Directeur du centre de préformation de Castelmaurou et conseiller technique régional de la région Midi-Pyrénées (1994 à 1999), Mombaerts intègre le staff technique de Toulouse et va ramener le TFC en première division, après avoir dirigé le centre de formation. En 2006, il cède sa place à Élie Baup, mais reste au club. Le 1er juillet 2007, il rejoint la Fédération française de football et entraîne l'équipe de France des moins de 18 ans, puis la sélection Espoirs en 2008 jusqu'au naufrage des Bleuets en Norvège (3-5, 16/10/2012) et leur élimination en barrage pour l'Euro 2013. Il démissionne alors et signe au Havre en Ligue 2 (2012-2014) puis rejoint le City Football Club, une société d'Abu Dhabi qui gère différents clubs liés à Manchester City, en entraînant au Japon (Yokohama Marinos 2014-2017) et en Australie, au Melbourne City FC de juin 2019 à septembre 2020, jusqu'à son retour en France pour raisons familiales.

## MONGELLI (Mario)

À 21 ans, ce jeune stagiaire du PSG se retrouve en haut de l'affiche, avec pour mission de remplacer le duo composé de Mustapha Dahleb et François M'Pelé, mis provisoirement à l'écart du groupe par Velibor Vasovic.

Pour ses débuts, Mongelli a la lourde tâche de faire oublier ses deux illustres coéquipiers pour un match, à Saint-Étienne, candidat pour le titre de champion de France. Le PSG s'incline logiquement (4-1, 04/02/1979) pour la seule apparition de cet attaquant formé à Morangis. Remarqué lors d'une victoire incroyable avec son club formateur face à Saint-Étienne (2-1) en Coupe Gambardella, Mongelli finit par quitter le PSG à l'issue de cette saison, déçu de n'avoir pas eu une seconde chance pour briller dans des circonstances plus favorables. Il rejoint le voisin du Paris FC (1979-1981), et réussit une carrière honnête en deuxième division. Excellent technicien, on regrette un certain individualisme et un manque de constance pour ce joueur qui aurait mérité mieux. Après le Paris FC, Mongelli a porté les couleurs de Fontainebleau (1981-1983), Dunkerque (1983-1984), à nouveau le Paris FC avec une licence amateur. En 1987, après s'être fracturé la jambe, il occupe le poste d'entraîneur-joueur à Morangis (1987-1988), puis ouvre avec son frère un commerce de ventes de motos et de scooters à Chilly-Mazarin, Aux 4 M, en région parisienne, avant de créer la société Beroli, spécialisée dans le secteur d'activité du conseil et de la gestion.

## MONTEIRO (Armando)

Le moins célèbre des joueurs brésiliens du PSG n'en est pas moins l'un des plus efficaces, avec 4 buts inscrits en 9 rencontres officielles. Et son histoire est exceptionnelle : débarqué un jour au Camp des Loges en 1973, alors que le PSG joue en seconde division, ce grand attaquant (par la taille) et redoutable buteur de la tête propose timidement ses services à Justo Fontaine, expliquant qu'il avait joué dans sa jeunesse à Flamengo au Brésil et qu'il avait rejoint la France sans l'accord de son père, médecin. L'entraîneur parisien accepte sa proposition, et lui propose un contrat d'une saison à Paris. La belle histoire est en marche, cet adepte du jonglage se montre décisif pendant quelques mois avant de céder sa place de joueur étranger à Mordechaï Spiegler, recruté à la fin de l'année 1973. Monteiro fait partie de l'histoire du PSG, inscrivant un but lors du premier match joué au Parc des Princes, face au Red Star en D2 (3-1, 10/11/1973). Toujours souriant, il prend alors le chemin du sud de la France, sort un disque de samba Brasa Brasil avec Eduardo Filho, puis devient chef d'orchestre de musique brésilienne pendant plus de vingt ans, au sein du groupe « A Samba ». Il va animer les soirées à Saint-Tropez chez Eddie Barclay avec l'ancien joueur marseillais Paulo Cesar avant de s'installer à Mougins. Armando Monteiro est décédé le 22 octobre 2008, à 58 ans.

## MORALY (Bernard)

Un autre espoir du club qui n'a jamais réussi à s'imposer au plus haut niveau. Né à Alger, il quitte Puteaux à 12 ans pour rejoindre Saint-Germain-en-Laye et intègre rapidement le centre de formation du PSG, en Minimes première année. Milieu de terrain technique, il compense sa taille (1,72 m pour 65 kg) par une activité au-dessus de la moyenne, qui lui permet de jouer 21 matches en première division en 3 saisons avec le PSG. Son meilleur souvenir à Paris reste l'épopée en Coupe Gambardella en 1972, malgré la défaite contre Sochaux (2-4) en demi-finale. En 1978, il quitte à contrecœur le club de ses débuts pour rejoindre le Paris FC, Grenoble et Saint-Dizier. Moraly, diplômé du brevet d'état d'éducateur sportif deuxième degré, est désormais organisateur de stages de football à Lans-en-Vercors au Domaine des Girards, pour la société Stages Planète.

## MOREAU (Fabrice)

Venu accompagner des copains qui passent des tests de sélections au PSG en catégorie

Juniors, Fabrice Moreau accepte de tenter sa chance avec les Cadets. Il intègre le centre de formation avec un seul objectif : devenir footballeur professionnel. Avec 3 matches officiels sous les couleurs du PSG en 5 saisons, il comprend que sa voie est ailleurs. Après un prêt d'une saison à La Roche-sur-Yon, ce défenseur athlétique entame un parcours de baroudeur, qui l'emmène au Mans, à Meaux, au Racing, au Paris FC et à Marseille, pour une saison (1995-1996). La suite de son périple le mène à Toulon et au Red Star 93 en France, au Rayo Vallecano puis à Talavera et Numancia en Espagne, au Beijing Guoan Hyundai en Chine, à Nottingham County en Angleterre, à Graz en Autriche et, en Écosse, à Airdrie United puis à Partick Thistle dans la banlieue de Glasgow, où il met un terme à sa carrière en 2004. Cet ex-international camerounais, qui avait participé aux éliminatoires de la Coupe du monde 1998, a vécu en Espagne avant de revenir vivre en France. Après avoir dirigé la réserve de Val-d'Europe (D2, district Seine-et-Marne), Fabrice Moreau entraîne l'ES Valois-Multien (Régional 2) dans l'Oise depuis la fin de l'année 2018.

## MORIN (Thierry)

Fidèle parmi les fidèles du PSG, Thierry Morin, né à Saint-Germain-en-Laye, est désormais directeur du CFA omnisports au Camp des Loges et membre de l'Association PSG. En 1966, il signe sa première licence au Stade Sangermanois puis, en 1970, il porte déjà les couleurs du PSG en catégorie Minimes et va franchir toutes les étapes jusqu'à l'équipe première, où il débute en 1975 avec ses trois compères du centre de formation, Jean-Marc Pilorget, Lionel Justier et François Brisson (PSG-Reims 2-3, 21/12/1975). Arrière latéral à ses débuts, il occupe tous les postes en défense, puis se révèle un excellent stoppeur, irréprochable dans le duel avec l'attaquant adverse. Après ce premier match, Morin doit reprendre le chemin du lycée et ne réapparaît que la saison suivante, où il doit choisir entre sa passion du football et ses études de kinésithérapeute. Un choix cornélien qui va l'empêcher de postuler à une place de titulaire

jusqu'en 1979, puis il devient indispensable sous le règne de Georges Peyroche à la tête des Rouge et Bleu. Concilier sport et études n'est pas chose aisée, Morin a réussi dans cette entreprise, participant à 174 matches officiels avec le PSG pour un seul but, inscrit à Monaco lors de la saison 1982-1983 (1-1, 17/08/1982). Il n'a malheureusement pas joué les finales victorieuses en Coupe de France, victime de blessures à répétition qui lui ont probablement coûté une sélection avec l'équipe de France. À 29 ans, Morin quitte le PSG en 1986 après un titre de champion de France pour rejoindre le club voisin à Saint-Ouen, le Red Star. Après avoir rangé les crampons, il devient directeur du centre de formation au Red Star, puis revient au PSG pour occuper un poste identique en 1989. Une belle récompense pour cet enseignant, spécialisé en sciences naturelles et véritable passionné du PSG, dont il incarne à merveille les valeurs. Il occupe ce poste au Camp des Loges, élargi à l'omnisports, avant de prendre sa retraite, le 29 juin 2018, tout en conservant son poste au comité directeur de l'Association PSG.

## MOUTIER (Jean-Michel)

Excellent gardien de but, Jean-Michel Moutier n'a connu que deux clubs tout au long de sa

carrière professionnelle de joueur : l'AS Nancy-Lorraine et le PSG. Il débarque à Nancy en 1972 après avoir débuté à Lunéville. Avec ses copains du « Lycée Papillon », Michel Platini, Olivier Rouyer et Paco Rubio, il va installer le club lorrain en L1, remportant au passage une Coupe de France en 1978 (Nancy-Nice 1-0, 13/05/1978). Une rupture du tendon au genou va freiner son ascension en 1983, lors d'un match de championnat à Brest. Après sept mois de rééducation, il revient et s'aperçoit qu'on ne lui rendra pas sa place dans les buts lorrains. Déçu, il décide alors de quitter son club pour un nouveau challenge, et signe au PSG en 1984 comme doublure de l'inamovible gardien parisien, Dominique Baratelli. À 29 ans, le sort va lui être rapidement favorable : après avoir souffert de troubles de la vue, Baratelli perd sa place de titulaire au profit de celui que l'on surnomme affectueusement « Moumoutte ». Il va être titularisé jusqu'à la fin de la saison et la finale de Coupe de France perdue contre Monaco (0-1, 08/05/1985). Quelques mois plus tard, Joël Bats prend possession des buts parisiens et Moutier rentre dans le rang, avant d'accepter une place dans le staff technique du club. Après avoir débuté au poste d'entraîneur des gardiens et supervisé les équipes adverses, l'ambitieux Moutier rejoint Nancy et devient directeur sportif du club lorrain pour trois ans, avant d'accepter la proposition de Michel Denisot : la direction du domaine sportif de l'équipe professionnelle et de la formation du PSG. Spécialiste du recrutement grâce à son réseau d'anciens joueurs, il fait venir le trio brésilien Ricardo, Valdo, Raí, puis garde le secret jusqu'au bout pour finaliser le transfert de George Weah à Paris, alors que l'Allemand Jürgen Klinsmann est attendu dans la capitale. En 1998, Moutier quitte le PSG et rejoint Rennes, au poste de conseiller du président Blayau. Nommé manager général à Châteauroux (2000-2003), il revient à Paris à la demande de Francis Graille et Vahid Halilhodzic, et intègre la cellule de recrutement du club. En mai 2005, l'arrivée de son ami Pierre Blayau va lui donner les pleins pouvoirs. Responsable de la section professionnelle, chargé des contrats et des recrutements, il fait signer Dhorasoo et négocie l'arrivée du duo uruguayen Bueno et Rodriguez, alors en conflit avec leur club, le Penarol Montevideo. Des choix qui ne sont pas payants. L'arrivée d'Alain Cayzac l'oblige à quitter une nouvelle fois le PSG, en 2006. Toujours très présent dans le milieu du football, il a été mandaté en 2008 par la banque d'affaires Lazard en vue d'une éventuelle reprise du club parisien, mais les actionnaires du PSG n'ont pas donné suite à sa proposition. Passionné de golf, il devient consultant, notamment auprès du Conseil du Sport à Dubaï, après avoir créé sa structure, « J2M ». En 2014, il a participé à la création d'une conciergerie via Internet pour les entreprises, dénommée Ixilo.

## M'PELÉ (François)

voir P296

## MULUMBU (Youssouf)

Avec son pote Clément Chantôme, c'était la bonne surprise du PSG lors de la saison 2006-2007, mais Youssouf Mulumbu n'a pas confirmé ses excellents débuts et a choisi de s'expatrier en Angleterre. Natif d'Épinay-sous-Sénart dans l'Essonne, Mulumbu intègre à 12 ans la préformation du PSG à Conflans, pour suivre les pas de son grand frère, footballeur professionnel au Portugal. La suite du parcours au PSG est classique : formation à Verneuil, Camp des Loges, puis le brassard de capitaine de l'équipe parisienne championne de France des U18 en 2006, avec en prime un but inscrit en finale face à Monaco. Milieu de terrain défensif, il s'est mué au début de l'année 2007 en redoutable arrière gauche et sa saison s'est terminée par un premier succès au tournoi Espoirs de Toulon avec les Bleuets. Paul Le Guen souhaite alors le prêter pour qu'il s'aguerrisse. Mulumbu part à Amiens pour un prêt d'une saison en L2 et affronte le PSG en demi-finale de la Coupe de France (0-1, 06/05/2008). Mulumbu choisit alors officiellement de porter les couleurs du Congo, un pays qu'il a quitté à l'âge d'un an. Il débute avec les Léopards, avec son ami Larrys Mabiala, lors d'un match amical face à l'équipe de France A' (0-0, 05/02/2008), puis retourne à Paris. Il se contente de quelques apparitions en Coupe UEFA et, en janvier 2009, il accepte un prêt à West Bromwich Albion. Malgré une blessure, le club des Midlands, pourtant relégué en seconde division, lui propose un contrat d'un an qu'il accepte avec enthousiasme. WBA est

de retour en Premier League en 2010 et Mulumbu devient un cadre de l'équipe jusqu'à son départ cinq ans plus tard, le 24 mai 2015, après plus de 200 matches pour le club des Midlands. Il poursuit sa carrière en Angleterre, à Norwich, tout juste promu en Premier League, pour deux saisons décevantes, gâchées par les blessures. Capitaine de la sélection du Congo depuis 2011, Mulumbu rejoint alors le championnat écossais et Kilmarnock en 2017, puis signe au Celtic Glasgow un an plus tard. À 31 ans, son manque de temps de jeu est à l'origine de son retour à Kilmarnock, sous forme de prêt. Après avoir mis un terme à sa carrière juin 2019, il est désormais entrepreneur dans le secteur social et a lancé sa Fondation, spécialisée dans les projets de développement durable.

## MURATI (Edvin)

Belle histoire que celle d'Edvin Murati, parti clandestinement de l'Albanie à l'âge de 15 ans pour pouvoir vivre sa passion, le football. À 10 ans, ce surdoué licencié au Partizan Tirana sait déjà qu'il devra s'expatrier pour continuer sa carrière et progresser. En octobre 1991, avec l'accord de ses parents, il obtient un visa pour la Hollande, profitant d'un match de coupe UEFA de Tirana face au Feyenoord Rotterdam. Murati ne rentre pas au pays. Caché dans le coffre d'une voiture, il franchit clandestinement la frontière et rejoint l'Allemagne, puis Paris. Le lendemain de son arrivée, il est présent au Camp des Loges pour un test qui s'avère concluant. Il intègre le centre de formation et obtient l'asile politique en 1993, avec interdiction de retourner en Albanie avant 1997. Le jeune homme a du caractère, accepte un prêt à Châteauroux et inscrit le but des Castelroussins au Parc des Princes face au PSG, lors d'une rencontre de Coupe de France (3-1 pour Paris, 13/01/1996). La saison suivante, il ne s'impose pas à Paris et rejoint Düsseldorf, en Allemagne, où il peut s'aguerrir. Le conflit au Kosovo va le meurtrir, puis il intègre la sélection d'Albanie, dont il devient un des piliers avec Lorik Cana. Lors de la saison 1999-2000, il fait partie du groupe parisien, second

**Attaquant**
Né le 13 juillet 1947
à Brazzaville (RD Congo)

**Son parcours :** Standard Brazzaville (1954-1968), AC Ajaccio (1968-décembre 1973), PSG (décembre 1973-1979), Lens (1979-1981), Rennes (1981-1982), CARA Brazzaville (1982-1984).
**Son palmarès :** vainqueur du Championnat d'Afrique des Nations (1972).

**International congolais**

# François M'PELÉ

Engagé par le PSG à la fin de l'année 1973, le buteur congolais a réussi une carrière exemplaire à Paris, inscrivant 97 buts en 6 saisons dans la capitale. Après avoir débuté au Standard de Brazzaville à l'âge de 7 ans, M'Pelé joue son premier match en équipe première dix ans plus tard, en 1964. Ses talents de buteur l'incitent à rejoindre l'Europe, et Ajaccio l'engage en 1968. Il a débuté à 19 ans avec l'équipe du Congo, et a remporté avec les Diables Rouges, à la surprise générale, le Championnat d'Afrique des Nations en 1972. Une victoire historique après s'être qualifié par tirage au sort à l'issue du premier tour au détriment du Maroc, puis en s'imposant en finale face au Mali (3-2, 05/03/1972). En Corse, M'Pelé inscrit 57 buts en 121 matches en première division, mais ne peut éviter la relégation d'Ajaccio en 1973. Cinq mois plus tard, le PSG le recrute pour accéder en première division. Ses nombreux buts vont se révéler décisifs pour atteindre l'objectif fixé par le président Hechter, même si c'est en Coupe de France que son efficacité se montre redoutable : avec 28 buts inscrits en 31 matches, il reste à ce jour le meilleur buteur du PSG dans cette compétition. Il inscrit le premier but du PSG au Parc des Princes en première division face à Metz (2-2, 13/08/1974), puis réussit un triplé dix jours plus tard pour la première victoire des Parisiens sur leur pelouse fétiche, contre Angers (3-2, 23/08/1974). Sympathique et respectueux, M'Pelé accepte de jouer plus en retrait lors de l'arrivée de Carlos Bianchi, avant de terminer sa carrière à Paris... au poste de libero ! En 1979, en conflit avec son entraîneur Velibor Vasovic, il quitte le PSG et rejoint Lens (1979-1981), puis Rennes (1981-1982). Avec 129 buts inscrits parmi l'élite du football français, il décide de rentrer au Congo et joue pour le CARA Brazzaville, le meilleur club du pays, jusqu'en 1984. Il tire alors sa révérence et reste le plus grand joueur de l'histoire du Congo. Le PSG sera son invité pour son jubilé et ses festivités sur deux jours, au début de l'année 1986. Après avoir occupé plusieurs postes dans l'encadrement technique de la sélection, puis dans son club de cœur, l'AS Cheminots, M'Pelé devient patron d'une boulangerie industrielle à Pointe-Noire et consultant à la télévision pour Canal France International. Très impliqué au sein de la fédération congolaise, il accepte le poste de directeur sportif de l'équipe nationale du Congo. Ses liens avec l'île de Beauté lui ont permis d'organiser le premier match dans l'histoire de la sélection corse, contre les Diables Rouges du Congo, le 6 juin 2009 à Ajaccio (score final : 1-1). En 2016, François M'Pelé a connu des soucis judiciaires et s'est retrouvé emprisonné pour deux ans à Pointe-Noire, pour une sombre affaire de falsification de billets de banque. Victime d'un accident vasculaire cérébral, il a été libéré le 1 septembre 2019.

→ du Championnat et qualifié pour la Ligue des champions. Il lui reste un an de contrat quand l'arrivée des stars Anelka, Luccin et Dalmat l'oblige à s'exiler. Murati rejoint Lille (2000-2002), puis la Grèce, à l'Iraklis Salonique (2002-2006) et Panserraïkos (2006-2008), où il met un terme à sa carrière, à 33 ans. Il reste une star dans son pays, après avoir inscrit le but victorieux face à la Grèce, championne d'Europe en titre (2-1, 04/09/2004). Murati vit désormais en région parisienne, et occupe les postes de vice-président de la chambre franco-albanaise de commerce, et de conseiller économique à l'ambassade d'Albanie à Paris.

# N

## NAGERA (Kenny)

Le 10 avril 2021 à Strasbourg, Kenny Nagera a rejoint la grande famille du PSG pour quelques minutes joués à La Meinau, lors du succès parisien (4-1) en championnat. Une belle récompense pour ce Titi parisien, né à Argenteuil et passé par l'école de football d'Epinay-sur-Seine avant de rejoindre la préformation du PSG, à l'âge de 13 ans. Plutôt introverti et timide, Nagera va s'affirmer aux côtés de son compère Arnaud Kalimuendo, à la pointe de l'attaque ou sur les côtés. Capitaine des U17 lors de la Al-Kass 2019, il signe un premier contrat professionnel le 30 juin 2020, après une année réussie en U19 et 10 buts inscrits. Toujours régulier en catégories jeunes, il est appelé par Mauricio Pochettino pour s'entraîner avec le groupe professionnel, avant cette première apparition à l'âge de 19 ans et les conseils amicaux d'un certain Kylian Mbappé, qu'il avait remplacé en Alsace. Joueur complet et collectif, il lui faut désormais poursuivre son apprentissage et suivre l'exemple d'Arnaud Kalimuendo, qui a réussi une première saison prometteuse lors de son prêt à Lens.

## NANTES

voir P300

## NATIONAL

Le premier succès remporté par le tout nouveau PSG en 1971 s'est déroulé en deux étapes : la place de leader du groupe Centre devant Quevilly permet aux Parisiens de disputer un mini-championnat face au vainqueur du groupe Sud (Monaco) et du groupe Nord (Lille). L'objectif de la montée en première division est déjà atteint, mais les joueurs du PSG vont mettre un point d'honneur à remporter ce premier titre du National, s'imposant à domicile contre Lille (4-1, 12/06/1971) après avoir résisté aux assauts monégasques sur le Rocher quelques jours plus tôt (2-2, 06/06/1971). La saison 1970-1971 du PSG se termine en apothéose avec le premier titre officiel dans l'histoire du club.

## NAVAS (Keylor)

voir P302

## NBA (National Basketball Association)

Le Paris Saint-Germain a tissé depuis quelques saisons déjà un lien fort avec l'une des ligues de sport majeures aux États-Unis. La collection avec Jordan Brand en est une belle preuve, en plus des venues de plusieurs stars de NBA au Centre Ooredoo et au Parc des Princes. Kevin Durant, Steph Curry, Jimmy Butler, Karl-Anthony Towns, le regretté Kobe Bryant, Gary Payton ou encore Michael Jordan lui-même, se sont succédé à Paris pour échanger avec les joueurs, ou simplement assister à une rencontre au Parc. → P304

**Finale de la Coupe de France**
Le samedi 11 juin 1983, au Parc des Princes.
46 203 spectateurs (record pour une rencontre de Coupe au Parc).
**Arbitre :** M. Vautrot.
**Buts :** Zaremba (3e), Susic (65e), Toko (82e) pour le PSG ; Baronchelli (17e), Touré (40e) pour Nantes.
**Avertissements :** Pilorget (61e), Fernandez (61e) pour le PSG ; Halilhodzic (61e), Adonkor (66e) pour Nantes.
**Expulsion :** Adonkor (89e).
**PSG :** Baratelli – Lemoult, Pilorget, Bathenay (cap.) (Dahleb 50e), Tanasi – Zaremba, Fernandez, Susic – Toko, Rocheteau, N'Gom.
**Entraîneur :** G. Peyroche.
**NANTES :** Bertrand-Demanes – Ayache, Rio, Bossis (cap.), Bibard (Picot 83e) – Adonkor, Tusseau (Muller 73e), Touré – Baronchelli, Halilhodzic, Amisse.
**Entraîneur :** J.-C. Suaudeau.

## PSG-NANTES : 3-2 (1-2)

Douze mois après son succès face à Saint-Étienne (2-2, 6-5 t.a.b.), le PSG défend son titre face au champion de France nantais, qui a largement dominé la saison. Entre deux équipes joueuses et portées vers l'offensive, on espère une finale indécise et animée. On ne va pas être déçu par cette 66e finale de la Coupe qui rentrera dans la légende de la compétition. Pas de round d'observation entre les deux équipes : après une faute de Bibard sur Rocheteau, les Parisiens bénéficient d'un coup franc à 25 mètres des buts Nantais. Susic transmet à Zaremba qui ouvre le score d'une frappe lourde et tendue (3e). Une avance de courte durée : les protégés de Coco Suaudeau dominent et égalisent logiquement par l'intermédiaire de Baronchelli, d'une malicieuse pichenette (18e). Les Canaris, dominateurs, font courir des Parisiens courageux et c'est sans surprise qu'avant la pause Nantes double la mise. Et quel but ! José Touré effectue un superbe amorti aérien dos au but, élimine deux adversaires en jon-

glant et frappe du gauche après avoir pivoté. Génial, ce but digne du Roi Pelé laisse le public du Parc béat d'admiration (40e). Après la pause, les affaires parisiennes se gâtent avec la sortie sur blessure à la cuisse du capitaine du PSG, Dominique Bathenay (50e), Mustapha Dahleb le remplace, Zaremba recule en défense centrale. Pendant un bon quart d'heure, la défense parisienne est désorganisée, les Nantais gâchent l'occasion de tuer le match, par excès d'individualisme ou par précipitation. Paris semble mort, mais tel le phénix, va renaître de ses cendres ! Et Safet Susic, le stratège du PSG, va se mettre au diapason de son alter ego nantais, José Touré. Le génial Yougoslave s'empare de la balle à trente mètres des buts, élimine successivement Adonkor et Tusseau, puis expédie un missile dans la lucarne des buts gardés par Bertand-Demanes (66e). Le match a changé d'âme, et c'est un dernier caviar de Susic qui va sceller définitivement le sort de cette rencontre. Plein axe, sa passe millimétrée pour Toko est un régal et le grand buteur tchadien – par la taille et le talent – marque d'une frappe croisée (81e). Au coup de sifflet final, le peuple de Paris peut crier sa joie et les Nantais ruminer cet échec après avoir longtemps entrevu un dénouement bien différent.

**Gardien de but**
Né le 15 décembre 1986
à San Isidro de El General (Costa Rica)

**Son parcours :** Deportivo Saprissa (2005-2010), Albacete Balompié (2010-2011), Levante (2011-2014), Real Madrid (2014-2019), PSG (2019-...).
**Son palmarès :** vainqueur de la Ligue des champions (2016, 2017 et 2018), de la Coupe du monde des clubs (2016, 2017 et 2018), champion du Costa Rica (2006, 2007), du tournoi d'ouverture (2007 et 2008), et de clôture (2008, 2010) du Costa Rica, champion d'Espagne (2017), champion de France (2020), vainqueur de la Supercoupe d'Espagne (2017), de la Supercoupe d'Europe (2017), vainqueur de la Coupe de France (2020 et 2021), vainqueur de la Coupe de la Ligue (2020), vainqueur du Trophée des champions (2020).
**International costaricien 93 sélections**

# Keylor NAVAS

Depuis les années 1990 et un certain Bernard Lama, le PSG n'avait jamais trouvé un gardien de but si talentueux et efficace dès son arrivée dans la capitale. Il est bien loin, ce jeune gardien de but inconnu débarqué en Espagne à 24 ans. La légende raconte que le club espagnol aurait même proposé quelques ballons de football au club costaricain pour faire venir Keylor Navas… Aux débuts des années 1990, ses parents avaient quitté le Costa Rica pour les États-Unis. Le jeune Keylor vit alors chez ses grands-parents, et débute à 8 ans le football. En 2002, il rejoint le centre de formation du meilleur club du pays, le Deportivo Saprissa, et gravit tous les échelons jusqu'à l'équipe première. Le départ vers l'Europe en 2010 est difficile, avec une première saison en D2 espagnole sans éviter la relégation d'Albacete. Prêté à Levante, il découvre la Liga à la fin de la saison 2011-2012 (Levante-Athletic Bilbao 3-0, 13/05/2012) après des débuts réussis quelques mois plus tôt en Coupe d'Espagne face au Deportivo La Corogne (3-1, 13/12/2011). Navas s'engage alors pour Levante et va patienter dans l'ombre du titulaire dans les buts, Gustavo Munua. Titulaire lors de la saison 2013-2014, il est nommé meilleur gardien du championnat espagnol. Ses performances avec le Costa Rica à la Coupe du monde 2014 (quart-de-finaliste de la compétition) lui permettent alors de signer au Real Madrid, comme doublure d'Iker Casillas. En 2015, le Real Madrid souhaite engager le gardien de but espagnol de Manchester United, David de Gea, et Navas est annoncé chez les Red Devils. Un document hors délai met un terme à ce double transfert, Navas s'installe dans les buts du Real pour une saison exceptionnelle, avec une victoire en Ligue des champions face au rival de l'Atletico de Madrid (1-1, 5-3 t.a.b., 28/05/2016) et un arrêt décisif lors de la séance de tirs au but sur la tentative de Juanfran. La légende Navas est en marche, avec un incroyable triplé en Champions League, face à la Juventus Turin (4-1, 03/06/2017) puis contre Liverpool (3-1, 26/05/2018). Lors de la saison 2018-2019, Navas est alors mis en concurrence avec le gardien de but belge Thibaut Courtois. Son temps de jeu se réduit et le PSG profite alors de la situation pour engager le portier costaricain. Depuis son arrivée, Keylor Navas multiplie les exploits, rassure sa défense et remporte trois trophées (Championnat de France, Coupe de France et Coupe de la Ligue), avant de jouer une nouvelle finale de la Ligue des champions, perdue contre le Bayern Munich (0-1, 23/08/2020). Épanoui à Paris, il est, à 34 ans en 2021, au sommet de son art et espère emmener le PSG au plus haut, avec un succès en Champions League, le quatrième, on l'espère, de son incroyable carrière.

L'effectif actuel du PSG compte parmi ses rangs plusieurs fans de NBA, comme Layvin Kurzawa, Kylian Mbappé ou encore Neymar.

## NENÊ (Anderson Luis de Carvalho)

voir P306

## NEYMAR JR (Neymar da Silva Santos Junior)

voir P310

## NGOG (David)

Pedro Miguel Pauleta voyait en lui son digne successeur. Le parcours de Ngog au PSG est pourtant décevant, avant son départ pour Liverpool. Ce grand attaquant (1,90 m) vient de Franconville, dans le Val-d'Oise, au moment d'intégrer le centre de préformation du PSG. Deux saisons à Conflans, un an à Verneuil, puis le centre de formation au Camp des Loges. À 15 ans, ce prodige évolue au sein de l'équipe des 16 ans nationaux (surclassé). International avec les jeunes Bleus en U16, U17 puis U18, le jeune espoir du PSG devient champion de France des U18 en 2006 puis débute en Ligue 1 lors de la rencontre face à Bordeaux au Parc des Princes (0-2, 18/11/2006). Avec seulement 3 buts en 25 matches officiels, le bilan de Ngog à Paris est loin d'être satisfaisant. En 2008, son transfert pour Liverpool est une surprise, mais l'ancien joueur du PSG ne s'est jamais imposé chez les Reds, barré par Fernando Torres, puis Luis Suarez. Appelé en équipe de France Espoirs (16 sélections et 3 buts), Ngog rejoint Bolton en 2011, sans pouvoir empêcher la relégation des siens en Championship (D2 anglaise) puis à Swansea (janvier-juin 2014). Il décide alors de rentrer en France après six ans en Angleterre pour se relancer, direction le Stade de Reims. Dès son premier match en Champagne, il inscrit un superbe but face à Toulouse (2-0, 13/09/2014) et participe activement au maintien de son équipe en Ligue 1 en 2014-2015. La saison suivante est plus compliquée malgré un bon début de Championnat. Il quitte Reims pour la Grèce et Panionios où il se blesse gravement (rupture des ligaments croisés du genou droit). Après six mois d'arrêt, on le retrouve en Écosse, à Ross County (janvier-juin 2018) puis en Hongrie, au Honved Budapest avec lequel il a retrouvé le sens du but et la Ligue Europa en 2019-2020. En février 2020, il accepte un nouveau défi et rejoint le club lituanien du FK Zalgriris à Vilnius, mais quatre mois plus tard, le 20 juin 2020, David Ngog annonce officiellement qu'il met prématurément un terme à sa carrière, à l'âge de 31 ans.

## N'GOM (Michel)

La famille du PSG au complet a pleuré la mort accidentelle de Michel N'Gom, décédé le 12 août 1984 après un tragique accident de la route. L'attaquant né à Dakar, après trois saisons au PSG, venait juste de signer à l'AJ Auxerre. Cet excellent dribbleur a quitté le Sénégal à l'âge de 4 ans avec sa mère, laissant à Dakar son père et son frère. Il fait son apprentissage à l'école de Mazargues, qui a révélé le futur buteur de Saint-Étienne, Laurent Roussey, puis signe un contrat de stagiaire à Marseille en 1976. Prêté une saison à Toulon (1978-1979), N'Gom revient à

l'OM, tout juste relégué en D2. En 1981, il rejoint le PSG avec l'ambition de s'imposer en première division. La concurrence est rude à Paris avec Rocheteau, Toko, Boubacar et Surjak, mais N'Gom est présent sur la pelouse du Parc des Princes lors des deux finales de Coupe de France remportées face à Saint-Étienne (1982) puis Nantes (1983). Lors de la saison 1983-1984, il inscrit un but capital face à la Juventus Turin en fin de rencontre au Parc des Princes (2-2, 19/10/1983) qui se révèle finalement insuffisant, malgré un bon 0-0 à Turin lors du match retour. International Espoirs, N'Gom inscrit 25 buts avec Paris en 90 rencontres officielles, puis accepte les propositions d'Auxerre et de Guy Roux, qui souhaitaient l'engager depuis plusieurs années. Le 12 août 1984, alors qu'il revient à Paris où il réside encore, le véhicule de Michel N'Gom heurte un tracteur qui circule au milieu de la chaussée. Le choc est terrible, N'Gom décède sur le coup, à seulement 25 ans. Quelques jours plus tard, lors de ses obsèques à Conches, les joueurs et dirigeants du PSG sont présents pour porter le cercueil en terre. Tous les supporters du PSG conservent le souvenir de son éternel sourire.

## N'GOTTY (Bruno)

voir P314

## NGOYI (Granddi)

Milieu relayeur axial, Ngoyi a suivi la même trajectoire que Chantôme, son aîné d'un an. Né à Savigny-le-Temple, il rejoint Le Mée-sur-Seine à l'âge de 10 ans puis les centres de préformation de Conflans (1998) et Verneuil (2001) après avoir été repéré lors de la Nations Cup au Parc des Princes. Excellent technicien, il connaît plusieurs blessures de croissance, puis surmonte le décès tragique de sa mère avant de s'épanouir sous le maillot parisien. Ngoyi poursuit sa progression et devient champion de France U18 en 2006. International U19, il réussit un excellent Euro en Autriche (demi-finaliste face à l'Espagne) et débute en Ligue 1 face à Sochaux au Parc des Princes (0-0, 05/08/2007) quelques jours avant de signer son premier contrat professionnel. Titularisé avec ses copains Sakho, Ngog et Sankharé à Valenciennes (0-0, 20/10/2007), il tarde à confirmer ses excellents débuts et accepte un prêt de six mois à Clermont en Ligue 2 (19 matches, 1 but). À son retour au PSG, il est prêté à Brest (2010-2011), puis à Nantes (2011-2012). International Espoirs avec les Bleuets, il choisit alors de porter les couleurs de la République du Congo puis signe à Troyes au début de la saison 2012-2013, la fin officielle de son aventure avec le PSG. Après une saison dans l'Aude qui s'achève par la relégation de Troyes, Ngoyi décide alors de tenter sa chance en Italie, pour l'ambitieux Palerme (Serie B) entraîné

**Milieu de terrain**
Né le 19 juillet 1981
à Jundiai (Brésil)

**Son parcours :** Paulista Jundiai (2000-mai 2002), Palmeiras (mai 2002-2003), Santos (juin-août 2003), Majorque (2003-2004), Alaves (2004-2006), Celta Vigo (2006-2007), Monaco (2007-2008 et 2009-2010), Espanyol Barcelone (2008-2009, prêt), PSG (2010-2013), Al-Gharafa (2013-2015), West Ham United (2015), Vasco da Gama (2015-2018), Sao Paulo (2018-2019), Fluminense (2019-...).
**Son palmarès :** champion de France (2013), champion de Rio (2015, 2016).
**International olympique et Espoirs brésilien**

# NENÊ

48 buts inscrits et 34 passes décisives… Le bilan de Nenê à Paris laisse rêveur pour un joueur qui a marqué l'histoire du club lors de ses deux saisons et demie au PSG. C'est au futsal (football en salle avec cinq joueurs par équipe) qu'Anderson Luis de Carvalho, plus connu sous le nom de Nenê, a fait ses gammes. Son surnom (« bébé » en portugais) lui a été attribué à ses débuts en futsal, car c'était le plus petit sur le terrain et il pleurait tout le temps… Il débute à 6 ans au Floresta, l'équipe de rue où il réside à Jundiai, dans l'État de Sao Paulo, et poursuit sa carrière à l'Esportiva, son premier « vrai » club de football, et la Jundiaiense. Au futsal, Nenê remporte les titres de Soulier d'or (meilleur joueur) et du Ballon d'argent (meilleur buteur), puis décide de se consacrer au football traditionnel. En 1998, Nenê débute en Juniors au Paulista, à l'âge de 17 ans, puis rejoint l'effectif professionnel deux ans plus tard. Double champion (Série C et A-2), Nenê, qui est toujours décisif face aux grandes équipes brésiliennes, est alors remarqué par Palmeiras qui l'engage en 2002. Malgré la relégation en fin de saison, le Brésil le découvre et il rejoint Santos avec Robinho, avant son départ pour l'Europe et l'Espagne. À 22 ans, il signe à Majorque (2003-2004) puis au Deportivo Alaves (2004-2006) et au Celta Vigo entraîné par Hristo Stoitchkov (2006-2007). Malgré la relégation du club castillan, Nenê surnage sur son côté gauche et choisit de découvrir la France, en signant pour quatre ans à Monaco entraîné par Ricardo, l'ancien défenseur du PSG, qui l'avait appelé en sélection olympique en 2003. Sa première saison est réussie, sa seconde année n'est pas du même acabit et Nenê rejoint l'Espagne pour un prêt d'une saison à l'Espanyol Barcelone. De retour à Monaco, son nouvel entraîneur Guy Lacombe refuse son transfert et Nenê réussit six mois exceptionnels, terminant la saison avec 14 buts marqués. Le PSG, qui vient de battre… Monaco en finale de la Coupe de France (1-0 a.p., 01/05/2010) lui fait les yeux doux et le 12 juillet 2010, il est officiellement Parisien pour trois saisons. Le PSG ne va pas regretter son choix, Nenê réussit une première partie de saison exceptionnelle, et son nom est cité avant le match du Brésil au Stade de France. Sa non-convocation marque un coup d'arrêt à ses performances, mais sa seconde saison au PSG confirme son incroyable efficacité. Meilleur buteur du Championnat (21 buts, à égalité avec Olivier Giroud), il souhaite prolonger avec Paris mais aucun accord n'est trouvé. Boudeur, il perd son statut de star du club avec l'arrivée de Zlatan Ibrahimovic. Souvent remplaçant en 2012-2013, il quitte officiellement le PSG le 15 janvier 2013 et rejoint alors le club qatarien d'Al-Gharafa. Deux ans au Qatar puis un retour discret en Europe pour six mois à West Ham United (janvier-mai 2015). À 34 ans, Nenê décide alors de rentrer au Brésil, au Vasco da Gama (2015-2018, dont une saison en D2), à Sao Paulo (2018-2019) et à Fluminense depuis le 18 juillet 2019. À 39 ans au début 2021, la retraite n'avait pas encore sonné pour l'ancienne idole du Parc des Princes…

→ par l'illustre Gennaro Gattuso. Un mauvais choix : peu utilisé, il est prêté en Angleterre à Leeds United (D2 anglaise, janvier-juin 2015) puis à Dijon (Ligue 2, 2015-2016). Souvent blessé, il résilie alors à l'amiable son contrat avec Palerme. En janvier 2018, après un an et demi loin des pelouses et un essai non concluant à Brest, Ngoyi a rechaussé les crampons à Sénart-Moissy en National 3, le club qui l'avait accueilli 18 mois plus tôt pour qu'il s'entraîne, avant de mettre un terme à sa carrière pour se consacrer avec son frère dans le coaching privé sur l'Ile-de-France, pour le groupe Coerver.

## NIEDERBACHER (Richard)

Ses beaux yeux et son visage de jeune premier ont convaincu le président Borelli, qui a longtemps hésité entre l'attaquant autrichien et le Danois Elkjær-Larsen. Mauvaise pioche, Président ! Niederbacher ne va jamais s'imposer à Paris alors que le Danois va réussir à remporter le Scudetto en Italie avec Vérone. C'est pourtant un espoir du football européen qui débarque à Paris en 1984. Après sept saisons à Sturm Graz, en Autriche, il va se révéler en Belgique à Waregem, avec 24 buts inscrits et une seconde place au classement des buteurs. Le 28 mars 1984, il fait partie du groupe autrichien battu par l'équipe de France à Bordeaux, sur un but inscrit par son futur coéquipier Dominique Rocheteau (1-0, 28/03/1984). Le style identique des deux attaquants, deux véritables buteurs, va précipiter Niederbacher vers le banc des remplaçants, après une bonne entame de saison, et 5 buts inscrits en 8 rencontres. Blessé au genou avant de se fracturer la pommette, il va également déplorer une déchirure des ligaments de la cheville réduisant son temps de jeu à peau de chagrin. Le beau Richard doit quitter Paris par la petite porte, pour un prêt d'une saison à Reims, avant de porter les couleurs du Rapid Vienne (1986-1987) et de revenir à Waregem (1987-1992). Lors de son séjour en Belgique, il épouse Françoise Bostoen, Miss Belgique, puis retourne au pays, en Autriche. Les clubs de Vorwärts Steyr (1992-1993), Stahl Linz (1993-1994), Pecsi Mecsek en Hongrie (1994-1995) et le DSV Loeben l'accueillent, avant l'arrêt définitif de sa carrière en 1997. Propriétaire d'un grand bureau de tabac à Gleisdorf, sa ville natale, à 25 kilomètres de Graz, Niederbacher devient manager au FC Grossklein (2008-2009), puis entraîneur adjoint et directeur sportif du DSV Loeben (D3 autrichienne) jusqu'en 2010. Il rejoint le FC Gratkorn, entraîne l'équipe réserve avant de devenir entraîneur du SC Neusiedl am See, modeste club autrichien, en 2012-2013. Sa carrière se poursuit au niveau amateur, sur le banc du SV Frannach (2013-2014), SC Liezen (2014-2015), SV Oberwart (2016-2017), TUS Gross St Florian (2016-2017), USV Alberdorf (2017-2018) ASK Schlainig (2018-2020) et le WSV Liezen, depuis le 6 octobre 2020.

## NIKE

Depuis 1989 – 32 ans déjà ! – le célèbre équipementier de sport américain est le partenaire fidèle du PSG. Nike a travaillé en étroite collaboration avec le club dans la création de la boutique située sur l'avenue des

Champs-Élysées, et a mis en place une large gamme de produits à la marque du PSG, de la collection sportswear à la collection « performance » (maillots et survêtements). Depuis 2008, Nike est aussi l'équipementier de l'équipe de France de football, confirmant son implantation au sein du sport français.

## N'JO LÉA (William)

Malgré son physique de déménageur et ses qualités de buteur, William N'Jo Léa n'a pas connu la carrière de son père Eugène, légende du Cameroun, décédé le 23 octobre 2006 à Douala. Eugène a porté les couleurs de Saint-Étienne, de Lyon et du Racing Paris avant d'être à l'origine, avec Justo Fontaine et Jacques Bertrand, de la naissance du premier syndicat des footballeurs, l'UNFP en 1961. Son fils William a débuté à Besançon et Brest avant de rejoindre le PSG en 1984, à 22 ans. Malgré un but inscrit face à l'OM pour sa première titularisation (2-0, 08/09/1984), sa saison est gâchée par son retour à Brest, alors qu'il vient d'attaquer le club breton aux prud'hommes pour un solde de salaires non payé. Dans une ambiance détestable, Paris s'incline 3-1 et N'Jo Léa n'échappe pas aux insultes de ses anciens supporters. Avec 4 buts inscrits en 16 matches, le bilan est bien maigre et son départ inévitable. Il signe à Lens (1985-1988) puis à Caen (1988-1989), s'exile aux États-Unis et reprend des études dans le secteur de la finance. De retour en Europe, William N'Jo Léa rejoint la Suisse en 1992 et termine sa carrière dans des modestes clubs helvétiques : l'Espagnol Lausanne, l'Étoile Broye puis l'Étoile Sportive Club Malley, jusqu'en 2002. Il réside toujours en Suisse, à Lausanne, et a fondé sa société, Njo-Lea Ambition, qui conseille les joueurs professionnels, gère leurs droits d'images et leurs placements financiers.

## NKUNKU (Christopher)

Formé au PSG où il a débuté sa carrière professionnelle, Christopher Nkunku fait désormais les beaux jours du RB Leipzig en Allemagne après presque dix ans sous les couleurs Rouges et Bleu. Né à Lagny-sur-Marne, en région parisienne, de parents congolais, le jeune Christopher débute à Marolles et à Fontainebleau en Benjamins avant de signer au PSG et d'intégrer le centre de préformation à Clairefontaine en 2010, puis le centre de formation du PSG deux ans plus tard, à l'âge de 15 ans. Malgré des débuts difficiles et son manque de physique en U17, sa technique au-dessus du lot et la précision de ses frappes impressionnent ses formateurs, qui le positionnent au milieu de terrain alors qu'il jouait attaquant sur les côtés. En 2015, Laurent Blanc l'intègre au groupe professionnel lors de la préparation d'avant saison, avec plusieurs matches joués lors de l'ICC aux États-Unis. Titulaire avec les Titis lors du beau parcours en Youth League qui s'achève en finale face à Chelsea (1-2, 18/04/2016), il est sacré champion de France U19, avec un but inscrit en finale contre Lyon (2-1, 05/06/2016). Le 8 décembre 2015, Christopher Nkunku débute avec les pros lors du succès en Ligue des champions face au Shakhtar Donetsk (2-0) à 18 ans puis signe son premier contrat profes- ➔ P. 312

**Attaquant**
Né le 5 février 1992
à Mogi das Cruzes (Brésil)

**Son parcours :** Santos FC (2003-2009), FC Barcelone (2013-2017), PSG (2017-…).
**Son palmarès :** vainqueur du championnat sud-américain U20 (2011), de la Coupe des confédérations (2013) et des Jeux olympiques (2016) avec le Brésil, vainqueur de la Ligue des champions (2015), de la Coupe du mondes des clubs (2015), vainqueur de la Copa Libertadores (2011), champion de Sao Paulo (2010, 2011 et 2012), vainqueur de la Coupe du Brésil (2010), de la Recopa Sudamericana (2012), champion d'Espagne (2015 et 2016), vainqueur de la Coupe d'Espagne (2015, 2016 et 2017), de la Supercoupe d'Espagne (2013), champion de France (2018, 2019 et 2020), vainqueur de la Coupe de France (2018, 2020 et 2021), de la Coupe de la Ligue (2018 et 2020) et du Trophée des champions (2018 et 2020).
**International brésilien 103 sélections 64 buts**

# NEYMAR

Dans l'histoire du PSG, il y a aura un avant et un après ce 2 août 2017. Le jour où le club parisien a payé la clause libératoire de Neymar au FC Barcelone, le jour où le PSG a changé de dimension. Neymar est un joueur déjà hors norme lors de ses débuts à Santos, le 7 mars 2009 face à Oeste (1-2) dans le championnat de São Paulo. A 17 ans, il marque son premier but (Santos-Mogi Mirim 3-0, le 15/03/2009) et il est alors considéré comme le successeur d'une autre légende de Santos et du Brésil, le Roi Pelé. Tout va très vite pour le phénomène Neymar, appelé pour la première fois en sélection du Brésil et buteur face aux États-Unis (2-0, le 10/08/2010). Un an plus tard, il survole le championnat sud-américain U20 avec le Brésil au Pérou, avec 9 buts inscrits, dont deux en finale face à l'Uruguay (6-0, le 12/02/2011). Les plus grands clubs européens se l'arrachent, et c'est le FC Barcelone qui l'engage au début de la saison 2013-2014, après avoir été élu meilleur joueur de la Coupe des Confédérations, remportée par le Brésil face à l'Espagne au Maracaña (3-0, le 30/06/2013). Il réussit une première saison encourageante en Catalogne, avant une Coupe du monde 2014 cauchemardesque et une blessure à une vertèbre lombaire qui le prive de la fin de la compétition. Sa deuxième saison au Barca est la plus aboutie, avec 39 buts inscrits, un titre de champion d'Espagne et une Ligue des Champions avec un but en finale face à la Juventus Turin (3-1, le 06/06/2015). En 2015-2016, il poursuit son ascension, avec un doublé championnat-Coupe d'Espagne, puis porte le Brésil vers un titre inédit aux Jeux Olympiques de Londres, avec le brassard de capitaine et 4 buts inscrits, dont un en finale face à l'Allemagne (1-1, 5-4 t.a.b, le 20/08/2016). Sa saison 2016-2017 s'achève par un seul trophée, la Coupe d'Espagne remportée en finale contre Alaves (3-1, le 27/05/2017). Alors l'impensable arrive et Neymar accepte de rejoindre le PSG. Ses deux premières saisons, malgré quelques performances de haute volée, sont gâchees par les blessures et son absence lors des matchs décisifs en Ligue des Champions. Sa Coupe du Monde ratée en 2018 laisse une image négative d'un joueur alors en plein doute. La défaite en finale de la Coupe de France contre Rennes (2-2, 5-2 t.a.b., le 27/04/2019) et son geste d'agacement après des insultes d'un supporter breton assombrissent encore un peu plus sa saison, avant son désir de revenir à Barcelone. Il inscrit un but exceptionnel face à Strasbourg pour son retour (1-0, le 14/09/2019), le début d'une saison pleine, avec une finale perdue avec les honneurs en Ligue des Champions face au Bayern Munich (0-1, le 23/08/2020). Jamais un joueur n'avait été aussi efficace au PSG et dans le championnat français. Neymar, désormais épanoui à Paris, a l'ambition de ramener la si convoitée Champions League dans la capitale. Un défi à la hauteur d'un joueur ô combien talentueux, qui n'a laissé personne indifférent depuis sa présentation au Parc des Princes, le 4 août 2017.

sionnel. Mais les places sont chères au PSG : difficile de concurrencer Neymar, Di Maria et consorts… Toujours présent quand on fait appel à ses services, Nkunku devient un joker de luxe pour Unai Emery et Thomas Tuchel, qui ont succédé à Laurent Blanc. International Espoirs avec les Bleuets après avoir envisagé de porter les couleurs de la République démocratique du Congo, le jeune milieu de terrain parisien est le héros malheureux de la finale de la Coupe de France perdue contre Rennes (2-2, 5-6 t.a.b., 28/04/2019), avec son penalty manqué qui sacre les Bretons. C'est son dernier match officiel sous le maillot parisien : le 18 juillet 2019, il quitte la France pour la Bundesliga et le RB Leipzig, où il réussit des prouesses, avec notamment une place dans le trio des passeurs décisifs en 2019-2020 (13 passes au total).

## NOAH (Yannick)

Tout le monde connaît l'exceptionnel joueur de tennis français, vainqueur à Roland Garros en 1983, numéro un de l'équipe de Coupe Davis dont il deviendra le sélectionneur, et désormais chanteur à succès. Les inconditionnels du PSG savent la part de réussite qui lui appartient dans la victoire en Coupe d'Europe en 1996 avec les quelques jours passés à Hendaye pour rassurer un groupe meurtri par

plusieurs défaites. Si Yannick Noah est un des plus fidèles supporters du Paris Saint-Germain, il le doit peut-être à son père Zacharie et son oncle Jean, qui ont tous les deux porté les couleurs du Stade Sangermanois au Camp des Loges. Zacharie, le papa, deviendra joueur professionnel à Sedan et remportera la Coupe de France en 1961, avant de mettre prématurément un terme à sa carrière suite à une blessure.

## NOSIBOR (Guy)

Son transfert au PSG en 1973 plonge les dirigeants du club dans l'embarras. Le Martiniquais Nosibor accompagne son collègue antillais Pierre Bajoc, alors que son arrivée n'est pas prévue dans l'effectif parisien. Le joueur, formé à l'Éclair en Martinique, va finalement jouer sous les couleurs du PSG et impressionner le public par ses dons de dribbleur. Après une saison quelconque en seconde division, il explose à 20 ans pour le retour du PSG en D1, inscrivant le premier triplé dans l'histoire du club en première division, lors du succès à Troyes (3-1, 26/10/1974). L'ailier droit à la coupe afro devient vite le chouchou du Parc, mais la gloire est éphémère et il ne confirme pas cette exceptionnelle prestation, malgré 5 buts inscrits en 18 rencontres de D1. L'arrivée de Vasovic, qui apprécie modérément son individualisme, va l'obliger à rejouer avec l'équipe réserve en D3. Prêté une saison à Angoulême (1977-1978), il quitte définitivement le PSG en 1979 après seulement trois apparitions lors de sa dernière année au club. Nosibor porte les couleurs de Rennes (1979-1982), Corbeil (1982-1983), Grenoble (1983-1985), Le Puy-en-Velay (1985-1987), puis Menton (1989-1992, joueur puis entraîneur) où il réside. Guy Nosibor a ouvert une entreprise de nettoyage jusqu'en 2018 et pratique toujours assidûment le tennis, sa nouvelle passion.

## NOUMA (Pascal)

Ses talents d'acteur n'avaient pas du tout fait rire les supporters nantais, chambrés par une « danse du coq » digne des plus grands comiques après avoir inscrit le cinquième but du PSG face aux Canaris (5-0, 09/12/1995). Curieux personnage que Pascal Nouma, désormais star adulée du cinéma en Turquie après avoir longtemps rêvé d'une place de titulaire à Paris. Un destin peu ordinaire pour cet international Cadets, Juniors, Militaire, Espoirs et A'. Son père, footballeur camerounais de Yaoundé, était venu en France pour tenter une carrière de footballeur et a porté les couleurs de Bordeaux avant de rejoindre des équipes de la région parisienne. Pascal Nouma débute sa carrière au club de football de Rosny-sous-Bois, et joue en Minimes avec la sélection de Paris. Contacté par Marc Collat, directeur sportif du centre de formation du PSG, il rejoint le Camp des Loges à 14 ans. Champion de France Cadets 1988, avec 28 buts en 24 matches, il remporte la Coupe Gambardella en 1991 avec Paris, inscrivant 5 buts en 6 matches de compétition. Paradoxalement, cet attaquant de formation débute avec les professionnels au poste de stoppeur, une idée de son entraîneur Tomislav Ivic, et dispute son premier match de Ligue 1 face à Lille (0-2, 04/02/1990). À 18 ans, Nouma va difficilement gérer son premier contrat professionnel et son passage au Bataillon de Joinville. Peu utilisé, il est prêté à Lille (1992-1993), puis à Caen (1993-1994). L'arrivée de Luis Fernandez va changer la donne en 1994. Placé à la pointe de l'attaque pour pallier les absences de George Weah, il inscrit 10 buts entre 1994 et 1996, avec le sentiment d'être enfin utile au groupe parisien. Nouma réussit le doublé Coupe de France-Coupe de la Ligue (1995) avant de participer à l'aventure européenne un an plus tard, même s'il n'entre pas en jeu lors de la finale face au Rapid Vienne (1-0). Prêté à Strasbourg, il remporte une seconde Coupe de la Ligue avec les Alsaciens (1997), puis une troisième avec Lens (1999) qu'il a rejoint quelques mois plus tôt. En 2000, Nouma signe au Besiktas Istanbul. En Turquie pendant trois saisons, hormis un intermède à Marseille (2001-2002), il va devenir la star du club, encensé par les supporters et traqué par les paparazzis, avec lesquels il n'hésite pas à user de ses poings. Considéré comme un rebelle, il va déchaîner les passions en fêtant un but d'une manière obscène, avec la main dans le short en avril 2003. Une provocation de trop, Nouma est suspendu sept mois et ne rejoue plus sous les couleurs turques, avant de s'exiler au Qatar, à Al-Khor (septembre 2003-juillet 2004). De retour en Europe, il rejoint l'Écosse et Livingston pour une durée de deux mois. En 2005, il met un terme à sa carrière et devient acteur de cinéma pour un film de série Z turc, sorti en France sous le titre L'homme qui sauva le monde, le retour. Nouma, dans un turc quasiment parfait, y incarne Celik, le bras droit du commandant censé rétablir l'ordre dans la Galaxie. Un comble pour cet éternel rebelle ! Nouma vit désormais à Cannes, la ville du cinéma, et travaille essentiellement en Turquie, un pays qu'il adore et dans lequel il jouit d'une grande notoriété. Il s'est fait remarquer pour ses participations aux versions

**Défenseur ou milieu de terrain**
Né le 10 juin 1971
à Lyon

**Son parcours :** Lyon (1988-1995), PSG (1995-1998), Milan AC (1998-décembre 199 Venise (décembre 1999-juin 2000, prêt), Olympique Marseille (2000-2001), Bolton Wanderers (2001-2006), Birmingham City (2006-2007), Leicester City (2007-2009), Hereford United (septembre 2008-novembre 2008, prêt).
**Son palmarès :** vainqueur de la Coupe d'Europe des vainqueurs de coupe (1996), champion d'Italie (1999).
**6 sélections avec l'équipe de France**

# Bruno N'GOTTY

Son but lors de la finale de la Coupe d'Europe des vainqueurs de coupe a rendu célèbre cet excellent frappeur de coup franc, ce qui reste son seul fait d'armes avec le PSG en trois saisons dans la capitale. Né à Lyon d'une mère martiniquaise et d'un père camerounais, Bruno N'Gotty choisit finalement la tunique française plutôt que le maillot des Lions Indomptables, et gravit tous les échelons des équipes nationales, des cadets à la grande équipe de France avec laquelle il débute le 17 août 1994 face à la République tchèque (2-2), en même temps qu'un certain Zinédine Zidane. Cet athlétique stoppeur joue son premier match en D1 contre Marseille, à tout juste 18 ans. Après sept saisons passées à Lyon, dont six en première division, il rejoint le PSG en 1995. Sa première année à Paris s'achève en apothéose, grâce à son boulet de canon à Bruxelles face au Rapid Vienne (1-0, 8 mai 1996). Placé en défense centrale par Luis Fernandez, N'Gotty accepte difficilement son replacement au poste de milieu de terrain défensif par Ricardo. Après six mois compliqués, il précise qu'il ne souhaite plus jouer dans l'entrejeu pour conserver toutes ses chances avant la Coupe du monde 1998. La révélation d'un précontrat signé avec le Milan AC alors qu'il lui reste six mois de contrat ne facilite pas ses rapports avec les supporters parisiens. La fin de son parcours au PSG sera difficile, il ne participe pas aux deux finales remportées par le club parisien, la Coupe de la Ligue puis la Coupe de France, mis à l'écart au profit du duo défensif Le Guen-Roche. Son départ pour Milan est un soulagement, il remporte le titre de champion d'Italie (1999) puis passe six mois à Venise avant de revenir en France pour porter les couleurs de l'OM. Un mauvais choix, les résultats de Marseille sont décevants et il rejoint l'Angleterre et Bolton (2002). Il découvre un championnat qui lui correspond parfaitement et où ses qualités athlétiques font des ravages. Avec Mendy, Youri Djorkaeff et Okocha, il joue pour la plus parisienne des équipes britanniques et reste cinq saisons, avant de rejoindre Birmingham City en 2006 en seconde division anglaise. Malgré la montée en Premier League du grand rival d'Aston Villa, il reprend sa liberté et signe à Leicester City. Le 12 janvier 2008, il fête son 500e match en Championnat par une victoire contre Coventry City (2-0). Leicester descend en troisième division et N'Gotty accepte un prêt d'un mois à Hereford United (D3), où il se blesse. En mai 2009, à 38 ans, il met un terme à sa carrière, s'installe dans l'Hérault et rechausse les crampons, pour le plaisir, à l'AS Lattes (Division d'Honneur), l'US Mauguio Carnon-l'Entente Sportive de Pérols (Promotion d'Honneur) et Belleville-sur-Saône (Division d'Honneur Régionale), à l'âge de 42 ans ! Il débute ensuite une carrière d'entraîneur dans ce dernier club (2015-2017), puis dirige le FC Cruseilles (Nationale 3, 2017-2018) et La Chapelle-de-Guinchay (Régional 1, Bourgogne-Franche Comté) depuis le début de la saison 2019-2020.

turques de Danse avec les stars (2010), Koh Lanta (2011), avec une bagarre, désormais culte, l'opposant à un autre concurrent puis, à la fin de l'année 2012, dans The Voice. Acteur de cinéma, star de téléréalité et de la publicité, animateur radio et DJ, rien ne semble pouvoir arrêter l'extravagant et attachant Pascal Nouma, qui a fêté ses 49 ans au début de l'année 2021…

## NOVI (Jacky)

Avec sa stature imposante et son exceptionnel talent de compétiteur, le défenseur aux 549 matches en Ligue 1 est le plus capé des joueurs de champ, derrière Alain Giresse et ses 586 rencontres en première division. Seize ans de carrière et seulement quatre clubs ont marqué son quotidien : Nîmes, où il débute, et Marseille (5 saisons), puis le PSG et Strasbourg (3 saisons). Le 1er septembre 1963, alors qu'il est encore lycéen, Novi débute avec Nîmes en Champagne face au Stade de Reims de Raymond Kopa (0-0). Après avoir rejoint l'équipe de France lors de la rencontre face à la Roumanie, la première de ses 20 capes (1-0, 30/04/1969), il signe à l'Olympique de Marseille et remporte deux titres de champion (1971 et 1972) et deux Coupes de France (1969 et 1972). De retour à Nîmes, il ne reste qu'une saison avant d'accepter le challenge du PSG, tout juste promu en D1. Arrière central rassurant par son calme et son sang-froid, il va difficilement assimiler la défense en ligne chère à Justo Fontaine. Discret, il se transforme en défenseur acharné lorsqu'il pénètre sur une pelouse. Titulaire indiscutable lors de ses trois saisons parisiennes, il rejoint Strasbourg en 1977 à 31 ans. Sa carrière est loin d'être terminée, il obtient un nouveau titre de champion de France en Alsace (1979) et reste un modèle pour ses jeunes coéquipiers jusqu'en 1980, quand il met un terme à sa carrière professionnelle. De retour à Bellegarde, sa ville natale dans le Gard, il joue pour le plaisir au poste de milieu de terrain défensif, comme à ses débuts. Après avoir travaillé pour la société Adidas puis dirigé le centre de formation à Nîmes (1990-1993), Novi a entraîné Rodez (1995-1997), Fréjus (1997-2000) et Alès (2000-2002), puis occupé un poste d'assistant dans le staff technique à Istres jusqu'en 2004. Retraité, il profite du soleil et d'un repos bien mérité à Bellegarde.

## NSOKI (Stanley)

Comme de nombreux Titis parisiens, Stanley Nsoki a débuté sa carrière au PSG avant de quitter le club de la capitale. Né à Poissy, en région parisienne, de parents originaires du Congo, Nsoki va suivre la filière classique au PSG : après avoir débuté à Roissy-en-Brie, il intègre le centre de préformation à Verneuil-sur-Seine en 2011, à l'âge de 12 ans. Il rejoint le centre de formation en 2014et joue alors en équipe de France de Jeunes, au poste de milieu de terrain. Son profil de gaucher capable de jouer dans l'axe ou sur les côtés de la défense, où il a été repositionné par ses formateurs, impressionne les plus grands clubs européens lors du tournoi de Montaigu en 2015 et lui permet de débuter en Youth League avec les Titis parisiens, dès l'âge de 16 ans. Surclassé, Nsoki est sacré champion de France U19 en 2016 malgré de nombreuses blessures en raison d'une croissance rapide

(10 cm gagnés en 2 ans !) et Unai Emery le convoque pour renforcer le groupe professionnel lors des entraînements. Capitaine du PSG en Youth League lors de la saison 2017-2018, il débute en équipe première contre Caen au Parc des Princes (3-1, 20/12/2017). Un match qui lui permet de remporter le titre de champion de France, avant la confirmation en 2018-2019, avec une place de titulaire lors de la victoire au Trophée des champions face à Monaco (4-0, 04/08/2018) et une passe décisive pour son compère Christopher Nkunku lors de cette rencontre. Le 16 septembre 2018, il signe son premier contrat professionnel avec le PSG et gagne la confiance de Thomas Tuchel, qui n'hésite pas à le titulariser lors du succès face au rival marseillais en Ligue 1 (2-0, le 28/10/2018). International Espoirs avec les Bleuets, Nsoki répond toujours présent quand on fait appel à lui, mais son temps de jeu reste modeste (16 matches joués avec les Rouge et Bleu en 2018-2019). Il décide alors de quitter la capitale et signe le 31 août 2019 pour cinq ans à Nice, avec l'ambition de s'imposer chez les Aiglons.

## NYARKO (Alex)

Ce chrétien convaincu (il s'est investi dans le pentecôtisme, une mouvance protestante) n'a passé que huit mois à Paris, avant de quitter précipitamment le club pour des raisons personnelles dont il n'a jamais voulu révéler la teneur. Grand et costaud (1,83 m, 79 kg), Nyarko a toujours voulu devenir footballeur professionnel. À 14 ans, ses parents se séparent et il doit s'occuper de ses six frères et sœurs, pour maintenir l'équilibre familial au côté de sa mère. Sur le terrain, après avoir débuté au Dawu Youngsters, Nyarko rejoint le plus grand club ghanéen, Asante Kotoko. En 1992, il se révèle aux Jeux olympiques de Barcelone avec le Ghana, médaille de bronze de la compétition. Trois ans plus tard, il est transféré en Europe au FC Bâle en Suisse et s'installe au poste de milieu défensif, alors qu'il jouait en numéro 10 depuis ses débuts. Après la Suisse, direction l'Allemagne et Karlsruhe pour une seule saison qui s'achève par une rétrogradation en D2. Jean-Luc Lamarche, directeur sportif de Lens, le remarque et il participe à la Ligue des champions avec les Sang et Or, titrés en 1998. Une expérience enrichissante qui s'achève en 2000. Il rejoint alors l'Angleterre et Everton, mais les Blues de Liverpool ratent leur début de saison et Nyarko devient le bouc émissaire des fans d'Everton. Un supporter des Toffees pénètre sur la pelouse lors d'une rencontre de Championnat face à Arsenal pour lui retirer son maillot, un choc pour le joueur ghanéen qui décide de quitter le club anglais en avril 2001, même si sa foi lui a fait pardonner à son agresseur quelques jours plus tard. De retour au Ghana après six mois d'inactivité, un coup de fil de l'entraîneur de Monaco Didier Deschamps le convainc de revenir en France. Sur le Rocher, Nyarko retrouve le plaisir de jouer, puis il accepte un nouveau prêt (il appartient toujours à Everton) lors de la saison 2002-2003, sous les couleurs du PSG. Sa sensibilité à fleur de peau provoque son départ précipité, après six bons mois à Paris. De retour à Everton Nyarko quitte définitivement l'Angleterre… à l'expiration de son permis de travail. Il pour-

suit son parcours, guidé par la foi. Sa saison en Norvège (3 matches seulement à l'IK Start Kristiansand, 2004-2005) s'achève sur un nouveau départ précipité, après un voyage au Ghana pour rejoindre sa famille, malgré l'opposition de son club. En juin 2006, il revient en Suisse à Yverdon, après une année sabbatique. Il obtient la nationalité helvétique en 2007 et retrouve le plaisir de jouer au football (35 matches, 1 but). Le 1er janvier 2008, Nyarko annonce officiellement la fin de sa carrière, et s'installe au Ghana après avoir conseillé son neveu, l'ancien défenseur lillois Jerry Vandam. De retour en Suisse, il devient entraîneur en 2018 du SV Sissach, modeste club amateur où débute son fils, Alex Nyarko Jr.

# O

## OGBECHE (Bartholomew)

Surnommé « Batho » par ses potes du centre de formation, Ogbeche a battu tous les records de précocité avec le PSG avant de quitter définitivement le club parisien en janvier 2005. Le 25 novembre 2001, en inscrivant le premier but de sa carrière à Nantes (2-0), il devient le plus jeune buteur de l'histoire du PSG, à 17 ans et un mois. Deux mois plus tôt, il avait participé à son premier match en Ligue 1, face à Montpellier à Paris (0-0, 22/09/2001). Précoce, cet athlétique attaquant devient rapidement international sous le maillot des Super Eagles du Nigeria et participe à la phase finale de la Coupe du monde au Japon et en Corée en 2002. Une divine surprise pour ce jeune joueur, qui a quitté ses parents et l'Afrique à l'âge de 14 ans. En janvier 1999, les recruteurs européens découvrent ce jeune talent en Afrique du Sud, lors d'un match de la Coupe Méridien réservée aux sélections nationales des U17. Barcelone, Bologne et Bordeaux sont sur les rangs, mais c'est le PSG qui récupère ce phénomène. À 15 ans, après trois mois au Camp des Loges, il parle déjà un français correct. Cet adepte de la musculation voit son rêve récompensé lorsqu'il inscrit un nouveau but à Sochaux et signe dans la foulée un contrat professionnel, suite à la promesse faite par son entraîneur Luis Fernandez. Au côté de son idole et grand frère Jay-Jay Okocha, il va progresser sans réussir à saisir sa chance, malgré plusieurs titularisations au cours de la saison 2002-2003. Il doit se résoudre à quitter Paris, après un prêt à Bastia (janvier-juin 2004) puis à Metz (janvier-juin 2005). À son retour de Lorraine, il veut absolument partir. Après des essais en Espagne au Celta Vigo et à l'Espanyol Barcelone, puis à West Ham en Angleterre, il se retrouve sans club, victime de son statut d'extracommunautaire. Al-Jazira, le club des Émirats arabes unis, l'engage, après avoir recruté George Weah quelques années plus tôt. Véritable star locale, Ogbeche retrouve le plaisir de jouer et peut relancer sa carrière en Espagne, au Deportivo Alaves en seconde division espagnole (2006-2007). Il signe ensuite au Real Valladolid. Avec seulement 35 matches de Liga pour 3 buts, son bilan est décevant. En septembre 2009, il signe à Cadix, en D2 espagnole. Malgré 9 buts inscrits, Ogbeche ne peut empêcher la descente du club en D3. C'est l'heure d'un nouveau départ au début de la saison 2010-2011, pour la Grèce et l'AO Kavala, qu'il a quitté après la rétrogradation du club grec en raison du scandale des matches truqués. Le 18 octobre 2011, Ogbeche rejoint l'Angleterre et le club de Middlesbrough (D2). Avec 3 buts en 17 matches, il n'est pas conservé. Après six mois sans club, il rebondit à Xerez (D2 espagnole, janvier 2013-janvier 2014) puis aux Pays-Bas, sous les couleurs de Cambuur Leeuwarden (2014-2016) puis à Willem II (2016-2018). À 34 ans, il se lance un nouveau défi et rejoint le Championnat indien pour le club de NorthEast United, basé à Guwahati. Nommé capitaine dès son arrivée dans cette franchise qui participe à l'Indian Super League, il retrouve le sens du but et devient même le joueur ayant réussi un triplé en Championnat, en seulement 12 minutes, lors du succès face à Chennaiyin (4-3, 18/10/2018). Après une saison réussie (2e buteur du Championnat avec 12 buts inscrits et une place en demi-finale) l'été 2019, il poursuit son parcours en Inde et signe au Kerala Blasters, où il confirme, avec un titre de meilleur buteur du Championnat (15 buts en 16 matches joués). Le 21 octobre 2020, il a rejoint le club indien de Mumbai City, avec lequel il a remporté le titre de champion après un succès en finale face à l'ATK Mohun VBagan (2-1, le 13/03/2021).

## OKOCHA (Augustine, dit Jay-Jay)

voir P322

## OKPARA (Godwin)

Jay-Jay Okocha a pesé de tout son poids pour faire venir Okpara au PSG, un an après l'arrivée de la star du Nigeria. Passé par la Belgique (Beerschot Anvers puis Eendracht Alost, de 1990 à 1996) puis par Strasbourg où il s'impose en défense centrale (1996-1999), le besogneux joueur nigérian est l'opposé de l'artiste Okocha, son ami depuis de nombreuses années. C'est en Alsace qu'il remporte son unique trophée, la Coupe de la Ligue en finale face à Bordeaux (0-0, 6-5 t.a.b., 12/04/1997). À Paris, il ne va jamais s'imposer, blessé à la cheville et au genou quelques semaines après son arrivée. Fidèle à la sélection du Nigeria et souvent absent du Camp des Loges, Okpara apprécie modérément l'arrivée de Frédéric Déhu au début de la saison 2000. Annoncé sur le départ, il accepte de participer aux Jeux olympiques pour défendre son titre avec le Nigeria et s'absente deux mois pour préparer et jouer la compétition à Sydney. À son retour, après la défaite du Nigeria en quart de finale face au Chili (1-4, 23/09/2000), Okpara souhaite s'imposer à Paris mais se retrouve écarté du groupe professionnel. Avec seulement 5 matches pour le PSG lors de la saison 2000-2001, il finit par accepter l'idée d'un départ et rejoint la Belgique, au Standard Liège, jusqu'en 2004. La justice va rattraper le défenseur nigérian, condamné avec son épouse en mai 2007 par la cour d'assises de Versailles (Yvelines) à 13 ans de prison ferme pour viol, torture, et asservissement à l'encontre de leur fille adoptive, âgée de 13 ans. Après dix ans d'incarcération, Okpara a divorcé puis est retourné vivre à Lagos, au Nigeria, avec interdiction de revenir sur le territoire français.

## OLYMPIQUE (Jeux)

Deux joueurs du PSG ont remporté un titre ô combien symbolique dans l'histoire du sport : la médaille d'or des Jeux olympiques. En 1984, Jean-Claude Lemoult faisait partie du groupe victorieux à Los Angeles face au Brésil en finale (2-0, 11/08/1984). Il faudra attendre 32 ans pour voir un joueur parisien à nouveau sacré lors des Jeux olympiques, à Rio. Marquinhos avait participé au succès des Brésiliens avec une victoire à domicile en finale face à l'Allemagne (1-1, 5-4 t.a.b., 20/08/2016). Deux joueurs victorieux sous contrat avec le club parisien, mais aussi de nombreux joueurs passés au PSG sacrés champions olympiques : Michel Bensoussan, William Ayache, Michel Bibard, Philippe Jeannol, François Brisson, Jean-Claude Lemoult et Daniel Xuereb avec les Bleus en 1984 ; Jay-Jay Okocha, vainqueur de l'édition 1996 avec le Nigeria aux J.O. d'Atlanta ; Patrick Mboma, Nicolas Alnoudji et Modeste M'Bami avec le

Cameroun à Sydney en 2000 ; Gabriel Heinze à Athènes en 2004 ; Ezequiel Lavezzi et Angel Di Maria à Beijing en 2008 ; sans oublier Rafinha et Neymar aux côtés de Marquinhos en 2016. La prochaine édition olympique à Tokyo, prévue du 21 juillet au 7 août 2021, pourrait voir un nouveau parisien sacré, avec la présence de la sélection française, que l'on n'avait plus vu aux Jeux olympiques depuis… 1996 (battue en quart de finale par le Portugal) !

## OMNISPORTS (PSG)

voir P324

## ONGENDA (Hervin)

À 17 ans, le grand espoir offensif du PSG a fait ses débuts avec les pros lors de la rencontre de Coupe de France à Calais contre Arras (4-3, 06/01/2013). Repéré par le PSG en 2007 lors d'un tournoi en salle aux Lilas, cet attaquant de petite taille (1,70 m) d'origine congolaise, dont le modèle est Ronaldo, intègre le centre de formation du PSG et va affoler les compteurs, inscrivant plus de 400 buts sous le maillot Rouge et Bleu ! En juin 2007, lors d'un tournoi international à Arousa en Espagne, Ongenda inscrit 18 des 25 buts de son équipe, en seulement 8 matches ! Buteur en finale du Championnat de France des U17 face à l'OM (2-1, 04/06/2011), le jeune attaquant est le capitaine parisien lors du prestigieux succès à l'Al Kass Cup au Qatar contre la Juventus Turin en finale (0-0, 5-4 t.a.b., 17/01/2012). International avec les Bleuets en U16, U17 et U18, surclassé dans toutes les catégories de jeunes, il signe son premier contrat professionnel le 27 juin 2013 et quelques mois plus tard, il est décisif lors de la victoire au Trophée des champions face à Bordeaux, avec un but à la clé (2-1, 03/08/2013). La concurrence est terrible en attaque après l'arrivée d'Edinson Cavani et le temps du jeu d'Hervin Ongenda se résume à 8 matches joués pour un seul but, inscrit face aux Bordelais. Malgré une nouvelle titularisation et un nouveau succès au Trophée des champions le 2 août 2014 face à Guingamp (2-0) à Pékin, le retour des Parisiens appelés lors de la Coupe du monde fragilise à nouveau son statut dans le groupe professionnel. Ongenda accepte alors un prêt à Bastia suite à la demande du nouvel entraîneur corse, Claude Makélélé. Le limogeage de l'ancien capitaine parisien le met en marge du groupe. Son retour au PSG en 2015 est compliqué, malgré un premier but en Ligue 1 à Lorient (2-1, 21/11/2015). L'arrivée d'Unai Emery met fin à ses espoirs parisiens : mis à l'écart, il annonce le 23 janvier 2017 son départ pour Zwolle, club de première division aux Pays-Bas. Six mois plus tard, avec seulement 58 minutes de jeu en Championnat, son contrat est résilié. Le début d'une période noire pour l'ancien espoir du PSG, mis à l'essai et non retenu par le Levski Sofia (janvier 2018), trois mois compliqués en D3 espagnole à Murcie (mars-juin 2018). Au début de la saison 2018-2019, il s'engage pour le FC Botosani, en Roumanie et relance un peu sa carrière. Un an plus tard, Ongenda souhaite s'engager avec le Chievo Vérone (D2 italienne) mais il doit encore patienter six mois avant de voir son vœu exaucé. Un nouvel échec : deux petits matches en Italie avant la crise de la Covid-19, puis un retour sans gloire à Botosani, le 23 septembre 2020.

**Milieu de terrain**
Né le 14 août 1973
à Enugu

**Son parcours :** Enugu Rangers FC, Borussia Neunkirchen (1991-1992), Eintracht Francfort (1992-1996), Fenerbahçe (1996-1998), PSG (1998-2002), Bolton Wanderers (2002-2006), Qatar Sporting Club (2006), Hull City (2007-200
**Son palmarès :** champion olympique (1996), vainqueur de la Coupe d'Afrique des Nations (19 avec le Nigeria.
**International nigérian**

# Jay-Jay OKOCHA

Véritable artiste du ballon rond, « Jay-Jay » Okocha a enflammé le Parc des Princes par ses dribbles chaloupés et son exceptionnelle frappe de balle. Ses quatre saisons à Paris après son transfert pour un montant record de 98 millions de francs (environ 13 M€) n'ont malheureusement apporté aucun titre au PSG. Né le 14 août 1973 à Enugu, Okocha apprend à dompter le ballon pieds nus dans cette petite ville du Nigeria, pas très loin du Cameroun. Après avoir remporté avec son école un tournoi aux États-Unis, il est recruté par les dirigeants du Enugu Rangers Football Club. Déjà star à 18 ans et capitaine des Rangers, Okocha accepte de rejoindre un ami en Allemagne et évolue six mois à Neunkirchen, en D3 allemande. Six mois qui suffisent à le propulser en Bundesliga, où l'Eintracht Francfort l'accueille à bras ouverts. Star en Allemagne, on le découvre lors des succès à la CAN (1994) puis aux Jeux olympiques d'Atlanta deux ans plus tard, où son équipe élimine le Brésil en demi-finale. Après ce prestigieux succès, il rejoint directement la Turquie et Fenerbahçe. Adulé par les fans et traqué par les paparazzis en Turquie, il jouit d'une popularité exceptionnelle au Nigeria : plus de 600 000 personnes, d'après les autorités locales, ont assisté à son mariage, retransmis en direct à la télévision. Lorsque le PSG l'engage en 1998, il reçoit des menaces de Turquie et doit faire appel à des gardes du corps. Pour son premier match à Paris, il inscrit un magnifique but quelques secondes après son entrée en jeu (Bordeaux-PSG 3-1, 08/08/2002). À l'image de ce but, Okocha n'a jamais été réellement décisif à Paris, passant à côté de sa finale de la Coupe de la Ligue face à Gueugnon (0-2, 22/04/2000). Son association avec Ronaldinho laisse les supporters parisiens sur leur faim et, en 2002, il rejoint l'Angleterre et Bolton. Six ans chez les Vagabonds (pour 124 matches de Premier League et 14 buts), et il s'engage au Qatar Sporting Club jusqu'en juin 2006, déclarant : « C'est Dieu qui m'a ordonné d'aller là-bas. » Après six mois sans jouer, Okocha rejoint le modeste club de Hull City, alors en seconde division anglaise, et participe à la montée historique des Tigers, une première en 104 années d'existence. Très peu utilisé, il n'est pas conservé dans l'effectif et met un terme à sa carrière, à 35 ans. Okocha rentre au Nigeria et fonde la « Jay-Jay Okocha Group West Africa » qui intervient dans différents secteurs : la restauration, les équipements ou l'importation de voitures. En janvier 2012, à 38 ans, Okocha avait donné son accord pour rejouer en Inde dans la franchise de Durgapur, avant le report du Championnat. En 2016, il lance sa fondation pour sensibiliser sur l'éducation, la paix et l'unité dans son pays tout en espérant devenir un jour président de la Fédération de football du Nigeria.

PSG
OMNISPORTS

## OMNISPORTS (PSG)

Basket-ball, handball, volley-ball, judo, boxe, rugby à 13 : le PSG était officiellement devenu omnisports le 23 janvier 1993, en présence de toutes les sections à Coubertin. Charles Biétry est l'instigateur de cet ambitieux projet omnisports, qui veut s'inspirer de Barcelone ou du Real Madrid. En dix ans d'existence, le PSG a connu des titres de champion en basket-ball (1997, succès en finale contre Villeurbanne avec Richard Dacoury), avant l'éclosion d'un certain Tony Parker, et en volley-ball, un Championnat (1993, en finale contre Cannes) puis une Coupe de France (1994, victoire face au PUC). La section Judo de David Douillet est la plus titrée, avec un sacre de champion d'Europe à Abensberg en Allemagne, le 26 novembre 1995, et un titre de champion de France par équipe. Le handball s'est pour sa part contenté de places d'honneur. En boxe, Khalid Rahilou devient champion du monde en catégorie de super-légers, le 28 mars 1999. Julien « Bobo » Lorcy et Djamel Lifa obtiennent des titres de champion d'Europe. Sans oublier la création du PSG Rugby XIII de Jacques Fouroux lancé en 1995 pour la Superleague de jeu à 13, puis la présence symbolique du sigle PSG Rugby sur les maillots du Stade Français CASG lors du premier titre en championnat de France obtenu face à Perpignan (1999). Le 28 avril 2000, le départ de Charles Biétry de Canal+ sonne la fin du rêve pour un grand club omnisports à Paris. Le retour gagnant du PSG Handball en 2012 et l'ambition des nouveaux actionnaires qatariens pourraient rapidement relancer le projet omnisports au PSG.

## PSG BASKET RACING (1992-2000)

**Principaux joueurs :** Hervé Dubuisson, Freddy Hufnagel, Yann Bonato, Stéphane Risacher, Richard Dacoury, Laurent Sciarra, Tony Parker.

**RÉSULTATS :**

**1992-1993 :**
**Championnat :** 1/4 finale
**Coupe de la ligue :** finale

**1993-1994 :**
**Championnat :** 1/2 finale
**Coupe :** 1/2 finale
**Coupe Korac :** 2e tour

**1994-1995 :**
**Championnat :** 1/4 finale
**Coupe :** 16e finale
**Coupe Korac :** 2e tour

**1995-1996 :**
**Championnat :** 1/4 finale
**Coupe :** 1/4 finale
**Coupe Korac :** 1er tour

**1996-1997 :**
**Championnat :** Champion de France
**Coupe :** 8e finale
**Euroligue :** 1/2 finale

**1997-1998 :**
**Championnat :** 1/4 finale
**Coupe :** 8e finale
**Euroligue :** 2e phase

**1998-1999 :**
**Championnat :** 1/4 finale
**Coupe :** 1/2 finale
**Coupe Korac :** 1ère phase

**1999-2000 :**
**Championnat :** 1/2 finale
**Coupe :** finaliste
**Coupe Saporta :** 8e finale

## PSG ASNIÈRES VOLLEY-BALL (1992-1998)

**Principaux joueurs :** Frantz Granvorka, Kent Greves, Jacques Yoko, Christophe Meneau.

**RÉSULTATS :**

**1992-1993 :**
**Championnat :** Champion de France
**Coupe :** 1/4 finale

**1993-1994 :**
**Championnat :** finaliste
**Coupe :** vainqueur
**Coupe des champions :** 1/4 finale

**1994-1995 :**
**Championnat :** 8e
**Coupe :** finaliste
**Coupe des coupes :** 1/4 finale

**1995-1996 :**
**Championnat :** poule finale
**Coupe :** 8e finale
**Coupe des coupes :** 1ère phase

**1996-1997 :**
**Championnat :** poule finale
**Coupe :** 1/4 finale

**1997-1998 :**
**Championnat :** 3e
**Coupe :** 1/4 finale

## PSG ASNIÈRES HANDBALL (1992-2002)

**Principaux joueurs :** Denis Lathoud, Stéphane Stoecklin, Patrick Cazal.

**RÉSULTATS :**

**1992-1993 :**
**Championnat :** 6e
**Coupe :** 1/4 finale

**1993-1994 :**
**Championnat :** 5e
**Coupe :** 8e finale
**Coupe des Villes :** 1/2 finale

**1994-1995 :**
**Championnat :** 4e
**Coupe :** 1/2 finale

**1995-1996 :**
**Championnat :** 2e
**Coupe :** 1/4 finale
**Coupe des Villes :** 8e finale

**1996-1997 :**
**Championnat :** 4e
**Coupe :** 1/4 finale
**Ligue des champions :** 1ère phase

**1997-1998 :**
**Championnat :** 8e
**Coupe :** 1/2 finale
**Coupe des Villes :** 8e finale

**1998-1999 :**
**Championnat :** 6e
**Coupe :** 1/2 finale

**1999-2000 :**
**Championnat :** 4e
**Coupe :** 1/2 finale

**2000-2001 :**
**Championnat :** 4e
**Coupe :** finaliste

**2001-2002 :**
**Championnat :** 5e
**Coupe :** 1/4 finale
**Coupe de la Ligue :** 1/4 finale
**Coupe Challenge :** 4e finale

## PSG JUDO (1992-2000)

**Principaux judokas :** David Douillet, Djamel Bouras, Frédéric Demontfaucon, Cécile Nowak.

**RÉSULTATS :**

**1994 : hommes :** 2e – **filles :** 3e
**Coupe d'Europe des clubs :** 1/2 finale
**1995 : hommes :** 2e – **filles :** 2e
**Coupe d'Europe des clubs :** vainqueur
**1996 : hommes :** 3e – **filles :** 2e
**Coupe d'Europe des clubs :** 4e
**1996* : hommes :** 2e – **filles :** 4e tour
**1997 : hommes :** champion – **filles :** 2e tour
**Coupe d'Europe des clubs :** 2e
**1998 : hommes :** 3e – **filles :** 4e tour
**1999 : hommes :** 5e – **filles :** non qualifié
**2000 :** vainqueur du tournoi des clubs de première division

***en 1996, les Championnats de France se sont déroulés en janvier et en décembre.***

## PSG BOXE (1993-1999)

**Président :** Jean-Claude Bouttier.
**Principaux boxeurs :** Khalid Rahilou, Julien Lorcy, Djamel Lifa, Hacine Cherifi.

## PSG RUGBY LEAGUE (1995-1997)

**Président :** Jacques Fourroux.
**Principaux joueurs :** Jacques Pech, Darren Adams, Jeremy Robinson.

**RÉSULTATS :**

**1995 : Super League :** 11e
**1996 : Super League :** 11e

## PSG GOLF (1993-1999)

**Dir. technique :** Bernard Pascassio.
**Principaux golfeurs :** Patrice Barquez, Jean-Charles Cambon, Fabrice Tarnaud, Benoît Tellerie.

## PSG RUGBY (1996-1998)

**RÉSULTATS :**

**1996-1997 :**
**Champion groupe B**
**Coupe du Manoir :** 1/4 finale

**1997-1998 :**
**Champion de France**
**Coupe du Manoir :** finaliste
**Conférence européenne :** 1/2 finale

## OUÉDEC (Nicolas)

Le duo qu'il formait avec Patrice Loko à Nantes a été reconstitué à Paris lors de la saison 1998-1999, sans connaître le succès espéré. Un seul but inscrit pour Ouédec avec le PSG, à Haïfa lors de la défaite et l'élimination face aux Israéliens du Maccabi (2-3, 01/10/1998). Blessé au pied dès l'ouverture du championnat (fracture du gros orteil) et emporté par un début de saison raté, Ouédec jette rapidement l'éponge et accepte de partir à Montpellier. Ironie du sort lors de son retour au Parc, il est l'unique buteur du match opposant Parisiens et Montpelliérains (0-1, 03/04/1999). Le natif de Lorient a rejoint le FC Nantes à l'âge de 18 ans, après avoir porté les couleurs du CS Queven. Avec les Canaris, il devient meilleur buteur de D1 avec 20 buts (1993-1994), puis confirme un an plus tard en remportant le titre de champion de France (1994-1995). International avec les Bleus (7 sélections pour 1 but), Ouédec décide alors de rejoindre l'Espanyol Barcelone, où il ne va pas s'imposer, handicapé par des blessures musculaires. La proposition du PSG et de Charles Biétry arrive à point nommé pour relancer sa carrière en France, l'échec en sera d'autant plus douloureux.

À Montpellier, il va devenir la tête de turc d'un public qui ne lui pardonne rien, malgré l'arrivée de Patrice Loko dans le sud de la France. En 2001, son calvaire s'achève par un départ vers le championnat belge, à La Louvière. Après une saison sans relief, il accepte un nouveau défi : partir jouer en Chine, pour le club de Dialan Shide. Après avoir hésité devant cette destination bien exotique, Ouédec remporte le titre de champion de Chine en 2002. Son parcours chinois se poursuit au Shandong Luneng Taishan. En 2004, il remporte la Super League, la Coupe de Chine et termine meilleur passeur du Championnat. Un an plus tard, il revient en France. Installé en Bretagne, il s'occupe de sa famille et de promotion immobilière avec sa seconde épouse Barbara, chanteuse originaire des Philippines, qui s'est investie dans le commerce alimentaire avec l'Asie. Ouédec continue à jouer pour le plaisir, il est l'un des piliers d'une équipe de Bretagne, le CBF (Club Bretagne Football) composé d'anciennes gloires du football breton âgées de plus de 35 ans. En janvier 2010, Nicolas Ouédec rejoint son ancien entraîneur Georges Eo au club d'Orvault Sports (DH) pour y assumer le rôle d'entraîneur des attaquants, puis il prend la direction d'un hôtel en 2011, à Sainte-Luce-sur-Loire dans la banlieue de Nantes.

# P

## PAISLEY (Grégory)

Né dans le XVe arrondissement de Paris, ce grand et élégant arrière gauche intègre les rangs du PSG à l'âge de 9 ans après avoir débuté à Pantin. Il grimpe tous les échelons, puis signe un contrat professionnel en 1997, à l'âge de 20 ans. Prêté en Suisse au Servette Genève pour s'aguerrir, il revient après six mois instructifs (janvier-juin 1998). Trois mois après son retour à Paris, Artur Jorge lui offre une place de titulaire lors d'un déplacement à Lyon (1-1, 16/10/1998). Sa carrière est lancée, Paisley inscrit son premier but en Ligue 1 un mois plus tard au Havre, du pied droit pour ce pur gaucher (Le Havre-PSG 0-4, 14/11/1998). Le 9 février 1999 lors d'un match de Coupe de France à Thouars, son ascension est stoppée net : rupture des ligaments croisés du genou et fin de saison prématurée. On le reverra sur les terrains après 18 mois de convalescence… Le 11 novembre 2000, Philippe Bergeroo fait de nouveau appel à lui, encore face à Lyon au Parc des Princes (1-1). L'arrivée de Luis Fernandez va mettre fin à ses espoirs : le nouvel entraîneur souhaite dégraisser son effectif pour engager de nouveaux joueurs au mercato d'hiver et Paisley fait les frais de cette décision, obligé de quitter son club formateur pour rejoindre Rennes. 23 matches et un seul but inscrit, tel est le maigre bilan de cet espoir perdu du PSG. Après 18 mois difficiles en Bretagne, il se relance au Havre en Ligue 2 (2002-2003), puis trouve enfin un peu de considération du côté de Sochaux, remportant au passage la Coupe de la Ligue face à Nantes au Stade de France (1-1, 5-4 t.a.b., 17/04/2004). Paisley poursuit son tour de France qui le mène à Metz (2005-janvier 2006) puis à Troyes, où il joue au poste de défenseur central qu'il n'a plus occupé depuis sa jeunesse, hormis six mois en dépannage à Sochaux. À l'issue d'une excellente saison 2006-2007 et après avoir été en contact avec Marseille, Paisley va retrouver son coach, Jean-Marc Furlan, pour un nouveau défi à Strasbourg. Il va malheureusement connaître sa troisième relégation en cinq ans (après Le Havre et Troyes) et perdre le brassard de capitaine en février 2009, après avoir critiqué le comportement des supporters alsaciens. Son départ semble inéluctable, Paisley signe à Nice (2009-2011) puis à Guingamp, promu en L2. Son contrat n'est pas renouvelé en 2012, il devient consultant pour Radio France et la chaîne TV beIN Sport.

## PANCRATE (Fabrice)

Cet athlétique attaquant (1,85 m pour 80 kg) arrive à Paris en 2004 avec l'ambition de s'imposer dans la capitale. Né à Paris (XIVe arrondissement), Pancrate a vécu à Aulnay-sous-Bois dans la « cité des 3 000 » puis à Villepinte, en Seine-Saint-Denis (93). Après un essai concluant à l'occasion d'un tournoi à Garges, il se retrouve au centre de formation de Louhans-Cuiseaux (1996). En Saône-et-Loire, Fabrice Pancrate découvre un nouvel univers, loin des cités, et participe à deux rencontres de Ligue 2 avant de rejoindre Guingamp en 2000. Il rencontre un entraîneur à forte personnalité, Guy Lacombe et va connaître des fortunes diverses sous la tunique de l'En Avant. Seulement trois apparitions en Ligue 1 la première année, puis une blessure à la cheville et des relations conflictuelles avec son entraîneur l'obligent à tenter sa chance au Mans, en Ligue 2. Il s'affirme

alors comme un redoutable attaquant, et inscrit 8 buts en 64 rencontres. En 2004, les grands clubs français ne restent pas insensibles et souhaitent l'engager, malgré les trois années de contrat qui lui restent au Mans. Bordeaux, Lyon et le PSG sont sur les rangs et c'est Paris qui le séduit, à quelques heures de la fermeture du marché des transferts. Pour ses deux premières titularisations avec Paris, il marque : à Lens (2-2, 22/09/2004) et à Bastia (2-1, 02/10/2004). Mais les performances de l'attaquant antillais sont trop irrégulières pour lui permettre d'obtenir une place de titulaire sur le flanc droit de l'attaque. L'instabilité du PSG ne facilite pas son épanouissement. Avec seulement 12 buts en 94 matches et un rôle de remplaçant de luxe qu'il n'accepte plus, Pancrate quitte le PSG pour six mois de prêt avec option d'achat en Espagne, où il rejoint le Betis Séville de Luis Fernandez. Après des débuts prometteurs en Liga, il se blesse et souffre d'une entorse du genou. Non conservé par le club andalou après le départ de l'ancien entraîneur du PSG, Pancrate est prêté à Sochaux pour la saison 2007-2008 puis revient à Paris, pour la dernière année de son contrat. Joker offensif, il réussit une saison honnête (22 matches, 1 but en Ligue 1) puis souhaite rejoindre le championnat anglais et il signe à Newcastle, en D2 anglaise, pour six mois. Il n'est pas conservé par les Magpies et il s'entraîne au Camp des Loges, puis rejoint l'AEL Larissa, en Grèce, en février 2011, avant de s'engager avec le FC Nantes pour relancer sa carrière lors de la trêve estivale. À 33 ans, il devient le joker offensif de luxe des Canaris, et participe à la montée en Ligue 1 des Nantais en 2012-2013. Habitué des plateaux télé, il reçoit avec le sourire le trophée du « banc d'or » lors de l'émission J+1 avant de quitter Nantes et de mettre un terme à sa carrière de footballeur en 2014. Il devient consultant pour SFR Sport, conseiller sportif auprès des jeunes joueurs et intermédiaire sur des projets pour le développement en Afrique. En 2021, il était également consultant pour beIN Sport.

## PANTELIC (Ilija)

Moins connu que Joël Bats, Bernard Lama ou Grégory Coupet, Ilija Pantelic n'a rien à envier à ses glorieux successeurs dans les buts parisiens. À 14 ans, il quitte son village natal de Novi Sad et sa jeunesse dorée pour rejoindre Vojvodina. Son père, notable de la ville dont il est le maire, aurait préféré le voir pratiquer le basket ou le volley, deux sports où il excelle, mais c'est sur un terrain de football qu'il va se révéler. À 17 ans, il devient

professionnel, après des débuts au Bak, à Bela Crkva (1958-1960), puis au Radnicki Sombor (1960-1961). En 1959, il est déjà international Espoirs puis rejoint, à seulement 19 ans la grande équipe de Yougoslavie, avant de remporter le Championnat de Yougoslavie en 1966. Ce professeur d'éducation physique débute au poste de gardien de but après avoir joué arrière droit jusqu'en catégorie Minimes. Expulsé à de nombreuses reprises, après des « coups de gueule » qui le suivront tout au long de sa carrière, son entraîneur décide de le placer dans les buts pour le responsabiliser et le calmer. Un choix judicieux pour cet athlète accompli, surnommé « King Kong » par ses partenaires. Il joue 368 matches avec Vojvodina et, malgré son poste de gardien, inscrit onze buts ! Il marque un triplé – trois penalties – lors d'un match de Championnat face à Tresnjevka puis, le 16 novembre 1966, il transforme un penalty face à l'Atletico de Madrid (3-2), une première pour un gardien de but dans la prestigieuse Coupe d'Europe des clubs champions. Son homonyme, le Bordelais Dragan Pantelic, perpétuera la tradition des gardiens de but buteurs au début des années 1980. Ilija Pantelic se révèle lors du Championnat d'Europe des Nations qu'il dispute avec la Yougoslavie à Rome. Finaliste de l'épreuve face au favori, l'Italie, il se montre intraitable lors de la finale (1-1, 08/06/1968) avant de perdre le match d'appui (0-2) deux jours plus tard. En 1969, l'international yougoslave (18 sélections) signe à Marseille, mais le grand nombre de joueurs étrangers à l'OM l'oblige à s'exiler au Paris-Neuilly, club parisien créé par le président marseillais, Marcel Leclerc. Devant des centaines de spectateurs dans l'anonymat de la D2, Pantelic découvre un nouvel univers, bien loin de la folie du Championnat yougoslave. Il revient à Marseille en 1970, mais ne joue que deux matches sous le maillot phocéen. Il quitte l'OM pour Bastia, participe à la finale de la Coupe de France avec les Corses face à Marseille (1-2, 04/06/1972) et ne garde que de bons souvenirs de son passage sur l'île de Beauté. En 1974, à 32 ans, il rejoint le PSG et devient un des piliers de l'équipe entraînée par Justo Fontaine. C'est l'heure de la consécration pour ce joueur exemplaire, admiré par les jeunes du centre de formation. Il prend sous son aile le jeune Michel Bensoussan et, à la fin de la saison 1976-1977, alors qu'il est toujours titulaire, il cède sa place à son poulain, puis dirige l'équipe première du PSG, en duo avec Pierre Alonzo après la démission de Velibor Vasovic. Quelques mois plus tard, Pantelic repart alors en Yougoslavie pour entraîner le club qui l'a formé, Vojvodina. Adjoint du sélectionneur Milanic pour la préparation de l'équipe de Yougoslavie avant la en 1982, il sera présent avec Vojvodina pour une rencontre amicale face au PSG à Poissy (2-0, pour Paris, 28/01/1989). Il a aussi dirigé l'école des jeunes footballeurs et occupé le poste de directeur sportif à Novi Sad. Pantelic reste une légende du football en Serbie : au début de la saison 2010-2011, le stade du Sloboda Novi Kozarci (D3 serbe) est devenu officiellement le stade Ilija-Pantelic, puis en avril 2013, il a été honoré par la Fédération serbe de football pour sa carrière exemplaire Ilija Pantelic nous a quittés le 17 novembre 2014, à l'âge de 72 ans.

## PANTELIC (Marko)

Ne cherchez aucun lien de parenté entre Marko et Ilija Pantelic, son glorieux prédécesseur au PSG. Le seul point commun entre les deux Yougoslaves est leurs tempéraments bien trempés, voire colériques. Ce trait de caractère a aidé Ilija mais a plutôt desservi Marko lors de ses débuts sous le maillot parisien. À 14 ans, cet attaquant athlétique (1,83 m pour 80 kg) quitte avec ses parents la Yougoslavie et son club formateur, L'Étoile Rouge, pour rejoindre la Grèce et l'Iraklis Salonique. En 1996, le PSG met une semaine à l'essai le jeune espoir, qui accepte de s'engager contractuellement avec

Paris. L'Iraklis Salonique refuse son départ et bloque l'homologation de son contrat auprès de l'UEFA. Privé de match pendant un an, à l'exception des sélections avec l'équipe Espoirs de la Yougoslavie, il supporte très mal cette inactivité et l'absence de ses parents, restés en Grèce. À 19 ans, il cache mal sa frustration devant le peu de temps de jeu accordé par son entraîneur, Ricardo. Le 25 octobre 1997, c'est le dérapage : le public du Parc l'acclame lors de son échauffement. Galvanisé par le soutien des supporters, il adresse alors un bras d'honneur à son entraîneur lorsqu'il comprend qu'il ne rentrera pas sur la pelouse. Écarté du groupe puis mis à pied, il est rapidement prêté à Lausanne en Suisse (novembre 1997-1998) puis poursuit son périple européen en Espagne, au Celta Vigo (1998-1999) après avoir négocié son départ à l'amiable avec les dirigeants parisiens. Un an à Sturm Graz en Autriche, un passage en Suisse (Yverdon) et il décide de rentrer dans son pays. En Serbie, il reste six mois sans jouer puis prend un nouveau départ à l'Obilic Belgrade (2001-2003), puis au Sartid Smederevo. Il accepte de renforcer l'Étoile Rouge de Belgrade, dont il devient le capitaine et le meilleur buteur (21 buts en 19 matches). International serbe (24 sélections, 3 buts), Pantelic se sent mûr pour un nouveau départ vers l'Europe et réussit quatre bonnes saisons en Allemagne, au Hertha Berlin. Il poursuit sa carrière à l'Ajax Amsterdam (2009-2010) puis signe à l'Olympiakos Le Pirée, en Grèce, où il a remporté trois titres de champion et une coupe nationale avant de mettre un terme à sa carrière en 2013. Il rentre alors à Belgrade et ouvre un café, appelé simplement le « Café Marco ». Titulaire d'une maîtrise dans le management du sport, il à été nommé président par intérim de la Fédération serbe de football, jusqu'à sa mise à l'écart le 25 mai 2021.

## PARC DES PRINCES

Le site, situé entre la porte de Saint-Cloud et le bois de Boulogne, était destiné aux activités de loisirs des princes. Le 18 juillet 1897, le « stade vélodrome du Parc des Princes » est inauguré, le vélo étant le sport principalement pratiqué au Parc au début de xxe siècle. Le 5 avril 1903, la première affiche de football importante est la finale du Championnat de France opposant le Racing Club de France à Roubaix. C'est en 1905 que l'équipe de France y dispute son premier match, face à la Suisse (1-0, 12/02/1905). En 1932 débutent d'importants travaux de rénovation du Parc, le projet prévoyant la construction d'une enceinte de 45 000 places, dont 26 000 places assises. Toujours entouré de sa piste cyclable, le Parc sert souvent d'arrivée au Tour de France. Après la Seconde Guerre mondiale, le Stade Français joue ses matches au Parc, mais le grand Racing reste fidèle à Colombes. Reims remet le stade de la porte d'Auteuil au sommet de l'affiche en jouant ses rencontres à Paris pour les débuts de la Coupe d'Europe des clubs champions, puis y dispute la première finale de la compétition, perdue face au grand Real Madrid (3-4, 13/06/1956). Au milieu des années 1960, de nouveaux travaux sont décidés. L'architecte Roger Taillibert est choisi pour construire ce nouveau Parc des Princes. Commencés en 1967, les travaux s'achèvent en avril 1972, avec un important

retard. Son architecture est exceptionnelle : le stade, de forme elliptique (grand axe de 251,5 m et petit axe de 191 m), s'appuie sur des portiques en porte-à-faux qui donnent un cachet si particulier à l'extérieur du Parc. C'est le premier stade à disposer d'un éclairage intégré au toit, et aucun spectateur n'est à plus de 45 mètres de la ligne de touche la plus proche. L'inauguration du nouveau Parc des Princes a lieu le 25 mai 1972, pour la rencontre opposant l'équipe de France olympique à la sélection soviétique (1-3). Le Parc est un joyau, qui a accueilli les matches des équipes de France de football et de rugby, les finales du championnat jusqu'en 1998, et devient le terrain privilégié du PSG dès 1973. Au début de la saison 2020-2021, le club parisien avait disputé plus de 1 100 matches sur la pelouse du Parc des Princes. À moyen terme, les dirigeants du PSG souhaiteraient faire passer la capacité du stade de 48 000 à 60 000 places. La capacité maximum actuelle est de 48 583 sièges, dont 4 800 places VIP.

## PARDEILHAN (Cédric)

Sa carrière parisienne se résume à une soirée de cauchemar au stade de l'Abbé-Deschamps, à Auxerre. Titularisé en Bourgogne au poste d'arrière droit pour son premier match en Ligue 1 et le sommet du Championnat, Pardeilhan va vivre un véritable calvaire face à l'attaquant international Bernard Diomède. Le PSG s'incline lourdement (0-3, 24/03/1996) et va perdre le Championnat au profit des Auxerrois. Pas facile de se remettre d'un tel échec pour ce milieu de terrain, formé à Pau où il est né après avoir débuté dans le club de son village, à Billère. Comble de malheur, il a blessé bien involontairement Alain Roche au genou en début de la saison lors d'une opposition au Camp des Loges à l'entraînement. Choqué, il ne peut cacher ses larmes et trouve le réconfort et la solidarité dans le groupe parisien pour surmonter un tel incident. À la fin de cette saison délicate, il choisit de ne pas signer un nouveau contrat professionnel et s'engage au Mans. Pardeilhan joue pour Toulouse, Ajaccio, Niort, Beauvais avant de rejoindre Bayonne, comme joueur (2003-2006), puis comme entraîneur de l'équipe réserve jusqu'en juin 2012. Il rejoint alors le club voisin à Anglet comme éducateur, puis devient l'entraîneur en 2018 de cette formation qui évolue cette saison en National 3.

## PARDO (Bernard)

À Paris, l'aboyeur du football français, ancien joueur de l'OM, n'a jamais pu s'imposer après une opération des ligaments croisés du genou droit qui l'a handicapé lors de la saison 1991-1992. Ce Méridional à l'accent chantant a connu son heure de gloire à Brest, en Bretagne. Né à Gardanne près de Marseille, cet infatigable baroudeur a porté les couleurs de Boulogne-sur-Mer, Lille (1979-1980), Brest (1980-1985), Saint-Étienne (1985-1986) avant de se révéler à Toulon (1986-1989) puis de confirmer à Bordeaux (1989-1990). Milieu de terrain défensif au tempérament inépuisable, réputé pour ses « coups de gueule » légendaires, Pardo découvre l'équipe de France sous le règne du sélectionneur Michel Platini, qui en fait l'homme de base de son onze titulaire. Une belle revanche pour cet éternel optimiste, qui a connu la joie de vivre et vécu l'insouciance de ses 20 ans à Brest, où il devient international olympique. À Toulon, avec Courbis, Olmeta, Ginola et Alfano, il termine cinquième du Championnat en 1987-1988 dans un stade Mayol en folie. En 1990 il

réalise son rêve d'enfant en rejoignant le club de son enfance, l'Olympique de Marseille. Le 6 mars 1991, il est éblouissant avec l'OM lors de la rencontre en Italie face au Milan AC (1-1). Blessé au genou, il n'est pas présent lors de la finale perdue à Bari face à l'Étoile Rouge de Belgrade et signe dans la foulée son contrat avec le PSG, alors qu'il poursuit sa rééducation. Le 5 octobre 1991, il est enfin prêt pour la rencontre à Paris contre Toulon. Malheureusement, le PSG s'incline pour la première fois de la saison (2-3), une défaite qui ne laisse rien présager de bon pour la suite de sa carrière parisienne. Artur Jorge lui préfère Paul Le Guen, Laurent Fournier et Bruno Germain, et Pardo ne porte finalement le maillot parisien qu'à six reprises. Au début de la saison 1992-1993, son contrat est rompu à l'amiable puis, le 30 janvier 1993, Bernard Pardo est écroué en prison pour une sombre affaire de trafic de drogue, avant d'être innocenté. Il va se relever de cette terrible épreuve et reprendre le chemin des pelouses pour une dernière saison à Toulon (1993-1994). Deux ans plus tard, il entraîne au centre de formation toulonnais (1995-1996), puis prend du recul après une greffe du cœur en 1998. En août 2004, son ancien coéquipier et ami Bernard Casoni lui propose un poste de sélectionneur adjoint en Arménie, une expérience qui s'achève huit mois plus tard. De retour dans sa chère région à Gardanne, Bernard Pardo donne un coup de main à son frère, patron d'une brasserie, Le Bar de la Poste, et reste un fidèle supporter de l'OM.

## PAREDES (Leandro)

Après des débuts compliqués, les supporters parisiens ont découvert le fougueux Leandro Paredes, désormais épanoui dans la capitale. Sa carrière débute à 3 ans à San Justo, dans la province de Buenos Aires. Fan de Riquelme, il rejoint à 8 ans le club de Boca Juniors et joue alors au poste de milieu offensif, comme son illustre idole. En 2006, Leo Paredes remporte avec les U12 des Xeneizes un tournoi international en Espagne, avec le titre de meilleur joueur du tournoi. Son destin semble tracé, après des débuts avec l'équipe première de Boca Juniors à l'âge de 16 ans face à Argentinos Juniors (0-2, 06/11/2010) aux côtés de son idole, Juan Roman Riquelme. Ce dernier en fait alors son héritier, un challenge lourd à porter pendant deux saisons jouées le plus souvent en équipe réserve. L'arrivée de Carlos Bianchi au poste d'entraîneur de Boca Juniors ne change pas la donne : blessé à la cheville en juillet 2013 (rupture des ligaments) et trop irrégulier, Paredes doit alors partir pour relancer sa carrière. Direction l'Europe pour un prêt de dix-huit mois à l'AS Roma, qui le prête dans la foulée au Chievo Vérone. À 20 ans, difficile de se faire une place dans le onze de la Louve. Un nouveau prêt à Empoli va lancer sa carrière en Italie, où il évolue alors dans un poste plus en retrait dans lequel sa vision du jeu et son sens de la passe font merveille. Le retour à Rome est triomphal, l'AS Roma termine second du Championnat derrière la Juventus Turin avec un Paredes désormais titulaire indiscutable au milieu du terrain. Ces performances lui permettent de débuter avec la sélection argentine face à Singapour, avec un but à la clé (6-0, 03/06/2017), puis de partir en Russie, en s'engageant pour 4 saisons avec l'ambitieux Zénith Saint-Pétersbourg. Dix-huit mois plus tard, après avoir remporté un titre de champion avec le Zénith (2019), Paredes rejoint le PSG, à la recherche du remplaçant de Thiago Motta. Les débuts sont difficiles, malgré une Copa America réussie avec l'Argentine et une place dans le onze type de la compétition jouée au Brésil à l'été 2019. À son retour en France, on découvre un nouveau Paredes. Apprécié dans le vestiaire, il porte même le brassard de capitaine, avec un premier but à la clé lors de la victoire des Rouge et Bleu en huitième de finale de la Coupe de France face à Pau (2-0, 29/01/2020). Titulaire lors de la finale de la Ligue des champions perdue à Lisbonne face au Bayern Munich (0-1, 23/08/2020), Leandro Paredes doit désormais faire face à une féroce concurrence à son poste, après l'arrivée à l'été 2020 de Danilo Pereira. Un nouveau challenge pour un joueur qui a su séduire les supporters Rouge et Bleu par son côté rugueux et parfois vicieux, jamais vu dans la capitale depuis un certain Thiago Motta.

## PARIS (Trophée)

Le 4 août 2012, le premier – et dernier à ce jour – Trophée de Paris a été organisé par le PSG au Parc des Princes lors d'un match de gala opposant le club de la capitale au FC Barcelone (2-2, 1-4 t.a.b.). Cette rencontre amicale et estivale a remplacé le tournoi de Paris (voir ci-dessus).

## PARIS (Tournoi)

Créé en 1957 et organisé par le Racing Club de Paris, Daniel Hechter décide de relancer ce tournoi amical et prestigieux en 1975, invitant de grands clubs européens, sud-américains ou des sélections nationales à participer à cette fête estivale. Johan Cruyff renforce le PSG lors de la première édition, pour un véritable succès populaire. Lors des 19 tournois organisés au Parc des Princes, le PSG s'est imposé à 7 reprises et a patienté jusqu'en 1980 pour enfin remporter ce prestigieux trophée. En 2010, le tournoi a été relancé pour les 40 ans du club, avec une victoire finale des Girondins de Bordeaux. Une édition finalement sans lendemain.

## PARIS 1

Ce projet ambitieux, sous l'égide de la ville de Paris, aurait pu provoquer la mort du PSG en 1979 et sa fusion avec le PFC, alors en D1, et le Racing Club de Paris. Le 2 octobre 1978, la Marie de Paris annonce la création d'une association entre le PFC, la station de radio Europe 1 et le Racing. Cette société d'économie mixte a pour nom « Paris 1 ». Le maire de la ville Jacques Chirac, précise qu'il souhaite une seule équipe de football à Paris. Une décision qui met dans l'embarras le président Francis Borelli, successeur du couturier mécène Daniel Hechter, qui ne peut assurer la survie du club qu'avec le soutien de la municipalité parisienne. Le PSG va sauver son autonomie grâce à la relégation du Paris FC à la fin de la saison 1978-1979. Le 23 juin 1979, la ville de Paris prend officiellement acte du nouveau paysage du football dans la capitale et abandonne son projet, apportant un soutien sans faille au PSG, jamais démenti depuis plus de 40 ans.

## PARME
voir P336

## PARTOUCHE (Maxime)
Sa première apparition avec les pros, à l'occasion d'un match de Coupe de France contre Bastia (2-1, 18/03/2008), avait marqué les esprits. Ovationné par le public du Parc des Princes, qui a apprécié la fougue et la technique de ce petit gabarit (1,73 m). Passé par le club de Vélizy, la ville où il est né, Maxime Partouche est remarqué à 12 ans par les recruteurs du PSG et rejoint le centre de préformation du PSG à Conflans. Il intègre l'équipe de CFA et les sélections françaises des U16, U17 et U18. Comparé à Rudy Haddad pour son style de jeu, il débute en Ligue 1 lors du succès parisien à Nantes (4-1, 07/02/2009) puis connaît l'incroyable mésaventure d'être refoulé à l'embarquement pour un match en Ukraine de l'équipe de France des U19, son passeport étant périmé depuis quelques jours ! Pas rancunier, le sélectionneur Jean Gallice l'appelle pour l'Euro 2009 qui s'achève par une défaite contre l'Angleterre (1-3, a.p.). En fin de contrat, Partouche n'est pas conservé par le PSG et quitte la France pour la Grèce et Panionios, un choix qu'il va rapidement regretter. Il décide de rompre son contrat pour revenir au pays. L'ancien espoir du PSG s'entraîne du côté du Camp des Loges pour garder la forme à la fin de l'année 2010, puis signe en 2011 à Créteil-Lusitanos (National) avant de retrouver le milieu amateur à Versailles (DH, 2012-2013), Jura Sud (CFA, janvier 2014-juin 2016) et l'ACBB à Boulogne-Billancourt depuis la saison 2016-2017, club francilien désormais en National 3.

## PASSEUR DÉCISIF
Avec 103 passes décisives, Safet Susic était le recordman du PSG, avant d'être dépassé par Angel Di Maria. Le 21 septembre 1984, le PSG atomise Bastia au Parc des Princes (7-1) et se rachète après un début de saison catastrophique. Un homme a éclaboussé la rencontre de toute sa classe, sans inscrire le moindre but. Safet Susic, en véritable chef d'orchestre, a délivré la bagatelle de cinq passes décisives pour cinq buteurs différents : Alain Couriol, Luis Fernandez, Toko, Richard Niederbacher et Jean-Claude Lemoult. Un quintuplé de passes décisives, personne n'a fait mieux dans l'histoire des Rouge et Bleu, même si cette statistique n'était pas comptabilisée avant le début des années 1980 et prête souvent à polémique. Pour l'anecdote, les buteurs parisiens n'ont jamais dépassé le quadruplé, rendant encore plus exceptionnelle la performance du meneur de jeu yougoslave face à Bastia.

## PASTIS (Kees Kist)

Ceci n'est pas une publicité – c'est interdit – pour l'alcool et pour la plus marseillaise des boissons, mais l'effet dévastateur pour les Gallois de Swansea lorsque le buteur hollandais du PSG, Kees Kist, a bu une double dose de pastis pur avant une rencontre européenne. Le 3 novembre 1982, au Parc des Princes, Kist, victime de maux de ventre et longtemps incertain après une grippe intestinale, va finalement tenir sa place et inscrire le but libérateur des siens en début de rencontre. Sorti avant la fin du match, il avouera avec humour que ce médicament bien spécial l'avait finalement handicapé car, là où il y avait un défenseur gallois, il en voyait trois !

## PASTORE (Javier)

voir P338

## PATRELLE (Henri)

Président du PSG du 17 décembre 1971 au 15 juin 1973, Henri Patrelle a défendu la cause sangermanoise lors de la scission en 1972 et assuré l'intérim avant l'arrivée de Daniel Hechter deux ans plus tard. Assureur de son état, il préside à plusieurs reprises le Stade Sangermanois, qu'il a rejoint en 1942 en qualité de joueur. Passionné de football, il est un membre influent de la Ligue de Paris, puis de la Fédération française de football. Vice-président de la FFF dans les années 1960, il est intendant des Bleus quelques années plus tard et devient célèbre, bien malgré lui, lors de la Coupe du monde 1978 pour avoir oublié le bon jeu de maillots de l'équipe de France avant le match face à la Hongrie, obligeant les Bleus à jouer avec une curieuse tunique verte et blanche prêtée pour l'occasion. Ses entrées à la Fédé sont précieuses pour mettre en place la fusion avec l'association Paris FC, puis créer le PSG en 1970. Deux ans plus tard, il est impuissant face aux exigences de la ville de Paris. Fidèle à Saint-Germain, il sauve son club redevenu amateur avant de passer la main à Daniel Hechter le 15 juin 1973. Satisfait du devoir accompli, Henri Patrelle est nommé président d honneur et reste un fidèle supporter du PSG. Il est décédé le 25 décembre 1995, à l'âge de 77 ans.

## PAULETA (Pedro Miguel)

voir P342

## PAULO CESAR (Arruda Parente)

Sous contrat avec le PSG pendant quatre saisons et demie, Paulo Cesar n'a jamais pu s'imposer à Paris. Né à Osasco en 1978 dans l'État de Sao Paulo, c'est pourtant à Rio que « PC », comme on le surnomme, va se faire remarquer, à Flamengo (1996-1997), Vasco da Gama (1999-2000) et surtout Fluminense (1997-1998 puis 2000-2002). Ses débuts ont été difficiles, avant la consécration en 2001, et les sélections avec l'équipe du Brésil (4 capes). Luiz Felipe Scolari, le sélectionneur brésilien, conseille à Luis Fernandez d'engager ce joueur polyvalent, qui rejoint Paris en 2002. Avec ses compères Ronaldinho, André Luiz et Aloisio, le Parc chante la samba, avec en point d'orgue son magnifique doublé face à Guingamp (5-0, 06/10/2002). Cette première saison s'achève par une défaite en finale de la Coupe de France (Auxerre-PSG 2-1, 31/05/2003). Six mois plus tard, pour laisser sa place à un joueur extracommunautaire alors qu'il n'entre pas dans les plans de Vahid Halilhodzic, le fantasque joueur brésilien repart au pays et rejoint Santos, avec lequel il remporte un titre de champion du Brésil (2004). Son prêt dure plus de deux ans, avant son retour à Paris, comme son contrat l'exige. Guy Lacombe ne reste pas insensible à sa polyvalence et l'aligne régulièrement dans le groupe, sans en faire un titulaire en puissance. L'arrivée de Paul Le Guen précipite son départ pour Toulouse au début de l'année 2007. Il ne s'est jamais imposé dans la cité des vic- ➔P340

**1/4 de finale retour de la Coupe d'Europe des vainqueurs de coupe**
Jeudi 21 mars 1996, au Parc des Princes, 43 686 spectateurs.
**Arbitre :** M. Sundell (Suède).
**Buts :** Raí (8e s.p. et 69e s.p.), Loko (38e) pour le PSG ; Melli (26e) pour Parme.
**Avertissements :** Raí (70e), Dely Valdes (84e) pour le PSG ; Melli (4e), Pin (60e).
**PSG :** Lama (cap.) – N'Gotty, Roche, Le Guen – Fournier (Mahé 74e), Bravo, Colleter (Guérin 67e) – Raí, Loko, Dely Valdes, Nouma (Llacer 70e).
**Entraîneur :** L. Fernandez.
**PARME :** Bucci – Mussi (Di Chiara 83e), Sensini, Appoloni (cap.), Cannavaro, Benarivo – D. Baggio, Brambilla, Pin (Crippa 76e) – Stoitchkov (P. Inzaghi 65e), Melli.
**Entraîneur :** N. Scala.

## PSG-PARME : 3-1 (2-1)

En s'inclinant à Parme (0-1) au match aller, le PSG se trouve dans une position difficile et inédite : inscrire un but à une équipe italienne au Parc des Princes, là où Naples (0-0), la Juventus Turin (0-1) et le Milan AC (0-1) ont réussi à garder leur but inviolé face aux Parisiens en Coupe d'Europe. À Parme quinze jours plus tôt, un grand Bernard Lama a longtemps retardé l'échéance, mais Hristo Stoitchkov a trompé le gardien de but à l'heure de jeu. Luis Fernandez, privé de Youri Djorkaeff et Vincent Guérin, aligne une équipe offensive et un trio d'attaquants (Nouma, Dely Valdes, Loko). Paris doit marquer et trouve rapidement l'ouverture : sur un centre de Patrick Colleter, Pascal Nouma est bousculé dans la surface de réparation. Le penalty incontestable est transformé par Raí (8e). Paris a déjà refait son retard. La rencontre s'équilibre et les Italiens se montrent enfin menaçants. Sur une touche rapidement jouée, le Parmesan Melli tente sa chance, sa frappe apparemment anodine file sous les bras de Lama et glace

l'ambiance du Parc (26e). Pendant dix minutes, les Parisiens semblent subir le contrecoup de ce but surprise. Mais juste avant la pause, sur une nouvelle offensive, Raí réussit un « sombrero » et déstabilise la défense de Parme, Loko récupère le ballon pour inscrire le second but d'une frappe puissante sous la transversale (38e). Bernard Lama sort le grand jeu sur un tir de Pin (45e), il reste une mi-temps pour inscrire le but libérateur. La rencontre se crispe, chaque équipe attend l'opportunité de prendre un avantage psychologique. À ce petit jeu, le PSG, emmené par un énorme Daniel Bravo, se montre le plus fort : le « Petit Prince du Parc » frappe un corner, mal renvoyé par la défense italienne. Laurent Fournier récupère le ballon, élimine plusieurs défenseurs montés pour jouer le hors-jeu et se fait accrocher dans la surface de réparation par Appolini. Plein de sang-froid, Raí marque son second penalty du jour et qualifie son équipe (69e). Poussé par son public, Paris défend son but d'avance. Après une dernière alerte sur une frappe du jeune espoir italien « Pippo » Inzaghi bloquée par Lama (85e), l'arbitre libère le Parc des Princes et le PSG se qualifie pour sa quatrième demi-finale européenne consécutive.

**Milieu de terrain**
Né le 20 juin 1989
à Cordoba

**Son parcours :** CA Talleres (1998-2007), CA Huracan (2007-2009), Palerme (2009-2011), PSG (2011-2018), AS Roma (2018-...).
**Son palmarès :** champion de France (2013, 2014, 2016, 2017 et 2018), vainqueur de la Coupe de France (2015, 2016, 2017 et 2018), vainqueur de la Coupe de la Ligue (2014, 2015, 2016, 2017 et 2018), vainqueur du Trophée des champions (2013, 2014, 2016 et 2017).
**29 sélections avec l'équipe d'Argentine, 2 buts**

# Javier PASTORE

Engagé par le PSG le 6 août 2011, Javier Pastore a marqué l'histoire du club lors des 7 saisons passées sous les couleurs Rouge et Bleu. Son talent, son jeu atypique et ses coups d'éclat resteront gravés dans la mémoire des supporters parisiens. Né à Cordoba, Pastore grandit à San Roque puis choisit le football après avoir joué au basket-ball. Issu d'une famille originaire du Piémont en Italie, il débute à l'âge de 9 ans au Talleres de Cordoba, le club supporté par la famille. Surnommé « Huesito » (petit sac d'os !) puis « El Flaco » (le maigre), il possède déjà des qualités techniques hors norme. Proposé par l'ancien défenseur Oswaldo Piazza à Saint-Étienne à la fin de l'année 2006, Pastore est finalement recalé. Après un nouvel essai infructueux à Villarreal en Espagne, il est de retour en Argentine et débute en seconde division avec Talleres face au club de Buenos Aires, Defensa y Justicia (2-2, 29/01/2007), mais ne dispute que cinq matches avant d'être mis à la disposition de l'équipe réserve. Il décide de quitter le club et rejoint Huracan à Buenos Aires en milieu d'année 2007 malgré une offre du grand River Plate, qu'il refuse pour gagner du temps de jeu. Après avoir connu un souci contractuel l'obligeant à patienter dans les tribunes, puis une blessure à la cheville, il débute en première division face à River Plate (0-1, 24/05/2008). Tout s'accélère alors, Huracan et Pastore ratent de peu le titre, devancés de justesse par Velez Sarsfield. Avec 7 buts inscrits, il est la révélation de la saison et les plus grands clubs européens souhaitent l'engager. C'est finalement Palerme et le Championnat italien que choisit Javier Pastore. Après un premier match contre Naples (2-1, 23/08/2009), il s'impose en Sicile dans un poste de meneur de jeu à l'ancienne. Les supporters italiens le comparent alors à Kaka, son idole. Le roi Maradona voit en lui le complément de Lionel Messi, et le présente comme un footballeur insolent, pour son style de jeu si spectaculaire. Après avoir honoré sa première cape face au Canada (5-0, 25/05/2010), Pastore participe à la Coupe du monde en Afrique du Sud mais ne joue que 42 minutes en 5 rencontres. De retour à Palerme, il poursuit son ascension et rêve de donner un premier titre à Palerme, mais échoue en finale de la Coupe d'Italie face à l'Inter Milan (1-3, 29/05/2011) entraîné par un certain Leonardo ! Deux mois plus tard, Javier Pastore rejoint le PSG pour un transfert record en France et devient la star de la L1 et du PSG version qatarienne. Un statut qu'il assume avec difficulté, à seulement 22 ans. Après un début de saison exceptionnel, il devient moins performant jusqu'à l'arrivée de Carlo Ancelotti. En 2012-2013, Javier Pastore s'impose enfin dans un poste plus offensif, inscrivant de nombreux buts, dont un chef-d'œuvre au Parc des Princes face à Chelsea en Ligue des champions (3-1, 02/04/2014). En 2015, il est enfin décisif avec la sélection argentine lors de la Copa America, mais échoue en finale face au Chili (0-0, 1-4 t.a.b., 04/07/2015). Après de nombreux trophées remportés (18 titres), 26 matches joués et 45 buts inscrits, Javier Pastore quitte le PSG le 25 juin 2018 pour l'AS Roma en Italie, sans connaître le succès, gêné par de multiples blessures.

→ lettes (52 matches de L1 en deux saisons et demie). Paulo Cesar retourne au Brésil, mais sans grande réussite à Fluminense (2009), au Gremio Prudente (2010) puis à Sao Caetano pour seulement… deux mois ! En avril 2011, il signe à Vila Nova, en Série B brésilienne. Six mois plus tard, il n'est pas conservé dans l'effectif et rejoint le club du Gremio Osasco Audax, avec pour objectif d'accéder à la première division du championnat de Sao Paulo. L'objectif est atteint en mai 2013, mais Paulo Cesar quitte le club, en difficultés financières. Une grave blessure au genou l'oblige alors à mettre un terme à sa longue carrière, à l'âge de 36 ans, et il devient entraîneur adjoint de modestes clubs amateurs brésiliens, au Criciuma Esporte Club (2014), à Piracicaba (2015). En 2016, il prend en main les U20 de la Juventude, et remporte le Championnat gaucho, puis dirige l'équipe A, alors en seconde division brésilienne. Cinq mois plus tard, Paulo Cesar est remercié et il décide alors de revenir s'installer en France, où il obtient le diplôme d'entraîneur professionnel avec la Ligue de Paris. En 2017, sur les conseils de David Luiz, il devient directeur sportif, puis entraîneur du club de Paulista Clichy en futsal, puis directeur sportif du modeste club amateur du CA Paris, qui joue en championnat Départemental A. Depuis le début de la saison 2020-2021, Paulo Cesar est de retour au PSG, au poste d'entraîneur adjoint de l'équipe U19 féminine des Rouge et Bleu.

## PÉDRON (Stéphane)

Ce talentueux gaucher a mis un terme à sa carrière à l'issue de la saison 2006-2007, sous les couleurs de Lorient. La fin d'une belle épopée pour ce Breton, qui signe sa première licence à Saint-Nazaire (Loire-Atlantique) à l'âge de 7 ans. Attaquant sur le couloir gauche, Pédron connaît un parcours atypique sans passer par un centre de formation. À 18 ans, il quitte Saint-Nazaire et signe à Saint-Sébastien-sur-Loire, en Division d'Honneur. Trois ans plus tard, direction Ancenis, qui vient de descendre en National 1. À 22 ans, il tente sa chance avec la quatrième équipe d'Auxerre, sans succès, puis finit par séduire les dirigeants de Laval, alors en D2. Ses trois années en Mayenne vont lui permettre de s'affirmer au plus haut niveau, malgré une dernière saison gâchée par les blessures. En 1997, c'est le tournant de sa carrière : Lorient l'engage et, au terme d'une première saison réussie, où il est élu meilleur joueur de D2 par ses pairs, Pédron découvre enfin la Ligue 1.

Les Merlus ne restent qu'une saison parmi l'élite du Championnat, mais le gaucher rebondit à Saint-Étienne, le club de son cœur. L'affaire des faux passeports va assombrir son séjour dans le Forez et, la mort dans l'âme, il doit à nouveau changer de club en 2001. Direction Lens, où il progresse encore et termine vice-champion de France, vaincu par Lyon (1-3) lors de l'ultime journée du Championnat. Nominé par les joueurs de Ligue 1 pour le titre de meilleur joueur du Championnat, qui sera finalement remporté par le Bordelais et futur Parisien Pauleta, Pédron perd sa place de titulaire la saison suivante et rate la campagne en Ligue des champions. Déçu, il accepte le challenge du PSG, pour un contrat de cinq mois signé quelques heures avant la fin du mercato d'hiver. Pédron inscrit son premier but parisien dans une ambiance détestable au Parc des Princes, alors que Troyes mène 2-0 après 30 minutes de jeu. Son coup de canon, du pied gauche, réveille son équipe qui finit par s'imposer et il se réconcilie avec son public (4-2, 01/03/2003). À 32 ans, repositionné dans l'axe, il termine sa carrière sur un échec cruel en finale de la Coupe de France face à Auxerre (1-2, 31/05/2003). Récupéré par Lorient, Pédron joue quatre saisons avec les Merlus puis achève sa carrière professionnelle… face au PSG (0-1, 26/05/2007). À 36 ans, il tire sa révérence, et intègre le staff technique de Lorient au sein de la cellule de recrutement, un poste qu'il occupait toujours 14 ans après la fin de sa carrière.

## PELÉ

Edson Arantes do Nascimento, plus connu sous le nom de Pelé, est considéré comme le plus grand footballeur de tous les temps. L'homme aux 1 000 buts, champion du monde en 1958, 1962 et 1970 avec le Brésil a fait rêver le PSG, le quotidien sportif L'Équipe annonçant le transfert imminent de la star brésilienne dans son édition du 22 juin 1971. Le club parisien profite des difficultés de trésorerie de l'équipe de Santos pour demander officiellement le transfert, voire le prêt, de la star mondiale, capable de remplir le tout nouveau Parc des Princes. Le président Crescent confirme les négociations et se déplace au Brésil, malgré un premier refus de Pelé qui souhaite rester à Santos. À son retour, il obtient l'accord du club brésilien pour la venue de Pelé lors de la saison 1972-1973. Quelques jours plus tard, le joueur sort de son silence et confirme qu'il est flatté par l'offre parisienne, mais qu'il ne peut accepter de quitter son pays pour des raisons familiales. La fin du rêve pour le PSG, le public du Parc des Princes attendra le 14 septembre 1976 pour voir le Roi Pelé en chair et en os, avec sa nouvelle équipe du Cosmos New York lors d'une rencontre amicale (victoire du PSG 3-1). À 80 ans en 2021, Pelé suit désormais avec attention les performances du PSG et de deux joueurs en particulier : Neymar, le numéro 10 et capitaine de la sélection brésilienne, et Kylian Mbappé, que le Roi Pelé considère comme son digne successeur après la victoire des Bleus lors de la Coupe du monde 2018.

## PEMBÉLÉ (Timothée)

Le dernier Titi parisien, titulaire en équipe première le 28 novembre 2020 (PSG-Bordeaux 2-2 en Ligue 1) confirme l'excellence du centre de formation des Rouge et Bleu. Né à Beaumont-sur-Oise de parents originaires du Congo, comme son illustre aîné Presnel Kimpembe, Pembélé débute à l'US Persan dans le Val-d'Oise, puis rejoint le centre de formation en 2015 à l'âge de 13 ans. Surclassé dans toutes les catégories Jeunes, ce défenseur axial joue en U17 à l'âge de 15 ans. Polyvalent, Pembélé peut jouer au poste de latéral droit qu'il occupe avec les Bleuets, bat-

tus en demi-finale du Championnat d'Europe U17 en Irlande (face à l'Italie 1-2, 16/05/2019) puis troisièmes au Mondial U17 au Brésil, où il inscrit 2 buts. Après avoir signé un premier contrat professionnel le 4 juillet 2018, à l'âge

**Attaquant**
Né le 28 avril 1973
à Punta Delgada

**Son parcours :** Uniao Micaelense (1994-1995), Estoril Praia (1995-1996), Salamanque (1996-1998 La Corogne (1998-2000), Bordeaux (2000-2003), PSG (2003-2009).
**Son palmarès :** champion d'Espagne (2000), vainqueur de la Coupe de France (2004, 2006), vainqueur de la Coupe de la Ligue (2002, 2008), meilleur buteur du Championnat L1 (2002, 2006, 2007), meilleur buteur de l'histoire de la sélection portugaise, meilleur buteur dans l'histoire du PSG avec 109 buts.
**88 sélections avec l'équipe du Portugal, 47 buts**

# Pedro PAULETA

Il est parti la tête haute, avec le record des buts inscrits sous le maillot du PSG (109 buts). Quelques semaines plus tôt, le capitaine parisien avait mené ses troupes vers la victoire en Coupe de la Ligue, contre Lens (2-1, 29/03/2008) en ouvrant le score sur une frappe dont il a le secret. Puis il a mis le bleu de chauffe pour sauver son équipe d'une improbable relégation, quittant le Parc des Princes en larmes après son dernier match sur sa pelouse fétiche (contre Saint-Étienne 1-1, 10/05/2008). Des supporters qu'il a retrouvés avec plaisir lors de son jubilé, le 31 mai 2009 et qui ne l'oublieront jamais… Né aux Açores, où une statue a été érigée à sa gloire, Pauleta a attendu patiemment son heure, débutant au club de Comunidad Jovem (club de la « communauté des jeunes », en portugais) avant de passer professionnel à seulement 22 ans, avec Estoril. Il est recruté par Salamanque, en Espagne, et sa manière très particulière de fêter ses buts pour honorer l'aigle, le symbole de l'île des Açores, lui vaut son surnom. Il débute avec le Portugal face à l'Arménie (3-1, 20/08/1997) puis, à La Corogne, il remporte son premier titre de champion et une Supercoupe d'Espagne (2000). Recruté par Bordeaux quelques mois plus tard, « l'Aigle des Açores » réussit des débuts fracassants en Ligue 1, inscrivant un exceptionnel triplé à Nantes (5-0, 06/09/2000). Avec les Girondins, il remporte un titre de meilleur buteur avec 22 buts (2001-2002) puis, dans la foulée, la Coupe de la Ligue, avec un but exceptionnel en finale contre Lorient (3-0, 20/04/2002). En 2003, c'est une star du Championnat qui débarque à Paris, un statut qu'il va assumer, marquant des buts à la pelle pour qualifier le PSG en Ligue des champions (2004). Le buteur parisien est décisif lors de la finale de la Coupe de France face à Châteauroux (1-0, 29/05/2004), puis remporte deux titres de meilleur buteur de L1, en 2006 (21 buts) puis 2007 (15 buts). En 2005, il a battu le mythique record d'Eusebio avec le Portugal (41 buts) avant de prendre sa retraite internationale. Capitaine emblématique du club, il n'a pas été épargné lors de ses deux dernières saisons, perdant sa place de titulaire avant de revenir encore plus fort. À 36 ans, il met un terme à sa carrière et devient recruteur puis ambassadeur pour le club parisien. En 2010, Pedro Pauleta a été élu meilleur joueur de l'histoire du PSG par les internautes du site officiel du club. Depuis mars 2013, Pedro Miguel Pauleta est directeur de la Fédération portugaise de football et a inauguré au Portugal en 2017 la première Academy locale du club parisien.

de 15 ans, le jeune espoir parisien a prolongé le 4 décembre 2020 son bail avec le club de la capitale jusqu'en 2024. À 18 ans, son avenir semble s'écrire en Rouge et Bleu, malgré des débuts inoubliables face aux Girondins avec un but inscrit contre son camp lors de cette première. Il marque toutefois, le 23 décembre 2020, son premier but en professionnel, au Parc des Princes contre Strasbourg, en Ligue 1.

## PENALTY

Le 15 décembre 2007 face à Toulouse, Pedro Pauleta était devenu le meilleur buteur dans l'histoire du PSG en inscrivant sa 101e réalisation officielle avec le PSG. Lors de cette rencontre, il a aussi égalé le nombre de buts inscrits sur penalty en L1 détenu par Dominique Rocheteau avec 15 buts au compteur. Huit ans plus tard, le 4 octobre 2015, c'est au tour de Zlatan Ibrahimovic de devenir meilleur buteur des Rouge et Bleu contre Marseille,

un but inscrit sur penalty. Dans l'histoire des Rouge et Bleu, mention spéciale à Dominique Bathenay avec 14 penalties transformés sur 15, et Neymar (18 sur 20). Raí et Nenê qui n'ont jamais connu l'échec en Championnat. Avec 24 buts (en 27 tentatives), Zlatan Ibrahimovic est le joueur parisien qui a le plus marqué sur penalty. Le Suédois devance Edinson Cavani, buteur à 20 reprises pour 5 échecs.

## PEREZ (Christian)

C'est à Nîmes que cet attaquant de poche (1,68 m pour 64 kg) s'est fait connaître. Arrivé dans le Gard à 15 ans, après avoir vécu ses premières années à Marseille, il rejoint le Nîmes Olympique. Perez traverse toutes les catégories, aspirant 1 et 2, puis stagiaire jusqu'à son premier contrat pro. À 17 ans, il effectue ses débuts, face à Laval (2-0, 22/03/1980) puis devient titulaire en D2, avant d'effectuer son service militaire au Bataillon de Joinville. Le club gardois monte en D1 puis redescend immédiatement, entraînant son départ vers le rival Montpellier (1987). Perez débute la saison sur le banc, avant d'exploser et d'inscrire 11 buts en D1. L'arrivée de Bruno Bellone l'oblige à quitter l'Hérault, direction Paris où il est prêté un an. Seule recrue du PSG du nouvel entraîneur Tomislav Ivic, il va se révéler à un poste plus défensif, sur son côté gauche. Il inscrit 6 buts en 6 matches en Championnat, et le sélectionneur de l'équipe de France Michel Platini l'appelle pour la rencontre décisive des Bleus en Yougoslavie. Perez marque un but qui se révèle finalement insuffisant (défaite 3-2, 19/11/1988). Paris termine second du Championnat et le nouvel international refuse de revenir à Montpellier, pour signer un contrat de quatre ans avec le PSG. Avec l'équipe de France, Christian Perez participe à l'exceptionnelle campagne de qualification (8 victoires en 8 matches !) puis au décevant Euro 1992 en Suède pour un total final de 22 sélections et 2 buts inscrits. Milieu défensif sous Ivic, il retrouve son poste d'attaquant avec Henri Michel puis Artur Jorge, et totalise 12 buts en D1 (1991-1992) avant de partir pour Monaco, un choix qu'il va rapidement regretter. Deux saisons sur le Rocher (1992-1994), puis un an à Lille avant de revenir à

Nîmes, chez lui, en division National, en 1995. Le parcours en Championnat est calamiteux et les Nîmois ne sont sauvés de la relégation que par le dépôt de bilan de Valenciennes. En Coupe de France, le parcours des Gardois est exceptionnel avec des succès face à trois clubs de L1 (Saint-Étienne, Strasbourg et Montpellier) pour devenir le premier club d'un niveau inférieur à la seconde division à accéder à une finale de la Coupe de France ! Christian Perez, qui n'a jamais rien gagné, ni participé à une finale, est battu logiquement par Auxerre (1-2, 04/05/1996). Un ami lui propose alors un dernier défi, partir jouer en Chine, à 33 ans, et découvrir l'Asie. Passionné et curieux de nature, Perez accepte de rejoindre Shanghai, pour dix-huit mois passionnants. En 1997, il revient en France, travaille pour la promotion de la marque de vêtements de sport Lotto avant de devenir commercial dans le sud de la France pour cette société basée dans le Doubs. En 2021, il vivait près de Mimizan, dans le sud-ouest de la France, et travaillait dans l'immobilier.

## PERPÈRE (Laurent)

Né en 1951, ce normalien, énarque et agrégé de lettres, a travaillé pour le groupe Rhône-Poulenc (1985), Hachette (1986), au journal Le Provençal, à la direction de la branche littérature (1987), puis à l'inspection générale des finances (1992) avant d'occuper le poste de directeur des finances de Canal+, de 1995 à 1998. Il remplace Charles Biétry à la tête du PSG le 22 décembre 1998, au poste de président délégué qu'il cède le 5 juin 2003 à Francis Graille, avec un bilan décevant et un palmarès vierge pour le PSG. En 2004, il est nommé Senior Partner pour les bureaux de Paris de l'agence de communication financière Brunswick.

## PERSOL (Stéphane)

Ce défenseur débute à Morangis avant de rejoindre le centre de formation du PSG à 15 ans. Capé avec l'équipe de France Cadets, Juniors et Militaire, il joue sept saisons pour l'équipe réserve en D3 et participe à deux rencontres avec l'équipe professionnelle : à Sochaux en 16e de finale retour de la Coupe de France lors de la saison 1987-1988 (0-3, 05/04/1988), puis au Parc des Princes pour une rencontre de Championnat face à Brest (1-1, 17/05/1991). Quelques mois plus tard, Persol privilégie les études et reprend un second cycle à l'université de Nanterre, spécialisé dans le commerce. Pour le plaisir, il taquine le ballon rond à Corbeil, à L'Haÿ-les-Roses, puis pour l'équipe corpos de France Télécom. En 2008, il est nommé directeur régional en Île-de-France pour la société Elior, spécialisée dans la restauration collective, avant d'être promu au poste de directeur Développement France, de février 2015 à avril 2020. Il rejoint alors la société Sepur, qui met en place des solutions en propreté pour les collectivités.

## PEYROCHE (Georges)

Il reste dans l'histoire du club l'entraîneur des premiers succès du PSG, les Coupes de France en 1982 et 1983. À 22 ans, Peyroche joue son premier match en D1 avec Saint-Étienne, contre Lyon (0-1, 02/10/1955). Il porte 7 saisons le maillot vert, joue à Strasbourg (1962-1963), au Stade Français (1963-

1965), à Lille (1965-1967) et à Nîmes jusqu'en 1969, où il met un terme à sa carrière de joueur face à Nice, pour sa 360e rencontre en D1 (2-0, 31/05/1969). Polyvalent, il joue à tous les postes sur le terrain, se montrant un excellent gardien de but avec Saint-Étienne ou au Stade Français pour remplacer au pied levé le titulaire blessé. Avec l'équipe de France, il joue trois rencontres : au milieu de terrain pour ses débuts face au Chili (6-0, 16/03/1960), arrière gauche contre la Suisse (2-6, 12/10/1960) puis ailier gauche pour un match décisif en Bulgarie (0-1, 12/11/1961), match que les Bleus n'auraient jamais dû perdre et qui les prive de la Coupe du monde au Chili en 1962. À 31 ans, Peyroche devient entraîneur-joueur à Lunel (Hérault) en 1969-1970, puis entraîne Périgueux (1970-1973) avant de prendre en main les destinées de Lille, qu'il mène en première division. Entraîneur du LOSC jusqu'en novembre 1976, Peyroche est évincé de son poste et garde un souvenir cruel de cette fin de parcours. Après une longue période de chômage, il se relance au PSG, qu'il rejoint officiellement le 28 octobre 1979. Pendant 4 saisons, Peyroche va patiemment bâtir son équipe et remporter deux Coupes de France (1982 contre Saint-Étienne, puis 1983 face à Nantes). Après cette finale, fatigué par la pression d'un poste très exposé à Paris, il choisit de mettre entre parenthèses sa carrière pour se ressourcer chez lui, à Périgueux. Suite à la démission de Lucien Leduc, il ne peut refuser un retour à Paris et qualifie le PSG pour la Coupe UEFA (1983-1984). Un an plus tard, il est à son tour sur la sellette et son retour triomphal se transforme en cauchemar lorsqu'il est évincé de son poste, le 28 mars 1985. C'est la fin de son parcours à Paris. Peyroche entraîne Quimper (1987) puis Valenciennes, et se rappelle au bon souvenir du président Borelli en éliminant le PSG de la Coupe de France en 32e de finale à Lens (0-1, 17/02/1990) avec une équipe de gamins et la présence symbolique sur la pelouse de son fils Fabien, âgé de 20 ans et grand fan de Safet Susic. En 1991, après un passage à Trelissac, il se retrouve au repos forcé, faute de propositions sérieuses. À son grand désespoir, Peyroche se dirige doucement vers la retraite et passe ses journées entre ses deux lieux de prédilection, Périgueux, en Dordogne, et Lodève, dans l'Hérault.

## PFC (Paris Football-Club)

L'histoire du PFC et du PSG est intimement liée, les deux clubs parisiens revendiquant la même date de création en 1970. Sur la foi des documents officiels et des statuts, l'association dite « Paris Football-Club » a vu le jour le 1er août 1969, avec parution au Journal officiel du 14 août 1969. Le but de cette association, qui n'est pas un club de football, est de promouvoir la pratique et le développement du football à Paris. Cette association, après fusion avec le Stade Sangermanois, a remplacé son titre officiel par celui de « Paris-Saint-Germain Football-Club », modification publiée par le Journal Officiel le 27 août 1970. Après la scission, alors que le PSG garde son nom et ses couleurs, un nouveau Paris Football-Club voit le jour, avec des statuts différents déposés le 15 juin 1972 à la préfecture de Police. Le Paris Football-Club en tant qu'équipe de football à part entière est né, avec le soutien du club de Montreuil. Le PFC, qui joue désormais en Ligue 2, a vécu de nombreux changements, fusionnant avec le Racing Club de Paris (1983) avant de s'installer définitivement du côté de la porte de Montreuil.

## PHELIPON (Pierre)

Le premier entraîneur du PSG rejoint Saint-Germain en 1969, avec la lourde tâche de remplacer Roger Quenolle, arrivé au Stade en 1955 comme joueur avant de prendre en main l'équipe. Phelipon a joué toute sa carrière au poste d'arrière droit, portant successivement les couleurs du Racing Club Paris, où il débute à 11 ans (1946-1957), du Stade Français (1957-1958, prêt), de Grenoble (1958-1958, prêt) et de Rouen (1959-1966). Ses trois dernières années à Angoulême (1966-1969) lui laissent un goût amer, avec deux défaites en demi-finale de la Coupe de France. Face à Lyon en 1967, après trois matches nuls (3-3 puis deux fois 1-1, 10/05/1967), c'est Lyon qui se qualifie après tirage au sort, à la pièce. La saison suivante, c'est Saint-Étienne qui met fin aux espoirs d'Angoulême, après un nouveau match d'appui (1-1 puis 1-2). Remarqué par le président Henri Patrelle, Phelipon accepte le poste d'entraîneur-joueur en 1969. Enthousiasmé par le projet PSG, il reste à la tête du club parisien, malgré son jeune âge (35 ans) et n'hésite pas à remettre les crampons pour dépanner son équipe en National, après les blessures de Mitoraj et Guicci. Cette première saison s'achève sur la montée en D1, la seconde sera plus difficile avec un maintien assuré en fin de parcours. Au moment de la scission alors qu'il est en fin de contrat, Phelipon est remercié et remplacé par Louis Hon. Il part pour Bordeaux (1972-1974), Cambrai (1974-1976) et Tours (1976-1981). Après une année sabbatique, il rejoint le Stade de Reims dont il devient l'entraîneur, puis le responsable du centre de formation (1982-1988). Deux saisons à Châlons-sur-Marne (1988-1990), puis Phelipon retourne à Reims pour une dernière année (1991-1992). Installé dans la région, il a occupé pendant une quinzaine d'années un poste d'instructeur à la ligue de Champagne-Ardenne, avant de prendre sa retraite.

## PIASECKI (Francis)

Lorrain de cœur, Piasecki a réussi deux saisons excellentes à Paris, malgré son peu de goût pour la vie urbaine. Le meneur du jeu du PSG de 1975 à 1977 est un homme simple, mais aussi un râleur au tempérament bien affirmé. Après avoir débuté près de chez lui, à Talange en Division d'Honneur, Piasecki rejoint Metz en 1970 après des contacts non aboutis avec Sedan. À 19 ans, il débute rapidement avec l'équipe professionnelle (Metz-Bastia 1-0, 12 août 1970) puis signe à Sochaux en 1973. Discrètement, cet ailier

reconverti au poste de meneur de jeu est aux portes de l'équipe de France lorsqu'il rejoint le PSG, en 1975. International Espoirs, Militaire et France B, il bénéficie du désistement de dernière minute du Niçois Jean-Marc Guillou, longtemps espéré du côté du Camp des Loges. Son tempérament offensif (19 buts inscrits en 79 matches avec le PSG) va pourtant s'épanouir après son départ de la capitale. Transféré à Strasbourg avec son coéquipier Jacky Novi, Piasecki est un élément de base du onze strasbourgeois champion de France en 1979. Le 7 octobre 1978, il débute avec les Bleus (Luxembourg-France 1-3) pour la première de ses trois sélections avec l'équipe de France. Fidèle à Strasbourg jusqu'en 1985, il dispute son 475e et dernier match en Ligue 1 le 11 octobre 1985 à Nice (1-5), puis devient entraîneur par intérim du club alsacien, à 34 ans. L'arrivée à la présidence de Strasbourg de Daniel Hechter met un terme à son idylle avec le club alsacien. Les deux hommes ne s'apprécient pas et Piasecki coupe alors avec le football pour se lancer dans l'hôtellerie, à Illkirch-Graffenstaden, dans la banlieue de Strasbourg. En 1997, il achète une propriété à Belval, dans les Vosges, et ouvre un bar-restaurant. Cet amoureux de la nature coulait une vie paisible, au rythme des saisons, de la pêche à la truite et de la chasse aux sangliers, ses deux passions, avant de décéder le 6 mars 2018, à l'âge de 66 ans.

## PIAZZA (Oswaldo)

Le célèbre défenseur argentin, révélé en France à Saint-Étienne de 1972 à 1979, a rejoint le staff technique du PSG en 1983, avec pour mission de superviser les adversaires du club parisien. À la fin de sa carrière française, Piazza avait porté les couleurs du PSG le temps d'un tournoi de Paris et créé des liens amicaux avec Francis Borelli, qui n'avait pas hésité à le contacter quelques années plus tard. Dans l'ombre de Lucien Leduc puis de Georges Peyroche, il ne s'éternise pas dans la capitale et repart en Argentine. En 1988, le défenseur nantais de l'équipe de France, Patrice Rio, connaîtra le même échec après avoir été engagé au poste de délégué sportif.

## PICHOT (Stéphane)

L'arrière droit du PSG n'a connu que deux clubs avant de rejoindre Paris en 2004 : Laval (1996-2000), puis Lille (2000-2004). En Mayenne, le joueur né à Ernée apprend le métier de footballeur, en Ligue 2. Avec Lille, il débute en première division le 29 juillet 2000, contre Monaco (1-1). Titularisé sur le flanc droit de la défense par Vahid Halilhodzic, Pichot termine sa première saison avec les Dogues à la troisième place, qualificative pour le tour préliminaire de la Ligue des champions. Joueur de devoir, discret mais combatif, il rejoint « Coach Vahid » en 2004 au PSG pour concurrencer Bernard Mendy. À Paris, Pichot va accepter son rôle de second et ne baisse jamais les bras, n'hésitant pas à chiper la place de titulaire lorsque l'occasion le permet. Insensible aux critiques, il fait partie du groupe victorieux de la Coupe de France face à Marseille (2-1, 29/04/2006), puis accepte de quitter la capitale pour Sochaux, où l'attend une place de titulaire. Dans le Doubs, il est sur la pelouse pour vaincre une nouvelle fois l'OM au Stade de France (2-1, 12/05/2007). Après trois saisons à Sochaux, Pichot a rejoint en 2009 le RC Strasbourg avec l'ambition de faire remonter le club alsacien en L1. Un fol espoir qui va rapidement se transformer en cauchemar avec la perte du statut professionnel et un peu glorieux redressement judiciaire, le 18 juillet 2011. Pichot quitte alors l'Alsace, direction le Royal Mouscron Peruwelz, avec lequel il accède à la seconde division. En 2014, à l'âge de 37 ans, il met un terme à sa carrière de footballeur et dirige les U17 du LOSC, vice-champions de France en 2017. Le 24 juin 2019, Stéphane Pichot est devenu entraîneur adjoint du Mans FC, qui joue désormais en championnat National.

## PIERRE-FANFAN (José)

Une saison à Paris et il porte déjà le brassard de capitaine, après le départ de Frédéric Déhu à Marseille. Drôle d'itinéraire que celui de Pierre-Fanfan au PSG, arrivé sur la pointe des pieds pour relancer une carrière qui ne décolle pas à Monaco. Il débute à Dunkerque, pas très loin de Saint-Pol-sur-Mer, dans le Nord. Cet « Antillais du Nord » s'affirme à Lens, où son physique impressionnant (1,89 m pour 86 kg) permet aux Nordistes de remporter leur premier titre de champion de France, en 1998. Gravement blessé (fracture tibia-péroné), il choisit en 2001 de signer à Monaco, dont il devient le capitaine. Sa dernière saison monégasque est gâchée par l'émergence d'un nouveau duo défensif composé de Julien Rodriguez et Gaël Givet. Cantonné sur le banc, handicapé par des blessures musculaires à répétition et repositionné à un poste d'arrière droit qu'il n'apprécie guère, Pierre-Fanfan clame haut et fort son souhait de quitter le Rocher monégasque. C'est Paris qui récupère cet excellent défenseur, prêté une saison. Son début de parcours est difficile, marqué par la blessure de son ami et ancien coéquipier Shabani Nonda, après un choc malencontreux (PSG-Monaco 2-4, 24/08/2003). La suite de la saison voit la montée en puissance du joueur antillais, vainqueur de la Coupe de France en finale contre Châteauroux (1-0, 29/05/2004), devenu indispensable pour Vahid Halilhodzic. Titulaire la saison suivante au côté de Yepes, il va payer les résultats irréguliers des Parisiens et les conflits dans un vestiaire devenu ingérable. Déclaré indésirable, Pierre-Fanfan accepte de rejoindre le Championnat écossais et les Glasgow Rangers. Son début de saison est satisfaisant, avant son refus de jouer au poste d'arrière droit. À l'issue d'une saison tronquée, il revient en France en 2006, espérant une offre qui n'arrivera jamais. En novembre 2007, Pierre Fanfan rejoint le club qatarien d'Al-Sailiya pour une dernière pige, avec le brassard de capitaine en prime. En avril 2009, il se blesse au genou gauche. Les médecins au Qatar lui découvrent alors des problèmes cardiaques. Le 24 juin 2009, avec sagesse, il annonce officiellement sa retraite sportive, à l'âge de 34 ans. Pierre-Fanfan passe ses diplômes d'entraîneur, devient consultant sur Canal+, délégué de la région Nord pour l'UNFP, le syndicat des joueurs professionnels, et agent de joueurs, s'occupant notamment de la carrière du Titi parisien désormais à Leipzig, Christopher Nkunku.

## PIÈTRE (Samuel)

Le 30 septembre 2001, cet espoir du football français inscrit le dernier but du succès bleu face au Nigeria (3-0) et remporte avec les Bleuets le titre de champion du monde des moins de 17 ans, à Trinité-et-Tobago. Un début de carrière en fanfare pour ce milieu de terrain originaire de la Réunion et passé par Créteil avant de rejoindre le PSG, en 1998. Le natif de Villeneuve-Saint-Georges (Val-de-Marne) ne connaîtra pas le succès à Paris, blessé gravement à deux reprises et sur le flanc lors des saisons 2004-2005 (genou droit), puis 2005-2006 (genou gauche). Sa seule expérience en Championnat se résume à un prêt à Istres en Ligue 2, en 2002. Lors de la dernière saison, Paul Le Guen fait appel à lui lors du quart de finale de Coupe de France à Sochaux (1-2, 28/02/2007). Avec seulement 2 matches au compteur en 6 saisons, Samuel Piètre quitte son club formateur, effectue deux essais non concluants à Boulogne-sur-Mer et Reims, et rejoint finalement la Grèce et le club de Levadiakos, jusqu'en juin 2008. Après quatre mois sans être payé, il revient en France et s'entraîne avec la réserve du PSG en 2008. Après un an de chômage, Samuel Piètre est de retour sur les pelouses au début de la saison 2009-2010, à Créteil. Malgré des stats satisfaisantes (4 buts inscrits en 28 matches), il n'est pas conservé. Il quitte le club, s'entraîne au Camp des Loges et signe à Poissy en 2011, jusqu'à son départ en octobre 2019. La relève au PSG est désormais assurée par son fils Lenny-Ismaël, qui joue en catégorie U15.

## PILORGET (Jean-Marc)

voir P352

## PIMOND (Laurent)

Il est le moins connu des champions de France lors de la saison 1985-1986, avec 13 minutes jouées lors d'un match au Parc des Princes face à Sochaux (4-1, 27/09/1985). Clin d'œil du destin, c'est à Sochaux qu'il débute son apprentissage, avant d'intégrer le centre de formation du PSG en 1982. Titularisé avec l'équipe réserve alignée à Nancy en D1 le 28 mai 1985, il inscrit le seul but du PSG sur un magnifique coup franc (score final 1-6). International avec l'équipe de France Minimes, Cadets et Juniors, Pimond connaît de gros soucis relationnels avec Gérard Houllier et quitte le PSG en janvier 1986, direction le Red Star. Six mois plus tard, il signe à Versailles, à Créteil puis Villecresnes en 1987, pour trois saisons. Après six mois en Corse, à L'Île-Rousse, il met un terme à sa carrière à 27 ans. Directeur des ventes auprès d'un éditeur de presse, télévision et cinéma, il occupait les mêmes fonctions auprès des éditions But depuis avril 2006 avant de créer en 2007 sa propre structure d'édition domiciliée à Villeveyrac (Hérault), la société Gespress.

## PLANCHARD (Jacky)

Personnage haut en couleur, ce gardien de but connaît son heure de gloire en participant aux matches de barrages remportés par le PSG face à Valenciennes, en 1974. Né à Tours, c'est à Blois qu'il démarre sa carrière en D2, en 1972. Avant de jouer au football, Planchard a débuté comme jockey, à l'âge de 14 ans ! Curieux parcours que le sien : après avoir fait son service militaire en qualité de moniteur équestre, il va rejoindre le PSG en 1973 et remplacer Camille Choquier dans les buts parisiens. Doublure d'Ilija Pantelic quelques mois plus tard, il débute par une humiliation en D1 face à Reims et son buteur argentin, Carlos Bianchi, auteur d'un sextuplé (1-6). Reims, son cauchemar : le gardien parisien a encaissé 20 buts en seulement 4 rencontres face aux Rémois, après la double confrontation en Coupe de France la saison précédente (0-5, 2-2), puis une défaite 7-2 lors d'une rencontre amicale en Champagne, le 29 août 1973. Avec deux matches en D1, il tente sa chance à Lille, mais il se fracture la jambe et doit mettre un terme à sa carrière professionnelle. En 1977, il devient entraîneur-joueur à Amboise (D4), puis à Saint-Cyr-sur-Loire jusqu'en 1981. Professeur d'EPS, Planchard revient à ses premières amours en 1984, pour entraîner les jeunes à Joué-lès-Tours. Il prend alors la direction d'une société de transport, Europe-Express, dont il est toujours salarié fin 2020, à l'âge de 73 ans.

## PLATINI (Michel)

L'ex-président de l'UEFA n'a jamais porté le maillot parisien, malgré les sollicitations de Daniel Hechter, puis de Francis Borelli. Au début de l'année 1977, après un voyage au Brésil, Daniel Hechter avait surpris son monde en déclarant publiquement qu'il possédait une option morale sur un éventuel transfert du jeune meneur de jeu de Nancy et de l'équipe de France. Une étrange annonce, quelques jours avant le déplacement du PSG en Lorraine. Les dirigeants nancéens confirment alors que des négociations ont été entamées, mais précisent qu'aucun contrat de non-sollicitation n'a été signé. Dix-huit mois plus tard, Michel Platini signe à Saint-Étienne, au grand désespoir du PSG. Francis Borelli, le nouveau président du club, prend le relais. Avec le charme qu'on lui connaît, il va faire une cour éperdue au numéro 10 et capitaine des Bleus. Le 10 avril 1982, la très sérieuse et officielle agence France-Presse annonce la signature imminente de Michel Platini au PSG. La déception du président Borelli sera immense lors de l'officialisation du contrat avec la Juventus Turin, quelques jours plus tard. Le joueur d'origine italienne confirmera qu'il a longuement hésité, avant de choisir la Juve avec le succès que l'on connaît…

## POCHETTINO (Mauricio)

voir P356

## POISSY (campus PSG)

Le 11 juillet 2016, le PSG choisit officiellement la ville de Poissy pour la construction de son nouveau centre d'entraînement et de formation, également dénommé « centre de performance ». Après cinq ans de réflexion et d'études, le club parisien souhaite bâtir sur des terrains du hameau de Poncy, dans les hauteurs de la localité, un centre comprenant un stade de 5 000 places et 14 terrains de football sur une superficie de 74 hectares. Le permis de construire a été signé le 16 juillet 2019 par Karl Olive, le maire de la ville et grand supporter du PSG, après l'obtention d'avis favorables dans l'enquête publique et l'autorisation environnementale. Le lancement officiel des travaux a eu lieu le 29 février 2020. Cet écrin ultramoderne devait être opérationnel fin 2022.

## POITIERS

C'est au stade municipal de Poitiers, le 23 août 1970, que le PSG dispute son premier match officiel. Longtemps malmenés par des Poitevins survoltés, les Parisiens ont sauvé l'essentiel sur un coup franc victorieux de Bernard Guignedoux en seconde période. Paris s'en sort bien, avec un match nul méritoire (1-1) mais, désormais, les joueurs de la capitale seront l'équipe à battre sur tous les terrains de France. Cinquante et un ans plus tard, rien n'a changé pour le PSG…

**Défenseur**
Né le 13 avril 1958
à Paris

**Son parcours : Joueur :** Morangis (1967-1975), PSG (1975-1987), Cannes (1987-1988, prêt), PSG (1988-1989), Guingamp (1989-1990), Saint-Raphaël (1990-1992).
**Entraîneur :** Endoume (1992-1993), Fréjus (1994-1998), Viry-Châtillon (1998-2003), Paris FC (2004-2007), Romorantin (décembre 2007-2008), Paris FC (2008-2009), AS Cannes (2012-2014 ), Fréjus-Saint-Raphaël (2015).
**Son palmarès :** champion de France (1986), vainqueur de la Coupe de France (1982, 1983).
**International Espoir et A'**

# Jean-Marc PILORGET

Avec 435 matches officiels sous les couleurs parisiennes, Jean-Marc Pilorget détient toujours le record des matches joués au PSG. Discret, il n'aura pourtant jamais connu la reconnaissance qu'il aurait méritée, pour ses 13 saisons passées en Rouge et Bleu. Le défenseur découvre tardivement le football, à l'âge de 10 ans, après le déménagement de ses parents à Chilly-Mazarin. Passé par Morangis, en banlieue parisienne, il fait partie des sélections régionales en Cadets, et choisit le PSG, malgré les sollicitations de Strasbourg au début de l'année 1975. Les structures du Camp des Loges ne sont pas encore en place, les jeunes sont logés dans un foyer à Achères. Cela n'empêche pas Pilorget et ses trois camarades du Centre (Morin, Brisson, Justier) de faire des débuts fracassants en D1, contre Reims au Parc des Princes (2-3, 21/12/1975). À 17 ans, c'est le début d'une belle aventure avec Paris, qui le voit marquer le tir au but décisif en finale de la Coupe de France contre Saint-Étienne en 1982, jouer les premiers matches européens du club et devenir international Juniors, Militaire, Espoirs, Olympique et A'. Sa convocation pour un stage de préparation avec l'équipe de France n'est pas une surprise. Le 17 décembre 1983, après un match au Parc des Princes contre Laval, il se blesse dans un grave accident de voiture. Le bilan est dramatique : fracture ouverte du col du fémur et une indisponibilité estimée à dix-huit mois. Son retour au premier plan est triomphal, avec un titre de champion de France (1986). Nommé capitaine après le départ de Luis Fernandez, il sombre avec son équipe, puis est prêté une saison à Cannes pour se ressourcer (1987-1988). De retour au PSG, il retrouve sa place au centre de la défense sous la direction d'Ivic, mais son contrat n'est pas renouvelé en 1989. C'est l'heure du départ définitif, direction Guingamp (1989-1990) puis Saint-Raphaël (1990-1992) où il entame sa carrière d'entraîneur. Après avoir dirigé Endoume-Catalans (1992-1993) et Fréjus (1994-1998), Jean-Marc Pilorget revient en région parisienne pour entraîner Viry-Châtillon (1998-2004), puis le Paris FC (2004-2009), avec un court passage à Romorantin. Il est évincé suite à une défaite à domicile face à Cassis-Carnoux (2-3, 25/09/2009). Le 3 janvier 2012, après deux ans sans club, Jean-Marc Pilorget accepte d'entraîner l'AS Cannes (CFA), qu'il emmène en quart de finale de la Coupe de France, battu par Guingamp (0-2, 26/03/2014) mais échoue pour l'accession en National. Au début de la saison 2015-2016, on le retrouve sur le banc de l'Étoile Fréjus-Saint-Raphaël, un poste qu'il abandonne d'un commun accord à la fin de l'année 2015. Depuis cet échec, il reste un supporter passionné du PSG, le club de son cœur.

## POLANIOK (Alain)

Le 13 septembre 2005, les amoureux du PSG apprenaient le décès d'Alain Polaniok, à l'âge de 47 ans. Personne n'a oublié ce joueur talentueux, Parisien de 1986 à 1989, avec une saison de prêt à Cannes (1987-1988). C'est dans les Ardennes qu'il fait ses premières armes, à Charleville-Mézières et Sedan avant d'atterrir à Reims. À 18 ans, il s'affirme en Champagne aux côtés de Carlos Bianchi, joue plus de 30 matches, participe à une finale de la Coupe de France (Saint-Étienne-Reims 2-1, 18/06/1977) et décide d'arrêter ses études pour se lancer dans le professionnalisme après avoir débuté en D1 face à Lens (0-0, 03/08/1977). En 1980, Polaniok signe à Metz, puis à Laval (une saison) avant de rejoindre Tours, avec lequel il remporte un titre de champion de France de D2 (1984). Recruté par le Matra Racing, cet international Cadets, Junior, Militaire et Espoirs rejoint le PSG en 1986, pour étoffer un groupe auréolé d'un titre de champion de France. Peu utilisé, il accepte de partir à Cannes pour retrouver du temps de jeu, et revient avec un moral au zénith. Tomislav Ivic va le titulariser dans un rôle d'infatigable piston sur le flanc droit, l'année où Paris termine second du Championnat. Pour son dernier match en L1, il inscrit un but (PSG-Metz 2-2, 31/05/1989) avant de terminer son parcours au Red Star. En 1993, il met un terme à sa carrière et devient entraîneur du FC Mantes (Yvelines). Après douze ans à Mantes, il venait de quitter son poste quand est survenue sa tragique disparition. Les anciens du PSG lui ont rendu hommage en 2005 lors d'un match amical et le stade de Mantes-la-Ville a été rebaptisé stade Alain-Polaniok, le 29 mai 2010.

## POLI (Albert)

Le parfait complément de Jean Deloffre et Jean-Pierre Dogliani, ses coéquipiers au SCO Angers, rejoint le PSG en 1974. Après avoir porté les couleurs d'Audun-le-Tiche, cet excellent milieu de terrain porte pendant huit saisons le maillot d'Angers. Né en Italie à Colzate, Poli rejoint la France avec sa famille alors qu'il n'a pas 10 ans. Il devient mineur de fond, comme son père, avant de réussir une carrière exemplaire de footballeur professionnel. Il est obligé de refuser une sélection

avec l'équipe de France Juniors, faute de papiers d'identité. À Angers, Poli va de nouveau connaître une telle mésaventure : victime de la loi sur les joueurs étrangers, il laisse sa place à deux Yougoslaves et propose ses services à Rennes, avant de revenir en Anjou. Naturalisé français en 1972, il reste dans l'histoire du SCO Angers le coéquipier modèle de Jean-Marc Guillou au début des années 1970. Titulaire à Paris, Poli ne reste qu'une saison au PSG (37 matches, 2 buts) puis file à Rennes et à Rouen. Il termine sa carrière à Digne puis devient éducateur pour la ville de Dinan. Il est décédé le 7 décembre 2008, à l'âge de 63 ans.

## PORQUET (Hervé)

Repéré par le PSG alors qu'il joue à Meaux, ce jeune attaquant présélectionné en équipe de France Juniors n'a jamais pu s'imposer dans la capitale. Passé par Montereau, Brunoy et

Meaux, Hervé Porquet connaît son heure de gloire le 17 décembre 1977 à Bordeaux, lorsqu'il inscrit le but de la victoire en fin de rencontre (2-1) 6 minutes après son entrée en jeu. Il récidive face à Nîmes quelques mois plus tard, lors du succès parisien sur un score sans appel (5-0). Avec seulement 11 matches et 2 buts de 1977 à 1979, Porquet s'est surtout distingué avec l'équipe réserve en D3, terminant meilleur buteur du groupe en 1979. Il quitte le PSG et rejoint Fontainebleau (1979-1982) puis Le-Mée-sur-Seine pour dix ans, en première division de District, en Promotion d'Honneur puis en Honneur Régional. Porquet joue avec l'équipe Vétérans du Mée-sur-Seine jusqu'en 2001 et occupe un poste de cadre commercial dans le groupe industriel Continental Automotive, partenaire de Renault-Nissan, jusqu'en son départ à la retraite en juin 2019. Mais la véritable passion de l'ancien joueur parisien, âgé de 64 ans en 2021, reste la peinture et le dessin, qu'il pratique depuis de nombreuses années.

## POTILLON (Lionel)

Né à Cluny en Saône-et-Loire, Lionel Potillon débute le football à l'US Chambœuf et à l'USC Cluny puis rejoint le centre de formation de Louhans-Cuiseaux, alors qu'il joue en catégorie Minimes. Après avoir débuté au poste d'avant-centre, il se retrouve défenseur et remporte le titre de champion de Bourgogne devant Auxerre, la référence en matière de formation. À 17 ans, Potillon débute avec les pros puis met un point d'honneur à obtenir son bac en 1993. Un an plus tard, il rejoint Saint-Étienne. International Espoirs (1995), il devient champion de France de D2 (1999). En fin de contrat chez les Verts en 2001, Potillon rejoint Paris et sa colonie stéphanoise (Aloisio, puis Alex). Sans faire de bruit il s'installe sur le flanc gauche de la défense et joue 76 matches sous les couleurs parisiennes, pour 2 buts inscrits. Proche de Luis Fernandez, il décide de quitter le PSG pour rejoindre Sochaux. Un choix payant, Potillon remporte la Coupe de France en 2007 face à Marseille au Stade de France (2-1, 12/05/2007) avant de mettre un terme à sa carrière sur ce succès. Potillon obtient un master de développement marketing et économie du sport professionnel à Rouen, et travaille au service marketing de l'AS Saint-Étienne. Le 4 janvier 2010, il refuse un poste d'adjoint de Christophe Galtier, pour des raisons personnelles. Cette décision entraîne son départ du club, même si l'ancien défenseur parisien est nommé directeur de l'association « ASSE Cœur-Vert », qui soutient des projets sociaux, citoyens ou caritatifs. Son club de formation, l'US Cluny, organise depuis 2011 en son honneur le Challenge Lionel-Potillon, pour les catégories U9 à U13.

## POUGET (Cyrille)

Son ascension est aussi spectaculaire que sa chute, alors qu'il avait atteint les sommets en rejoignant l'équipe de France (3 sélections). Cyrille Pouget est un attaquant au gabarit moyen, mais au redoutable sens du but. Né à Metz, il rejoint l'équipe lorraine en 1992. Avec son compère Robert Pires, il remporte la Coupe de la Ligue face à Lyon (0-0, 5-4 t.a.b., 06/04/1996) et met au goût du jour la célèbre « chenille messine » pour fêter ce premier titre. Alors qu'il est au sommet de sa gloire et vient de rejoindre les Bleus pour le match au Portugal (3-2, 24/01/1996), Pouget décide de s'engager au Servette de Genève en juin 1996. Après quelques mois en Suisse, il revient en France et signe au PSG, plein d'espoir. Ses ➔P358

**Défenseur**
Né le 2 mars 1972
à Murphy

**Son parcours : Joueur :** Newell's Old Boys (1988-1994), Espanyol Barcelone (1994-janvier 2000), PSG (janvier 2001-2003), Bordeaux (2003-janvier 2004), Espanyol Barcelone (janvier 2004-2006).
**Entraîneur :** Espanyol Barcelone (janvier 2009-novembre 2012), Southampton (janvier 2013-2014), Tottenham (2014-novembre 2019), PSG (janvier 2021-...).
**Son palmarès :** champion d'Argentine tournoi ouverture (1991) et tournoi clôture (1991 et 1992), vainqueur de la Coupe d'Espagne (2000), vainqueur du Trophée des champions (2020), vainqueur de la Coupe de France (2021)
**International Argentin (20 sélections, 2 buts)**

# Mauricio POCHETTINO

Avec sa hargne de guerrier et ses cheveux longs, Maurico Pochettino avait conquis Paris pour devenir le premier capitaine argentin du club (2002). Une juste récompense pour cet amoureux de son pays, né à Murphy et élevé dans un ranch, où son père exerce la profession d'agriculteur. À 13 ans, alors qu'il joue au poste d'attaquant à Murphy, il est repéré par le responsable des jeunes à Newell's Old Boys, un club de Rosario. Il quitte le cocon familial – Murphy est distante de Rosario de 170 km – et demande à jouer en défense, son poste de prédilection. À 17 ans, il débute en pro pour le derby de la ville, face à Rosario Central (1-1, 07/03/1989). Un test réussi, puis le bonheur de jouer au côté de son idole Diego Maradona en 1993, pour le retour d' « El Pibe de Oro », le gamin en or, comme on le surnomme en Argentine. Un an plus tard, après une finale perdue en Copa Libertadores face à Sao Paulo à (0-1, 1-0, 2-3 t.a.b.), il rejoint l'Europe et signe à l'Espanyol Barcelone. À l'ombre du Barça, Pochettino remporte la Coupe d'Espagne face à l'Atletico de Madrid, un trophée que l'Espanyol espérait depuis soixante ans (2-0, 27/05/2000). Après six années en Espagne, il répond favorablement aux propositions du PSG et de Luis Fernandez, grand spécialiste de la Liga. Le 2 décembre 2000, le défenseur argentin débarque dans un club en crise et connaît des débuts difficiles, avant de s'imposer. Malgré l'arrivée de son ami Gabriel Heinze puis celle de la star brésilienne Ronaldinho, il ne manque qu'un titre au parcours du défenseur argentin, qui rêvait de présenter le trophée de la Coupe de France aux supporters parisiens lors de la finale contre Auxerre (1-2, 31/05/2003). En juin 2003, ce proche de Luis Fernandez quitte le PSG lors de l'arrivée de Vahid Halilhodzic dans la capitale. Il rejoint Bordeaux, pour seulement six mois, puis retrouve son ancien entraîneur parisien à l'Espanyol Barcelone. À 34 ans, Pochettino termine sa carrière sur une victoire en Coupe du Roi avec l'Espanyol face à Saragosse (4-1, 12/04/2006). En janvier 2009, il est appelé pour sauver l'Espanyol Barcelone, menacé de relégation. Et le miracle se produit : le club catalan s'est finalement sauvé. Le 26 novembre 2012, Pochettino quitte l'Espanyol et ne tarde pas à retrouver un poste, à Southampton (Premier League) en Angleterre, au début de l'année 2013. Ses 18 mois à la tête des Saints sont une réussite, avec une 8e place en Championnat lors de la saison 2013-2014. Le 27 mai 2014, Pochettino devient l'entraîneur de l'ambitieux Tottenham, avec lequel il terminera dans le top 5 de la Premier League de 2015 à 2019 et, en point d'orgue, une place de finaliste en Ligue des champions le 1er juin 2019, battu par Liverpool (0-2). Ses 5 saisons à la tête des Spurs se sont achevées brutalement le 19 novembre 2019, après son remplacement par José Mourinho en début de saison. Après une année sabbatique, Mauricio Pochettino est de retour au PSG : le 2 janvier 2021, il est devenu le 30e entraîneur des Rouge et Bleu.

six mois à Paris sont décevants, avec seulement 4 buts en 23 matches. Barré par Patrice Loko et Julio Cesar Dely Valdes, il rentre en fin de rencontre lors de la finale face à Barcelone, sans influencer le résultat (0-1, 14/05/1997). Après Paris, il rejoint Le Havre (1997-janvier 2000) puis signe à Marseille et, comme le veut la tradition, inscrit un but face au PSG (succès de l'OM 4-1, 15/02/2000). La suite de sa carrière est une longue descente vers l'oubli : prêté à Bellinzone en Suisse (avril-juin 2001), puis à Saint-Étienne (octobre 2001-juin 2002), il n'est que l'ombre de l'ancien buteur tant redouté. Après six mois infructueux à Metz, Pouget rejoint le Championnat luxembourgeois et la Jeunesse d'Esch (2003-2006) puis met un terme à sa carrière. Après avoir joué pour le plaisir à Marly et à Ottange (Moselle) puis à Thionville, Cyril Pouget est, depuis 2015, directeur d'un magasin de vente de meubles pour l'enseigne Mobilier de France à Augny, près de Metz.

## POULLAIN (Fabrice)

Milieu de terrain infatigable, Fabrice Poullain débute sa carrière à Marennes, en Charente-Maritime, avant de jouer en Cadets à Saintes. International Scolaire et Minimes, il rejoint le centre de formation de Nantes en 1978, après avoir été supervisé par le recruteur nantais Robert Budzynski alors qu'il participe au tournoi de Montaigu avec l'équipe de France Minimes. Deux ans plus tard, Poullain débute en D1 avec les Canaris, face à Angers (3-1), puis remporte le titre de champion de France en 1983 (21 matches, 4 buts). En 1985, il quitte le cocon nantais et signe à Paris. Aux côtés de Luis Fernandez, Poullain va réussir une saison pleine et remporter un nouveau titre de champion, le premier du PSG (1986). Il s'installe en équipe de France (10 sélections, la première face à la RDA 0-2, 11/09/1985) puis quitte le PSG en 1988. Libre de tout contrat, Poullain signe à Monaco, mais va connaître deux saisons difficiles sur le Rocher. Il rejoint Nice jusqu'en 1992, où il met un terme à sa carrière, souffrant terriblement du genou. Le terrain lui manque, il rejoue pour une petite équipe régionale, Sud Oléron, puis débute une carrière de journaliste sportif qui l'emmène pendant sept années sur TV Sport, Eurosport puis Canal+. Agent de joueurs, il crée sa propre société à Monaco. En 2004, Poullain rejoint l'AS Monaco au poste de coordinateur technique. Nommé directeur général de l'ASM en 2006, il ne reste qu'une saison à ce poste avant d'être remplacé par Marc Keller. Depuis son départ du Rocher, Fabrice Poullain a repris ses fonc-

tions d'agent de joueurs. Installé à Monaco, il a créé en 2011 la société 16 Sport Management et Consulting pour aider les clubs et les joueurs amateurs en région Charente-Maritime. En juillet 2015 après avoir passé ses diplômes d'entraîneur, Fabrice Poullain devient entraîneur du FC Boutonnais qui évolue en deuxième division de district dans les Deux-Sèvres, puis rejoint en février 2017 les Chamois Niortais, pour s'occuper de l'équipe féminine avant d'ouvrir un restaurant avec son épouse à Niort, Le QG.

## PRÉFACI (Alain)

Passé par Poissy, Alain Préfaci rejoint le PSG à 20 ans, pour intégrer la section Amateurs. Il débute en DRH, puis rejoint la D3 et l'équipe professionnelle en 1979. Stagiaire pro, ce joueur au tempérament offensif, qui peut jouer milieu de terrain ou attaquant, débute à Marseille en Coupe de France, en huitième de finale (1-0, 30/03/1982). Passé professionnel,

il choisit de partir pour une saison de prêt à Thonon, une décision qu'il regrette avant de revenir au PSG en 1983. Peu utilisé par Lucien Leduc, Préfaci quitte sans regret le PSG pour jouer à Amiens (1984-1987), puis revient en région parisienne, à Viry-Châtillon et à Villecresnes. Il rejoint le sud-ouest de la France, dans la région toulousaine à Labège, et devient joueur puis entraîneur ou dirigeant de clubs amateurs : l'ASPTT à Toulouse (1998-2003), Saint-Simon (2003-2005), l'Union Sportive Plaisance du Touch (2005-2012), Le Mirail (DHR, 2012-2014), puis Castelginest (2014-2018) en région Midi-Pyrénées.

## PRÉSIDENT (Liberia, George Weah)

Le 22 janvier 2018, George Weah est élu président du Liberia, avec plus de 61 % des voix au second tour, après avoir été candidat aux élections en 2005, puis en 2011 au poste de vice-président. Un incroyable destin que celui de « Mister George » attaquant vedette du PSG entre 1992 et 1995. Président footballeur, ce n'est pas plus surprenant qu'un président acteur, à l'image de Ronald Reagan aux États-Unis de 1981 à 1989…

## PROST (Michel)

Le premier avant-centre du PSG vient du Stade Sangermanois, qu'il a rejoint en 1966. Passionné de sport et excellent joueur de tennis, Prost est un bon trois-quarts centre, poussé par son père arbitre de rugby à ses heures perdues. Une fracture au bras, alors qu'il joue au PUC, le pousse vers le ballon rond. Roger Quenolle, entraîneur de Saint-Germain, remarque cet attaquant alors qu'il joue en Corpo avec la Banque de France et lui propose de rejoindre le Stade Sangermanois. International Amateurs, B et Militaire, Prost est le buteur attitré du PSG en 1970 et va connaître deux années fastes, inscrivant 22 buts en 74 rencontres. En 1971, il signe professionnel et espère vainement une sélection avec l'équipe de France. Il poursuit sa carrière au Paris FC (1972-1973), à Nancy (juillet-décembre 1973) puis à Bastia jusqu'en octobre 1976. Blessé et souffrant d'une coxarthrose à la hanche, on lui interdit tout effort superflu. Le football professionnel, c'est bel et bien fini. L'ex-buteur du PSG rejoint le

Red Star (1976-1978) puis met un terme à sa carrière pour devenir directeur sportif de l'AS Poissy. Le club est subventionné par le groupe PSA (Peugeot-Citroën) et l'ancien attaquant devient directeur adjoint du comité d'entreprise, puis secrétaire du comité d'établissement, sous l'étiquette du syndicat Force Ouvrière. En 2021, à 75 ans, il était conseiller municipal et délégué aux relations avec les associations à Poissy.

## PY (Patrice)

Ce grand gardien de but par la taille (1,82 m) fut le parfait complément de Camille Choquier aux débuts du PSG, dans les années 1970. Né à Paulhan dans l'Hérault, Patrice Py réussit une excellente performance avec le PSG lors de la finale de la Coupe de Paris remportée face à Poissy (1-0, 16/06/1973). C'est le plus beau fait d'armes de cette éternelle doublure de Choquier, de 1970 à 1973. Engagé par le PSG alors qu'il a porté les couleurs d'Alès, il connaît l'infortune d'être présent dans les buts parisiens lors des deux seules défaites de la saison en Championnat, face à Châteauroux au Camp des Loges (0-2, 25/10/1970) puis à Montluçon (1-2, 04/04/1971). Fidèle à Saint-Germain après la scission, il travaille comme vendeur de voitures pour Renault puis rejoint en 1973 un petit club corporatif à Montpellier, cher à un certain Louis Nicollin. Il devient le gardien de but du Montpellier La Paillade jusqu'en 1977 et reste un proche de « Loulou » Nicollin jusqu'à son décès le 21 avril 1989, dans un accident de voiture.

# Q

## QASMI (Yacine)

Le jeune attaquant franco-marocain a débuté le football à l'âge de 6 ans au Cosmo de Taverny avant d'être repéré par le PSG, qui l'engage en 1998, alors qu'il n'a que 8 ans. Il poursuit son apprentissage jusqu'à la consécration avec le titre de champion de France en catégorie des moins de 19 ans en 2010, et le brassard de capitaine au bras. Qasmi est régulièrement aligné avec l'équipe de CFA et choisit de porter les couleurs du Maroc, pour une première sélection avec les Juniors face au Burkina Faso (1-0, 05/07/2010). Antoine Kombouaré fait appel à lui pour une première apparition dans le groupe pro lors du match à Lyon (2-2, 28/11/2010), puis le fait entrer en jeu pour la rencontre d'Europa League face au Karpaty Lviv en Ukraine (1-1, 16/12/2010). International Espoirs avec les Lions de l'Atlas, il participe au Championnat d'Afrique U23, où le Maroc s'incline en finale face au Gabon (1-2, 10/12/2011). En fin de contrat et non retenu par le PSG, Qasmi signe à Rennes (2011-2012) puis rejoint en 2012 l'Espagne, et l'équipe B de Getafe. Depuis presque dix ans ans, Qasmi poursuit sa carrière de l'autre côté des Pyrénées, au Sporting Gijon B (2013-2014), puis dans des clubs de troisième division (Sestao River Club en 2014-2015, SD Compostelle en 2015, CD Alcaoyano en 2015-2016, Merida AD en 2016-2017, UD Melilla en 2017-2019). Une patience finalement récompensée : à 28 ans, après 21 buts en 57 matches et un penalty inscrit face au Real Madrid avec Melilla en Coupe du Roi (1-6, 06/12/2018), il découvre le championnat de seconde division au Elche CF (2019-2020) puis au Rayo Vallecano depuis le 31 janvier 2020.

## QUADRUPLÉ (Buteurs)

Neuf joueurs parisiens ont réussi cet exploit, un record pour un buteur au PSG, depuis 1970 : Éric Renaut face à Rouen en D3 (8-0, 12/03/1973), Mustapha Dahleb contre Fontainebleau en Coupe de France (7-1, 13/02/1977), Carlos Bianchi face à Troyes (8-2, 14/10/1977), Patrice Loko contre Nice (5-0, 27/04/1997), Christian face à Strasbourg (4-2, 26/01/2000), Zlatan Ibrahimovic à deux reprises, contre Anderlecht en Ligue des champions (5-0, 23/10/2013) puis face à Troyes (9-0, 13/02/2016), Edinson Cavani à Caen (6-0, 16/09/2016), Neymar contre Dijon (8-0, 17/01/2018) et Kylian Mbappé face à Lyon (5-0, 07/10/2018).

## QUADRUPLÉ (Trophées)

Avec la disparition de la Coupe de la Ligue à la fin de la saison 2019-2020, le PSG restera à jamais dans l'histoire du football français la seule équipe à avoir remporté un quadruplé national (Championnat, Coupe de France, Coupe de la Ligue, Trophée des champions) quatre trophées remportés lors des saisons 2014-2015, 2015-2016, 2017-2018

et 2019-2020, avec au total 23 trophées sur 27 depuis six ans. Du jamais vu dans l'histoire du football français, et même au niveau européen.

## QUÉBEC

Le 26 septembre 1977, trois jours après avoir affronté Lyon en Championnat, le PSG dispute un match amical à Montréal face au Canada, sur une pelouse synthétique et devant 20 000 spectateurs conquis. Battus 3-2, les Parisiens vont pourtant payer cher cette escapade lointaine, quelques jours avant d'affronter le leader du Championnat, Nice. Le sort s'acharne sur la délégation parisienne : en plus de la fatigue, du décalage horaire et des difficultés à assimiler ce football pratiqué sur un terrain différent, un problème de visa aux États-Unis entraîne un retard d'une journée. Sans surprise après cet éreintant périple, les Parisiens vont s'effondrer au Parc des Princes devant 45 000 spectateurs face aux Niçois (0-3), trois jours après le match à Montréal.

## QUÉRÉ (Christian)

Révélation de l'équipe Juniors du PSG en 1972, ce milieu de terrain reconverti au poste de défenseur latéral va connaître son heure de gloire lors des matches de barrage face à Valenciennes en 1974 en remplaçant Jacky Bade, blessé aux adducteurs. Avant cette titularisation surprise, le jeune Christian Quéré, né en Bretagne dans le petit village de Locmaria-Berrien (Finistère), avait surtout servi de faire-valoir au groupe parisien, obligé d'aligner sur la feuille de match un espoir de moins de 21 ans, après une décision très controversée du Groupement, la Ligue professionnelle du football. Le PSG paiera au prix fort l'absence accidentelle de son jeune espoir, avec une défaite sur tapis vert lors d'un match à Sète, alors que les Parisiens s'étaient imposés (2-0, 04/11/1973). Le 23 août 1974, Quéré joue son unique match en première division, lors du premier succès parisien au Parc des Princes depuis son retour en D1 (PSG-Angers 3-2, 23/08/1974). Une belle récompense pour ce garçon réservé qui poursuit sa carrière à l'Entente MF 77. Il devient un joueur cadre et capitaine à Fontainebleau pendant dix ans, de 1976 à 1985. Alors qu'il résidait à Versailles, en région parisienne, Christian Quéré est décédé en 2006, à l'âge de 51 ans.

## QUEVILLY

L'US Quevilly, célèbre club normand fondé en 1902 (quatre titres de champion de France amateur) a marqué l'histoire du PSG à deux reprises, lors des saisons 1970-1971 et 1972-1973. Le 29 août 1970, pour son premier match à domicile au stade Jean-Bouin, Paris s'impose 3-2 au terme d'un match exceptionnel et un but décisif de Béreau à neuf minutes de la fin de la rencontre. Au match retour, le PSG joue pour la première fois de son histoire en nocturne, à Rouen. En 1972, le club parisien est battu logiquement à deux reprises (1-3 à Saint-Germain-en-Laye, 0-2 à Quevilly) et termine second de son groupe, en Division 3. Une seule équipe est promue en D2 et Paris va profiter du désistement des Normands, qui ont longtemps espéré une fusion avec Rouen pour éviter le dépôt de bilan. Le PSG monte en seconde division, puis Daniel Hechter remplace Henri Patrelle, avec l'ambition de donner à Paris le grand club qu'il mérite. 48 ans plus tard, si le PSG est devenu l'un des plus célèbres clubs de football en France, il le doit – un peu – à cette fabuleuse équipe au maillot jaune, l'Union Sportive Quevillaise, qui joue désormais en championnat National après un rapprochement qui a tourné court avec le rival régional, les Diables Rouges du FC Rouen.

puis poursuit son périple qui le mène à Martigues (1993-1995), Lille (1995-1997) et Troyes (1997-1998). Avec 319 matches au compteur en D1, il met un terme à sa carrière à 36 ans, ouvre un restaurant et entraîne à Saint-Tropez (2000-2002) puis revient en région toulonnaise. Thierry Rabat dirige un hôtel-restaurant, situé à La Capte à Hyères, avant de s'installer à Sanary-sur-Mer, et de s'occuper d'un restaurant spécialisé dans la cuisine orientale, Au Sud, jusqu'en 2018.

## RABAT (Thierry)

Son transfert à Paris en 1986 tient du hasard : le président Borelli, venu superviser son coéquipier N'Dioro à Limoges, va tomber sous le charme de ce milieu de terrain défensif, annoncé à Lille. Né à Cherbourg, Thierry Rabat vit ses onze premières années en Nouvelle-Calédonie, puis débute à Toulon, où son père travaille à l'arsenal. Rien ne lui est épargné sur la Rade après la signature de son premier contrat professionnel en 1983. Son allure de jeune premier attise les jalousies et provoque son départ pour Limoges, avec son frère Didier. À Paris, c'est au poste de stoppeur qu'il débute face à Monaco (0-1, 22/11/1986). Un match raté, il se retrouve avec l'équipe réserve pour quelques mois, avant de s'imposer en défense centrale et de mettre sur la touche le capitaine du club et recordman des matches joués au PSG, Jean-Marc Pilorget. La saison suivante, son frère Didier le rejoint avant d'être prêté à Laval, sans porter les couleurs parisiennes. La déception est à la hauteur des espoirs suscités par cette arrivée. Thierry Rabat bafouille son football et demande à être prêté à Lens. Désormais international olympique, il joue 24 matches pour Paris (saison 1989-1990), sans être indispensable aux yeux de son entraîneur Tomislav Ivic. Toulon le réclame, Rabat retourne chez lui (1990-1993)

## RABESANDRATANA (Éric)

Son nom, d'origine malgache, lui a valu le surnom de « Rabé », bien plus simple à prononcer. Né à Épinay-sur-Seine, en région parisienne, il signe sa première licence à Franconville puis choisit de rejoindre le centre de formation de Nancy, alors qu'il joue avec les Minimes premières année. À 18 ans, il débute en D1 à Caen (1-4, 08/09/1990) puis devient titulaire au poste de meneur de jeu, avant de reculer d'un cran en défense centrale. Au sein d'une équipe offensive qui descend

rapidement en D2 (1992-1993), ses talents de buteur lui permettent d'inscrire 16 buts en 1995-1996, un chiffre surprenant pour un défenseur. International Espoirs à partir de 1992, Rabé retrouve la D1 pour une seule saison avec Nancy puis signe au PSG en 1997. Après avoir patienté sur le banc des remplaçants, il s'impose en défense centrale et remporte la Coupe de la Ligue, puis la Coupe de France en 1998. Héros malheureux de la rencontre face à Marseille au Parc des Princes, lorsque Ravanelli s'effondre et provoque un penalty très controversé (PSG-OM 1-2, 09/11/1997), Rabé vient de conquérir, à son corps défendant, l'estime des supporters du PSG. Après le départ de Michel Denisot et des cadres historiques du club, son attitude exemplaire lui permet de récupérer le brassard de capitaine au début de la saison 2000-2001. L'arrivée de Luis Fernandez, qui lui préfère Frédéric Déhu, va précipiter son départ pour la Grèce et l'AEK Athènes, après un parcours satisfaisant à Paris (quatre saisons pour 135 matches et 9 buts inscrits). Les rapports avec les dirigeants de l'AEK sont compliqués, Rabesandratana est suspendu six mois sans salaire pour « conduite non professionnelle ». De retour en France après cet épisode rocambolesque, il signe à Châteauroux, avec son ancien coéquipier parisien, Jimmy Algerino. En 2004, il accepte de s'exiler à nouveau, pour le championnat belge, à Mons. Champion de D2 en 2006 après une première saison difficile, il devient international malgache en février 2007, à l'âge de 35 ans, avant de rentrer en France. Dans le cadre de son BE1 (brevet d'État 1er degré), il entraîne alors les U13 du petit club de Saint-Émilion, avant de revenir à Nancy pour s'occuper des U15. Éric Rabesandratana devient consultant pour Radio Foot International, France Bleu Lorraine, puis France Bleu Paris depuis 2016 et sélectionneur de Madagascar à compter du 1er mai 2021.

## RABIOT (Adrien)

À 25 ans, la carrière et le palmarès d'Adrien Rabiot laissent rêveur, avec déjà 16 trophées, sous les couleurs du PSG puis de la Juventus Turin, depuis son départ de la capitale en juillet 2019. À 6 ans, Rabiot débute le football à Créteil. Après un passage d'une saison à l'UJA Alfortville (2003-2004), il quitte Créteil en 2008, direction... Manchester City ! À 13 ans, il rejoint l'académie du célèbre club mancunien, pour six ans et la promesse d'un contrat professionnel le jour de ses 17 ans. Six mois plus tard, en désaccord avec les dirigeants des Citizens, il rentre en France et s'installe à Pau avec sa famille. Après une saison au pôle Espoirs de Castelmaurou, Rabiot rejoint le centre de formation du PSG, à l'âge de 15 ans. En 2007, un drame familial va bouleverser sa famille : son père, suite à un terrible accident, plonge dans un état neurologique très rare, provoquant une paralysie totale, à l'exception des yeux et des paupières. Rabiot poursuit pourtant son ascension, devient international avec les Bleuets en U16 et U17, champion de France en U17 en finale contre Marseille (2-1, 04/06/2011) puis remporte la Al-Kass Cup au Qatar face à la Juventus Turin (0-0, 5-4 t.a.b., 17/01/2012). Malgré une défaite en finale du Championnat de France U19 face à Auxerre (1-2, 03/06/2012), Rabiot séduit Carlo Ancelotti qui l'invite à s'entraîner

avec les pros. Le 5 août 2012, un mois après la signature de son premier contrat professionnel, l'entraîneur italien le titularise pour le match du Trophée de Paris face au grand FC Barcelone. Dans la foulée, il débute en L1 face à Bordeaux (0-0, 26/08/2012) puis rentre dans l'histoire du club en devenant le plus jeune joueur titulaire à Paris en Ligue des champions, face à Zagreb (4-0, 06/11/2012). Surclassé en équipe de France, il est appelé en U18 puis en U19 en octobre 2012. À un poste de milieu de terrain relayeur, taillé pour son physique exceptionnel (1,89 m à 17 ans), il explose au plus haut niveau et accepte en janvier 2013 un prêt de six mois sans option d'achat à Toulouse, pour s'aguerrir à la Ligue 1. De retour à Paris, il s'impose aux côtés de Thiago Motta, Blaise Matuidi et Marco Verratti, remportant de nombreux trophées avec les Rouge et Bleu. Finaliste du Championnat d'Europe U19 avec l'équipe de France contre la Serbie (0-1, 01/08/2013), Rabiot fait partie des réservistes mais ne participe finalement pas à l'Euro 2016 et débute quelques mois plus tard avec les Bleus, face à la Côte d'Ivoire (0-0, 15/11/2016). Le début d'une relation passionnée avec la sélection nationale, avec en point d'orgue son refus écrit à Didier Deschamps d'être à nouveau suppléant avant la Coupe du monde, le 22 mai 2018. Le PSG le soutient alors, puis le met à l'écart quelques mois plus tard suite à son refus de prolonger son contrat qui arrive à terme. Le 11 décembre 2018, il participe à son 227e et dernier match avec son club formateur face à l'Étoile Rouge Belgrade (4-1) et patiente avant son départ pour la Juventus Turin. Une triste fin pour un joueur talentueux, qui est désormais titulaire en Italie et a retrouvé l'équipe de France au début de la saison 2020-2021, après deux ans loin des Bleus.

## RACING PARIS

Le célèbre club omnisport parisien a fait rêver les amoureux du football à Paris, de 1896 à 1966. Un titre de champion de France (1936), cinq Coupes de France (1936, 1939, 1940, 1945, 1949), les Ciel et Blanc ont longtemps représenté le football de la capitale avant la création du PSG en 1970. Le président Daniel Hechter a sérieusement envisagé d'abandonner l'appellation PSG pour faire revivre les couleurs du Racing à la fin de la saison 1976-1977, avant d'abandonner ce projet devant le refus des Sangermanois. C'est finalement Jean-Luc Lagardère qui deviendra le mécène du club dans les années 1980. Racing Club de Paris, Matra Racing, Racing Paris 1 : les noms du Racing changent au gré des saisons avant la fin de l'aventure professionnelle en 1990, suite au retrait du groupe Lagardère. Le Racing Club de France Football 92 joue désormais en championnat CFA et court toujours après son glorieux passé.

## RACISME (PSG-Lens)

Le 6 février 2005, le PSG, Lens et leur partenaire commun, Nike, s'associent pour une campagne contre le racisme, lancée quelques jours plus tôt par Thierry Henry. Pour lutter contre ce fléau du stade, les deux équipes acceptent de joueur sous des maillots inédits aux couleurs symboliques, le blanc et le noir. Dans le prolongement, un bracelet noir et blanc est commercialisé, les sommes recueillies étant reversées à une fondation pour le financement de projets de lutte contre le racisme dans le football.

## RAFINHA (Rafael Alcantara do Nascimento)

Le 5 octobre 2020, le PSG engage Rafinha, libéré par le FC Barcelone, pour trois saisons.

Le football est une histoire de famille : le milieu de terrain brésilien, qui a grandi à Sao Paulo, est le fils de Mazinho, vainqueur de la Coupe du monde avec le Brésil en 1994 et le frère de Thiago Alcantara, l'international espagnol qui a rejoint Liverpool au début de la saison 2020-2021. À 13 ans, il rejoint l'Espagne et son père, puis intègre le prestigieux centre de formation du FC Barcelone. Il est un des plus beaux espoirs de la Masia, et débute à l'âge de 18 ans avec l'équipe première alors entraînée par Pep Guardiola, lors d'un match de Coupe d'Espagne face au modeste club de L'Hospitalet (9-0, 09/11/2011) puis en Ligue des champions contre BATE Borisov (4-0, 06/12/2011) aux côtés de son frère. Son cœur balance alors entre le Brésil et l'Espagne : capitaine de la sélection Espoirs espagnole et buteur contre la France (2-1, 29/02/2012), il choisit finalement le Brésil, remporte le tournoi U20 de Toulon puis participe au championnat d'Amérique du Sud U20 en 2013. À 20 ans, la concurrence à Barcelone l'oblige à partir pour gagner du temps de jeu, et il accepte un prêt au Celta Vigo pour une saison réussie (2013-2014, 33 matches et 4 buts) sous les ordres de Luis Enrique. L'arrivée au Barça de son entraîneur à Vigo lui permet de revenir en Catalogne et de participer au triplé historique des Blaugrana en 2014-2015 (Championnat, Coupe et Ligue des champions). Buteur lors du succès en Supercoupe d'Europe face au FC Séville (5-4, 11/08/2015), Rafinha va connaître un terrible coup d'arrêt le 16 septembre 2015 face à l'AS Roma en Ligue des champions, avec une rupture du ligament croisé du genou droit et une absence de plus de six mois. À son retour, il remporte les Jeux olympiques en 2016 à Londres avec Marquinhos et Neymar, une première historique pour la sélection auriverde. Sa saison 2016-2017 s'achève sur un nouveau coup dur, une blessure au ménisque du genou lors d'un match face à Grenade (4-1, 02/04/2017). Huit mois de convalescence et il accepte alors de relancer sa carrière en janvier par un prêt avec option d'achat à l'Inter Milan. Six mois plus tard, retour à Barcelone et nouvelle blessure lors d'un match face à l'Atletico de Madrid (1-1 24/11/2018). Le verdict est terrible : déchirure du ligament croisé antérieur du genou gauche et saison terminée... Six mois de calvaire pour Rafinha, puis un prêt au Celta Vigo lors de son retour en 2019-2020, pour enfin réussir une saison pleine et conjurer le mauvais sort. Libéré de son contrat par le FC Barcelone, c'est donc au PSG que le joueur brésilien espère retrouver les sommets, à l'âge de 28 ans, et reprendre le fil d'une carrière gâchée jusque-là par les blessures.

## RAGUED (Hocine)

Milieu de terrain défensif, Hocine Ragued grandit dans une cité du XXe arrondissement à Paris, débute au Paris FC puis intègre le centre de préformation du PSG en 1996. Luis Fernandez le remarque et l'invite à participer au tournoi de Genève en 2002. La suite de son parcours parisien lui laisse un goût amer. Prêté à Istres (2002-2003) puis à Gueugnon (décembre 2003-juin 2004), il retrouve l'équipe réserve à son retour. Après avoir participé aux Jeux olympiques d'Athènes avec la sélection tunisienne en 2004, son départ devient alors inéluctable. Titularisé à une seule reprise en L1 avec le PSG (défaite à Metz 0-1, 13/05/2006) pour l'ultime match de la saison, son contrat n'est pas renouvelé et Ragued signe au RAEC Mons, en Belgique (2006-2009). Titulaire indiscutable avec l'équipe de Tunisie, il poursuit son périple au Slavia Prague (République tchèque, juillet 2009-janvier 2011) puis au Karabükspor (Turquie, janvier 2011-juillet 2012) avant le retour au pays, en Tunisie, à l'Espérance Sportive de Tunis. Capitaine des Sang et Or, il remporte 2 titres de champion (2012 et 2014) en 4 saisons, après avoir annoncé sa retraite internationale le 1er octobre 2015, avec un total de 54 sélections. En 2016, à 33 ans, il quitte la Tunisie par la grande porte et rejoint le club d'Emirates Cup aux Émirats arabes unis pour une saison, 2016-2017. Il s'installe alors en Belgique et devient agent de joueurs.

## RAÍ (Souza Vieira de Oliveira)

voir P368

## RAMASSEUR DE BALLES

Le petit Nicolas, ramasseur de balles lors d'une rencontre de Championnat face à Rennes au Parc des Princes (2-1, 09/11/1994), n'oubliera jamais sa soirée sur le bord de la pelouse. Ce jeune joueur issu de l'école de football du PFC s'est précipité pour aller chercher le ballon à l'intérieur du terrain, avant que celui-ci ne soit sorti. L'arbitre siffle un entre-deux qui s'avère fatal pour le PSG avec l'ouverture du score signée Gourvennec, dans la continuité de l'action. La fin de l'histoire est belle, le PSG gagne finalement le match (2-1) et Bernard Lama va consoler le jeune garçon, très marqué par cette expérience. À l'initiative de Michel Denisot, les joueurs signeront le ballon du match pour le lui remettre, redonnant du baume au cœur au jeune Nicolas.

## RAPID VIENNE

voir P370

## REAL MADRID

voir P374

## REDON (Philippe)

Ne vous fiez surtout pas à son allure frêle ! Philippe Redon, comme Laurent Leroy quelques années plus tard, a réussi une carrière exemplaire au PSG de 1974 à 1978. Passionné de sport, il remporte un titre de champion de Bretagne Cadets en judo, termine dans les 50 premières places au Championnat de France Juniors de cross et réussit d'excellentes performances au saut en longueur. Ce remarquable dribbleur choisit le football et débute à Avranches à 16 ans, tout en privilégiant ses études pharmaceutiques, dont il obtiendra le diplôme après cinq ans de cours. À 20 ans, en 1970, il rejoint les rangs de Rennes. Malgré son statut d'amateur, il entre dans l'histoire du club en inscrivant le premier but européen du club breton, face aux Glasgow Rangers (1-1, 15/09/1971). Passé professionnel en 1973, cet international Juniors, Universitaire, Amateur et Militaire rejoint le Red Star en 1975, en seconde division. Le club de Saint-Ouen termine second et rate de peu l'accession →P372

**Milieu de terrain**
Né le 15 mai 1965
à Ribeirao Preto

**Son parcours :** Botafogo de Ribeirao Preto (1980-1986), Ponte Preta de Campinas (1986-1987), Botafogo (1987), Sao Paulo (1987-décembre 1993), PSG (1993-1998), Sao Paulo (1998-2000).
**Son palmarès :** vainqueur de la Coupe du monde (1994) avec le Brésil, champion de l'État de Sao Paulo (1991, 1992, 1998), champion du Brésil (1991), vainqueur de la Copa Libertadores (1992), vainqueur de la Coupe intercontinentale (1992, 1993), vainqueur de la Coupe d'Europe des vainqueurs de coupe (1996), champion de France (1994), vainqueur de la Coupe de France (1995, 1998), vainqueur de la Coupe de la Ligue (1995, 1998).
**66 sélections avec le Brésil, 30 buts**

# RAÍ

Dans le cœur des supporters parisiens, il reste à jamais « Capitaine Raí », un joueur exceptionnel par son talent et sa personnalité. Débarqué à Paris en 1993 pour rejoindre ses coéquipiers Ricardo et Valdo, Raí est déjà une star au Brésil et porte le brassard de la Seleçao. Né dans l'État de Sao Paulo, il suit l'exemple de son père, devenu procureur malgré une enfance difficile. Raí, frère cadet du talentueux milieu de terrain Socrates, étudie l'histoire et la physiothérapie avant de se consacrer au football, qu'il pratique depuis l'âge de 5 ans. À 17 ans, il touche son premier salaire au modeste club de Botafogo (à ne pas confondre avec le célèbre Botafogo de Rio), pour l'équivalent de 110 euros, puis devient la star de Sao Paulo FC et de la sélection brésilienne en 1987, à seulement 22 ans. Joueur élégant et fin technicien, il inscrit deux buts et connaît son heure de gloire en terrassant Barcelone en finale de la Coupe intercontinentale (2-1, 12/12/1992). Sa première année parisienne est difficile : lent, emprunté, Raí est annoncé sur le départ avant de faire taire les sceptiques pour s'imposer à Paris. Les titres se succèdent : un Championnat de France (1994), deux Coupe de France, deux Coupe de la Ligue et une Coupe d'Europe des vainqueurs de coupe (1996). Capitaine du club, il réussit un fabuleux doublé avant son départ en 1998, inscrivant un but en finale de la Coupe de la Ligue contre Bordeaux (2-2, 4-2 t.a.b., 04/04/1998) puis face à Lens en Coupe de France (2-1, 02/05/1998). Un beau cadeau d'adieu pour remercier les fans parisiens, qui l'ont fêté quelques jours plus tôt au Parc contre Monaco (1-2, 25/04/1998). L'homme discret ne peut cacher ses larmes et avoue avoir été bouleversé par ce moment magique, la plus belle soirée dans sa carrière de footballeur. De retour à Sao Paulo, il offre un nouveau titre à son équipe en finale du Championnat face aux Corinthians (3-1, 09/05/1998). À 35 ans, il met un terme à sa carrière et s'occupe de l'association qu'il a créée avec son ami Leonardo pour soutenir les enfants défavorisés au Brésil, « Gol de Letra », reconnue modèle mondial en 2010 par l'Unesco. Raí, ambassadeur du PSG en Amérique du Sud (2006-2007) reste un amoureux du PSG et de la France : le 13 décembre 2013, il est fait chevalier de la Légion d'honneur puis, le 7 juin 2016, il obtient la nationalité française. Le 7 décembre 2017, il a fait son grand retour à Sao Paulo, au poste de directeur sportif jusqu'à sa démission le 1er février 2021, suite au limogeage de l'entraîneur qu'il avait nommé, Fernando Diniz.

**Finale de la Coupe d'Europe des vainqueurs de coupe**
Mercredi 8 mai 1996, à Bruxelles.
37 500 spectateurs.
**Arbitre :** M. Pairetto (Italie).
**But :** Ngotty (28e) pour le PSG.
**Avertissements :** Fournier (55e), Ngotty (71e) pour le PSG ; Jancker (34e), Schöttel (37e), Hatz (54e), Heraf (65e), Stöger (84e) pour le Rapid Vienne.
**PSG :** Lama (cap.) – Roche, Ngotty, Le Guen – Fournier (Llacer 77e), Bravo, Raí (Dely Valdes 12e), Guérin, Colleter – Loko, Y. Djorkaeff.
**Entraîneur :** L. Fernandez.
**RAPID VIENNE :** Konsel (cap.) – Schöttel, Ivanov, Hatz, Heraf – Kühbauer, Stöger, Guggi, Marasek – Stumpf (Barisic 46e), Jancker.
**Entraîneur :** E. Dokupil.

## PSG-RAPID VIENNE : 1-0 (1-0)

Une frappe puissante de Bruno Ngotty a suffi à libérer le peuple rouge et bleu… À Bruxelles, Paris a marqué, dominé, tremblé en fin de rencontre pour remporter la Coupe d'Europe des vainqueurs de coupe. Un succès historique qui permet aux Parisiens d'entrer dans le cercle très fermé des grands d'Europe. Après avoir sorti les Italiens de Parme et les Espagnols de La Corogne, le PSG est le favori logique de cette finale. Après trois demi-finales consécutives, c'est l'heure de la consécration ! Mais le PSG vient de perdre tout espoir de remporter un titre de champion qui lui était longtemps promis. Traumatisés par ces échecs successifs, les joueurs se sont murés dans le silence et sont partis à Hendaye au Pays basque, pour un stage commando en présence de l'ex-star de tennis, Yannick Noah. Paris n'a plus le choix, Luis Fernandez a la totalité de son groupe à disposition et aligne son équipe type, avec Loko et Djorkaeff aux avant-postes. 15 000 supporters parisiens ont fait le court déplacement vers la Belgique, la rencontre est équilibrée dans les

premières minutes malgré une première tentative de Ngotty sans danger pour Konsel (3e). Quelques minutes plus tard, Raí, sévèrement taclé par Schöttel, doit quitter la pelouse (12e). Julio Cesar Dely Valdes le remplace. Malgré ce contretemps, Paris accélère : Djorkaeff tente un lob sur une balle piquée (17e) puis récidive sur une frappe détournée au-dessus de la transversale par Konsel (20e). Pour une faute sur Djorkaeff, Paris bénéficie d'un coup franc à plus de trente mètres. Ngotty, le tire, et ouvre le score (29e). Le PSG domine, Bravo croise trop sa tête sur un corner de Djorkaeff (38e), puis Loko s'échappe et sert Dely Valdes qui se fait contrer in extremis (41e). Lama réussit son premier arrêt sur une frappe de Ströger (44e) : Paris mène logiquement au score lorsque l'arbitre siffle la mi-temps. Djorkaeff poursuit son festival après la pause, il rentre dans la surface mais frappe de peu à côté (48e). Le PSG domine, Djorkaeff profite d'un appel croisé de Loko pour frapper au but, sa tentative est repoussée par le poteau (58e). Dely Valdes rate une nouvelle occasion de la tête sur un centre parfait de Loko (61e) et les Autrichiens se montrent alors menaçants. Lama détourne une tête à bout portant d'Heraf (64e) puis repousse des deux poings une nouvelle tentative de l'attaquant du Rapid (73e). Le PSG, prudent, reste dangereux sur contre-attaque. Loko croise trop sa frappe (74e), puis Guérin, seul face au gardien Koncel, manque le K.-O. (87e). Le Rapid joue son va-tout pour égaliser, Lama intervient dans les pieds de Jancker (90e) et s'envole pour détourner une tête de Barisic (90e). Loko inscrit un but refusé logiquement pour hors-jeu (90e) et l'arbitre libère Paris. Lama reçoit le trophée tant espéré et Fernandez cache mal son émotion : « C'est le match le plus facile que j'ai vécu sur un banc de touche cette saison. Je suis, intérieurement, fier d'être le premier entraîneur français à remporter une Coupe d'Europe. » Le lendemain du sacre, c'est la fête à Paris. Après une courte nuit, les joueurs du PSG sont reçus à l'Hôtel de Ville par le maire de Paris, Jean Tiberi. Plusieurs joueurs se sont teint les cheveux en vert et rouge pour fêter cet événement… Dans l'après-midi, les Parisiens sont invités à l'Élysée par le président de la République, Jacques Chirac. Après ces réunions officielles, direction les Champs-Élysées où 50 000 supporters attendent les héros avant de faire la fête sur la pelouse du Parc des Princes dans la soirée. Paris est magique !

en D1, provoquant son départ vers le PSG. Successeur du légendaire « Loulou » Floch dans le cœur des supporters parisiens, il va devenir un des joueurs favoris de Velibor Vasovic, impressionné par son tempérament sur la pelouse. Cette débauche d'énergie nuit à son rendement (seulement 9 buts en 75 matches) mais son départ pour Bordeaux laisse bien des regrets aux Parisiens. Redon poursuit sa carrière à Bordeaux (1978-1979), Metz (1979-1980), Laval (1980-1983) et Rouen (1983-1984) avant de rejoindre Papeete et Tahiti pour deux saisons exotiques (1984-1986). De retour en France, il confirme qu'il reste un redoutable attaquant à Saint-Étienne (1986-1987) et à Créteil (1987-1988). À 38 ans, avec presque 300 matches parmi l'élite, ce globe-trotter décide d'entamer une carrière d'entraîneur à Créteil, puis à Lens en 1989. Les Nordistes terminent derniers du Championnat et Redon doit se résoudre à l'exil. Il devient sélectionneur du Cameroun, de l'Égypte, de l'Arabie saoudite et du Liberia. En 2002, il revient en France et rejoint le Stade Rennais en tant qu'adjoint de Vahid Halilhodzic, puis de Laszlo Bölöni jusqu'en 2006. En fin de contrat, Redon repousse la proposition de la fédération du Mali et reste fidèle à Rennes. Son rôle est redéfini, il est chargé de superviser les futurs adversaires de l'équipe bretonne, puis il quitte le club à la fin de l'année 2007. Instructeur français de la FIFA spécialisé sur le football africain, il s'occupait d'un centre d'entraînement pour les jeunes footballeurs à Brecey, dans le département de la Manche avant de se retirer du monde professionnel. Le 12 mai 2020, Philippe Redon est décédé, à l'âge de 69 ans.

## REINALDO (da Cruz Oliveira)

Son arrivée en catimini en 2003 lui laissait peu d'espoir de s'imposer à Paris. Engagé par le PSG dix-huit mois plus tôt dans le cadre du transfert de Vampeta à Flamengo, Reinaldo est prêté dans la foulée à Sao Paulo, devant le peu d'enthousiasme de Luis Fernandez pour l'attaquant brésilien. Vahid Halilhodzic est à son tour circonspect en juin 2003 lorsque le buteur débarque à Paris. Reinaldo a débuté à

Bola Preta et à Tijuca, après avoir travaillé aux côtés de son père dans un supermarché. À 24 ans, il est pourtant un attaquant reconnu au Brésil, où il a côtoyé Romario à Flamengo (1999-2001) et remporté trois titres de champion de l'État de Rio de Janeiro (1999, 2000, 2001) avant de porter les couleurs de Sao Paulo au côté de Raí. Surnommé « Rei » (le roi) par les supporters brésiliens, il va finalement convaincre l'intransigeant Halilhodzic, qui l'intègre dans l'effectif professionnel. Son début de saison est satisfaisant, en parfait complément de la star parisienne Pauleta. L'arrivée de Ljuboja et les performances du buteur portugais vont le pousser vers le banc des remplaçants. Il assiste en spectateur à la victoire du PSG en Coupe de France contre Châteauroux (1-0, 29/05/2004). De guerre lasse, il finit par quitter la France et signe au Japon, au club de Kashiwa Reysol. Six mois plus tard, sa triste expérience au Japon s'achève par un retour au Brésil, pour un prêt à Santos. Un nouvel échec, après un incident survenu lors d'un match face à l'Internacional Porto Alegre et une suspension de 18 mois pour avoir volontairement piétiné la cheville d'un de ses adversaires. La sanction est réduite mais entraîne son départ pour l'Arabie saoudite et l'équipe d'Al-Ittihad Djeddah, détenteur de la Ligue des champions asiatique. Le 22 juin 2007, Reinaldo est de retour au Japon, au JEF United à Ichihara. Il reste dix-huit mois au pays du Soleil-Levant pour un maigre bilan (37 matches, 4 buts) et retourne à nouveau au Brésil à la fin de l'année 2008. Annoncé à Flamengo, le club qui l'a révélé, il choisit de signer pour son grand rival à Rio de Janeiro, Botafogo. Avec son nouveau club, il remporte la Coupe Guanabara en 2009, avec un but inscrit en finale contre Resende (3-0), et marque 7 buts en 15 matches dans le Championnat carioca de Rio de Janeiro. Cet ambitieux joueur qui souhaitait devenir le meilleur buteur brésilien du PSG déclare alors qu'il souhaite intégrer la sélection brésilienne ! Le décevant parcours de Botafogo met fin à son fol espoir. En janvier 2010, il rejoint le club de Suwon Samsung Bluewings en Corée du Sud, sans réussite. Libéré de son contrat, Reinaldo rentre au Brésil, au FC Figuereinse (2010) puis au EC Bahia (2011) avant de rejoindre le Championnat chinois et le club de Guangdong Sunray Cave à Canton, en février 2012. Une expérience décevante : au début de l'année 2013, il est de retour au Brésil, à 34 ans, au Parana Clube (Serie B). Le début d'un périple qui le mène au CA Metropolitano (2014), au Luverdense EC (2014), à l'Inter de Lages (2015) avant deux passages en Inde, au FC Goa (2015 et 2016). De retour au Brésil, il porte les couleurs du Boavista SC (2016) puis il met un terme à sa carrière le 28 juin 2019 après deux dernières saisons au Brasilense FC (2017-2019). Le 20e et dernier club de sa riche carrière, à l'âge de 40 ans…

## RÉMOND (Jacky)

Issu du Cavigal de Nice, Jacky Rémond s'est retrouvé à Paris presque par hasard, à l'âge de 32 ans. Son père a porté les couleurs du célèbre club formateur niçois et le fils perpétue la tradition, remportant les titres de champion du Sud-Est dans les catégories Pupilles, Minimes et Cadets, de 1961 à 1963. Vainqueur du critérium régional avec le Cavigal en 1965, il accepte une proposition de Sedan pour un stage avant de se rétracter pour passer la session de rattrapage du baccalauréat. C'est à Monaco qu'il passe professionnel, au poste d'attaquant. Après un bon début de saison sur le Rocher, Rémond quitte le onze de départ puis Monaco après deux saisons, en désaccord avec le nouvel entraîneur du club en 1970. Contacté par le Red Star pour une période d'essai, c'est finalement le PSG qui engage ce buteur expérimenté. Avec 11 buts en 30 matches, la première saison est une réussite. Spécialiste des buts décisifs alors qu'il ne joue que les dernières minutes des matches, il est un des atouts offensifs du club parisien, champion du National en 1971. La saison suivante, le PSG est en D1 et sombre vers le bas du classement. Rémond va de nouveau enfiler le costume de sauveur, inscrivant 4 buts en 12 matches pour ses premiers pas en première division, à l'âge de 33 ans. De retour à Nice, Rémond devient journaliste au quotidien Nice-Matin puis préside l'association Solidarsport, fondée en 1994, qui souhaite développer la formation et la sensibilisation au respect et à la citoyenneté dans le sport.

## REMPLACEMENT (Montpellier-PSG)

Le 3 septembre 1996, Ricardo, l'entraîneur du PSG, va réussir un fabuleux coup de génie à Montpellier. À la mi-temps, alors que les deux équipes ont rejoint les vestiaires sur un score nul et vierge, Dely Valdes remplace M'Boma puis marque le premier but de la rencontre (56e). Loko cède sa place à Leonardo, qui double la mise deux minutes plus tard. Au tour de Fournier d'entrer sur la pelouse, en lieu et place de Raí, avant d'inscrire à son tour un but (81e). Paris s'impose 3-0, trois buts signés par ses remplaçants et Ricardo, avec ironie, regrettera de ne pas avoir pu faire entrer un quatrième joueur à la Mosson !

## RENAUT (Éric)

Né à Saint-Germain-en-Laye, Éric Renaut n'a laissé que de bons souvenirs aux supporters du PSG. Ce fidèle parmi les fidèles débute au Stade Sangermanois en 1961. À 7 ans, ➔P378

**1/4 de finale retour de la Coupe UEFA**
Jeudi 18 mars 1993, au Parc des Princes.
46 000 spectateurs environ.
**Arbitre :** M. Puhl (Hongrie).
**Buts :** Weah (33e), Ginola (81e), Valdo (88e), Kombouaré (90e+6), pour le PSG ; Zamorano (90e+4) pour le Real Madrid.
**Avertissements :** Sassus (61e) pour le PSG ; Villarroya (70e) pour le Real Madrid.
**PSG :** Lama – Sassus (Germain 76e), Ricardo, Kombouaré, Colleter – Le Guen (cap.), Guérin, Valdo – Simba (Bravo 73e), Weah, Ginola.
**Entraîneur :** A. Jorge.
**REAL MADRID :** Buyo (cap.) – Nando, Ramis, Rocha, Lasa – Hierro, Michel, Prosinecki, Luis Enrique (Alfonso 83e) – Butragueno (Villarroya 75e), Zamorano.
**Entraîneur :** B. Floro.

## PSG-REAL MADRID : 4-1 (1-0)

Le PSG est passé tout près de l'exploit au match aller à Santiago Bernabeu. À Madrid, dans les dernières minutes de jeu, Patrick Colleter perd son duel face à Buyo. Sur la contre-attaque, Alain Roche détourne de la main un ballon qui filait dans le but (89e). Le verdict est terrible : expulsion du défenseur et penalty transformé en deux temps par Michel. 1-3, l'addition est lourde pour des Parisiens qui ont pourtant fait jeu égal avec le Real. Artur Jorge déclare avant la rencontre : « Face au Real, le PSG va jouer le match le plus important dans l'histoire du club. » Surprise : c'est l'attaquant Amara Simba qui remplace numériquement Laurent Fournier, suspendu. L'entraîneur portugais aligne un trio inédit d'attaquants composé de Simba, Weah et Ginola. Plus de 100 000 personnes auraient pu remplir le stade si la capacité du Parc des Princes l'avait permis. Le décor est planté. Dès le coup d'envoi, Paris exerce un pressing effréné pour ouvrir le score. Artur Jorge, dans son scénario d'avant match idéal, a réclamé un but

avant la pause. Il va être entendu lorsque, sur un corner de Valdo, George Weah catapulte de la tête le ballon au fond des filets (1-0, 35e). Avant la mi-temps, Bernard Lama, en s'interposant sur une frappe de Michel, rappelle aux siens qu'un relâchement pourrait mettre un terme aux espoirs de qualification (38e). Au retour des vestiaires, Paris poursuit sur ce rythme. Le Real, privé de ballons, défend son avance et un grand Buyo sauve son équipe sur deux tentatives signées Weah (53e) et Ginola (59e). Amara Simba, à l'entrée du dernier quart d'heure, cède sa place à Daniel Bravo qui, sur son premier ballon, reprend de la tête un centre de Valdo. Sur la transversale ! (75e). Sept minutes plus tard, le Parc chavire enfin. Valdo trouve Weah, l'attaquant libérien passe à Bravo d'une aile de pigeon. Ce dernier, dos au but, remet intelligemment de la tête vers Ginola qui reprend en demi-volée. Buyo est battu est Paris est alors aux anges. Un but de rêve, Paris tient enfin sa qualification. Ce PSG-Real vient de basculer dans un scénario proche de la fiction. Une minute avant la fin du temps réglementaire, l'infatigable David Ginola remonte tout le terrain. Après un relais avec Weah, le ballon parvient dans les pieds de Valdo. Dans la surface, le petit Brésilien élimine – le mot est faible ! – son compatriote Ricardo Rocha d'une feinte de frappe et glisse à son tour le ballon au fond des filets (88e). M. Puhl, l'arbitre de la rencontre, laisse s'écouler d'interminables minutes d'arrêt de jeu. Dans un sursaut d'orgueil, le buteur chilien du Real, Ivan Zamorano, surgit sur une remise de la tête de Michel et remet les deux équipes à égalité sur l'ensemble des deux rencontres (90e+4). Le Parc est refroidi, mais tout va beaucoup trop vite pour qu'il réalise pleinement ce qui est en train de se passer. La suite du match va plonger le Parc, tout Paris, voire la France, dans un état second. L'arbitre hongrois accorde un dernier coup franc au PSG. On joue la 96e minute… Valdo s'élance, Kombouaré s'élève très haut dans la nuit parisienne et marque de la tête le quatrième but des siens (4-1, 90e +6). Cette fois, c'est bien fini, le Real Madrid ne reviendra plus. Paris est qualifié mais, plus important, vient de séduire tous les passionnés du football en France. Le début d'une belle histoire d'amour entre le PSG et ses supporters;

il commence sa carrière d'apprenti footballeur sous une fausse licence, car il n'a pas l'âge pour jouer ! En 1970, c'est avec l'inconscience de ses 16 ans qu'il est un témoin privilégié de la création du PSG. Demi-finaliste de la Coupe Gambardella en 1972, il est titulaire avec l'équipe réserve au milieu du terrain, puis assiste impuissant à la scission et devient titulaire en D3. Avec 17 buts inscrits, Renaut participe activement au retour en D2 et séduit Daniel Hechter, qui voit en lui l'un des plus grands espoirs du club. Présent sur la pelouse lors des matches de barrage contre Valenciennes en 1974, il accepte de jouer en défense centrale, puis part à Sochaux pour s'aguerrir une saison en 1975-1976. De retour à Paris après une saison réussie et une qualification en Coupe UEFA (3e du Championnat), il devient international Espoirs, après avoir porté le maillot de l'équipe de France Juniors, Amateur et Militaire. Titulaire indiscutable, Renaut va connaître un terrible coup d'arrêt le 11 mars 1981, alors que le PSG réussit l'une des plus belles performances de son histoire en battant Nantes 5-3 en Coupe de France. Touché au ménisque, il va rester éloigné des terrains pendant plus d'un an et sa blessure va le priver d'une place de titulaire en finale de la Coupe de France contre Saint-Étienne (2-2, 6-5 t.a.b., 15/05/1982). En fin de contrat, il quitte le club mais reste à Paris, au Racing, après 290 apparitions et 35 buts sous le maillot rouge et bleu. Avec un gros regret, ne pas avoir porté le maillot de l'équipe de France alors que le sélectionneur Michel Hidalgo l'avait appelé juste avant sa blessure pour lui confirmer sa prochaine sélection pour un déplacement aux Pays-Bas (0-1, 25/03/1981). Avec le Racing, il accède en première division après barrages face à Saint-Étienne en 1984, puis rejoint Sète (1986-1987) et le Red Star (1987-1989). Depuis son retrait des terrains, Éric Renaut a entraîné Chantilly et Saint-Ouen-l'Aumône, puis créé une entreprise de communication sur les grands événements sportifs (SMC), racheté par IMG McCormack en 1999. Il est désormais retraité, partageant son temps entre la région parisienne et la Côte d'Azur.

## REVAULT (Christophe)

Ce supporter du PSG a réalisé son rêve en signant à Paris lors de la saison 1997-1998, pour remplacer dans les buts parisiens le populaire Bernard Lama. Avant de rejoindre Paris où il est né, Revault n'a connu qu'une seule équipe professionnelle, Le Havre Athletic Club. Dès l'âge de 5 ans, il joue dans les buts, à Sevran, puis il rejoint Alfortville en 1986 avant d'intégrer le centre de formation du club doyen en 1988. Un an plus tard, Revault remporte la Coupe Gambardella avec le HAC en battant en finale le PSG après la séance des tirs aux buts (0-0, 4-2 t.a.b., 31/05/1989). Clin d'œil du destin, c'est au Parc des Princes qu'il débute sa carrière en D1, réussissant une performance exceptionnelle face au PSG (0-1, 14/04/1993). International A', Revault est appelé chez les Bleus à plusieurs reprises, sans rentrer en jeu et vit son arrivée à Paris comme une nouvelle étape vers l'équipe de France. Malheureusement, l'ombre de Bernard Lama, qui n'a toujours pas quitté le club, et la concurrence de Vincent Fernandez vont rapidement l'ébranler. Le 4 février 1998, une nouvelle erreur de main lors de la défaite

à Montpellier lui est fatale : Revault perd sa place et voit Vincent Fernandez remporter la Coupe de la Ligue et la Coupe de France. Le retour de Lama après six mois en Angleterre à West Ham sonne le glas de ses espoirs. Il quitte la capitale pour Rennes (1998-2000) puis signe à Toulouse, où il devient le symbole des « Pitchounes », relégués en National. Fidèle au TFC, Revault va ramener son équipe en Ligue 1 avant de céder sa place au jeune espoir Nicolas Douchez, en 2006. Il décide alors de revenir à Rennes en doublure de Simon Pouplin, puis retourne en 2007 au Havre. Capitaine du club normand, il ne peut éviter la descente en Ligue 2 en 2009, puis perd sa place dans les buts havrais. Revault raccroche les crampons en 2010, débute une carrière de consultant sur la chaîne Direct 8 et prépare un diplôme universitaire de gestion et d'organisation sportive, dans le cadre d'un stage au Havre Athletic Club. Conseillé du président du HAC, Jean-Pierre Louvel, Revault est nommé entraîneur du Havre le 13 novembre 2012, après une série de mauvais résultats. Son bilan est excellent (6 victoires et 1 défaite) mais il préfère néanmoins se retirer et laisser sa place à Erick Mombaerts, ancien entraîneur du PSG, pour se consacrer à la direction sportive du doyen des clubs français. En septembre 2015, il assure de nouveau l'intérim sur le banc pour deux mois convaincants. Depuis juin 2019 et l'arrivée de Paul Le Guen au Havre, Christophe Revault prend du recul avant la terrible nouvelle et l'annonce de son décès le 6 mai 2021, à l'âge de 51 ans.

## REYNAUD (Pierre)

Les supporters du PSG ont vu en lui le digne successeur de Luis Fernandez dans l'entrejeu parisien. Son style accrocheur et sa fougue rappellent étrangement l'ancien capitaine parisien à ses débuts, en 1978. Son ascension est fulgurante : après avoir refusé une proposition du centre de formation de Sochaux et alors qu'il évolue en DHR à Chatou, son équipe depuis sept saisons, Reynaud signe à Paris pour renforcer son équipe amateur. À 19 ans, il joue un match avec la DHR du

PSG, puis rejoint l'équipe réserve en D3. Le 28 novembre 1986, Reynaud joue son premier match en D1, à Marseille (0-4) dans des conditions difficiles. Profitant des absences et du rajeunissement de l'équipe, il devient titulaire mais connaît un premier coup d'arrêt lors d'un match face à Nice au Parc des Princes. Le diagnostic initial laisse espérer une simple entorse à la cheville. Un examen approfondi confirme l'inévitable : Reynaud souffre d'un arrachement des ligaments latéraux externes et doit passer sur le billard. Après neuf mois d'absence, il revient plus fort et joue un match avec l'équipe de France B, en Angleterre (0-3, 13/02/1992). Il va payer cher son erreur : blessé à la cuisse avant la rencontre, il préfère honorer cette première sélection et va rechuter quelques jours plus tard lors d'un match de Championnat face à Toulon. Le claquage est très prononcé, l'opération inévitable et sa saison terminée. La suite de sa carrière parisienne est un long chemin de croix : nouveau claquage à la cuisse face à Sochaux au Parc des Princes (2-0, 15/08/1992) pour neuf mois d'indisponibilité. Retour en 1993 et nouvelle blessure à la cheville, avec opération le 20 septembre 1993. En 1994, à 26 ans, cet éternel espoir quitte le PSG, avec 125 matches et 5 buts pour Paris. Il part à Toulouse pour un nouveau challenge en D2, sans retrouver son niveau de jeu. En 1996, à seulement 28 ans, Reynaud se blesse au cartilage du genou. Cette nouvelle blessure met un terme à sa carrière puis il revient au PSG, suite à la proposition de Luis Fernandez alors entraîneur. Après avoir sillonné les pelouses de l'Île-de-France et tissé son réseau auprès des responsables du foot francilien, Pierre Reynaud occupe depuis 2005 le poste de responsable de la cellule de recrutement pour le centre de formation du PSG.

## RICARDO (Raymundo Gomes)

voir P380

## RICO (Jocelyn)

Débarqué à Paris avec son compère Pierre Dréossi, il connaît le même sort que le futur dirigeant rennais et passe sa saison sur le banc des remplaçants. Né à Concarneau en Bretagne, Rico rejoint le club local à l'âge de 7 ans. Dix ans plus tard, alors qu'il a obtenu un BEP de comptabilité, il suit sa famille à Brest, après la mutation de son père dans une entreprise viticole. Le hasard fait bien les choses : le Stade Brestois l'accueille pour renforcer son équipe réserve en 1977. Comptable le matin pour un magasin de photo, Rico s'entraîne l'après-midi puis, au bout de six mois, se retrouve titulaire en D1 à l'âge de 18 ans. Pour sa première saison parmi l'élite, le jeune milieu de terrain défensif joue 33 matches, alors qu'il effectue son service militaire. Stagiaire, il devient professionnel et passe cinq saisons à Brest, au gré des relégations en D2 et des remontées la saison suivante. International olympique, Rico préfère signer à Nice malgré les sollicitations du PSG en 1985. Trois ans plus tard, le club parisien finit par le convaincre, alors qu'il est libre de tout contrat. Les dirigeants niçois n'apprécient guère et le privent du match au Parc des Princes, remporté par Nice (4-0, 30/04/1988). Jusqu'à la fin de la saison, Rico va suivre avec angoisse la fin de parcours du PSG, qui sauve sa place en D1 lors du dernier match au Havre. Il n'est pourtant pas au bout de ses peines : le nouvel entraîneur Tomislav Ivic fait confiance au groupe déjà en place et la recrue parisienne sert de faire-valoir, au gré des absences. Il quitte sans regret la capitale et rejoint Cannes (1989-1990) puis Rennes (1990-1993) où son contrat n'est pas renouvelé. Cet amoureux de la Bretagne, après un bref séjour à Concarneau puis à Betton, rejoint Saint-Grégoire, une petite ville bretonne en 1994, où il obtient un poste municipal pour diriger l'école de football. Il entraîne l'équipe des moins de 13 ans de l'Union Sportive Grégorienne avant de couper avec le monde du football, pour s'occuper des espaces sportifs à Saint-Grégoire.

## RICO (Sergio)

L'arrivée de Sergio Rico au PSG, le 31 août 2019, est une belle surprise pour les supporters parisiens : même si le gardien de but espagnol a connu une année compliquée à Fulham avec une relégation à la clé, il a toujours été titulaire et cette place de doublure de Keylor Navas est une première pour le grand gardien de but espagnol (1,95 m). Formé au FC Séville après avoir débuté à l'âge de 4 ans dans une école de football de Montequinto, Rico profite de la blessure des deux gardiens de but du club andalou pour débu-

ter en Liga face à Getafe (2-0, 14/09/2014) à 21 ans. Cette première saison se termine en apothéose, avec la victoire de Séville en Ligue Europa, une finale remportée face au club ukrainien du FK Dnipro (3-2, 27/05/2015) puis une première convocation avec l'équipe d'Espagne, dont il devient le troisième gardien de but derrière De Gea et Reina. Lors du second succès consécutif du FC Séville en Ligue Europa, Rico, désormais titulaire en Championnat, laisse sa place à sa doublure, David Soria. Sélectionné pour l'Euro 2016, Rico débute avec la Roja contre la Corée du Sud (6-1, 01/06/2016). La saison 2017-2018 est plus difficile, la concurrence avec Soria l'oblige alors à quitter son club formateur, à l'âge de 24 ans. Il est prêté pour une saison à Fulham. Une saison anglaise qui s'achève avec la descente en Championship (Ligue 2) pour le club londonien, et un nouveau prêt pour Rico au PSG. Sa saison parisienne, à l'ombre de Keylor Navas, est intéressante jusqu'au match face à Bordeaux (4-3, 23/02/2020), où il commet une grossière erreur. Son match parfait face au RB Leipzig à Lisbonne lors de la phase finale de la Ligue des champions (3-0, 18/08/2020) a rassuré les supporters parisiens. En fin de prêt, Sergio Rico a finalement poursuivi son aventure parisienne comme doublure de Keylor Navas, suite à la signature d'un contrat pour quatre saisons le 5 septembre 2020.

## RIMANE (Kévin)

Curieux parcours que celui de Kévin Rimane qui, après sa formation au PSG suivie de trois saisons à Boulogne-sur-Mer en Ligue 2, avait retrouvé le club de la capitale en 2014, à l'âge de 23 ans. Né en Guyane à Cayenne, ce solide défenseur central rejoint la métropole en 2008. À 17 ans, il intègre le centre de formation du PSG et joue alors avec l'équipe réserve des Rouge et Bleu. En 2011, il rejoint l'US Boulogne et signe un premier contrat professionnel pour trois ans, mais le club nordiste descend en National un an plus tard. Rimane reste fidèle à Boulogne, et devient même international... guyanais, avec une première cape le 28 mai 2014 face au Suriname (1-0). En 2014, il est de retour au PSG pour encadrer les jeunes pousses du centre de formation, et récupère le brassard de capitaine en CFA. Un choix payant, avec une première apparition en Ligue 1 à Guingamp (2-0, 09/04/2016) qui lui permet d'être sacré

officiellement champion de France avec le PSG. Toujours disponible, Rimane devient un cadre de l'équipe de Guyane et Unai Emery lui donnera quelques minutes de temps de jeu contre Caen (0-0, 19/05/2018) pour le remercier de son implication. Le plus beau reste à venir : après avoir prolongé son contrat jusqu'en 2020, Rimane est titulaire lors de la victoire du PSG au Trophée des champions face à Monaco (4-0, 04/08/2018) pour les débuts officiels du coach Thomas Tuchel. Le retour des cadres après la Coupe du monde marque la fin de ce bel été et, le 6 février 2019, il quitte son club formateur pour gagner du temps de jeu en Croatie, au NK Istra, puis en Roumanie, au FC Hermannstadt (2019-2020), sans connaître le succès. De retour en France, il s'est engagé le 23 avril 2021 avec le modeste club amateur de l'US Torcy (Régional 1).

## RINÇON (David)

Cet attaquant racé débute au PSG en Minimes et devient l'un des plus sûrs espoirs du club. Rinçon porte le brassard de capitaine pour l'équipe de France Cadets, troisième du Championnat d'Europe (1985) puis en sé-

**Défenseur**
Né le 13 décembre 1964
à Rio de Janeiro

**Son parcours : Joueur :** Fluminense (1983-1988), Benfica Lisbonne (1988-1991), PSG (1991-1995), Benfica Lisbonne (1995-1996).
**Entraîneur :** PSG (1996-1998), Vitoria Bahia (1998-1999), Recife (1999), Guarani (2000-2001), Vitoria Bahia (2001), Coritiba (août-septembre 2001), Juventude (2002), Brésil Olympique (décembre 2002-janvier 2004), Fluminense (mars-août 2004), Flamengo (août-novembre 2004), Bordeaux (2005-2007), Monaco (2007-2009), Sao Paulo FC (2009-2010), Vasco da Gama (2011), Botafogo (2015-2016), Sao Paulo (2016), Al-Nassr Riyad (2017), Bordeaux (2018-2019).
**Son palmarès : Joueur :** vainqueur de la Copa America (1989) avec le Brésil, champion de l'État de Rio (1983, 1984, 1985), champion du Brésil (1984), champion du Portugal (1989, 1991), champion de France (1994), vainqueur de la Coupe du Portugal (1996), vainqueur de la Coupe de France (1993, 1995), vainqueur de la Coupe de la Ligue (1995).
**Entraîneur :** vainqueur de la Coupe de France (1998), vainqueur de la Coupe de la Ligue (1998, 2007), vainqueur du Trophée des champions (1998), vainqueur de la Coupe Nordeste (1999), vainqueur de la Coupe du Brésil (2011).
**48 sélections avec l'équipe du Brésil, 4 buts**

# RICARDO

Quatre saisons en tant que joueur (1991-1995) puis deux ans comme entraîneur (1996-1998) : Ricardo a marqué l'histoire du PSG et reste l'un des plus grands défenseurs dans l'histoire du football parisien. Ce supporter de Flamengo rejoint pourtant le rival Fluminense à l'âge de 13 ans. Un choix judicieux, les titres s'accumulent et la sélection brésilienne lui ouvre ses portes, à seulement 19 ans. Au pays des attaquants, ce solide défenseur devient rapidement indispensable et choisit de rejoindre l'Europe et le Benfica Lisbonne en 1988. Capitaine du Benfica, son départ pour Paris est vécu comme un drame par le peuple lisboète. Le PSG l'accueille les bras ouverts, Ricardo devient le patron de la défense parisienne et participe aux premiers succès parisiens en Coupe de France (1993) avant l'apothéose et le titre de champion de France (1994). Le 15 juin 1994, il accepte avec philosophie la blessure qui le prive de la Coupe du monde remportée par le Brésil quelques semaines plus tard. Sa dernière saison parisienne sera gâchée par les blessures et un claquage tenace à la cuisse. À 31 ans, il quitte le club pour Benfica, puis revient à Paris pour entraîner le PSG, alors qu'il n'a aucune expérience à ce poste. Un pari gagnant pour son président Michel Denisot : finaliste européen en 1997 face à Barcelone. Ricardo réussit le doublé Coupe de France-Coupe de la Ligue (1998) avant de rentrer au Brésil. En décembre 2002, il est nommé sélectionneur de l'équipe olympique. L'élimination en phase de qualification provoque son retour en France, à Bordeaux. Ses deux années à la tête des Girondins s'achèvent avec une victoire en Coupe de la Ligue contre Lyon (1-0 31/03/2007). Après deux saisons à Monaco, il est de retour au pays et entraîne le Sao Paulo FC, puis le Vasco da Gama, avec lequel il remporte le 8 juin 2011 la Coupe du Brésil face à Coritiba en finale (1-0, 2-3). Deux mois plus tard, c'est le drame : le 28 août 2011, lors d'un match face à Flamengo, Ricardo est victime d'un accident vasculaire cérébral puis il est plongé dans un coma artificiel. Après un an de rééducation, il est de retour à Vasco da Gama le 14 novembre 2012, au poste de directeur technique, mais il souhaite alors retrouver un banc de touche. Quatre ans plus tard, le 22 juillet 2015, Ricardo devient entraîneur de Botafogo, et remporte la Serie B (2e division). Un an plus tard, il rejoint Sao Paulo, pour quatre mois compliqués. Le 13 juillet 2017, c'est le départ vers l'Arabie saoudite et Al-Nassr, avant le retour au Brésil et un poste de directeur sportif à Santos. Bordeaux décide alors de reformer le duo Ricardo-Colleter et le 5 septembre 2018, son retour en France est acté. Ce second passage en Gironde s'achève six mois plus tard sur un cuisant échec. À 56 ans en 2021, Ricardo vit désormais au Brésil, et reste un fervent supporter du PSG, le club qui l'a révélé en France.

lection Juniors, qui termine sur le podium au Championnat du monde au Canada (1987). De caractère plutôt réservé, il finit par séduire Tomislav Ivic après un excellent tournoi de Bercy en janvier 1990. L'entraîneur yougoslave lui confie le poste de Gabriel Calderon en fin de saison, alors que le joueur argentin prépare la Coupe du monde avec l'équipe réserve. À 19 ans, il débute à Auxerre (0-2, 28/04/1990). Henri Michel lui maintient sa confiance dans le groupe professionnel, même si ses apparitions (8 matches) se font rares. L'arrivée de Canal+ et de nombreux renforts l'obligent à quitter le PSG pour jouer à Châteauroux (1992-1993), Dunkerque (1993-1996) puis à Mulhouse (1996-2003). Après avoir joué à Dannemarie (2003-2005), Balschwiller (2005-2006) et Mertzen (2006-2008) en Alsace, il range définitivement les crampons en 2008, à 38 ans. David Rinçon travaille comme commercial pour une entreprise de fermetures en PVC et aluminium dans la région alsacienne. En 2012, il devient entraîneur du FC Hirtzbach, en championnat Excellence puis dirige le FC Sierentz et l'AS Blotzheim (2017-2019). Désormais installé à Bernwiller, en Alsace, il est aujourd'hui animateur sportif pour la Maison de la jeunesse et de la culture à Altkirch, petite ville alsacienne de 5 000 habitants proche de la Suisse et de l'Allemagne.

## RIVET (Claude)

En 1970, ce milieu de terrain âgé de 21 ans joue avec l'équipe réserve du PSG après avoir porté les couleurs du Stade Sangermanois de 1960 (en Pupilles) à 1970. Formé à Saint-Germain, il ne joue que 4 rencontres en D3 (2 titularisations) après la scission en 1972, mais restera fidèle à son club jusqu'en 1974. Claude Rivet joue alors en championnat corpos, pour son entreprise UNIC-IVECO (1974-1983) puis Elf-Aquitaine, qu'il entraîne, après avoir rangé les crampons, jusqu'en 2001. Claude Rivet habite toujours à Saint-Germain. Son frère Jacques fut un dirigeant du Stade Sangermanois et du PSG lors de la création du club avant d'être élu conseiller municipal à Chambourcy, où il réside.

## ROBERT (Laurent)

Laurent Robert débute à l'US Bénédictine, à Saint-Benoît, sur l'île de la Réunion, où il est né. Son père est l'avant-centre de l'équipe, lui préfère s'exiler sur l'aile gauche. Meilleur homme du match lors de la finale de la coupe nationale des Cadets à Nantes avec la sélection de la Réunion, les recruteurs de l'Hexagone le repèrent et c'est à Brest qu'il débarque en 1991. Trois mois plus tard, Brest dépose le bilan, Robert fait un essai à Auxerre et décide de ne pas donner suite. Le froid et la neige, très peu pour lui ! C'est sur une aire d'autoroute, profitant de l'absence de Guy Roux, au vert avec son équipe, qu'il signe son contrat avec Montpellier. Aspirant, stagiaire, puis professionnel : son cursus est classique et l'amène à débuter en L1 face à Bastia (1-1, 17/09/1994). Sa patte gauche va enflammer la Mosson jusqu'en 1999. Il devient international Espoirs puis A'. Sa dernière saison dans l'Hérault, avec 11 buts et 12 passes décisives, attise les convoitises. Il choisit finalement de relever le challenge du PSG. Son parcours parisien est rythmé par les buts, sur des frappes terribles du pied gauche, et les expulsions qui handicapent énormément son équipe. Talentueux mais impulsif, Robert connaît la consécration avec une première sélection pour l'équipe de France en Irlande du Nord (1-0, 18/08/1999). Ses trois cartons rouges lors la saison 1999-2000 le privent d'une place chez les Bleus lors de l'Euro 2000. La saison suivante marque son grand retour. Épanoui sous les

ordres de Philippe Bergeroo, il inscrit 15 buts en Championnat et remporte avec l'équipe de France la Coupe des confédérations en juin 2001 en Asie. À son retour de congés, ses rapports conflictuels avec Luis Fernandez l'obligent à quitter précipitamment le PSG pour rejoindre le club anglais de Newcastle (2002). Sa première année est plutôt réussie (meilleur passeur de la Premier League avec 15 passes décisives) mais l'arrivée de l'entraîneur Graeme Souness le pousse vers le banc, puis vers la sortie. À Portsmouth (juin-décembre 2005), au Benfica Lisbonne au Portugal (décembre 2005-2006) puis à Levante en Espagne (2006-novembre 2007), Robert bafoue son football et traîne sa peine, bien loin du joueur flamboyant du PSG en 2001. Après quelques mois en Angleterre à Derby County (janvier-avril 2008), au Canada à Toronto (avril-août 2008), et en Grèce à Larisa (2008-2009), Laurent Robert est de retour en France. Il s'entraîne au Camp des Loges avec les jeunes du club et espère un dernier challenge qui n'arrivera jamais. Proche du Red Star à la fin de l'année 2010, il met un terme à sa carrière pour devenir consultant dans le domaine social. En 2012, il se lance dans le foot en salle à Bezons, après s'être essayé au beach soccer. Installé à Montpellier, il se passionne pour le golf puis, en 2016, il accepte le poste d'entraîneur spécifique pour les jeunes attaquants montpelliérains du centre de formation jusqu'à la fin de son contrat, en juin 2020.

## ROCCHI (Romain)

Son arrivée au PSG en 2002 a surpris, alors que son expérience se résume à une saison réussie à Cannes, en National. Pur produit du centre de formation cannois qu'il a rejoint à l'âge de 13 ans, Rocchi a séduit Luis Fernandez, l'ancien joueur et entraîneur de Cannes. Milieu de terrain axial et bon technicien, il va patiemment attendre son heure et débuter sa carrière parisienne avec une titularisation surprise en Coupe de France contre l'OM (2-1 a.p., 25/01/2003). Une belle récompense pour ce joueur modeste et travailleur, qui joue 10 matches pour cette première saison avant d'augmenter considérablement son temps de jeu en 2003-2004 sous le règne de Vahid Halilhodzic (24 rencontres, toutes compétitions confondues). Il se satisfait de son statut de remplaçant et ne déçoit jamais lorsque l'on fait appel à lui, à l'ombre du duo inamovible au milieu du terrain composé par Modeste M'Bami et Lorik Cana. Rentré en jeu lors de la finale de la Coupe de France, face à Châteauroux (1-0, 29 mai 2005), Rocchi termine son parcours parisien sur ce succès, avant d'accepter un prêt à Bastia. Relégué en D2, il trouve refuge chez le voisin et rival, l'AC Ajaccio, jusqu'en 2008. Transféré à Metz, il s'impose au milieu du terrain mais échoue avec les Grenats pour l'accession en Ligue 1. Au début de la saison 2010-2011, Rocchi quitte la France et rejoint l'Hapoël Tel-Aviv en Israël, où il croise le PSG en tour préliminaire de l'Europa League. Après six mois difficiles, il rentre en France et signe pour le promu Arles-Avignon, un retour aux sources pour le joueur né à Cavaillon, dans le Vaucluse. Malgré la relégation de l'ACA en L2, Rocchi, meilleur buteur et meilleur passeur lors de la saison 2012-2013 à Arles-Avignon, se lance alors un nouveau défi : revenir à Metz et participer à la montée du club lorrain en Ligue 1. Mission accomplie le 26 avril 2014 à Auxerre (3-0), avec le brassard de capitaine. La saison suivante sera presque blanche (4 matches joués, minée par des blessures à répétition. Le 15 mars 2015, Romain Rocchi en fin de contrat, annonce son départ de Metz, puis la fin de sa carrière de footballeur. Il gère désormais avec son épouse une luxueuse chambre d'hôtes à Lagnes dans le Vaucluse, Les Deux Anges.

## ROCHE (Alain)

voir P384

**Défenseur**
Né le 14 octobre 1967
à Brive-la-Gaillarde

**Son parcours :** Girondins de Bordeaux (1985-1989), Marseille (1989-1990), Auxerre (1990-1992), PSG (1992-1998), Valence (1998-2000), Bordeaux (2000-2002).
**Son palmarès :** Champion d'Europe Espoirs (1988) avec l'équipe de France, vainqueur de la Coupe d'Europe des vainqueurs de coupe (1996), champion de France (1987, 1990, 1994), vainqueur de la Coupe de France (1986, 1987, 1993, 1995, 1998), vainqueur de la Coupe de la Ligue (1995, 1998), vainqueur de la Coupe d'Espagne (1999).
**25 sélections avec l'équipe de France, 1 but**

# Alain ROCHE

C'est au pays du rugby que cet élégant défenseur est né. Passionné de gymnastique, Alain Roche débute au BEC (Bordeaux Étudiants Club) puis intègre les Girondins de Bordeaux en Pupilles. Sélection d'Aquitaine, champion de France Minimes, international et capitaine de l'équipe de France Cadets : rien ne semble arrêter ce jeune espoir, positionné en défense centrale. La suite est logique : le 20 novembre 1985, Roche débute en D1 face à Brest (4-0) et inscrit un but après avoir remplacé le joueur emblématique du club, Alain Giresse. Les titres s'accumulent avec Bordeaux : un Championnat de France, deux Coupes nationales puis les débuts avec les Bleus et le sélectionneur Michel Platini, en Yougoslavie (2-3, 19/11/1988). Quelques mois plus tôt, le défenseur a remporté le Championnat d'Europe Espoirs avec les Bleuets, face à la Grèce en finale (0-0, 3-0) puis il décide de quitter le cocon girondin pour tenter sa chance à Marseille, en 1989. La saison est décevante à l'OM malgré un titre de champion de France. Il rebondit à Auxerre puis rejoint le PSG en 1992, avec l'ambition de s'y imposer. Son entente avec Ricardo est une des clés de la réussite de Paris, qui va accumuler les titres. Roche remporte sa cinquième Coupe de France en 1998 et devient le recordman de l'épreuve avec le Lillois Marceau Somerlynck et le Stéphanois et Parisien Dominique Bathenay. En 1996, il est présent lors du succès européen face au Rapid Vienne (1-0, 08/05/1993) après avoir raté une grande partie de la saison suite à une blessure au genou. Il quitte le club en 1998 après un doublé Coupe de France-Coupe de la Ligue avec le sentiment du devoir accompli. Roche découvre l'Espagne et Valence, remporte une Coupe du Roi puis revient à Bordeaux pour terminer sa carrière, après six mois sans club. En 2002, à 35 ans, il range définitivement les crampons et accepte un poste de relations publiques aux Girondins qui ne lui plaît guère. Un an plus tard, le PSG en profite et l'engage pour devenir responsable du recrutement, puis directeur sportif, et responsable du centre d'entraînement, de la formation et de la préformation. En mai 2006, Alain Roche est nommé directeur de la cellule de recrutement du PSG. En 2011, l'arrivée de QSI puis de Leonardo au poste de directeur sportif va entraîner son départ du club en juillet 2012. Il débute alors une carrière de consultant pour Orange, puis pour le groupe Canal+ et Europe 1. Au début de la saison 2020-2021, Alain Roche est de retour aux Girondins de Bordeaux, son club formateur et celui où il a mis un terme à sa carrière de joueur, au poste de directeur du football.

## ROCHETEAU (Dominique)

voir P388

## RODRIGUEZ (Bruno)

L'attaquant corse a connu son heure de gloire sous le maillot parisien en inscrivant le but de la victoire en championnat contre l'OM, qui mettait un terme à sept ans d'insuccès face au rival historique (2-1, 04/05/1999). Comme son ancien coéquipier Xavier Gravelaine, la carrière de Rodriguez est un modèle d'instabilité, au gré des humeurs de cet attaquant puissant et baroudeur. Il dispute son premier match en L1 avec Monaco à Caen (0-1,

30/10/1992) puis joue trois saisons à Bastia, et inscrit 11 buts en Championnat (1995-1996). Passé par Strasbourg, c'est à Metz qu'il se révèle, avec 13 buts en 1997-1998. En janvier 1999, le PSG engage ce joueur à forte personnalité après six premiers mois catastrophiques. Rodriguez n'hésite pas et retrouve le Parc des Princes, qu'il a découvert dès son plus jeune âge lors de la finale de la Coupe Vache-qui-rit en 1981 avec l'Étoile Filante Bastiaise, face à Sainte-Anne de Reims et un certain Robert Pirès, qu'il retrouvera lors des saisons messines. Très vite adopté par le public du Parc, son but face à l'OM lui donne un statut de héros qu'il va finalement perdre en exigeant son départ six mois plus tard, après un conflit financier avec le président Laurent Perpère. L'arrivée du Brésilien Christian n'est pas étrangère à ce départ surprise, pour l'Angleterre et le modeste club de Bradford. Un choix qu'il va rapidement regretter. Lens le récupère six mois plus tard et il inscrit le but nordiste lors de la victoire du PSG au Parc des Princes (4-1, 14/04/2000). Prêté à Guingamp, il est de nouveau décisif et marque un but assassin pour l'En Avant au Parc (1-3, 07/02/2001). C'est avec soulagement qu'on apprend son départ pour l'Espagne et le Rayo Vallecano. En janvier 2002, ce globe-trotter revient à Lens, puis retourne chez lui, en Corse, à Ajaccio (2002-2003). Ce n'est pas encore le bout du chemin pour Rodriguez, prêté de nouveau à Metz par Lens lors de la saison 2003-2004. Libre de tout contrat, il rejoint l'ambitieux Clermont en L2, mais se blesse à la cheville en mai 2005. Ses problèmes de cartilage l'éloignent des pelouses pendant plus de quinze mois, et l'obligent à mettre prématurément un terme à sa carrière. Avec une certaine stabilité, le buteur (234 matches en L1 pour 69 buts) aurait mérité mieux que son unique sélection avec l'équipe de France A' face à la Belgique avec un but à la clé (1-1, 26/03/1996). Après quatre ans d'inactivité sportive en Corse et la gérance d'une boulangerie, Bruno Rodriguez a repris les chemins des terrains pour promouvoir le Futsal, et a remporté la Coupe de Corse au mois d'avril 2009, à Corte. En juillet 2010, il devient conseiller sportif pour le club corse Borgo FC (CFA 2) jusqu'en janvier 2013. Il s'installe à Bastia et conseille son fils Lisandru, qui débute à 18 ans une carrière dans le circuit de tennis professionnel.

## RODRIGUEZ (Cristian)

Ce fougueux attaquant débarque à Paris en provenance d'Uruguay, après un long bras de fer avec son club, le Peñarol Montevideo. Surnommé « Cebolla », l'oignon, car il fait pleurer ses adversaires (sic), il perpétue une tradition inaugurée par son père, excellent footballeur au poste de défenseur et affublé du même surnom. Rodriguez débute dans l'équipe de son quartier, Escuela Industrial, à Juan Lacaze. Excellent dribbleur, il rejoint le Peñarol, le plus grand club uruguayen à seulement 13 ans, puis débute en équipe première à

l'âge de 16 ans. Surdoué, il est sélectionné avec l'Uruguay un an plus tard et inscrit son premier but avec la Céleste en Argentine (2-4, 09/10/2004). Champion d'Uruguay (2003), joueur de l'année (2004) : les titres s'accumulent et le poussent à tenter sa chance en Europe. Il rejoint le PSG et va patienter de longs mois, Peñarol n'acceptant pas son départ sans indemnité. La FIFA donne finalement raison à Paris, et Rodriguez débute avec le PSG à Lyon (0-2, 03/12/2005). Peu utilisé (11 apparitions en Ligue 1), l'attaquant uruguayen devient le joker parisien la saison suivante (25 matches et 1 but en L1) et enthousiasme le public du Parc des Princes par son style explosif. De retour en sélection, il est un des meilleurs joueurs de la Copa America au Venezuela et choisit alors de se relancer au Portugal, au Benfica. Après une bonne saison à Lisbonne, le club souhaite le conserver mais ne peut trouver les fonds pour le transfert. Le FC Porto l'engage, il remporte trois titres de champion du Portugal (2009, 2011, 2012) et trois Coupes nationales (2009, 2010, 2011). En fin de contrat à Porto, Cristian Rodriguez s'engage avec l'ambitieux Atletico de Madrid au début de la saison 2012-2013. Après une première année réussie sous les ordres de Diego Simeone, avec une victoire en finale de la Coupe d'Espagne face au voisin du Real Madrid à la clé (2-1 a.p., 17/05/2013), son temps de jeu se réduit considérablement. Au début de l'année 2015, Cristian Rodriguez quitte l'Atletico pour deux prêts de six mois à Parme, en Italie, puis au Gremio, au Brésil. Le 24 juillet 2015, il signe pour Independiente en Argentine, avant son grand retour au Peñarol au début de l'année 2017. Il renaît alors et remporte deux titres de champion d'Uruguay (2017 et 2018). Après la Coupe du monde remportée par les Bleus en 2018, Cristian Rodriguez met un terme à sa carrière internationale, riche de 116 sélections depuis 2004. 4 années de gloire avec Penarol avec lequel il portait le brassard de capitaine jusqu'à son départ surprise, en avril 2021.

## RONALDINHO

voir P392

## ROSTAGNI (Jean-Paul)

Il n'est pas le plus connu des internationaux français, mais cet excellent défenseur compte 25 sélections avec les Bleus, de 1969 à 1973. Joueur solide de taille moyenne (1,73 m pour 68 kg), Rostagni est issu de l'étonnante pépinière du Caviga de Nice, comme ses coéquipiers Rémond et Leandri, sans oublier le futur gardien de but du PSG, Dominique Baratelli. International Juniors, il rejoint Monaco en 1966 et devient titulaire au poste d'arrière gauche. Il débute en équipe de France contre l'Angleterre devant 85 000 spectateurs à Wembley (0-5, 12/03/1969) avant de rejoindre les Girondins de Bordeaux (1969-1971) puis le PSG, tout juste promu en première division. Rostagni va connaître une saison mitigée sous les couleurs parisiennes. Solide en défense (31 matches en D1), il cache difficilement sa désillusion face à la guerre entre Parisiens et Sangermanois qui va aboutir à la scission en 1972. Il quitte le PFC, qui a récupéré la totalité du groupe professionnel, pour revenir chez lui, à Nice, en 1973, après avoir disputé son dernier match avec les Bleus à Moscou, devant 75 000 spectateurs (0-2, 26/05/1973). La France est éliminée de la phase finale de la Coupe du monde 1974 et il laisse sa place chez les Bleus aux jeunes espoirs tricolores, le Stéphanois Pierre Repellini et le Marseillais → P.39[illegible]

**Attaquant**
Né le 14 janvier 1955
à Saintes

**Son parcours :** Étaules, Saintes, La Rochelle, Saint-Étienne (1972-1980), PSG (1980-1987), Toulouse (1987-1989).
**Son palmarès :** Champion d'Europe des Nations (1984), vainqueur de la Coupe intercontinentale (1985) avec l'équipe de France, champion de France (1974, 1975, 1976, 1986), vainqueur de la Coupe de France (1977, 1982, 1983)
**49 sélections avec l'équipe de France, 15 buts**

# Dominique ROCHETEAU

Bien avant Platini et Zidane, la France entière s'était passionnée pour ce jeune garçon aux cheveux longs, surnommés affectueusement « l'Ange Vert ». À 17 ans, Dominique Rocheteau débarque à Saint-Étienne en qualité de stagiaire. Excellent ailier droit, les Français le découvrent le 17 mars 1976, lorsqu'il inscrit le but de la qualification face au Dynamo Kiev (3-0 a.p.). Blessé, il n'est pas titulaire et ne joue que quelques minutes lors de la finale perdue face au Bayern Munich à Glasgow et ses fameux poteaux carrés (0-1, 12/05/1976). Vainqueur moral, Saint-Étienne devient encore plus populaire et Rocheteau se voit affublé du surnom de « George Best français » la saison suivante, après avoir tourmenté Liverpool. Les deux hommes ont la même chevelure, mais la comparaison s'arrête là entre le fêtard Best et le discret Rocheteau. En 1979, il inscrit 21 buts en Championnat et finit par s'ennuyer ferme sur son côté droit. Le PSG et Georges Peyroche vont lui donner une nouvelle chance en l'installant à la pointe de l'attaque. Les plus sceptiques sont vite convaincus : Rocheteau marque (100 buts toutes compétitions confondues à Paris, un record battu ensuite par Pedro Miguel Pauleta avec 109 buts), remporte des titres (un Championnat de France en 1986, deux Coupes de France en 1982 et 1983) et devient l'idole du Parc. Avec l'équipe de France, l'attaquant parisien participe à la folle soirée de Séville face à l'Allemagne (3-3 a.p., 4-5 t.a.b., 08/07/1982), devient champion d'Europe au Parc des Princes deux ans plus tard (France-Espagne 2-0, 27/06/1984), puis est présent à Guadalajara au Mexique, pour le quart de finale de Coupe du monde face au Brésil (1-1 a.p., 4-3 t.a.b., 21/06/1986). Sa dernière saison à Paris est son seul échec, avec trois petits buts inscrits en 26 matches. Il quitte la capitale pour Toulouse, à 32 ans. Une nouvelle aventure qui s'achève deux ans plus tard par ses adieux au football, après 418 matches joués en championnat et 145 buts. Agent de joueurs, il devient président de la commission d'éthique de la FFF, un poste qu'il a quitté à la fin de la saison 2009-2010, et organise des stages de football « Footatlantic » à Royan, pour les jeunes de 8 à 16 ans. Comédien à ses heures perdues (il a joué dans Le Garçu de Maurice Pialat), Rocheteau a ouvert en 2008 un complexe de sport-études au Vietnam, à Hô Chi Minh-Ville, avant d'accepter, le 29 juin 2010, le poste de vice-président du conseil de surveillance pour le club qui l'a révélé, l'AS Saint-Étienne, une mission qui s'est achevée avec les Verts à la fin de la saison 2019-2020. Dominique Rocheteau va pouvoir à nouveau se consacrer aux stages de foot qu'il avait créés à Royan après huit ans d'arrêt.

François Bracci. En 1976, Rostagni met un terme à sa carrière pour une vilaine blessure au genou. À 29 ans, il rejoint le petit club de Peymeinade dans l'arrière-pays cannois et joue pour le plaisir avec cette équipe de Promotion d'Honneur. Détaché à la municipalité, il est nommé dans les années 1980 responsable du service des Sports de cette charmante commune de 7 000 habitants avant de prendre sa retraite en 2007. Jean-Paul Rostagni reste un spectateur assidu et suit avec attention les résultats de ses deux anciens clubs de cœur, l'AS Monaco et l'OGC Nice.

## ROTHEN (Jérôme)

Né à Châtenay-Malabry, en région parisienne, Rothen est un jeune supporter du PSG et grand fan de David Ginola, son idole. Depuis tout petit, il rêve d'être pro et il lance sa carrière en intégrant l'INF Clairefontaine, à l'âge de 13 ans. Le Stade Malherbe de Caen l'engage et il débute à Toulon en Division 2 (1-2, 25/09/1997). Au début de la saison 2000-2001, Rothen rejoint Troyes et c'est le déclic : un premier match en D1 à Marseille (1-3, 28/07/2000), un splendide but sur coup franc face au PSG (5-3, 06/09/2000) et 18 mois exceptionnels qui lui permettent de rejoindre Monaco, au début de l'année 2002. Sur le Rocher, il devient le pendant à gauche de Ludovic Giuly, débute en équipe de France face à Malte (6-0, 29/03/2003) puis dispute la finale de la Ligue des champions avec Monaco face à Porto (0-3, 26/05/2004) après avoir dominé le grand Real Madrid. En 2004, sollicité de toute part, il fait le choix du cœur et rejoint le PSG. Handicapé par des blessures (adducteurs, cheville), il tarde à s'imposer. Héroïque sur son côté gauche pour défendre le succès contre l'OM en finale de la Coupe de France (2-1, 29/04/2006), sa carrière parisienne semble alors lancée. Las, Guy Lacombe le sort de l'équipe en fin d'année 2006 et son départ semble inévitable. L'arrivée de Paul Le Guen va changer la donne, Rothen devient un joueur cadre du PSG et a largement participé au sauvetage du club en 2006-2007. Malgré les sollicitations de Lyon, il reste fidèle à Paris en 2007 et devient un leader du groupe lors de la saison de crise où le PSG sauve sa place en Ligue 1 à la dernière journée de Championnat, mais remporte la Coupe de la Ligue contre Lens (2-1, 29/03/2008). Son parcours en 2008-2009 ne sera pas du même acabit. Rothen assiste à l'éclosion de Stéphane Sessegnon. À l'issue d'une saison décevante, il confie son mal-être après le départ de Paul Le Guen et quitte le PSG pour les Glasgow Rangers, sous forme de prêt. Après cinq mois en Écosse et seulement huit apparitions, il est de nouveau prêté en Turquie, à Ankaragücü. De retour au Camp des Loges, il est mis à l'écart du groupe pro. Son contrat avec le PSG est résilié à l'amiable le 19 octobre 2010, mettant un terme à sa relation passionnelle avec le PSG. Après une saison sans jouer, Jérôme Rothen retrouve un nouveau challenge en s'engageant à Bastia, avec lequel il retrouve la Ligue 1 en 2012-2013. Le 2 juillet 2013, il quitte la Corse pour Caen, son club formateur. Six mois plus tard et seulement 10 matches joués, le cœur n'y est plus et il met officiellement un terme à sa carrière, le 1er janvier 2014. Quelques mois plus tard, Jérôme Rothen entame une reconversion réussie de consultant pour Canal+, puis sur RMC à partir de 2016.

## ROUDOUROU (Stade du)

C'est sur la pelouse du stade de Guingamp que Ronaldinho inscrit son plus beau but sous le maillot parisien lors d'un match de L1 (2-3, 22/02/2003). Ce but exceptionnel, au terme d'un slalom époustouflant, permet à « Ronnie » d'obtenir son seul titre avec le PSG, récompensant le plus beau but de la saison 2002-2003. Le PSG avait déjà été l'hôte du club normand le 21 janvier 1990, pour l'inauguration officielle du stade de l'En Avant.

## ROUSSEAU (Benoît)

Ex-directeur financier du club parisien entre 1996 et 1998, Benoît Rousseau a été nommé président du PSG par intérim le 13 juillet 2011. Ancien d'HEC et spécialiste dans le domaine financier, il a conseillé de nombreux clubs de Ligue 1 avant de devenir le 16e président du club depuis sa création en 1970. Depuis le 28 décembre 2012, il préside l'Association PSG.

## ROUX (Bruno)

La belle histoire que celle de Bruno Roux, passé d'un emploi d'ouvrier responsable des fours à goudron à l'effectif pro du PSG en 1987. Arrivé à Beauvais en 1983 après avoir joué en Division d'Honneur à Ribécourt, Roux débute avec le statut amateur, travaillant à la DDE (Direction départementale de l'équipement) où il fait chauffer du goudron à 160 °C avant de le déverser dans des camions. Ses journées sont terribles : il se lève à 5 heures du matin, travaille de 6 h 00 à 8 h 30, s'entraîne et repart travailler quatre heures l'après-midi. Le football va mettre un terme à ce rythme fou : Roux flambe à Beauvais, inscrit 16 buts et devient le seul joueur de D2 de l'équipe de France olympique, qui sera éliminée par la Suède en 1986. Le PSG et Gérard Houllier ne restent pas insensibles au talent de ce jeune joueur (24 ans) et le recrutent en qualité de stagiaire. Après un début de saison réussie et une place de titulaire à la pointe de l'attaque au côté de Jules Bocandé, Roux va payer son inefficacité et se retrouver rapidement sur le banc des remplaçants, lors d'une saison délicate, où Paris va lutter jusqu'au bout pour sa survie en D1. Son but inscrit de la tête en fin de match au Parc des Princes face à Auxerre (1-1, 14/05/1988) a le mérite de maintenir l'espoir dans le camp parisien, qui va finalement se sauver en remportant ses trois derniers matches de la saison. Éprouvé par cette expérience à Paris, Roux accepte un prêt à Rouen (D2), puis rejoint Le Havre (1989-1993),

Rennes (1993-1994), Châteauroux (1994-1996) passe six mois au Red Star et retourne terminer sa carrière à Beauvais (décembre 1996-juin 1999). Nommé entraîneur adjoint puis des moins de 17 ans à Caen, il décide alors de revenir à Beauvais pour prendre en main le centre de formation, puis l'équipe première en 2004. Limogé en mars 2008, il entraîne Compiègne (CFA) quelques mois plus tard avant d'être remercié au début de l'année 2011. En juin 2013, il retrouve un poste à Senlis (DH) et fait monter son équipe en CFA 2 avant d'être écarté cinq ans plus tard, le 10 avril 2018. Quelques mois plus tard, il accepte de revenir là où tout a commencé : à l'US Ribécourt, en championnat Régional 3. À 58 ans, il ne cache pas sa fierté en parlant de son fils Nolan, buteur de → P394

**Milieu de terrain – attaquant**
Né le 21 mars 1980
à Porto Alegre

**Son parcours :** Gremio Porto Alegre (1998-2001), PSG (2001-2003), Barcelone (2003-2008), Milan AC (2008-2011), Flamengo (2011-2012), Atletico Mineiro (2012-2014), Querétaro (2014), Fluminense (2015).
**Son palmarès :** vainqueur de la Coupe du monde (2002), champion du monde des moins de 17 ans (1997), vainqueur de la Copa America (1999), vainqueur de la Coupe des confédérations (1999) avec le Brésil, vainqueur de la Ligue des champions (2006), champion du Rio Grande do Sul (1999), champion d'Espagne (2005, 2006), vainqueur de la Supercoupe d'Espagne (2005, 2006), champion d'Italie (2011), vainqueur du championnat de Rio de Janeiro (2011), vainqueur de la Copa Libertadores (2013) et de la Recopa Sudamericana (2014), Ballon d'Or France Football (2005).
**97 sélections avec le Brésil, 33 buts**

# RONALDHINO

Il n'a finalement manqué qu'un titre à Ronaldinho avec le PSG pour faire de son parcours parisien un immense succès. À 11 ans, le jeune gamin de Porto Alegre est déjà un prodige. Couvé par son frère Roberto Assis, Ronaldinho signe un premier contrat professionnel au Gremio en 1997, à 17 ans, après avoir remporté le Championnat du Monde des -17 ans en Malaisie. A la fin de l'année 2000, « Ronnie », comme on le surnomme, décide de rejoindre l'Europe. Le 17 janvier 2001, c'est officiel : Ronaldinho rejoindra le PSG à compter de la saison 2001-2002. Le 4 août 2001, il joue son premier match avec le PSG à Auxerre (1-1) puis devient indispensable, même si Paris rate de peu la qualification pour la Ligue des Champions. Quelques semaines plus tard, Ronaldinho est sacré champion du monde avec le Brésil en battant l'Allemagne en finale (2-0, le 30/06/2002). Fêté en héros lors de son retour à Paris, il connaît des rapports difficiles avec son entraîneur Luis Fernandez mais réussit quelques coups d'éclat, à Marseille en championnat (3-0, le 09-03-2003) ou à Guingamp, avec un but d'anthologie (2-3, le 22/02/2003). Il quitte Paris et rejoint Barcelone, avec lequel il gagne la Ligue des Champions au Stade de France face à Arsenal (2-1, le 17/05/2006) après avoir remporté le Ballon d'Or en 2005. La saison suivante, Ronaldinho est à nouveau décisif, inscrivant 21 buts en Liga. Après cinq ans en Catalogne, il quitte l'Espagne, direction le Milan AC. Malgré le titre de champion d'Italie (2011), il ne participe à pas à la Coupe du Monde 2010 avec les Auriverdes. En janvier 2011, Ronnie est de retour au Brésil, à Flamengo. Champion de Rio en 2011 avec le « Fla », il rejoint l'Atletico Mineiro, le 4 juin 2012. À 33 ans, il retrouve le maillot de la sélection du Brésil, avec le brassard de capitaine jusqu'à sa 97e et dernière cape face au Chili (2-2, le 25/04/2013), puis remporte avec l'Atletico Mineiro en juillet 2013 la Copa Libertadores face au club paraguayen d'Olimpia (0-2, 2-0, 4-3 t.a.b) et la Recopa Sudamericana un an plus tard contre Lanus (1-0, le 16/07/2014). Un trophée puis un départ surprise pour le Mexique pour une année sans éclat, avant trois mois compliqués lors de son retour à Fluminense (juillet-septembre 2015). À 35 ans, sa carrière s'achève sur cet échec, même si Ronaldinho l'annonce officiellement le 16 janvier 2018 après avoir joué pour le plaisir en Équateur (Barcelona Guayaquil), aux États-Unis (Las Vegas United), en Uruguay (Racing Club Montevideo) ou au futsal en Inde (Goa). Son passage mouvementé et son assignation à résidence au Paraguay lors de l'année 2020 n'ont pas terni l'image d'un joueur, désormais âgé de 41 ans, qui restera à jamais dans la légende du football et du PSG.

➔ Brest, de Lille, qui porte les couleurs de Nîmes depuis janvier 2020.

## ROZEHNAL (David)

Ce grand et séduisant défenseur a passé deux saisons à Paris. Élégant, régulier, le défenseur central tchèque rejoint le PSG après deux saisons au FC Bruges, en Belgique (2003-2005). C'est dans les rangs du Sigma Olomouc, club tchèque qui a souvent participé à la Coupe UEFA, qu'il fait ses classes. De ses débuts à 9 ans jusqu'à son départ en 2003, il remporte un titre de champion (2001) pour sa quatrième saison avec les pros. Le 28 mai 2002, il devient champion d'Europe des moins de 21 ans avec son pays, après le succès en finale face à la France (0-0, 3-1 t.a.b.). Deux ans plus tard, il atteint les demi-finales de l'Euro 2004 avec la République tchèque. Il est temps de quitter la Belgique, et le PSG l'engage pour jouer en défense centrale au côté de Mario Yepes. Sa régularité va soulager un PSG en crise et sa première saison, avec 38 matches en Ligue 1, s'achève par un prestigieux succès en finale de la Coupe de France face à Marseille (2-1, 29/04/2006). La saison suivante, Guy Lacombe lui confie un poste de milieu de terrain défensif, qu'il a déjà connu dans sa jeunesse. Une expérience sans lendemain, Rozehnal retrouve sa place en défense et ne rate qu'un match de Championnat, lors de la défaite parisienne contre Lens à Paris (1-3, 05/11/2006). Le joueur tchèque décide de quitter le PSG pour le club anglais de Newcastle (six mois) puis file à la Lazio Rome, avec laquelle il remporte la Coupe d'Italie en 2009. Rozehnal s'engage pour la saison 2009-2010 avec le Hambourg SV, club de Bundesliga, sans s'y imposer. Un an plus tard, il est de retour en France à Lille, sous forme de prêt. Malgré un faible temps de jeu, il participe au doublé Championnat-Coupe de France et prolonge avec le LOSC pour les trois prochaines saisons. David Rozehnal, qui n'a plus été appelé en sélection depuis 2009, ne va jamais s'imposer à Lille mais va pourtant aller au bout de son contrat avec les Dogues, jusqu'en 2015. À 35 ans, il retourne en Belgique, à Ostende, puis met un terme à sa carrière le 4 avril 2018. Il vit en famille à Olomouc en République tchèque et participe à de nombreuses actions caritatives avec son épouse, loin du monde du football professionnel.

## RUIZ-ATIL (Kays)

À 18 ans en 2021, Kays Ruiz-Atil n'est déjà plus un inconnu après son arrivée au centre de formation du PSG, en juillet 2015. Surdoué du ballon rond, le jeune franco-marocain (le pays de son père) a débuté à Lyon puis a rejoint le centre de formation de Barcelone à l'âge de 6 ans. Un an plus tard, il est capitaine du Barça en catégorie Jeunes et l'un des plus grands espoirs de la Masia, jusqu'à une décision de la FIFA condamnant le club catalan pour avoir recruté des mineurs. À 11 ans, Ruiz-Atil et neuf autres enfants n'ont plus le droit de jouer de match officiel, et le PSG décide alors d'engager ce milieu de terrain offensif prometteur en 2015, avec un projet sportif à long terme pour la famille, son père se voyant engagé par la cellule recrutement des Rouge et Bleu. Celui que l'on surnomme « l'Espagnol » poursuit alors sa formation, joue plusieurs matches avec la sélection U15 du Maroc, puis participe à un stage avec les Bleuets un an plus tard en U16. Le 26 août 2018, le jour de son 16e anniversaire, Ruiz-Atil signe un premier contrat professionnel avec le PSG et devient un élément de base des U19 entraînés par Thiago Motta. Lors du début de saison 2020-2021, le jeune espoir parisien s'entraîne avec le groupe professionnel et participe à plusieurs matches amicaux puis débute officiellement face à Lens (0-1), le 10 septembre 2020. Après 7 matches de Ligue 1, il disparaît du groupe professionnel après avoir refusé de prolonger son contrat avec le club de la Capitale.

# S

## SAINT-ÉTIENNE

voir P396

## SAINT-GERMAIN-EN-LAYE

Depuis 1970, la ville de Saint-Germain-en-Laye, la commune la plus vaste des Yvelines, est le partenaire indissociable et privilégié de Paris pour le PSG. Alors que le PSG va prochainement construire un nouveau complexe sportif d'entraînement sur la commune voisine de Poissy, Saint-Germain, et son centre d'entraînement au Camp des Loges, devrait accueillir en 2022 la section féminine du club, et continuera à héberger la section Amateur et ses 880 passionnés qui défendent les couleurs parisiennes tous les week-ends.

## SAKHO (Mamadou)

voir P398

## SANCHEZ (Daniel)

Cet attaquant, excellent dribbleur, rejoint le PSG en 1981. Blessé et hors de forme (22 matches, 2 buts), il ne s'éternise pas à Paris et préfère partir à Mulhouse. C'est à Nîmes, en Pupilles que Sanchez débute sa carrière. Sa famille s'installe à Nice et il rejoint le Cavigal en 1968. Quatre saisons dans ce club formateur et familial et il signe pour l'OGC Nice, en 1972. À 19 ans, il débute en D1 à Bordeaux (1-0, 30/09/1972) et réussit son entrée au poste d'ailier droit. Après deux ans en qualité de stagiaire, Sanchez signe son premier contrat professionnel et termine second du Championnat avec Nice, en 1973 et 1976. International Espoirs (7 capes), il participe au match de gala France-Anderlecht (1-0, 12/08/1978), qui n'est malheureusement pas comptabilisé comme une sélection avec les Bleus. Sanchez s'incline en finale de la Coupe de France face à Nancy (0-1, 13/05/1978) perpétuant la série d'échecs des Niçois dans les années 1970. Avec un effectif rajeuni, il reste à l'OGC Nice jusqu'en 1981, malgré une dernière saison gâchée par les blessures. Sa saison parisienne est décevante, il rejoint Mulhouse (1982-1983), Saint-Étienne (1983-1985) et Cannes (1985-1987) puis met un terme à sa carrière de joueur professionnel, à l'âge de 34 ans. Il enchaîne à Nice, où il occupe plusieurs postes au centre de formation, jusqu'en 1994. Il entraîne l'OGC Nice pendant quelques mois en 1996, avant de laisser sa place à Silvester Takac lors de l'arrivée du nouveau président Milan Mandaric, qui n'évitera pas la descente en D2. Recommandé par son ami Arsène Wenger, Sanchez rejoint le Japon et Nagoya Grampus Eight (1997-1999) au poste de manager adjoint, puis de manager général. De retour en France, il devient →P400

**Finale de la Coupe de France**
Samedi 15 mai 1982, au Parc des Princes.
46 160 spectateurs.
**Arbitre :** M. Vautrot.
**Buts :** Toko (58e), Rocheteau (120e) pour le PSG ; Platini (76e et 99e) pour Saint-Étienne.
**Avertissements :** Larios (69e) pour Saint-Étienne.
**PSG :** Baratelli – Fernandez, Pilorget, Bathenay (cap.), Col (Renaut 120e) – Lemoult, Boubacar, Dahleb (N'Gom 84e) – Toko, Rocheteau, Surjak.
**Entraîneur :** G. Peyroche.
**SAINT-ÉTIENNE :** Castaneda (cap.) – Battiston, Gardon (Noguès 66e), Lopez, Lestage – Janvion, Zanon, Larios – Paganelli (Roussey 66e), Platini, Rep.
**Entraîneur :** R. Herbin.

## PSG-SAINT-ÉTIENNE : 2-2, 6-5 t.a.b (0-0, 1-1)

C'est une « finale idéale » au Parc des Princes ce 15 mai 1982. L'AS Saint-Étienne et sa star Michel Platini affrontent le Paris Saint-Germain, en quête d'un premier titre et d'une qualification européenne. Le Parc est plein, les supporters du PSG n'ont pu récupérer que... 6 000 places, provoquant la colère des abonnés parisiens. Sur la pelouse, si l'entraîneur du PSG Georges Peyroche propose son équipe type, Saint-Étienne aligne Platini à la pointe de l'attaque, aux côtés de Johnny Rep et Laurent Paganelli. Au début du match, les occasions de but sont rares, même si les Verts auraient pu ouvrir le score sur une percée du défenseur Patrick Battiston, bien mal conclue par le benjamin de cette finale, Laurent Paganelli (29e). Il faut attendre l'heure de jeu pour voir enfin un but et c'est Paris qui marque : Surjak déborde sur la gauche et trouve Toko, seul au point de penalty. Un amorti de la cuisse suivi d'une frappe tendue donne l'avantage au PSG (58e). Saint-Étienne modifie son équipe, Noguès et Roussey remplacent Gardon et Paganelli. Les Stéphanois jouent l'attaque à tout va, sur un centre de Zanon, Noguès détourne vers Platini pour l'égalisation (76e). Le score n'évolue plus

jusqu'à la fin du temps réglementaire, Paris va jouer sa quatrième prolongation en Coupe (après Nîmes, Bordeaux et Tours en demi-finale). La fatigue semble condamner le PSG, rapidement mené sur un second but de Michel Platini, bien servi par Zanon (99e). À 2-1 pour Saint-Étienne, les Parisiens n'y croient plus. Quatre minutes après ce second but, l'attaquant stéphanois Laurent Roussey se retrouve seul face à Baratelli mais perd son duel (103e). C'est le tournant du match. On se dirige vers le coup de sifflet final lorsque Surjak s'infiltre sur le côté droit et centre vers Dominique Rocheteau, seul au point de penalty. L'ancien « Ange vert », à l'image de son but face au Dynamo Kiev en 1976... avec Saint-Étienne, reprend de volée et mystifie le gardien Castaneda (119e). Alors, la folie envahit le Parc. Le président Borelli se met à quatre pattes et embrasse la pelouse, les supporters parisiens enjambent les modestes grillages provoquant une belle pagaille... et le retour des joueurs dans les vestiaires ! Une demi-heure plus tard, l'intervention des forces de l'ordre et le regroupement des supporters du PSG derrière un but provoque la décision de l'arbitre Monsieur Vautrot. On va, pour la première fois dans l'histoire de la compétition, départager les deux équipes par une séance de tirs aux buts. Les nerfs des joueurs et des supporters sont mis à rude épreuve, Bathenay (pour le PSG) et Zanon (pour Saint-Étienne) ratent leurs tentatives respectives, mais l'arbitre refait tirer les deux joueurs car les gardiens ont quitté leur ligne de but avant la frappe. À 5-5, aucun candidat ne se présente pour les Verts et le gardien Castaneda se propose pour frapper ce penalty. En bon capitaine, Christian Lopez se dévoue et bien mal lui en prend : Dominique Baratelli détourne sa frappe. À 23h15, Jean-Marc Pilorget, formé au club et symbole du PSG (435 matches officiels sous les couleurs rouge et bleu) prend à contre-pied Castaneda et met un terme à la plus longue finale de l'histoire, presque trois heures après le coup d'envoi. 33 ans après le succès du Racing, la Coupe revient à Paris. Dominique Bathenay, l'ancien stéphanois, peut lever le trophée haut vers le ciel pour fêter ce premier succès du PSG.

**Défenseur**
Né le 13 février 1990
à Paris

**Son parcours :** Paris FC (1997-2002), PSG (2002-2013), Liverpool (2013-2017) Crystal Palace (2017-...).
**Son palmarès :** champion de France (2013), vainqueur de la Coupe de la Ligue (2008), vainqueur de la Coupe de France (2010).
**International A (29 sélections, 2 buts)**

# Mamadou SAKHO

En 2013, Mamadou Sakho avait réalisé son rêve : remporter le titre de champion de France avec le PSG, son club formateur. Une belle histoire pour ce pur Parisien, né dans le 18e arrondissement de la capitale. Quatrième garçon d'une famille de sept enfants, Sakho a grandi dans le quartier de la Goutte d'Or. Il débute à Villeneuve-Saint-Georges puis il rejoint le PFC dès l'âge de 6 ans. Six ans plus tard, Sakho est invité à participer à plusieurs tournois et séduit les dirigeants du PSG. D'origine sénégalaise, il intègre le Centre de Préformation de Conflans et s'épanouit au poste de défenseur central. Sakho poursuit son ascension vers les sommets, à seulement seize ans, il est titulaire lors de la finale victorieuse des U18 contre Monaco (2-0) en 2006. Paul Le Guen lui donne sa chance à un poste inédit d'arrière gauche lors d'un match de Coupe UEFA, face à l'AEK Athènes (2-0, le 14/02/2007). Huit mois plus tard, l'entraîneur parisien lui confie le brassard de capitaine, à seulement 17 ans, pour ses débuts en L1 à Valenciennes (0-0, le 20/10/2007). Sakho se fait sa place dans le onze parisien et remporte quelques mois plus tard la Coupe de la Ligue avec Paris contre Lens (2-1, le 29/03/2008). Capitaine de l'équipe de France Espoirs, il est appelé pour la première fois chez les Bleus de Laurent Blanc le 5 août 2010, et dispute son premier match face à l'Angleterre dans la mythique enceinte de Wembley (2-1, le 17/11/2010). Victorieux de la Coupe de France quelques mois plus tôt, il récupère logiquement le brassard après le départ de « Captain Claude ». Au début de l'année 2012, il perd sa place de titulaire et le brassard de capitaine suite à l'arrivée de Carlo Ancelotti, et envisage alors un départ après l'annonce du transfert de la star brésilienne du Milan AC, Thiago Silva. La concurrence est rude avec Alex en défense axiale, mais le titre de champion 2013 va récompenser son opiniâtreté. Son dernier match au PSG reste un incroyable souvenir : le 26 mai 2013 à Lorient, il termine son parcours en Rouge et Bleu dans les buts, suite à l'expulsion du gardien remplaçant Ronan Le Crom.... Le 2 septembre 2013, Sakho rejoint Liverpool, puis réussit un incroyable doublé avec l'équipe de France face à l'Ukraine, qui envoie les Bleus à la Coupe du Monde au Brésil (3-0, le 19/11/2013). Titulaire lors du Mondial et avec les Reds, Sakho va connaître un coup d'arrêt le 28 avril 2016 lorsqu'il est suspendu par l'UEFA pour avoir été contrôlé positif lors d'un test antidopage, qui va le priver de l'Euro 2016. Il est de nouveau dans l'œil du cyclone quand son entraîneur Jurgen Klopp le renvoie à Liverpool lors de la tournée américaine des Reds pour des problèmes de comportement. Son départ est irrémédiable, il est prêté à Crystal Palace au début de l'année 2017, puis signe un contrat de 4 saisons avec les Eagles quelques mois plus tard. Malgré un retour en équipe de France le 20 novembre 2018 contre l'Uruguay (1-0), la carrière de l'ancien capitaine parisien est freinée par les blessures, avec une vingtaine de matches joués lors des deux dernières saisons. Seule bonne nouvelle lors de cette période difficile : Mamadou Sakho a été définitivement innocenté par l'Agence Mondiale Antidopage, le 4 novembre 2020.

l'adjoint d'Élie Baup à Bordeaux (2001-2003), prend en main l'Academica Moscou (2003-2004) puis revient à Saint-Étienne avec Baup (2004-2006). Après le départ de son mentor, il patiente une saison avant de rebondir à Tours, qu'il a mené aux portes de l'élite en 2009. Sacré meilleur entraîneur de Ligue 2 en 2010, Daniel Sanchez trouve enfin un poste en Ligue 1, à Valenciennes (2011-2013), avant d'être écarté en octobre 2013. Après plusieurs mois d'attente, il est nommé entraîneur du Club Africain de Tunis et remporte le championnat de Tunisie en 2015. Quatre mois plus tard, il paye un début de saison compliqué et se retrouve sans poste jusqu'à ce jour, malgré des contacts très avancés au début de la saison 2020-2021 avec l'Étoile du Sahel.

## SANDJAK (Liazid)

Son caractère entier lui a souvent joué des tours lors de son parcours à Paris de 1986 à 1992. Roi à Noisy-le-Sec, où il joue avec ses quatre frères, le jeune espoir a su convaincre son père, Algérien arrivé en France à 24 ans et employé municipal à la mairie de Noisy, qu'il pouvait devenir professionnel. À 19 ans, Sandjak débarque au Camp des Loges et inscrit 14 buts pour sa première année en D3. Le 14 mars 1987, il débute à Paris lors d'un derby face au Racing Paris 1, devant plus de 40 000 spectateurs (1-0). Le PSG s'impose, le jeune attaquant d'origine kabyle inscrit 5 buts et confirme ses excellents débuts. L'équipe nationale d'Algérie lui ouvre ses portes, qu'il retrouve après avoir participé avec l'équipe Juniors à la Coupe de Palestine en 1986. La saison suivante, il est écarté en fin de saison par Gérard Houllier, qui rappelle ses vieux briscards pour sauver la place du PSG en Ligue 1. Révolté, il accepte difficilement son statut de remplaçant, qui perdure lors de l'arrivée de Tomislav Ivic. En 1989, l'entraîneur yougoslave lui propose de jouer au poste d'arrière latéral, qu'il maîtrise difficilement, accumulant les cartons et les expulsions. Henri Michel puis Artur Jorge le repositionnent en attaque, sans plus de succès. Sandjak remporte un titre honorifique avec l'équipe d'Algérie, la Coupe afro-asiatique face à l'Iran au mois d'octobre 1991, puis attend patiemment la fin de son contrat pour rejoindre Nice (1992-1995), Saint-Étienne (1995-1996) et Neuchâtel Xamax, en Suisse (1996-1998). Il revient chez lui, à Noisy-le-Sec, avec ses frères, et joue jusqu'en 2005, à l'âge de 38 ans ! Après avoir passé ses diplômes d'entraîneur, Sandjak se blesse gravement au genou. Il refuse l'opération, reste deux ans en arrêt maladie pour accident de travail et s'installe à Nice. Après avoir ouvert un commerce avec son épouse et investi dans l'immobilier, Sandjak est revenu en région parisienne pour aider son frère Nasser à Noisy-le-Sec (CFA 2), un club qu'il a même entraîné en 2012-2013.

## SANKHARÉ (Younousse)

Sankharé avait éclaboussé de toute sa classe l'Emirates Cup en 2007, réussissant quelques gestes techniques incroyables face à Valence (3-0, 29/07/2007). Trois ans après ce coup d'éclat, il n'a jamais confirmé à Paris et a finalement choisi de quitter la capitale. Milieu défensif très technique, Sankharé rejoint le PSG en 2002, après avoir porté les couleurs de Pierrefitte (Seine-Saint-Denis) en Poussins. Passé par le centre de préformation de Conflans, ce gaucher d'origine sénégalaise a

progressé sous les ordres de son entraîneur David Bechkoura, avec lequel il remporte le titre de champion de France des U18 en 2006. Blessé au ménisque en 2007 et absent pour de longs mois, Sankharé rattrape le temps perdu lors du tournoi à Londres. Le jeune espoir débute en Ligue 1 contre Rennes (1-3, 06/10/2007) et fête sa première titularisation à Valenciennes (0-0, 26/10/2007) avec ses amis Sakho, Ngoyi et Ngog. Il remporte la Sendaï Cup en 2007 avec l'équipe de France des moins de 19 ans, puis inscrit un but pour ses débuts avec les Espoirs face au Danemark (1-0, 19/11/2008). À Paris, il tarde à s'imposer et finit par accepter un prêt au Stade de Reims de Luis Fernandez, mal classé en Ligue 2. Son temps de jeu s'est considérablement étoffé mais il ne peut éviter la descente de Reims en National. De retour au PSG, Sankharé ne parvient pas à s'imposer et n'entre plus dans les plans d'Antoine Kombouaré. En 2010, il est prêté à Dijon en Ligue 2 et réussit enfin une saison pleine (27 matches, 6 buts), puis signe pour trois saisons après la montée surprise des Dijonnais en Ligue 1. Après la relégation en 2012 des Bourguignons, Sankharé souhaite quitter Dijon, mais ses dirigeants s'opposent à son départ. Il attendra six mois et janvier 2013 pour rejoindre Valenciennes, pour un prêt avec option d'achat, avant de signer à Guingamp, où il remporte la Coupe de France en battant Rennes en finale (2-0, 03/05/2014). Sa carrière semble enfin relancée, Sankharé décide alors de porter les couleurs du Sénégal puis signe à Lille, le 26 juillet 2016. Six mois plus tard, il quitte le LOSC sur un cuisant échec pour Bordeaux, où il retrouve son ancien entraîneur à Guingamp Jocelyn Gourvennec. Son parcours chaotique en Gironde s'est achevé le 19 novembre 2019 avec une rupture de contrat à l'amiable. Après 6 mois en Bulgarie au CSKA Sofia, il porte désormais les couleurs du Panathinaikos en Grèce depuis le début de l'année 2021.

## SARABIA (Pablo)

Le 2 juillet 2019, le PSG réussit un joli coup en engageant Pablo Sarabia, co-meilleur

passeur du Championnat espagnol avec le FC Séville. La France, Sarabia l'a découvert le 8 décembre 2010 pour son unique match avec son club formateur, le Real Madrid, victorieux de l'AJ Auxerre (4-0) au stade Santiago-Bernabeu en match de poule de la Ligue des champions. 18 minutes de bonheur en remplacement de Cristiano Ronaldo pour ce gaucher milieu offensif, qui avait rejoint le centre de formation du Real à l'âge de 12 ans. Une première sans lendemain, malgré un titre de champion d'Europe U19 en Roumanie, et le brassard de capitaine jusqu'à la finale victorieuse face à la République tchèque (3-2 a.p., 01/08/2011). Malgré ce succès, Sarabia quitte le Real pour le modeste voisin de Getafe, avec la possibilité de revenir à Madrid après deux ans de contrat. Le Real ne lèvera pas cette option et Sarabia, qui remporte un nouveau titre de champion d'Europe en catégorie Espoirs avec l'Espagne en 2013, reste 5 saisons à Getafe et se fait un nom, jusqu'à la relégation des Azulones en 2016. Sarabia rejoint alors l'ambitieux FC Séville, qui vient de remporter la Ligue Europa. En Andalousie, il va confirmer ses talents de passeur, avec en point d'orgue cette première place au classement des passeurs décisifs en 2018-2019, partagée avec un certain Lionel Messi... Trois ans à Séville, trois échecs face au FC Barcelone, en Supercoupe d'Espagne (2016 et 2018) et en finale de la Coupe nationale (2018), ainsi que l'envie de passer un nouveau palier sont à l'origine de son arrivée au PSG, comme doublure de luxe d'Angel Di Maria. À Paris, il va réussir une première saison satisfaisante et ouvrir son palmarès avec quatre trophées (Championnat, Coupe de France, Coupe de la Ligue et Trophée des Champions). Son arrivée au PSG lui ouvre également les portes de la sélection espagnole, avec une victoire face à la Roumanie (2-1, 05/09/2019). Le club parisien a aussi découvert un buteur, avec 14 buts inscrits et un record avec le PSG en Coupe de France, où il trouve le chemin des filets lors des cinq premiers matches de la compétition. Sa saison 2020-2021 est plus compliquée, avec un rôle de joker et un temps de jeu de plus en plus réduit. Ses statistiques offensives (7 buts et 4 passes décisives en 30 matches joués) confirment qu'il doit désormais passer un palier pour retrouver une place dans le onze de Mauricio Pochettino.

## SASSUS (Jean-Luc)

Malgré un diplôme d'ingénieur chimiste, Jean-

Luc Sassus a préféré privilégier le football professionnel, qui l'a mené au PSG de 1992 à 1994. À 17 ans, il débute à Toulouse au poste d'ailier droit et participe à la montée du TFC en D1, en 1982. Une belle récompense pour ce jeune joueur, qui poursuit ses études et participe à la Coupe du monde universitaire en 1982, où la France termine à la seconde place, puis obtient son diplôme en 1985. Un an plus tôt, il a signé son premier contrat professionnel et finit par quitter sa bonne ville de Toulouse pour rejoindre Cannes. Le football est désormais sa priorité, son entraîneur Jean Fernandez lui confie un poste de défenseur latéral qui va l'emmener jusqu'en Coupe d'Europe, aux côtés du jeune Zinédine Zidane et de l'expérimenté Luis Fernandez. International B, Sassus rejoint le PSG en 1992 et intègre rapidement l'équipe de France, victorieuse face à l'Autriche (2-0, 14/10/1992). À 30 ans, c'est l'apogée de sa carrière, il devient un titulaire indiscutable sur le flanc droit de la défense, n'hésitant pas à prêter main-forte à ses attaquants grâce à son excellent jeu de tête. Sa fin de saison est gâchée par une blessure au genou qui le prive de la finale de Coupe de France victorieuse face à Nantes (3-0, 12/06/1993). Avec 29 matches en D1 lors de la saison 1993-1994, il est un des artisans du titre de champion de France, associé à une série d'invincibilité de 27 matches consécutifs. À 32 ans, il décide alors de quitter Paris pour un nouveau défi à Lyon, qui termine second du championnat (1994-1995). Il rejoint Saint-Étienne après une altercation avec son coéquipier Pascal Olmeta, dans le cadre d'un échange avec un jeune gardien de but inconnu, Grégory Coupet (janvier 1997). Six mois plus tard, il met un terme à sa carrière de footballeur professionnel, s'installe dans la région toulousaine, et devient entraîneur-joueur deux saisons à Labège-Escalquens (1998-2000), en Division d'Honneur. Proche d'Erick Mombaerts, il collabore avec Toulouse puis exerce la profession d'agent, après avoir obtenu ses diplômes FFF en 2001. En mars 2005, Sassus a lancé une ligne de parfums aux couleurs des clubs de football, dont l'un d'eux était à l'effigie du club qui l'a mené au sommet, le PSG... Installé à Saint-Sulpice, il gérait la carrière de jeunes joueurs, et s'était notamment occupé du départ de Paulo Cesar du PSG vers Toulouse en 2007. Le 22 mai 2015, à l'âge de 52 ans, Jean Luc Sassus nous a quittés des suites d'une crise cardiaque.

## SCHMIT (Pascal)

C'est au poste de stoppeur que ce jeune défenseur (19 ans, 1,78 m pour 67 kg) né à Sedan dans les Ardennes dispute sa seule saison avec l'équipe première en Division 3. Après avoir participé à l'excellent parcours des jeunes Parisiens entraînés par Robert Vicot en Coupe Gambardella, battus en demi-finale par Toulouse (0-5, 1-0 en 1972), Schmit joue 20 matches lors de la saison 1972-1973 aux côtés de l'expérimenté Bernard Béreau et remporte la Coupe de Paris avant de quitter le club sur ce succès. Direction Poissy, où il joue quelques rencontres en seconde division avant de mettre un terme à sa carrière.

## SCISSION

Le 16 mai 1972, la demande de la ville de Paris afin de modifier le nom du Paris Saint-Germain Football-Club pour la dénomination Paris Football-Club est rejetée (voir à Méridien). C'est un retour à la case départ pour les partisans des deux camps, un statu quo qui n'arrange personne. Le président Henri Patrelle, resté fidèle à Saint-Germain, recherche alors de nouveaux investisseurs pour sauver son club, mais doit faire face à l'intransigeance des élus de la ville de Paris, qui souhaitent démarrer la nouvelle saison avec un club résident au nouveau Parc des Princes. La mort dans l'âme, Henri Patrelle jette l'éponge mais demande en contrepartie pour sauver son club une scission en bonne et due forme entre l'effectif professionnel, conservé par le PFC, et les sections des équipes de jeunes et d'amateurs, qui restent sous la tutelle du PSG. Une bataille qui ne sera pas vaine, le PSG retrouvera le statut professionnel en 1973 pour devenir aujourd'hui le club de la capitale, alors que le PFC connaîtra pour sa part une peu glorieuse descente en seconde division.

## SÉCHET (Jean-Philippe)

Une seule saison à Paris pour ce joueur complet, qui peut occuper les postes de stoppeur ou milieu de terrain défensif. Homme franc et impulsif, Séchet ne va jamais s'imposer au milieu des stars parisiennes (1994-1995). Formé à Grenoble, il signe sa première licence professionnelle à l'âge de 17 ans et côtoie le jeune espoir Youri Djorkaeff. Il débute en novembre 1982 face à Montpellier (D2), suit son entraîneur Marcel Husson à Gueugnon (1990-1991) puis à Nancy la saison suivante. Le club lorrain plonge en D2 et Séchet rejoint le voisin messin pour deux années réussies (1992-1994). Le PSG engage ce joueur polyvalent pour renforcer son milieu de terrain. Il joue 34 matches officiels et inscrit 2 buts, mais reste en retrait d'un groupe champion de France quelques mois plus tôt. Insatisfait par son temps de jeu, il souhaite quitter la capitale et signer à Saint-Étienne, le club de son cœur, après avoir été écarté du groupe parisien. L'affaire se termine devant la commission de la Ligue nationale du football, Séchet rejoint les Verts (1995-1996), revient à Nancy (1996-1997) puis signe en Allemagne à Sarrebruck (1997-2000). Parti pour le plaisir d'un ultime défi au Luxembourg, au Sporting Mertzig, il claque la porte et met un terme à sa carrière de joueur professionnel avec presque 500 matches en pro, dont la moitié en Ligue 1. Sa reconversion a été minutieusement préparée depuis ses débuts à Grenoble, avec des cours de vente et de stages d'infographie. Séchet monte une société de communication et de publicité, avec pour clients les collectivités locales. En parallèle, alors qu'il possède ses diplômes d'entraîneur, l'ancien Parisien entraîne les U17 du Stade de Reims, le FC Hamm (Luxembourg), Hagondange et Audun-le-Tiche en

Moselle. Après avoir commenté les matches du FC Metz sur la radio Direct FM, Séchet entraîne la petite équipe de Creutzwald (DHR, 2008-2012) puis le club de Raon-l'Étape, en championnat CFA, jusqu'en 2015. Un an plus tard, Jean-Philippe Séchet est nommé entraîneur et directeur sportif de Montélimar, en Division d'Honneur pour une seule saison. En 2021, il était installé au Muy, sur la Côte d'Azur, et travaillait comme éducateur.

## SECTION AMATEUR

Présidée par Benoît Rousseau, la section Amateur du PSG regroupe plus de 750 licenciés. Elle est composée de 35 équipes, encadrées par 45 éducateurs. Elle est basée au stade Georges-Lefèvre de Saint-Germain-en-Laye. Au début de la saison 2020-2021, un nouveau manager général a été nommé : Thibaut Karsenty, qui aura en charge la gestion de l'association et de la section Amateur du club.

## SÉGURA (Patrice)

À 23 ans, cet attaquant formé à Toulouse et passé par Sète rejoint le PSG en 1984, après avoir inscrit 17 buts en D2. Discret et toujours de bonne humeur, Ségura connaît une première partie de saison difficile. Blessé au tendon d'Achille, il doit se résoudre à l'opération au mois de novembre 1984 et ne réapparaît dans le groupe qu'en fin de saison, pour inscrire un but capital en demi-finale retour de la Coupe de France face à Toulouse (2-0, 5-3 t.a.b., 04/06/1985). Entré en jeu en fin de rencontre lors de la finale face à Monaco, il ne peut empêcher la défaite de son équipe (0-1, 08/06/1985) et quitte le PSG sans regret. Ségura rejoint Laval (1985-1986), porte les couleurs d'Amiens, de Lorient puis part pour la Réunion en 1992 et met un terme à sa carrière à la JS Saint-Pierroise. Il s'installe définitivement sur l'île et devient entraîneur de nombreux clubs depuis 1994 : la Sainte-Rosienne, le Dynamo Sainte-Marie, la Jeanne-d'Arc du Port, Le Tampon, la JS Saint-Pierroise, l'AS Capricorne à Saint-Pierre ou l'AS Possession. Après deux ans loin des terrains, il retrouve un poste à l'AS Capricorne à Saint-Pierre au début de l'année 2018, avant d'être mis à l'écart six mois plus tard et de prendre une retraite bien méritée, toujours sur l'île de la Réunion.

## SEMAK (Serguei)

Bourreau du PSG le 7 décembre 2004, lorsqu'il inscrit un triplé au Parc des Princes et élimine le PSG de la Ligue des champions (1-3), Semak devient l'objectif principal de Vahid Halilhodzic, impressionné par sa polyvalence et sa discipline. Son père, footballeur amateur, lui a transmis le virus du ballon rond. Ukrainien de naissance, ce milieu de terrain offensif débute à l'Asmaral Moscou puis signe au CSKA, le club de l'armée, en 1995, avec lequel il remporte une Coupe de Russie (2002), un Championnat (2003) et une Supercoupe (2004). Modeste malgré un excellent niveau d'études, dont le baccalauréat obtenu avec la

médaille d'or (une mention supérieure à « très bien »), il participe à la Coupe du monde 2002 avec la sélection russe. Son parcours à Paris ne dure qu'une année, de janvier 2005 à janvier 2006. Très peu titularisé, il vit mal son statut de remplaçant et choisit de quitter le PSG sans avoir réussi à s'imposer dans la capitale. Le FC Moscou l'engage malgré les efforts de Guy Lacombe pour le conserver à Paris. En 2008, Semak signe pour l'ambitieux club russe de Rubin Kazan, retourne en équipe nationale avec le brassard de capitaine lors de l'Euro 2008 et remporte dans la foulée le titre de champion de Russie. Le début d'une belle série de succès, avec quatre titres consécutifs de champion de Russie, avec Rubin Kazan (2008 et 2009) puis le Zénith Saint-Pétersbourg (2010, 2011-2012). À 37 ans, il reste un joueur clé du Zénith, à l'image de sa talonnade victorieuse face au Benfica Lisbonne en Ligue des champions (3-2, 15/02/2012). En 2013, à l'âge de 37 ans, il met un terme à sa carrière et rejoint le staff technique du Zénith, assurant même l'intérim pour deux matches à Saint-Pétersbourg en 2014. En décembre 2016, Semak devient l'entraîneur du FK Oufa, qu'il va mener jusqu'à la Ligue Europa. Ces réussites lui permettent de revenir au Zénith par la grande porte en mai 2019, avec succès : il a remporté trois titres de champion de Russie (2019, 2020 et 2021), devenant le premier à remporter le Championnat en tant que joueur puis entraîneur, et le titre de meilleur coach de la saison, et a réussi un triplé historique (Championnat, Coupe et Supercoupe) en 2020.

## SÈNE (Oumar Guèye)

Moussa Dabo, un ancien joueur sénégalais résidant à Laval, est à l'origine de la venue en métropole de la jeune star de l'US Gorée, Oumar Sène, champion du Sénégal en 1979. Stagiaire au centre de formation en Mayenne, il débute en D1 face au PSG (0-3, 28/12/1981) puis devient un cadre du onze lavallois, qualifié pour la première fois de son histoire pour la Coupe UEFA lors de la saison 1983-1984. Le PSG engage ce joueur polyvalent, capable de jouer milieu de terrain, ailier ou seul

en pointe. Peu utilisé en début de saison, le déclic survient lors du match face à son ancien club, Laval, où il ouvre son compteur but (5-1, 07/12/1985). Décisif à plusieurs reprises, Sène inscrit le but du sacre face à Monaco (1-0, 11/04/1986), un geste plein d'opportunisme pour cet attaquant utilisé au milieu du terrain. Cette première saison s'achève en apothéose, les deux suivantes seront plus délicates. Porteur du brassard de capitaine après la blessure de Fabrice Poullain en 1988, il mène ses troupes pour sauver l'équipe parisienne, longtemps menacée par la relégation. Toujours disponible pour porter le maillot de la sélection sénégalaise, Sène ne gagne aucun trophée avec les Lions, malgré un groupe de qualité et la présence de son ami, le buteur parisien Jules Bocandé. Tomislav Ivic loue sa polyvalence et lui confie même un rôle inédit de libero qu'il accepte sans broncher, en bon capitaine. Sène rêve du titre avant la cruelle défaite à Marseille (0-1, 05/05/1989). En 1990, Henri Michel lui précise qu'il n'est plus dans son esprit un titulaire indiscutable et le joueur sénégalais accepte de céder le brassard à Safet Susic avec la gentillesse et la modestie qu'on lui connaît. Moins utilisé par Artur Jorge lors de l'arrivée de Canal+, il met un terme en 1992 à une carrière riche de 200 matches officiels et 18 buts inscrits sous le maillot parisien, à l'âge de 36 ans. Installé en région parisienne, Sène porte les couleurs d'Étampes puis entraîne les moins de 17 ans à Ermont-Franconville avant de se tourner vers des activités associatives. Il s'occupe de l'équipe Seniors d'Étampes et n'avait rien perdu de ses talents de footballeur, avec une victoire et un but en finale de la Coupe de l'Essonne des Vétérans en 2006. Oumar Sène organise des stages de foot à Étampes, est nommé vice-président du club de foot entreprise du groupe Orange (AS Orange France) et participe au projet d'une sélection des anciens joueurs pros africains en France. Après une dernière expérience contrastée sur le banc du FC Massy 91 lors de la saison 2015-2016, il s'est éloigné du monde du football et vit toujours en région parisienne. Son fils Saër a pris la relève : ce grand attaquant (1,90 m) de nationalité française, passé par le PSG dans sa jeunesse et formé au Bayern Munich, avait réussi un superbe parcours dans le championnat américain de 2012 à 2014 au New England Revolution.

## SESSEGNON (Stéphane)

Le PSG pensait avoir découvert le digne héritier de « Jay-Jay » Okocha, le magicien du Parc des Princes à la fin des années 1990. Le parcours parisien de Stéphane Sessegnon s'est pourtant achevé au début de l'année 2011, après plusieurs semaines de conflit entre le joueur et son club. Le milieu de terrain béninois débute sa carrière au centre de formation de Cocody (quartier d'Abidjan en Côte d'Ivoire) puis signe aux Requins de l'Atlantique à Cotonou, la capitale économique du Bénin. En 2004, il s'envole vers la France et le club de Créteil-Lusitanos en Ligue 2, pour y jouer au poste de milieu défensif. Sessegnon débute en France face au Reims d'Amara Diané (1-2, 06/08/2004) quelques mois avant ses débuts en sélection contre le Cameroun de Samuel Eto'o. La Côte d'Ivoire, le pays d'origine de ses deux parents (la double nationalité figure sur ses papiers d'identité) a essayé de récupérer ce milieu de terrain complet, qui est finalement resté fidèle au Bénin. Après deux saisons en région parisienne (68 matches, 10 buts en Championnat), il

signe en Ligue 1 au Mans, et devient rapidement le maître à jouer du MUC, dans un rôle plus offensif. Le 18 novembre 2006, il inscrit son premier but en Ligue 1 face à Rennes et s'impose comme l'une des attractions de la Ligue 1. Superbe dribbleur, doté d'une remarquable frappe de balle, Sessegnon est un joueur atypique dans notre Championnat. Puissant et véloce, malgré une taille moyenne (1,72 m), il est capable de faire la différence à lui tout seul, sur un coup de rein ou une série de dribbles. Les meilleurs clubs français ne restent pas indifférents et souhaitent engager ce pur joyau – comparé au Milanais Clarence Seedorf – qui choisit le PSG en 2008. Dans un premier temps, Paris ne va pas regretter cet investissement de 8 millions d'euros. Le nouveau numéro 10 parisien prend rapidement ses marques et inscrit son premier but sous ses nouvelles couleurs le 23 août 2008, à Sochaux. Placé par Paul Le Guen sur le flanc droit de l'attaque du PSG, Sessegnon, qui préfère jouer dans l'axe, est nominé à la fin de la saison pour le trophée du meilleur joueur de Ligue 1. Désormais star des Écureuils du Bénin, Sessegnon a changé de statut. Une notoriété qu'il va difficilement digérer. Après une seconde saison décevante, il perd sa place de titulaire au profit du toujours jeune Ludovic Giuly. À la fin de l'année 2010, il décide de ne plus porter le maillot rouge et bleu et finit par gagner son bras de fer en signant en Angleterre. Sessegnon reste cinq ans outre-Manche, à Sunderland (2011-2013) puis à West Bromwich Albion (2013-2016), avec un bilan honorable de 213 matches et

38 buts inscrits. Le 26 septembre 2016, il est de retour en France, à Montpellier, sans confirmer ses prestations parisiennes. En janvier 2018, il rejoint la Turquie et Gençlerbirligi à Ankara, un club qu'il a quitté à la fin de la saison 2019-2020. A 36 ans, il espère un dernier challenge et reste toujours à la disposition de son équipe nationale.

## SIÈGE (PSG)

Le 5 août 1988, une page se tournait dans l'histoire du PSG : le club parisien quittait son siège historique situé rue Bergère dans le IXe arrondissement de Paris pour aménager juste à côté du Parc des Princes. Après plusieurs années dans des locaux à Boulogne-Billancourt, le club parisien s'est installé dans un nouveau bâtiment jouxtant le Parc des Princes, le 14 février 2002. Outre le siège social du club et une nouvelle boutique à la gloire du PSG, un restaurant, Le 70, accueille les supporters parisiens, dans un lieu où le design de l'architecture rivalise avec la tradition de l'assiette. En 2013, le siège du club a déménagé à Boulogne-Billancourt (Hauts-de-Seine) après dix ans au Parc des Princes.

## SIMBA (Amara)

Arrivé en France à 20 ans, Amara Simba connaît une ascension fulgurante, qui l'emmène de Versailles jusqu'à l'équipe de France en quelques années. Né à Dakar, il est pourtant originaire de la Guinée, où il a vécu treize ans. Il touche ses premiers ballons à Conakry et connaît son premier club de foot à Dakar pour son retour au Sénégal. À 20 ans, Simba rejoint la métropole avec son père, fait son service militaire à Montlhéry et se fait remarquer par le petit club d'Houdan (Promotion d'Honneur) qui l'engage. Avec Versailles (D3), il inscrit 40 buts puis rejoint le centre de formation du PSG, à 23 ans. Un trajet atypique qui le mène à la D1, pour des débuts à Auxerre (0-3, 31/10/1987). Il est plus heureux face à Marseille et inscrit le seul but parisien (1-1, 08/11/1987). Le début d'une belle histoire, qui le voit signer un premier contrat professionnel, devenir international olympique, inscrire plusieurs buts grâce à un geste acrobatique, la bicyclette, sous le maillot parisien puis sous la tunique cannoise (1990-1991). Ses buts spectaculaires lui ont permis de remporter trois années de suite le trophée Top But du plus beau but de l'année en Championnat de première division. De retour à Paris, Simba est l'invité surprise de l'équipe de France. Le 22 avril 1992, l'attaquant parisien apprend qu'il fait partie de la liste des sélectionnés pour l'Euro 1992 en Suède mais le lendemain de cette annonce, c'est le drame. Au Camp des Loges, Simba se blesse et souffre d'une fracture du péroné. Après sept mois d'absence, il revient mais reste dans l'ombre du nouveau buteur du PSG, George Weah. En 1993, il quitte Paris pour se relancer à Monaco (1993-

1994) puis poursuit sa carrière à Caen (1994-1995) et Lille (1995-1996). Il décide alors de quitter l'Europe pour jouer au Mexique à Leon (1996-1998). Leyton l'accueille lors de l'été 1998 pour qu'il garde la forme pendant ses vacances à Londres, et relance sa carrière en Angleterre, où il remporte le prestigieux FA Trophy à Wembley avec Kingstonian en 2000, en inscrivant le but victorieux en finale face à Kettering Town (3-2, 13/05/2000). À l'âge de 41 ans, l'ancien buteur parisien met définitivement un terme à sa carrière et devient consultant pour la télé sur Canal+ Horizons, puis reçoit le titre honorifique d'ambassadeur du PSG pour l'Afrique. Au début de l'année 2011, Amara Simba a lancé sa propre ligne de vêtements de sport pour le compte de la marque Diego Sport, avec pour logo… un joueur effectuant une bicyclette. En 2014, Simba est nommé directeur sportif du CI Kamsar, en Guinée, puis il devient l'adjoint de Luis Fernandez avec la sélection nationale de Guinée, de mars 2015 à mai 2016. Lors de la saison 2018-2019, Amara Simba avait fait son retour à l'Entente Sportive Petits Anges Paris, au poste de directeur sportif du club qui a formé un certain Alphonse Areola. Il reste un fervent supporter de son club de cœur, le PSG.

## SIMONE (Marco)

voir P410

## SIMONS (Xavi)

Après Kays Ruiz-Atil quatre ans plus tôt, une autre pépite de Barcelone a rejoint le PSG en juillet 2019 pour finaliser sa formation. Xavi Simons, qui porte ce prénom en hommage à l'ancien milieu de terrain blaugrana Xavi Hernandez, a quitté la Masia à 16 ans et son arrivée a fait sensation, le milieu de terrain hollandais est un des plus grands espoirs du Barca et compte déjà des millions de followers sur Instagram. Fils d'un ancien joueur amateur et entraîneur des équipes de jeunes de l'Ajax Amsterdam, Xavi Simons a suivi son père en Espagne et a porté le brassard de capitaine en catégories jeunes avant de rejoindre le PSG malgré les sollicitations de Chelsea ou Barcelone. International hollandais en catégories jeunes (U15, U16 et U17), le jeune espoir parisien a poursuivi sa progression et a rejoint le groupe professionnel parisien au début de la saison 2019-2020, après des prestations convaincantes en Youth League quelques mois plus tôt. Le 10 février 2021, Xavi Simons est entré officiellement dans la grande famille Rouge et Bleu avec une première apparition lors de la victoire en 32e de finale de la Coupe de France à Caen (1-0). Le début d'une belle aventure pour un jeune joueur adulé sur les réseaux sociaux, et dont la notoriété doit désormais s'écrire sur les vertes pelouses.

## SIRIGU (Salvatore)

Salvatore Sirigu est aujourd'hui un des meilleurs gardiens de but en Italie. C'est pourtant au poste d'attaquant que l'ancien portier parisien a touché ses premiers ballons, mais le jeune garçon souffre d'asthme et son entraîneur le repositionne dans les buts, séduit par ses… grandes mains ! La légende de Sirigu est en marche, il grandit à Siniscola en Sardaigne puis rejoint le petit club de Forti à Nuoro jusqu'en 2002. Après avoir refusé une offre de Cagliari, Sirigu signe à Venise en Serie B italienne. Il débute en Coupe d'Italie face à Triestina (1-0, 22/08/2004) et va devoir se justifier après un contrôle antidopage où son taux de testostérone est supérieur à la moyenne autorisée. Il est finalement blanchi après plus d'une année à clamer son innocence, devient international en catégorie des moins de 18 ans et signe à Palerme pour intégrer la Primavera, l'équipe des moins de 20 ans. Il devient le troisième portier du club et débute avec les pros en Coupe d'Italie face à la Sampdoria Gênes (0-1, 08/11/2006) puis en Coupe UEFA contre les Turcs de Fenerbahçe (0-3, 23/11/2006). Il s'inspire d'Alberto Fontana, son modèle, qui termine alors sa carrière à Palerme, puis accepte pour s'aguerrir un prêt à Cremonese (2007-2008, Serie C1, troisième division) suivi d'un autre à Ancône (Serie B, 2008-2009). Appelé avec la sélection Espoirs, il débute face à la France (2-1, 21/08/2007), et des Bleuets nommés

Chantôme, Ménez et Matuidi ! De retour à Palerme, Sirigu va profiter du départ du gardien de but albanais Samir Ujkani puis de la méforme du titulaire, le Brésilien Rubinho, pour s'installer dans les buts, après un premier match excellent face à la Lazio Rome (1-1, 27/09/2009). Le sélectionneur italien Marcello Lippi le convoque pour la première fois pour le match amical face au Cameroun, à Monaco (0-0, 03/03/2010) puis l'inclut dans sa liste des 30 joueurs pour le stage de préparation avant la Coupe du monde en Afrique du Sud, mais il n'est finalement pas retenu pour le Mondial. Quelques semaines plus tard, il est titularisé dans les buts italiens face à la Côte d'Ivoire (0-1, 10/08/2010). Avec Palerme, il termine aux portes de la Ligue des champions (5e du Championnat 2009-2010), puis échoue en finale de la Coupe d'Italie face à l'Inter Milan de… Leonardo (1-3, 29/05/2011). Le nouveau directeur sportif du PSG lui propose alors de rejoindre Paris avec son coéquipier argentin Javier Pastore. Un choix gagnant : Sirigu s'impose dans les buts parisiens et améliore en 2012 le record historique de Bernard Lama, (776 minutes d'invincibilité en 1996) avec 949 minutes sans encaisser de but. Avec le PSG, il remporte de nombreux trophées, dont trois titres de champion de France (2013, 2014, 2015) avant de perdre sa place de titulaire au profit de Kevin Trapp. Après une saison dans la peau d'une doublure, Sirigu comprend qu'un départ est inéluctable pour espérer garder sa place en sélection italienne. Il est successivement prêté à Séville puis Osasuna lors de la saison 2016-2017, avant de quitter définitivement le PSG le 27 juin 2017, pour un retour en Italie, à Torino. Il est le titulaire inamovible du Toro depuis quatre ans, avec lequel il a disputé la Ligue Europa lors de la saison 2019-2020. Il reste une valeur sûre de la sélection italienne et la doublure de Gianluigi Donnarumma, qui a remplacé Gianluigi Buffon dans les buts de la Nazionale.

## SISSOKO (Mohamed)

Huit ans après son départ controversé, « Momo » Sissoko est revenu en France en 2011, pour porter les couleurs du PSG. Un exil riche en titres pour ce grand milieu de terrain défensif, comparé à Patrick Vieira par son ancien entraîneur Rafael Benitez. Né à Mont-Saint-Aignan en Normandie, Sissoko est originaire de Sorma Bendougou dans la région bafoulabé de Kayes, au Mali. À 12 ans, suite à la mutation professionnelle de son père, il s'installe à La Chapelle-Saint-Luc (Champagne-Ardenne) et débute à l'ATAC de Troyes. Il joue alors au poste de meneur de jeu et finit par attirer l'attention de Guy Roux, après un match réussi face aux jeunes Auxerrois. À 13 ans, il rejoint la Bourgogne malgré des propositions de l'OM… et du PSG, et s'installe au poste de milieu défensif. En 2003, déçu par Auxerre qui ne lui propose qu'un contrat « Élite » sur cinq ans, Sissoko quitte la France et rejoint le prestigieux FC Valence. Le transfert se réglera devant le TAS (Tribunal arbitral du sport) et le jeune espoir franco-malien marche alors sur les traces de son oncle, le célèbre Salif Keita, qui avait inscrit 36 buts en trois saisons à Valence. L'entraîneur Rafael Benitez le fait débuter pour le pre- ➜P 412

**Attaquant**
Né le 7 janvier 1969
à Castellanza

**Son parcours : Joueur :** Legnano (1979-1983), Côme (1986-1987), Virescit Boccaleone (1987-198 prêt D3), Côme (1988-1989), Milan AC (1989-1997 PSG (1997-1999), Monaco (1999-2001), Milan AC (2001-2002, prêt), Monaco (2002-2003) Fiorentina (2003), Nice (2003-2004).
**Entraîneur :** Monaco (2011-2012), Lausanne (2014-2015), Tours (2015-2016), Laval (2016-2017) Club Africain (2017), Ratchabur FC (2019), SCC Mohammedia (2019), Châteauroux (2021).
**Son palmarès :** vainqueur de la Coupe intercontinentale (1989), vainqueur de la Supercoupe d'Europe (1989, 1994), champion d'Italie (1992, 1993, 1995, 1996), champion de France (2000), vainqueur de la Coupe de France (1998), vainqueur de la Coupe de la Ligue (1998).
**4 sélections avec l'Italie**

# Marco SIMONE

Le séduisant Marco Simone débarque à Paris en 1997. Sous contrat avec le Milan AC, le buteur italien, surnommé « Batman » pour son tatouage à l'épaule, choisit Paris pour sa première expérience à l'étranger, malgré les sollicitations du Bayern Munich. Simone, après avoir débuté à Côme à l'âge de 17 ans, fait ses débuts dans le Calcio face à Empoli (1-1, 11/01/1987) puis marque son premier but contre la Fiorentina dix-huit mois plus tard (3-2, 18/12/1988). Il connaît six saisons glorieuses au Milan AC, inscrit 73 buts en 242 rencontres et remporte quatre titres de champion d'Italie, une Supercoupe d'Europe et une Coupe intercontinentale. Charmeur, il se montre efficace pour ses premiers matches à Paris et inscrit 7 buts en 7 rencontres, avec une performance exceptionnelle au Parc des Princes face au Steaua Bucarest en tour préliminaire de la Ligue des champions (5-0, 27/08/1997). Fin octobre, il se blesse à la cuisse lors du jubilé de Franco Baresi à Milan et ne retrouve la plénitude de ses moyens qu'en fin de saison, avec des buts décisifs en finale de la Coupe de la Ligue contre Bordeaux (2-2, 4-2 t.a.b., 04/04/1998) puis en finale de la Coupe de France (2-1, 02/05/1998). Michel Denisot quitte le club, Charles Biétry le remplace et souhaite faire de sa star italienne le nouveau capitaine du PSG. Les rapports entre les deux hommes sont tendus. Son année est difficile, sauvée par un but face à Marseille au Parc des Princes (2-1, 04/05/1999). Jugé trop individualiste, il rejoint Monaco, inscrit 21 buts et devient champion de France, faisant taire ses derniers détracteurs (2000). Comme à Paris, la seconde saison n'est pas du même acabit et Simone repart au Milan AC, revient sur le Rocher puis termine sa glorieuse carrière en France, à Nice. Le joueur italien rachète le club où il a débuté à 10 ans, Legnano en Lombardie (Serie C), et gère la société Marco Simone Events, spécialisée dans l'événementiel et le management de joueurs. Consultant pour l'émission Match retour sur l'Équipe TV, Marco Simone rejoint l'émission du Canal Football Club, en 2010 puis devient entraîneur de l'AS Monaco, en septembre 2011. Remercié à la fin de l'exercice 2011-2012, il reprend sa place de consultant sur Canal+ avant de retrouver un poste d'entraîneur à Lausanne en Suisse (2014-2015), Tours (2015-2016), Laval (2016-2017) et le Club Africain en Tunisie (2017). Après avoir espéré reprendre l'équipe B du Milan AC, Simone retrouve le 25 mars 2019 un poste en Thaïlande, au Ratchaburi Mitr Phol. Quatre mois plus tard, il prend en main l'équipe marocaine du Chabab Mohammedia. Le 9 mars 2021, Marco Simone est nommé entraîneur de Châteauroux, sans parvenir à assurer le maintien de son équipe en Ligue 2.

mier match de la Liga contre Valladolid (1-1, 30/08/2003). À 19 ans, Sissoko contribue à la fabuleuse saison du club espagnol, champion d'Espagne et vainqueur de la Coupe UEFA. Entré en jeu en fin de rencontre, il participe à la finale victorieuse face à Marseille à Göteborg (2-0, 19/05/2004). Malgré le départ de Benitez à Liverpool, Sissoko devient alors un titulaire indiscutable à Valence et accepte de porter les couleurs du Mali. En 2005, Chelsea, Arsenal et Liverpool souhaitent l'engager. Il rejoint le club vainqueur de la Ligue des champions et son ancien entraîneur Rafael Benitez, et débute sa carrière avec les Reds en remportant la Supercoupe de l'UEFA face au CSKA Moscou (3-1, 26/08/2005). Sa saison s'achève par un nouveau succès en Coupe d'Angleterre, après une finale d'anthologie face à West Ham à Cardiff (3-3, 3-1 t.a.b., 13/05/2006). Oubliée, sa blessure à la rétine de l'œil droit suite à un coup de pied du joueur portugais Beto (Benfica-Liverpool 1-0, 22/02/2006), l'obligeant à porter des lunettes. Deux mois plus tard, il est élu homme du match lors du Community Shield face à Chelsea (2-1, 13/08/2006). Sa deuxième année est gâchée par une blessure au bras. En janvier 2008, Sissoko signe à la Juventus Turin. Malgré des débuts encourageants, il n'est pas épargné par les blessures. En juillet 2011, il tente de se relancer au PSG, mais il est rapidement victime de son tempérament : pour sa première titularisation avec Paris à Bilbao en Ligue Europa, il est expulsé (0-2, 29/09/2011). Promu capitaine par Carlo Ancelotti à Nancy (défaite du PSG 1-2, 31/03/2012), le bouillant milieu de terrain parisien perd sa place de titulaire après l'arrivée de Marco Verratti et l'émergence de Blaise Matuidi. À la fin du mercato d'hiver 2012, il quitte Paris et retourne en Italie, à la Fiorentina (prêt avec option d'achat) après avoir effectué son grand retour avec l'équipe du Mali, troisième de la CAN en 2013. Son parcours italien est compliqué, Sissoko n'est pas conservé par la Viola et résilie à l'amiable son contrat avec le PSG. Le début d'un parcours chaotique. Après une saison compliquée en Espagne à Levante (2014-2015), on le retrouve en Chine (Shanghai Greenland Shenhua, 2015), en Inde (Pune City, 2016), quelques mois en Italie (Ternana, 2016), en Indonésie (Mitra Kukar, 2017), au Mexique (Atletico San Luis, 2017) et à Hong Kong (Kitchee, 2018) avant de revenir en France, au FC Sochaux en Ligue 2 en janvier 2019. Une dernière pige pour cet infatigable globe-trotter avant de raccrocher officiellement les crampons le 13 janvier 2020, à l'âge de 34 ans, même s'il les a rechaussés la même année pour le plaisir et le club de Cabestany (Pyrénées-Orientales), dont il est le président d'honneur.

## SOCHAUX

voir P412

## SOLAS (Daniel)

C'est Pierre Phelipon, entraîneur du PSG en 1971 et ancien joueur d'Angoulême, qui est à l'origine du recrutement de ce défenseur rugueux et intraitable. Après avoir passé toute sa jeunesse sportive au sein de l'équipe de Gond-Pontouvre, ville proche d'Angoulême, il rejoint le chef-lieu de la Charente après son service militaire. Arrière latéral gauche, cet international Espoirs de taille moyenne (1,70 m pour 66 kg) va connaître une carrière contrastée, après avoir été en contacts avancés avec Saint-Étienne, le meilleur club français des années 1970. Il signe au PSG, promu en première division, mais la défense parisienne est

loin de rassurer un groupe déstabilisé par les querelles entre Parisiens et Sangermanois. Peu utilisé au PFC (19 matches en D1), Solas rejoint Bastia (1973-1975) puis Caen, promu en Division 2 (1975-1978) jusqu'à la chute du Stade Malherbe en Division 3. À 32 ans, Solas quitte le foot professionnel et devient entraîneur-joueur à Amboise (D4), jusqu'en 1981, puis travaille comme agent municipal et professeur de tennis. Passionné de chasse et de pêche, adepte du semi-marathon, il profitait en 2021 d'une paisible retraite en Poitou-Charentes.

## SORIN (Juan Pablo)

Le défenseur argentin, arrivé à Paris en septembre 2003, reste un cas unique dans l'histoire du PSG : en 26 rencontres sous le maillot parisien, il n'a jamais connu la défaite ! Tout jeune, Sorin débute à Social Parque, un club de quartier de Buenos Aires, au baby-football (équipe composée de cinq joueurs et d'un gardien) puis rejoint Argentinos Juniors, le club qui a révélé un certain Diego Maradona. À 18 ans, il débute en Championnat au poste d'arrière gauche face à San Lorenzo (0-0, 09/09/1994). Régulièrement appelé en sélection nationale chez les moins de 20 ans, il est capitaine de l'équipe championne du monde au Qatar en 1995. À son retour, Sorin est convoqué par le sélectionneur Daniel Passarella et doit se résoudre à couper ses cheveux sous peine d'exclusion de la sélection. Une petite vingtaine de matches en Argentine, et la Juventus Turin l'engage. Sous les ordres de Marcello Lippi, il ne joue que trois rencontres (dont un match en Ligue des champions contre Dortmund) mais progresse au contact des stars de la Juve. Bloqué par son statut d'extracommunautaire, il décide de rentrer en Argentine, à River Plate. Avec Marcelo Gallardo, celui que l'on surnomme « Juampi » remporte de nombreux trophées en quatre saisons : une Copa Libertadores face à l'America Cali en 1996 (0-1, 2-0), quatre titres de champion (ouverture en 1996, 1997 et 1999, fermeture en 1997). Les « Millionnaires » de River, en manque de liquidité, décident de vendre Juan Pablo Sorin, qui accepte de rejoindre le Brésil et Cruzeiro. Après six mois difficiles, il devient l'idole du stade Mineirao et le capitaine du club, une première pour un joueur argentin chez le rival historique brésilien. Installé sur son flanc gauche, il remporte la Coupe du Brésil en 2000 et quitte le club sous les acclamations des 75 000 supporters présents pour ses adieux. Prêté à la Lazio Rome jusqu'à la Coupe du monde en 2002, Sorin rejoint le FC Barcelone sans pouvoir participer à la Ligue des champions. À l'issue de son prêt en Catalogne, le PSG l'accueille et tremble lorsqu'il se blesse avec sa sélection nationale quelques semaines plus tard. De retour au début de l'année 2004, il va ➔P.416

**Ligue 1, 38e journée**
Samedi 17 mai 2008 au stade Auguste-Bonal (Sochaux).
**Arbitre :** M. Layec.
**Buts :** N'Daw (74e) pour Sochaux ; Diané (23e, 83e) pour le PSG.
**SOCHAUX :** Richert – Bréchet, N'Daw, Afolabi, Pichot – Pitau, Dalmat, Isabey (Dagano, 85e), Maurice-Belay (Traoré, 85e) – Erding, Pancrate.
**Entraîneur :** Francis Gillot.
**PSG :** Landreau – Ceara, Yepes, Camara, Armand – Chantôme (Mendy, 82e), Bourillon, Clément, Rothen (Sakho, 86e) – Diané, Pauleta (Luyindula, 70e).
**Entraîneur :** Paul Le Guen.

## SOCHAUX-PSG : 1-2 (0-1)

Le PSG se déplace à Sochaux avec un seul objectif : remporter le match pour assurer le maintien en Ligue 1. La saison a été difficile pour les Rouge et Bleu, qui ont pourtant assuré une place européenne en remportant la Coupe de la Ligue quelques semaines plus tôt face à Lens en finale au Stade de France (2-1, 29 mars 2008). Pour ce dernier match couperet dans le Doubs, les Parisiens ont leur destin entre leurs mains dans la course au maintien, avec deux concurrents directs moins bien placés au classement : Toulouse et Lens. Les Sochaliens, emmenés par les anciens joueurs parisiens Stéphane Pichot, Stéphane Dalmat et Fabrice Pancrate, n'ont plus rien à gagner ni à perdre pour ce dernier match de la saison. Côté parisien, Pedro Miguel Pauleta dispute son dernier match avec le brassard en Championnat et espère terminer son parcours rouge et bleu avec le maintien du club de la capitale. Le stade est plein, le parcage parisien pousse ses joueurs et les joueurs de Paul Le Guen pensent avoir fait le plus dur en ouvrant le score par l'intermédiaire d'Amara Diané, d'une frappe puissante et précise (22e). Mais

cette saison 2007-2008 sera celle de toutes les angoisses pour les supporters du PSG : la défense parisienne souffre, le bloc recule et Sochaux se rebiffe devant son public avec des tentatives de Stéphane Dalmat (42e), Rabiu Afolabi (51e) et Mickaël Isabey (56e). Logiquement, les Doubistes égalisent sur un corner de Stéphane Dalmat repris de la tête par Guirane N'Daw (74e) quelques minutes après la sortie émouvante de Pauleta, remplacé par Peguy Luyindula (70e). L'angoisse est palpable côté parisien, sur la pelouse et dans les tribunes. Dans le même temps, Toulouse mène au score face à Valenciennes, et Lens est tenu en échec par Bordeaux. Un but des Sang et Or conjugué à une défaite parisienne, et la relégation en Ligue 2 serait actée… Un homme va sauver le club de la capitale : Amara Diané qui, au bout d'un duel avec Rabiu Afolabi, trompe Teddy Richert venu à sa rencontre. Un ballon qui rentre tout doucement dans les filets, un but de raccroc mais ô combien précieux (83e). Les sept dernières minutes du match, sans compter les arrêts de jeu, sont peut-être les plus longues de l'histoire du club. Au coup de sifflet final, c'est la délivrance. Le PSG reste en Ligue 1, Pedro Miguel Pauleta fond en larmes dans le vestiaire avant de confesser : « Je suis très content pour nos supporters. C'était très difficile cette année, encore plus que la saison dernière. Aujourd'hui, le club est sauvé alors que beaucoup de monde pensait que nous allions descendre. Nous nous sommes battus jusqu'au bout. »

devenir le symbole d'un PSG invincible. Milieu gauche juste devant Gabi Heinze, on le voit un peu partout sur le terrain et son absence pour la finale de la Coupe de France face à Châteauroux (1-0, 29/05/2004) rend la victoire un peu amère. Sorin ne reviendra jamais à Paris, Halilhodzic préférant miser sur un duo Sylvain Armand-Jérôme Rothen. Le joueur argentin rebondit à Villarreal en Espagne pour deux saisons réussies (2004-2006) puis met un terme à sa carrière avec l'équipe d'Argentine après une décevante Coupe du monde en Allemagne (76 sélections, 12 buts). En 2006, il rejoint Hambourg, mais ne joue que 24 matches de Bundesliga en 2 saisons minées par une blessure au genou. En 2008, il résilie son contrat avec une prime de départ estimée à un million d'euros, et retourne à Cruzeiro au Brésil. Un an plus tard, après n'avoir joué que six matches en sept mois suite à des lésions répétées à la cuisse droite et au mollet gauche, Sorin met un terme à sa carrière, à 33 ans. Il se reconvertit dans le métier d'agent au Brésil avec la société Passe do Gol et commente des matches pour la chaîne ESPN. Toujours présent dans le cœur des supporters parisiens, Juan Pablo Sorin était revenu pour la première fois au Parc des Princes pour assister à la victoire du PSG face à l'OM en Coupe de la Ligue (2-0), le 31 octobre 2012. Il est désormais une référence sur les réseaux sociaux, avec environ 300 000 followers sur le réseau Twitter.

## SOUZA (Willamis)

Annoncé comme le successeur de Raí, le numéro 10 brésilien passé par Sao Paulo n'est resté que six mois au PSG, pour un maigre bilan (17 matches de Ligue 1). Arrivé à Paris avec son compère Everton, Souza réussit une première sortie intéressante au Parc des Princes face au Mans (0-0, 31 janvier 2008) puis se contente de quelques apparitions en fin de match. Il débute sa carrière au CSA à Maceio en 1998, et signe au prestigieux Botafogo (2000-2001). Décevant, il poursuit sa carrière au Club Libertad, au Paraguay, puis retourne au Brésil au Guarani (2002) et au Portuguesa Santista (2003). À 24 ans, il est remarqué par le Sao Paulo FC, avec lequel il va remporter la Copa Libertadores (2005), le Championnat du Brésil (2006 et 2007) et la Coupe du monde des clubs face à Liverpool (1-0, 18/12/2005), même s'il ne participe pas à la finale à Yokohama au Japon. Pendant cinq saisons à Sao Paulo, il occupe le flanc droit de l'attaque avec un certain succès (232 matches, 35 buts). Ses six mois en Europe sont un échec, il retourne au Brésil au Gremio Porto Alegre, avant d'être transféré définitivement en juillet 2009. Après trois saisons réussies, Souza rejoint Fluminense, entraîné par l'ancien défenseur parisien Abel Braga. Engagé pour remplacer la star de l'équipe, Déco, il se retrouve sur le banc au retour de ce dernier, et finit par quitter le club pour Cruzeiro en avril 2012. Huit mois plus tard, Souza est prêté à Portuguesa à Sao Paulo, tout juste relégué en Serie B brésilienne. Il poursuit sa carrière au Ceara Sporting Club (2015), à l'Esporte Clube Passo Fundo (2015 puis 2017-2018), à Caxias (2016), au Brasiliense FC (2018), à l'Esportivo Bagé (2019), et au Murici FC, club de D4 brésilienne (2020), avant de raccrocher les crampons et devenir consultant pour une émission consacrée au sport, Os Donos da Bola.

## SPIEGLER (Mordechai)

Daniel Hechter s'était promis de ne jamais engager un joueur appartenant au PFC, le club rival du PSG qui n'avait pas voulu s'associer au couturier malgré des gros soucis financiers. Spiegler rejoint pourtant le PSG à la fin de l'année 1973 pour renforcer l'attaque parisienne, toujours en course pour la montée en D1. L'attaquant israélien n'est pas un inconnu : né en Russie à Sotchi en 1944 avant de déménager en Israël à l'âge de 5 ans, il a grandi dans la ville côtière de Netanya où il a commencé sa carrière de footballeur. Il termine systématiquement meilleur buteur du Championnat israélien de 1966 à 1970, alors qu'il porte les couleurs du Maccabi Netanya et remporte un premier titre de champion en 1971. Spiegler fait ses débuts sur la scène internationale en 1967, lors d'un match de qualification pour les Jeux olympiques au Vietnam, puis inscrit son premier but sur penalty lors de sa deuxième sélection (victoire 3-0 face à Hong Kong). Israël se qualifie pour les Jeux olympiques de 1968 et Spiegler marque trois fois, menant ainsi son pays jusqu'en quarts de finale. Il est de nouveau décisif contre l'Australie lors du match de barrage pour la Coupe du monde 1970, inscrivant le but qui envoie Israël au Mexique. Spiegler entre vraiment dans la légende grâce à son but face à la Suède en phase finale de la Coupe du monde (1-1, 07/06/1970). Aujourd'hui encore, il reste le seul buteur israélien à l'occasion d'un grand tournoi. En 1972, il rejoint le Paris FC et marque 9 buts en 22 rencontres pour ses débuts en D1. Il accepte alors de renforcer le PSG, inscrit 10 buts en 21 matches et relève le défi lancé par Daniel Hechter : faire remonter le PSG parmi l'élite du Championnat. Spiegler termine sa carrière au Cosmos New York, aux côtés de Pelé, puis met un terme à sa carrière internationale en 1977, à l'âge de 33 ans. Il reste le meilleur buteur de l'équipe d'Israël avec 32 buts en 82 sélections et du Championnat israélien (168 buts inscrits en 375 matches). De retour au Netanya, il est transféré à l'Hapoël Haïfa FC en tant qu'entraîneur-joueur (1977-1978) puis remet les crampons pour une dernière pige au Beitar Tel-Aviv, en 1981, à 37 ans. Il revient dans son club formateur comme entraîneur, pour remporter le titre de champion (1982-1983) mais ne connaît pas le même succès ensuite au Maccabi Haïfa et au Beitar Tel-Aviv. Élu joueur israélien de ces 50 dernières années en 1998, Spiegler est désormais ambassadeur de la FIFA, et membre du comité de l'éducation et de la publicité de la Fédération de football israélienne. Il travaille en parallèle pour le développement du football dans les villages arabes d'Israël.

## STADE DE FRANCE

En 1998, les instances du football souhaitaient installer le PSG au Stade de France, mais les dirigeants parisiens ont préféré rester fidèles au Parc de Princes, une décision souhaitée par une large majorité des supporters parisiens. Le PSG a disputé la première rencontre officielle de clubs dans la nouvelle enceinte construite pour la Coupe du monde 1998, la finale de la Coupe de la Ligue, avec un succès face à Bordeaux (2-2, 4-2 t.a.b., 04/04/1998), puis a récidivé quelques semaines plus tard pour la première finale de la Coupe de France à Saint-Denis (2-1 02/05/1998). Avec vingt et une finales disputées depuis l'inauguration du stade, le PSG est le club français le plus présent au Stade de France, pour un bilan de 17 victoires et seulement 5 défaites, en ajoutant le succès des Parisiens en Championnat face à Lens (3-1) le 17 octobre 2014.

## STAMBOULI (Benjamin)

L'arrivée de Benjamin Stambouli au PSG, le 21 juillet 2015, a rappelé ô combien il est difficile de signer à Paris pour un joueur né à Marseille, même s'il n'a porté les couleurs de l'OM qu'en catégorie Débutants ! Au début de la saison 2015-2016, le club parisien engage

le petit-fils de Gérard Banide, entraîneur adjoint du PSG en 1990-1991 aux côtés d'Henri Michel, et un joueur qui a fait les beaux jours de Montpellier, son club formateur. Après avoir suivi son père Henri Stambouli à Sedan (2001-2003) c'est à Uzès, près de Nîmes, que le jeune Benjamin Stambouli se fait remarquer par Montpellier, dont il rejoint le centre de formation à l'âge de 14 ans. Joueur polyvalent, capable de jouer défenseur central, latéral droit ou milieu de terrain défensif, il remporte la Coupe Gambardella en 2009 (victoire face à Nantes 2-0, 09/05/2009), gravit les échelons jusqu'à l'équipe première et signe son premier contrat professionnel à 19 ans, le 3 mars 2010. Six mois plus tard, il est appelé avec l'équipe de France Espoirs, victorieuse de la Turquie (2-0, 08/10/2010), après avoir débuté en Ligue 1 lors du succès face à Bordeaux (1-0, 08/08/2010). La génération dorée de Montpellier, avec ses copains Younès Belhanda et Rémy Cabella, perd en finale de la Coupe de la Ligue face à Marseille (0-1, 23/04/2011) puis va réussir un incroyable exploit en remportant le titre de champion de France en 2012, devant le PSG. Stambouli change alors de dimension, découvre la Ligue des champions et se rapproche de l'équipe de France. Le 1er septembre 2014 marque un nouveau départ, avec son transfert pour Tottenham et l'Angleterre. La concurrence est terrible aux Spurs et le bilan est décevant : 25 matches joués en 2014-2015, dont seulement 4 titularisations en Premier League. Conscient de cet échec, Stambouli tente alors de se relancer au PSG, et récupère un maillot alors maudit : le numéro 4, après les échecs de Mohamed Sissoko et Yohan Cabaye dans la capitale. Joueur d'appoint, il va finalement jouer 40 matches sous les couleurs rouge et bleu, et remporter 2 Trophée des champions (2015 et 2016), un Championnat (2016) et une Coupe de France (2016). L'arrivée d'Unai Emery puis de Grzegorz Krychowiak confirme qu'il doit quitter le PSG pour jouer, à seulement 26 ans. Destination Schalke 04 et l'Allemagne, où il croise alors Thilo Kehrer et Eric Maxim Choupo-Moting. Après une première saison d'adaptation, Stambouli s'installe en défense centrale et Schalke 04 termine la saison 2017-2018 vice-champion d'Allemagne, derrière le Bayern Munich. Malgré une grave blessure au pied et six mois d'absence en 2019-2020, Benjamin Stambouli a prolongé son contrat pour trois saisons dans la Ruhr, un choix qu'il doit regretter : Schalke 04, dernier de la Bundesliga, a vécu une saison cauchemardesque et va jouer en seconde division, une première pour le club allemand depuis la saison 1990-1991.

## STRASBOURG

Le 23 décembre 2020, le PSG a fêté Noël avec un peu d'avance en s'imposant largement face à Strasbourg en Ligue 1 (4-0). Un déplacement au Parc des Princes qui vire au cauchemar pour le club alsacien depuis 1974 : 34 matches officiels joués pour un bilan incroyable de 26 victoires et 8 nuls pour le club parisien. 34 matches sans la moindre victoire, c'est un record face au PSG ! Strasbourg a battu en 2018 l'autre cancre face aux Rouge et Bleu au Parc des Princes, le Sporting Club Bastia, désormais en championnat National, avec une série de 31 matches sans victoire (25 victoires et 6 nuls pour le PSG).

## SURJAK (Ivica)

Cet élégant attaquant gaucher, grand par la

taille (1,91 m pour 83 kg) et par le talent, n'a laissé que des bons souvenirs aux supporters parisiens. Surjak a fait toute sa carrière à Hajduk Split, un des clubs les plus célèbres de la Croatie. À 11 ans, il joue en Pupilles à Hajduk puis débute avec l'équipe professionnelle en 1970 face au Partizan Belgrade, champion de Yougoslavie en titre. Son but victorieux (victoire 2-1 d'Hajduk) lui donne déjà un statut de héros qu'il va parfaitement assumer, malgré son jeune âge. Les titres s'accumulent : 4 titres de champion et 5 Coupes nationales. Avec l'équipe de Yougoslavie, même topo : Surjak inscrit un doublé en Grèce qui qualifie son pays pour la Coupe du monde (4-3, 19/12/1973). Capitaine d'Hajduk Split et de la Yougoslavie, il ne connaît pas le même bonheur lors des rencontres de la phase finale du Mondial en 1974, puis 1982. En Coupe d'Europe, l'équipe d'Hajduk est poursuivie par la malchance, échouant au stade des demi-finales en 1973, 1976, 1978. La France découvre ce grand gaillard le 23 octobre 1974 lorsque Saint-Étienne tombe en Croatie (1-4), avec trois passes décisives de Surjak. Le retour en France ne sera pas de la même veine : les Verts s'imposent 5-1 et ruinent les espoirs de tout un peuple. Surjak doit attendre sa 28e année, comme l'exige la fédération yougoslave de football, pour quitter son pays, après 490 matches sous les couleurs d'Hajduk Split… et le début d'une carrière de chanteur avec le titre Julija ! Il choisit la France et le PSG et va rapidement devenir indispensable à Paris. Excellent joueur de tête et merveilleux tireur de coups francs, Surjak est décisif pour son dernier match à Paris face à Saint-Étienne (2-2, 6-5 t.a.b., 15/05/1982). Deux passes décisives, dont un dernier centre du côté droit pour Rocheteau au bout de la nuit, permettent à Paris d'égaliser avant de s'imposer à l'issue de la séance des tirs aux buts. Le président Borelli souhaite le conserver, mais sa star yougoslave s'est déjà engagée pour le club italien de l'Udinese. Dans le Calcio, il n'inscrit que 2 buts en 29 matchs et se retrouve sur la touche après l'arrivée de la star brésilienne Zico. Après une saison blanche, il rejoint Saragosse et le Championnat espagnol (1984-1985) sans connaître le succès, malgré un but exceptionnel face à Barcelone, champion d'Espagne. En 1999, alors qu'il pilotait son bateau, Surjak est à l'origine d'un drame qui a coûté la vie à un nageur. Il a finalement été déclaré non coupable par la justice yougoslave. De retour à Split, il devient agent de joueurs, s'occupe du bar qu'il a ouvert, occupe le poste de directeur sportif (1998-2004), puis celui de conseiller du président, à Hajduk Split avant de quitter un club en crise lors de l'année 2010, à l'ombre du Dinamo Zagreb

(8 titres de champion pour Zagreb, série en cours). Discret, il reste, à 67 ans en 2020, un supporter de son club de cœur Hadjuk Split et n'a pas hésité à rechausser les crampons pour une belle cause, le 16 février 2013, un match amical en salle à la veille d'un choc très attendu opposant Serbes et Croates, entre des anciennes gloires des deux pays.

## SUSIC (Safet)

voir P420

**Milieu de terrain**
Né le 13 avril 1955
à Zavidovici

**Son parcours : Joueur :** Krivaja (1968-1973), Sarajevo (1973-1982), PSG (1982-1991), Red Star (1991-1992).
**Entraîneur :** Cannes (1994-1995), Istanbulspor (1996-1998), Al Hilal Ryad (2001-2002), Konyaspor (2004-2005), Ankaragücü (2005-2006), Rizespor (2006-janvier 2007 puis septembre 2007-janvier 2008 comme directeur technique), Ankarasport (mars-mai 2008), Bosnie-Herzégovine (2009-2014), Évian Thonon Gaillard (2015-2016), Alanyaspor (2017) Akhisar Belediyespor (2018).
**Son palmarès :** champion de France (1986), vainqueur de la Coupe de France (1983).
**54 sélections avec la Yougoslavie, 21 buts**

# Safet SUSIC

Il reste pour un grand nombre de supporters le plus talentueux joueur de l'histoire du PSG. Par son talent et sa fidélité (neuf saisons à Paris), Safet Susic est unique et inoubliable pour les fans parisiens, près de trente ans après son départ, en 1991. Après avoir signé sa première licence à Krivaja, le meneur de jeu bosniaque rejoint le FC Sarajevo et devient la star de l'équipe, sans remporter le moindre trophée et se contentant d'un titre honorifique de meilleur joueur et de meilleur buteur avec 17 buts (1979-1980). Transféré à Paris, le maestro yougoslave débute au tournoi de Paris face à Cologne (2-1, 05/08/1982) puis, le lendemain de ce succès, c'est la stupeur : la fédération yougoslave, pour punir ses joueurs après une piètre performance à la Coupe du monde en Espagne, décide d'annuler le transfert de sa star. Au bout de longues tractations, Susic est enfin parisien et débute face à Monaco, au Parc des Princes (0-1, 18/12/1982). D'emblée, il est décisif pour sa première titularisation à Nancy (3-2, 16/01/1983) et va terminer sa première saison par un show exceptionnel contre Nantes en finale de la Coupe de France (3-2, 11/06/1983). La légende est en marche, Susic est irrésistible face à la Juventus Turin au Parc (2-2, 19/10/1983) puis permet à Paris de remporter son premier titre de champion, en 1986. Deux ans plus tard, après avoir été écarté du groupe, Susic enfile le costume de sauveur pour assurer le maintien du PSG en D1 (1987-1988). Annoncé sur le départ, Tomislav Ivic le convainc de poursuivre son aventure à Paris, avec une place de vice-champion de France la saison suivante. En 1990, Susic, désormais surnommé « Le Papet », devient le capitaine du PSG, avant son départ en 1991 lors de l'arrivée d'Artur Jorge et de Canal+. Déçu, il rejoint le Red Star (1991-1992) après avoir inscrit 85 buts en 344 matches sous le maillot parisien. En 1994, il succède à Luis Fernandez à Cannes et débute une prometteuse carrière d'entraîneur. Il dirige Istanbulspor en Turquie jusqu'à la Coupe d'Europe, avant d'être débarqué de son poste (1998). Après trois ans sans club, on le retrouve en Arabie saoudite à Al Hilal Riyad où il remporte la Coupe arabe des vainqueurs de coupe et la Supercoupe d'Asie. Susic retourne alors en Turquie en 2004 et dirige quatre clubs en quatre ans, sans grands résultats. À la fin de l'année 2009, il est nommé sélectionneur de la Bosnie-Herzégovine, qu'il qualifie pour la Coupe du monde en 2014, une grande première pour ce pays issu de l'ex-Yougoslavie. Après cinq ans à la tête de la sélection bosniaque, Safet Susic est licencié suite à la non-qualification pour l'Euro 2016. On le retrouve en France en Ligue 2, pour six mois catastrophiques à Évian Thonon Gaillard, puis un nouveau passage en Turquie, à Alanyaspor (2017) et Akhisar Belediyespor (2018). Malgré des débuts réussis et la victoire en Supercoupe face à Galatasaray (1-1, 5-4 t.a.b.), son seul trophée remporté comme entraîneur, Safet Susic est démis de ses fonctions le 17 septembre 2018. Il rentre alors en France et vit désormais en région parisienne, à l'âge de 65 ans en 2020.

# T

## TAHAR (Simon)

Président de l'Association PSG de 2006 à 2012, Simon Tahar a occupé le poste de président du PSG pendant plus d'un mois (du 23 avril au 27 mai 2008) pour assurer l'intérim entre Alain Cayzac et Charles Villeneuve. Ami de longue date d'Alain Cayzac, il lui avait déjà succédé à la tête de l'Association PSG. Simon Tahar, frère cadet de Charles Talar, est un fidèle des Rouge et Bleu depuis plus de trente ans. Il fut l'avocat du club de 1978 à 1991 avant d'en être nommé administrateur jusqu'en 2001. Le 14 décembre 2012, il a démissionné de ses fonctions d'administrateur et de président de l'Association PSG.

## TALAR (Charles)

Producteur et éditeur de musique, Charles Talar était considéré comme un dirigeant historique jusqu'à sa démission du conseil de surveillance du PSG, en juillet 2011. Éditeur de chansons à succès depuis 1963, il connaît la gloire avec Mike Brant, Stone et Charden, et obtient un premier disque d'or en 1969. Passionné de football, il est aux côtés de Daniel Hechter lors de la reprise du PSG en 1973. Depuis 2004, il se consacrait à la musique après avoir produit la comédie musicale à succès Notre-Dame de Paris en 2002, le couronnement de sa carrière avec plus de 7 millions de phonogrammes vendus, tous supports confondus. Le 30 octobre 2020, Charles Talar nous a quittés, à l'âge de 80 ans.

## TALONNADE (Raí)

Raí, par son talent et son charisme, fait désormais partie de l'histoire du PSG. Le Parc des Princes a applaudi ses gestes les plus fous, dont seuls les magiciens brésiliens ont le secret. Le 25 octobre 1997, lorsque Paris plonge dans une nouvelle crise après l'annonce du contrôle positif de Vincent Guérin et la sévère défaite en Allemagne face au Bayern Munich en Ligue des champions (1-5), le capitaine Raí inscrit un but exceptionnel, d'une talonnade à mi-hauteur, aussi

esthétique que décisive. Paris l'emporte 2-0 et se rassure grâce à ce but venu d'ailleurs, « d'une autre galaxie », comme le chantent avec passion les supporters parisiens en évoquant le fabuleux destin de « Capitaine Raí ». Si plusieurs joueurs du PSG ont aussi réussi ce geste acrobatique, avec récemment la « Madjer » de Kylian Mbappé face à Nantes (2-0, 06/12/2019), ce but de Raí restera à tout jamais dans la légende rouge et bleu.

## TANASI (Franck)

De 1976 à 1991, Franck Tanasi a eu le cœur parisien et n'a rien à envier à la carrière de Jean-Marc Pilorget, recordman des matches joués sous les couleurs du PSG (435 rencontres, de 1975 à 1989). À la différence du stoppeur parisien, le défenseur martiniquais né à Fort-de-France n'a jamais commencé une saison avec l'étiquette de titulaire et a passé plusieurs saisons sous d'autres cieux, prêté au Paris FC (deux ans, 1979-1981) et à Orléans (1981-1982). Après avoir rejoint la métropole à 6 ans, Tanasi débute à Villecresnes puis porte les couleurs de l'ASPTT Paris. À 17 ans, il vit dans une pension des Postes à Cachan avec sa mère lorsqu'il envoie une lettre de motivation au club pour rejoindre le tout nouveau centre de formation à Saint-Germain-en-Laye. L'essai est concluant, il côtoie Luis Fernandez, Jean-Claude Lemoult et joue en Division 3 au poste de milieu de terrain. Le 28 mars 1978, il débute sa carrière en D1 au Parc des Princes contre Nantes devant 40 00 spectateurs (0-1) mais ne joue que 2 matches en 2 saisons et demande à être prêté au voisin du Paris FC pour s'aguerrir (1979-1981). Tanasi effectue son service militaire à Orléans (1981-1982) puis revient au PSG entraîné par Georges Peyroche, qui voit en lui un excellent arrière latéral. Profitant de la blessure de Thierry Bacconnier, il s'installe sur le flanc gauche de la défense et remporte la Coupe de France face à Nantes en finale (3-2, 11/06/1983). Titulaire contre la Juventus Turin en Coupe d'Europe la saison suivante, il devient international olympique mais rate la phase finale et la victoire à Los Angeles en 1984. Le Havre (1986), Toulouse (1988) puis Bordeaux (1989) ont longtemps espéré le recruter, avant de s'incliner face à la fidélité de ce joueur discret et sympathique. Avec 254 matches officiels à Paris, Tanasi fait partie de l'histoire du PSG malgré un compteur but désespérément vierge. Le 5 mars 1985, à la surprise générale, il a pourtant pris ses responsabilités pour tirer un penalty contre Nantes en Championnat (2-3) mais sa frappe est passée largement à côté du cadre. En 1991, il rejoint l'AS Poissy puis met un terme à sa carrière, pour diriger une entreprise dans le bâtiment et le nettoyage (1999). Entraîneur à Sucy-en-Brie puis à Dugny, en région parisienne, il s'occupe du recrutement des jeunes dans le Val-d Oise pour le PSG puis devient entraîneur adjoint en Afrique, au Burkina Faso, avant la Coupe d'Afrique des Nations en 2004. De retour en région parisienne, Tanasi dirige la modeste équipe des Antillais de Creil en 2007 et s'investit dans l'association France-Bénin Football, destinée à créer des centres d'entraînement en Afrique, puis se retire du monde du football après avoir entraîné

en 2012 le club amateur de l'Étoile Sportive de Baron (Oise, première division Départementale).

## TAUFFLIEB (Timothée)

La belle histoire que celle de Timothée Tauflieb... Cinq petites minutes sur la pelouse du Parc des Princes en Championnat face à Caen (6-0) pour remplacer Gregory van der Wiel, le 16 avril 2016, et le milieu de terrain parisien, habitué à l'anonymat du Camp des Loges avec l'équipe réserve, se retrouve officiellement sacré champion de France. Né à Colombes en région parisienne et formé à Franconville, Taufflieb n'est pas passé par le centre de formation des Rouge et Bleu. À 19 ans, il rejoint le PSG alors qu'il joue en niveau District pour renforcer l'équipe 3 du club, qui vient d'accéder en Division d'Honneur. Malgré son petit gabarit (1,72 m), ce gaucher explosif, qui travaille alors à l'hôpital de Colombes pour gagner sa vie, intègre l'équipe de CFA du PSG et se consacre dès lors exclusivement au football. Un choix payant : un titre de meilleur du club avec l'équipe réserve (7 buts en 21 matches) et un premier contrat professionnel signé en juillet 2015. Après avoir participé à la tournée estivale du club aux États-Unis puis aux entraînements des pros dirigés par Laurent Blanc, il connaît son heure de gloire ce 16 avril 2016 avec ce titre de champion de France. Au début de la saison 2016-2017, Timothée Taufflieb signe à l'US Quevilly-Rouen, alors en National, joue 30 matches en Ligue 2 avec le club normand la saison suivante, puis porte, depuis la saison 2019-2020, les couleurs de Villefranche Beaujolais (National 1). Loin du Parc des Princes, mais avec des souvenirs éternels en rouge et bleu...

## TEIXEIRA (Filipe)

Né à Boulogne-Billancourt et passé par l'ACBB, c'est pourtant avec l'équipe des moins de 18 ans du Portugal que ce virevoltant milieu de terrain offensif s'est fait remarquer par Luis Fernandez en 2002. Après avoir quitté la France à 10 ans et alors qu'il

porte les couleurs de Felgueiras au Portugal, Filipe Teixeira participe à la conquête du Championnat d'Europe des moins de 18 ans en Suède en 1999, s'imposant en finale face à l'Italie (1-0) aux côtés de Tiago (Atletico de Madrid) et Miguel (Valence). Cet espoir veut jouer à Marseille en 2001, mais le transfert échoue et il se retrouve finalement à Istres en Ligue 2. Avec 16 matches et 2 buts lors de la saison 2001-2002, il rejoint le PSG sans s'y imposer. Prêté à l'Uniao Leira, il revient à Paris et finit par convaincre Vahid Halilhodzic qui le titularise à plusieurs reprises, dans un rôle semblable à Fabrice Fiorèse, parti à Marseille. L'arrivée de Laurent Fournier met fin à cette belle série et, malgré plusieurs sollicitations en France, Teixeira repart au Portugal, à l'Academica Coimbra (2005-2007) puis signe à West Bromwich Albion, qui rejoint la Premier League en 2008. Blessé au genou quelques mois auparavant, l'attaquant franco-portugais retrouve enfin les pelouses huit mois plus tard contre les Reds de Liverpool (0-3, 08/11/2008), mais ne dispute qu'une rencontre comme titulaire avant la descente de WBA. Peu utilisé, Teixeira rejoint Barnsley (prêt, 2010) puis signe en Ukraine, au Metalurg Donetsk. Après six mois difficiles, il est prêté en février 2011 au FC Brasov puis signe en 2011 au Rapid Bucarest (Roumanie). À la fin de l'année 2012, le club de Bucarest connaît de gros soucis financiers. Libéré de son contrat, Filipe Teixeira rejoint le club d'Al-Shaab, aux Émirats arabes unis. Six mois plus tard, après avoir aidé au maintien de ce club promu un an plus tôt, il est de retour en Roumanie, au Petrolul Ploiesti, qui vient de remporter la Coupe nationale. L'infatigable Teixeira retrouve alors la Ligue Europa, et poursuit son périple roumain à Astra Giurgiu (2015-2017) avec lequel il remporte le Championnat roumain (2016), puis la Supercoupe (1-0 face à Cluj, 16/07/2016). Alors que son club connaît de gros soucis financiers, Filipe Teixeira signe, à 36 ans au FC Steaua Bucarest en 2017. Il prend sa retraite deux ans plus tard (2019) et rentre à Felgueiras au Portugal, après 12 saisons à l'étranger et plus de 600 matches en vingt ans de carrière professionnelle.

## THIAGO MOTTA

voir P426

## THIAGO SILVA

voir P430

## THURAM (Lilian)

Le vendredi 27 juin 2008 au Parc des Princes, Lilian Thuram se présente face à la presse pour annoncer qu'il souffre d'une malformation cardiaque, et qu'il ne signera finalement pas son contrat avec le PSG. À 36 ans, le recordman des sélections en équipe de France

(142 capes) souhaitait terminer sa carrière à Paris, après avoir porté les couleurs de Monaco, Parme, la Juventus Turin et Barcelone. « Thu-Thu », célèbre pour son doublé en demi-finale de la Coupe du monde 1998 contre la Croatie, avait pris connaissance de cette malformation héréditaire lors de la visite médicale organisée par le club, un mal qui avait coûté la vie à son frère sur un terrain de basket-ball. Après des examens complémentaires pendant l'été, Lilian Thuram mettra officiellement un terme à sa carrière de joueur professionnel le 1er août 2008, au grand regret des supporters parisiens.

## TIÉNÉ (Siaka)

Le 31 août 2010, à quelques heures de la fin du mercato estival, le PSG engage ce solide défenseur latéral ivoirien. Formé à l'académie Mimo-Sifcom créée par Jean-Marc Guillou, il rejoint l'équipe de l'ASEC Mimosas et ses jeunes stars : Yaya et Kolo Touré, Bakary Koné, Salomon Kalou et Emmanuel Eboué. Surnommé « Chico », Tiéné apprend ses gammes à Abidjan, puis décide de s'exiler en Afrique du Sud en 2003, à 21 ans. Un choix payant : dans un rôle plus offensif, il étoffe son jeu et se forge un mental de compétiteur, avec 14 buts inscrits en 2 saisons pour son équipe, Mamelodi Sundows. Henri Michel l'appelle en sélection ivoirienne et Tiéné se fait remarquer lors de la rencontre face aux Bleus pour le grand retour de Zinédine Zidane (victoire de la France 3-0, 17/08/2005). Il rejoint, quelques semaines plus tard, le Championnat français et Saint-Étienne. Repositionné au poste d'arrière gauche pour lequel il avait été formé, Tiéné est rapidement prêté à Reims pour s'aguerrir (L2). De retour dans le Forez en 2007, il s'affirme enfin sous les ordres de Laurent Roussey, mais un différend financier avec ses dirigeants va provoquer son départ. Tiéné signe à Valenciennes en 2008. Il devient incontournable dans le Nord et se fait remarquer par les recruteurs du PSG en inscrivant 2 buts face au club de la capitale… ses uniques réalisations →P428

**Milieu de terrain**
Né le 28 août 1982
à Sao Bernardo do Campo

**Son parcours : Joueur :** CA Juventus (1991-1997), EC Juventude (1997-1999), FC Barcelone (1999-2007), Atletico Madrid (2007-2008), Genoa (2008-2009), Inter Milan (2009-2012), PSG (2012-2018). **Entraîneur :** PSG U19 (2018-2019), Genoa (2019).
**Son palmarès :** vainqueur de la Ligue des champions (2006, 2010), de la Coupe du monde des clubs (2010), champion d'Espagne (2005, 2006), champion d'Italie (2010), champion de France (2013, 2014, 2015, 2016, 201 vainqueur de la Coupe d'Italie (2010, 2011), de la Supercoupe d'Italie (2010), de la Coupe de France (2015, 2016, 2017, 2018), de la Coupe de la Ligue (2014, 2015, 2016, 2017), vainqueur du Trophée des champions (2013, 201 2015, 2016, 2017).
**30 sélections avec l'équipe d'Italie, 1 but**

# THIAGO MOTTA

Le septennat parisien de Thiago Motta a marqué l'histoire du PSG : titulaire indiscutable à un poste de sentinelle qu'il maîtrisait à merveille, le milieu de terrain italo-brésilien a remporté de nombreux trophées et a conquis le cœur de tous les fans rouge et bleu. Son parcours de footballeur débute au CA Juventus, club de Sao Paulo, puis à l'EC Juventude, à Caxias do Sul. Un joli clin d'œil – déjà – à l'Italie, dont sa famille est originaire, dans la région de Vénétie. Alors qu'il débute en sélection brésilienne U17, Thiago Motta décide, à 17 ans, de rejoindre l'Europe, au FC Barcelone. L'histoire retiendra que c'est en France, lors du tournoi de Toulon 1999, qu'il séduira les recruteurs catalans. Après trois saisons au sein de l'équipe B du Barça, il débute en pro face à Majorque en Liga (3-0, 03/10/2001) dans un rôle plus offensif. Son entraîneur, Carlos Reixach, décide alors de le faire reculer à un poste plus défensif, pour contrer le Real Madrid et Zinédine Zidane en demi-finale de la Ligue des champions. Le Barça sera finalement vaincu à domicile (0-2, 23/04/2002), mais Thiago Motta a trouvé son poste de prédilection. Devenu international Espoirs brésilien, sa progression est alors freinée par une multitude de blessures. Le 11 septembre 2004, il se déchire les ligaments du genou gauche et passe sa saison à l'infirmerie. Grand mais fragile, Thiago Motta va finalement quitter la Catalogne en 2007 sur un goût d'inachevé, direction l'Atletico de Madrid. Sa saison 2007-2008 est décevante, il quitte alors l'Espagne pour l'Italie, le pays de ses ancêtres. Un choix gagnant : au Genoa, il réussit enfin une saison pleine et les grands du Calcio veulent l'engager. C'est l'Inter Milan qui le fait alors signer, pour une saison exceptionnelle : champion d'Italie et victoire en Ligue des champions ! La finale victorieuse face au Bayern Munich (2-0) lui laisse pourtant un goût amer : expulsé lors de la demi-finale retour à Barcelone, le club qui l'a révélé (0-1, 28/04/2010), il assiste en spectateur au triomphe de l'Inter, entraîné par José Mourinho. Le 9 février 2011, il fait ses grands débuts pour l'équipe… d'Italie face à l'Allemagne (1-1), après avoir fait jouer sa double nationalité italo-brésilienne. Le 31 janvier 2012, Thiago Motta signe au PSG et s'impose comme un joueur clé du système Ancelotti. Sa saison se termine en cauchemar après sa blessure en finale de l'Euro avec l'Italie face à l'Espagne (0-4, 01/07/2012) et se poursuivra par une succession de blessures l'éloignant des pelouses pendant de longs mois. De retour en fin de saison, Thiago Motta devient indispensable et participe avec l'Italie à la Coupe du monde (2014) puis à l'Euro (2016). À Paris, il remporte 18 trophées jusqu'à ses émouvants adieux au Parc des Princes, le 12 mai 2018 face à Rennes (0-2). À 36 ans, il accepte de prendre en main les U19 du PSG pour une saison réussie, avant deux mois sur le banc et un échec avec Genoa (octobre-décembre 2019) pour sa première expérience avec un groupe professionnel. Diplômé et major de sa promotion après avoir obtenu sa licence UEFA pro d'entraîneur en septembre 2020, Thiago Motta devrait rapidement trouver un nouveau challenge, avant de revenir, un jour peut-être, au PSG…

en Ligue 1. Après la Coupe du monde 2010, Tiéné signe à Paris et rejoint son ancien entraîneur à Valenciennes, Antoine Kombouaré. Sa première saison au PSG est une réussite, avec une place de titulaire sur le flanc gauche de la défense parisienne. L'arrivée de Carlo Ancelotti et la signature de Maxwell en janvier 2012 vont réduire considérablement son temps de jeu. Finaliste malheureux de la CAN au Gabon avec la sélection de Côte d'Ivoire (0-0, 7-8 t.a.b., 12/02/2012), il revient à Paris mais reste sur le banc des remplaçants. Appelé seulement à quatre reprises en 2012-2013, le défenseur quitte Paris sans regret, direction, Montpellier. Le 8 février 2015, c'est le jour de gloire pour Siaka Tiéné, vainqueur de la CAN avec la Côte d'Ivoire face au Ghana en finale (0-0, 9-8 t.a.b.) en Guinée équatoriale. Quatre mois plus tard, Montpellier ne prolonge pas son contrat et Tiéné se retrouve alors sans club. Annoncé à Montréal (Canada), à Bologne (Italie) ou en Turquie, il ne trouve aucun club susceptible de l'accueillir. En 2021, il espérait, depuis six ans, un nouveau challenge et, à 39 ans, n'avait toujours pas annoncé qu'il mettait un terme à sa carrière.

## TINMAR (Thierry)

Le défenseur martiniquais né au Lamentin rejoint le centre de formation du PSG en 1984, à l'âge de 21 ans. Profitant des absences et des mises à l'écart de Janvion et Bathenay, ce solide gaillard (1,80 m pour 75 kg), qui a remporté en 1983 le championnat CFU (Coupe caribéenne des nations) avec la Martinique, débute lors du match retour de Coupe UEFA en Écosse, à Édimbourg, face à Heart of Midlothian (2-2, 03/10/1984) puis forme une charnière centrale inédite avec Pascal Havet pendant plusieurs semaines. Au mois de mars 1985, il perd sa place en concédant 3 penalties en 3 rencontres de Championnat au profit du revenant Thierry Morin, longtemps écarté sur blessure. La roue tourne, Tinmar, avec 22 matches sous le maillot du PSG, part à Laval (1985-1986) puis au Red Star (1986-1987), où il retrouve Thierry Morin et succède à Pascal Havet. Passé par Châteauroux (1988-1989), il rejoint la Martinique et joue au

Lamentin (1990-1991 puis 1995-1996) et pour le Club Franciscain (1991-1995 et 1996-2001) avec lequel il réussit l'exploit d'atteindre les 32es de finale de la Coupe de France en 1993. Le 30 mai 1993, il remporte pour la seconde fois la Coupe des nations des Caraïbes face à la Jamaïque (0-0, 6-5 t.a.b., 30/05/1993), dispute la Gold Cup avec la sélection martiniquaise et inscrit un but face au Costa Rica à Mexico (1-3, 18/07/1993) puis met un terme à sa carrière en 2001. Il devient fonctionnaire en Martinique, entraîne les U15 de l'ASPPT du Lamentin et a suivi les exploits de son neveu Teddy Tinmar, médaillé d'argent 2011 aux Championnat du monde d'athlétisme en Corée du Sud (4 x 100 m).

## TIRS AU BUT

Même si la tendance s'est inversée ces dernières années, le PSG était un redoutable spécialiste lors des séances de tirs au but. Paris est resté longtemps imbattable dans cette épreuve où les nerfs sont mis à contribution, avant l'élimination face à Clermont en huitième de finale de la Coupe de France (4-4, 3-4 t.a.b., 01/03/1997). Les Parisiens ont rem-

porté trois succès en finale à l'issue des tirs au but, face à Saint-Étienne pour l'ouverture de son palmarès en Coupe de France (2-2, 6-5 t.a.b., 15/05/1982), contre les Girondins de Bordeaux (2-2, 4-2 t.a.b., 04/04/1998) et Lyon en Coupe de la Ligue (0-0, 6-5 t.a.b., 31/07/2020), pour une seule défaite contre Rennes (2-2, 5-6 t.a.b., 27/04/2019). Le bilan est désormais de 15 victoires et 10 défaites en 25 séances de tirs au but dans l'histoire des Rouge et Bleu.

## TOFFOLO (Didier)

Avec ses cheveux longs, Didier Toffolo ressemblait à un sosie de Dominique Rocheteau au début des années 1980. Milieu de terrain défensif, il rejoint le centre de formation du PSG en 1977, après des débuts mitigés à Monaco malgré plusieurs sélections avec l'équipe de France Juniors. Arrivé à Paris avec un contrat de stagiaire, il ne peut jouer en D1, le PSG ayant atteint son quota de mutations pour la saison 1977-1978. Le 16 septembre 1978, Toffolo débute avec l'équipe professionnelle lors d'un match amical à Meaux, au côté d'un jeune espoir nommé Luis Fernandez. Capable de jouer au poste d'arrière latéral, sa polyvalence séduit Georges Peyroche. Il débute en D1 au Parc des Princes face à Monaco (2-1, 27/01/1980) devant plus de 40 000 spectateurs. Joueur discret, Toffolo participe à 35 matches en 4 saisons puis quitte le PSG en 1984, pour rejoindre son ancien coéquipier et entraîneur en Alsace, le futur sélectionneur Raymond Domenech (1984-1987). Passé par Clermont-Ferrand (1987-1989) puis Saint-Quentin (1989-1993), il devient entraîneur de ce club, capitale historique de la Picardie (2000-2003). De retour en Haute-Savoie, où il est né, Toffolo est l'adjoint de l'entraîneur Pascal Dupraz puis rejoint l'Olympique Thonon pour préparer la fusion entre deux clubs du département de Haute-Savoie. Mission accomplie : l'Olympique Croix-de-Savoie (Évian Thonon Gaillard) a vu le jour le 8 juin 2007 avec le soutien du groupe Danone. Lors de la saison 2008-2009, l'ex-joueur du PSG fut responsable technique de l'association à Croix-de-Savoie (équipe Séniors, foot à 11 et foot d'animation), ainsi que de la formation. Il est ensuite responsable de la section sportive à l'Annecy FC (National 1), avec pour mission la mise en place des séances pour les jeunes au lycée Baudelaire. Après une année en Suisse, Didier Toffolo entraîne les U17 de Saint-Quentin (2012-2013) puis Buire-Hirson (PH, 2014-2015), dans l'Aisne, et Feignies-Aulnoye, dans le Nord, en 2017, à la tête de la réserve, puis seulement pour cinq mois avec l'équipe première en N3, jusqu'à son limogeage le 6 octobre 2020. En parallèle, il est employé à la municipalité d'Hirson comme éducateur au service des Sports.

## TOKO (Nambatingue)

Drôle de personnage que ce grand attaquant (1,87 m pour 80 kg) par la taille et le talent. À l'origine, il s'appelle Dieudonné Nambatingue mais en 1973, la révolution culturelle au Tchad débute et les prénoms à consonance catholique sont bannis. Dieudonné se transforme en Tokomon, puis devient Toko pour faciliter les choses. Né à N Djamena, il a 8 ans quand sonne l'indépendance du Tchad. Scolarisé à l'école française, il porte les couleurs du Yal-Tchad et rejoint la France à 21 ans, avec le soutien du procureur général au Tchad qui est à l'origine de son départ pour Grenoble, en Division d'Honneur. Débarqué en France le 30 décembre 1973, il ne s'éternise pas dans le froid de l'Isère, effectue un stage au Paris FC, puis rejoint Albi (D3), dans le sud de la France. Ses talents de buteur intriguent les recruteurs niçois qui l'engagent en 1975. Après six mois d'apprentissage, il joue déjà avec l'équipe professionnelle avant d'obtenir la double nationalité franco-tchadienne. Avec les Aiglons, il occupe tous les postes offensifs puis rejoint Bordeaux, en 1977. Toko joue les

**Défenseur**
Né le 22 septembre 1984
à Rio de Janeiro

**Son parcours :** RS Futebol (2003), E. Juventude (2004), FC Porto (2004-2005), Dynamo Moscou (2005-2006), Fluminense (2006-2008), Milan AC (2008-2012 PSG (2012-2020), Chelsea (2020-...).
**Son palmarès :** vainqueur de la Coupe des confédérations (2013), de la Copa America (2019 avec le Brésil, vainqueur de la Ligue des champio (2021) champion d'Italie (2011), champion de France (2013, 2014, 2015, 2016, 201 2018 et 2020), vainqueur de la Coupe du Brésil (2007), de la Supercoupe d'Italie (2011), de la Coupe de France (2015, 2016, 2017, 2018 et 2020), de la Coupe de la Ligue (2014, 2015, 2016 2017, 2018 et 2020), vainqueur du Trophée des champions (2013, 2015, 2017, 2018 et 2019)
**91 sélections avec le Brésil, 7 buts**

# THIAGO SILVA

Rarement dans l'histoire du PSG un capitaine aura eu un tel impact sur le parcours du club, avec 8 saisons glorieuses sous les couleurs rouges et bleu. Son parcours est pourtant atypique : garçon timide élevé dans un quartier de Santa Cruz, à côté de Rio, il débute à 14 ans à Fluminense, rejoint le Barcelona RJ puis le RS Futebol, à Alvorada, avant de signer un premier contrat professionnel à Juventude, à Caxias do Sul. Positionné au milieu du terrain, il accepte alors de rejoindre l'Europe et s'engage à Porto. Mais son parcours portugais est un échec : il ne s'adapte pas à sa nouvelle vie, connaît des pépins physiques et se retrouve en équipe réserve. Porto le cède en janvier 2005 au Dynamo Moscou, où les médecins du club lui diagnostiquent des complications respiratoires et une tuberculose. Sa carrière aurait pu s'achever sur cet échec, mais il finit par guérir et rentre au pays, où Fluminense lui offre une nouvelle chance. Le 6 juin 2007, il remporte son premier trophée, la Coupe du Brésil face à Figueirense (1-1 puis 1-0 au retour) puis connaît un cruel échec un an plus tard en finale de la Copa Libertadores face aux Équatoriens du LDU Quito (2-4, 3-1, 1-3 t.a.b.). Le 12 octobre 2008, « le Monstre », tel qu'on le surnomme, débute avec la sélection du Brésil contre le Venezuela (4-0). Les plus grands clubs européens souhaitent l'engager, il rejoint le Milan AC le 12 décembre 2008. Le voisin intériste semblait pourtant avoir une longueur d'avance pour le transfert, mais a trop tardé pour formuler une offre concrète. Thiago Silva reste six mois sans jouer, barré par son statut d'extra-communautaire, puis fait ses débuts en Serie A, à Sienne (2-1, 22/08/2009). Il devient rapidement le maître de la défense milanaise, n'hésitant pas à jouer au milieu du terrain pour compenser les blessures et les suspensions. Le 7 mai 2011 à Rome, avec un match nul contre l'AS Roma (0-0), le Milan AC remporte enfin le Scudetto, après sept ans d'attente. Avec un buteur nommé Zlatan Ibrahimovic, Thiago Silva est le grand artisan de ce 18e sacre pour les Rossoneri. Désormais incontournable, il devient capitaine de la sélection en novembre 2011, avant de connaître une grosse désillusion en perdant la finale des Jeux olympiques à Londres face au Mexique (1-2, 05/08/2012). Quelques jours plus tôt, la nouvelle a fait sensation : Thiago Silva quitte le Milan AC et rejoint Zlatan Ibrahimovic au PSG ! Il devient le joueur le plus cher de l'histoire de la Ligue 1 et va rapidement séduire les supporters parisiens. Nommé capitaine du club, il est l'un des principaux artisans des 23 trophées remportés par le club depuis 2012, avec le brassard de capitaine. Ses larmes lors de la Coupe du monde 2014 après l humiliation face à l'Allemagne (1-7 08/07/2014) auraient pu mettre un terme à sa carrière internationale, mais Thiago Silva s'est relevé. Le 23 août 2020, il participe à la finale de la Ligue des champions avec le PSG, battu par le Bayern Munich à Lisbonne (0-1). Son 315e et dernier match sous le maillot parisien, avant son départ pour Chelsea. La fin d'un exceptionnel parcours, pour le plus capé et le plus titré des capitaines dans l'histoire des Rouge et Bleu.

treize premiers matches du championnat de D1 puis s'engage à Strasbourg, avec lequel il obtient un titre de champion de France, même s'il doit se contenter de quelques apparitions en Alsace. Rancunier, il refuse de revenir à Bordeaux et signe pour Valenciennes. Ses 12 buts en 25 matches de D1 séduisent les dirigeants du PSG, tout heureux d'accueillir cet excellent dribbleur pour jouer en soutien de Dominique Rocheteau. Buteur en finale de la Coupe de France contre les Verts de Saint-Étienne (2-2, 6-5 t.a.b., 15/05/1982) puis auteur du but décisif face à Nantes (3-2, 11/06/1983), Toko inscrit un but exceptionnel d'une superbe reprise en demi-volée face au Lokomotiv Sofia en Coupe d'Europe (5-1, 28/09/1982). Avec 43 buts en 171 rencontres, sa grande silhouette est devenue familière pour le public du Parc des Princes, de 1980 à 1985. Après une dernière saison difficile, l'international tchadien (17 sélections) rejoint le Racing Paris et accède à la D1 après un match de barrage contre Saint-Étienne (3-2, 1-1). Le 13 mai 1986, il met un terme à sa carrière et organise son jubilé dix ans plus tard à Valenciennes, en présence de tous ses amis parisiens (Weah, Raí, Lama, Valdo). En 1989, Toko est revenu au PSG au poste d'adjoint, chargé de superviser les adversaires des Parisiens en Championnat. Après avoir intégré la cellule du recrutement du PSG, il quitte le club en décembre 1998 et se partage alors entre la France et l'Italie. En 2021, Toko vivait dans la région niçoise et restait un fervent supporter des Rouge et Bleu.

## TOKOTO (Jean-Pierre)

Son parcours en France ressemble étrangement à celui de son coéquipier Ilija Pantelic, qu'il a croisé au PSG. Star au Cameroun, Tokoto débute à 15 ans à l'Oryx de Douala au poste de gardien de but après avoir été rejeté par le club rival, le Caïman. Après quatre matches, son homonyme, Robert Tokoto, se blesse au genou et ne retrouve jamais l'intégralité de ses moyens. Les deux joueurs échangent leurs postes et Jean-Pierre Tokoto accepte de jouer attaquant, sa place de prédilection. À 17 ans, il rejoint l'équipe nationale camerounaise, participe à la Coupe d'Afrique des Nations en Tunisie en 1965 et remporte quatre titres de champion (1963, 1964, 1965 et 1967) et deux Coupes du Cameroun (1963 et 1968). Il dispute la demi-finale de la CAN face au Congo de M'Pelé (1968) et choisit de tenter sa chance en France, un départ tumultueux car les autorités camerounaises refusent de le laisser partir. Il débarque à Marseille, signe un contrat avec l'OM puis rejoint dans la foulée le Paris-Neuilly, un club créé par le président de l'OM, Marcel Leclerc. Tokoto sympathise avec Ilija Pantelic, le futur gardien du PSG, qui a suivi la même filière. L'année suivante, le club s'appelle désormais Paris-Joinville et l'attaquant camerounais s'ennuie ferme en championnat de D2. En 1972, il ne s'éternise pas à Marseille après avoir flambé lors de la mini-coupe du monde en 1972 au Brésil (Coupe de l'Indépendance) avec une sélection de l'Afrique où il est élu meilleur joueur du tournoi. Il rejoint Bordeaux, puis le PSG en 1975. Son éternel sourire va séduire les supporters parisiens. À 27 ans, il inscrit

17 buts en 59 matches officiels, dans un rôle d'attaquant de soutien. L'arrivée de Carlos Bianchi et des soucis relationnels avec son entraîneur Jean-Michel Larqué provoquent son départ pour Bordeaux, pour un prêt d'une saison. L'international camerounais, après deux années à Béziers en D2 (1978-1980), rejoint alors son ami Salif Keita et fait découvrir le soccer aux États-Unis, dans le club de Boston Tea Men. À 34 ans, il signe à Philadelphie et accepte de relever un dernier défi en participant à la Coupe du monde en Espagne avec le Cameroun, en 1982. Remplaçant face à la Pologne (1-1, 19/06/1982), il est titulaire face à l'Italie (1-1, 23/06/1982) mais ne peut empêcher l'élimination des siens, battus au goal-average par l'Italie, futur vainqueur de la compétition. De retour aux États-Unis, c'est la stupeur : Philadelphie a déposé le bilan et Tokoto met fin à sa carrière professionnelle pour se consacrer à une école de jeunes footballeurs dans le New Jersey (1984-1990), puis il dirige les équipes des jeunes à Rockford (1991-1994). Nommé agent de liaison pour le Cameroun en préparation de la Coupe du monde, il abandonne rapidement ses fonctions en raison de problèmes budgétaires. Toujours passionné de football, Tokoto vit aux États-Unis et travaillait dans l'Illinois près de Chicago, au Schwaben Athletic Club, avant de créer sa propre académie, le FC Tokoto, en 2009. Ce club, qui joue dans le championnat NISL (Ligue de football de l'Illinois du Nord), possède des équipes dans les championnats de moins de 14, 15 et 16 ans. La relève a été assurée par son petit-fils, prénommé… Jean-Pierre, grand espoir du basket-ball américain, sélectionné en 58e position de la Draft de la NBA en 2015 par les 76ers de Philadelphie, qui porte, depuis le début de la saison 2020-2021, les couleurs de l'Hapoël Tel-Aviv en Israël.

## TOURÉ (Alioune)

Cet attaquant de poche (1,70 m pour 65 kg) est arrivé au PSG presque par hasard, dans le cadre du transfert de Nicolas Anelka à Manchester City. Un retour aux sources pour ce Parisien né à Saint-Denis (93), formé à Saint-Leu (95) puis passé par l'INF Clairefontaine, où il partage sa chambre avec Anelka. Débarqué à Nantes en 1994, il dispute la finale de la Coupe Gambardella au Parc des Princes avec Landreau et Monterrubio, mais échoue face à Montpellier (0-1, 04/05/1996). Un an plus tard, il est victorieux avec l'équipe de France des moins de 18 ans en finale face au Portugal d'Hugo Leal, à Reykjavik, en Islande (1-0, but en or, 31/07/1997). Touré débute sa carrière en Ligue 1 par un succès contre Nancy (2-0, 12/11/1996), à seulement 18 ans. La saison 1999-2000 est celle de la consécration sous le maillot des Canaris : il inscrit le but qui permet à Nantes de se maintenir en Ligue 1 (Nantes-Sedan 1-0, 04/05/2000) puis gagne la Coupe de France contre Calais (2-1, 07/05/2000). Un an plus tard, Touré joue 15 matches en Ligue 1 et remporte le titre de champion de France (2000-2001). Déçu par son faible temps de jeu, cet international Espoirs décide alors de rejoindre l'Angleterre et Manchester City. Il joue peu (un seul match en six mois) puis signe au PSG, sans jamais s'y imposer. Il inscrit son seul but avec Paris à Nantes (1-1, 05/11/2003), accepte un prêt en Ligue 2 à Guingamp (2004-2005) puis rejoint le Championnat portugais, à l'Uniao Leiria (2005-2007). Avec seulement 2 buts en 41 matches en « Super Liga », le surnom du Championnat portugais, Touré décide alors de partir pour le Qatar et signe à Al-Sailiya (2007-2008), puis reste quelques mois au Dubaï Club (Émirats arabes unis). En novembre 2008, il rentre en Europe et s'installe à Chypre au début de l'année 2009, en signant à l'Olympiakos Nicosie (D2 chypriote). Six mois plus tard, il retourne à Paris et rejoint le PFC (National) entraîné par Jean-Marc Pilorget. En février 2010, son contrat est résilié. Alioune Touré met alors un terme à sa carrière de footballeur pour se consacrer à sa fondation au Sénégal, AKT Academy. En avril 2012, Alioune Touré rejoint son ami Nicolas Anelka en Chine, dans le staff technique du Shanghai Shenshua, puis rentre en France huit mois plus tard. En 2015, il fonde AKT Football LTD, un cabinet de conseil sportif.

## TRAORÉ (Kalifa)

Formé à Bamako, au Mali, au célèbre centre Salif Keita, Kalifa Traoré rejoint le PSG à 19 ans avec l'espoir de devenir un jour footballeur professionnel. Défenseur central grand par la taille (1,88 m), l'ancien international Cadets et Juniors malien joue alors avec l'équipe réserve, et signe un premier contrat professionnel avant d'être prêté à Sedan (Ligue 2) en 2012-2013, après avoir participé à la Coupe du monde Juniors en Colombie en 2011 avec les Aiglons du Mali. De retour au PSG, Traoré est la surprise de Laurent Blanc, qui le titularise pour un match sans enjeu en Ligue des champions à Lisbonne contre Benfica (1-2, 10/12/2013) suite à la blessure de Christophe Jallet avant la rencontre. En dépit d'un penalty concédé au Portugal, le défenseur malien n'a pas démérité, à un poste inhabituel d'arrière droit. De retour en CFA après cette première, Traoré signe à Angers (Ligue 2). Sa fin de saison 2014-2015 est difficile, il est alors prêté aux Herbiers avant de signer avec le club vendéen, alors en championnat National. International Malien depuis le 31 mai 2014 (défaite face à la Croatie, 1-2), le défenseur croise à nouveau le PSG lors de la finale de la Coupe de France 2018 perdue face aux Parisiens (0-2, 08/05/2018) qui met un terme au Stade de France à la belle épopée du club amateur. De nombreuses blessures l'ont éloigné des pelouses mais il portait toujours, lors de la saison 2020-2021, les couleurs des Herbiers, qui jouait en National 2.

## TRAORÉ (Sammy)

Sammy Traoré a porté pendant quatre saisons le maillot parisien. En 2006, il rejoint Paris en provenance de l'OGC Nice. C'est un retour aux sources pour ce défenseur central, originaire de la région parisienne et supporter du PSG dans sa jeunesse. Comme beaucoup de jeunes des cités, Traoré taquine le ballon rond et commence à jouer en club à l'ASPTT Paris, à l'âge de 13 ans. Il rejoint Créteil et franchit tous les paliers qui le mènent jusqu'à l'équipe professionnelle, après avoir été surclassé avec les 17 ans Nationaux. Ce grand gaillard (1,94 m pour 82 kg) a pourtant attendu l'âge de 15 ans pour grandir d'un coup, connaissant des problèmes musculaires face à cette soudaine poussée de croissance. En 2002, son entraîneur Gernot Rohr, qui l'a découvert à Créteil, le recrute à Nice pour quatre saisons réussies en défense centrale (112 matches et 11 buts en Ligue 1). Traoré accepte de porter les couleurs du Mali, et participe à la Coupe d'Afrique des Nations en 2004 en Tunisie. Les Aigles maliens, entraînés par le Français Henri Stambouli, sont éliminés en demi-finale face au Maroc (0-3, 11/02/2004) et terminent à la quatrième place de la compétition. Pilier de la sélection, le désormais capitaine niçois connaît une immense désillusion en perdant la finale de la Coupe de la Ligue au Stade de France face à Nancy (1-2, 22/04/2006). Quelques semaines plus tard, il rejoint le PSG pour épauler le duo défensif Rozehnal-Yepes. Il profite des suspensions puis des blessures du défenseur colombien pour disputer 22 matches de Championnat. Cet éternel optimiste et collectionneur acharné de casquettes est prêté une saison à Auxerre (2007-2008) avant de revenir à Paris et d'enthousiasmer le Parc des Princes après une série de dribbles et un slalom digne de Diego Maradona lors d'un match de Championnat face à Lille (1-0, 09/11/2008). C'est le moment de gloire pour Traoré, qui retrouve rapidement l'ombre et le banc des remplaçants. Très peu utilisé par Antoine Kombouaré, Sammy Traoré quitte le PSG en 2011. Il reprend la saison à Créteil (National) mais aucun accord n'est finalement trouvé entre les deux parties. Après s'être entraîné au Red Star à Saint-Ouen et avoir espéré une dernière proposition en provenance du Qatar ou d'Angleterre, Sammy Traoré doit mettre un terme à sa carrière, à l'âge de 35 ans. Il devient entraîneur du Maccabi Créteil (DHR), adjoint de l'équipe C de Créteil-Lusitanos, puis dirige Choisy-le-Roi (Régional 2) à partir de la saison 2018-2019.

## TRAPP (Kevin)

Le 8 juillet 2015, le jour de son 25e anniversaire, Kevin Trapp rejoint le PSG et vient concurrencer Salvatore Sirigu. Réputé pour son excellent jeu de pied et son sens de la relance, le jeune gardien de but allemand espère franchir un nouveau palier dans la capitale. Formé au FC Kaiserslautern, qu'il a rejoint à l'âge de 15 ans, le grand (1,89 m) portier allemand a débuté à 18 ans en professionnel lors d'un match de Coupe d'Allemagne face à Carl Zeiss Iéna (1-2, 09/08/2008), après avoir participé avec les U17 allemands à la Coupe du monde en Corée du Sud (3e de la compétition, mais aucun match joué). Le 12 mars 2011, Trapp débute en Bundesliga face à Fribourg (2-1), puis devient titulaire la saison suivante. International Espoirs, il se blesse en fin de saison et assiste impuissant à la relégation de son club formateur. De nombreux clubs allemands souhaitent alors le recruter, et c'est l'Eintracht Francfort, équipe promue en Bundesliga, qui l'engage officiellement le 7 mai 2012. Il poursuit sa progression, joue en Ligue Europa et se rapproche de la sélection allemande, pour laquelle il est appelé pour la première en juin 2015. Un mois plus tard, c'est le grand saut et l'arrivée au PSG, avec l'ambition de devenir la doublure en sélection de l'indéboulonnable Manuel Neuer. À Paris, la concurrence avec Salvatore Sirigu l'oblige au sans-faute, mais une première erreur grossière face au Real Madrid en Ligue des champions (0-1, 15/12/2015) gâche une première partie de saison réussie. Champion de France et installé dans les buts parisiens, Trapp voit revenir au club Alphonse Areola, et sa faible prestation lors du match catastrophe face au FC Barcelone (1-6, 08/03/2017) sème un peu plus le doute sur sa régularité. Après avoir enfin débuté avec la Mannschaft face au Danemark (1-1, 06/06/2017) puis remporté la Coupe des confédérations sans jouer le

moindre match, Unai Emery confirme que Trapp est désormais la doublure d'Areola. Le portier allemand se console en remportant la Coupe de France et la Coupe de la Ligue en 2018. Son parcours parisien touche à sa fin, Kevin Trapp est prêté à l'Eintracht Francfort et son retour est un succès, avec une belle trajectoire en Ligue Europa (demi-finaliste). Le 7 août 2019, Francfort l'engage définitivement.

## TRAVETTO (André)

Engagé par Justo Fontaine pour renforcer une défense trop perméable pour le retour du PSG en D1 en 1974-1975, ce fougueux défenseur a accumulé les soucis lors de sa seule saison à Paris. De petites taille (1,70 m pour 70 kg) et réputé pour son jeu viril, Travetto débute aux Caillols de Marseille, aux côtés du futur international Roger Jouve. Il porte les couleurs de l'AS Cannes (1967-1969), Aix-en-Provence (1969-1971), Avignon (1971-1973) et Bastia (1973-1975) avant de tenter sa chance à Paris, à l'âge de 27 ans. Il débute par une grave blessure au genou (arrachement des ligaments externes et tête du péroné déplacée) lors d'un choc avec Lokoli au Camp des Loges, puis doit prouver sa bonne foi suite aux réclamations de son ancien club corse, qui refuse son départ. Engagé comme stagiaire, on apprend qu'il a déjà signé un document de ce type à Aix et que son contrat ne peut être homologué en l'état. Difficile de penser au football dans ces conditions, le natif de Marseille ne joue que 9 matches au PSG avant de retrouver la quiétude dans le sud de la France, pour son retour à Aix-en-Provence, modeste club de D3. En 2021, Travetto coulait des jours tranquilles en Corse, son lieu de résidence.

## TREZEGUET (David)

Les 3 000 spectateurs du Stade Beaublanc à Limoges ont sûrement oublié la frêle silhouette de ce jeune attaquant d'origine argentine, appelé par erreur « Trezeguez » par la presse locale. Entré à la mi-temps à la place du Brésilien Raí, alors que le score est à parité (1-1), David Trezeguet, à 19 ans, n'est qu'un jeune stagiaire inconnu et sa prestation est, à l'image du jeu parisien, plutôt quelconque avec une lourde défaite à la clé face à Châteauroux (1-4). Le 5 juillet 1995, le futur buteur de l'équipe de France joue cinq minutes à Aurillac en fin de match contre Saint-Étienne (1-1) pour sa dernière apparition sous le maillot parisien. Après trois semaines de stage à Pouligny près de Châteauroux, Trezeguet n'est pas conservé dans l'effectif professionnel du PSG, qui vient d'engager deux attaquants chevronnés, Julio Cesar Dely Valdes et Patrice Loko. Il trouvera finalement une terre d'accueil à Monaco, avec le succès que l'on sait.

## TROCH (Denis)

Avant de devenir le fidèle entraîneur adjoint d'Artur Jorge, tel le Docteur Watson avec l'illustre Sherlock Holmes, Denis Troch a été joueur professionnel au poste de gardien de but et a porté les couleurs du PSG pendant trois saisons (de 1978 à 1981). L'homme à la moustache n'a malheureusement pas joué une seule minute en match officiel avec les professionnels, se contentant de quelques apparitions en match amical. Le 25 mai 1979, il croit son heure venue lorsque Dominique Baratelli, souffrant, est longtemps incertain pour le match de Championnat contre Monaco. Tout juste rétabli, le gardien de but titulaire du PSG est présent sur la pelouse et Troch prend place sur le banc des remplaçants, un choix surprenant de Velibor Vasovic alors que seulement 13 joueurs sont posés sur la feuille de match (11 titulaires + 2 remplaçants). Baratelli joue les 90 minutes du match et Troch repart vers son quotidien, le Camp des Loges et le championnat de D3. International militaire, il devient un entraîneur respecté au Racing Paris, à Laval, au Havre et à Amiens, Troyes et Niort, qu'il a quitté à l'issue de la saison 2008-2009 suite à une relégation en

CFA. Denis Troch met un terme à sa carrière d'entraîneur et se spécialise dans le conseil et le suivi mental des athlètes sportifs de haut niveau. Il met en place une approche personnalisée du coaching adaptée au monde de l'entreprise et du sport, avec la création, au début de l'année 2010, de son entreprise baptisée « Human Progress Center », spécialisée dans le coaching et la préparation mentale.

## TROPHÉE DES CHAMPIONS

Le PSG apprécie le Trophée des champions, ce match opposant le champion de France au vainqueur de la Coupe nationale, ou le second du championnat en cas de doublé. Le club parisien a déjà joué à treize reprises, dont

la première édition remportée face à Nantes le 3 janvier 1996 (2-2, 6-5 t.a.b.). Avec 10 victoires pour seulement 3 échecs, le PSG est le recordman de victoires dans cette épreuve, devant Lyon (8 succès). C'est à Pointe-à-Pitre, en Guadeloupe, que les Parisiens avaient participé pour la première fois à ce match de prestige (0-1 contre Bordeaux, 23/01/1987), avant que la Fédération française de football ne décide d'organiser ce match pour lui donner un caractère officiel en 1995.

## TUCHEL (Thomas)

Malgré un quadruplé et une place en finale de la Ligue des champions, Thomas Tuchel n'a pas survécu à un début de saison 2020-2021 compliqué et a quitté son poste, le 29 décembre 2020. L'arrivée à Paris de l'entraîneur allemand, le 14 mai 2018, avait surpris les supporters parisiens, qui connaissaient peu ce jeune technicien de 45 ans, sans poste depuis son départ du Borussia Dortmund un an plus tôt. Sa carrière de joueur, au poste de défenseur central, se résume à 8 matches en D2 allemande, au Stuttgarter Kickers, 3 sélections en U18 en 1991, puis 4 saisons au SSV Ulm avant de se retirer en 1998 à l'âge de 25 ans, suite à une grave blessure au genou. Deux ans plus tard, il débute sa carrière d'entraîneur avec les jeunes de Stuttgart (2000-2004), du FC Augsbourg (2006-2008) et de Mayence, avec lequel il remporte le titre de champion d'Allemagne en U19 face au Borussia Dortmund (2-1, 28/06/2009). Deux

mois plus tard, il prend en main l'équipe première qu'il va emmener jusqu'à la Ligue Europa en 2011. Après cinq saisons à la tête de Mayence et une nouvelle qualification pour le tour préliminaire de la Ligue Europa, Tuchel demande à quitter le club alors qu'il lui reste un an de contrat et prend une année sabbatique qui s'achève le 19 avril 2015, avec sa nomination à la tête du Borussia Dortmund. Les débuts sont exceptionnels, avec 11 victoires en matches officiels, puis une place de dauphin du Bayern Munich et le titre de meilleur entraîneur en Bundesliga. La saison 2016-2017 est celle de la confirmation, avec une victoire en Coupe d'Allemagne face à l'Eintracht Francfort (2-1, 27/05/2017). Le 11 avril 2017, un profond désaccord l'oppose à ses dirigeants suite à une attaque à l'explosif du bus des joueurs allemands avant un match de Ligue des champions face à Monaco. Son sort est scellé, et Thomas Tuchel est licencié le 30 mai 2017. Un an plus tard, son arrivée au PSG doit relancer le club après le départ d'Unai Emery. Le club parisien gagne ses 14 premiers matches en Ligue 1 et le Championnat de France en 2018-2019, mais perd la Coupe de France et la Coupe de la Ligue, remportées un an plus tôt. La deuxième saison est une réussite, avec un quadruplé et une place en finale de la Ligue des champions face au Bayern Munich (0-1, 23/08/2020). Une année 2020 compliquée suite à la pandémie de la COVID-19, puis un début de championnat difficile sont à l'origine de son licenciement à la fin de l'année 2020. Un mois plus tard, Thomas Tuchel a déjà repris du service et entraîne désormais Chelsea en Angleterre avec lequel il vient de remporter la Ligue des champions après la victoire en finale face à Manchester City (1-0, le 29/05/2021)

## TURPIN (Patrice)

Né en Bretagne au Merzer, dans les Côtes-d'Armor, Patrice Turpin a profité de la blessure de Didier Ledunois pour s'imposer au poste d'arrière latéral lors de la saison 1972-1973, en Division 3 après avoir remporté la Coupe de Paris avec le PSG face à Malakoff (2-1, 28/06/1972). Turpin, après six apparitions au début du Championnat, disparaît du groupe et quitte le club au terme de la saison. Fonctionnaire chez EDF, il est décédé, victime d'un cancer, il y a une vingtaine d'années.

# U

## U17/U19

2011 était un cru exceptionnel pour les équipes de Jeunes du PSG, avec un premier doublé historique pour le club de la capitale. Les U17, dirigés par Jean-Luc Vasseur, s'étaient imposés en finale d'un classique face à Marseille (2-1, 04/06/2011), imités par les U19, entraînés par David Bechkoura, qui avaient conservé leur titre acquis l'année précédente contre Lorient (2-0, 05/06/2011). En 2016, les Titis parisiens avaient récidivé, avec un nouveau doublé en U19 coaché par François Rodrigues, en finale contre Lyon (2-1, 05/06/2016), juste après le succès en U17 et le doublé pour l'entraîneur David Bechkoura face à Saint-Etienne (4-2, 04/06/2016). Depuis 1990, le club de la capitale est le plus titré en catégories U17 (3 titres de champion de France en 2011, 2016 et 2017) et U19 (2006, 2010, 2011 et 2016), confirmant l'incroyable santé du centre de formation rouge et bleu.

## UEFA

L'association des clubs européens, créée en 1954, regroupe les fédérations nationales d'Europe, avec pour objectif principal le développement du football sur le Vieux Continent. L'Union des associations européennes de football organise les différentes Coupes d'Europe (Ligue des Champions, Ligue Europa, Coupe d'Europe des vainqueurs de coupe jusqu'en 1999). En remportant la Coupe des coupes en 1996, le PSG est entré dans le club restreint des vainqueurs des trophées européens, forts de 62 membres depuis la victoire en Coupe UEFA du Shakhtar Donetsk en 2009, le dernier club vainqueur d'une coupe d'Europe à ce jour. Au classement annuel UEFA des meilleurs clubs européens, le PSG était 7e au début de l'année 2021, alors qu'il avait fini l'année 2012 à la 48e place, confirmant la progression des Rouge et Bleu, désormais solidement installés dans le top 10 européen.

## UNECATEF

L'Union nationale des entraîneurs et des cadres techniques du football français, le syndicat créé en 1972 par Georges Boulogne, a longtemps été présidée par un jeune entraîneur inconnu à la fin des années 1970, Guy Roux. Ses joutes verbales et sa persévérance pour écarter les entraîneurs yougoslaves du PSG, Velibor Vasovic puis Tomislav Ivic, sont restées célèbres. Vasovic finira par craquer pour rentrer précipitamment en Yougoslavie, après avoir vu débarquer un huissier au Camp des Loges pour vérifier qu'il dirigeait bien la séance d'entraînement. Ivic restera de marbre face aux attaques de Guy Roux, qui l'accuse, par voie de presse, de voler la place d'un entraîneur français. Pour éviter de telles polémiques, le PSG sera obligé de recourir à un « prête-nom ». Le Franco-Hongrois Ladislas Nagy, décédé en 1993, gardien de but célèbre du Red Star puis entraîneur du SCO Angers et de Fontainebleau, acceptera de couvrir le néophyte Jean-Michel Larqué. Claude Dubaële, ancien attaquant du Stade de Reims dans les années 1960 puis entraîneur de Rennes et du Red Star, deviendra entraîneur du PSG au début de l'année 1979, pour suppléer Velibor Vasovic.

## USA

Au début de l'année 1992, le PSG part aux États-Unis pour meubler la trêve hivernale et préparer la seconde partie du Championnat à Tampa Bay, en Floride, sur les installations de la célèbre université de St. Petersburg.

Dix jours de stage avec, au programme, la visite du parc Disneyland à Orlando et une rencontre amicale face à la sélection olympique des États-Unis, le 11 janvier. Ce match de reprise va se transformer en affrontement musclé face à des Américains bien décidés à vaincre ce prestigieux club français. Les deux équipes se quittent sur un résultat nul (1-1, but de Ricardo) mais Paris perd son défenseur brésilien Geraldao (blessure au mollet). Depuis cette première chaotique, les Parisiens sont revenus à cinq reprises aux États-Unis. Une participation au tournoi de Chicago à l'été 2010, un match prestigieux face à Chelsea dans le Yankee Stadium de New York le 23 juillet 2012, puis trois invitations au prestigieux tournoi amical de l'ICC (International Champions Cup) avec deux trophées remportés en 2015 et 2016.

# V

## VALDO (Candido de Oliveira Filho)

voir P442

## VAMPETA (Marcos André Batista dos Santos)

Drôle d'oiseau que Vampeta, fantasque joueur brésilien dont le surnom est la contraction de vampiro (vampire) et capeta (diable). Au début de l'année 2001, il ne joue que 8 matches avec le PSG, inscrit un superbe but contre Auxerre et repart pour le Brésil sans crier gare, provoquant la fureur de Luis Fernandez. La réputation du personnage est déjà sulfureuse, après qu'il a posé nu pour une revue homosexuelle au Brésil. Pour payer ses impôts selon ses détracteurs, pour trouver des fonds et racheter un cinéma qui allait être détruit, selon ses propres dires… Ce milieu de terrain créatif débute sa carrière à Vitoria de Bahia, alors qu'il n'a pas encore 18 ans. Deux ans plus tard, le PSV Eindhoven, aux Pays-Bas, l'engage, puis le prête au VVV Venlo. Vampeta décide alors de rentrer au Brésil et porte les couleurs de Fluminense, avant de revenir au PSV Eindhoven. Ce second passage est un succès, il réussit une saison pleine et remporte un titre de champion (1998) et deux Coupes (1997, 1998). Le Brésil lui manque, il traverse à nouveau l'Atlantique et atterrit aux Corinthians. On redécouvre cet excellent joueur, champion du Brésil (1998, 1999) et sacré meilleur milieu de terrain de la compétition. Il débute avec la sélection brésilienne contre la Yougoslavie (1-1, 23/09/1998), pour le premier match après la défaite en finale de la Coupe du monde face à la France (0-3). Star du Corinthians, Vampeta remporte la Copa America avec le Brésil (1999) puis le tout nouveau Championnat du monde des clubs, face au Vasco da Gama en finale (0-0, 4-3 t.a.b., 14/01/2000). Titulaire avec la Seleçao, il est recruté à prix d'or par l'Inter Milan (18 M€) et Marcello Lippi en 2000, mais il est mis à l'écart par le nouvel entraîneur Marco Tardelli. À 27 ans, il se retrouve au PSG lors d'un échange avec Stéphane Dalmat mais ne s'adapte jamais au Championnat de France malgré un but exceptionnel au Parc des Princes contre Auxerre (3-0, 07/04/2001). Attendu à Paris après la trêve, son retard injustifié confirme son peu de motivation et oblige le club à l'échanger dans une transaction à trois avec Flamengo : l'Inter Milan, qui possède des droits sur le joueur, récupère Adriano et Paris engage Reinaldo. Son retour au pays confirme qu'il n'a rien perdu de ses qualités : Vampeta fait partie de la sélection brésilienne championne du monde en 2002, même s'il ne participe qu'à une seule rencontre lors de la compétition, face à la Turquie (2-1, 03/06/2002). De retour aux Corinthians, il remporte de nombreux trophées : deux titres de champion de l'État de Sao Paulo (2002, 2003) et une Coupe du Brésil (2002). Après une année sabbatique, sa carrière sombre dans la médiocrité : quatre mois à Vitoria de Bahia, où il a débuté (février-juin 2004), un exil au Koweït à Al Salmiya (juillet 2004-avril 2005), un retour au Brésil à Brasiliense (avril-décembre 2005) puis un passage à Goias (décembre 2005-août 2006), ne →P443

**Milieu de terrain**
Né le 12 janvier 1964
à Sideropolis

**Son parcours : Joueur :** Figueirense (1982-1983), Gremio Porto Alegre (1984-1987), Benfica Lisbonne (1987-1991), PSG (1991-1995), Benfica Lisbonne (1995-1997), Nagoya Grampus Eight (1997-1998), Cruzeiro (1998-2000), Santos (2000-2001), Sport Club Recife (2001), Atletico Mineiro (2001-2002), Juventude (2002), Sao Caetano (2003-2003), Botafogo (2003-2005).
**Entraîneur :** Uniao Esporte Clube (2009), Maringa Futebol Clube (2011), Serra Macaense (2012), MC Alger (adjoint, 2014-2015), Congo U20 (2017) Congo (2018-...)
**Palmarès :** vainqueur de la Copa America (1989), vainqueur du tournoi préolympique (1987), vainqueur du tournoi Stanley Rous (1987), vainqueur des Jeux panaméricains (1987) avec le Brésil, champion de l'État de Rio Grande do Soul (1985, 1986, 1987, 1988), champion du Portugal (1989, 1991), champion de France (1994), vainqueur de la Coupe de France (1993), vainqueur de la Coupe du Portugal (1996), vainqueur de la Supercoupe du Portugal (1996), vainqueur de la Recopa d'Amérique du Sud (1999).
**65 sélections avec l'équipe du Brésil, 6 buts**

# VALDO

Son accélération et son sens du jeu ont fait de ce joueur chétif (1,69 m pour 68 kg) le meneur de jeu du PSG de 1991 à 1995. Supporter du Vasco da Gama et admirateur de Zico, c'est au Gremio Porto Alegre qu'il se révèle, remportant quatre titres de champion de l'État de Rio Grande do Soul, la région la plus méridionale du Brésil. Au Gremio, il découvre un jeune gamin surdoué dont il devient l'idole, un certain Ronaldinho. En 1987, au tournoi préolympique, il inscrit le but de la victoire en finale face à la Bolivie (2-1) puis choisit de rejoindre l'Europe et le Benfica Lisbonne en 1987. Valdo remporte deux titres de champion du Portugal et la Copa America au Brésil, en finale face à l'Uruguay (1-0, 16/07/1989). La main de Vata lors de la demi-finale retour de la Coupe d'Europe des clubs champions face à l'OM (1-0, 18/04/1990) éclipse son exceptionnelle prestation avec Benfica. Le PSG n'hésite pas pour l'engager en 1991, alors que l'AS Roma faisait le forcing pour le recruter. Sa première saison à Paris est encourageante, la seconde est exceptionnelle, avec une victoire en Coupe de France contre Nantes (3-0, 12/06/1993) et un but somptueux face au Real Madrid en Coupe UEFA (4-1, 18/03/1993). Il clôt les trois années de règne d'Artur Jorge par un titre de champion de France avec Paris, mais ses rapports difficiles avec Luis Fernandez gâchent sa fin de saison, avec une absence remarquée pour la finale de la Coupe de France face à Strasbourg (1-0, 13/05/1995). De retour à Benfica, il remporte une nouvelle Coupe du Portugal (1996), part une saison au Japon et revient au Brésil, à Cruzeiro. Le PSG l'approche en janvier 1999 pour revenir à Paris, à l'âge de 35 ans, mais l'affaire capote. Valdo porte les couleurs de Santos, Recife, l'Atletico Mineiro, la Juventude, Sao Caetano, et met un terme à sa carrière le 19 décembre 2004, avec Botafogo, à plus de 40 ans. Patron d'une entreprise de construction civile et agent de joueurs, il a entraîné le petit club de l'Uniao Esporte Clube (2009) avant de devenir directeur sportif à Serre Macaense (D2, championnat de Rio). De retour en France, il devient directeur sportif puis entraîneur des Lusitanos de Saint-Maur (DHR) de mai 2012 novembre 2014. Valdo devient alors entraîneur adjoint du MC Alger mais abandonne son poste un an plus tard pour un problème de diplôme. Le 28 février 2017, alors qu'il réside à Lisbonne, il revient en Afrique au poste de responsable de l'encadrement technique de centre national de formation et sélectionneur des équipes de jeunes U17 et U20 du Congo, avant de prendre en main la sélection nationale un an plus tard, jusqu'à son départ en mars 2021 au terme de son contrat.

modifient pas l'image de fêtard invétéré qui le poursuit. En juillet 2007, après avoir suivi un régime draconien pour perdre ses kilos superflus, Vampeta revient aux Corinthians, pour un troisième passage. Sans club depuis son départ de Goias en 2006, il n'est alors plus que l'ombre du joueur vedette du club de Sao Paulo. Alors qu'il envisage publiquement la fin de sa carrière, Vampeta signe au début de l'année 2008 un nouveau contrat avec le Clube Atletico Juventus de Sao Paulo. Fidèle à son habitude, c'est dans la rubrique « Faits divers » qu'on le retrouve, pour une sombre affaire de rixe avec son ancien coéquipier Marcelo dans un bar brésilien au début de l'année 2009. Peu utilisé dans son nouveau club, il annonce qu'il met un terme à sa tumultueuse carrière de joueur. Au début de l'année 2010, il devient entraîneur du Nacional Atletico Clube (D4 brésilienne), puis des U20 de Corinthians. En décembre 2010, Vampeta est nommé entraîneur du Gremio Osasco Audax (D3) et rechausse alors les crampons… pour 450 euros par mois ! En juillet 2011, il est nommé directeur sportif de club basé dans la région de Sao Paulo, puis un an plus tard président du conseil de ce modeste club désormais en Serie 2, qui a connu son heure de gloire en mai 2016 avec une place de finaliste du championnat Paulista. Il est aussi un consultant sportif réputé depuis 2015 à Sao Paulo, pour la radio Jovem Pan et TV Gazeta.

## VANDECASTEELE (Franck)

Né à Rueil-Malmaison dans les Hauts-de-Seine, cet ailier droit n'a joué qu'un match de Championnat avec le PSG, lorsque l'équipe réserve est alignée à Nancy pour préserver les titulaires avant la demi-finale de Coupe de France contre Toulouse. Paris est largement battu (1-6, 28/05/1985) et sera condamné à verser 100 000 francs (environ 15 000 €) par la Ligue de football pour cette décision peu appréciée par le public lorrain. Vandecasteele, après cinq saisons au centre de formation à Saint-Germain-en-Laye, signe un premier contrat pro (4 ans) mais comprend qu'il n'aura jamais sa chance à Paris. Prêté à Alès (1988-1989) puis à Abbeville (1989-1990), il revient au Camp des Loges pour effectuer son service militaire et s'arrange avec le président Borelli pour quitter le club, libre de tout contrat. Il signe à Laval (1992-1994) puis explose à Bastia, joue au passage la finale de la Coupe de la Ligue au Parc des Princes contre le PSG (0-2, 03/05/1995) et réussit enfin à s'imposer en D1, avec 64 matches en Corse (8 buts inscrits). Il décide alors de rejoindre Nice et la Ligue 2, et participe à la Coupe d'Europe des vainqueurs de coupe face au Slavia Prague. Son but n'évite pas l'élimination des Aiglons (1-1, 06/11/1997). Joueur le plus charismatique de l'équipe niçoise et porteur du brassard de capitaine, il s'affirme comme le patron du Gym et termine meilleur buteur de la saison, avec 8 buts. En 1998, il signe à Sochaux pour retrouver la D1, mais se blesse gravement dans une équipe où les jeunes Pierre-Alain Frau et Danijel Ljuboja débutent sous le maillot sochalien. Redescendu en D2 en 1999, Vandecasteele reste dans le club du Doubs, champion de D2 en 2000-2001. À 34 ans, il met un terme à sa carrière professionnelle et rejoint le Stade Bordelais (CFA 2) jusqu'en 2003 puis travaille pour la société Peugeot en Gironde.

## VAN DER WIEL (Gregory)

Son ambition affichée de devenir titulaire au PSG à la place du capitaine Chirstophe Jallet, le 3 septembre 2012, avait surpris de nombreux observateurs du ballon rond. Gregory Van der Wiel est bien venu à Paris pour franchir un nouveau cap, après avoir tout gagné avec l'Ajax Amsterdam, son club formateur. Né d'un père originaire de l'île de Curaçao, dans les Antilles néerlandaises, et d'une mère hollandaise, il rejoint le centre de formation de l'Ajax à l'âge de 8 ans. Mais les premières années sont difficiles : à 14 ans, il est cédé

au HCF Haarlem, modeste club dans la banlieue d'Amsterdam. Enfant gâté et pas toujours respectueux à l'Ajax, il découvre un nouvel univers et modifie alors son comportement. Plus mûr, il retourne à l'Ajax trois ans plus tard et devient rapidement capitaine de l'équipe réserve, et l'un des plus grands espoirs du club. Le 11 mars 2007, Van der Wiel débute en championnat à Twente (4-1) en remplacement du capitaine du club, Jaap Stam. Six mois plus tard, il remporte la Supercoupe face au PSV Eindhoven (1-0, 11/08/2007), à 19 ans. Il faudra pourtant attendre la saison 2008-2009 pour le voir enfin titulaire, après l'arrivée au poste d'entraîneur de Marco Van Basten. Positionné sur le flanc droit de la défense, il est alors appelé pour la première fois en équipe nationale, en Tunisie (2-1, 11/02/2009). L'année 2010 confirme sa montée en puissance : il remporte le 6 mai la Coupe des Pays-Bas avec l'Ajax face au Feyenoord Rotterdam (2-0, 4-1) alors que le PSV Eindhoven domine outrageusement le football hollandais et reçoit le trophée du meilleur jeune joueur de l'année. Il est le seul joueur du champ à avoir participé à la totalité des matches de Championnat ! Sur sa lancée, Van der Wiel fait partie du onze type néerlandais, finaliste de la Coupe du monde face à l'Espagne (0-1, 11/07/2010) après un parcours exemplaire. Annoncé au Bayern Munich, il poursuit son parcours avec l'Ajax et remporte enfin le titre, lors d'un dernier match de Championnat inoubliable contre Twente, alors leader de l'Eredivisie. Mené à la pause, l'Ajax inscrit alors trois buts et remporte un titre qu'il espérait depuis sept ans (3-1, 15/05/2011). Avec 51 matches joués en compétitions officielles, Van der Wiel est désormais un cadre de l'équipe. Le club d'Amsterdam remporte un second titre un an plus tard. Malgré un Euro 2012 décevant avec les Pays-Bas, Gregory Van der Wiel décide, à 24 ans, de quitter son club formateur et rejoint le PSG. Après des débuts difficiles, le latéral hollandais monte en puissance et devient un concurrent sérieux pour Christophe Jallet sur le flanc droit de la défense. L'arrivée de Serge Aurier en 2013 change la donne, et son temps de jeu se réduit jusqu'à son départ du club, le 17 mai 2016. Van der Wiel signe alors à Fenerbahçe en Turquie (2016-2017) puis à Cagliari en Italie (2017-2018) pour deux saisons sans relief, avant de rejoindre le Championnat américain et le Toronto FC en février 2018. Un an plus tard, suite à une altercation avec son entraîneur, il s'installe à Los Angeles et souffre alors de crises de panique et d'anxiété, qui ont mis un terme à ses espoirs de retour, sous les couleurs du RKC Waalwijk (Pays-Bas) au début de la saison 2020-2021.

## VANQUELEF (Richard)

Un match et un but pour cet attaquant amateur, qui n'a joué que 25 minutes lors d'une rencontre de championnat D3 face à Lucé (6-0, 15/10/1972). Après avoir débuté au Pecq à l'âge de 9 ans, Vanquelef rejoint le Stade Sangermanois en 1967, à 17 ans. Son essor est brisé par une blessure et les soucis qu'elle va engendrer, après avoir contracté un staphylocoque doré. Éloigné des pelouses pendant trois années, il ne se contente que d'une seule apparition avec l'équipe A du

PSG, et quelques présences sur le banc des remplaçants. Vanquelef quitte le club parisien en 1974 pour Poissy, puis revient au PSG en 1977 pour jouer avec l'équipe 3 en DHR jusqu'en 1984. En parallèle, il poursuit son parcours professionnel dans le secteur aéronautique, pour Air France de 1970 à 1990, à Orly puis à Roissy. Après une dernière pige en qualité d'entraîneur-joueur en Promotion d'Honneur, Vanquelef range les crampons à 37 ans pour être nommé coordinateur technique des équipes Seniors de la section Amateurs jusqu'en 2002. Président de la commission Seniors de la section Amateurs depuis plus de dix ans, il reste un fidèle du PSG et du Camp des Loges. Il a été bénévole au PSG et dirigeant de l'équipe Seniors amateurs sacrée championne de leur groupe en 2019, une première depuis 18 ans, avant de quitter son poste.

## VARIÉTÉS CLUB DE FRANCE

De nombreux anciens joueurs du PSG ont porté un jour le maillot du célèbre Variétés Club de France, qui va fêter le 14 juin 2021 son 50e anniversaire. Le 24 mai 1987, le PSG participe à un match amical au Camp des Loges face au Variétés Football Club, les bénéfices sont intégralement versés à l'association Care, une organisation caritative qui lutte contre la pauvreté et la misère dans le monde. Malgré les cinq buts d'avance accordés aux Variétés, le PSG s'impose sur le score de 8-7, dans la joie et la bonne humeur. Le Variétés Club, créé en 1971, est une équipe de football fondée par le journaliste Jacques Vendroux. Des personnalités du sport et des variétés se réunissent pour défendre un certain idéal lors des matches de bienfaisance. À la fin de l'année 1978, les deux stars du PSG, Jean-Michel Larqué et Dominique Bathenay, participent à la tournée en Colombie du Variétés pour la fête de la Saint-Sylvestre. Ils vont connaître la frayeur de leur vie, alors que leur modeste embarcation, partie pour une excursion, se retrouve en panne de moteur sur la mer déchaînée des Caraïbes. Après plusieurs heures d'angoisse, les naufragés vont enfin rejoindre la terre ferme. Plus de peur que de mal, mais le président Borelli appréciera modérément cette escapade bien peu professionnelle.

## VASOVIC (Velibor)

International yougoslave et excellent défenseur (32 sélections, 6 buts), Velibor Vasovic accumule les titres avec le Partizan Belgrade, son club formateur : 3 trophées de champion de Yougoslavie (1962, 1963, 1965) dans ce club fondé à la gloire des partisans qui ont libéré la Yougoslavie le 20 octobre 1944. Positionné en défense centrale, il est l'idole des supporters malgré six mois passés chez le voisin de l'Étoile Rouge (janvier-juin 1963), un cas très rare entre ces deux clubs archi-rivaux, dont les derbies enflamment le Championnat yougoslave. En 1966, le Partizan échoue de justesse en finale de la Coupe d'Europe des clubs champions à Bruxelles (1-2, 11/05/1966), malgré l'ouverture du score par Vasovic en seconde période. En 1966, après avoir raté la qualification pour la Coupe du monde en Angleterre face à la

France, Vasovic rejoint la grande Ajax Amsterdam entraîné par Rinus Michels, avec la star mondiale Johan Cruyff. Aux Pays-Bas, il remporte 3 Championnats (1967, 1968, 1970) et 3 Coupes nationales (1967, 1970, 1971). Finaliste de la C1 face au Milan AC (1-4, 28/05/1969), malgré un nouveau but inscrit sur penalty lors de la rencontre, il devient le premier capitaine étranger de l'Ajax à soulever la « coupe aux grandes oreilles », après avoir dominé à Londres les Grecs de Panathinaikos (2-0, 02/06/1971). Souffrant d'asthme, il met un terme à sa carrière sur ce prestigieux succès et repart pour la Yougoslavie et le Partizan Belgrade, dont il devient entraîneur et directeur sportif (1972-1974). Après six mois à la tête du Proleter Zrenjanin, il débarque à Angers et fait remonter le club en D1, en 1976. Ses dix-huit mois en Anjou, son autorité légendaire et son palmarès impressionnent Daniel Hechter qui lui confie les rênes de l'équipe en 1976. Sans aucune recrue, l'entraîneur yougoslave déclare à la presse qu'il démissionnera en fin de saison si le PSG n'est pas européen. Après un début catastrophique, la remontée spectaculaire du PSG laisse espérer une fin de saison favorable mais l'objectif n'est pas atteint. Le 22 mai 1977, il quitte Paris la tête haute. Dix-huit mois plus tard, Francis Borelli le rappelle à Paris, après avoir obtenu de Vasovic la promesse du remboursement d'un solde d'impôts, indispensable à ce retour. Le 6 octobre 1979, il claque à nouveau la porte, après une nouvelle provocation de l'UNECATEF, le syndicat des entraîneurs. Vasovic rentre en Yougoslavie et retrouve son métier d'avocat, qu'il occupait avant d'entraîner. Le 4 mars 2002, alors qu'il vient d'intégrer un organisme privé afin de développer le football en Yougoslavie, il décède subitement, à l'âge de 62 ans, victime d'un arrêt cardiaque.

## VASSEUR (Jean-Luc)

À l'âge de 15 ans, alors qu'il porte les couleurs de Conflans-Sainte-Honorine, Jean-Luc Vasseur réalise son rêve de gosse en intégrant le centre de formation du PSG. Le début d'une belle aventure qui le mène jusqu'à ses débuts en D1 face à Nantes (2-1, 25/03/1987). Il remplace William Ayache et réussit une première prometteuse au poste d'arrière droit, à seulement 18 ans. Blessé au pied droit en 1988, il doit se résoucre à l'opération et disparaît pendant deux ans avant de revenir au premier plan grâce à Henri Michel. Titulaire sur le flanc droit de la défense, après avoir repris la compétition en D3 au poste de meneur de jeu, Vasseur va rapidement subir le contrecoup de ce retour inespéré. En 1992, après huit ans au PSG, il rejoint Rennes (1992-1995) puis poursuit sa carrière à Saint-Étienne (1995-1996), Créteil (1996-1998), au Racing 92 (1998-1999) et à Aubervilliers (1999-2001). Il décide alors, à 32 ans, de revenir entraîner les équipes de jeunes du PSG, la CFA 2 (2001-2002), les moins de 18 ans (2002-2005) puis les moins de 17 ans, de 2005 à 2011. Après deux défaites en finale avec ses protégés, Jean-Luc Vasseur connaît enfin le succès en remportant le titre de champion de France face à Marseille (2-1, 04/06/2011). Quelques jours plus tard, il rejoint le club de Créteil-Lusitanos qu'il mène jusqu'en Ligue 2 en 2013.

Un an plus tard, c'est la consécration avec son arrivée à Reims, alors en Ligue 1. Malgré un début de saison satisfaisant, le club champenois, alors 16e du Championnat, le licencie le 7 avril 2015. Six mois plus tard, il rebondit en Ligue 2, au Paris FC (2015-2016) puis à Châteauroux (2017-2018). Après six mois sans club, Jean-Luc Vasseur est nommé entraîneur de l'équipe féminine de l'Olympique Lyonnais le 17 juin 2019, avec laquelle il a réussi un quadruplé historique (Ligue des champions féminine, Championnat de France, Coupe de France, Trophée des championnes) avant son départ le 27 avril 2021.

## VENDREDI 13

Le 13 septembre 1974, le PSG croit ramener un premier succès en déplacement, depuis son retour parmi l'élite. Après 68 minutes de jeu, les Parisiens mènent 4-0 au stade Gerland à Lyon lorsque l'incroyable se produit : en seulement onze minutes, les Lyonnais inscrivent quatre buts et auraient même pu l'emporter en fin de rencontre face à une défense parisienne aux abois. Justo Fontaine, très en colère à l'issue du match, comparera ses joueurs à des juniors inexpérimentés. Une lecture attentive du calendrier lui aurait permis de constater que ce match incroyable se déroulait un vendredi 13, ceci pouvant expliquer l'inexplicable…

## VERMEULEN (Pierre)

Son pied gauche, ses dribbles et ses débordements ont affolé les défenses du Championnat de France en 1985-1986. Recruté par Gérard Houllier à quelques jours du début de la saison malgré une blessure au tournoi de Paris, Pierre Vermeulen est la grosse surprise de l'effectif parisien, en manque de gaucher. L'attaquant hollandais a débuté sa carrière à Roda, à 18 ans et joue son premier match en Championnat face à l'Excelsior Rotterdam (4-0, 06/04/1975). Après 6 saisons, 154 matches et 48 buts en Championnat (dont 16 buts en 1979-1980), il rejoint le grand Feyenoord Rotterdam. Il remporte la Coupe des Pays-Bas (1981) puis réussit le doublé Championnat-Coupe en 1984, aux côtés de la star Johan Cruyff auquel il voue une admiration sans borne. Le MVV Maastricht l'accueille pour une saison (34 matches, 5 buts) puis il rejoint le PSG lors du stage de préparation à Zeist. Avec ses 9 sélections sous le maillot Oranje, de 1978 (4-0 face à la Tunisie, 05/04/1978) à 1983 (0-3 contre la Suède, 27/04/1983), Vermeulen, dans une position de milieu de terrain offensif sur le côté gauche, réussit une saison exemplaire à Paris (30 rencontres en Championnat, 8 matches en Coupe de France) et remporte le titre de champion de France avec Paris. La saison suivante, il se retrouve sur le banc des remplaçants après le recrutement de Vahid Halilhodzic pour soutenir son ami Safet Susic. Sa demande de naturalisation s'éternise, il inscrit enfin son premier but à Paris contre Auxerre (1-0, 05/12/1986), une libération pour cet attaquant en mal de buts. L'arrivée de Gabriel Calderon scelle définitivement son sort. En manque de temps de jeu, il quitte Paris pour Tours et la D2 le 9 septembre 1987, laissant bien des regrets à des supporters dont il était devenu le héros. Après Tours (1987-1989) et Angers (1989-1991), Vermeulen met fin à sa carrière, à l'âge de 35 ans. Après une dernière pige en amateurs au SV Vilt, puis son jubilé à Angers le 2 février 1992, il obtient ses diplômes d'entraîneur. Il encadre de nombreux clubs amateurs aux Pays-Bas (SV Vilt, les jeunes du Fortuna Sittard, VNB Borgharen, VV Iason Houthem, RKTSV Terwinselen et VV De Leeuw) avant de s'occuper d'un complexe sportif et de tennis à Maastricht. Il est de retour à Roda en 2013… pour gérer avec son épouse la boutique des supporters du club ! Toujours attentif aux résultats du PSG, il a annoncé la parution prochaine de sa biographie, avec un long chapitre sur sa saison parisienne.

## VERNEUIL-SUR-SEINE

Le centre de préformation de Verneuil, inauguré en septembre 1995, accueille régulièrement les nouveaux talents prometteurs du PSG. Grâce à une politique de partenariat suivie avec les clubs d'Ile-de-France, un grand nombre de jeunes enfants, dès 13 ans, rejoignent le centre de préformation du club de la capitale. Ils concilient ainsi la pratique de leur sport favori et la poursuite de leurs études. 46 joueurs passés par Verneuil ont joué au moins un match avec l'équipe professionnelle du PSG depuis 25 ans, dont Clément Chantôme, Mamadou Sakho, Jonathan Ikoné ou Kingsley Coman qui ont porté le maillot de l'équipe de France.

## VERRATTI (Marco)

voir P450

## VICOT (Robert)

Modeste défenseur, Robert Vicot a eu l'immense mérite de prendre en main le PSG alors qu'il retrouvait la D3, après la scission avec le Paris FC. Passé par Ivry-sur-Seine et l'équipe du BHV (Bazar de l'Hôtel de Ville), c'est à Toulon qu'on le découvre, avec une participation à la finale de la Coupe Drago (l'ancêtre de la Coupe de la Ligue) face à Lens en 1960 puis une demi-finale de la Coupe de France face à Lyon (1-3, 21/04/1963). En 1964, Toulon est relégué et Vicot rejoint Le Lavandou, au poste d'entraîneur-joueur. Il occupe le même poste à Châteauroux (1967-1969) puis retrouve le sud de la France, au Cercle Sainte-Marthe à Marseille, l'équipe de l'usine des pastis Ricard, lorsque le président Patrelle le convainc d'abandonner cette semi-retraite pour venir entraîner l'équipe réserve du club, en 1971. Un an plus tard, alors qu'il a fait ses preuves avec les Juniors, demi-finalistes de la Coupe Gambardella, il devient tout naturellement l'entraîneur du PSG et forme un redoutable tandem avec Justo Fontaine, jusqu'à son départ du club au début de la saison 1975-1976. Vicot refuse la proposition de Daniel Hechter, qui souhaite lui confier la mise en place du centre de formation et le poste d'entraîneur de D3. Homme de terrain, il part à Rouen (1975-1976), au Paris FC (1976-1979) puis prend en main la sélection du Gabon (novembre 1979-mai 1980). De retour en France, il fait monter Rouen en D1 (1982) puis quitte la Normandie en 1986, alors que le club est en liquidation judiciaire. Son court séjour à Béziers (juin-novembre 1986) s'achève de la même manière, Vicot devient superviseur pour Montpellier avant de se retirer du monde du football, à l'âge de 56 ans. En 2021, il profitait de sa retraite à L'Île-Rousse, en Corse.

## VILLENEUVE (Charles)

Né en 1941 à Beyrouth, au Liban, Charles Villeneuve a présidé le PSG du 27 mai 2008 au 3 février 2009. Homme de média, journa- →P452

**Milieu de terrain**
Né le 5 novembre 1992
à Pescara

**Son parcours :** Pescara (2000-2012), PSG (2012-...).
**Palmarès :** champion d'Italie de Serie B (2012), champion de France (2013, 2014, 2015, 2016, 2018, 2019 et 2020), vainqueur de la Coupe de France (2015, 2016, 2017, 2018, 2020 et 2021), vainqueur de la Coupe de la Ligue (2014, 2015, 2016, 2017, 2018 et 2020), vainqueur du Trophée des Champions (2013, 2014, 2015, 2016, 2017, 2018, 2019 et 2020).
**36 sélections avec l'équipe d'Italie, 3 buts**

# Marco VERRATTI

Le 18 juillet 2012, la présentation officielle de Marco Verratti au PSG passe quasiment inaperçue, à l'ombre de la star suédoise Zlatan Ibrahimovic. Si « Ibra », roi des buteurs du Calcio, n'a alors plus rien à prouver, l'arrivée de Verratti est un énorme pari sur l'avenir, pour un joueur n'ayant jamais participé au moindre match en première division. Instruit dans le centre de formation de sa ville natale, Pescara, Verratti est déjà considéré comme un surdoué du ballon rond quand il débute avec l'équipe première en 2008-2009 en D3 italienne, à l'âge de 16 ans, face à Crotone. Au poste de meneur de jeu, avec le célèbre numéro 10 sur le dos, il possède déjà une technique au-dessus du lot, à l'image de son premier but en Coupe d'Italie face à Sangiustese (3-2, 09/08/2009). Pescara monte en Serie B (2e division) en 2010, et Verratti devient alors un titulaire incontestable au milieu du terrain, à seulement 17 ans. L'arrivée de l'entraîneur tchèque Zdenek Zeman un an plus tard va profondément modifier sa position sur le terrain. Zeman décide de le faire reculer pour le placer juste devant la défense, un poste occupé avec brio par la star italienne Andrea Pirlo, dont il va s'inspirer. En 2011-2012, Pescara devient champion de Serie B et accède à la première division, vingt ans après son dernier passage parmi l'élite. Verratti, surnommé « Petit Hibou », n'est pas étranger à cette superbe saison. International U19 depuis le 1er décembre 2010 (victoire face à la Roumanie 3-1), il est convoqué pour la première fois en Espoirs pour un match à Cannes face à la France (1-1, 28/02/2012). À la surprise générale, le sélectionneur italien l'inclut dans sa pré-liste de 32 joueurs avant l'Euro 2012. Son départ de Pescara semble alors inéluctable, les ténors du Calcio souhaitant enrôler ce jeune phénomène. La Juventus veut l'engager et le laisser un an à Pescara pour s'aguerrir, mais c'est finalement le PSG qui obtient sa signature, provoquant une énorme surprise en Italie. Si Verratti arrive à Paris sur la pointe des pieds, son intégration est immédiate : Carlo Ancelotti le prend sous son aile et il est titulaire pour le premier match de Championnat contre Lorient au Parc des Princes (2-2, 11/08/2012). Quatre jours après ses grands débuts en L1, Verratti participe à sa première rencontre sous le maillot de l'Italie contre l'Angleterre (1-2, 15/08/2012) et devient un joueur clé de la Nazionale, malgré son absence sur blessure à l'Euro 2016 et l'élimination de la sélection italienne avant la Coupe du monde 2018. Au PSG, à 28 ans fin 2020, Marco Verratti est déjà le joueur le plus titré dans l'histoire des Rouge et Bleu, avec 27 trophées au compteur. Incroyable Marco Verratti, incontournable depuis plus de huit ans : ses remontées de balle sont désormais dans la légende du club de la capitale. Avec près de 350 matches sous les couleurs parisiennes et un contrat qui le lie au PSG jusqu'en 2024, il pourrait même titiller un record que l'on croyait imbattable : les 435 matches joués par Jean-Marc Pilorget.

liste et écrivain, il avait notamment présenté le magazine Le Droit de savoir et occupé le poste de directeur des Sports sur TF1 de 2004 à 2008, avant de prendre en main les destinées du club parisien. Nommé par Sébastien Bazin, il quitte le club suite à la convocation d'une assemblée générale du club le 18 février 2009, qui s'était achevé par la démission collective des décideurs du club. Désormais conseiller international en communication, on l'a retrouvé sur Canal+, dans l'équipe des Spécimens, qui commentait et analysait les grands sujets de l'actualité du football, puis sur Europe 1, dans l'émission hebdomadaire Le Débat des grandes voix.

## VUJOVIC (Zlatko)

Son arrivée à Paris en 1989, après une excellente saison à Cannes, permettait à Zlatan Vujovic de retrouver son compatriote Safet Susic et l'entraîneur qui l'avait formé à l'Hajduk Split, Tomislav Ivic. Vujovic a grandi à Sarajevo, sa ville natale, puis il débute à 18 ans, avec son frère jumeau Zoran, sous les couleurs de l'Hajduk Split. De 1976 à 1986, il dispute 240 matches et inscrit 121 buts, remportant au passage un titre de champion de Yougoslavie (1979) puis une Coupe nationale (1984). À 28 ans, l'âge légal pour quitter son pays, il rejoint Bordeaux avec Zoran et obtient un premier titre de champion de France, avec 12 buts inscrits en 35 matches, puis remporte la Coupe de France face à Marseille en finale (2-0, 10/06/1987). La saison suivante est plus difficile : blessé à la cheville et moins réaliste (8 buts), il se retrouve sur la sellette et quitte la Gironde pour Cannes. Sur la Croisette, tout lui réussit, il marque 18 buts et termine à la seconde place du classement des buteurs, derrière Papin. Ivic et Susic ont vite fait de le convaincre de les rejoindre à Paris, mais Vujovic se plaint des adducteurs et souffre rapidement d'une pubalgie. Sa saison est quelconque, avec seulement 10 buts inscrits en Championnat et de nombreux soucis relationnels avec son ancien mentor Tomislav Ivic. Capitaine de la Yougoslavie lors de la Coupe du monde en 1990, il quitte la compétition et l'Italie au stade des quarts de finale, battue par l'Argentine à l'issue de la séance des tirs au but (0-0, 2-3 t.a.b., 30/06/1990). Le 14 novembre 1990, Vujovic honore sa 70e et dernière sélection avec son pays face au Danemark (2-0). Sa deuxième saison au PSG est décevante, malgré la confiance de son entraîneur Henri Michel. Son compteur but s'arrête encore à 10, et son départ en 1991 pour Sochaux n'est pas une surprise. Une saison dans le Doubs (1991-1992) puis une à Nice, en D2, et il met un terme à sa carrière, en 1993. Après cinq ans passés sur la Côte d'Azur pour faciliter la scolarité de ses enfants, Vujovic retourne en Croatie où il devient agent de joueurs avec licence FIFA et continue à jouer en équipe de Vétérans à l'Hajduk Split, n'hésitant pas à s'occuper de l'équipe Juniors. Responsable des attaquants du club croate en 2009, il devient co-entraîneur d'Hadjuk Split en octobre 2010, avec Goran Vucevic. Six mois plus tard, le duo est limogé après une série de mauvais résultats. Déçu par cette brutale décision, il décide alors de se consacrer uniquement à la formation de jeunes footballeurs avant de quitter le milieu du football. Touché et très affaibli par la pandémie de Covid-19 en 2020 avec son frère Zoran, Zlatko Vujovic, âgé de 63 ans, a fait à nouveau la une des journaux croates pour défendre les mesures sanitaires et les gestes barrières. Il reste une légende du football croate et un observateur très critique sur son club de cœur, Hadjuk Split, qui vit désormais dans l'ombre de son rival historique, le Dinamo Zagreb.

## WATERSCHEI

C'est face à ce club belge situé à Genk, dans la région flamande, et de langue néerlandophone, que le PSG a connu sa première désillusion européenne. Le 2 mars 1983, 49 575 spectateurs remplissent le Parc des Princes pour la plus belle affluence dans l'histoire du club. Paris s'impose 2-0, rate de nombreuses occasions de tuer le match et va regretter ce manque de réalisme quinze jours plus tard en Belgique. Bien aidé par un arbitre dépassé par les événements, Waterschei s'impose 3-0 après prolongations pour ce quart de finale retour de la Coupe d'Europe des vainqueurs de coupe. Un coup franc pour une faute inexistante de Dominique Baratelli met fin aux espoirs parisiens, qui terminent à neuf (expulsions de Lemoult et Boubacar) après de nombreux incidents avec les spectateurs belges. Les Jaunes de Waterschei et leur buteur « Tintin » Voordeckers ne survivront pas en demi-finale contre Aberdeen (1-5, 1-0) et finiront même par disparaître du paysage footballistique belge après la fusion en 1998 avec le Winterslag FC, pour former le KRC Genk, qui a été sacré champion de Belgique à quatre reprises : en 1999, 2002, 2011 et 2019.

## WEAH (George)

voir P454

## WEAH (Timothy)

Difficile de se faire un nom pour Timothy, fils de la légende africaine George Weah. Le fils cadet de « Mister George » réussit pourtant un début de carrière prometteur, après avoir découvert le football aux États-Unis, le pays où il est né. C'est à New York que le jeune Timothy a grandi. Après avoir débuté sa formation au BW Gottschee, il rejoint l'Academy des New York Red Bulls à l'âge de 13 ans. Un an plus tard, il choisit de poursuivre son apprentissage en Europe. Un essai non concluant à Chelsea, un second à Toulouse puis, un an plus tard, une arrivée très médiatisée au PSG. Les règlements de la FIFA l'obligent à patienter quinze mois avant d'enfiler enfin la tunique parisienne, avec un triplé prometteur en U17 en janvier 2016 face à Boulogne-sur-Mer. Buteur comme son papa, il inscrit un quintuplé lors de l'Al-Kass Cup face à Shanghai Shenhua (13-0, 09/02/2016), puis participe au doublé historique des U17 : un but en finale du championnat de France U17 contre Saint-Étienne (4-2, 04/06/2016) puis deux passes décisives, la saison suivante, face à Monaco (3-0, 03/06/2017). Le 28 septembre 2016, Timothy Weah inscrit un triplé en Youth League face à Ludogorets (6-1) et le PSG lui fait signer un premier contrat professionnel, le 3 juillet 2017. Avec la sélection U17 des États-Unis, il participe à la Coupe du monde en Inde, avec un triplé face au Paraguay (5-0, 16/10/2017). Sa carrière est lancée, jusqu'à ses débuts avec l'équipe pro du PSG face Troyes (2-0, 03/03/2018) et un premier titre honorifique de champion de France. Le 4 août 2018, il marque son premier but à Shenzhen en Chine →P456

**Attaquant**
Né le 1er octobre 1966
à Monrovia

**Son parcours :** Young Survivors (1983-1984), Bongrange Bongmine (1984-1985), Mighty Barrolle (1985-1986), Invincible Eleven (1986-1987), Tonnerre Yaoundé (1987-1988), Monaco (1988-1992), PSG (1992-1995), Milan AC (1995-janvier 2000), Chelsea (janvier-juin 2000), Manchester City (juin-octobre 2000), Marseille (octobre 2000-2001), Al-Jazira Abu Dhabi (2001-2003).
**Palmarès :** champion du Cameroun (1988), champion de France (1994), champion d'Italie (1996, 1999), vainqueur de la Coupe de France (1991, 1993, 1995), vainqueur de la Coupe de la Ligue (1995), vainqueur de la Coupe d'Angleterre (2000), Ballon d'or (1995), Ballon d'or africain (1989, 1994, 1995).
**65 sélections avec le Liberia, 10 buts**

# George WEAH

Son nom, en Camerounais, veut dire « le feu ». Dans le dialecte de son village Sasstown, il est « la petite fourmi qui va partout ». Une petite fourmi qui grandit à Monrovia et se fait connaître au Cameroun, à Yaoundé. Il débarque à Monaco en 1988 et se lie d'amitié avec Arsène Wenger. Weah assimile rapidement le football européen et, face à Strasbourg, inscrit ses deux premiers buts en Championnat (4-1, 21/09/1988). Cette première saison se solde par un total de 16 buts en 28 rencontres, à seulement 22 ans. Avec Monaco, le buteur africain remporte la Coupe de France face à Marseille (1-0, 08/06/1991) puis, la saison suivante, échoue en finale de la Coupe d'Europe des vainqueurs de coupes face au Werder Brême (0-2, 06/05/1992). Pour « Mister George », il est temps de tourner la page et il rejoint le PSG, qui a longtemps misé sur l'Allemand Jürgen Klinsmann avant de choisir le buteur monégasque. À 25 ans, il débute sa carrière parisienne par deux dents cassées, lors d'un choc avec Pascal Nouma au Camp des Loges. Plus de peur que de mal, Weah devient le buteur que Paris espère et martyrise les défenses avec son compère offensif David Ginola. Une Coupe de France (1993), un titre de champion (1994) et surtout des buts incroyables, à l'image de ce slalom et de cette frappe limpide qui crucifie le Bayern à Munich (1-0, 23/11/1994). L'Europe, c'est la chasse gardée du buteur libérien qui inscrit 16 buts en 25 rencontres. Weah est l'homme des grands rendez-vous et finit par séduire l'Italie et le Milan AC, quelques jours avant un match capital entre les deux équipes. Les supporters du PSG crient à la trahison mais finiront par pardonner à cet exceptionnel joueur, premier Ballon d'or d'origine africaine (1995). Au début de l'année 2000, à 33 ans, il débute une tournée d'adieu qui le mène à Chelsea, Manchester City et à l'OM avant une dernière pige aux Émirats arabes unis. De retour sur ses terres, il devient ambassadeur de l'Unicef et brigue la présidence du Liberia en 2005, dans un pays déchiré par la guerre civile. Battu au second tour mais fort de ses 40 % d'électeurs, il part aux États-Unis et obtient un diplôme en administration des affaires à l'université DeVry à Miami. George Weah rentre alors au pays où il est élu officiellement président du Liberia, le 22 janvier 2018. Une juste récompense pour un homme généreux, que les supporters parisiens n'ont jamais oublié.

→ lors du Trophée des champions face à Monaco (4-0) puis ouvre son compteur en Ligue 1 contre Caen (3-0, 12/08/2018). Le retour des Mondialistes réduit son temps de jeu, jusqu'à son prêt pour six mois au Celtic Glasgow, avec lequel il remporte le Championnat et la Coupe d'Écosse. À son retour à Paris, Lille engage le nouvel international américain, depuis sa première cape face au Paraguay (1-0, 27/03/2018). Après une première saison dans le Nord gâchée par les blessures, Timothy Weah s'est fait une place dans le groupe lillois. À 20 ans, il lui faut désormais confirmer pour ne pas rester à jamais le fils de Monsieur George Weah, actuel président du Liberia.

## WILKINS (Ray)

Francis Borelli souhaitait engager un joueur anglais et recrute ce milieu de terrain travailleur après le refus du meneur de jeu de Tottenham, l'élégant Glenn Hoddle. À 31 ans, Wilkins est une star du football britannique. Son père George, ex-joueur professionnel à Nottingham Forest et Leeds, lui a donné le virus du ballon rond. Avec son frère Graham, il rejoint Chelsea à l'âge de 11 ans. Le futur club du milliardaire russe Roman Abramovich se traîne en fin de classement au début des années 1970 et Wilkins sort rapidement du lot. International Scolaires, il est le capitaine de l'équipe d'Angleterre championne d'Europe Juniors en 1975, alors qu'il porte déjà le brassard à Chelsea, à l'âge de 18 ans. Il reste six ans avec les Blues, après avoir débuté avec l'équipe première contre Norwich (3-0, 26/10/1973), puis quitte à regret Londres après une nouvelle relégation de Chelsea en 1979. L'international anglais – il a débuté à New York face à l'Italie (0-2, 28/05/1976) – rejoint Manchester United pour cinq années riches en émotions. Son palmarès s'enrichit d'une FA Cup, remportée après deux matches face à Brighton (2-2, puis 4-0, 26/05/1983). Avec l'Angleterre, il accumule les sélections (84 au total pour 3 buts), participe au Championnat d'Europe 1980 et aux Coupes du monde en 1982 et 1986. Ses performances séduisent le Milan AC, qui l'engage en 1984 pour 15 millions de francs (environ 2,3 M€). Avec son compatriote Mark Hateley, il est un titulaire indiscutable, mais les arrivées de Ruud Gullit et Marco Van Basten en 1987 l'obligent à quitter le club lombard. Wilkins joue face au PSG au Mundialito à Milan au mois de juin 1987 et le président Borelli n'hésite pas longtemps pour engager cet excellent joueur, après un dernier essai au tournoi de Paris. En concurrence avec Safet Susic et Gabriel Calderon pour les deux places promises aux joueurs étrangers, Wilkins va rapidement déchanter. Houllier fait tourner les trois joueurs au gré des matches, les résultats sont décevants. Après un dernier essai au poste de libero, Wilkins demande à quitter le club et rejoint les Glasgow Rangers, le 1er décembre 1987. Son jeu trop prudent n'a pas fait vibrer le public du Parc des Princes, qui ne regrette pas son départ. En Écosse, il retrouve la joie de jouer, gagne un titre de champion (1989) deux Coupes de la Ligue (1987, 1988) puis retourne en Angleterre, aux Queens Park Rangers, avec la satisfaction du devoir accompli. Après quatre saisons à QPR et un bref passage à Crystal Palace, il devient entraîneur-joueur de QPR en 1994, à l'âge de 36 ans. Il termine sa carrière en portant les couleurs de quatre clubs en douze mois (Wycombe Wanderers, Hibernian Édimbourg, Milwall et Leyton Orient), à 41 ans. Wilkins devient entraîneur de Fulham en D2 anglaise (1997-1998) puis l'adjoint de Gianluca Vialli à Chelsea et à Watford (1998-2002). Un an plus tard, on le retrouve à Millwall pour épauler Dennis Wise (2003-2005) avant d'entamer une carrière de commentateur sportif sur la chaîne Sky Sports. Au début de l'année 2007, Wilkins occupe le poste d'entraîneur adjoint de l'équipe d'Angleterre des moins de 21 ans. En septembre 2008, il revient à Chelsea aux côtés de Luiz Felipe Scolari. Il survivra au départ de l'entraîneur brésilien, et assurera avec succès l'intérim lors de la victoire des Blues face à Watford, avec un triplé de Nicolas Anelka (3-1, 14/02/2009). Il poursuit sa mission avec Guus Hiddink, puis Carlo Ancelotti. Le 11 novembre 2010, Chelsea annonce officiellement que Ray Wilkins ne sera pas conservé dans le staff londonien, avec effet immédiat. Une décision surprenante et mal vécue par les supporters de Chelsea. Après son départ, Ray Wilkins retrouve son poste de consultant sur Sky TV. Le 4 avril 2018, à l'âge de 61 ans, il décède tragiquement, après avoir été victime d'une crise cardiaque cinq jours plus tôt.

## WÖRNS (Christian)

Ce défenseur central athlétique rejoint le PSG en 1998, après avoir annoncé son arrivée à Paris six mois plus tôt. Né à Mannheim, Wörns débute au Phönix puis rejoint le club phare de la ville, le Waldhof Mannheim, à l'âge de 8 ans. Milieu de terrain de formation, il débute à 17 ans, 3 mois et 30 jours et devient le plus jeune joueur de la Bundesliga. Deux ans plus tard, il signe au Bayer Leverkusen avant d'être appelé en équipe d'Allemagne, face à la Tchécoslovaquie à Prague (1-1, 22/04/1992). Son style offensif s'épanouit à Leverkusen, il remporte la Coupe d'Allemagne en finale contre les Amateurs du Hertha Berlin (1-0, 12/06/1993). Il rejoint Paris pour étoffer son maigre palmarès, après sept saisons au Bayer. Son séjour au PSG n'est pas de tout repos : quelques jours après son arrivée, les nouveaux dirigeants du club (le président Charles Biétry et l'entraîneur Alain Giresse) officialisent son possible départ à Liverpool pour garder la star italienne Marco Simone. Le défenseur allemand vit très mal cette annonce et, dès le mois de novembre, déclare qu'il pourrait quitter le club et rejoindre le Bayern Munich. Son départ semble inévitable, le Borussia Dortmund confirme l'accord du joueur dès le mois de février. Le 19 avril, le contrat est signé pour 44 millions de francs (6,7 M€). Wörns, très déçu par sa saison, regrette son passage en France et va retrouver le sourire à Dortmund, remportant un titre de champion d'Allemagne (2002) mais s'incline en finale de la Coupe UEFA face au Feyenoord Rotterdam de Bonaventure Kalou (2-3, 08/05/2002). Avec la Mannschaft, il participe au Championnat d'Europe des Nations en 1992, 2000 et 2004, à la Coupe du monde 1998 en France où son expulsion en première période provoque la chute de l'Allemagne en quart de finale face à la Croatie (0-3, 04/07/1998). Malheureux, il rate la Coupe

du monde 2002 en Asie pour une blessure au genou, puis est écarté de la compétition en 2006 après avoir critiqué publiquement le sélectionneur Jürgen Klinsmann. Son éviction, par un simple message sur son portable, choque et divise l'opinion publique allemande. Sa carrière internationale s'est achevée en Slovaquie (0-2, 03/09/2005) pour la dernière de ses 66 sélections. Capitaine emblématique du Borussia Dortmund (240 matches joués, 14 buts de 1999 à 2006), Wörns a mis un terme à sa carrière à contrecœur en 2008, à la fin de son contrat, à 36 ans. Il commence alors une carrière d'entraîneur, avec les jeunes du Hombrucher SV (U15, 2009 à 2011), de Bochum (U14, 2012-2013) et de Schalke 04 (U17, 2013-2014). Un an plus tard, il prend en charge les U16 et devient l'adjoint de Christian Ziege à SpVgg Unterhaching (D3 allemande) puis dirige l'équipe B du FC Augsbourg (2016-2017). Passionné par la formation, on le retrouve à la tête des U19 du TSV 1860 Munich (2017-2018). La fédération allemande lui confie alors au début de la saison 2019-2020 le poste de sélectionneur en catégorie U18, puis en U19 un an plus tard.

# X

## XUEREB (Daniel)

Issu de l'école de Gardanne près d'Aix-en-Provence, l'attaquant moustachu débute sa carrière de footballeur grâce à l'obstination de son père, qui travaille à la mine pour l'usine d'aluminium de Pechiney. Cadet surclassé, Xuereb évolue en Division d'Honneur en 1975 lorsqu'il effectue plusieurs stages à Nîmes, Marseille, Monaco et Saint-Étienne. Ce supporter des Verts, essayé au poste de milieu défensif et stoppeur, ne fera pas de vieux os du côté du Forez et trouvera un meilleur accueil chez le rival lyonnais. Le 1er octobre 1977, il débute à Nancy avec Lyon (1-3) et finit par s'imposer chez les Gones, avec 10 buts inscrits lors de sa dernière saison (1980-1981). L'équipe de France lui ouvre ses portes pour un match en Espagne (0-1, 18/02/1981) puis c'est à Lens qu'il poursuit son ascension. En 1984, la France découvre « Monsieur Xu » lors des J.O. à Los Angeles. Il inscrit 4 buts, le dernier en finale face au Brésil (2-0, 11/08/1984). Deux ans plus tard, après 164 matches et 39 buts en D1 avec Lens, il rejoint le PSG, champion de France en titre. Il retrouve son entraîneur lensois Gérard Houllier, après une bonne Coupe du monde au Mexique et une entrée inutile en demi-finale face à l'Allemagne (0-2, 25/06/1986). Utilisé à un poste de milieu droit qu'il n'affectionne guère, Xuereb se blesse aux ligaments croisés et antérieurs du genou lors d'un match au Havre (0-2, 11/04/1987). De retour huit mois plus tard, il retrouve la confiance et le sens du but sous le règne de Tomislav Ivic. Michel Platini le rappelle en équipe de France pour sa meilleure saison en D1 (15 buts inscrits). À la surprise générale, il décide alors de quitter le PSG pour rejoindre Montpellier. Treize ans après ses débuts professionnels, il remporte son premier titre, la Coupe de France face au Racing Paris (2-1 a.p., 02/06/1990). En 1992, il rejoint Tomislav Ivic, qui sera rapidement licencié, puis est sacré champion de France avec Marseille (17 matches, 3 buts). Après un dernier défi à Toulon, qui tourne court suite au dépôt de bilan du club varois, Xuereb met un terme à sa carrière, fort de 441 matches et 106 buts en D1. Il joue à Digne avec une licence amateur, puis entraîne Pertuis, dans le Vaucluse. Directeur adjoint au service des Sports de cette petite ville jusqu'à sa retraite en avril 2019, ce passionné de chasse préside et entraîne depuis 1997 l'équipe des anciens joueurs marseillais, l'OM Star Club.

# Y

## YAKIN (Affaire)

Le 4 août 2003, Hakan Yakin, le meneur de jeu de l'équipe suisse, signe un contrat avec le PSG pour les quatre prochaines saisons. Un renfort de poids pour Paris, le joueur d'origine turque a passé avec succès la traditionnelle visite médicale au Camp des Loges quelques jours plus tôt. Yakin a « oublié » de préciser qu'il souffre de problèmes récurrents aux adducteurs et va se retrouver l'acteur d'un bien mauvais film de seconde zone. Souffrant lors des premiers entraînements au Camp des Loges, un examen approfondi par les équipes du professeur Saillant révèle une « tendinopathie d'insertion des adducteurs gauches » et propose un programme de rééducation adapté sur un mois. Passant outre les ordres du club, Hakan Yakin décide de se faire opérer des adducteurs le 15 août, le médecin consulté par le joueur ayant décelé une hernie discale nécessitant une opération chirurgicale et un arrêt de compétition de trois mois. Cette opération est filmée par vidéo, renforçant les doutes du service médical du PSG. Une semaine plus tard, Yakin arrive en béquille au siège du PSG accompagné de ses proches collaborateurs. Quelques minutes plus tard, le club signifie au joueur l'annulation de son transfert, et accuse Yakin d'avoir fait une fausse déclaration le jour de sa visite médicale en ne signalant pas ses soucis aux adducteurs. Le tribunal des Prud'hommes donnera raison au PSG en déboutant Yakin, qui réclamait 1,6 million d'euros pour licenciement abusif. Il doit en plus régler les frais d'avocat du club de la capitale, pour mettre un terme définitif à cette bien étrange affaire.

## YANOVSKI (Igor)

Le premier joueur russe à porter les couleurs parisiennes a réussi une carrière honorable au PSG, de 1998 à 2001. Ses parents sont des sportifs accomplis : son père est lutteur et sa mère joue au volley-ball. Yanovski est tout naturellement attiré par le sport et choisit le football, à l'Alania Vladikavkaz. Il rentre à l'école de foot à l'âge de 6 ans puis intègre la section sport-études en 1986. Milieu de terrain ou défenseur latéral, il remporte le titre de champion de Russie 1995. Un exploit pour ce club du Caucase qui, pour la première fois, met fin à l'hégémonie des équipes de Moscou, le Spartak, le Lokomotiv et le CSKA. La saison suivante, l'Alania perd son titre lors d'un match d'appui face au Spartak, alors que les deux clubs ont terminé avec le même nombre de points. International russe, Yanovski est présent lors de la rencontre amicale face à la France rendue célèbre par la bévue de Lionel Letizi, qui offre le but à Yuran (0-1, 25/03/1998). Quelques mois plus tard, il rejoint le PSG et s'impose sur le flanc gauche de la défense, participant à 31 matches de Championnat sur 34. Sa discrétion légendaire et sa polyvalence sont des atouts pour ses différents entraîneurs, d'Alain Giresse à Luis Fernandez en passant par Philippe Bergeroo. En 2001, Yanovski décide de rentrer en Russie et rejoint le CSKA Moscou avec lequel il remporte une coupe nationale (2002) et un championnat (2003). L'international russe

(32 sélections, 1 but) retourne à Vladikavkaz en 2004 avant d'accepter les propositions de La Berrichonne de Châteauroux. Peu utilisé (14 matches joués), il met un terme à sa carrière en 2006 et s'installe à Moscou. Igor Yanovski, qui a obtenu un diplôme à la faculté de droit de l'université de l'Ossétie du Nord en 2000, travaille désormais à Marbella en Espagne pour la société russe de conseillers financiers Scheglov & Partners, spécialisée dans la réglementation juridique des activités professionnelles des athlètes et des entraîneurs.

## YEPES (Mario)

À 18 ans, Yepes débute sa carrière à Tulua, face à l'Atletico Junior (1-2, 27/03/1994), et s'impose déjà comme un joueur d'exception, malgré son jeune âge. En 1998, il rejoint le Deportivo Cali, le club le plus titré et le plus célèbre de la Colombie. Au mois de juillet 1999, Yepes échoue en finale de la Copa Libertadores face aux Brésiliens de Palmeiras, après une cruelle séance de tirs au but (1-0, 1-2, 3-4 t.a.b.). Une terrible désillusion avant son transfert chez le géant argentin River Plate, avec deux titres de champion d'Argentine à la clé. Le 29 juillet 2001, la Colombie explose de bonheur après la victoire des siens en finale de la Copa America, face au Mexique (1-0, 29/07/2001). La défense de fer des Colombiens menée par Yepes, qui n'encaisse aucun but en six rencontres, est la base du premier – et unique – succès de la Colombie dans cette compétition. Roi du Monumental à Buenos Aires (79 matches et 7 buts inscrits en Argentine), il rejoint Nantes pour découvrir le football européen. Accueilli chaleureusement en Pays de la Loire, il devient « le Roi » de la Beaujoire, inscrivant de nombreux buts grâce à son excellent jeu de tête. En 2004, le PSG l'engage pour remplacer Frédéric Déhu et ne va pas regretter son choix. Son style guerrier et ses tacles impeccables font de lui le chouchou du Parc, remportant au passage la Coupe de France en finale face à Marseille (2-1, 29/04/2006). Sa dernière saison est difficile, Yepes est la cible des arbitres, qui sifflent trois penalties pour des fautes peu évidentes en quelques jours. Le 4 février 2007, nouveau coup dur, après un choc avec l'attaquant marseillais Djibril Cissé, il se fracture la malléole et assiste en spectateur au sauvetage des joueurs de Paul Le Guen. Après un parcours décevant avec la Colombie à la Copa America 2007 au Venezuela, Yepes est de retour au PSG et doit faire face à la concurrence du nouveau duo défensif parisien, Camara-Bourillon. Toujours discret, il prend place sur le banc des remplaçants et attend patiemment son heure pour retrouver une place de titulaire indiscutable (27 matches joués en Championnat) et participer activement au sauvetage du PSG en Ligue 1. Absent lors de la finale victorieuse de la Coupe de la Ligue contre Lens (2-1, 29/03/2008) en raison d'une élongation à la cuisse droite Yepes est titulaire lors de la finale de la Coupe de France perdue contre Lyon (0-1 a.p., 24/05/2008) pour son dernier match avec le PSG. En fin de contrat, le défenseur colombien quitte alors Paris et signe pour un promu en Serie A, le Chievo Vérone. Ses deux remarquables saisons permettent au capitaine de la sélection colombienne de signer au Milan AC, avec lequel il obtient le titre de champion d'Italie en 2011. À 37 ans, à la fin de son contrat en 2013, l'heure de la retraite n'a pas encore sonné ! Un court passage à l'Atalanta Bergame puis, en septembre 2014, un dernier challenge en Argentine, à San Lorenzo. Le 20 janvier 2016, à l'âge de 40 ans, Mario Yepes annonce la fin de sa carrière. Quatre mois plus tôt, il débute sa carrière d'entraîneur pour le club qui l'a révélé, le Deportivo Cali en Colombie. Une première expérience décevante, qui s'est achevée un an plus tard. Depuis le début de l'année 2020, Mario Yepes est le directeur de la sélection nationale de la Colombie, dont il a été un joueur emblématique, avec 102 sélections de 1999 à 2014.

## YOUGOSLAVIE

Si la première recrue étrangère du PSG, Zivco Lukic, n'a pas laissé un souvenir impérissable

aux supporters parisiens, le football yougoslave a donné à Paris l'un de ses plus beaux joyaux, l'inimitable Safet Susic. Douze joueurs issus de l'ancienne fédération de Yougoslavie ont porté le maillot du PSG : les Bosniaques Vahid Halilhodzic, Vedad Ibisevic et Safet Susic, les Croates Ivica Surjak et Zlatko Vujovic, le Monténégrin Branko Boskovic et les Serbes Milan Bisevac, Mateja Kezman, Danijel Ljuboja, Zivco Lukic, Ilija Pantelic et Marco Pantelic, sans oublier les deux entraîneurs Velibor Vasovic et Tomislav Ivic.

# Z

## ZAGRE (Arthur)

Quatre jours et puis s'en va… Drôle de destin que celui d'Arthur Zagre au PSG, avec des débuts officiels en Ligue 1 sous les couleurs rouges et bleu puis un départ surprise pour Monaco à la fin du mois d'août 2019. Artur Zagre est un pur produit du centre de formation : après des débuts à Courbevoie, il rejoint le PSG en 2013 avec Loïc Mbe Soh, lui aussi passé par ce club des Hauts-de-Seine. Défenseur latéral sur le flanc gauche, il remporte le titre U17 contre Monaco en finale (3-0, 03/06/2017). L'année suivante, il confirme avec les Titis parisiens en remportant l'Al-Kass Cup au Qatar, face aux Japonais de Kashiwa Reysol (2-1, 31/01/2018). Après avoir participé à la préparation estivale du club à Singapour, Arthur Zagre signe un premier contrat professionnel le 30 septembre 2018, juste avant ses 17 ans. Il s'entraîne avec les pros, puis est appelé en équipe de France U19, mais il se contente de matches avec l'équipe réserve, et connaît la consécration avec 24 minutes de jeu au Parc des Princes lors du succès parisien face à Toulouse, en remplacement de Kylian Mbappé (4-0, 25/08/2019). Le PSG, qui cherche à vendre des joueurs pour satisfaire aux obligations liées au fair-play financier de l'UEFA, cède son jeune espoir à Monaco quatre jours tard, en fin de mercato. Sur le Rocher, Zagre a connu une première saison compliquée. Aucun match en Ligue 1, trois en Coupes nationales avant un départ pour Dijon le 6 octobre 2020, pour un prêt d'un an avec option d'achat. Désormais international U20 il devrait rapidement quitter la Bourgogne, avec seulement deux apparitions en 2020-2021 pour le club dijonnais.

## ZAJACZKOWSKI (Christian)

À 26 ans, ce défenseur latéral décide de quitter Le Havre pour tenter l'aventure au PSG. Avec 13 matches en 1987-1988, son parcours parisien est un échec et il décide de partir à Lens, sous forme de prêt. Né à Clermont-Ferrand, avec un père qui a joué en Promotion d'Honneur, Christian Zajaczkowski débute sous le maillot de Châteauroux, en section sport-études (1977-1980). Il participe avec l'équipe de France Juniors au tournoi de Monaco (finaliste contre la Yougoslavie, 2-3, 19/11/1978) puis au Championnat d'Europe

Juniors en 1979 avec les Bleuets en Autriche, où la France termine à la 4e place, battue par l'Angleterre (0-0, 3-4 t.a.b., 02/06/1979). Compagnon de Touré, Ayache, Lemoult et Stopyra avec les Bleuets, il poursuit sa carrière à Rennes (1980-1985), avec lequel il découvre la D1 en 1983. Défenseur ou milieu de terrain, il porte les couleurs du Havre (1985-1987) avant de rejoindre le PSG. Prêté une saison à Lens, puis à Abbeville (1989-1990), il joue à Montferrand (1990-1991), Vallauris (1991-1992), et débute une carrière d'entraîneur à Périgueux (1992-1996) puis à Brive (1996-1997). Après une année sabbatique, il s'occupe des Cadets de Rouen (1998-1999) avant d'entraîner le club de La Rochelle (1999-2007), les U18 de l'ES Saintes (2007-2009) et l'équipe 2 de Montluçon jusqu'à la liquidation judiciaire du club, en mars 2011. Zajaczkowski rejoint alors Aurillac (Cantal), club de CFA 2, et entraîne les U17 lors de la saison 2012-2013. Après avoir dirigé le FC Châtel-Guyon (2014), Cébazat Sports (2015) et à nouveau La Rochelle (2015-2020), Christian Zajaczkowski a pris en main au début de la saison 2020-2021 l'équipe de Saint-Georges-les-Ancizes, en Régional 3.

## ZAREMBA (Pascal)

Chez les Zaremba, le foot est une histoire de famille. L'aîné, Bruno, est un attaquant passé par Valenciennes et Metz. Le cadet, Pascal, a connu la gloire au PSG, remportant la Coupe de France en 1983. Pascal Zaremba commence à jouer au foot en compétition à l'âge de 14 ans, à Fresnes-sur-Escaut dans le Nord. Dans cette commune de 8 000 habitants où le charbon fut découvert en 1720, il signe sa première licence. En 1976, il se fait remarquer par des recruteurs de Strasbourg mais refuse de quitter sa région après un stage réussi en Alsace. Valenciennes récupère cet excellent milieu de terrain en 1977, et lui fait signer un contrat de stagiaire dans la foulée. Ce pur « Ch'ti », fils d'émigrés polonais, débute en Division 1 face à Nancy (1-1, 14/10/1978) puis devient international Espoirs, participant au tournoi de Toulon (défaite en finale face à l'URSS, 0-0, 3-4 t.a.b., 11/06/1981) et à la rencontre amicale contre les Pays-Bas B (0-0, 17/11/1981). Son nouveau statut et les difficultés financières de Valenciennes l'obligent à envisager son départ. Lille et Saint-Étienne sont sur les rangs, mais Zaremba choisit le PSG en 1982. À Paris, la concurrence est rude au milieu du terrain avec le duo Fernandez-Lemoult. Sa polyvalence, sa frappe de balle puissante et son excellente vision de jeu sont des atouts non négligeables pour Georges Peyroche, qui le place au poste de libero pour remplacer Bathenay, absent sur blessure. En finale de la Coupe de France, il inscrit un superbe but sur coup franc en début de rencontre et permet aux siens de remporter le trophée (3-2, 11/06/1983). Sous les yeux de son père, venu spécialement à Paris pour l'occasion avec une lampe torche, pour que le fiston puisse le remarquer dans le stade ! La saison suivante, il est présent pour le duel face à la Juventus Turin et récupère le maillot de Boniek, le héros polonais de la famille. De nouveau titulaire au poste de libero après la longue absence de Bathenay sur blessure (trois mois), Leduc décide de le confirmer à ce poste malgré le retour du capitaine parisien. Zaremba, à son tour blessé, voit son rival lui ravir sa place et préfère quitter le club pour rejoindre Lens, en 1983. Il conduit le Racing en Coupe UEFA puis signe au Havre (1986-1987), à Nancy (1987-1989). Après une saison chez les Amateurs, à Vieux-Condé (1989-1990), Pascal Zaremba rejoint Beauvais (1990-1993) puis Valenciennes. En 1994, il intègre le staff technique du club nordiste, devient entraîneur adjoint de l'équipe réserve jusqu'en 2009, puis s'occupe d'animations pour les jeunes au service des Sports de la mairie de Valenciennes. Très discret, Pascal Zaremba est resté fidèle à ses racines nordistes, à l'image de son frère cadet Fabrice, candidat à la maire de Fresnes-sur-Escaut lors des dernières municipales en 2020.

## ZBINDEN (Patrice)

En 1972, ce défenseur savoyard (1,64 m pour 56 kg) rejoint le PSG après avoir participé à un stage de jeunes organisé par le club. Milieu de terrain défensif, il s'impose au poste d'arrière latéral. La saison suivante en D2, il est un parfait remplaçant de Loulou Cardiet puis, à 22 ans, alors qu'il joue avec l'équipe réserve en D3, il connaît la consécration avec une invitation à participer à un stage de l'équipe de France Amateurs. Zbinden poursuit sa carrière à Poissy, en 1976, avec lequel il rejoint le championnat de D2 en 1977-1978. Après huit saisons à Poissy, Zbinden met un terme à sa carrière à l'âge de 32 ans, et joue pour le plaisir en Vétérans à Maisons-Laffitte. Il devient ensuite agent immobilier en région parisienne, en Val-d'Oise. Il est décédé à Saint-Prix le 20 juillet 2014, à l'âge de 62 ans.

## ZÉRO

Zéro match officiel pour ces joueurs qui font partie de la grande histoire du PSG. Par ordre alphabétique, hommage à Nicolas Alnoudji, Mohamed Benhamou, Gaëtan Charbonnier, Gérard Christiaen, Sébastien Cibois, Nicolas Cousin, Moussa Dembélé, Francis De Percin, Rémy Descamps, Mory Diaw, Odsonne Édouard, Laurent Goutey, Patrice Grillon, Francis Hédoire, Garissone Innocent, Wilfried Kanga, Ahmed Kantari, Jean-Louis Lakière, Dominique Leclercq, Ronan Le Crom, Alexandre Letellier, Thomas Levaux, René-Yves Luron, Mike Maignan, Franck Mantaux, Pierre Metrot, Bruno Miriel, Martial Mondon, Jean-Yves Mvoto, Christophe Odé, André Pietrantoni, Laurent Quievreux, Didier Rabat, Philippe Reverdy, Malik Rouag, Youssouf Sabaly, Olivier Soliveres, Adama Touré, Habibou Traoré, Matthias Verschave, Stéphane Veron et Daniel Zorzetto, qui ont connu la gloire – ou l'anonymat – sous d'autres cieux.

## ZONE (Défense)

Justo Fontaine était un adepte de la défense en zone. Cette organisation, beaucoup plus flexible que le marquage individuel, obligeait chaque défenseur à couvrir une partie du terrain, et défendre contre l'adversaire qui s'y trouve. Après 11 matches de Championnat, la défense parisienne avait déjà encaissé 32 buts (3 buts par match en moyenne). Avec « seulement » 33 buts concédés lors des 27 journées restantes et un système défensif plus classique, le PSG terminera à la 19e place au classement final des défenses, dépassé par Monaco et ses 68 buts encaissés.

TROPHÉE DES CHAMPIONS
PARIS
ACCOR LIMITLESS

Statistiques officielles

# PARIS SAINT-GERMAIN

Statistiques établies à l'issue de la rencontre Brest-PSG du 23/05/2021

# LES ENTRAÎNEURS

**PIERRE PHELIPON** (1970/72 - 74 MATCHES)

**ROBERT VICOT** (1972/75 - 131 MATCHES, DONT 94 EN DUO AVEC JUST FONTAINE)

**JUSTO FONTAINE** (1973/76 - 137 MATCHES)

**VELIBOR VASOVIC** (1976/77 ET 1978/79 - 73 MATCHES)

**ILIJA PANTELIC** (1977, 4 MATCHES EN DUO AVEC PIERRE ALONZO)

**JEAN-MICHEL LARQUE** (1977/78 - 48 MATCHES)

**PIERRE ALONZO** (1976/77, 1978/79, 1979/80 - 18 MATCHES)

**CAMILLE CHOQUIER** (1979, 3 MATCHES EN DUO AVEC PIERRE ALONZO)

**GEORGES PEYROCHE** (1979/1983 PUIS 1984/85 - 211 MATCHES)

**LUCIEN LEDUC** (1983/84 - 38 MATCHES)

**CHRISTIAN COSTE** (1984/85 - 15 MATCHES)

**GÉRARD HOULLIER** (1985/88 - 123 MATCHES)

**ERICK MOMBAERTS** (1988 - 8 MATCHES)

**TOMISLAV IVIC** (1988/90 - 86 MATCHES)

**HENRI MICHEL** (1990/91 - 41 MATCHES)

**ARTUR JORGE** (1991/94 PUIS 1998/99 - 167 MATCHES)

**LUIS FERNANDEZ** (1994/96 PUIS 2000/2003 - 244 MATCHES)

**RICARDO, AVEC JOËL BATS** (1996/98 – 106 MATCHES)

**ALAIN GIRESSE** (1998 – 11 MATCHES)

**PHILIPPE BERGEROO** (1999/2000 - 75 MATCHES)

**VAHID HALILHODZIC** (2003/2005 - 96 MATCHES)

**LAURENT FOURNIER** (2005/2006, 36 MATCHES)

**GUY LACOMBE** (2006/2007 - 54 MATCHES)

**PAUL LE GUEN** (2007/2009 - 128 MATCHES)

**ANTOINE KOMBOUARÉ** (2009/2011 - 134 MATCHES)

**CARLO ANCELOTTI** (2012/2013 - 77 MATCHES)

**LAURENT BLANC** (2013/2016 - 173 MATCHES)

**UNAI EMERY** (2016/2018 - 114 MATCHES)

**THOMAS TUCHEL** (2018/2020- 127 MATCHES)

**MAURICIO POCHETTINO** (DEPUIS 2021 - 34 MATCHES)

# LES PRÉSIDENTS

**PIERRE-ETIENNE GUYOT** (du 12/08/1970 au 05/06/1971)

**GUY CRESCENT** (du 05/06/1971 au 17/12/1971)

**HENRI PATRELLE** (du 17/12/1971 au 15/06/1973)

**DANIEL HECHTER** (du 15/06/1973 au 09/01/1978)

**FRANCIS BORELLI** (du 09/01/1978 au 31/05/1991)

**MICHEL DENISOT, PRÉSIDENT DÉLÉGUÉ** (du 31/05/1991 au 11/05/1998)

**CHARLES BIETRY, PRÉSIDENT DÉLÉGUÉ** (du 11/05/1998 au 21/12/1998)

**LAURENT PERPÈRE, PRÉSIDENT** (du 22/12/1998 au 05/06/2003)

**FRANCIS GRAILLE, PRÉSIDENT** (du 05/06/2003 au 02/05/2005)

**PIERRE BLAYAU, PRÉSIDENT DÉLÉGUÉ** (du 02/052005 au 20/06/2006)

**ALAIN CAYZAC, PRÉSIDENT** (du 20/06/2006 au 21/04/2008)

**SIMON TAHAR, PRÉSIDENT** (du 23/04/2008 au 27/05/2008)

**CHARLES VILLENEUVE, PRÉSIDENT** (du 27/05/2008 au 03/02/2009)

**SÉBASTIEN BAZIN, PRÉSIDENT** (du 03/02/2009 au 08/09/2009)

**ROBIN LEPROUX, PRÉSIDENT** (du 09/09/2009 au 13/07/2011)

**BENOIT ROUSSEAU, PRÉSIDENT** (du 14/07/2011 au 03/11/2011)

**NASSER AL-KHELAÏFI, PRÉSIDENT** (depuis le 04/11/2011)

# LES JOUEURS

## A

**ABEL CARLOS DA SILVA BRAGA** 46 MATCHES, 10 BUTS – AU PSG DE 1979 À 1981

**ABREU MANUEL** 13 MATCHES – AU PSG DE 1983 À 1984

**ABRIEL FABRICE** 5 MATCHES – AU PSG DE 1999 À 2002

**ADAILTON MARTINS BOLZAN** 25 MATCHES, 14 BUTS – AU PSG DE 1998 À 1999

**ADAMS JEAN-PIERRE** 43 MATCHES, 2 BUTS – AU PSG DE 1977 À 1979

**ADLI YACINE** 1 MATCH – AU PSG DE 2018 À 2019

**AGOSTINHO JOAQUIM** 10 MATCHES, 1 BUT – AU PSG DE 2001 À 2002

**ALEX DIAS DE ALMEIDA** 27 MATCHES, 3 BUTS – AU PSG DE 2001 À 2002

**ALEX RODRIGO DIAS DA COSTA** 92 MATCHES, 9 BUTS – AU PSG DE 2012 À 2014

**ALGERINO JIMMY** 176 MATCHES, 9 BUTS – AU PSG DE 1996 À 2001

**ALI MESSAOUD REDA** 7 MATCHES, 1 BUT – AU PSG DE 1976 À 1977

**ALLOU BERNARD** 58 MATCHES, 5 BUTS – AU PSG DE 1994 À 1997

**ALOISIO JOSÉ** 78 MATCHES, 19 BUTS – AU PSG DE 2001 À 2003

**ALONZO JÉRÔME** 101 MATCHES – AU PSG DE 2001 À 2008

**ALVES JOAO** 22 MATCHES – AU PSG DE 1979 À 1980

**ANDRÉ CHRISTIAN** 77 MATCHES, 42 BUTS – AU PSG DE 1972 À 1977

**ANDRE LUIZ MOREIRA** 23 MATCHES, 2 BUTS – AU PSG DE 2002 À 2003

**ANELKA NICOLAS** 69 MATCHES, 18 BUTS – AU PSG DE 1995 À 1997 PUIS DE 2000 À 2002

**ANGLOMA JOCELYN** 39 MATCHES, 6 BUTS – AU PSG DE 1990 À 1991

**AOUCHICHE ADIL** 3 MATCHES, 1 BUT – AU PSG DE 2019 À 2020

**ARDILES OSVALDO** 17 MATCHES, 1 BUT – AU PSG DE 1982 À 1983

**AREOLA ALPHONSE** 107 MATCHES – AU PSG DE 2013 À 2020

**ARMAND SYLVAIN** 380 MATCHES, 12 BUTS – AU PSG DE 2004 À 2013

**ARNAUD LORIS** 30 MATCHES, 4 BUTS – AU PSG DE 2007 À 2012

**ARRIBAS CLAUDE** 34 MATCHES, 2 BUTS – AU PSG DE 1971 À 1972

**ARTETA MIKEL** 53 MATCHES, 5 BUTS – AU PSG DE 2000 À 2002

**ASSAD SALAH** 11 MATCHES, 1 BUT – AU PSG DE 1983 À 1984

**ATEBA BILAYI JEAN-HUGHES** 13 MATCHES – AU PSG DE 2004 À 2005

**AUGUSTIN JEAN-KÉVIN** 31 MATCHES, 2 BUTS – AU PSG DE 2015 À 2017

**AURIER SERGE** 81 MATCHES, 5 BUTS – AU PSG DE 2014 À 2017

**AYACHE WILLIAM** 30 MATCHES – AU PSG DE 1986 À 1987

## B

**BACCONNIER THIERRY** 95 MATCHES, 2 BUTS – AU PSG DE 1982 À 1988

**BADE JACKY** 62 MATCHES – AU PSG DE 1973 À 1976

**BADIANE JEAN-MICHEL** 15 MATCHES, 1 BUT – AU PSG DE 2002 À 2006

**BAHEBECK JEAN-CHRISTOPHE** 53 MATCHES, 6 BUTS – AU PSG DE 2011 À 2018

**BAJOC PIERRE** 16 MATCHES – AU PSG DE 1973 À 1980

**BAKKER MITCHEL** 45 MATCHES – AU PSG DEPUIS 2019

**BAMBA SOULEYMANE** 1 MATCH – AU PSG DE 2004 À 2005

**BANING ALBERT** 5 MATCHES – AU PSG DE 2006 À 2010

**BARATELLI DOMINIQUE** 281 MATCHES – AU PSG DE 1978 À 1985

**BARBERAT DOMINIQUE** 4 MATCHES – AU PSG DE 1975 À 1976

**BARRABÉ CLAUDE** 6 MATCHES – AU PSG DE 1986 À 1987

**BATHENAY DOMINIQUE** 273 MATCHES, 34 BUTS – AU PSG DE 1978 À 1985

**BATS JOËL** 285 MATCHES – AU PSG DE 1995 À 1992

**BAUDA DENIS** 103 MATCHES – AU PSG DE 1974 À 1977

**BECKHAM DAVID** 14 MATCHES – AU PSG EN 2014

**BÉHIER MICHEL** 31 MATCHES, 1 BUT – AU PSG DE 1972 À 1973

**BELMADI DJAMEL** 1 MATCH – AU PSG DE 1995 À 1996

**BELTRAMINI JEAN-FRANÇOIS** 36 MATCHES, 14 BUTS – AU PSG DE 1979 À 1981

**BENACHOUR SELIM** 43 MATCHES, 2 BUTS – AU PSG DE 2000 À 2003

**BENARBIA ALI** 62 MATCHES, 2 BUTS – AU PSG DE 1999 À 2001

**BEN ARFA HATEM** 32 MATCHES, 4 BUTS – AU PSG DE 2016 À 2018

**BEN MUSTAPHA KAMEL** 1 MATCH – AU PSG DE 1972 À 1973

**BENSOUSSAN MICHEL** 27 MATCHES – AU PSG DE 1974 À 1978 PUIS DE 1990 À 1991

**BERCHICHE YURI** 32 MATCHES, 2 BUTS – AU PSG DE 2017 À 2018

**BÉREAU BERNARD** 91 MATCHES, 10 BUTS – AU PSG DE 1970 À 1974

**BERNARD DANIEL** 32 MATCHES – AU PSG DE 1979 À 1981

**BERNAT JUAN** 76 MATCHES, 6 BUTS – AU PSG DEPUIS 2018

**BERNEDE ANTOINE** 3 MATCHES – AU PSG DE 2018 À 2019

**BERTHAUD DOMINIQUE** 15 MATCHES – AU PSG DE 1975 À 1976

**BIANCHI ARMANDO** 45 MATCHES, 5 BUTS – AU PSG DE 1978 À 1980

**BIANCHI CARLOS** 80 MATCHES, 71 BUTS – AU PSG DE 1977 À 1979

**BIANCONI PIERRE** 7 MATCHES – AU PSG DE 1987 À 1988

**BIBARD MICHEL** 182 MATCHES, 2 BUTS – AU PSG DE 1985 À 1991

**BIED SYLVAIN** 1 MATCH – AU PSG DE 1984 À 1985

**BISEVAC MILAN** 25 MATCHES, 1 BUT – AU PSG DE 2011 À 2012

**BOCANDÉ JULES** 40 MATCHES, 6 BUTS – AU PSG DE 1986 À 1988

**BODMER MATHIEU** 91 MATCHES, 13 BUTS – AU PSG DE 2010 À 2012

**BOLI YANNICK** 4 MATCHES, 1 BUT – AU PSG DE 2007 À 2010

**BORRELLI LUC** 8 MATCHES – AU PSG DE 1993 À 1995

**BOSKOVIC BRANKO** 47 MATCHES, 5 BUTS – AU PSG DE 2003 À 2005

**BOSSER JEAN-PIERRE** 60 MATCHES – AU PSG DE 1989 À 1991

**BOUBACAR SARR** 114 MATCHES, 30 BUTS – AU PSG DE 1979 À 1983

**BOURILLON GRÉGORY** 55 MATCHES – AU PSG DE 2007 À 2010

**BRAS JEAN-CLAUDE** 60 MATCHES, 22 BUTS – AU PSG DE 1970 À 1972

**BRAVO DANIEL** 280 MATCHES, 26 BUTS – AU PSG DE 1989 À 1996

**BRISSON FRANÇOIS** 86 MATCHES, 7 BUTS – AU PSG DE 1975 À 1981

**BRISSON GILLES** 8 MATCHES – AU PSG DE 1977 À 1978

**BROST JEAN-LOUIS** 93 MATCHES, 20 BUTS – AU PSG DE 1970 À 1973

**BUENO CARLOS** 16 MATCHES, 2 BUTS – AU PSG DE 2005 À 2007

**BUFFON GIANLUIGI** 25 MATCHES – AU PSG DE 2018 À 2019

**BULKA MARCIN** 2 MATCHES – AU PSG DEPUIS 2019

**BUREAU BERNARD** 46 MATCHES, 11 BUTS – AU PSG DE 1978 À 1981

# C

**CABAYE YOHAN** 57 MATCHES, 3 BUTS – AU PSG DE 2014 À 2015

**CALDERARO FRANÇOIS** 37 MATCHES, 7 BUTS – AU PSG DE 1992 À 1994

**CALDERON GABRIEL** 113 MATCHES, 23 BUTS – AU PSG DE 1987 À 1990

**CALENDA ROMÉO** 5 MATCHES – AU PSG DE 1993 À 1997

**CALLEGARI LORENZO** 1 MATCH – AU PSG DE 2015 À 2018

**CAMARA ZOUMANA** 224 MATCHES, 7 BUTS – AU PSG DE 2007 À 2015

**CANA LORIK** 81 MATCHES, 2 BUTS – AU PSG DE 2002 À 2005

**CARDETTI MARTIN** 26 MATCHES, 8 BUTS – AU PSG DE 2002 À 2003

**CARDIET LOUIS** 85 MATCHES, 1 BUT – AU PSG DE 1973 À 1976

**CARDINET GILLES** 16 MATCHES, 1 BUT – AU PSG DE 1979 À 1985

**CARON BERNARD** 7 MATCHES – AU PSG DE 1979 À 1980

**CAROTTI BRUNO** 26 MATCHES – AU PSG DE 1998 À 1999

**CARRÉ THIERRY** 7 MATCHES – AU PSG DE 1970 À 1971

**CASAGRANDE DOMINIQUE** 23 MATCHES – AU PSG DE 1998 À 2001

**CAUET BENOÎT** 48 MATCHES, 6 BUTS – AU PSG DE 1996 À 1997

**CAVANI EDINSON** 301 MATCHES, 200 BUTS – AU PSG DE 2013 À 2020

**CEARÀ MARCOS** 196 MATCHES, 3 BUTS – AU PSG DE 2007 À 2012

**CENZATO GÉRARD** 28 MATCHES – AU PSG DE 1974 À 1977

**CÉSAR MICHELON** 12 MATCHES, 1 BUT – AU PSG DE 1999 À 2000

**CHANTÔME CLÉMENT** 235 MATCHES, 10 BUTS – AU PSG DE 2006 À 2015

**CHARBONNIER JEAN-FRANÇOIS** 152 MATCHES, 16 BUTS – AU PSG DE 1984 À 1991

**CHOQUIER CAMILLE** 93 MATCHES – AU PSG DE 1970 À 1974

**CHOUPO-MOTING ERIC-MAXIM** 51 MATCHES, 8 BUTS – AU PSG DE 2018 À 2020

**CHRISTIAN CORREA DIONISIO** 71 MATCHES, 28 BUTS – AU PSG DE 1999 À 2001

**CISSÉ ALIOU** 61 MATCHES, 2 BUTS – AU PSG DE 1999 À 2002

**CISSÉ ÉDOUARD** 259 MATCHES, 10 BUTS – AU PSG DE 1997 À 2007

**CLÉMENT JÉRÉMY** 192 MATCHES, 6 BUTS – AU PSG DE 2007 À 2011

**CLOAREC JOËL** 1 MATCH – AU PSG DE 1992 À 1993

**COBOS JOSÉ** 110 MATCHES, 1 BUT – AU PSG DE 1993 À 1997

**COL PHILIPPE** 119 MATCHES, 1 BUT – AU PSG DE 1978 À 1983

**COLLETER PATRICK** 213 MATCHES, 1 BUT – AU PSG DE 1991 À 1996

**COMAN KINGSLEY** 4 MATCHES – AU PSG DE 2012 À 2014

**CONTE ANTOINE** 1 MATCH – AU PSG DE 2012 À 2014

**CORIDON CHARLES-ÉDOUARD** 29 MATCHES, 1 BUT – AU PSG DE 2005 À 2006

**COUPET GRÉGORY** 41 MATCHES – AU PSG DE 2009 À 2011

**COURIOL ALAIN** 86 MATCHES, 10 BUTS – AU PSG DE 1983 À 1988

**COUTARD THIERRY** 5 MATCHES – AU PSG DE 1972 À 1973

**CRISTOBAL PARRALO AGUILERA** 83 MATCHES – AU PSG DE 2001 À 2003

**CRUZ FERNANDO** 27 MATCHES – AU PSG DE 1970 À 1971

**CUBILIER ÉRIC** 19 MATCHES – AU PSG DE 2003 À 2004

# D

**DA FONSECA OMAR** 25 MATCHES, 2 BUTS – AU PSG DE 1985 À 1986

**DAGBA COLIN** 71 MATCHES, 1 BUT – AU PSG DEPUIS 2018

**DAHLEB MUSTAPHA** 310 MATCHES, 98 BUTS – AU PSG DE 1974 À 1983

**DALMAT STÉPHANE** 26 MATCHES, 1 BUT – AU PSG DE 2000 À 2001

**DANI ALVES** 73 MATCHES, 8 BUTS – AU PSG DE 2017 À 2019

**DANILO PEREIRA** 42 MATCHES 2 BUTS – AU PSG DEPUIS 2020

**DAVID LUIZ MOREIRA MARINHO** 89 MATCHES, 8 BUTS – AU PSG DE 2014 À 2016

**DEBBAH JAMES** 15 MATCHES, 1 BUT – AU PSG DE 1997 À 1998

**DE FALCO MARCEL** 4 MATCHES, 1 BUT – AU PSG DE 1983 À 1984

**DEHOUCK PHILIPPE** 4 MATCHES – AU PSG DE 1987 À 1988

**DÉHU FRÉDÉRIC** 167 MATCHES, 8 BUTS – AU PSG DE 2000 À 2004

**DELHUMEAU GUY** 31 MATCHES – AU PSG DE 1971 À 1972

**DELOFFRE JEAN** 57 MATCHES, 4 BUTS – AU PSG DE 1973 À 1975

**DELPLANQUE DOMINIQUE** 2 MATCHES, 1 BUT – AU PSG DE 1970 À 1971

**DE LUCAS ENRIQUE** 5 MATCHES – AU PSG DE 2000 À 2001

**DELY VALDES JULIO CESAR** 84 MATCHES, 28 BUTS – AU PSG DE 1995 À 1997

**DERRICK JANTZEN** 3 MATCHES – AU PSG DE 1971 À 1972

**DESTRUMELLE JEAN-PIERRE** 34 MATCHES, 1 BUT – AU PSG DE 1970 À 1972

**DHORASOO VIKASH** 43 MATCHES, 1 BUT – AU PSG DE 2005 À 2006

**DIABY MOUSSA** 34 MATCHES, 4 BUTS – AU PSG DE 2018 À 2019

**DIALLO ABDOU** 59 MATCHES – AU PSG DEPUIS 2019

**DIANÉ AMARA** 89 MATCHES, 21 BUTS – AU PSG DE 2006 À 2008

**DIARRA LASSANA** 19 MATCHES – AU PSG DE 2018 À 2019

**DIAWARA KABA** 20 MATCHES, 2 BUTS – AU PSG DE 1999 À 2001 ET DE 2003 À 2004

**DIENG OUMAR** 52 MATCHES, 1 BUT – AU PSG DE 1994 À 1996

**DIGARD DIDIER** 19 MATCHES – AU PSG DE 2007 À 2008

**DIGNE LUCAS** 44 MATCHES – AU PSG DE 2013 À 2016

**DI MARIA ANGEL** 264 MATCHES, 87 BUTS – AU PSG DEPUIS 2015

**DISTIN SYLVAIN** 45 MATCHES – AU PSG DE 2000 À 2002

**DJA DJÉDJÉ FRANCK** 5 MATCHES – AU PSG DE 2003 À 2006

**DJORKAEFF JEAN** 68 MATCHES, 7 BUTS – AU PSG DE 1970 À 1972

**DJORKAEFF YOURI** 47 MATCHES, 19 BUTS – AU PSG DE 1995 À 1996

**DOGLIANI JEAN-PIERRE** 100 MATCHES, 25 BUTS – AU PSG DE 1973 À 1976

**DOMENECH RAYMOND** 22 MATCHES, 1 BUT – AU PSG DE 1981 À 1982

**DOMI DIDIER** 114 MATCHES, 1 BUT – AU PSG DE 1994 À 1999 ET DE 2000 À 2003

**DOSSEVI ANTOINE** 2 MATCHES, 1 BUT – AU PSG DE 1975 À 1976

**DOSSEVI OTHNIEL** 49 MATCHES, 17 BUTS – AU PSG DE 1972 À 1975

**DOUCHEZ NICOLAS** 43 MATCHES – AU PSG DE 2011 À 2016

**DOUIS JEAN-FRANÇOIS** 12 MATCHES – AU PSG DE 1978 À 1979

**DRAMÉ BOUKARY** 38 MATCHES – AU PSG DE 2004 À 2007

**DRAXLER JULIAN** 174 MATCHES, 24 BUTS – AU PSG DEPUIS 2017

**DRÉOSSI PIERRE** 21 MATCHES – AU PSG DE 1988 À 1989

**DUCROCQ PIERRE** 148 MATCHES, 3 BUTS – AU PSG DE 1994 À 2001

**DUMOT BERNARD** 37 MATCHES, 4 BUTS – AU PSG DE 1972 À 1976

**DUTRUEL RICHARD** 14 MATCHES – AU PSG DE 1991 À 1996

## E

**EDEL APOULA** 71 MATCHES – AU PSG DE 2007 À 2011

**EDMILSON GONÇALVES PIMENTA** 13 MATCHES – AU PSG DE 1997 À 1998

**EL KARKOURI TALAL** 113 MATCHES, 2 BUTS – AU PSG DE 1999 À 2004

**ERDING MEVLÜT** 110 MATCHES, 30 BUTS – AU PSG DE 2009 À 2012

**EVERTON LEANDRO DOS SANTOS** 3 MATCHES – AU PSG DE 2007 À 2008

## F

**FADIGA BANDIOUGOU** 6 MATCHES – AU PSG DEPUIS 2020

**FERNANDES JEAN-CLAUDE** 1 MATCH – AU PSG DE 1993 À 1994

**FERNANDEZ LUIS** 273 MATCHES, 39 BUTS – AU PSG DE 1978 À 1986

**FERNANDEZ VINCENT** 26 MATCHES – AU PSG DE 1996 À 1998

**FIORÈSE FABRICE** 102 MATCHES, 19 BUTS – AU PSG DE 2002 À 2004

**FITTE-DUVAL CLAUDE** 25 MATCHES – AU PSG DE 1970 À 1972

**FLOCH LOUIS** 48 MATCHES, 3 BUTS – AU PSG DE 1974 À 1976

**FLORENZI ALESSANDRO** 36 MATCHES, 2 BUTS – AU PSG DEPUIS 2020

**FOURNIER LAURENT** 253 MATCHES, 18 BUTS – AU PSG DE 1991 À 1994 ET DE 1995 À 1998

**FRAU PIERRE-ALAIN** 49 MATCHES, 7 BUTS – AU PSG DE 2006 À 2008

## G

**GALLARDO MARCELO** 28 MATCHES, 2 BUTS – AU PSG DE 2007 À 2008

**GAMEIRO KEVIN** 76 MATCHES, 23 BUTS – AU PSG DE 2011 À 2013

**GARCERAN ANTOINE** 38 MATCHES – AU PSG DE 1979 À 1981

**GARRILLIÈRE ALAIN** 1 MATCH – AU PSG DE 1970 À 1971

**GAVA FRANCK** 46 MATCHES, 4 BUTS – AU PSG DE 1997 À 1998

**GEORGEN ALEC** 1 MATCH – AU PSG DE 2015 À 2019

**GERALDO DUTRA PERERA** 29 MATCHES, 1 BUT – AU PSG DE 1991 À 1992

**GERMAIN BRUNO** 50 MATCHES, 4 BUTS – AU PSG DE 1991 À 1993

**GILLET STÉPHANE** 1 MATCH – AU PSG DE 2001 À 2003

**GINOLA DAVID** 158 MATCHES, 44 BUTS – AU PSG DE 1991 À 1995

**GIRARD JEAN-LUC** 1 MATCH – AU PSG DE 1984 À 1985

**GIULY LUDOVIC** 125 MATCHES, 19 BUTS – AU PSG DE 2008 À 2011

**GOMA ALAIN** 37 MATCHES – AU PSG DE 1998 À 1999

**GRAPIN PATRICK** 1 MATCH – AU PSG DE 1979 À 1980

**GRAVELAINE XAVIER** 48 MATCHES, 7 BUTS – AU PSG DE 1993 À 1996 PUIS DE 1998 À 1999

**GRONDIN WILLY** 1 MATCH – AU PSG DE 2009 À 2010

**GÜCLÜ METEHAN** 1 MATCH, 1 BUT – AU PSG DE 2018 À 2019

**GUEDES GONÇALO** 13 MATCHES – AU PSG DE 2017 À 2018

**GUÉRIN VINCENT** 253 MATCHES, 25 BUTS – AU PSG DE 1992 À 1998

**GUEYE IDRISSA** 78 MATCHES, 3 BUTS – AU PSG DEPUIS 2019

**GUICCI DANIEL** 25 MATCHES – AU PSG DE 1970 À 1972

**GUIGNEDOUX BERNARD** 74 MATCHES, 15 BUTS – AU PSG DE 1970 À 1972

**GUILLOCHON YANNICK** 77 MATCHES, 2 BUTS – AU PSG DE 1982 À 1985

# H

**HADDAD RUDDY** 12 MATCHES – AU PSG DE 2005 À 2007

**HALILHODZIC VAHID** 22 MATCHES, 9 BUTS – AU PSG DE 1986 À 1987

**HALLET GÉRARD** 34 MATCHES, 8 BUTS – AU PSG DE 1971 À 1972

**HAVET PASCAL** 10 MATCHES – AU PSG DE 1984 À 1985

**HEINZE GABRIEL** 132 MATCHES, 8 BUTS – AU PSG DE 2001 À 2004

**HÉLDER BAPTISTA** 7 MATCHES – AU PSG DE 1998 À 1999

**HÉLDER CRISTOVAO MARINO** 22 MATCHES, 1 BUT – AU PSG DE 2004 À 2005

**HELLEBUYCK DAVID** 19 MATCHES, 1 BUT – AU PSG DE 2006 À 2007

**HEREDIA RAMON** 24 MATCHES, 1 BUT – AU PSG DE 1977 À 1979

**HÉRÉSON BERNARD** 8 MATCHES – AU PSG DE 1991 À 1992

**HERRERA ANDER** 67 MATCHES, 2 BUTS – AU PSG DEPUIS 2019

**HIROUX GAËL** 7 MATCHES, 2 BUTS – AU PSG DE 2001 À 2002

**HOARAU GUILLAUME** 161 MATCHES, 56 BUTS – AU PSG DE 2008 À 2012

**HORLAVILLE DANIEL** 7 MATCHES – AU PSG DE 1971 À 1972

**HUCK JEAN-NOËL** 63 MATCHES, 2 BUTS – AU PSG DE 1979 À 1981

**HUGO LEAL MIGUEL RIBEIRO** 75 MATCHES, 3 BUTS – AU PSG DE 2001 À 2004

**HUMBERTO COEHLO** 48 MATCHES, 8 BUTS – AU PSG DE 1975 À 1977

# I

**IBISEVIC VEDAD** 6 MATCHES – AU PSG DE 2004 À 2005

**IBRAHIMOVIC ZLATAN** 180 MATCHES, 156 BUTS – AU PSG DE 2012 À 2016

**ICARDI MAURO** 48 MATCHES, 26 BUTS – AU PSG DEPUIS 2019

**IKONÉ JONATHAN** 7 MATCHES – AU PSG DE 2016 À 2018

# J

**JACQUES ROBERT** 28 MATCHES, 6 BUTS – AU PSG DE 1985 À 1986

**JALLET CHRISTOPHE** 198 MATCHES, 9 BUTS – AU PSG DE 2009 À 2014

**JANVION GÉRARD** 50 MATCHES – AU PSG DE 1983 À 1985

**JEAN PHILIPPE** 14 MATCHES – AU PSG DE 1977 À 1979

**JEANNOL PHILIPPE** 219 MATCHES, 15 BUTS – AU PSG DE 1984 À 1991

**JESÉ RODRIGUEZ** 17 MATCHES, 2 BUTS – AU PSG DE 2016 À 2020

**JOEL CAMARGO** 2 MATCHES – AU PSG DE 1971 À 1972

**JUSTIER LIONEL** 58 MATCHES, 7 BUTS – AU PSG DE 1975 À 1978

# K

**KALIMUENDO ARNAUD** 1 MATCH – AU PSG DEPUIS 2019

**KALOU BONAVENTURE** 72 MATCHES, 18 BUTS – AU PSG DE 2005 À 2007

**KEAN MOÏSE** 41 MATCHES, 17 BUTS – AU PSG DEPUIS 2020

**KEBANO NEESKENS** 9 MATCHES, 1 BUT – AU PSG DE 2010 À 2012

**KEHRER THILO** 94 MATCHES, 2 BUTS – AU PSG DEPUIS 2018

**KELBAN FABRICE** 3 MATCHES – AU PSG DE 1997 À 1998

**KENEDY DANIEL PIMENTEL DOS SANTOS** 39 MATCHES – AU PSG DE 1996 À 1997

**KEZMAN MATEJA** 53 MATCHES, 10 BUTS – AU PSG DE 2008 À 2011

**KIMMAKON JÉRÉMI** 1 MATCH – AU PSG DE 2014 À 2015

**KIMPEMBE PRESNEL** 180 MATCHES, 1 BUT – AU PSG DEPUIS 2015

**KIST KEES** 47 MATCHES, 18 BUTS – AU PSG DE 1982 À 1983

**KOKKINIS THOMAS** 1 MATCH – AU PSG DE 1990 À 1991

**KOMBOUARÉ ANTOINE** 137 MATCHES, 8 BUTS – AU PSG DE 1990 À 1995

**KOUASSI TANGUY** 13 MATCHES, 3 BUTS – AU PSG DE 2019 À 2020

**KRYCHOWIAK GRZEGORZ** 19 MATCHES – AU PSG DE 2016 À 2018

**KURZAWA LAYVIN** 152 MATCHES, 14 BUTS – AU PSG DEPUIS 2015

# L

**LACHUER YANN** 25 MATCHES, 2 BUTS – AU PSG DE 1998 À 1999

**LAH ALBOURY** 6 MATCHES – AU PSG DE 1990 À 1991

**LAMA BERNARD** 318 MATCHES – AU PSG DE 1992 À 1997 ET DE 1998 À 2000

**LAMBERT BERNARD** 6 MATCHES – AU PSG DE 1972 À 1973

**LANDRE LOÏCK** 1 MATCH – AU PSG DE 2010 À 2012

**LANDREAU MICKAËL** 151 MATCHES – AU PSG DE 2006 À 2009

**LANDRIN CHRISTOPHE** 29 MATCHES, 2 BUTS – AU PSG DE 2005 À 2006

**LANTHIER GÉRARD** 46 MATCHES, 1 BUT – AU PSG DE 1984 À 1985

**LAPOSTE JACKY** 175 MATCHES, 17 BUTS – AU PSG DE 1972 À 1979

**LARQUÉ JEAN-MICHEL** 25 MATCHES – AU PSG DE 1977 À 1979

**LASPALLES NICOLAS** 29 MATCHES – AU PSG DE 1998 À 2000

**LAUREY THIERRY** 8 MATCHES – AU PSG DE 1990 À 1991

**LAVEZZI EZEQUIEL** 161 MATCHES, 35 BUTS – AU PSG DE 2012 À 2016

**LÉANDRI SYLVAIN** 15 MATCHES – AU PSG DE 1971 À 1972

**LECLERCQ ROBIN** 28 MATCHES, 4 BUTS – AU PSG DE 1972 À 1975

**LE CROM RONAN** 1 MATCH – AU PSG DE 2012 À 2013

**LEDUNOIS DIDIER** 19 MATCHES, 1 BUT – AU PSG DE 1972 À 1973

**LE GUEN PAUL** 344 MATCHES, 24 BUTS – AU PSG DE 1991 À 1998

**LEMOULT JEAN-CLAUDE** 266 MATCHES, 11 BUTS – AU PSG DE 1977 À 1986

**LEONARDO NASCIMENTO DE ARAUJO** 46 MATCHES, 10 BUTS – AU PSG DE 1996 À 1997

**LEONETTI JEAN-LOUIS** 81 MATCHES, 3 BUTS – AU PSG DE 1971 À 1972 ET DE 1973 À 1974

**LE ROUX YVON** 15 MATCHES, 2 BUTS – AU PSG DE 1989 À 1990

**LEROY JÉRÔME** 166 MATCHES, 12 BUTS – AU PSG DE 1996 À 2000 ET DE 2001 À 2003

**LEROY LAURENT** 95 MATCHES, 20 BUTS – AU PSG DE 1998 À 2003

**LETIZI LIONEL** 196 MATCHES – AU PSG DE 2000 À 2006

**LJUBOJA DANIJEL** 56 MATCHES, 8 BUTS – AU PSG DE 2003 À 2005

**LLACER FRANCIS** 248 MATCHES, 4 BUTS – AU PSG DE 1989 À 1999 ET DE 2001 À 2003

**LLODRA MICHEL** 3 MATCHES – AU PSG DE 1973 À 1974

**LO CELSO GIOVANI** 54 MATCHES, 6 BUTS – AU PSG DE 2017 À 2019

**LOKO PATRICE** 115 MATCHES, 35 BUTS – AU PSG DE 1995 À 1999

**LOKOLI DOMINIQUE** 149 MATCHES, 2 BUTS – AU PSG DE 1974 À 1979

**LOWITZ CLAUDE** 29 MATCHES – AU PSG DE 1985 À 1987

**LUCAS RODRIGUES MOURA DA SILVA** 229 MATCHES, 46 BUTS – AU PSG DE 2013 À 2017

**LUCAU CHIGUY** 3 MATCHES – AU PSG DE 2002 À 2004

**LUCCIN PETER** 38 MATCHES, 2 BUTS – AU PSG DE 2000 À 2001

**LUGANO DIEGO** 21 MATCHES, 1 BUT – AU PSG DE 2011 À 2013

**LUKIC ZIVKO** 1 MATCH – AU PSG DE 1970 À 1971

**LUYINDULA PEGUY** 182 MATCHES, 37 BUTS – AU PSG DE 2007 À 2012

# M

**MABIALA LARRYS** 13 MATCHES, 1 BUT – AU PSG DE 2006 À 2009

**MADAR MICKAËL** 46 MATCHES, 17 BUTS – AU PSG DE 1999 À 2001

**MAHÉ STÉPHANE** 33 MATCHES – AU PSG DE 1995 À 1996

**MAKÉLÉLÉ CLAUDE** 118 MATCHES, 1 BUT – AU PSG DE 2008 À 2011

**MAKHEDJOUF FLORIAN** 3 MATCHES – AU PSG DE 2010 À 2011

**MAKONDA TRIPY** 27 MATCHES – AU PSG DE 2008 À 2011

**MARELLA MICHEL** 58 MATCHES, 15 BUTS – AU PSG DE 1972 À 1975

**MARQUET PATRICE** 24 MATCHES, 2 BUTS – AU PSG DE 1984 À 1989

**MARQUINHOS MARCOS AOÁS CORRÊA** 323 MATCHES, 31 BUTS – AU PSG DEPUIS 2013

**MARTEL DIDIER** 5 MATCHES – AU PSG DE 1997 À 1998

**MARTIN ÉRIC** 17 MATCHES, 1 BUT – AU PSG DE 1986 À 1988

**MARTINEZ OLIVIER** 3 MATCHES – AU PSG DE 1984 À 1988

**MATUIDI BLAISE** 295 MATCHES, 33 BUTS – AU PSG DE 2011 À 2017

**MAURICE FLORIAN** 47 MATCHES, 15 BUTS – AU PSG DE 1997 À 1998

**MAURICE JEAN-EUDES** 53 MATCHES, 1 BUT – AU PSG DE 2008 À 2011

**MAXWELL SCHERRER CABELINO ANDRADE** 214 MATCHES, 13 BUTS – AU PSG DE 2012 À 2017

**M'BAMI MODESTE** 101 MATCHES, 1 BUT – AU PSG DE 2003 À 2006

**MBAPPÉ KYLIAN** 171 MATCHES, 132 BUTS – AU PSG DEPUIS 2017

**MBE SOH LOÏC** 3 MATCHES – AU PSG DE 2019 À 2020

**MBOMA PATRICK** 24 MATCHES, 6 BUTS – AU PSG DE 1994 À 1997

**MEÏTÉ YAKOU** 1 MATCH – AU PSG DE 2015 À 2016

**MENDY BERNARD** 247 MATCHES, 1[illegible] BUTS – AU PSG DE 2000 À 2008

**MÉNEZ JÉRÉMY** 110 MATCHES, 19 BUTS – AU PSG DE 2011 À 2014

**MÉRELLE FRANCK** 1 MATCH – AU PSG DE 1984 À 1985

**MEUNIER THOMAS** 128 MATCHES, 13 BUTS – AU PSG DE 2016 À 2020

**MICHUT EDOUARD** 1 MATCH – AU PSG DEPUIS 2020

**MITORAJ ROLAND** 69 MATCHES – AU PSG DE 1970 À 1972

**MONGELLI MARIO** 1 MATCH – AU PSG DE 1978 À 1979

**MONTEIRO ARMANDO** 9 MATCHES, 4 BUTS – AU PSG DE 1973 À 1974

**MORALY BERNARD** 21 MATCHES – AU PSG DE 1975 À 1978

**MOREAU FABRICE** 3 MATCHES – AU PSG DE 1984 À 1989

**MORIN THIERRY** 174 MATCHES, 1 BUT – AU PSG DE 1975 À 1986

**MOUTIER JEAN-MICHEL** 38 MATCHES – AU PSG DE 1984 À 1987

**M'PELÉ FRANÇOIS** 217 MATCHES, 95 BUTS – AU PSG DE 1973 À 1979

**MULUMBU YOUSSOUF** 22 MATCHES – AU PSG DE 2006 À 2009

**MURATI EDVIN** 24 MATCHES, 1 BUT – AU PSG DE 1997 À 2000

# N

**NAGERA KENNY** 1 MATCH – AU PSG DEPUIS 2020

**NAVAS KEYLOR** 80 MATCHES – AU PSG DEPUIS 2019

**NENÊ ANDERSON LUIS DE CARVALHO** 112 MATCHES, 48 BUTS – AU PSG DE 2010 À 2012

**NEYMAR DA SILVA SANTOS JUNIOR** 116 MATCHES, 87 BUTS – AU PSG DEPUIS 2017

**NGOG DAVID** 25 MATCHES, 3 BUTS – AU PSG DE 2006 À 2008

**N'GOM MICHEL** 90 MATCHES, 25 BUTS – AU PSG DE 1981 À 1984

**N'GOTTY BRUNO** 113 MATCHES, 10 BUTS – AU PSG DE 1995 À 1998

**NGOYI GRANDDI** 35 MATCHES – AU PSG DE 2007 À 2011

**NIEDERBACHER RICHARD** 22 MATCHES, 7 BUTS – AU PSG DE 1984 À 1985

**N'JO-LÉA WILLIAM** 18 MATCHES, 4 BUTS – AU PSG DE 1984 À 1985

**NKUNKU CHRISTOPHER** 78 MATCHES, 11 BUTS – AU PSG DE 2015 À 2019

**NOSIBOR GUY** 42 MATCHES, 6 BUTS – AU PSG DE 1973 À 1979

**NOUMA PASCAL** 95 MATCHES, 14 BUTS – AU PSG DE 1989 À 1996

**NOVI JACKY** 122 MATCHES, 2 BUTS – AU PSG DE 1974 À 1977

**NSOKI STANLEY** 16 MATCHES – AU PSG DE 2017 À 2019

**NYARKO ALEX** 24 MATCHES, 2 BUTS – AU PSG DE 2002 À 2003

# O

**OGBECHE BARTHOLOMEW** 75 MATCHES, 8 BUTS – AU PSG DE 2001 À 2005

**OKOCHA AUGUSTINE JAY-JAY** 113 MATCHES, 20 BUTS – AU PSG DE 1998 À 2002

**OKPARA GOLDWIN** 21 MATCHES – AU PSG DE 1999 À 2001

**ONGENDA HERVIN** 16 MATCHES, 2 BUTS – AU PSG DE 2012 À 2017

**OUÉDEC NICOLAS** 15 MATCHES, 1 BUT – AU PSG DE 1998 À 1999

# P

**PAISLEY GRÉGORY** 23 MATCHES, 1 BUT – AU PSG DE 1998 À 2001

**PANCRATE FABRICE** 132 MATCHES, 14 BUTS – AU PSG DE 2004 À 2009

**PANTELIC ILIJA** 114 MATCHES – AU PSG DE 1974 À 1977

**PANTELIC MARCO** 4 MATCHES – AU PSG DE 1997 À 1998

**PARDEILHAN CÉDRIC** 2 MATCHES – AU PSG DE 1995 À 1996

**PARDO BERNARD** 6 MATCHES – AU PSG DE 1991 À 1992

**PAREDES LEANDRO** 91 MATCHES, 2 BUTS – AU PSG DEPUIS 2019

**PARTOUCHE MAXIME** 3 MATCHES – AU PSG DE 2007 À 2009

**PASTORE JAVIER** 269 MATCHES, 45 BUTS – AU PSG DE 2011 À 2018

**PAULETA PEDRO MIGUEL** 211 MATCHES, 109 BUTS – AU PSG DE 2003 À 2008

**PAULO CESAR ARRUDA PARENTE** 67 MATCHES, 6 BUTS – AU PSG DE 2002 À 2006

**PÉDRON STÉPHANE** 17 MATCHES, 2 BUTS – AU PSG DE 2002 À 2003

**PEMBÉLÉ TIMOTHÉE** 9 MATCHES, 1 BUT – AU PSG DEPUIS 2020

**PEREZ CHRISTIAN** 139 MATCHES, 26 BUTS – AU PSG DE 1988 À 1992

**PERSOL STÉPHANE** 2 MATCHES – AU PSG DE 1987 À 1991

**PHELIPON PIERRE** 4 MATCHES – AU PSG DE 1970 À 1972

**PIASECKI FRANCIS** 79 MATCHES, 18 BUTS – AU PSG DE 1975 À 1977

**PICHOT STÉPHANE** 59 MATCHES – AU PSG DE 2004 À 2006

**PIERRE-FANFAN JOSÉ KARL** 85 MATCHES, 3 BUTS – AU PSG DE 2003 À 2005

**PIÈTRE SAMUEL** 2 MATCHES – AU PSG DE 2001 À 2007

**PILORGET JEAN-MARC** 435 MATCHES, 16 BUTS – AU PSG DE 1975 À 1989

**PIMOND LAURENT** 2 MATCHES, 1 BUT – AU PSG DE 1984 À 1986

**PLANCHARD JACKY** 23 MATCHES – AU PSG DE 1973 À 1975

**POCHETTINO MAURICIO** 95 MATCHES, 6 BUTS – AU PSG DE 2001 À 2003

**POLANIOK ALAIN** 54 MATCHES, 2 BUTS – AU PSG DE 1986 À 1989

**POLI ALBERT** 37 MATCHES, 2 BUTS – AU PSG DE 1974 À 1975

**PORQUET HERVÉ** 10 MATCHES, 2 BUTS – AU PSG DE 1977 À 1979

**POTILLON LIONEL** 76 MATCHES, 2 BUTS – AU PSG DE 2001 À 2004

**POUGET CYRILLE** 23 MATCHES, 4 BUTS – AU PSG DE 1996 À 1997

**POULLAIN FABRICE** 113 MATCHES, 4 BUTS – AU PSG DE 1985 À 1988

**PRÉFACI ALAIN** 5 MATCHES – AU PSG DE 1981 À 1984

**PROST MICHEL** 74 MATCHES, 22 BUTS – AU PSG DE 1970 À 1972

**PY PATRICE** 9 MATCHES – AU PSG DE 1970 À 1973

# Q

**QASMI YACINE** 1 MATCH – AU PSG DE 2010 À 2011

**QUÉRÉ CHRISTIAN** 14 MATCHES – AU PSG DE 1972 À 1975

# R

**RABAT THIERRY** 78 MATCHES, 3 BUTS – AU PSG DE 1986 À 1990

**RABESANDRATANA ERIC** 135 MATCHES, 9 BUTS – AU PSG DE 1997 À 2001

**RABIOT ADRIEN** 227 MATCHES, 24 BUTS – AU PSG DE 2012 À 2019

**RAFINHA RAFAEL ALCÂNTARA DO NASCIMENTO** 34 MATCHES – AU PSG DEPUIS 2020

**RAGUED HOCINE** 1 MATCH – AU PSG DE 2005 À 2006

**RAÍ SOUZA VIEIRA DE OLIVEIRA** 215 MATCHES, 72 BUTS – AU PSG DE 1993 À 1998

**REDON PHILIPPE** 75 MATCHES, 9 BUTS – AU PSG DE 1976 À 1978

**REINALDO DA CRUZ OLIVEIRA** 78 MATCHES, 15 BUTS – AU PSG DE 2003 À 2005

**RÉMOND JACQUES** 42 MATCHES, 15 BUTS – AU PSG DE 1970 À 1972

**RENAUT ERIC** 290 MATCHES, 36 BUTS – AU PSG DE 1972 À 1982

**REVAULT CHRISTOPHE** 37 MATCHES – AU PSG DE 1997 À 1998

**REYNAUD PIERRE** 125 MATCHES, 4 BUTS – AU PSG DE 1986 À 1992

**RICARDO RAYMUNDO GOMES** 155 MATCHES, 17 BUTS – AU PSG DE 1991 À 1995

**RICO JOCELYN** 25 MATCHES – AU PSG DE 1988 À 1989

**RICO SERGIO** 23 MATCHES – AU PSG DEPUIS 2019

**RIMANE KEVIN** 5 MATCHES – AU PSG DE 2015 À 2019

**RINÇON DAVID** 12 MATCHES – AU PSG DE 1989 À 1992

**RIVET CLAUDE** 5 MATCHES – AU PSG DE 1972 À 1973

**ROBERT LAURENT** 84 MATCHES, 34 BUTS – AU PSG DE 1999 À 2002

**ROCCHI ROMAIN** 34 MATCHES – AU PSG DE 2002 À 2004

**ROCHE ALAIN** 223 MATCHES, 12 BUTS – AU PSG DE 1992 À 1998

**ROCHETEAU DOMINIQUE** 254 MATCHES, 100 BUTS – AU PSG DE 1980 À 1987

**RODRIGUEZ BRUNO** 20 MATCHES, 6 BUTS – AU PSG DE 1998 À 1999

**RODRIGUEZ CRISTIAN** 50 MATCHES, 3 BUTS – AU PSG DE 2005 À 2007

**RONALDINHO DE ASSIS MOREIRA** 77 MATCHES, 25 BUTS – AU PSG DE 2001 À 2003

**ROSTAGNI JEAN-CLAUDE** 32 MATCHES – AU PSG DE 1971 À 1972

**ROTHEN JÉRÔME** 180 MATCHES, 13 BUTS – AU PSG DE 2004 À 2010

**ROUX BRUNO** 27 MATCHES, 1 BUT – AU PSG DE 1987 À 1988

**ROZEHNAL DAVID** 96 MATCHES, 1 BUT – AU PSG DE 2005 À 2007

**RUIZ-ATIL KAYS** 7 MATCHES – AU PSG DEPUIS 2020

# S

**SAKHO MAMADOU** 201 MATCHES, 7 BUTS – AU PSG DE 2006 À 2013

**SANCHEZ DANIEL** 22 MATCHES, 2 BUTS – AU PSG DE 1979 À 1981

**SANDJAK LIAZID** [illegible]4 MATCHES, 8 BUTS – AU PSG DE 1986 À 1992

**SANKHARÉ YOUNOUSSE** 47 MATCHES, 1 BUT – AU PSG DE 2007 À 2010

**SARABIA PABLO** 77 MATCHES, 21 BUTS – AU PSG DEPUIS 2019

**SASSUS JEAN-LUC** 76 MATCHES, 4 BUTS – AU PSG DE 1992 À 1994

**SCHMIT PASCAL** 20 MATCHES – AU PSG DE 1972 À 1973

**SECHET JEAN-PHILIPPE** 34 MATCHES, 2 BUTS – AU PSG DE 1994 À 1995

**SÉGURA PATRICE** 4 MATCHES, 1 BUT – AU PSG DE 1984 À 1985

**SEMAK SERGUEI** 31 MATCHES, 1 BUT – AU PSG DE 2005 À 2006

**SÈNE OUMAR** 200 MATCHES, 19 BUTS – AU PSG DE 1985 À 1992

**SESSEGNON STÉPHANE** 105 MATCHES, 10 BUTS – AU PSG DE 2008 À 2011

**SIMBA AMARA** 109 MATCHES, 19 BUTS – AU PSG DE 1986 À 1993

**SIMONE MARCO** 80 MATCHES, 32 BUTS – AU PSG DE 1997 À 1999

**SIMONS XAVI** 2 MATCHES - AU PSG DEPUIS 2020

**SIRIGU SALVATORE** 190 MATCHES – AU PSG DE 2011 À 2017

**SISSOKO MOHAMED** 37 MATCHES, 2 BUTS – AU PSG DE 2011 À 2013

**SOLAS DANIEL** 27 MATCHES – AU PSG DE 1971 À 1972

**SORIN JUAN PABLO** 26 MATCHES, 2 BUTS – AU PSG DE 2003 À 2004

**SOUZA WILLAMIS SILVA** 17 MATCHES – AU PSG DE 2007 À 2008

**SPIEGLER MORDECHAI** 21 MATCHES, 10 BUTS – AU PSG DE 1973 À 1974

**STAMBOULI BENJAMIN** 39 MATCHES – AU PSG DE 2015 À 2016

**SURJAK IVICA** 40 MATCHES, 12 BUTS – AU PSG DE 1981 À 1982

**SUSIC SAFET** 344 MATCHES, 85 BUTS – AU PSG DE 1982 À 1991

# T

**TANASI FRANCK** 254 MATCHES – AU PSG DE 1977 À 1991

**TAUFFLIEB TIMOTHÉE** 1 MATCH – AU PSG DE 2015 À 2016

**TEIXEIRA FILIPE** 25 MATCHES, 1 BUT – AU PSG DE 2002 À 2005

**THIAGO MOTTA SANTON OLIVARES** 231 MATCHES, 12 BUTS – AU PSG DE 2012 À 2018

**THIAGO EMILIANO DA SILVA** 315 MATCHES, 17 BUTS – AU PSG DE 2012 À 2020

**TIÉNÉ SIAKA** 75 MATCHES, 1 BUT – AU PSG DE 2010 À 2013

**TINMAR THIERRY** 22 MATCHES – AU PSG DE 1984 À 1985

**TOFFOLO DIDIER** 35 MATCHES – AU PSG DE 1979 À 1983

**TOKO NAMBATINGUE** 171 MATCHES, 43 BUTS – AU PSG DE 1980 À 1985

**TOKOTO JEAN-PIERRE** 59 MATCHES, 17 BUTS – AU PSG DE 1975 À 1978

**TOURÉ ALIOUNE** 35 MATCHES, 1 BUT – AU PSG DE 2002 À 2005

**TRAORÉ KALIFA** 1 MATCH – AU PSG DE 2013 À 2014

**TRAORÉ SAMMY** 96 MATCHES, 4 BUTS – AU PSG DE 2006 À 2011

**TRAPP KEVIN** 91 MATCHES – AU PSG DE 2015 À 2019

**TRAVETTO ANDRÉ** 9 MATCHES – AU PSG DE 1975 À 1976

**TURPIN PATRICE** 6 MATCHES – AU PSG DE 1972 À 1973

# V

**VALDO CANDIDO FILHO** 153 MATCHES, 17 BUTS – AU PSG DE 1991 À 1995

**VAMPETA MARCOS BATISTA DOS SANTOS** 8 MATCHES, 1 BUT – AU PSG DE 2000 À 2001

**VANDECASTEELE FRANCK** 1 MATCH – AU PSG DE 1984 À 1985

**VAN DER WIEL GREGORY** 132 MATCHES, 4 BUTS – AU PSG DE 2012 À 2016

**VANQUELEF RICHARD** 1 MATCH – AU PSG DE 1972 À 1973

**VASSEUR JEAN-LUC** 22 MATCHES – AU PSG DE 1986 À 1992

**VERMEULEN PIERRE** 55 MATCHES, 1 BUTS– AU PSG DE 1985 À 1987

**VERRATTI MARCO** 346 MATCHES, 9 BUTS – AU PSG DEPUIS 2012

**VUJOVIC ZLATKO** 70 MATCHES, 22 BUTS – AU PSG DE 1989 À 1991

# W

**WEAH GEORGE** 138 MATCHES, 56 BUTS – AU PSG DE 1992 À 1995

**WEAH TIMOTHY** 6 MATCHES, 2 BUTS – AU PSG DE 2018 À 2019

**WILKINS RAY** 10 MATCHES – AU PSG DE 1987 À 1988

**WÖRNS CHRISTIAN** 33 MATCHES, 2 BUTS – AU PSG DE 1998 À 1999

# X

**XUEREB DANIEL** 92 MATCHES, 22 BUTS – AU PSG DE 1986 À 1989

# Y

**YANOVSKI IGOR** 86 MATCHES, 2 BUTS – AU PSG DE 1998 À 2001

**YEPES MARIO** 143 MATCHES, 10 BUTS – AU PSG DE 2004 À 2008

# Z

**ZAGRE ARTHUR** 1 MATCH – AU PSG DE 2019 À 2020

**ZAJACZKOWSKI CHRISTIAN** 13 MATCHES – AU PSG DE 1987 À 1988

**ZAREMBA PASCAL** 75 MATCHES, 12 BUTS – AU PSG DE 1982 À 1984

**ZBINDEN PATRICE** 16 MATCHES – AU PSG DE 1972 À 1974

# LES MATCHES OFFICIELS DU PSG DE 1970 À 2021

## SAISON 1970/1971

**NATIONAL GROUPE CENTRE - CHAMPIONNAT DE FRANCE**

**01** 23/08/1970 **POITIERS-PSG 1/1** GUIGNEDOUX

**02** 29/08/1970 **PSG-QUEVILLY 3/2** DJORKAEFF (PEN.), PROST, BÉREAU

**03** 13/09/1970 **LE HAVRE-PSG 2/2** BRAS, DJORKAEFF (PEN.)

**04** 20/09/1970 **PSG-CAEN 2/0** PROST (2)

**05** 26/09/1970 **LORIENT-PSG** 0/0

**06** 03/10/1970 **PSG-BREST 2/1** RÉMOND, BROST

**07** 10/10/1970 **BOURGES-PSG 1/1** PLAZA (C.S.C.)

**08** 17/10/1970 **LE MANS-PSG 0/0**

**09** 25/10/1970 **PSG-CHÂTEAUROUX 0/2**

**10** 31/10/1970 **BLOIS-PSG 2/5** BÉREAU (2), BRAS, DJORKAEFF, RÉMOND

**11** 07/11/1970 **PSG-MONTLUÇON 3/0** PROST, GUIGNEDOUX, RÉMOND

**12** 29/11/1970 **LAVAL-PSG 1/2** GUIGNEDOUX, RÉMOND

**13** 06/12/1970 **PSG-QUIMPER 5/0** BROST (2), PROST, BRAS, DJORKAEFF (PEN.)

**14** 20/12/1970 **LIMOGES-PSG 0/1** GUIGNEDOUX

**15** 26/12/1970 **PSG-ROUEN 1/1** DJORKAEFF (PEN.)

**17** 17/01/1971 **PSG-LE HAVRE 1/0** BRAS

**18** 24/01/1971 **CAEN-PSG 0/2** BRAS, PROST

**19** 31/01/1971 **PSG-LORIENT 2/1** RÉMOND, GUIGNEDOUX

**21** 21/02/1971 **PSG-BOURGES 4/0** RÉMOND (2), BÉREAU, BROST

**16** 27/02/1971 **QUEVILLY-PSG 0/0**

**22** 07/03/1971 **PSG-LE MANS 1/1** PROST

**23** 13/03/1971 **CHÂTEAUROUX-PSG 1/2** GUIGNEDOUX (2)

**24** 20/03/1971 **PSG-BLOIS 1/0** BÉREAU

**20** 27/03/1971 **BREST-PSG 1/1** BÉREAU

**25** 04/04/1971 **MONTLUÇON-PSG 2/1** BROST

**26** 17/04/1971 **PSG-LAVAL 1/0** PROST

**28** 08/05/1971 **PSG-LIMOGES 0/0**

**29** 15/05/1971 **ROUEN-PSG 1/3** PROST, BRAS, BÉREAU

**27** 22/05/1971 **QUIMPER-PSG 1/1** BRAS

**30** 30/05/1971 **PSG-POITIERS 4/1** BRAS, RÉMOND (2), DELPLANQUE

**CLASSEMENT FINAL :** 1er, 45 PTS, 17 V, 11 N, 2 D, 52/22, +30

**FINALE NATIONALE**

**ALLER** 06/06/1971 **MONACO-PSG 2/2** PLANA (C.S.C.), BRAS

**RETOUR** 12/06/1971 **PSG-LILLE 4/2** BÉREAU, RÉMOND, GUIGNEDOUX, PROST

**BUTEURS :** PROST 10, RÉMOND 10, BRAS 9, BÉREAU 8, GUIGNEDOUX 8, BROST 5, DJORKAEFF 5, DELPLANQUE 1, + 2 BUTS CONTRE SON CAMP.

**COUPE DE FRANCE**

**5e TOUR** 22/11/1970 **DIEPPE-PSG 0/1** RÉMOND

**6e TOUR** 13/12/1970 **PSG-ÉTAPLES 1/0** GUIGNEDOUX

**32e FINALE** 07/02/1971 **CUISEAUX-PSG 2/1** DESTRUMELLE (À DIJON)

## SAISON 1971/1972

**CHAMPIONNAT DE FRANCE**

**01** 11/08/1971 **ANGERS-PSG 2/0**

**02** 18/08/1971 **PSG-BORDEAUX 0/0**

**03** 25/08/1971 **NANCY-PSG 2/3** BRAS (2), PROST

**04** 28/08/1971 **PSG-LILLE 4/1** BRAS (2), HALLET, BÉREAU

**05** 01/09/1971 **NANTES-PSG 6/0**

**06** 11/09/1971 **PSG-NICE 1/1** PROST

**07** 18/09/1971 **SAINT-ÉTIENNE-PSG 0/1** GUIGNEDOUX

**08** 22/09/1971 **PSG-BASTIA 4/1** GUIGNEDOUX (2), BRAS, PROST

**09** 02/10/1971 **NÎMES-PSG 4/1** DJORKAEFF (PEN.)

**10** 13/10/1971 **PSG-RED STAR 4/1** PROST (2), BRAS (2)

**11** 16/10/1971 **ANGOULÊME-PSG 3/1** HALLET

**12** 23/10/1971 **PSG-REIMS 2/4** PROST (2)

**13** 31/10/1971 **METZ-PSG 2/0**

**14** 13/11/1971 **PSG-SOCHAUX 1/0** BÉREAU

**15** 17/11/1971 **PSG-LYON 1/2** HALLET

**16** 21/11/1971 **MONACO-PSG 2/1** HALLET

**17** 28/11/1971 **PSG-AJACCIO 1/1** LEONETTI

**18** 12/12/1971 **MARSEILLE-PSG 4/2** PROST (2)

**19** 19/12/1971 **PSG-RENNES 1/1** HALLET

**20** 09/01/1972 **BORDEAUX-PSG 2/0**

**21** 16/01/1972 **PSG-NANCY 1/4** BRAS

**22** 30/01/1972 **LILLE-PSG 1/3** BRAS (2), LEONETTI

**23** 05/02/1972 **PSG-NANTES 2/3** LEONETTI, ARRIBAS

**24** 12/02/1972 **NICE-PSG 1/1** BRAS

**25** 27/02/1972 **PSG-SAINT-ÉTIENNE 1/3** HALLET

**26** 05/03/1972 **BASTIA-PSG 1/0**

**27** 18/03/1972 **PSG-NÎMES 1/1** GUIGNEDOUX

**28** 26/03/1972 **RED STAR-PSG 0/0**

**29** 29/03/1972 **PSG-ANGOULÊME 3/0** ARRIBAS, GUIGNEDOUX, RÉMOND

**30** 01/04/1972 **REIMS-PSG 3/3** PROST, RÉMOND, GUIGNEDOUX

**31** 12/04/1972 **PSG-METZ 3/1** PROST (2), RÉMOND

**32** 22/04/1972 **SOCHAUX-PSG 0/2** HALLET, DJORKAEFF

**33** 28/04/1972 **LYON-PSG 3/1** HALLET

**34** 03/05/1972 **PSG-MONACO 0/0**

**35** 06/05/1972 **AJACCIO-PSG 3/0**

**36** 17/05/1972 **PSG-MARSEILLE 1/2** BRAS

**37** 20/05/1972 **RENNES-PSG 1/1** RÉMOND

**38** 27/05/1972 **PSG-ANGERS 0/1**

**CLASSEMENT FINAL :** 16e, 30 PTS, 10 V, 10 N, 18 D, 51/67, -16

**BUTEURS :** BRAS 12, PROST 12, HALLET 8, GUIGNEDOUX 6, RÉMOND 4, LEONETTI 3, ARRIBAS 2, BÉREAU 2, DJORKAEFF 2.

**COUPE DE FRANCE**

**32e FINALE** 23/01/1972 **VALENCIENNES-PSG 1/0** (À REIMS)

## SAISON 1972/1973

**DIVISION 3 - CHAMPIONNAT DE FRANCE**

**01** 27/08/1972 **PSG-RENNES 2/0** RENAUT, MARELLA
**02** 03/09/1972 **PSG-CONCARNEAU 7/0** DOSSEVI, ANDRÉ (3), LAPOSTE (2), RENAUT
**03** 10/09/1972 **ROUEN-PSG 1/6** RENAUT (2), DOSSEVI (3), BROST
**04** 17/09/1972 **PSG-ÉVREUX 1/1** ANDRÉ
**05** 24/09/1972 **QUEVILLY-PSG 2/0**
**06** 01/10/1972 **PSG-BREST 1/0** ANDRÉ
**07** 08/10/1972 **POISSY-PSG 0/1** RENAUT (PEN.)
**08** 15/10/1972 **PSG-LUCE 6/0** ANDRÉ (3), BROST, MARELLA, VANQUELEF
**09** 22/10/1972 **LISIEUX-PSG 1/1** LECLERCQ
**10** 29/10/1972 **PSG-LE HAVRE 2/0** ANDRÉ, BÉHIER
**11** 05/11/1972 **QUIMPER-PSG 2/0**
**12** 12/11/1972 **PSG-RED STAR 4/0** ANDRÉ (3), RENAUT
**13** 19/11/1972 **CHOLET-PSG 0/1** DOSSEVI
**14** 03/12/1972 **PSG-SAINT-BRIEUC 4/2** BROST (2), ANDRÉ (2)
**15** 10/12/1972 **VANNES-PSG 1/1** BROST
**17** 21/01/1973 **ÉVREUX-PSG 2/2** MARELLA (2)
**18** 04/02/1973 **PSG-QUEVILLY 1/3** DUMOT
**19** 11/02/1973 **BREST-PSG 1/4** DUMOT, DOSSEVI (2), ANDRÉ
**16** 18/02/1973 **PSG-ROUEN 6/1** RENAUT (4), LECLERCQ, DOSSEVI
**20** 25/02/1973 **PSG-POISSY 1/1** ANDRÉ
**21** 04/03/1973 **LUCE-PSG 1/1** DOSSEVI
**22** 18/03/1973 **PSG-LISIEUX 0/0**
**23** 25/03/1973 **LE HAVRE-PSG 1/2** RENAUT, ANDRÉ
**24** 01/04/1973 **PSG-QUIMPER 1/0** DOSSEVI
**25** 08/04/1973 **RED STAR-PSG 4/1** ANDRÉ
**26** 22/04/1973 **PSG-CHOLET 1/1** BROST
**27** 29/04/1973 **SAINT-BRIEUC-PSG 1/4** LECLERCQ, ANDRÉ (2), RENAUT (PEN.)
**28** 06/05/1973 **PSG-VANNES 3/0** DUMOT, MARELLA, RENAUT
**29** 20/05/1973 **RENNES-PSG 1/0**
**30** 27/05/1973 **CONCARNEAU-PSG 1/3** BROST (2, 1 PEN.), ANDRÉ

**CLASSEMENT FINAL :** 2e, 42 PTS, 17 V, 8 N, 5 D, 67/28, +39

**BUTEURS :** ANDRÉ 21, RENAUT 13, DOSSEVI 10, BROST 8, MARELLA 5, DUMOT 3, LECLERCQ 3, LAPOSTE 2, BÉHIER 1, VANQUELEF 1.

**COUPE DE FRANCE**

**5e TOUR** 26/11/1972 **PSG-STADE FRANÇAIS 8/0** LEDUNOIS, BROST, DOSSEVI, RENAUT (3), ANDRÉ (2)
**6e TOUR** 19/12/1972 **CHERBOURG-PSG 0/1** ANDRÉ
**7e TOUR** 07/01/1973 **PSG-BEAUVAIS 2/2** ANDRÉ (2)
14/01/1973 **BEAUVAIS-PSG 1/2** RENAUT, ANDRÉ
**32e FINALE** 28/01/1973 **ROUEN-PSG 4/0** (À MANTES)

## SAISON 1973/1974

**DIVISION 2 GROUPE B - CHAMPIONNAT DE FRANCE**

**01** 18/08/1973 **BÉZIERS-PSG 1/4** DOSSEVI, ANDRÉ (2), BROST
**02** 26/08/1973 **PSG-TOULOUSE 5/3** BOSZKIC (C.S.C.), BROST (2), DOGLIANI, ANDRÉ
**03** 02/09/1973 **TOULON-PSG 0/1** ANDRÉ
**04** 09/09/1973 **PSG-ANGOULÊME 3/2** DOGLIANI, BROST, ANDRÉ
**05** 16/09/1973 **AJACCIO-PSG 1/0**
**06** 23/09/1973 **NEVERS-PSG 1/1** DOSSEVI
**07** 30/09/1973 **PSG-CHÂTEAUROUX 1/0** ANDRÉ
**08** 05/10/1973 **MULHOUSE-PSG 2/1** RENAUT
**09** 14/10/1973 **PSG-AVIGNON 1/1** BROST
**10** 21/10/1973 **CANNES-PSG 2/0**
**11** 28/10/1973 **PSG-GUEUGNON 5/1** LAPOSTE (2), MONTEIRO, RENAUT, DOGLIANI
**12** 04/11/1973 **SÈTE-PSG 0/2** MONTEIRO, ANDRÉ
**(0 PT POUR LE PSG, MATCH PERDU : PAS DE JOUEUR DE -21 ANS SUR LA FEUILLE DE MATCH.)**
**13** 10/11/1973 **PSG-RED STAR 3/1** DOSSEVI, MONTEIRO, DELOFFRE
**14** 18/11/1973 **MANTES-PSG 2/1** DOSSEVI
**15** 25/11/1973 **PSG-VITTEL 4/0** MONTEIRO, BROST, DOGLIANI (2)
**16** 02/12/1973 **ARLES-PSG 3/1** DOSSEVI
**17** 09/12/1973 **PSG-FONTAINEBLEAU 2/1** DOGLIANI (2, 1 PEN.)
**18** 23/12/1973 **TOULOUSE-PSG 2/1** M'PELÉ
**19** 20/01/1974 **ANGOULÊME-PSG 2/2** MONTEIRO, CARDIET
**20** 27/01/1974 **PSG-AJACCIO 2/1** DOGLIANI (PEN.), SPIEGLER
**21** 10/02/1974 **PSG-NEVERS 4/3** LAPOSTE, DOGLIANI, SPIEGLER (2)
**22** 17/02/1974 **CHÂTEAUROUX-PSG 2/1** DOGLIANI
**23** 24/02/1974 **PSG-MULHOUSE 0/0**
**24** 17/03/1974 **AVIGNON-PSG 3/3** SPIEGLER (3)
**25** 24/03/1974 **PSG-CANNES 3/1** DOGLIANI (3, 1 PEN.)
**26** 07/04/1974 **GUEUGNON-PSG 0/1** ANDRÉ
**27** 14/04/1974 **PSG-SÈTE 0/0**
**28** 21/04/1974 **RED STAR-PSG 2/0**
**29** 25/04/1974 **PSG-MANTES 3/1** SANCHEZ (C.S.C.), DOGLIANI, SPIEGLER
**30** 01/05/1974 **PSG-TOULON 3/1** DELOFFRE, M'PELÉ (2)
**31** 12/05/1974 **PSG-ARLES 6/1** LAPOSTE, RENAUT, M'PELÉ, SPIEGLER, DELOFFRE
**32** 15/05/1974 **VITTEL-PSG 0/2** ANDRÉ, DOSSEVI
**33** 19/05/1974 **FONTAINEBLEAU-PSG 2/4** LAPOSTE, RENAUT, M'PELÉ, MARELLA
**34** 26/05/1974 **PSG-BÉZIERS 2/0** SPIEGLER, MARELLA

**CLASSEMENT FINAL :** 2e, 57 PTS (DONT 13 PTS DE BONUS) 19 V, 6 N, 9 D, 70/42, +28

**MATCH DE BARRAGE**

**ALLER** 31/05/1974 **VALENCIENNES-PSG 2/1** M'PELÉ
**RETOUR** 04/06/1974 **PSG-VALENCIENNES 4/2** M'PELÉ, DOGLIANI (2) MARELLA

**BUTEURS :** DOGLIANI 16, SPIEGLER 10, ANDRÉ 8, M'PELÉ 7, DOSSEVI 6, BROST 6, LAPOSTE 5, MONTEIRO 4, RENAUT 4, DELOFFRE 3, MARELLA 3, CARDIET 1, + 1 BUT CONTRE SON CAMP.

**COUPE DE FRANCE**

**6e TOUR** 16/12/1973 **PSG-CHARTRES 1/0** ANDRÉ
**7e TOUR** 06/01/1974 **LE HAVRE-PSG 2/6** M'PELÉ, DELOFFRE, DUMOT, MARELLA (3)
**32e FINALE** 03/02/1974 **DUNKERQUE-PSG 0/1** DOGLIANI (PEN.) (À AMIENS)
**16e FINALE ALLER** 02/03/1974 **NANCY-PSG 1/2** ANDRÉ, M'PELÉ
**16e FINALE RETOUR** 09/03/1974 **PSG-NANCY 2/2** ANDRÉ (2)
**8e FINALE ALLER** 30/03/1974 **METZ-PSG 0/2** M'PELÉ (2)

**8e FINALE RETOUR** 03/04/1974 **PSG-METZ 2/1** M'PELÉ, MARELLA

**1/4 FINALE ALLER** 04/05/1974 **PSG-REIMS 0/5**

**1/4 RETOUR RETOUR** 07/05/1974 **REIMS-PSG 2/2** M'PELÉ (PEN.), ANDRÉ

## SAISON 1974/1975

### CHAMPIONNAT DE FRANCE

**01** 02/08/1974 **SOCHAUX-PSG 0/1** ANDRÉ
**02** 09/08/1974 **REIMS-PSG 6/1** M'PELÉ
**03** 13/08/1974 **PSG-METZ 2/2** M'PELÉ (PEN.), ANDRÉ
**04** 16/08/1974 **LILLE-PSG 5/0**
**05** 23/08/1974 **PSG-ANGERS 3/2** M'PELÉ (3)
**06** 27/08/1974 **NICE-PSG 4/2** DOGLIANI, M'PELÉ
**07** 02/09/1974 **PSG-RENNES 2/1** DAHLEB (2)
**08** 13/09/1974 **LYON-PSG 4/4** DOMENECH (C.S.C.), DAHLEB, NOVI, M'PELÉ
**09** 23/09/1974 **PSG-BASTIA 1/1** MERRY (C.S.C.)
**10** 27/09/1974 **PSG-NANTES 2/3** DAHLEB, M'PELÉ (PEN.)
**11** 05/10/1974 **MARSEILLE-PSG 4/2** DAHLEB, DOGLIANI
**12** 18/10/1974 **PSG-LENS 3/1** M'PELÉ (2), NOSIBOR
**13** 26/10/1974 **TROYES-PSG 1/3** NOSIBOR (3)
**14** 29/10/1974 **PSG-MONACO 0/1**
**15** 01/11/1974 **BORDEAUX-PSG 1/2** FLOCH, DAHLEB
**16** 09/11/1974 **PSG-NÎMES 1/1** POLI
**17** 20/11/1974 **SAINT-ÉTIENNE-PSG 3/2** M'PELÉ, DAHLEB
**18** 24/11/1974 **PSG-RED STAR 2/0** M'PELÉ, DAHLEB
**19** 01/12/1974 **STRASBOURG-PSG 2/1** M'PELÉ
**20** 08/12/1974 **PSG-REIMS 3/0** M'PELÉ (2), MARELLA
**21** 15/12/1974 **METZ-PSG 1/3** MARELLA, DAHLEB (2)
**22** 22/12/1974 **PSG-LILLE 0/0**
**23** 12/01/1975 **ANGERS-PSG 3/1** POLI
**24** 21/01/1975 **PSG-NICE 2/1** DOGLIANI, M'PELÉ
**25** 26/01/1975 **RENNES-PSG 2/1** FLOCH
**26** 09/02/1975 **PSG-LYON 2/2** M'PELÉ, RENAUT
**28** 23/02/1975 **NANTES-PSG 0/0**
**29** 12/03/1975 **PSG-MARSEILLE 1/1** DAHLEB
**30** 15/03/1975 **LENS-PSG 3/2** DAHLEB, NOSIBOR
**31** 20/03/1975 **PSG-TROYES 0/0**
**27** 29/03/1975 **BASTIA-PSG 0/2** M'PELÉ (2)
**32** 01/04/1975 **MONACO-PSG 3/0**
**33** 05/04/1975 **PSG-BORDEAUX 1/0** DAHLEB
**34** 19/04/1975 **NÎMES-PSG 2/1** FLOCH
**35** 30/04/1975 **PSG-SAINT-ÉTIENNE 2/2** M'PELÉ, DOGLIANI
**36** 03/05/1975 **RED STAR-PSG 1/1** M'PELÉ (PEN.)
**37** 30/05/1975 **PSG-STRASBOURG 1/1** NOVI
**38** 03/06/1975 **PSG-SOCHAUX 0/1**

**CLASSEMENT FINAL :** 15e, 37 PTS (DONT 1 PT AVEC BONUS), 12 V, 12 N, 14 D, 57/65, -8

**BUTEURS :** M'PELÉ 21, DAHLEB 13, NOSIBOR 5, DOGLIANI 4, FLOCH 3, MARELLA 2, NOVI 2, POLI 2, ANDRÉ 2, RENAUT 1, + 2 BUTS CONTRE SON CAMP.

### COUPE DE FRANCE

**32e FINALE** 02/02/1975 **PSG-SAINT-DIÉ 2/2** FLOCH, M'PELÉ (PEN.) (À VITTEL)
**32e FINALE** 12/02/1975 **PSG-SAINT-DIÉ 4/0** DOGLIANI, M'PELÉ (2), DOSSEVI (À NANCY)
**16e FINALE ALLER** 02/03/1975 **SÈTE-PSG 2/4** DAHLEB (3), COMBETTES (C.S.C.)
**16e FINALE RETOUR** 09/03/1975 **PSG-SÈTE 4/0** M'PELÉ (2), FLOCH, DAHLEB
**8e FINALE ALLER** 11/04/1975 **SOCHAUX-PSG 0/3** DAHLEB, M'PELÉ (PEN.), FLOCH
**8e FINALE RETOUR** 16/04/1975 **PSG-SOCHAUX 2/0** M'PELÉ (PEN.), DAHLEB
**1/4 FINALE ALLER** 09/05/1975 **MARSEILLE-PSG 2/2** M'PELÉ (2, 1 PEN.)
**1/4 FINALE RETOUR** 13/05/1975 **PSG-MARSEILLE 2/0** FLOCH, LAPOSTE
**1/2 FINALE** 07/06/1975 **LENS-PSG (A.P.) 3/2** M'PELÉ, LAPOSTE (À REIMS)

## SAISON 1975/1976

### CHAMPIONNAT DE FRANCE

**01** 08/08/1975 **BASTIA-PSG 3/0**
**02** 13/08/1975 **REIMS-PSG 1/1** FLOCH
**03** 22/08/1975 **PSG-AVIGNON 6/2** TOKOTO, HUMBERTO, LAPOSTE, M'PELÉ (2), DAHLEB
**04** 27/08/1975 **LENS-PSG 3/3** TOKOTO, PIASECKI (2)
**05** 09/09/1975 **PSG-METZ 3/1** DOGLIANI, PIASECKI, TOKOTO
**06** 12/09/1975 **SAINT-ÉTIENNE-PSG 1/1** M'PELÉ
**07** 20/09/1975 **PSG-MARSEILLE 2/3** DOGLIANI, FLOCH
**08** 26/09/1975 **PSG-LILLE 2/2** PIASECKI, M'PELÉ
**09** 04/10/1975 **NICE-PSG 2/1** HUMBERTO
**10** 17/10/1975 **PSG-BORDEAUX 2/2** PIASECKI, M'PELÉ (PEN.)
**11** 25/10/1975 **NÎMES-PSG 2/1** FLOCH
**12** 31/10/1975 **PSG-TROYES 1/0** M'PELÉ
**13** 08/11/1975 **NANCY-PSG 2/4** DAHLEB (3), TOKOTO
**14** 19/11/1975 **PSG-VALENCIENNES 2/0** HUMBERTO, LAPOSTE
**15** 23/11/1975 **LYON-PSG 2/0**
**16** 26/11/1975 **PSG-NANTES 2/1** TOKOTO (2)
**17** 30/11/1975 **STRASBOURG-PSG 1/0**
**18** 07/12/1975 **PSG-SOCHAUX 2/3** M'PELÉ, DOSSEVI
**19** 14/12/1975 **MONACO-PSG 3/0**
**20** 21/12/1975 **PSG-REIMS 2/3** HUMBERTO, M'PELÉ(PEN.)
**21** 17/01/1976 **AVIGNON-PSG 1/1** M'PELÉ
**22** 25/01/1976 **PSG-LENS 4/2** DOGLIANI (2), TOKOTO, DAHLEB
**23** 07/02/1976 **METZ-PSG 1/2** M'PELÉ (PEN.), DAHLEB
**24** 15/02/1976 **PSG-SAINT-ÉTIENNE 2/1** DAHLEB (2)
**25** 22/02/1976 **MARSEILLE-PSG 2/1** FLOCH
**26** 12/03/1976 **LILLE-PSG 2/1** PIASECKI
**27** 16/03/1976 **PSG-NICE 0/0**
**28** 20/03/1976 **BORDEAUX-PSG 2/1** M'PELÉ
**29** 30/03/1976 **PSG-NÎMES 2/0** JUSTIER (2)
**30** 02/04/1976 **TROYES-PSG 1/1** NOSIBOR
**31** 15/04/1976 **PSG-NANCY 1/4** HUMBERTO
**32** 30/04/1976 **VALENCIENNES-PSG 2/2** DAHLEB, LAPOSTE
**33** 11/05/1976 **PSG-LYON 2/0** BARBERAT, LAPOSTE
**34** 15/05/1976 **NANTES-PSG 1/2** PIASECKI, HUMBERTO

**35** 25/05/1976 **PSG-STRASBOURG 0/0**
**36** 04/06/1976 **SOCHAUX-PSG 1/4** DAHLEB (2), M'PELÉ, FLOCH
**37** 16/06/1976 **PSG-MONACO 1/2** JUSTIER
**38** 19/06/1976 **PSG-BASTIA 1/1** DAHLEB
**CLASSEMENT FINAL :** 14e, 39 PTS (DONT 2 PTS AVEC BONUS), 13 V, 11 N, 14 D, 63/60, +3
**BUTEURS :** DAHLEB 12, M'PELÉ 12, PIASECKI 7, TOKOTO 7, HUMBERTO 6, FLOCH 5, DOGLIANI 4, LAPOSTE 4, JUSTIER 3, A. DOSSEVI 1, NOSIBOR 1, BARBERAT 1.

**COUPE DE FRANCE**
**32e FINALE** 31/01/1976 **PSG-CORBEIL 3/1** LAPOSTE, JUSTIER, TOKOTO (À VIRY-CHATILLON)
**16e FINALE ALLER** 28/02/1976 **LENS-PSG 0/3** M'PELÉ (3)
**16e FINALE RETOUR** 07/03/1976 **PSG-LENS 1/1** M'PELÉ
**8e FINALE ALLER** 06/04/1976 **PSG-SÈTE 3/0** M'PELÉ, HUMBERTO, BONNIER (C.S.C.)
**8e FINALE RETOUR** 10/04/1976 **SÈTE-PSG 2/2** JUSTIER, M'PELÉ
**1/4 FINALE ALLER** 04/05/1976 **PSG-LYON 1/1** FLOCH
**1/4 FINALE RETOUR** 07/05/1976 **LYON-PSG 2/0**

## SAISON 1976/1977

**CHAMPIONNAT DE FRANCE**
**01** 06/08/1976 **PSG-LYON 2/4** DAHLEB (PEN.), PIASECKI
**02** 13/08/1976 **NICE-PSG 1/0**
**03** 18/08/1976 **PSG-NANCY 2/0** M'PELÉ, DAHLEB
**04** 27/08/1976 **LAVAL-PSG 2/1** M'PELÉ (PEN.)
**05** 07/09/1976 **NÎMES-PSG 3/0**
**06** 10/09/1976 **PSG-BASTIA 2/2** DAHLEB, M'PELÉ (PEN.)
**07** 18/09/1976 **PSG-REIMS 2/1** M'PELÉ, DAHLEB
**08** 24/09/1976 **LENS-PSG 3/3** REDON, DAHLEB (2)
**09** 02/10/1976 **PSG-SAINT-ÉTIENNE 2/0** M'PELÉ (PEN.), DAHLEB
**10** 15/10/1976 **NANTES-PSG 3/3** HUMBERTO, DAHLEB, PIASECKI
**11** 23/10/1976 **PSG-BORDEAUX 2/1** DAHLEB, PIASECKI
**13** 06/11/1976 **PSG-TROYES 2/1** M'PELÉ, PIASECKI
**15** 20/11/1976 **PSG-METZ 3/1** M'PELÉ (2), LAPOSTE
**12** 24/11/1976 **MARSEILLE-PSG 2/1** BAULIER (C.S.C.)
**16** 27/11/1976 **LILLE-PSG 2/0**
**17** 05/12/1976 **PSG-VALENCIENNES1/2** REDON
**18** 11/12/1976 **ANGERS-PSG 0/2** REDON, PIASECKI
**14** 15/12/1976 **SOCHAUX-PSG 1/1** PIASECKI
**19** 19/12/1976 **PSG-RENNES 3/1** TOKOTO, PIASECKI, DAHLEB
**20** 09/01/1977 **PSG-NICE 3/0** PIASECKI, M'PELÉ (2)
**21** 16/01/1977 **NANCY-PSG 1/2** LOKOLI, DAHLEB
**22** 23/01/1977 **PSG-LAVAL 5/0** M'PELÉ, DAHLEB (2), TOKOTO, LAPOSTE
**23** 30/01/1977 **PSG-NÎMES 0/0**
**24** 05/02/1977 **BASTIA-PSG 5/2** LAPOSTE, DAHLEB
**25** 18/02/1977 **REIMS-PSG 2/3** PIASECKI, REDON, DAHLEB
**(MATCH ARRÊTÉ À LA 75e MINUTE PANNE D'ÉCLAIRAGE, RÉSULTAT HOMOLOGUÉ.)**
**26** 27/02/1977 **PSG-LENS 3/1** DAHLEB (2), PIASECKI
**27** 05/03/1977 **SAINT-ÉTIENNE-PSG 1/0**
**28** 23/03/1977 **PSG-NANTES 0/1**
**29** 02/04/1977 **BORDEAUX-PSG 5/2** PIASECKI, DAHLEB
**30** 16/04/1977 **PSG-MARSEILLE 1/1** TOKOTO
**31** 28/04/1977 **TROYES-PSG 2/1** DAHLEB
**32** 03/05/1977 **PSG-SOCHAUX 1/0** TOKOTO
**33** 07/05/1977 **METZ-PSG 3/1** DAHLEB
**34** 21/05/1977 **PSG-LILLE 2/1** DAHLEB, RENAUT
**35** 27/05/1977 **VALENCIENNES-PSG 0/3** M'PELÉ (3)
**36** 01/06/1977 **PSG-ANGERS 2/0** M'PELÉ, JUSTIER
**37** 04/06/1977 **RENNES-PSG 1/1** TOKOTO
**38** 08/06/1977 **LYON-PSG 1/1** DAHLEB
**CLASSEMENT FINAL :** 9e, 42 PTS, 17 V, 8 N, 13 D, 65/55, +10
**BUTEURS :** DAHLEB 22, M'PELÉ 15, PIASECKI 11, TOKOTO 5, REDON 4, LAPOSTE 3, JUSTIER 1, HUMBERTO 1, LOKOLI 1, RENAUT 1, + 1 BUT CONTRE SON CAMP.

**COUPE DE FRANCE**
**32e FINALE** 13/02/1977 **PSG-FONTAINEBLEAU 7/1** DAHLEB (4, 1 PEN.), PIASECKI, M'PELÉ (2)
**16e FINALE ALLER** 12/03/1977 **CAEN-PSG 0/2** TOKOTO, ALI MESSAOUD
**16e FINALE RETOUR** 19/03/1977 **PSG-CAEN 3/2** M'PELÉ (2), TOKOTO
**8e FINALE ALLER** 08/04/1977 **SOCHAUX-PSG 1/0**
**8e FINALE RETOUR** 13/04/1977 **PSG-SOCHAUX 2/1** TOKOTO (2)

## SAISON 1977/1978

**CHAMPIONNAT DE FRANCE**
**01** 03/08/1977 **NANCY-PSG 4/1** C. BIANCHI
**02** 09/08/1977 **PSG-REIMS 2/2** C. BIANCHI (2)
**03** 16/08/1977 **STRASBOURG-PSG 1/1** DAHLEB
**04** 19/08/1977 **PSG-BORDEAUX 1/2** M'PELÉ
**05** 30/08/1977 **MARSEILLE-PSG 2/1** C. BIANCHI (PEN.)
**06** 02/09/1977 **PSG-VALENCIENNES 2/0** WRAZY (C.S.C.), RENAUT
**07** 09/09/1977 **ROUEN-PSG 1/3** M'PELÉ, C. BIANCHI, DAHLEB
**08** 17/09/1977 **PSG-METZ 2/0** REDON, HEREDIA
**09** 23/09/1977 **LYON-PSG 2/3** LOKOLI, C. BIANCHI (2)
**10** 01/10/1977 **PSG-NICE 0/3**
**11** 11/10/1977 **NANTES-PSG 3/1** C. BIANCHI
**12** 14/10/1977 **PSG-TROYES 8/2** C. BIANCHI (4), PILORGET, RENAUT, M'PELÉ (2)
**14** 28/10/1977 **PSG-LAVAL 2/2** C. BIANCHI, REDON
**13** 04/11/1977 **NÎMES-PSG 2/1** DAHLEB
**16** 09/11/1977 **PSG-SAINT-ÉTIENNE 4/1** DAHLEB (3), C. BIANCHI
**17** 19/11/1977 **LENS-PSG 3/1** C. BIANCHI
**18** 26/11/1977 **MONACO-PSG 0/0**
**19** 30/11/1977 **PSG-BASTIA 3/3** C. BIANCHI (2), F. BRISSON
**20** 03/12/1977 **REIMS-PSG 0/0**
**21** 11/12/1977 **PSG-STRASBOURG 2/2** C. BIANCHI (2, 1 PEN.)
**15** 14/12/1977 **SOCHAUX-PSG 2/1** C. BIANCHI
**22** 17/12/1977 **BORDEAUX-PSG 1/2** DAHLEB, PORQUET
**23** 08/01/1978 **PSG-MARSEILLE 5/1** F. BRISSON, DAHLEB, TRÉSOR (C.S.C.), M'PELÉ (2)
**24** 14/01/1978 **VALENCIENNES-PSG 2/1** C. BIANCHI
**25** 24/01/1978 **PSG-ROUEN 3/1** C. BIANCHI (3)

**26** 04/02/1978 **METZ-PSG 2/1** DAHLEB
**27** 12/02/1978 **PSG-LYON 2/3** C. BIANCHI, REDON
**28** 15/02/1978 **NICE-PSG 2/3** F. BRISSON, ASCÉRY (C.S.C.), REDON
**30** 04/03/1978 **TROYES-PSG 3/1** RENAUT
**31** 11/03/1978 **PSG-NÎMES 5/0** C. BIANCHI (3), F. BRISSON, PORQUET
**32** 25/03/1978 **LAVAL-PSG 1/2** REDON, C. BIANCHI
**29** 28/03/1978 **PSG-NANTES 0/1**
**33** 05/04/1978 **PSG-SOCHAUX 3/1** C. BIANCHI (3)
**34** 08/04/1978 **SAINT-ÉTIENNE-PSG 1/1** C. BIANCHI
**35** 21/04/1978 **PSG-LENS 2/1** ADAMS, M'PELÉ
**36** 25/04/1978 **PSG-MONACO 1/2** C. BIANCHI
**38** 02/05/1978 **PSG-NANCY 1/2** C. BIANCHI
**37** 04/05/1978 **BASTIA-PSG 5/3** PILORGET, C. BIANCHI (2)
**CLASSEMENT FINAL :** 11e, 36 PTS, 14 V, 8 N, 16 D, 75/66, +9
**BUTEURS :** C. BIANCHI 37, DAHLEB 9, M'PELÉ 7, REDON 5, F. BRISSON 4, RENAUT 3, PILORGET 2, PORQUET 2, ADAMS 1, HÉRÉDIA 1, LOKOLI 1, + 3 BUTS CONTRE SON CAMP.
**COUPE DE FRANCE**
**32e FINALE** 29/01/1978 **PSG-TOULON 2/0** C. BIANCHI, M'PELÉ (À NARBONNE)
**16e FINALE ALLER** 18/02/1978 **NICE-PSG 2/1** ADAMS
**16e FINALE RETOUR** 26/02/1978 **PSG-NICE (A.P.) 3/3** C. BIANCHI, M'PELÉ, BRISSON

## SAISON 1978/1979

**CHAMPIONNAT DE FRANCE**
**01** 19/07/1978 **REIMS-PSG 2/0**
**02** 25/07/1978 **PSG-METZ 0/2**
**03** 28/07/1978 **NÎMES-PSG 1/2** BATHENAY, C. BIANCHI
**04** 02/08/1978 **PSG-LILLE 0/0**
**05** 08/08/1978 **BORDEAUX-PSG 2/0**
**06** 18/08/1978 **PSG-PFC 2/2** C. BIANCHI (PEN.), RENAUT
**07** 22/08/1978 **NICE-PSG 1/3** M'PELÉ, C. BIANCHI, BARRAJA (C.S.C.)
**08** 25/08/1978 **PSG-SAINT-ÉTIENNE1/1** BATHENAY
**09** 05/09/1978 **ANGERS-PSG 2/2** M'PELÉ (2)
**10** 08/09/1978 **PSG-BASTIA 4/0** C. BIANCHI (2), PILORGET, RENAUT
**11** 19/09/1978 **SOCHAUX-PSG 2/1** C. BIANCHI
**12** 22/09/1978 **PSG-VALENCIENNES 2/0** C. BIANCHI (2)
**13** 30/09/1978 **MARSEILLE-PSG 4/1** C. BIANCHI
**14** 11/10/1978 **PSG-NANCY 2/1** BATHENAY, C. BIANCHI (PEN.)
**15** 14/10/1978 **PSG-NANTES 1/1** C. BIANCHI
**16** 21/10/1978 **LYON-PSG 4/2** C. BIANCHI, DAHLEB
**17** 27/10/1978 **PSG-LAVAL 1/2** C. BIANCHI
**18** 04/11/1978 **MONACO-PSG 2/1** DAHLEB
**19** 14/11/1978 **PSG-STRASBOURG 2/1** M'PELÉ, C. BIANCHI
**20** 17/11/1978 **METZ-PSG 2/1** DAHLEB
**21** 26/11/1978 **PSG-NÎMES 3/2** BUREAU (2), BATHENAY
**22** 02/12/1978 **LILLE-PSG 3/1** C. BIANCHI
**23** 10/12/1978 **PSG-BORDEAUX 2/5** C. BIANCHI (2)
**24** 17/12/1978 **PFC-PSG 1/1** C. BIANCHI
**25** 28/01/1979 **PSG-NICE 1/1** PILORGET
**26** 04/02/1979 **SAINT-ÉTIENNE-PSG 4/1** BUREAU
**27** 18/02/1979 **PSG-ANGERS 1/1** C. BIANCHI
**28** 02/03/1979 **BASTIA-PSG 1/2** C. BIANCHI, DAHLEB
**29** 20/03/1979 **PSG-SOCHAUX 3/1** M'PELÉ, A. BIANCHI (PEN.), LEMOULT
**30** 28/03/1979 **VALENCIENNES-PSG 1/0**
**31** 07/04/1979 **PSG-MARSEILLE 4/3** BUREAU, DAHLEB, A. BIANCHI (PEN.), C. BIANCHI
**32** 20/04/1979 **NANCY-PSG 2/1** BATHENAY
**33** 27/04/1979 **NANTES-PSG 1/0**
**34** 05/05/1979 **PSG-LYON 2/1** BATHENAY, C. BIANCHI
**35** 18/05/1979 **LAVAL-PSG 2/3** DAHLEB, BUREAU, C. BIANCHI
**36** 25/05/1979 **PSG-MONACO 3/0** C. BIANCHI (3)
**37** 29/05/1979 **STRASBOURG-PSG 3/0**
**38** 01/06/1979 **PSG-REIMS 3/2** C. BIANCHI, F. BRISSON (2)
**CLASSEMENT FINAL :** 13e, 36 PTS, 14 V, 8 N, 16 D, 59/66, -7
**BUTEURS :** C. BIANCHI 27, DAHLEB 6, BATHENAY 6, M'PELÉ 5, BUREAU 5, RENAUT 2, PILORGET 2, A. BIANCHI 2, F. BRISSON 2, LEMOULT 1, + 1 BUT CONTRE SON CAMP.
**COUPE DE FRANCE**
**32e FINALE** 11/02/1979 **PSG-LA ROCHE-SUR-YON 6/1** DAHLEB (2), C. BIANCHI (3), A. BIANCHI (PEN.) (À MONTAIGU)
**16e FINALE ALLER** 09/03/1979 **MONACO-PSG 2/1** C. BIANCHI
**16e FINALE RETOUR** 25/03/1979 **PSG-MONACO1/4** C. BIANCHI

## SAISON 1979/1980

**CHAMPIONNAT DE FRANCE**
**01** 26/07/1979 **LYON-PSG 1/1** RENAUT
**02** 03/08/1979 **PSG-MARSEILLE 2/1** ABEL, BATHENAY
**03** 10/08/1979 **SOCHAUX-PSG 1/0**
**04** 17/08/1979 **PSG-LAVAL 3/1** BOUBACAR (2), BUREAU
**05** 24/08/1979 **MONACO-PSG 2/2** BUREAU, BOUBACAR
**06** 28/08/1979 **PSG-BREST 0/0**
**07** 11/09/1979 **NANTES-PSG 4/2** BATHENAY, BOUBACAR
**08** 14/09/1979 **LENS-PSG 1/1** BUREAU
**09** 22/09/1979 **PSG-NANCY 1/2** A. BIANCHI (PEN.)
**10** 28/09/1979 **SAINT-ÉTIENNE-PSG 2/0**
**11** 06/10/1979 **PSG-NICE 2/2** A. BIANCHI, BELTRAMINI
**12** 13/10/1979 **NÎMES-PSG 2/0**
**13** 19/10/1979 **PSG-VALENCIENNES 3/0** FERNANDEZ, BELTRAMINI (2)
**14** 30/10/1979 **ANGERS-PSG 1/2** RENAUT, BOUBACAR
**15** 02/11/1979 **PSG-STRASBOURG 1/0** BELTRAMINI
**16** 10/11/1979 **BORDEAUX-PSG 0/1** BOUBACAR
**17** 21/11/1979 **PSG-BASTIA 1/1** ABEL (PEN.)
**18** 24/11/1979 **LILLE-PSG 4/2** BOUBACAR, BELTRAMINI
**19** 02/12/1979 **PSG-METZ 2/0** BELTRAMINI, COL
**20** 08/12/1979 **MARSEILLE-PSG1/2** BOUBACAR, BELTRAMINI
**21** 16/12/1979 **PSG-SOCHAUX 3/1** RENAUT, BATHENAY, BOUBACAR
**22** 20/01/1980 **LAVAL-PSG 3/1** BOUBACAR

**23** 27/01/1980 **PSG-MONACO 2/1** BOUBACAR (2)
**24** 02/02/1980 **BREST-PSG 0/4** DAHLEB, BELTRAMINI, CARDINET, BATHENAY
**25** 17/02/1980 **PSG-NANTES 1/0** AYACHE (C.S.C.)
**26** 24/02/1980 **PSG-LENS 3/0** DAHLEB (2), BELTRAMINI
**27** 01/03/1980 **NANCY-PSG 3/2** BATHENAY (PEN.), DAHLEB
**28** 12/03/1980 **PSG-SAINT-ÉTIENNE 2/2** DAHLEB, RENAUT
**29** 22/03/1980 **NICE-PSG 3/0**
**30** 29/03/1980 **PSG-NÎMES 4/0** ABEL, BELTRAMINI (2), BATHENAY (PEN.)
**31** 02/04/1980 **VALENCIENNES-PSG 1/1** DAHLEB
**32** 08/04/1980 **PSG-ANGERS 1/1** ABEL
**33** 18/04/1980 **STRASBOURG-PSG 2/1** PILORGET
**34** 25/04/1980 **PSG-BORDEAUX 0/1**
**35** 02/05/1980 **BASTIA-PSG 1/0**
**36** 06/05/1980 **PSG-LILLE 2/2** ABEL, BELTRAMINI
**37** 17/05/1980 **METZ-PSG 5/2** FERNANDEZ, BELTRAMINI
**38** 27/05/1980 **PSG-LYON 2/1** BUREAU (2)

**CLASSEMENT FINAL :** 7e, 40 PTS, 15 V, 10 N, 13 D, 59/52, +7

**BUTEURS :** BELTRAMINI 13, BOUBACAR 12, BATHENAY 6, DAHLEB 6, ABEL 5, BUREAU 5, RENAUT 4, A. BIANCHI 2, FERNANDEZ 2, COL 1, CARDINET 1, PILORGET 1, + 1 BUT CONTRE SON CAMP.

**COUPE DE FRANCE**

**32e FINALE** 09/02/1980 **PSG-CREIL 2/0** BELTRAMINI, BATHENAY (À MONTATAIRE)
**16e FINALE ALLER** 08/03/1980 **PSG-LENS 0/2**
**16e FINALE RETOUR** 15/03/1980 **LENS-PSG 1/1** HUCK

## SAISON 1980/1981

**CHAMPIONNAT DE FRANCE**

**01** 24/07/1980 **ANGERS-PSG 1/1** BUREAU
**02** 29/07/1980 **PSG-STRASBOURG 1/0** TOKO
**03** 05/08/1980 **LILLE-PSG 2/2** DAHLEB (2)
**04** 12/08/1980 **AUXERRE-PSG 0/1** BATHENAY
**05** 19/08/1980 **PSG-VALENCIENNES 3/2** TOKO (2), DAHLEB
**06** 22/08/1980 **MONACO-PSG 4/0**
**07** 26/08/1980 **PSG-METZ 1/1** ROCHETEAU
**08** 29/08/1980 **NANTES-PSG 1/1** TUSSEAU (C.S.C.)
**09** 09/09/1980 **PSG-NÎMES 3/2** BATHENAY (2, 1 PEN.), TOKO
**10** 12/09/1980 **NICE-PSG 1/1** RENAUT
**11** 23/09/1980 **PSG-LAVAL 3/2** ABEL, ROCHETEAU, BOUBACAR
**12** 26/09/1980 **SOCHAUX-PSG 4/0**
**13** 04/10/1980 **PSG-SAINT-ÉTIENNE 1/1** TOKO
**14** 14/10/1980 **TOURS-PSG 0/2** RENAUT, ROCHETEAU
**15** 17/10/1980 **PSG-BORDEAUX 4/0** ROCHETEAU (2), BOUBACAR, TOKO
**16** 31/10/1980 **BASTIA-PSG 2/0**
**17** 07/11/1980 **PSG-NANCY 2/1** BOUBACAR, FERNANDEZ
**19** 22/11/1980 **PSG-LENS 3/0** PILORGET, BATHENAY, BOUBACAR
**20** 28/11/1980 **STRASBOURG-PSG 1/0**
**21** 06/12/1980 **PSG-LILLE 4/1** ROCHETEAU (3), HUCK
**22** 14/12/1980 **PSG-AUXERRE 2/3** TOKO, PILORGET
**23** 21/12/1980 **VALENCIENNES-PSG 2/0**
**24** 25/01/1981 **PSG-MONACO 0/0**
**25** 31/01/1981 **METZ-PSG 0/0**
**18** 04/02/1981 **LYON-PSG 2/0**
**26** 08/02/1981 **PSG-NANTES 0/2**
**27** 22/02/1981 **NÎMES-PSG 2/1** BOUBACAR
**28** 28/02/1981 **PSG-NICE 3/1** TOKO (2), FERNANDEZ
**29** 14/03/1981 **LAVAL-PSG 0/0**
**30** 28/03/1981 **PSG-SOCHAUX 3/2** ABEL (PEN.), ROCHETEAU (2)
**31** 07/04/1981 **SAINT-ÉTIENNE-PSG 0/2** TOKO, DAHLEB
**32** 15/041981 **PSG-TOURS 4/1** BOUBACAR, DAHLEB (2), BRULEZ (C.S.C.)
**33** 21/04/1981 **BORDEAUX-PSG 1/3** ROCHETEAU (2), TRÉSOR (C.S.C.)
**34** 05/05/1981 **PSG-BASTIA 3/1** FERNANDEZ, BOUBACAR, ROCHETEAU
**35** 12/05/1981 **NANCY-PSG 2/2** ABEL (2)
**36** 22/05/1981 **PSG-LYON 1/1** ROCHETEAU
**37** 29/05/1981 **LENS-PSG 2/3** BOUBACAR (2), ROCHETEAU
**38** 02/06/1981 **PSG-ANGERS 2/2** BOUBACAR (PEN.), ROCHETEAU

**CLASSEMENT FINAL :** 5e, 46 PTS, 17 V, 12 N, 9 D, 62/50, +12

**BUTEURS :** ROCHETEAU 16, TOKO 10, BOUBACAR 10, DAHLEB 6, BATHENAY 4, ABEL 4, FERNANDEZ 3, PILORGET 2, RENAUT 2, BUREAU 1, HUCK 1, + 3 BUTS CONTRE SON CAMP.

**COUPE DE FRANCE**

**32e FINALE** 14/02/1981 **PSG-RENNES 2/0** ABEL, ROCHETEAU (À CAEN)
**16e FINALE ALLER** 06/03/1981 **NANTES-PSG 2/0**
**16e FINALE RETOUR** 11/03/1981 **PSG-NANTES 5/3** TOKO (3), BOUBACAR, ROCHETEAU

## SAISON 1981/1982

**CHAMPIONNAT DE FRANCE**

**01** 24/07/1981 **TOURS-PSG 1/2** BOUBACAR, TOKO
**02** 28/07/1981 **PSG-LAVAL 2/1** TOKO, SURJAK
**03** 04/08/1981 **METZ-PSG 1/1** TOKO
**04** 07/08/1981 **PSG-MONACO 1/2** BATHENAY (PEN.)
**05** 11/08/1981 **SAINT-ÉTIENNE-PSG 0/0**
**06** 21/08/1981 **PSG-SOCHAUX 1/0** BATHENAY (PEN.)
**07** 28/08/1981 **STRASBOURG-PSG 2/0**
**08** 01/09/1981 **LENS-PSG 1/1** BATHENAY (PEN.)
**09** 12/09/1981 **PSG-BREST 1/2** N'GOM
**10** 22/09/1981 **AUXERRE-PSG 1/0**
**11** 25/09/1981 **PSG-LYON 2/0** SURJAK, N'GOM
**12** 02/10/1981 **NANCY-PSG 0/0**
**13** 06/10/1981 **PSG-VALENCIENNES 4/0** ROCHETEAU, BOUBACAR (2), SURJAK
**14** 17/10/1981 **NICE-PSG 2/2** N'GOM, FERNANDEZ
**15** 27/10/1981 **PSG-NANTES 4/0** BATHENAY, ROCHETEAU (2), N'GOM
**16** 30/10/1981 **BORDEAUX-PSG 2/0**
**17** 07/11/1981 **PSG-MONTPELLIER 1/0** SURJAK
**18** 10/11/1981 **LILLE-PSG 2/1** ROCHETEAU
**19** 24/11/1981 **PSG-BASTIA 3/1** ROCHETEAU, BATHENAY(PEN.), N'GOM

**20** 28/11/1981 **LAVAL-PSG 0/3** TOKO (2), IZQUIERDO (C.S.C.)
**21** 12/12/1981 **PSG-METZ 2/0** BATHENAY (PEN.), ROCHETEAU
**22** 19/12/1981 **MONACO-PSG 0/0**
**23** 16/01/1982 **PSG-SAINT-ÉTIENNE 0/0**
**25** 30/01/1982 **PSG-STRASBOURG 2/1** SURJAK, ROCHETEAU
**26** 06/02/1982 **PSG-LENS 2/1** DOMENECH, N'GOM
**24** 17/02/1982 **SOCHAUX-PSG 2/1** BOUBACAR
**27** 20/02/1982 **BREST-PSG 0/3** SANCHEZ, BATHENAY, LEROUX (C.S.C.)
**28** 27/02/1982 **PSG-AUXERRE 2/1** SURJAK, ROCHETEAU
**29** 03/03/1982 **LYON-PSG 2/3** SURJAK, ROCHETEAU, BATHENAY (PEN.)
**30** 13/03/1982 **PSG-NANCY 1/2** SURJAK
**31** 20/03/1982 **VALENCIENNES-PSG 2/2** N'GOM (2)
**32** 27/03/1982 **PSG-NICE 1/1** SURJAK
**33** 02/04/1982 **NANTES-PSG 4/0**
**34** 09/04/1982 **PSG-BORDEAUX 0/2**
**35** 13/04/1982 **MONTPELLIER-PSG 2/5** BOUBACAR, ROCHETEAU, LEMOULT, SURJAK, RENAUT
**36** 23/04/1982 **PSG-LILLE 0/1**
**37** 04/05/1982 **BASTIA-PSG** 3/1 TOKO
**38** 07/05/1982 **PSG-TOURS** 4/3 STECK (C.S.C.), N'GOM, TOKO, SURJAK
**CLASSEMENT FINAL :** 7e, 43 PTS, 17 V, 9 N, 12 D, 58/45, +13
**BUTEURS :** SURJAK 11, ROCHETEAU 10, N'GOM 9, BATHENAY 8, TOKO 7, BOUBACAR 5, DOMENECH 1, FERNANDEZ 1, LEMOULT 1, RENAUT 1, SANCHEZ 1, + 3 BUTS CONTRE SON CAMP.
**COUPE DE FRANCE**
**32e FINALE** 13/02/1982 **PSG-NÎMES 1/1** (4/3 T.A.B.) ROCHETEAU (À NARBONNE)
**16e FINALE ALLER** 06/03/1982 **NŒUX-LES-MINES-PSG 0/1** SANCHEZ
**16e FINALE RETOUR** 17/03/1982 **PSG-NŒUX-LES-MINES 2/0** ROCHETEAU (2)
**8e FINALE ALLER** 30/03/1982 **MARSEILLE-PSG 0/1** FERNANDEZ
**8e FINALE RETOUR** 06/04/1982 **PSG-MARSEILLE 3/1** SURJAK, N'GOM, ROCHETEAU
**1/4 FINALE ALLER** 16/04/1982 **PSG-BORDEAUX 2/0** BATHENAY (PEN.), ROCHETEAU
**1/4 FINALE RETOUR** 20/04/1982 **BORDEAUX-PSG (A.P.) 2/1** BOUBACAR
**1/2 FINALE** 11/05/1982 **PSG-TOURS (A.P.) 0/0 (2/1 T.A.B.)**
**FINALE** 15/05/1982 **PSG-SAINT-ÉTIENNE (A.P.) 2/2 (6/5 T.A.B.)** TOKO, ROCHETEAU

## SAISON 1982/1983

**CHAMPIONNAT DE FRANCE**
**01** 10/08/1982 **PSG-ROUEN 1/0** FERNANDEZ
**02** 17/08/1982 **MONACO-PSG 1/1** MORIN
**03** 24/08/1982 **PSG-NANCY 2/3** BATHENAY (PEN.), FERNANDEZ
**04** 27/08/1982 **SAINT-ÉTIENNE-PSG 1/1** BATHENAY
**05** 03/09/1982 **PSG-NANTES 2/1** KIST, BATHENAY (PEN.)
**06** 10/09/1982 **LENS-PSG 4/0**
**07** 21/09/1982 **PSG-MULHOUSE 5/1** ZAREMBA, GUILLOCHON, KIST (3)
**08** 24/09/1982 **BORDEAUX-PSG 2/1** TOKO
**09** 02/10/1982 **PSG-BASTIA 1/0** N'GOM
**10** 12/10/1982 **PSG-SOCHAUX 1/0** FERNANDEZ
**11** 15/10/1982 **BREST-PSG 3/1** KIST (PEN.)
**12** 26/10/1982 **PSG-STRASBOURG 4/3** JODAR (C.S.C.), ARDILES, KIST (2)
**13** 29/10/1982 **LYON-PSG 1/3** DAHLEB (2), TOKO
**14** 06/11/1982 **PSG-LAVAL 0/0**
**15** 16/11/1982 **LILLE-PSG 1/0**
**16** 23/11/1982 **PSG-TOULOUSE 2/1** DAHLEB, TOKO
**17** 28/11/1982 **METZ-PSG 1/2** ZAREMBA, ROCHETEAU
**18** 04/12/1982 **PSG-AUXERRE 0/0**
**19** 11/12/1982 **TOURS-PSG 3/1** GUILLOCHON
**20** 18/12/1982 **PSG-MONACO 0/1**
**21** 16/01/1983 **NANCY-PSG 2/3** DAHLEB, TOKO, SUSIC
**22** 22/01/1983 **PSG-SAINT-ÉTIENNE 4/1** TOKO, FERNANDEZ, DAHLEB, SUSIC
**23** 29/01/1983 **NANTES-PSG 2/0**
**24** 08/02/1983 **PSG-LENS 4/3** DAHLEB (2), KIST, SUSIC
**25** 20/02/1983 **MULHOUSE-PSG 1/1** ROCHETEAU
**26** 25/02/1983 **PSG-BORDEAUX 2/0** LEMOULT, FERNANDEZ
**27** 09/03/1983 **BASTIA-PSG 1/1** TOKO
**28** 19/03/1983 **SOCHAUX-PSG 1/2** KIST (2)
**29** 29/03/1983 **PSG-BREST 2/0** ROCHETEAU, SUSIC
**30** 01/04/1983 **STRASBOURG-PSG 1/1** SUSIC
**31** 08/04/1983 **PSG-LYON 3/0** KIST (2), ROCHETEAU
**32** 19/04/1983 **LAVAL-PSG 1/0**
**33** 29/04/1983 **PSG-LILLE 4/1** ROCHETEAU (2), ZAREMBA, SUSIC
**34** 06/05/1983 **TOULOUSE-PSG 2/1** ROCHETEAU
**35** 13/05/1983 **PSG-METZ 3/1** FERNANDEZ, ROCHETEAU (2)
**36** 20/05/1983 **AUXERRE-PSG 3/2** ROCHETEAU, SUSIC
**37** 24/05/1983 **PSG-TOURS 4/2** N'GOM, SUSIC, ZAREMBA, ROCHETEAU
**38** 03/06/1983 **ROUEN-PSG 0/1** N'GOM
**CLASSEMENT FINAL :** 3e, 47 PTS, 20 V, 7 N, 11 D, 66/49, +17
**BUTEURS :** KIST 12, ROCHETEAU 11, SUSIC 8, DAHLEB 7, TOKO 6, FERNANDEZ 6, ZAREMBA 4, BATHENAY 3, N'GOM 3, GUILLOCHON 2, MORIN 1, ARDILES 1, LEMOULT 1, + 1 BUT CONTRE SON CAMP.
**COUPE DE FRANCE**
**32e FINALE** 12/02/1983 **PSG-CHAUMONT 2/0** KIST (2) (À TROYES)
**16e FINALE ALLER** 05/03/1983 **PSG-ABBEVILLE 2/0** KIST (PEN.), TOKO
**16e FINALE RETOUR** 12/03/1983 **ABBEVILLE-PSG 1/0**
**8e FINALE ALLER** 05/04/1983 **STRASBOURG-PSG 0/2** ROCHETEAU, DAHLEB
**8e FINALE RETOUR** 15/04/1983 **PSG-STRASBOURG 5/2** FERNANDEZ (2), KIST, ROCHETEAU (2)
**1/4 FINALE ALLER** 03/05/1983 **BREST-PSG 2/1** KIST
**1/4 FINALE RETOUR** 10/05/1983 **PSG-BREST 2/0** TOKO, LEMOULT
**1/2 FINALE ALLER** 27/05/1983 **PSG-TOURS 4/0** FERNANDEZ, SUSIC (2), PILORGET
**1/2 FINALE RETOUR** 07/06/1983 **TOURS-PSG 3/3** SUSIC, TOKO, BOUBACAR
**FINALE** 11/06/1983 **PSG-NANTES 3/2** ZAREMBA, SUSIC, TOKO
**COUPE D'EUROPE DES VAINQUEURS DE COUPE**
**16e FINALE ALLER** 15/09/1982 **LOKOMOTIV SOFIA-PSG 1/0**
**16e FINALE RETOUR** 28/09/1982 **PSG-LOKOMOTIV SOFIA 5/1** TOKO (2), BATHENAY, N'GOM, LEMOULT

**8e FINALE ALLER** 20/10/1982 **SWANSEA-PSG 0/1** TOKO
**8e FINALE RETOUR** 03/11/1982 **PSG-SWANSEA 2/0** KIST, FERNANDEZ
**1/4 FINALE ALLER** 02/03/1983 **PSG-WATERSCHEI 2/0** FERNANDEZ, PILORGET
**1/4 FINALE RETOUR** 16/03/1983 **WATERSCHEI-PSG 3/0** (A.P.)

## SAISON 1983/1984

**CHAMPIONNAT DE FRANCE**

**01** 20/07/1983 **TOULOUSE-PSG 1/1** BATHENAY
**02** 27/07/1983 **PSG-TOULON 5/1** ROCHETEAU, FERNANDEZ, ZAREMBA, NEUBERT (C.S.C.), N'GOM
**03** 03/08/1983 **NANTES-PSG 3/1** ZAREMBA
**04** 10/08/1983 **PSG-LENS 3/0** DAHLEB, ROCHETEAU, ZAREMBA
**05** 17/08/1983 **LAVAL-PSG 2/0**
**06** 20/08/1983 **PSG-METZ 2/0** PILORGET, SUSIC
**07** 31/08/1983 **BREST-PSG 2/2** ROCHETEAU, DAHLEB
**08** 10/09/1983 **PSG-MONACO 0/1**
**09** 17/09/1983 **SAINT-ÉTIENNE-PSG 2/3** COURIOL, N'GOM, DAHLEB
**10** 21/09/1983 **AUXERRE-PSG 1/2** COURIOL, BATHENAY (PEN.)
**11** 24/09/1983 **PSG-BASTIA 1/0** SUSIC
**12** 01/10/1983 **RENNES-PSG 0/1** ROCHETEAU
**13** 08/10/1983 **PSG-SOCHAUX 3/1** ZAREMBA, PILORGET, ROCHETEAU (PEN.)
**14** 14/10/1983 **NÎMES-PSG 1/1** SUSIC
**15** 22/10/1983 **PSG-LILLE 4/5** KOURICHI (C.S.C.), COURIOL, SUSIC, N'GOM
**16** 28/10/1983 **NANCY-PSG 1/2** ROCHETEAU, N'GOM
**17** 05/11/1983 **PSG-BORDEAUX 2/1** PILORGET, SUSIC
**18** 16/11/1983 **STRASBOURG-PSG 0/0**
**19** 22/11/1983 **PSG-ROUEN 2/0** LEMOULT, N'GOM
**20** 26/11/1983 **TOULON-PSG 1/0**
**21** 03/12/1983 **PSG-NANTES 0/0**
**22** 10/12/1983 **LENS-PSG 0/3** ASSAD, N'GOM (2)
**23** 17/12/1983 **PSG-LAVAL 0/0**
**24** 14/01/1984 **METZ-PSG 1/1** ZAREMBA
**25** 24/01/1984 **PSG-BREST 1/1** ZAREMBA
**26** 04/02/1984 **MONACO-PSG 0/1** ROCHETEAU (PEN.)
**27** 11/02/1984 **PSG-SAINT-ÉTIENNE 3/1** N'GOM (2), DE FALCO
**28** 25/02/1984 **PSG-AUXERRE 1/2** LEMOULT
**29** 03/03/1984 **BASTIA-PSG 1/1** DAHLEB
**30** 10/03/1984 **PSG-RENNES 3/2** BATHENAY, ROCHETEAU (2)
**31** 14/03/1984 **SOCHAUX-PSG 2/1** FERNANDEZ
**32** 24/03/1984 **PSG-NÎMES 0/0**
**33** 31/03/1984 **LILLE-PSG 1/0**
**34** 07/04/1984 **PSG-NANCY 1/1** FERNANDEZ
**35** 14/04/1984 **BORDEAUX-PSG 2/1** SUSIC
**36** 25/04/1984 **PSG-STRASBOURG 2/0** JENNER (C.S.C.), COURIOL
**37** 28/04/1984 **ROUEN-PSG 0/1** SUSIC
**38** 02/05/1984 **PSG-TOULOUSE 1/0** SUSIC
**CLASSEMENT FINAL :** 4e, 47 PTS, 18 V, 11 N, 9 D, 56/37, +19

**BUTEURS :** N'GOM 9, ROCHETEAU 9, SUSIC 8, ZAREMBA 6, DAHLEB 4, COURIOL 4, BATHENAY 3, FERNANDEZ 3, PILORGET 3, LEMOULT 2, ASSAD 1, DE FALCO 1, + 3 BUTS CONTRE SON CAMP.

**COUPE DE FRANCE**

32e FINALE 28/01/1984 MULHOUSE-PSG 1/0 (À STRASBOURG)

**COUPE D'EUROPE DES VAINQUEURS DE COUPE**

**16e FINALE ALLER** 14/09/1983 **GLENTORAN-PSG 1/2** ZAREMBA, N'GOM
**16e FINALE RETOUR** 28/09/1983 **PSG-GLENTORAN 2/1** BATHENAY (PEN.), SUSIC
**8e FINALE ALLER** 19/10/1983 **PSG-JUVENTUS TURIN 2/2** COURIOL, N'GOM
**8e FINALE RETOUR** 02/11/1983 **JUVENTUS TURIN-PSG 0/0**

## SAISON 1984/1985

**CHAMPIONNAT DE FRANCE**

**01** 17/08/1984 **PSG-NANCY 2/4** ROCHETEAU, LEMOULT
**02** 21/08/1984 **LILLE-PSG 3/1** ROCHETEAU
**03** 24/08/1984 **PSG-TOULON 0/0**
**04** 28/08/1984 **NANTES-PSG 2/0**
**05** 31/08/1984 **PSG-BREST 1/1** ROCHETEAU (PEN.)
**06** 08/09/1984 **PSG-MARSEILLE 2/1** BATHENAY, N'JO-LÉA
**07** 11/09/1984 **BORDEAUX-PSG 3/1** FERNANDEZ
**08** 22/09/1984 **PSG-BASTIA 7/1** COURIOL, FERNANDEZ (2), TOKO (2) NIEDERBACHER, LEMOULT
**09** 25/09/1984 **TOURS-PSG 2/3** DIECKET (C.S.C.), TOKO, SUSIC
**10** 28/09/1984 **PSG-AUXERRE 0/0**
**11** 06/10/1984 **METZ-PSG 2/1** SUSIC
**12** 16/10/1984 **PSG-LENS 4/3** ROCHETEAU (2, 1 PEN.), NIEDERBACHER (2)
**13** 19/10/1984 **SOCHAUX-PSG 4/1** NIEDERBACHER
**14** 27/10/1984 **PSG-ROUEN 3/2** NIEDERBACHER, ROCHETEAU (2)
**15** 02/11/1984 **RCP-PSG 0/1** SUSIC
**17** 13/11/1984 **LAVAL-PSG 0/0**
**18** 24/11/1984 **PSG-MONACO 2/1** JEANNOL, ROCHETEAU (PEN.)
**16** 27/11/1984 **PSG-STRASBOURG 2/0** LEMOULT, ROCHETEAU
**19** 01/12/1984 **TOULOUSE-PSG 0/1** SUSIC
**20** 14/12/1984 **PSG-LILLE 2/3** SUSIC, ROCHETEAU
**21** 21/12/1984 **TOULON-PSG 5/1** ROCHETEAU (PEN.)
**23** 26/01/1985 **BREST-PSG 3/1** TOKO
**24** 03/02/1985 **MARSEILLE-PSG 3/1** TOKO
**25** 19/02/1985 **PSG-BORDEAUX 1/2** TOKO
**26** 23/02/1985 **BASTIA-PSG 1/2** FERNANDEZ (2)
**27** 01/03/1985 **PSG-TOURS 2/0** N'JO-LÉA, SUSIC
**22** 05/03/1985 **PSG-NANTES 2/3** LEMOULT, ROCHETEAU
**28** 15/03/1985 **AUXERRE-PSG 2/1** B. BOLI (C.S.C.)
**29** 22/03/1985 **PSG-METZ 1/2** ROCHETEAU (PEN.)
**30** 26/03/1985 **LENS-PSG 4/2** SUSIC, N'JO-LÉA
**31** 05/04/1985 **PSG-SOCHAUX 1/1** FERNANDEZ
**32** 12/04/1985 **ROUEN-PSG 0/1** CHARBONNIER
**33** 19/04/1985 **PSG-RCP 2/2** HONORINE (C.S.C.), SUSIC

**34** 23/04/1985 **STRASBOURG-PSG 1/1** ROCHETEAU
**35** 07/05/1985 **PSG-LAVAL 0/1**
**36** 14/05/1985 **MONACO-PSG 4/1** N'JO-LÉA
**37** 24/05/1985 **PSG-TOULOUSE 3/1** ROCHETEAU, SUSIC (2)
**38** 28/05/1985 **NANCY-PSG 6/1** PIMOND
**CLASSEMENT FINAL :** 13e, 33 PTS, 13 V, 7 N, 18 D, 58/73, -15
**BUTEURS :** ROCHETEAU 15, SUSIC 10, FERNANDEZ 6, TOKO 6, NIEDERBACHER 5, LEMOULT 4, N'JO-LÉA 4, BATHENAY 1, COURIOL 1, JEANNOL 1, CHARBONNIER 1, PIMOND 1, + 3 BUTS CONTRE SON CAMP.
**COUPE DE FRANCE**
**32e FINALE** 10/02/1985 **PSG-MONTPELLIER 0/0 (8/7 T.A.B.)** (À ALÈS)
**16e FINALE ALLER** 09/03/1985 **LE HAVRE-PSG 2/2** JEANNOL, SUSIC
**16e FINALE RETOUR** 12/03/1985 **PSG-LE HAVRE 2/1** ROCHETEAU, SUSIC
**8e FINALE ALLER** 09/04/1985 **NANCY-PSG 2/1** TOKO
**8e FINALE RETOUR** 16/04/1985 **PSG-NANCY 4/0** SUSIC (2), TOKO (2)
**1/4 FINALE ALLER** 11/05/1985 **PSG-NANTES 1/0** ROCHETEAU (PEN.)
**1/4 FINALE RETOUR** 17/05/1985 **NANTES-PSG 0/1** CHARBONNIER
**1/2 FINALE ALLER** 31/05/1985 **TOULOUSE-PSG 2/0**
**1/2 FINALE RETOUR** 04/06/1985 **PSG-TOULOUSE (A.P.) 2/0 (5/3 T.A.B.)** SÉGURA, LANTHIER
**FINALE** 08/06/1985 **MONACO-PSG 1/0**
**COUPE UEFA**
**32e FINALE ALLER** 19/09/1984 **PSG-HEARTS 4/0** SUSIC (2), ROCHETEAU, NIEDERBACHER
**32e FINALE RETOUR** 03/10/1984 **HEARTS-PSG 2/2** NIEDERBACHER, JEANNOL
**16e FINALE ALLER** 24/10/1984 **PSG-VIDEOTON 2/4** ROCHETEAU (2)
**16e FINALE RETOUR** 08/11/1984 **VIDEOTON-PSG 1/0**

## SAISON 1985/1986

### CHAMPIONNAT DE FRANCE

**01** 16/07/1985 **BASTIA-PSG 2/4** ROCHETEAU (2), SUSIC, DA FONSECA (À TOURS)
**02** 19/07/1985 **PSG-LILLE 3/0** SUSIC, JACQUES, FERNANDEZ
**03** 26/07/1985 **TOULOUSE-PSG 1/3** ROCHETEAU, JACQUES, SUSIC
**04** 30/07/1985 **PSG-BORDEAUX 1/0** PILORGET
**05** 02/08/1985 **LAVAL-PSG 2/2** FERNANDEZ, SUSIC
**06** 09/08/1985 **PSG-MARSEILLE 2/0** FERNANDEZ, JACQUES
**07** 16/08/1985 **AUXERRE-PSG 0/1** POULLAIN
**08** 24/08/1985 **PSG-BREST 2/0** JEANNOL, ROCHETEAU
**09** 30/08/1985 **NICE-PSG 0/0**
**10** 03/09/1985 **PSG-NANCY 2/0** JACQUES, ROCHETEAU
**11** 14/09/1985 **LE HAVRE-PSG 1/2** POULLAIN, LLORENS (C.S.C.)
**12** 20/09/1985 **LENS-PSG 2/3** ROCHETEAU(PEN.), JEANNOL, SUSIC
**13** 27/09/1985 **PSG-SOCHAUX 4/1** FERNANDEZ, ROCHETEAU (2), SUSIC
**14** 04/10/1985 **RENNES-PSG 2/3** JEANNOL, FERNANDEZ, ROCHETEAU
**15** 11/10/1985 **PSG-NANTES 2/1** JEANNOL, FERNANDEZ
**16** 18/10/1985 **TOULON-PSG 1/1** SUSIC
**17** 25/10/1985 **PSG-STRASBOURG 1/1** ROCHETEAU
**18** 02/11/1985 **MONACO-PSG 1/1** DA FONSECA
**19** 08/11/1985 **PSG-METZ 2/1** SUSIC (2)
**21** 22/11/1985 **PSG-TOULOUSE 3/0** ROCHETEAU, CHARBONNIER, FERNANDEZ
**22** 29/11/1985 **BORDEAUX-PSG 0/0**
**23** 07/12/1985 **PSG-LAVAL 5/1** ROCHETEAU (3, 1 PEN.), SÈNE, JEANNOL
**24** 15/12/1985 **MARSEILLE-PSG 0/0**
**25** 21/12/1985 **PSG-AUXERRE 4/0** JEANNOL, GOMES (C.S.C.), ROCHETEAU, BACCONNIER
**26** 11/01/1986 **BREST-PSG 1/1** FERNANDEZ
**27** 18/01/1986 **PSG-NICE 3/2** ROCHETEAU (PEN.), CHARBONNIER, SUSIC
**20** 22/01/1986 **LILLE-PSG 2/0**
**28** 02/02/1986 **NANCY-PSG 1/0**
**29** 08/02/1986 **PSG-LE HAVRE 1/0** SÈNE
**30** 22/02/1986 **PSG-LENS 2/2** ROCHETEAU (2, 2 PEN.)
**32** 07/03/1986 **PSG-RENNES 1/0** ROCHETEAU (PEN.)
**33** 15/03/1986 **NANTES-PSG 2/0**
**34** 22/03/1986 **PSG-TOULON 1/0** SÈNE
**35** 05/04/1986 **STRASBOURG-PSG 1/0**
**31** 08/04/1986 **SOCHAUX-PSG 1/1** SÈNE
**36** 11/04/1986 **PSG-MONACO 1/0** SÈNE
**37** 18/04/1986 **METZ-PSG 3/1** COURIOL
**38** 25/04/1986 **PSG-BASTIA 3/1** JACQUES (2), FERNANDEZ (PEN.)
**CLASSEMENT FINAL :** 1er, 56 PTS, 23 V, 10 N, 5 D, 66/33, +33
**BUTEURS :** ROCHETEAU 19, SUSIC 10, FERNANDEZ 9, JACQUES 6, JEANNOL 6, SÈNE 5, CHARBONNIER 2, DA FONSECA 2, POULLAIN 2, PILORGET 1, BACCONNIER 1, COURIOL 1, + 2 BUTS CONTRE SON CAMP.
**COUPE DE FRANCE**
**32e FINALE** 25/01/1986 **PSG-DIJON 2/0** POULLAIN, FERNANDEZ (À AUXERRE)
**16e FINALE ALLER** 15/02/1986 **PSG-MONTPELLIER 2/1** POULLAIN, SÈNE
**16e FINALE RETOUR** 19/02/1986 **MONTPELLIER-PSG 1/1** FERNANDEZ
**8e FINALE ALLER** 04/03/1986 **PSG-MULHOUSE 1/0** SUSIC
**8e FINALE RETOUR** 13/03/1986 **MULHOUSE-PSG 1/2** ROCHETEAU (PEN.), FERNANDEZ
**1/4 FINALE ALLER** 29/03/1986 **LENS-PSG 2/1** SUSIC
**1/4 FINALE RETOUR** 01/04/1986 **PSG-LENS 2/0** BIBARD, SUSIC
**1/2 FINALE ALLER** 15/04/1986 **PSG-BORDEAUX 1/1** SÈNE
**1/2 FINALE RETOUR** 22/04/1986 **BORDEAUX-PSG 2/1** SUSIC

## SAISON 1986/1987

### CHAMPIONNAT DE FRANCE

**01** 05/08/1986 **PSG-LAVAL 1/0** JEANNOL
**02** 08/08/1986 **AUXERRE-PSG 1/2** HALILHODZIC, BOCANDÉ
**03** 12/08/1986 **PSG-METZ 0/0**
**04** 15/08/1986 **SAINT-ÉTIENNE-PSG 1/0**
**05** 22/08/1986 **PSG-BREST 1/0** HALILHODZIC
**06** 26/08/1986 **NICE-PSG 0/2** XUEREB, HALILHODZIC
**07** 29/08/1986 **PSG-LILLE 1/1** HALILHODZIC (PEN.)

**08** 03/09/1986 **TOULON-PSG 1/1** SÈNE
**09** 13/09/1986 **PSG-RP1 1/2** ROCHETEAU
**10** 20/09/1986 **NANTES-PSG 0/1** XUEREB
**11** 24/09/1986 **PSG-RENNES 1/0** JEANNOL
**12** 04/10/1986 **BORDEAUX-PSG** 2/0
**13** 17/10/1986 **PSG-LE HAVRE 1/1** HALILHODZIC (PEN.)
**14** 25/10/1986 **SOCHAUX-PSG 0/1** BOCANDÉ
**15** 31/10/1986 **PSG-NANCY 0/0**
**16** 08/11/1986 **PSG-TOULOUSE 2/3** HALILHODZIC (2)
**17** 12/11/1986 **LENS-PSG 1/0**
**18** 22/11/1986 **PSG-MONACO 0/1**
**19** 28/11/1986 **MARSEILLE-PSG 4/0**
**20** 05/12/1986 **PSG-AUXERRE 1/0** VERMEULEN
**21** 14/12/1986 **METZ-PSG 0/0**
**22** 17/12/1986 **PSG-SAINT-ÉTIENNE 3/0** BOCANDÉ, BACCONNIER, ROCHETEAU
**23** 20/12/1986 **BREST-PSG 0/0**
**24** 28/02/1987 **PSG-NICE 0/3**
**25** 07/03/1987 **LILLE-PSG 1/0**
**26** 11/03/1987 **PSG-TOULON 1/1** BOCANDÉ
**27** 14/03/1987 **RP1-PSG 0/1** FERNANDEZ (C.S.C.)
**28** 25/03/1987 **PSG-NANTES 2/1** SUSIC, HALILHODZIC (PEN.)
**29** 28/03/1987 **RENNES-PSG 0/0**
**30** 04/04/1987 **PSG-BORDEAUX 0/0**
**31** 11/04/1987 **LE HAVRE-PSG 2/0**
**32** 17/04/1987 **PSG-SOCHAUX 2/0** SANDJAK, BOCANDÉ
**33** 01/05/1987 **NANCY-PSG 0/0**
**34** 09/05/1987 **TOULOUSE-PSG 1/1** ROCHETEAU
**35** 15/05/1987 **PSG-LENS 3/1** COURIOL, POLANIOK, SANDJAK
**36** 22/05/1987 **MONACO-PSG 1/1** SUSIC
**37** 29/05/1987 **PSG-MARSEILLE 2/0** SÈNE, SUSIC
**38** 05/06/1987 **LAVAL-PSG 4/3** SANDJAK (2), COURIOL
**CLASSEMENT FINAL** : 7e, 41 PTS, 14 V, 13 N, 11 D, 35/33, +2
**BUTEURS :** HALHILODZIC 8, BOCANDÉ 5, SANDJAK 4, ROCHETEAU 3, SUSIC 3, JEANNOL 2, XUEREB 2, SÈNE 2, COURIOL 2, VERMEULEN 1, BACCONNIER 1, POLANIOK 1, + 1 BUT CONTRE SON CAMP.
**COUPE DE FRANCE**
**32e FINALE** 21/03/1987 **PSG-NANCY 2/0** RABAT, SÈNE (À ÉPINAL)
**16e FINALE ALLER** 01/04/1987 **PSG-STRASBOURG 0/0**
**16e FINALE RETOUR** 07/04/1987 **STRASBOURG-PSG 1/0**
**COUPE DES CLUBS CHAMPIONS**
**16e FINALE ALLER** 17/09/1986 **PSG-VITKOVICE** 2/2 HALILHODZIC, PILORGET (PEN.)
**16e FINALE RETOUR** 30/09/1986 **VITKOVICE-PSG 1/0**

## SAISON 1987/1988

**CHAMPIONNAT DE FRANCE**
**01** 18/07/1987 **PSG-LE HAVRE** 2/0 BOCANDÉ, MARQUET
**02** 25/07/1987 **MONTPELLIER-PSG** 4/1 SUSIC
**03** 01/08/1987 **PSG-TOULOUSE 2/0** CHARBONNIER, LESTAGE (C.S.C.)
**04** 08/08/1987 **PSG-BREST 0/0**
**05** 15/08/1987 **NIORT-PSG 1/2** CHARBONNIER, SUSIC
**06** 19/08/1987 **PSG-MONACO 0/1**
**07** 22/08/1987 **CANNES-PSG 1/3** CHARBONNIER, RABAT, MARQUET
**08** 29/08/1987 **PSG-BORDEAUX 1/0** ROCHE (C.S.C.)
**09** 02/09/1987 **TOULON-PSG 1/0**
**10** 12/09/1987 **PSG-LILLE 1/3** CALDERON (PEN.)
**11** 19/09/1987 **LAVAL-PSG 2/0**
**12** 26/09/1987 **PSG-SAINT-ÉTIENNE** 3/0 SÈNE (2), CALDERON
**13** 02/10/1987 **MATRA RACING-PSG 2/1** JEANNOL
**14** 07/10/1987 **PSG-NANTES 0/2**
**15** 17/10/1987 **NICE-PSG 2/0**
**16** 24/10/1987 **PSG-METZ 0/2**
**17** 31/10/1987 **AUXERRE-PSG 3/0**
**18** 08/11/1987 **PSG-MARSEILLE 1/1** SIMBA
**19** 11/11/1987 **LENS-PSG 0/0**
**20** 21/11/1987 **PSG-MONTPELLIER 2/1** SIMBA, SANDJAK
**21** 28/11/1987 **TOULOUSE-PSG 2/1** SÈNE
**22** 05/12/1987 **BREST-PSG 0/0**
**23** 12/12/1987 **PSG-NIORT 1/3** COURIOL
**24** 18/12/1987 **MONACO-PSG 2/1** BIBARD
**25** 23/02/1988 **PSG-CANNES 1/1** SÈNE
**26** 27/02/1988 **BORDEAUX-PSG 0/0**
**27** 05/03/1988 **PSG-TOULON 1/0** REYNAUD
**28** 19/03/1988 **LILLE-PSG 1/0**
**29** 26/03/1988 **PSG-LAVAL 0/0**
**30** 02/04/1988 **SAINT-ÉTIENNE-PSG 1/3** SÈNE (2), REYNAUD
**31** 08/04/1988 **PSG-MATRA RACING 1/1** SANDJAK
**32** 16/04/1988 **NANTES-PSG 0/0**
**33** 30/04/1988 **PSG-NICE 0/4**
**34** 07/05/1988 **METZ-PSG 1/0**
**35** 14/05/1988 **PSG-AUXERRE 1/1** ROUX
**36** 21/05/1988 **MARSEILLE-PSG 1/2** SUSIC, CALDERON
**37** 27/05/1988 **PSG-LENS 4/1** XUEREB (2), CALDERON (PEN.), MARTIN
**38** 04/06/1988 **LE HAVRE-PSG 0/1** XUEREB
**CLASSEMENT FINAL :** 15e, 34 PTS, 12 V, 10 N, 16 D, 36/45, -9
**BUTEURS :** SÈNE 6, CALDERON 4, SUSIC 3, CHARBONNIER 3, XUEREB 3, MARQUET 2, SIMBA 2, SANDJAK 2, REYNAUD 2, BOCANDÉ 1, RABAT 1, JEANNOL 1, COURIOL 1, BIBARD 1, MARTIN 1, ROUX 1, + 2 BUTS CONTRE SON CAMP.
**COUPE DE FRANCE**
**32e FINALE** 13/03/1988 **PSG-LIBOURNE 1/0** SIMBA (À SAINT-SEURIN)
**16e FINALE ALLER** 30/03/1988 **PSG-SOCHAUX 1/3** CHARBONNIER
**16e FINALE RETOUR** 05/04/1988 **SOCHAUX-PSG 3/0**

## SAISON 1988/1989

**CHAMPIONNAT DE FRANCE**

**01** 16/07/1988 **METZ-PSG 0/1** SUSIC
**03** 27/07/1988 **CANNES-PSG 0/3** SUSIC, CALDERON, XUEREB
**04** 30/07/1988 **PSG-NANTES 1/0** XUEREB
**05** 06/08/1988 **MONACO-PSG 1/0**
**06** 13/08/1988 **PSG-CAEN 3/0** XUEREB (2), SANDJAK
**07** 17/08/1988 **PSG-SOCHAUX 1/0** LAUREY (C.S.C.)
**08** 20/08/1988 **TOULON-PSG 0/1** XUEREB
**09** 27/08/1988 **PSG-AUXERRE 2/2** SUSIC, XUEREB
**10** 03/09/1988 **LILLE-PSG 2/1** CHARBONNIER
**11** 10/09/1988 **PSG-TOULOUSE 2/1** SUSIC, CALDERON
**02** 14/09/1988 **PSG-BORDEAUX 1/1** PEREZ
**12** 17/09/1988 **MONTPELLIER-PSG 0/0**
**13** 21/09/1988 **PSG-SAINT-ÉTIENNE 3/1** PILORGET, XUEREB (2)
**14** 01/10/1988 **NICE-PSG 3/1** PILORGET
**15** 08/10/1988 **PSG-STRASBOURG 1/0** CALDERON (PEN.)
**16** 14/10/1988 **MATRA RACING-PSG 0/2** XUEREB, PEREZ
**17** 29/10/1988 **PSG-MARSEILLE 0/0**
**18** 05/11/1988 **LAVAL-PSG 1/2** PEREZ, SUSIC
**19** 12/11/1988 **PSG-LENS 3/2** XUEREB, PEREZ (2)
**20** 26/11/1988 **BORDEAUX-PSG 0/1** PEREZ
**21** 03/12/1988 **PSG-CANNES 1/0** PEREZ
**22** 10/12/1988 **NANTES-PSG 1/1** XUEREB
**23** 14/12/1988 **PSG-MONACO 0/2**
**24** 17/12/1988 **CAEN-PSG 0/1** CALDERON
**25** 03/02/1989 **SOCHAUX-PSG 2/1** SUSIC
**26** 11/02/1989 **PSG-TOULON 0/0**
**27** 18/02/1989 **AUXERRE-PSG 0/0**
**28** 22/02/1989 **PSG-LILLE 1/1** CALDERON (PEN.)
**29** 11/03/1989 **TOULOUSE-PSG 0/0**
**30** 14/03/1989 **PSG-MONTPELLIER 3/2** XUEREB (2), SÈNE
**31** 25/03/1989 **SAINT-ÉTIENNE-PSG 0/0**
**32** 01/04/1989 **PSG-NICE 1/0** XUEREB
**33** 12/04/1989 **STRASBOURG-PSG 0/0**
**34** 22/04/1989 **PSG-MATRA RACING 2/0** XUEREB, BOSSIS (C.S.C.)
**35** 05/05/1989 **MARSEILLE-PSG 1/0**
**36** 12/05/1989 **PSG-LAVAL 3/0** CALDERON, SUSIC, SIMBA
**37** 20/05/1989 **LENS-PSG 0/0**
**38** 31/05/1989 **PSG-METZ 2/2** POLANIOK, CALDERON (PEN.)
**CLASSEMENT FINAL :** 2e, 70 PTS (VICTOIRE À 3 PTS), 19 V, 13 N, 6 D, 45/26, +19
**BUTEURS :** XUEREB 15, SUSIC 7, CALDERON 7, PEREZ 7, PILORGET 2, SANDJAK 1, SÈNE 1, CHARBONNIER 1, SIMBA 1, POLANIOK 1, + 2 BUTS CONTRE SON CAMP.

**COUPE DE FRANCE**

**32e FINALE** 25/02/1989 **PSG-INF VICHY 3/0** JEANNOL, CALDERON, SUSIC (À MEAUX)
**16e FINALE ALLER** 22/03/1989 **MONTLUÇON-PSG 0/1** PEREZ (PEN.)
**16e FINALE RETOUR** 29/03/1989 **PSG-MONTLUÇON 5/1** PEREZ (2), SUSIC, XUEREB (2)
**8e FINALE ALLER** 08/04/1989 **PSG-ORLÉANS 0/4**
**8e FINALE RETOUR** 15/04/1989 **ORLÉANS-PSG 3/3** SIMBA, JEANNOL, CALDERON (PEN.)

## SAISON 1989/1990

**CHAMPIONNAT DE FRANCE**

**01** 22/07/1989 **NICE-PSG 3/3** CALDERON (2, 1 PEN.), JEANNOL
**02** 29/07/1989 **PSG-METZ 1/0** SÈNE
**03** 02/08/1989 **SOCHAUX-PSG 1/0**
**04** 05/08/1989 **PSG-MONTPELLIER 2/1** SUSIC, LEROUX
**05** 12/08/1989 **SAINT-ÉTIENNE-PSG 1/2** SUSIC, CHARBONNIER
**06** 19/08/1989 **PSG-LILLE 2/1** CHARBONNIER, SUSIC
**07** 26/08/1989 **BREST-PSG 0/1** SUSIC
**08** 30/08/1989 **PSG-TOULON 1/1** PEREZ
**09** 09/09/1989 **RP1-PSG 2/2** CALDERON (2, 2 PEN.)
**10** 16/09/1989 **PSG-MONACO 2/1** BRAVO, VUJOVIC
**11** 23/09/1989 **CANNES-PSG 3/1** RABAT
**12** 30/09/1989 **PSG-BORDEAUX 1/1** CALDERON (PEN.)
**13** 04/10/1989 **CAEN-PSG 2/0**
**14** 14/10/1989 **MULHOUSE-PSG 1/0**
**15** 21/10/1989 **PSG-LYON 0/1**
**16** 27/10/1989 **MARSEILLE-PSG 2/1** VUJOVIC
**17** 04/11/1989 **PSG-AUXERRE 1/1** CHARBONNIER
**18** 08/11/1989 **NANTES-PSG 0/1** VUJOVIC
**19** 11/11/1989 **PSG-TOULOUSE 0/1**
**20** 25/11/1989 **METZ-PSG 0/1** CHARBONNIER
**21** 02/12/1989 **PSG-SOCHAUX 1/0** LAUREY (C.S.C.)
**22** 10/12/1989 **MONTPELLIER-PSG 2/0**
**23** 17/12/1989 **PSG-SAINT-ÉTIENNE 2/0** BRAVO, PRIMARD (C.S.C.)
**24** 04/02/1990 **LILLE-PSG 2/0**
**25** 11/02/1990 **PSG-BREST 3/1** CALDERON (PEN.), BRAVO, SUSIC
**26** 21/02/1990 **TOULON-PSG 0/3** VUJOVIC (2), SUSIC
**27** 25/02/1990 **PSG-RP1 1/2** CALDERON (PEN.)
**28** 02/03/1990 **MONACO-PSG 2/0**
**29** 17/03/1990 **PSG-CANNES 5/1** CALDERON, CHARBONNIER (2), BRAVO, SUSIC
**30** 24/03/1990 **BORDEAUX-PSG 3/0**
**31** 31/03/1990 **PSG-CAEN 3/1** VUJOVIC (2), BRAVO
**32** 07/04/1990 **PSG-MULHOUSE 1/0** SIMBA
**33** 14/04/1990 **LYON-PSG 1/2** SIMBA (2)
**34** 21/04/1990 **PSG-MARSEILLE 2/1** CALDERON (PEN.), VUJOVIC
**35** 28/04/1990 **AUXERRE-PSG 2/0**
**36** 05/05/1990 **PSG-NANTES 2/2** VUJOVIC, SIMBA
**37** 12/05/1990 **TOULOUSE-PSG 4/1** VUJOVIC
**38** 19/05/1990 **PSG-NICE 2/1** SIMBA (2)
CLASSEMENT FINAL : 5e, 42 PTS, 18 V, 6 N, 14 D, 50/48, +2
**BUTEURS :** VUJOVIC 10, CALDERON 9, SUSIC 7, CHARBONNIER 6, SIMBA 6, BRAVO 5, JEANNOL 1, LEROUX 1, SÈNE 1, PEREZ 1, RABAT 1, + 2 BUTS CONTRE SON CAMP.

**COUPE DE FRANCE**

**32e FINALE** 17/02/1990 **VALENCIENNES-PSG 1/0** (À LENS)

**COUPE UEFA**

**32e FINALE ALLER** 13/09/1989 **LAHTI-PSG 0/0**

**32e FINALE RETOUR** 27/09/1989 **PSG-LAHTI 3/2** SUSIC, VUJOVIC, CALDERON (PEN.)

**16e FINALE ALLER** 18/10/1989 **PSG-JUVENTUS TURIN 0/1**

**16e FINALE RETOUR** 01/11/1989 **JUVENTUS TURIN-PSG 2/1** BRAVO

## SAISON 1990/1991

### CHAMPIONNAT DE FRANCE

**01** 21/07/1990 **PSG-NANCY 2/1** SUSIC (PEN.), VUJOVIC

**02** 28/07/1990 **RENNES-PSG 2/1** BRAVO

**03** 04/08/1990 **PSG-TOULON 4/0** BRAVO (2), SUSIC (PEN.), VUJOVIC

**04** 10/08/1990 **MONTPELLIER-PSG 4/0**

**05** 18/08/1990 **PSG-AUXERRE 1/1** BRAVO

**06** 25/08/1990 **NICE-PSG 1/1** BRAVO

**07** 29/08/1990 **PSG-LYON 3/0** SUŠIC (PEN.), VUJOVIC, ANGLOMA

**08** 08/09/1990 **MARSEILLE-PSG 2/1** MOZER (C.S.C.)

**09** 15/09/1990 **PSG-CAEN 3/2** VUJOVIC, ANGLOMA, SUSIC

**10** 22/09/1990 **METZ-PSG 2/2** ANGLOMA, BRAVO

**11** 29/09/1990 **PSG-NANTES 1/1** ANGLOMA

**12** 06/10/1990 **BORDEAUX-PSG 3/0**

**13** 20/10/1990 **PSG-LILLE 2/0** SUSIC (2)

**14** 28/10/1990 **MONACO-PSG 2/0**

**15** 03/11/1990 **PSG-CANNES 0/0**

**16** 10/11/1990 **TOULOUSE-PSG 2/1** SUSIC

**17** 24/11/1990 **PSG-SAINT-ÉTIENNE 4/2** VUJOVIC (2), BRAVO, SUSIC

**18** 02/12/1990 **PSG-SOCHAUX 0/2**

**20** 16/12/1990 **PSG-RENNES 1/1** PEREZ

**21** 22/12/1990 **TOULON-PSG 0/0**

(ARBITRE BLESSÉ PAR UNE BARRE DE FER APRÈS 43 MINUTES, DEUX POINTS POUR LE PSG.)

**22** 13/01/1991 **PSG-MONTPELLIER 2/0** SUSIC, ANGLOMA

**23** 20/01/1991 **AUXERRE-PSG 0/1** VUJOVIC

**19** 23/01/1991 **BREST-PSG 0/0**

**24** 27/01/1991 **PSG-NICE 0/2**

**25** 03/02/1991 **LYON-PSG 0/0**

**26** 10/02/1991 **PSG-MARSEILLE 0/1**

**27** 13/02/1991 **CAEN-PSG 2/0**

**28** 24/02/1991 **PSG-METZ 2/1** ANGLOMA, PEREZ

**29** 02/03/1991 **NANTES-PSG 2/0**

**30** 16/03/1991 **PSG-BORDEAUX 1/0** SUSIC (PEN.)

**31** 23/03/1991 **LILLE-PSG 0/0**

**32** 06/04/1991 **PSG-MONACO 0/2**

**33** 13/04/1991 **CANNES-PSG 2/0**

**34** 20/04/1991 **PSG-TOULOUSE 3/0** VUJOVIC, BRAVO, LLACER

**35** 04/05/1991 **SAINT-ÉTIENNE-PSG 1/1** SANDJAK

**36** 10/05/1991 **SOCHAUX-PSG 0/0**

**37** 17/05/1991 **PSG-BREST 1/1** MILOJEVIC (C.S.C.)

**38** 24/05/1991 **NANCY-PSG 0/2** VUJOVIC (2)

**CLASSEMENT FINAL :** 9e, 38 PTS, 12 V, 13 N, 13 D, 40/42, -2

**BUTEURS :** VUJOVIC 10, SUSIC 10, BRAVO 8, ANGLOMA 6, PEREZ 2, LLACER 1, SANDJAK 1, + 2 BUTS CONTRE SON CAMP.

### COUPE DE FRANCE

**32e FINALE** 09/03/1991 **WASQUEHAL-PSG 0/1** SUSIC (PEN.)

**16e FINALE** 03/04/1991 **PSG-BOURGES 1/0** VUJOVIC

**8e FINALE** 28/04/1991 **PSG-MARSEILLE 0/2**

## SAISON 1991/1992

### CHAMPIONNAT DE FRANCE

**01** 20/07/1991 **NANTES-PSG 0/0**

**02** 27/07/1991 **PSG-AUXERRE 1/1** BRAVO

**03** 31/07/1991 **MONTPELLIER-PSG 1/1** PEREZ

**04** 03/08/1991 **PSG-LE HAVRE 1/1** FOURNIER

**05** 09/08/1991 **MARSEILLE-PSG 0/0**

**06** 17/08/1991 **PSG-MONACO 2/0** PEREZ, SIMBA

**07** 24/08/1991 **CANNES-PSG 1/1** RICARDO

**08** 28/08/1991 **PSG-NANCY 1/0** FOURNIER

**09** 07/09/1991 **LYON-PSG 0/1** BRAVO

**10** 13/09/1991 **PSG-LILLE 2/0** BRAVO, PEREZ

**11** 21/09/1991 **PSG-METZ 3/0** KOMBOUARÉ, BRAVO, PEREZ

**12** 28/09/1991 **RENNES-PSG 0/0**

**13** 05/10/1991 **PSG-TOULON 2/3** BRAVO, PEREZ

**14** 19/10/1991 **CAEN-PSG 2/0**

**15** 26/10/1991 **PSG-NÎMES 2/0** SIMBA (2)

**16** 02/11/1991 **SOCHAUX-PSG 0/2** VALDO, LE GUEN

**17** 09/11/1991 **PSG-TOULOUSE 0/0**

**18** 15/11/1991 **SAINT-ÉTIENNE-PSG 3/0**

**19** 23/11/1991 **PSG-LENS 1/0** PEREZ

**20** 30/11/1991 **AUXERRE-PSG 2/2** VALDO, GERALDO

**21** 07/12/1991 **PSG-MONTPELLIER 1/1** FOURNIER

**22** 14/12/1991 **LE HAVRE-PSG 1/1** PEREZ

**23** 17/12/1991 **PSG-MARSEILLE 0/0**

**24** 21/12/1991 **MONACO-PSG 1/0**

**25** 18/01/1992 **PSG-CANNES 3/2** PEREZ, SIMBA, KOMBOUARÉ

**26** 25/01/1992 **NANCY-PSG 0/0**

**27** 01/02/1992 **PSG-LYON 3/0** REYNAUD, SIMBA, PEREZ

**28** 08/02/1992 **LILLE-PSG 0/0**

**29** 16/02/1992 **METZ-PSG 0/0**

**30** 29/02/1992 **PSG-RENNES 1/0** GERMAIN

**31** 06/03/1992 **TOULON-PSG 2/5** GINOLA, PEREZ, SIMBA, VALDO, GERMAIN

**32** 19/03/1992 **PSG-CAEN 3/1** RICARDO (PEN.), GINOLA (2, 1 PEN.)

**33** 28/03/1992 **NÎMES-PSG 0/1** PEREZ

**34** 04/04/1992 **PSG-SOCHAUX 2/0** LE GUEN, PEREZ

**35** 10/04/1992 **TOULOUSE-PSG 3/0**

**36** 18/04/1992 **PSG-SAINT-ÉTIENNE 0/0**

**37** 25/04/1992 **LENS-PSG 1/0**

**38** 01/05/1992 **PSG-NANTES 1/1** BRAVO

**CLASSEMENT FINAL :** 3e, 47 PTS, 15 V, 17 N, 6 D, 43/27, +16

**BUTEURS :** PEREZ 12, BRAVO 6, SIMBA 6, FOURNIER 3, GINOLA 3, VALDO 3, GERMAIN 2, KOMBOUARÉ 2, LE GUEN 2, RICARDO 2, GERALDO 1, REYNAUD 1.

**COUPE DE FRANCE**

**32e FINALE** 22/02/1992 **BOULOGNE-PSG 1/4** FOURNIER, GINOLA, PEREZ, SIMBA
**16e FINALE** 14/03/1992 **NANCY-PSG 3/2** GERMAIN, RICARDO

## SAISON 1992/1993

**CHAMPIONNAT DE FRANCE**

**01** 08/08/1992 **SAINT-ÉTIENNE-PSG 1/2** GINOLA, SASSUS
**02** 15/08/1992 **PSG-SOCHAUX 2/0** ROCHE, VALDO
**03** 22/08/1992 **STRASBOURG-PSG 0/4** FOURNIER, WEAH (2), CALDERARO
**04** 29/08/1992 **PSG-CAEN 2/0** GINOLA, FOURNIER
**05** 01/09/1992 **LILLE-PSG 0/0**
**06** 12/09/1992 **PSG-VALENCIENNES 2/0** WEAH, CALDERARO
**07** 19/09/1992 **MONTPELLIER-PSG 0/0**
**08** 25/09/1992 **TOULOUSE-PSG 2/2** WEAH, RICARDO
**09** 04/10/1992 **PSG-METZ 5/1** WEAH (2), GINOLA, CALDERARO, BRAVO
**10** 07/10/1992 **LYON-PSG 1/1** VALDO
**11** 17/10/1992 **PSG-LENS 1/1** CALDERARO
**12** 24/10/1992 **TOULON-PSG 0/2** WEAH (2)
**13** 30/10/1992 **PSG-NÎMES 2/3** VALDO, GINOLA
**14** 07/11/1992 **LE HAVRE-PSG 1/1** WEAH (PEN.)
**15** 19/11/1992 **PSG-AUXERRE 2/0** WEAH, GUÉRIN
**16** 28/11/1992 **MONACO-PSG 3/1** DUMAS (C.S.C.)
**17** 04/12/1992 **PSG-BORDEAUX 5/0** LE GUEN, BRAVO, GERMAIN, ROCHE, SIMBA
**18** 12/12/1992 **NANTES-PSG 1/0**
**19** 18/12/1992 **PSG-MARSEILLE 0/1**
**20** 09/01/1993 **SOCHAUX-PSG 1/3** WEAH, FOURNIER, GINOLA
**21** 16/01/1993 **PSG-STRASBOURG 1/1** ROCHE
**22** 22/01/1993 **CAEN-PSG 0/2** WEAH, SASSUS
**23** 30/01/1993 **PSG-LILLE 3/0** WEAH, FOURNIER, SIMBA
**24** 06/02/1993 **VALENCIENNES-PSG 1/1** WEAH
**25** 10/02/1993 **PSG-MONTPELLIER 1/0** GINOLA
**26** 21/02/1993 **PSG-TOULOUSE 0/0**
**27** 26/02/1993 **METZ-PSG 2/1** RICARDO
**28** 12/03/1993 **PSG-LYON 1/1** RICARDO (PEN.)
**29** 21/03/1993 **LENS-PSG 2/1** RICARDO (PEN.)
**30** 02/04/1993 **PSG-TOULON 2/0** SIMBA (2)
**31** 10/04/1993 **NÎMES-PSG 0/1** BRAVO
**32** 14/04/1993 **PSG-LE HAVRE 1/0** RICARDO
**33** 01/05/1993 **AUXERRE-PSG 1/2** GUÉRIN, REYNAUD
**34** 08/05/1993 **PSG-MONACO 1/0** FOURNIER
**35** 14/05/1993 **BORDEAUX-PSG 1/1** ROCHE
**36** 22/05/1993 **PSG-NANTES 1/0** CALDERARO
**37** 29/05/1993 **MARSEILLE-PSG 3/1** GUÉRIN
**38** 02/06/1993 **PSG-SAINT-ÉTIENNE 3/1** FOURNIER, GUÉRIN, CALDERARO

**CLASSEMENT FINAL :** 2e, 51 PTS, 20 V, 11 N, 7 D, 61/29, +32

**BUTEURS :** WEAH 14, CALDERARO 6, FOURNIER 6, GINOLA 6, RICARDO 5, GUÉRIN 4, ROCHE 4, SIMBA 4, BRAVO 3, VALDO 3, SASSUS 2, GERMAIN 1, LE GUEN 1, REYNAUD 1, + 1 BUT CONTRE SON CAMP.

**COUPE DE FRANCE**

**32e FINALE** 07/03/1993 **STRASBOURG-PSG (A.P.) 0/1** WEAH
**16e FINALE** 30/03/1993 **ANNECY-PSG 0/1** GINOLA
**8e FINALE** 04/05/1993 **MONACO-PSG 0/1** KOMBOUARÉ
**1/4 FINALE** 18/05/1993 **PSG-BORDEAUX 2/0** FOURNIER, WEAH
**1/2 FINALE** 06/05/1993 **PSG-LAVAL 1/0** GUÉRIN
**FINALE** 12/06/1993 **PSG-NANTES 3/0** KOMBOUARÉ (PEN.), GINOLA, ROCHE

**COUPE UEFA**

**32e FINALE ALLER** 16/09/1992 **PSG-PAOK SALONIQUE 2/0** WEAH (2)
**32e FINALE RETOUR** 01/10/1992 **PAOK SALONIQUE-PSG 0/2** WEAH, SASSUS
(MATCH ARRÊTÉ APRÈS 45 MINUTES 0/3 SUR TAPIS VERT)
**16e FINALE ALLER** 21/10/1992 **NAPLES-PSG 0/2** WEAH (2)
**16e FINALE RETOUR** 04/11/1992 **PSG-NAPLES 0/0**
**8e FINALE ALLER** 24/11/1992 **PSG-ANDERLECHT 0/0**
**8e FINALE RETOUR** 08/12/1992 **ANDERLECHT-PSG 1/1** KOMBOUARÉ
**1/4 FINALE ALLER** 02/03/1993 **REAL MADRID-PSG 3/1** GINOLA
**1/4 FINALE RETOUR** 18/03/1993 **PSG-REAL MADRID 4/1** WEAH, GINOLA, VALDO, KOMBOUARÉ
**1/2 FINALE ALLER** 06/04/1993 **JUVENTUS TURIN-PSG 2/1** WEAH
**1/2 FINALE RETOUR** 22/04/1993 **PSG-JUVENTUS TURIN 0/1**

## SAISON 1993/1994

**CHAMPIONNAT DE FRANCE**

**01** 24/07/1993 **BORDEAUX-PSG 1/0**
**02** 31/07/1993 **PSG-LILLE 2/1** GINOLA (2, 2 PEN.)
**03** 07/08/1993 **STRASBOURG-PSG 2/2** WEAH, ROCHE
**04** 11/08/1993 **PSG-SOCHAUX 1/0** GINOLA
**05** 15/08/1993 **MARSEILLE-PSG 1/0**
**06** 28/08/1993 **PSG-CAEN 2/0** BRAVO, GINOLA
**07** 01/09/1993 **ANGERS-PSG 1/1** GINOLA
**08** 11/09/1993 **PSG-MONTPELLIER 1/0** RAÍ
**09** 18/09/1993 **LYON-PSG 1/3** WEAH, GINOLA, GUÉRIN
**10** 23/09/1993 **PSG-AUXERRE 4/0** WEAH (2), GINOLA, LE GUEN
**11** 02/10/1993 **MARTIGUES-PSG 1/1** RAÍ
**12** 06/10/1993 **PSG-LENS 1/0** LE GUEN
**13** 16/10/1993 **METZ-PSG 0/1** WEAH
**14** 23/10/1993 **CANNES-PSG 0/1** GUÉRIN
**15** 29/10/1993 **PSG-NANTES 1/0** WEAH
**16** 06/11/1993 **MONACO-PSG 1/1** GINOLA
**17** 10/11/1993 **PSG-LE HAVRE 0/0**
**18** 20/11/1993 **TOULOUSE-PSG 1/2** GINOLA, VALDO
**19** 27/11/1993 **PSG-SAINT-ÉTIENNE 1/0** WEAH
**20** 03/12/1993 **LILLE-PSG 0/2** RAÍ, GRAVELAINE
**21** 11/12/1993 **PSG-STRASBOURG 2/0** LE GUEN, GINOLA

22 18/12/1993 **SOCHAUX-PSG 1/2** ROCHE, GRAVELAINE
23 14/01/1994 **PSG-MARSEILLE 1/1** GUÉRIN
24 29/01/1994 **CAEN-PSG 0/2** GINOLA, LE GUEN
25 05/02/1994 **PSG-ANGERS 3/0** GUÉRIN (2), GINOLA
26 09/02/1994 **MONTPELLIER-PSG 0/0**
27 19/02/1994 **PSG-LYON 0/0**
28 24/02/1994 **AUXERRE-PSG 0/0**
29 06/03/1994 **PSG-MARTIGUES 2/2** RAÍ, GUÉRIN
30 11/03/1994 **LENS-PSG 1/2** RICARDO, LLACER
31 25/03/1994 **PSG-METZ 1/0** FOURNIER
32 02/04/1994 **PSG-CANNES 2/1** WEAH, GUÉRIN
33 05/04/1994 **NANTES-PSG 3/0**
34 17/04/1994 **PSG-MONACO 1/1** RAÍ(PEN.)
35 26/04/1994 **LE HAVRE-PSG 0/2** LE GUEN, RAÍ
36 30/04/1994 **PSG-TOULOUSE 1/0** RICARDO
37 07/05/1994 **SAINT-ÉTIENNE-PSG 1/2** WEAH (2)
38 21/05/1994 **PSG-BORDEAUX 4/1** LE GUEN (2), GINOLA, WEAH

**CLASSEMENT FINAL :** 1er, 59 PTS, 24 V, 11 N, 3 D, 54/22, +32

**BUTEURS :** GINOLA 13, WEAH 11, GUÉRIN 7, LE GUEN 7, RAÍ 6, GRAVELAINE 2, RICARDO 2, ROCHE 2, BRAVO 1, FOURNIER 1, LLACER 1, VALDO 1.

**COUPE DE FRANCE**

**32e FINALE** 22/01/1994 **CÔTE-CHAUDE-PSG 0/10** RAÍ (2), CHAHTANE (C.S.C.), GINOLA (2), GRAVELAINE (3), LE GUEN, FOURNIER
**16e FINALE** 12/02/1994 **AVION-PSG (A.P.) 1/4** BRAVO, GINOLA, WABLE (C.S.C.), CALDERARO
**8e FINALE** 18/03/1994 **GUINGAMP-PSG 0/1** WEAH
**1/4 FINALE** 23/04/1994 **PSG-LENS 1/2** GUÉRIN

**COUPE D'EUROPE DES VAINQUEURS DE COUPE**

**16e FINALE ALLER** 14/09/1993 **APOEL NICOSIE-PSG 0/1** SASSUS
**16e FINALE RETOUR** 28/09/1993 **PSG-APOEL NICOSIE 2/0** LE GUEN, GRAVELAINE
**8e FINALE ALLER** 20/10/1993 **PSG-U. CRAIOVA 4/0** GUÉRIN, GINOLA (PEN.), CALIN (C.S.C.), VALDO
**8e FINALE RETOUR** 03/11/1993 **U. CRAIOVA-PSG 0/2** GUÉRIN (2)
**1/4 FINALE ALLER** 03/03/1994 **REAL MADRID-PSG 0/1** WEAH
**1/4 FINALE RETOUR** 15/03/1994 **PSG-REAL MADRID 1/1** RICARDO
**1/2 FINALE ALLER** 29/03/1994 **PSG-ARSENAL 1/1** GINOLA
**1/2 FINALE RETOUR** 12/04/1994 **ARSENAL-PSG 1/0**

## SAISON 1994/1995

**CHAMPIONNAT DE FRANCE**

01 29/07/1994 **LE HAVRE-PSG 0/0**
02 02/08/1994 **PSG-LENS 1/0** NOUMA
03 05/08/1994 **STRASBOURG-PSG 2/0**
04 13/08/1994 **PSG-SOCHAUX 1/1** GINOLA (PEN.)
05 19/08/1994 **NANTES-PSG 1/0**
06 27/08/1994 **PSG-MONACO 1/0** WEAH
07 31/08/1994 **BASTIA-PSG 1/2** GINOLA (2, 1 PEN.)
08 10/09/1994 **PSG-METZ 3/0** COLLETER, RICARDO, RAÍ
09 18/09/1994 **LYON-PSG 2/0**
10 23/09/1994 **PSG-AUXERRE 1/1** WEAH
11 01/10/1994 **CAEN-PSG 1/2** LLACER, GERMAIN (C.S.C.)
12 11/10/1994 **PSG-LILLE 3/0** WEAH (2), RAÍ
13 14/10/1994 **CANNES-PSG 3/2** GINOLA (PEN.), VALDO
14 22/10/1994 **NICE-PSG 0/4** RAÍ (2), WEAH, NOUMA
15 28/10/1994 **PSG-MONTPELLIER 3/1** LE GUEN, RAÍ (PEN.), WEAH
16 05/11/1994 **MARTIGUES-PSG 1/1** MBOMA
17 09/11/1994 **PSG-RENNES 2/1** RAÍ (2)
18 19/11/1994 **SAINT-ÉTIENNE-PSG 1/3** LE GUEN, ROCHE, SECHET
19 26/11/1994 **PSG-BORDEAUX 0/0**
20 02/12/1994 **LENS-PSG 1/2** RAÍ, ALLOU
22 17/12/1994 **PSG-STRASBOURG 1/0** GINOLA (PEN.)
23 11/01/1995 **PSG-NANTES 0/3**
24 29/01/1995 **MONACO-PSG 2/1** GINOLA
21 01/02/1995 **SOCHAUX-PSG 1/2** GINOLA (PEN.), WEAH
25 08/02/1995 **PSG-BASTIA 3/0** GINOLA (2), RICARDO
26 11/02/1995 **METZ-PSG 2/0**
27 23/02/1995 **PSG-LYON 4/1** VALDO (2), GINOLA, RAÍ
28 05/03/1995 **AUXERRE-PSG 1/1** GUÉRIN
30 22/03/1995 **LILLE-PSG 1/0**
31 31/03/1995 **PSG-CANNES 2/1** COBOS, GINOLA
32 08/04/1995 **PSG-NICE 2/3** NOUMA, RAÍ
33 14/04/1995 **MONTPELLIER-PSG 0/3** SÉCHET, NOUMA, RAÍ
34 29/04/1995 **PSG-MARTIGUES 3/0** RAÍ, KOMBOUARÉ, ALLOU
35 06/05/1995 **RENNES-PSG 4/0**
29 17/05/1995 **PSG-CAEN 2/0** ROCHE, ALLOU
36 20/05/1995 **PSG-SAINT-ÉTIENNE 1/0** L. BLANC (C.S.C.)
37 27/05/1995 **BORDEAUX-PSG 3/0**
38 31/05/1995 **PSG-LE HAVRE 2/2** GUÉRIN, NOUMA

**CLASSEMENT FINAL :** 3e, 67 PTS, 20 V, 7 N, 11 D, 58/41, +17

**BUTEURS :** RAÍ 12, GINOLA 11, WEAH 7, NOUMA 5, ALLOU 3, VALDO 3, GUÉRIN 2, LE GUEN 2, RICARDO 2, ROCHE 2, SÉCHET 2, COBOS 1, COLLETER 1, LLACER 1, KOMBOUARÉ 1, MBOMA 1, + 2 BUTS CONTRE SON CAMP.

**COUPE DE FRANCE**

**32e FINALE** 15/01/1995 **PSG-RENNES (A.P.) 3/1** LE GUEN, DENIS (C.S.C.), WEAH
**16e FINALE** 04/02/1995 **MARTIGUES-PSG 0/1** VALDO
**8e FINALE** 08/03/1995 **LE HAVRE-PSG 0/0** (3/4 T.A.B.)
**1/4 FINALE** 18/03/1995 **NANCY-PSG 0/2** RICARDO (2)
**1/2 FINALE** 11/04/1995 **PSG-MARSEILLE 2/0** RICARDO, WEAH
**FINALE** 13/05/1995 **PSG-STRASBOURG 1/0** LE GUEN

**COUPE DE LA LIGUE**

**16e FINALE** 04/01/1995 **PSG-AUXERRE 1/0** GUÉRIN
**8e FINALE** 24/01/1995 **PSG-LYON 2/1** VALDO (2)
**1/4 FINALE** 14/02/1995 **PSG-TOULOUSE 3/0** WEAH, KOMBOUARÉ, MBOMA
**1/2 FINALE** 25/03/1995 **LE HAVRE-PSG 0/1** RAÍ (PEN.)

**FINALE** 03/05/1995 **PSG-BASTIA 2/0** ROCHE, RAÍ

**LIGUE DES CHAMPIONS**

**TOUR PRÉLIMINAIRE ALLER** 10/08/1994 **PSG-VAC SAMSUNG 3/0** RICARDO, WEAH, ROCHE

**TOUR PRÉLIMINAIRE RETOUR** 24/08/1994 **VAC SAMSUNG-PSG 1/2** MBOMA (2)

**1re JOURNÉE** 14/09/1994 **PSG-BAYERN MUNICH 2/0** WEAH, BRAVO

**2e JOURNÉE** 28/09/1994 **SPARTAK MOSCOU-PSG 1/2** LE GUEN, VALDO

**3e JOURNÉE** 19/10/1994 **DYNAMO KIEV-PSG 1/2** GUÉRIN, WEAH

**4e JOURNÉE** 02/11/1994 **PSG-DYNAMO KIEV 1/0** WEAH

**5e JOURNÉE** 23/11/1994 **BAYERN MUNICH-PSG 0/1** WEAH

**6e JOURNÉE** 07/12/1994 **PSG-SPARTAK MOSCOU 4/1** WEAH (2), GINOLA, RAÍ

**1/4 FINALE ALLER** 01/03/1995 **BARCELONE-PSG 1/1** WEAH

**1/4 FINALE RETOUR** 15/03/1995 **PSG-BARCELONE 2/1** RAÍ, GUÉRIN

**1/2 FINALE ALLER** 05/04/1995 **PSG-MILAN AC 0/1**

**1/2 FINALE RETOUR** 19/04/1995 **MILAN AC-PSG 2/0**

## SAISON 1995/1996

**CHAMPIONNAT DE FRANCE**

**01** 18/07/1995 **BASTIA-PSG 2/2** RAÍ (2)

**02** 26/07/1995 **PSG-GUINGAMP 1/1** DELY VALDES

**03** 04/08/1995 **NANTES-PSG 1/2** RAÍ, NOUMA

**04** 09/08/1995 **PSG-SAINT-ÉTIENNE 4/0** DELY VALDES, DJORKAEFF (2), RAÍ

**05** 19/08/1995 **GUEUGNON-PSG 1/3** DELY VALDES, RAÍ, GRAVELAINE

**06** 26/08/1995 **PSG-LE HAVRE 2/0** DELY VALDES, DJORKAEFF

**07** 29/08/1995 **CANNES-PSG 0/2** DELY VALDES, RAÍ

**08** 09/09/1995 **PSG-MONACO 2/1** DELY VALDES, FOURNIER

**09** 17/09/1995 **MONTPELLIER-PSG 1/0**

**10** 22/09/1995 **PSG-STRASBOURG 2/0** DELY VALDES (2)

**11** 01/10/1995 **LENS-PSG 3/1** NOUMA

**12** 04/10/1995 **PSG-RENNES 1/1** LOKO

**13** 14/10/1995 **LYON-PSG 0/0**

**14** 22/10/1995 **PSG-AUXERRE 3/1** DJORKAEFF, RAÍ, NOUMA

**15** 26/10/1995 **METZ-PSG 0/3** GUÉRIN, RAÍ (2)

**16** 05/11/1995 **PSG-NICE 3/2** DELY VALDES (2), RAÍ

**17** 08/11/1995 **MARTIGUES-PSG 2/4** DJORKAEFF (2), DELY VALDES, NOUMA

**18** 18/11/1995 **LILLE-PSG 0/0**

**19** 25/11/1995 **PSG-BORDEAUX 3/0** LOKO (2), RAÍ

**20** 01/12/1995 **GUINGAMP-PSG 0/0**

**21** 09/12/1995 **PSG-NANTES 5/0** DELY VALDES, DJORKAEFF, LOKO, RAÍ, NOUMA

**22** 16/12/1995 **SAINT-ÉTIENNE-PSG 1/1** DELY VALDES

**23** 10/01/1996 **PSG-GUEUGNON 1/1** DJORKAEFF

**24** 19/01/1996 **LE HAVRE-PSG 1/1** RAÍ

**25** 27/01/1996 **PSG-CANNES 2/1** LOKO (2)

**26** 07/02/1996 **MONACO-PSG 1/0**

**27** 11/02/1996 **PSG-MONTPELLIER 2/3** DELY VALDES, LLACER

**28** 17/02/1996 **STRASBOURG-PSG 1/0**

**29** 27/02/1996 **PSG-LENS 1/0** LOKO

**30** 02/03/1996 **RENNES-PSG 0/1** RAÍ

**31** 10/03/1996 **PSG-LYON 2/0** LOKO, N'GOTTY

**32** 24/03/1996 **AUXERRE-PSG 3/0**

**33** 30/03/1996 **PSG-METZ 2/3** FOURNIER, LE GUEN

**34** 09/04/1996 **NICE-PSG 1/2** DJORKAEFF, LE GUEN

**35** 23/04/1996 **PSG-MARTIGUES 0/0**

**36** 27/04/1996 **PSG-LILLE 0/1**

**37** 11/05/1996 **BORDEAUX-PSG 2/2** DJORKAEFF, DIENG

**38** 18/05/1996 **PSG-BASTIA 5/1** DELY VALDES, DJORKAEFF (3, 1 PEN.), SOUMAH (C.S.C.)

**CLASSEMENT FINAL :** 2e, 68 PTS, 19 V, 11 N, 8 D, 65/36, +29

**BUTEURS :** DELY VALDES 15, RAÍ 14, DJORKAEFF 13, LOKO 8, NOUMA 5, FOURNIER 2, LE GUEN 2, GRAVELAINE 1, GUÉRIN 1, DIENG 1, NGOTTY 1, LLACER 1, + 1 BUT CONTRE SON CAMP.

**COUPE DE FRANCE**

**32e FINALE** 13/01/1996 **PSG-CHÂTEAUROUX 3/1** LOKO (2), DJORKAEFF

**16e FINALE** 03/02/1996 **PSG-ANGERS 2/0** N'GOTTY, RAÍ (PEN.)

**8e FINALE** 24/02/1996 **AUXERRE-PSG 3/1** DJORKAEFF

**COUPE DE LA LIGUE**

**16e FINALE** 12/12/1995 **GUINGAMP-PSG (A.P.) 2/1** LOKO

**TROPHÉE DES CHAMPIONS**

03/01/1996 **PSG-NANTES 2/2 (6/5 T.A.B.)** NOUMA, DJORKAEFF (À BREST)

**COUPE D'EUROPE DES VAINQUEURS DE COUPE**

**16e FINALE ALLER** 14/09/1995 **MOLDE-PSG 2/3** LE GUEN, DJORKAEFF (PEN.), DELY VALDES

**16e FINALE RETOUR** 28/09/1995 **PSG-MOLDE 3/0** NOUMA (2), DJORKAEFF

**8e FINALE ALLER** 19/10/1995 **PSG-CELTIC GLASGOW 1/0** DJORKAEFF

**8e FINALE RETOUR** 02/11/1995 **CELTIC GLASGOW-PSG 0/3** LOKO (2), NOUMA

**1/4 FINALE ALLER** 07/03/1996 **PARME-PSG 1/0**

**1/4 FINALE RETOUR** 21/03/1996 **PSG-PARME 3/1** RAÍ (2, 2 PEN.), LOKO

**1/2 FINALE ALLER** 04/04/1996 **LA COROGNE-PSG 0/1** DJORKAEFF

**1/2 FINALE RETOUR** 18/04/1996 **PSG-LA COROGNE 1/0** LOKO

**FINALE** 08/05/1996 **PSG-RAPID VIENNE 1/0** N'GOTTY (À BRUXELLES)

## SAISON 1996/1997

**CHAMPIONNAT DE FRANCE**

**01** 10/08/1996 **STRASBOURG-PSG 0/1** LEONARDO

**02** 16/08/1996 **PSG-CAEN 2/0** MBOMA, LOKO

**03** 23/08/1996 **NANCY-PSG 0/0**

**04** 28/08/1996 **PSG-NANTES 1/0** LOKO

**05** 03/09/1996 **MONTPELLIER-PSG 0/3** DELY VALDES, LEONARDO, FOURNIER

**06** 06/09/1996 **PSG-MONACO 0/0**

**07** 15/09/1996 **CANNES-PSG 0/1** RAÍ

**08** 20/09/1996 **PSG-LENS 4/0** LEONARDO (2), RAÍ, ANELKA

**09** 29/09/1996 **GUINGAMP-PSG 2/2** RAÍ (PEN.), LEONARDO

**10** 02/10/1996 **LYON-PSG 1/1** DELY VALDES

**11** 05/10/1996 **PSG-LE HAVRE 2/0** LEONARDO, CAUET

**12** 12/10/1996 **METZ-PSG 0/1** LEONARDO

**13** 20/10/1996 **PSG-AUXERRE 1/1** CAUET
**14** 25/10/1996 **RENNES-PSG 2/1** LOKO
**15** 03/11/1996 **PSG-BASTIA 3/0** LOKO, DELY VALDES (2)
**16** 06/11/1996 **NICE-PSG 0/1** LOKO
**17** 13/11/1996 **PSG-LILLE 3/1** DELY VALDES (2), N'GOTTY
**18** 16/11/1996 **BORDEAUX-PSG 5/3** LOKO, RAÍ, DELY VALDES
**19** 22/11/1996 **PSG-MARSEILLE 0/0**
**20** 29/11/1996 **CAEN-PSG 1/3** DELY VALDES, GUÉRIN, N'GOTTY
**21** 06/12/1996 **PSG-NANCY 1/2** N'GOTTY
**22** 14/12/1996 **NANTES-PSG 0/0**
**23** 20/12/1996 **PSG-MONTPELLIER 1/1** LOKO
**24** 26/01/1997 **MONACO-PSG 2/0**
**25** 01/02/1997 **PSG-CANNES 1/1** POUGET
**26** 13/02/1997 **LENS-PSG 1/2** LOKO, RAÍ
**27** 22/02/1997 **PSG-GUINGAMP 1/1** RAÍ (PEN.)
**28** 09/03/1997 **PSG-LYON 3/1** RAÍ (2), LOKO
**29** 14/03/1997 **LE HAVRE-PSG 1/0**
**30** 23/03/1997 **PSG-METZ 2/0** LOKO (2)
**31** 26/03/1997 **AUXERRE-PSG 2/1** CAUET
**32** 05/04/1997 **PSG-RENNES 1/1** POUGET
**33** 15/04/1997 **BASTIA-PSG 1/1** LOKO
**34** 27/04/1997 **PSG-NICE 5/0** LOKO (4), CAUET
**35** 30/04/1997 **LILLE-PSG 0/1** ALGERINO
**36** 03/05/1997 **PSG-BORDEAUX 2/2** N'GOTTY, RAÍ
**37** 17/05/1997 **MARSEILLE-PSG 1/0**
**38** 24/05/1997 **PSG-STRASBOURG 2/1** LE GUEN, GUÉRIN
**CLASSEMENT FINAL :** 2e, 67 PTS, 18 V, 13 N, 7 D, 57/31, +16
**BUTEURS :** LOKO 16, RAÍ 9, DELY VALDES 8, LEONARDO 7, CAUET 4, N'GOTTY 4, GUÉRIN 2, POUGET 2, ALGERINO 1, ANELKA 1, FOURNIER 1, LE GUEN 1, MBOMA 1.

**COUPE DE FRANCE**

**32e FINALE** 19/01/1997 **BESANÇON-PSG 0/3** CONTAT (C.S.C.), POUGET, MAITRE (C.S.C.)
**16e FINALE** 08/02/1997 **FÉCAMP-PSG 0/2** POUGET, DELY VALDES
**8e FINALE** 01/03/1997 **CLERMONT-PSG 4/4 (4/3 T.A.B.)** CAUET, DELY VALDES, RAÍ, LOKO

**COUPE DE LA LIGUE**

**16e FINALE** 10/12/1996 **LYON-PSG 2/1** FOURNIER

**SUPER COUPE D'EUROPE**

**ALLER** 15/01/1997 **PSG-JUVENTUS TURIN 1/6** RAÍ (PEN.)
**RETOUR** 05/02/1997 **JUVENTUS TURIN-PSG 3/1** RAÍ (PEN.)

**COUPE D'EUROPE DES VAINQUEURS DE COUPE**

**16e FINALE ALLER** 12/09/1996 **VADUZ-PSG 0/4** LE GUEN, DELY VALDES, LEONARDO, ALLOU
**16e FINALE RETOUR** 26/09/1996 **PSG-VADUZ 3/0** ALLOU, ROCHE, MBOMA
**8e FINALE ALLER** 17/10/1996 **GALATASARAY-PSG 4/2** LE GUEN, DELY VALDES
**8e FINALE RETOUR** 31/10/1996 **PSG-GALATASARAY 4/0** LEONARDO, DELY VALDES, LOKO, RAÍ
**1/4 FINALE ALLER** 06/03/1997 **PSG-AEK ATHÈNES 0/0**
**1/4 FINALE RETOUR** 20/03/1997 **AEK ATHÈNES-PSG 0/3** LOKO (3)
**1/2 FINALE ALLER** 10/04/1997 **PSG-LIVERPOOL 3/0** LEONARDO, CAUET, LEROY
**1/2 FINALE RETOUR** 24/04/1997 **LIVERPOOL-PSG 2/0**
**FINALE** 14/05/1997 **BARCELONE-PSG 1/0** (À ROTTERDAM)

## SAISON 1997/1998

**CHAMPIONNAT DE FRANCE**

**01** 02/08/1997 **PSG-CHÂTEAUROUX 2/0** MAURICE, MOULIN (C.S.C.)
**02** 07/08/1997 **AUXERRE-PSG 2/3** SIMONE, MAURICE, RAÍ
**03** 16/08/1997 **PSG-CANNES 3/1** SIMONE, GAVA, RAÍ (PEN.)
**04** 22/08/1997 **METZ-PSG 2/1** SIMONE
**05** 30/08/1997 **PSG-RENNES 4/1** N'GOTTY, SIMONE (2), LE GUEN
**06** 05/09/1997 **STRASBOURG-PSG 0/3** RAÍ (PEN.), SIMONE, MAURICE
**07** 12/09/1997 **PSG-BASTIA 2/0** SIMONE, MAURICE
**08** 20/09/1997 **LE HAVRE-PSG 1/1** MAURICE
**09** 26/09/1997 **PSG-MONTPELLIER 1/1** RAÍ (PEN.)
**10** 05/10/1997 **NANTES-PSG 0/0**
**11** 08/10/1997 **PSG-GUINGAMP 4/2** GAVA, RAÍ (2, 1 PEN.), MAURICE
**12** 17/10/1997 **TOULOUSE-PSG 0/2** ARRIBAGÉ (C.S.C.), MAURICE
**13** 25/10/1997 **PSG-LENS 2/0** N'GOTTY, RAÍ
**14** 31/10/1997 **LYON-PSG 1/0**
**15** 09/11/1997 **PSG-MARSEILLE 1/2** LEROY
**16** 15/11/1997 **BORDEAUX-PSG 0/0**
**17** 20/11/1997 **MONACO-PSG 3/0**
**18** 30/11/1997 **PSG-AUXERRE 1/0** DANJOU (C.S.C.)
**19** 05/12/1997 **CANNES-PSG 0/1** RAÍ
**20** 14/12/1997 **PSG-METZ 1/1** RAÍ (PEN.)
**21** 19/12/1997 **RENNES-PSG 1/2** RABESANDRATANA, ALGERINO
**22** 11/01/1998 **PSG-STRASBOURG 2/1** RABESANDRATANA, SIMONE
**23** 21/01/1998 **BASTIA-PSG 2/0**
**24** 24/01/1998 **PSG-LE HAVRE 0/2**
**25** 04/02/1998 **MONTPELLIER-PSG 2/1** SIMONE
**26** 13/02/1998 **PSG-NANTES 0/1**
**27** 21/02/1998 **GUINGAMP-PSG 0/0**
**28** 07/03/1998 **PSG-TOULOUSE 1/1** SIMONE
**29** 15/03/1998 **LENS-PSG 3/0**
**30** 28/03/1998 **PSG-LYON 3/0** SIMONE (2), RAÍ
**31** 08/04/1998 **MARSEILLE-PSG 0/0**
**32** 18/04/1998 **PSG-BORDEAUX 0/1**
**33** 25/04/1998 **PSG-MONACO 1/2** DUCROCQ
**34** 09/05/1998 **CHÂTEAUROUX-PSG 2/1** SIMONE
**CLASSEMENT FINAL :** 8e, 50 PTS, 14 V, 8 N, 12 D, 43/35, +8
**BUTEURS :** SIMONE 13, RAÍ 10, MAURICE 7, NGOTTY 2, RABESANDRATANA 2, GAVA 2, ALGERINO 1, DUCROCQ 1, LE GUEN 1, LEROY 1, + 3 BUTS CONTRE SON CAMP.

**COUPE DE FRANCE**

**32e FINALE** 17/01/1998 **THOUARS-PSG 1/3** RAÍ, FOURNIER, MAURICE
**16e FINALE** 07/02/1998 **LORIENT-PSG 0/1** SIMONE
**8e FINALE** 27/02/1998 **PAU-PSG (A.P.) 0/1** RAÍ

**1/4 FINALE** 21/03/1998 **PSG-MONACO 1/0** DUMAS (C.S.C.)
**1/2 FINALE** 12/04/1998 **PSG-GUINGAMP 1/0** MAURICE
**FINALE** 02/05/1998 **PSG-LENS 2/1** RAÍ, SIMONE
**COUPE DE LA LIGUE**
**16e FINALE** 06/01/1998 **PSG-LYON 1/0** MAURICE
**8e FINALE** 01/02/1998 **PSG-MONTPELLIER 2/0** DEBBAH, MAURICE
**1/4 FINALE** 16/02/1998 **PSG-METZ 1/0** MAURICE
**1/2 FINALE** 12/03/1998 **PSG-LENS 2/1** SIMONE (2)
**FINALE** 04/04/1998 **PSG-BORDEAUX 2/2 (4/2 T.A.B.)** SIMONE, RAÍ (A.P.)
**LIGUE DES CHAMPIONS**
**TOUR PRÉLIMINAIRE ALLER** 13/08/1997 **STEAUA BUCAREST-PSG 3/2** GUÉRIN, MAURICE
**(PERDU 3/0 SUR TAPIS VERT SUITE À LA SUSPENSION DE FOURNIER.)**
**TOUR PRÉLIMINAIRE RETOUR** 27/08/1997 **PSG-STEAUA BUCAREST 5/0** RAÍ (3, DONT 1 PEN.), SIMONE, MAURICE
**LC1** 17/09/1997 **PSG-GÖTEBORG 3/0** N'GOTTY, LUCIC (C.S.C.), RAÍ (PEN.)
**LC2** 01/10/1997 **BESIKTAS-PSG 3/1** SIMONE
**LC3** 22/10/1997 **BAYERN MUNICH-PSG 5/1** SIMONE
**LC4** 05/11/1997 **PSG-BAYERN MUNICH 3/1** GAVA, MAURICE, LEROY
**LC5** 26/11/1997 **GÖTEBORG-PSG 0/1** RABESANDRATANA
**LC6** 10/12/1997 **PSG-BESIKTAS** 2/1 GAVA, SIMONE

## SAISON 1998/1999

**CHAMPIONNAT DE FRANCE**
**01** 08/08/1998 **BORDEAUX-PSG 3/1** OKOCHA
**02** 15/08/1998 **PSG-BASTIA 2/0** WÖRNS, SIMONE
**03** 22/08/1998 **STRASBOURG-PSG 0/1** SIMONE
**04** 29/08/1998 **PSG-LORIENT 1/2** SIMONE (PEN.)
**05** 11/09/1998 **NANCY-PSG 0/0**
**06** 20/09/1998 **PSG-MONACO 1/0** LACHUER
**07** 25/09/1998 **SOCHAUX-PSG 1/0**
**08** 03/10/1998 **PSG-LENS 0/1**
**09** 16/10/1998 **LYON-PSG 1/1** SIMONE
**10** 24/10/1998 **NANTES-PSG 0/0**
**11** 30/10/1998 **PSG-AUXERRE 2/0** OKOCHA (2)
**12** 07/11/1998 **MONTPELLIER-PSG 2/1** OKOCHA
**13** 11/11/1998 **PSG-METZ 2/2** KASTENDEUCH (C.S.C.), SIMONE (PEN.)
**14** 15/11/1998 **LE HAVRE-PSG 0/4** ALGERINO, SIMONE (2), PAISLEY
**15** 20/11/1998 **PSG-RENNES 2/1** RABESANDRATANA, J. LEROY
**16** 29/11/1998 **MARSEILLE-PSG 0/0**
**17** 04/12/1998 **PSG-TOULOUSE 0/0**
**18** 12/12/1998 **BASTIA-PSG 2/0**
**19** 16/12/1998 **PSG-STRASBOURG 0/0**
**20** 19/12/1998 **LORIENT-PSG 2/0**
**21** 17/01/1999 **PSG-NANCY 1/2** FISCHER (C.S.C.)
**22** 29/01/1999 **MONACO-PSG 2/1** RODRIGUEZ
**23** 06/02/1999 **PSG-SOCHAUX 2/1** MADAR, RODRIGUEZ
**24** 13/02/1999 **LENS-PSG 2/1** SIMONE
**25** 25/02/1999 **PSG-LYON 0/1**
**26** 10/03/1999 **PSG-NANTES 0/0**
**27** 20/03/1999 **AUXERRE-PSG 0/1** RODRIGUEZ
**28** 03/04/1999 **PSG-MONTPELLIER 0/1**
**29** 14/04/1999 **METZ-PSG 1/1** ALGERINO
**30** 25/04/1999 **PSG-LE HAVRE 3/0** MADAR (2), WÖRNS
**31** 01/05/1999 **RENNES-PSG 2/1** ADAILTON
**32** 04/05/1999 **PSG-MARSEILLE 2/1** SIMONE, RODRIGUEZ
**33** 22/05/1999 **TOULOUSE-PSG 2/1** ALGERINO
**34** 29/05/1999 **PSG-BORDEAUX 2/3** RODRIGUEZ, ADAILTON
**CLASSEMENT FINAL :** 9e, 39 PTS, 10 V, 9 N, 15 D, 34/35, -1
**BUTEURS :** SIMONE 9, RODRIGUEZ 5, OKOCHA 4, ALGÉRINO 3, MADAR 3, ADAILTON 2, WÖRNS 2, LACHUER 1, J.LEROY 1, PAISLEY 1, RABESANDRATANA 1, + 2 BUTS CONTRE SON CAMP.
**COUPE DE FRANCE**
**32e FINALE** 09/02/1999 **THOUARS-PSG (A.P.) 1/2** ADAILTON (2)
**16e FINALE** 20/02/1999 **PSG-NANTES 1/1 (4/5 T.A.B.)** DUCROCQ
**COUPE DE LA LIGUE**
**16e FINALE** 09/01/1999 **PSG-SAINT-ÉTIENNE 1/0** MADAR
**8e FINALE** 01/02/1999 **MONACO-PSG 0/0 (2/3 T.A.B.)**
**1/4 FINALE** 06/03/1999 **PSG-MONTPELLIER 0/2**
**TROPHÉE DES CHAMPIONS**
30/07/1998 **PSG-LENS 1/0** LACHUER (À TOURS)
**COUPE D'EUROPE DES VAINQUEURS DE COUPE**
**16e FINALE ALLER** 17/09/1998 **PSG-MACCABI HAÏFA 1/1** SIMONE (PEN.)
**16e FINALE RETOUR** 01/10/1998 **MACCABI HAÏFA-PSG 3/2** OUÉDEC, OKOCHA

## SAISON 1999/2000

**CHAMPIONNAT DE FRANCE**
**01** 31/07/1999 **PSG-TROYES 1/0** ZAVAGNO (C.S.C.)
**02** 07/08/1999 **RENNES-PSG 1/3** ROBERT (2), MADAR (PEN.)
**03** 14/08/1999 **PSG-METZ 2/1** ALGERINO, OKOCHA
**04** 20/08/1999 **PSG-AUXERRE 1/1** RODRIGUEZ
**05** 29/08/1999 **LYON-PSG 1/0**
**06** 12/09/1999 **PSG-BORDEAUX 2/1** MADAR, OKOCHA
**07** 19/09/1999 **STRASBOURG-PSG 1/1** MADAR (PEN.)
**08** 25/09/1999 **PSG-MONACO 0/3**
**09** 03/10/1999 **NANTES-PSG 0/4** ALGERINO, MADAR, L. LEROY (2)
**10** 12/10/1999 **PSG-MARSEILLE 0/2**
**11** 16/10/1999 **NANCY-PSG 1/1** MADAR
**12** 24/10/1999 **PSG-SEDAN 3/2** MADAR, CHRISTIAN, ROBERT
**13** 30/10/1999 **LE HAVRE-PSG 3/1** CHRISTIAN
**14** 06/11/1999 **PSG-SAINT-ÉTIENNE 2/0** MADAR, L. LEROY
**15** 10/11/1999 **LENS-PSG 3/2** MADAR, CHRISTIAN (PEN.)
**16** 19/11/1999 **PSG-BASTIA 2/0** CESAR, L. LEROY
**17** 27/11/1999 **MONTPELLIER-PSG 0/1** CHRISTIAN
**18** 05/12/1999 **PSG-RENNES 1/0** A. CISSÉ

**19** 12/12/1999 **METZ-PSG 1/3** CHRISTIAN (3)
**20** 17/12/1999 **AUXERRE-PSG 1/0**
**21** 11/01/2000 **PSG-LYON 2/2** CHRISTIAN, ROBERT (PEN.)
**22** 16/01/2000 **BORDEAUX-PSG 1/1** CHRISTIAN
**23** 26/01/2000 **PSG-STRASBOURG 4/2** CHRISTIAN (4)
**24** 01/02/2000 **MONACO-PSG 1/0**
**25** 05/02/2000 **PSG-NANTES 0/0**
**26** 15/02/2000 **MARSEILLE-PSG 4/1** CHRISTIAN
**27** 26/02/2000 **PSG-NANCY 1/1** RABESANDRATANA
**28** 11/03/2000 **SEDAN-PSG 1/1** CHRISTIAN
**29** 25/03/2000 **PSG-LE HAVRE 2/1** YANOVSKI, L. LEROY
**30** 08/04/2000 **SAINT-ÉTIENNE-PSG 1/1** ROBERT
**31** 14/04/2000 **PSG-LENS 4/1** L. LEROY (3), ROBERT
**32** 30/04/2000 **BASTIA-PSG 1/2** ROBERT, YANOVSKI
**33** 04/05/2000 **PSG-MONTPELLIER 3/0** ROBERT, RODRIGUEZ (C.S.C.), DUCROCQ
**34** 13/05/2000 **TROYES-PSG 2/2** ROBERT, CHRISTIAN
**CLASSEMENT FINAL :** 2e, 58 PTS, 16 V, 10 N, 8 D, 54/40, +14
**BUTEURS :** CHRISTIAN 16, ROBERT 9, MADAR 8, L. LEROY 8, ALGERINO 2, OKOCHA 2, YANOVSKI 2, CESAR 1, A. CISSÉ 1, DUCROCQ 1, RABESANDRATANA 1, RODRIGUEZ 1, + 2 BUTS CONTRE SON CAMP.

**COUPE DE FRANCE**
**32e FINALE** 22/01/2000 **LIMOGES-PSG 3/4** DIAWARA, CHRISTIAN (2), L. LEROY
**16e FINALE** 12/02/2000 **BAUME-PSG 0/2** ALGERINO, RABESANDRATANA (À SOCHAUX)
**8e FINALE** 05/03/2000 **STRASBOURG-PSG 1/0**

**COUPE DE LA LIGUE**
**16e FINALE** 08/01/2000 **PSG-CRÉTEIL 4/3** ROBERT (2, 1 PEN.), RABESANDRATANA, A. CISSÉ
**8e FINALE** 29/01/2000 **CHÂTEAUROUX-PSG 0/1** DIAWARA
**1/4 FINALE** 20/02/2000 **PSG-NANCY 3/0** MADAR, MURATI, ROBERT
**1/2 FINALE** 01/04/2000 **PSG-BASTIA 4/2** RABESANDRATANA, L. LEROY, CHRISTIAN, MADAR
**FINALE** 22/04/2000 GUEUGNON-PSG 2/0

## SAISON 2000/2001

**CHAMPIONNAT DE FRANCE**
**01** 28/07/2000 **PSG-STRASBOURG 3/1** CHRISTIAN, FISCHER (C.S.C.), ROBERT
**02** 05/08/2000 **RENNES-PSG 1/1** DALMAT
**03** 13/08/2000 **PSG-SEDAN 2/1** ROBERT, CHRISTIAN
**04** 19/08/2000 **METZ-PSG 1/0**
**05** 27/08/2000 **PSG-BASTIA 3/1** ROBERT, ANELKA (2)
**06** 06/09/2000 **TROYES-PSG 5/3** ROBERT (2), ANELKA
**07** 09/09/2000 **PSG-SAINT-ÉTIENNE 5/1** ANELKA (2), OKOCHA (PEN.), ROBERT, CHRISTIAN
**08** 16/09/2000 **LENS-PSG 1/1** L. LEROY
**09** 23/09/2000 **PSG-NANTES 2/1** ANELKA, ROBERT
**10** 30/09/2000 **GUINGAMP-PSG 1/1** LUCCIN
**11** 13/10/2000 **PSG-MARSEILLE 2/0** ROBERT, CHRISTIAN
**12** 21/10/2000 **TOULOUSE-PSG 2/3** ROBERT (2, 1 PEN.), RABESANDRATANA
**13** 29/10/2000 **PSG-BORDEAUX 1/2** RAMÉ (C.S.C.)
**14** 04/11/2000 **AUXERRE-PSG 1/0**
**15** 11/11/2000 **PSG-LYON 1/1** ROBERT (PEN.)
**16** 18/11/2000 **MONACO-PSG 2/0**
**18** 28/11/2000 **PSG-RENNES 0/1**
**19** 02/12/2000 **SEDAN-PSG 5/1** ROBERT
**20** 09/12/2000 **PSG-METZ 1/0** ANELKA
**17** 13/12/2000 **LILLE-PSG 2/0**
**21** 17/12/2000 **BASTIA-PSG 1/1** F. MENDY (C.S.C.)
**22** 21/12/2000 **PSG-TROYES 0/0**
**23** 13/01/2001 **SAINT-ÉTIENNE-PSG 1/0**
**24** 27/01/2001 **PSG-LENS 1/0** E. CISSÉ
**25** 03/02/2001 **NANTES-PSG 1/0**
**26** 07/02/2001 **PSG-GUINGAMP 1/3** POCHETTINO
**27** 17/02/2001 **MARSEILLE-PSG 1/0**
**28** 03/03/2001 **PSG-TOULOUSE 3/0** OKOCHA, L. LEROY, ANELKA
**29** 18/03/2001 **BORDEAUX-PSG 2/0**
**30** 07/04/2001 **PSG-AUXERRE 3/0** L. LEROY, VAMPETA, E. CISSÉ
**31** 15/04/2001 **LYON-PSG 2/0**
**32** 28/04/2001 **PSG-MONACO 1/1** ROBERT
**33** 12/05/2001 **PSG-LILLE 2/2** ARTETA, MADAR
**34** 19/05/2001 **STRASBOURG-PSG 1/2** ROBERT (2)
**CLASSEMENT FINAL :** 9e, 44 PTS, 12 V, 8 N, 14 D, 44/45, -1
**BUTEURS :** ROBERT 15, ANELKA 8, CHRISTIAN 4, L. LEROY 3, E. CISSÉ 2, OKOCHA 2, ARTETA 1, DALMAT 1, LUCCIN 1, MADAR 1, POCHETTINO 1, RABESANDRATANA 1, VAMPETA 1, + 3 BUTS CONTRE SON CAMP.

**COUPE DE FRANCE**
**32e FINALE** 20/01/2001 **THOUARS-PSG (A.P.) 0/2 (À POITIERS)** MADAR (2)
**16e FINALE** 10/02/2001 **PSG-AUXERRE 0/4**

**COUPE DE LA LIGUE**
**16e FINALE** 07/01/2001 **NANCY-PSG 3/1** BENARBIA

**LIGUE DES CHAMPIONS**
**1re PHASE**
**1re JOURNÉE** 13/09/2000 **ROSENBORG-PSG 3/1** CHRISTIAN
**2e JOURNÉE** 19/09/2000 **PSG-HELSINBORG 4/1** ANELKA, ROBERT, CHRISTIAN, EL KARKOURI
**3e JOURNÉE** 26/09/2000 **PSG-BAYERN MUNICH 1/0** L. LEROY
**4e JOURNÉE** 18/10/2000 **BAYERN MUNICH-PSG 2/0**
**5e JOURNÉE** 24/10/2000 **PSG-ROSENBORG 7/2** BERG (C.S.C.), CHRISTIAN, ANELKA (2), LUCCIN, L. LEROY, ROBERT (PEN.)
**6e JOURNÉE** 08/11/2000 HELSINBORG-PSG 1/1 ANELKA
**2e PHASE**
**1re JOURNÉE** 21/11/2000 **PSG-LA COROGNE 1/3** ALGERINO
**2e JOURNÉE** 06/12/2000 **GALATASARAY-PSG 1/0**
**3e JOURNÉE** 14/02/2001 **MILAN AC-PSG 1/1** ANELKA
**4e JOURNÉE** 20/02/2001 **PSG-MILAN AC 1/1** ROBERT

**5e JOURNÉE** 07/03/2001 **LA COROGNE-PSG 4/3** OKOCHA, L. LEROY (2)

**6e JOURNÉE** 13/03/2001 **PSG-GALATASARAY 2/0** CHRISTIAN (2)

## SAISON 2001/2002

### CHAMPIONNAT DE FRANCE

**01** 28/07/2001 **PSG-LILLE 0/0**

**02** 04/08/2001 **AUXERRE-PSG 1/1** POCHETTINO

**03** 11/08/2001 **PSG-SOCHAUX 1/0** ALOISIO

**04** 18/08/2001 **MONACO-PSG 2/2** DÉHU, ALOISIO

**05** 25/08/2001 **PSG-RENNES 3/0** OKOCHA, MENDY, ALOISIO

**06** 08/09/2001 **PSG-LENS 2/2** ANELKA, ALEX

**07** 15/09/2001 **LORIENT-PSG 1/1** ANELKA

**08** 21/09/2001 **PSG-MONTPELLIER 0/0**

**09** 30/09/2001 **BORDEAUX-PSG 1/0**

**10** 14/10/2001 **PSG-LYON 2/2** OKOCHA, RONALDINHO (PEN.)

**11** 21/10/2001 **SEDAN-PSG 1/2** ALOISIO, DÉHU

**12** 27/10/2001 **PSG-BASTIA 1/0** ALOISIO

**13** 04/11/2001 **TROYES-PSG 1/0**

**14** 17/11/2001 **PSG-GUINGAMP 1/1** HUGO LEAL

**15** 25/11/2001 **NANTES-PSG 1/2** OGBECHE, RONALDINHO

**16** 29/11/2001 **PSG-MARSEILLE 0/0**

**17** 09/12/2001 **METZ-PSG 0/2** OGBECHE, OKOCHA

**18** 19/12/2001 **PSG-AUXERRE 0/0**

**19** 22/12/2001 **SOCHAUX-PSG 0/2** L. LEROY, OGBECHE

**20** 05/01/2002 **PSG-MONACO 1/2** RONALDINHO (PEN.)

**21** 12/01/2002 **RENNES-PSG 1/2** RONALDINHO, ALEX

**22** 24/01/2002 **LENS-PSG 1/1** RONALDHINO (PEN.)

**23** 30/01/2002 **PSG-LORIENT 5/0** DÉHU, FIORÈSE, RONALDINHO, J. LEROY (2)

**24** 02/02/2002 **MONTPELLIER-PSG 0/0**

**25** 07/02/2002 **PSG-BORDEAUX 1/0** DÉHU

**26** 17/02/2002 **LYON-PSG 3/0**

**27** 23/02/2002 **PSG-SEDAN 3/0** ARTETA (PEN.), ALEX, E. CISSÉ

**28** 06/03/2002 **BASTIA-PSG 0/1** OGBECHE

**29** 16/03/2002 **PSG-TROYES 3/1** ALOISIO, RONALDINHO (2)

**30** 23/03/2002 **GUINGAMP-PSG 0/1** FIORÈSE

**31** 06/04/2002 **PSG-NANTES 1/1** OKOCHA

**32** 12/04/2002 **MARSEILLE-PSG 1/0**

**33** 27/04/2002 **PSG-METZ 2/0** FIORÈSE, RONALDINHO

**34** 04/05/2002 **LILLE-PSG 1/0**

**CLASSEMENT FINAL :** 4e, 58 PTS, 15 V, 13 N, 6 D, 43/24, +19

**BUTEURS :** RONALDINHO 9, ALOISIO 6, DÉHU 4, OGBECHE 4, OKOCHA 4, ALEX 3, FIORESE 3, ANELKA 2, J. LEROY 2, ARTETA 1, E. CISSÉ 1, HUGO LEAL 1, L. LEROY 1, MENDY 1, POCHETTINO 1.

### COUPE DE FRANCE

**32e FINALE** 15/12/2001 **LUÇON-PSG 0/2** (À NIORT) AGOSTINHO, ARTETA

**16e FINALE** 19/01/2002 **YZEURE-PSG 0/1** (À CLERMONT) ALOISIO

**8e FINALE** 10/02/2002 **PSG-MARSEILLE 1/1** (7/6 T.A.B.) HEINZE

**1/4 FINALE** 09/03/2002 **PSG-LORIENT 0/1**

### COUPE DE LA LIGUE

**16e FINALE** 02/12/2001 **TROYES-PSG 0/4** OGBECHE, MENDY, OKOCHA (PEN.), DÉHU

**8e FINALE** 08/01/2002 **PSG-GUINGAMP 3/1** ARTETA (PEN.), RONALDINHO (2)

**1/4 FINALE** 27/01/2002 **PSG-NANCY 1/1 (4/3 T.A.B.)** DOMI

**1/2 FINALE** 02/03/2002 **PSG-BORDEAUX 0/1**

### COUPE INTERTOTO

**1er TOUR ALLER** 01/07/2001 **PSG-JAZZ PORI 3/0** ROBERT (3) (À TOULOUSE)

**1er TOUR RETOUR** 08/07/2001 **JAZZ PORI-PSG 1/4** OKOCHA (2, 1 PEN.), ROBERT, HIROUX

**2e TOUR** 15/07/2001 **SIMFEROPOL-PSG 0/1** HEINZE

**2e TOUR** 21/07/2001 **PSG-SIMFEROPOL 4/0** OKOCHA, ALOISIO (2), BENARBIA (À TOULOUSE)

**1/2 FINALE** 25/07/2001 **LA GANTOISE-PSG 0/0**

**1/2 FINALE** 01/08/2001 **PSG-LA GANTOISE 7/1** ARTETA, MENDY, ANELKA (2), OKOCHA (2, 1 PEN.), HIROUX

**FINALE ALLER** 07/08/2001 **PSG-BRESCIA 0/0**

**FINALE RETOUR** 21/08/2001 **BRESCIA-PSG 1/1** ALOISIO

### COUPE UEFA

**TOUR PRÉLIMINAIRE ALLER** 18/09/2001 **PSG-RAPID BUCAREST 0/0**

**TOUR PRÉLIMINAIRE RETOUR** 25/09/2001 **RAPID BUCAREST-PSG 0/1** ALOISIO (A.P.)

(SUITE À UNE PANNE D'ÉLECTRICITÉ, MATCH GAGNÉ 0-3 SUR TAPIS VERT)

**32e ALLER** 18/10/2001 **PSG-RAPID VIENNE 4/0** RONALDINHO (2), MENDY, ANELKA

**32e RETOUR** 01/11/2001 **RAPID VIENNE-PSG 2/2** POTILLON, HUGO LEAL

**16e ALLER** 22/11/2001 **GLASGOW RANGERS-PSG 0/0**

**16e RETOUR** 06/12/2001 **PSG-GLASGOW RANGERS 0/0 (3/4 T.A.B.)**

## SAISON 2002/2003

### CHAMPIONNAT DE FRANCE

**01** 03/08/2002 **PSG-AUXERRE 1/0** ALOISIO (PEN.)

**02** 09/08/2002 **BORDEAUX-PSG 0/0**

**03** 17/08/2002 **PSG-AJACCIO 2/2** CARDETTI, ALOISIO

**04** 25/08/2002 **LE HAVRE-PSG 0/1** ALOISIO

**05** 31/08/2002 **PSG-NICE 1/1** CARDETTI

**06** 11/09/2002 **LILLE-PSG 2/1** RONALDINHO (PEN.)

**07** 14/09/2002 **PSG-STRASBOURG 3/0** FIORÈSE, CARDETTI (2)

**08** 22/09/2002 **PSG-BASTIA 1/1** PAULO CESAR

**09** 28/09/2002 **MONTPELLIER-PSG 1/1** PAULO CESAR

**10** 06/10/2002 **PSG-GUINGAMP 5/0** PAULO CESAR (2), ALOISIO (2), CARDETTI

**11** 19/10/2002 **TROYES-PSG 1/2** CARDETTI, RONALDINHO

**12** 26/10/2002 **PSG-MARSEILLE 3/0** RONALDINHO (2, 1 PEN.), CARDETTI

**13** 03/11/2002 **SEDAN-PSG 3/1** DÉHU

**14** 09/11/2002 **PSG-SOCHAUX 1/1** OGBECHE

**15** 17/11/2002 **LENS-PSG 3/2** HEINZE, ANDRE LUIZ

**16** 22/11/2002 **PSG-NANTES 0/1**

**17** 30/11/2002 **MONACO-PSG 3/1** RONALDINHO

**18** 04/12/2002 **PSG-LYON 2/0** HEINZE, EL KARKOURI

**19** 15/12/2002 **RENNES-PSG 1/0**
**20** 19/12/2002 **PSG-BORDEAUX 1/1** FIORÈSE
**21** 11/01/2003 **AJACCIO-PSG 0/0**
**22** 15/01/2003 **PSG-LE HAVRE 1/0** ALOISIO
**23** 22/01/2003 **NICE-PSG 0/0**
**24** 29/01/2003 **PSG-LILLE 1/0** POCHETTINO
**25** 01/02/2003 **STRASBOURG-PSG 0/1** ALOISIO
**26** 05/02/2003 **BASTIA-PSG 1/0**
**27** 08/02/2003 **PSG-MONTPELLIER 1/3** J. LEROY
**28** 22/02/2003 **GUINGAMP-PSG 3/2** RONALDINHO, J. LEROY
**29** 01/03/2003 **PSG-TROYES 4/2** PÉDRON, ALOISIO, RÉGIS (C.S.C.), J. LEROY
**30** 09/03/2003 **MARSEILLE-PSG 0/3** J. LEROY (2), RONALDINHO
**31** 22/03/2003 **PSG-SEDAN 2/0** POCHETTINO, PÉDRON
**32** 05/04/2003 **SOCHAUX-PSG 0/0**
**33** 12/04/2003 **PSG-LENS 0/1**
**34** 19/04/2003 **NANTES-PSG 1/1** TOURÉ
**35** 04/05/2003 **PSG-MONACO 2/1** FIORÈSE, RONALDINHO (PEN.)
**36** 11/05/2003 **LYON-PSG 1/0**
**37** 20/05/2003 **PSG-RENNES 0/0**
**38** 24/05/2003 **AUXERRE-PSG 2/0**

**CLASSEMENT FINAL :** 11e, 54 PTS, 14 V, 12 N, 12 D, 47/36, + 11

**BUTEURS :** ALOISIO 8, RONALDINHO 8, CARDETTI 7, J. LEROY 5, PAULO CESAR 4, FIORÈSE 3, HEINZE 2, PÉDRON, 2, POCHETTINO 2, ANDRE LUIZ 1, DÉHU 1, EL KARKOURI 1, OGBECHE 1, TOURÉ 1, + 1 BUT CONTRE SON CAMP.

**COUPE DE FRANCE**

**32e FINALE** 05/01/2003 **BESANÇON-PSG (A.P.) 0/1** (À SOCHAUX) POTILLON
**16e FINALE** 25/01/2003 **PSG-MARSEILLE (A.P.) 2/1** POCHETTINO, FIORÈSE
**8e FINALE** 16/02/2003 **LAVAL-PSG 0/1** FIORÈSE
**1/4 FINALE** 15/03/2003 **MARTIGUES-PSG 0/1** RONALDINHO
**1/2 FINALE** 27/04/2003 **PSG-BORDEAUX 2/0** RONALDINHO (2)
**FINALE** 31/05/2003 **AUXERRE-PSG 2/1** HUGO LEAL

COUPE DE LA LIGUE

**16e FINALE** 08/12/2002 **PSG-NANTES 2/3** NYARKO, HEINZE

**COUPE UEFA**

**1er TOUR ALLER** 19/09/2002 **PSG-UJPEST 3/0** RONALDINHO, POCHETTINO, CARDETTI
**1er TOUR RETOUR** 03/10/2002 **UJPEST-PSG 0/1** BENACHOUR
**2e TOUR ALLER** 31/10/2002 **NATIONAL BUCAREST-PSG 0/2** L. LEROY, ANDRE LUIZ
**2e TOUR RETOUR** 14/11/2002 **PSG-NATIONAL BUCAREST 1/0** L. LEROY
**16e FINALE ALLER** 26/11/2002 **PSG-BOAVISTA 2/1** NYARKO, FIORÈSE
**16e FINALE RETOUR** 12/12/2002 **BOAVISTA-PSG 1/0**

## SAISON 2003/2004

**CHAMPIONNAT DE FRANCE**

**01** 02/08/2003 **PSG-BASTIA 0/0**
**02** 09/08/2003 **LILLE-PSG 1/0**
**03** 16/08/2003 **METZ-PSG 0/1** J. LEROY
**04** 24/08/2003 **PSG-MONACO 2/4** PAULETA, REINALDO
**05** 30/08/2003 **MONTPELLIER-PSG 3/2** REINALDO (2)
**06** 14/09/2003 **PSG-TOULOUSE 2/1** DIEUZE (C.S.C.), HEINZE
**07** 20/09/2003 **GUINGAMP-PSG 0/2** FIORÈSE, PAULETA (PEN.)
**08** 27/09/2003 **PSG-AUXERRE 1/0** PAULETA
**09** 04/10/2003 **SOCHAUX-PSG 0/1** PAULETA
**10** 18/10/2003 **PSG-LE MANS 5/1** PAULETA (2), FIORÈSE (2), REINALDO
**11** 25/10/2003 **AJACCIO-PSG 0/0**
**12** 02/11/2003 **PSG-LENS 0/1**
**13** 08/11/2003 **NANTES-PSG 0/1** FIORÈSE
**14** 23/11/2003 **PSG-NICE 0/0**
**15** 30/11/2003 **MARSEILLE-PSG 0/1** FIORÈSE
**16** 03/12/2003 **PSG-STRASBOURG 3/2** BOSKOVIC, REINALDO, PAULETA
**17** 06/12/2003 **RENNES-PSG 1/1** FIORÈSE
**18** 13/12/2003 **PSG-BORDEAUX 2/1** REINALDO, PAULETA
**19** 19/12/2003 **LYON-PSG 1/1** PAULETA
**20** 10/01/2004 **PSG-LILLE 1/0** TAVLARIDIS (C.S.C.)
**21** 17/01/2004 **PSG-METZ 0/0**
**22** 30/01/2004 **MONACO-PSG 1/1** HEINZE
**23** 07/02/2004 **PSG-MONTPELLIER 6/1** LJUBOJA (2), PAULETA (2), BOSKOVIC, REINALDO
**24** 14/02/2004 **TOULOUSE-PSG 0/1** LJUBOJA
**25** 21/02/2004 **PSG-GUINGAMP 2/0** MBAMI, LJUBOJA
**26** 29/02/2004 **AUXERRE-PSG 1/1** CANA
**27** 06/03/2004 **PSG-SOCHAUX 1/1** PAULETA (PEN.)
**28** 13/03/2004 **LE MANS-PSG 0/1** LJUBOJA
**29** 20/03/2004 **PSG-AJACCIO 1/0** PAULETA (PEN.)
**30** 28/03/2004 **LENS-PSG 1/0**
**31** 03/04/2004 **PSG-NANTES 3/2** ARMAND (C.S.C.), BOSKOVIC, PAULETA
**32** 10/04/2004 **NICE-PSG 1/2** PIERRE-FANFAN, SORIN
**33** 25/04/2004 **PSG-MARSEILLE 2/1** PAULETA (2)
**34** 01/05/2004 **STRASBOURG-PSG 0/0**
**35** 08/05/2004 **PSG-RENNES 1/0** DÉHU
**36** 11/05/2004 **BORDEAUX-PSG 3/0**
**37** 15/05/2004 **PSG-LYON 1/0** PAULETA
**38** 23/05/2004 **BASTIA-PSG 0/1** PAULETA

**CLASSEMENT FINAL :** 2e, 76 PTS, 22 V, 10 N, 6 D, 50/28, +22

**BUTEURS :** PAULETA 18, REINALDO 7, FIORÈSE 6, LJUBOJA 5, BOSKOVIC 3, HEINZE 2, CANA 1, DÉHU 1, J. LEROY 1, MBAMI 1, PIERRE-FANFAN 1, SORIN 1, + 3 BUTS CONTRE SON CAMP.

**COUPE DE FRANCE**

**32e FINALE** 04/01/2004 **PSG-TROYES 3/2 (A.P.)** HEINZE, OGBECHE, PAULETA
**16e FINALE** 24/01/2004 **MARSEILLE-PSG 1/2 (A.P.)** PAULETA, SORIN
**8e FINALE** 10/02/2004 **BAYONNE-PSG* 0/2** (À PARIS) FIORÈSE, PAULETA
**1/4 FINALE** 16/03/2004 **BRIVE-PSG 1/2** PAULETA, REINALDO
**1/2 FINALE** 28/04/2004 **NANTES-PSG 1/1 (3/4 T.A.B.)** FIORÈSE
**FINALE** 29/05/2004 **PSG-CHÂTEAUROUX 1/0** PAULETA

**COUPE DE LA LIGUE**

**16e FINALE** 29/10/2003 **GUEUGNON-PSG 1/1 (3/2 T.A.B.)** REINALDO

## SAISON 2004/2005

**CHAMPIONNAT DE FRANCE**

**01** 07/08/2004 **RENNES-PSG 2/1** PAULETA (PEN.)
**02** 14/08/2004 **PSG-CAEN 2/2** FIORÈSE, YEPES
**03** 21/08/2004 **TOULOUSE-PSG 2/1** REINALDO
**04** 29/08/2004 **PSG-SAINT-ÉTIENNE 2/2** PAULETA (PEN.), OGBECHE
**05** 11/09/2004 **ISTRES-PSG 1/1** PAULETA (PEN.)
**06** 19/09/2004 **PSG-MONACO 0/1**
**07** 22/09/2004 **LENS-PSG 2/2** CANA, PANCRATE
**08** 25/09/2004 **PSG-STRASBOURG 1/0** PAULETA
**09** 02/10/2004 **BASTIA-PSG 1/2** PANCRATE, REINALDO
**10** 16/10/2004 **NANTES-PSG 1/0**
**11** 23/10/2004 **PSG-AJACCIO 1/0** PANCRATE
**12** 30/10/2004 **AUXERRE-PSG 1/1** PAULETA
**13** 07/11/2004 **PSG-MARSEILLE 2/1** PAULETA, E. CISSÉ
**14** 13/11/2004 **BORDEAUX-PSG 3/0**
**15** 19/11/2004 **PSG-LYON 0/0**
**16** 28/11/2004 **NICE-PSG 1/1** PANCRATE
**17** 04/12/2004 **PSG-LILLE 1/1** REINALDO
**18** 12/12/2004 **SOCHAUX-PSG 1/2** PAULETA (2)
**19** 18/12/2004 **PSG-METZ 3/0 MENIRI (C.S.C.)**, PAULETA (PEN.), PANCRATE
**20** 12/01/2005 **CAEN-PSG 0/0**
**21** 15/01/2005 **PSG-TOULOUSE 0/0**
**22** 22/01/2005 **SAINT-ÉTIENNE-PSG 0/0**
**23** 26/01/2005 **PSG-ISTRES 2/2** HELDER, PAULETA
**24** 30/01/2005 **MONACO-PSG 2/0**
**25** 06/02/2005 **PSG-LENS 0/2**
**26** 19/02/2005 **STRASBOURG-PSG 3/1** LACOUR (C.S.C.)
**27** 26/02/2005 **PSG-BASTIA 1/0** BENACHOUR (PEN.)
**28** 05/03/2005 **PSG-NANTES 1/0** PAULETA
**29** 12/03/2005 **AJACCIO-PSG 1/0**
**30** 20/03/2005 **PSG-AUXERRE 1/0** PAULETA
**31** 03/04/2005 **MARSEILLE-PSG 1/1** NAKATA (C.S.C.)
**32** 09/04/2005 **PSG-BORDEAUX 1/1** LJUBOJA
**33** 17/04/2005 **LYON-PSG 0/1** LJUBOJA
**34** 22/04/2005 **PSG-NICE 3/1** PAULETA (PEN.), ROTHEN, SEMAK
**35** 07/05/2005 **LILLE-PSG 1/0**
**36** 14/05/2005 **PSG-SOCHAUX 2/2** ARMAND, YEPES
**37** 21/05/2005 **METZ-PSG 3/2** PIERRE-FANFAN, YEPES
**38** 28/05/2005 **PSG-RENNES 1/0** PAULETA

**CLASSEMENT FINAL :** 9e, 51 PTS, 12 V, 15 N, 11 D, 40/41, -1

**BUTEURS :** PAULETA 14, PANCRATE 5, REINALDO 3, YEPES 3, LJUBOJA 2, ARMAND 1, BENACHOUR 1, CANA 1, E. CISSÉ 1, FIORÈSE 1, HELDER 1, OGBECHE 1, PIERRE-FANFAN 1, ROTHEN 1, SEMAK 1, + 3 BUTS CONTRE SON CAMP.

**COUPE DE FRANCE**

**32e FINALE** 08/01/2005 **LANGUEUX-PSG 1/6** TEXEIRA, PAULETA (2), REINALDO (2), LJUBOJA (À GUINGAMP)
**16e FINALE** 13/02/2005 **PSG-BORDEAUX 3/1 (A.P.)** YEPES, PAULETA (2)
**8e FINALE** 02/03/2005 **AUXERRE-PSG 3/2** PIERRE-FANFAN, REINALDO

**COUPE DE LA LIGUE**

**16e FINALE** 10/11/2004 **MARSEILLE-PSG 2/3** BOSKOVIC (2), MENDY
**8e FINALE** 21/12/2004 **MONTPELLIER-PSG 1/0**

**TROPHÉE DES CHAMPIONS**

31/07/2004 **LYON-PSG 1/1 (7/6 T.A.B.)** FIORÈSE

**LIGUE DES CHAMPIONS**

**GROUPE H 1ère JOURNÉE** 14/09/2004 **PSG-CHELSEA 0/3**
**GROUPE H 2e JOURNÉE** 29/09/2004 **CSKA MOSCOU-PSG 2/0**
**GROUPE H 3e JOURNÉE** 20/10/2004 **PSG-PORTO 2/0** CORIDON, PAULETA
**GROUPE H 4e JOURNÉE** 02/11/2004 **PORTO-PSG 0/0**
**GROUPE H 5e JOURNÉE** 24/11/2004 **CHELSEA-PSG 0/0**
**GROUPE H 6E JOURNÉE** 07/12/2004 **PSG-CSKA MOSCOU 1/3** PANCRATE

## SAISON 2005/2006

**CHAMPIONNAT DE FRANCE**

**01** 29/07/2005 **PSG-METZ 4/1** KALOU, E. CISSÉ, ROTHEN, LANDRIN
**02** 06/08/2005 **SOCHAUX-PSG 0/1** E. CISSÉ
**03** 13/08/2005 **PSG-TOULOUSE 2/0** PAULETA (2)
**04** 21/08/2005 **TROYES-PSG 1/1** PAULETA
**05** 27/08/2005 **PSG-NICE 1/2** PAULETA
**06** 10/09/2005 **PSG-STRASBOURG 1/0** KALOU
**07** 18/09/2005 **SAINT-ÉTIENNE-PSG 3/0**
**08** 21/09/2005 **PSG-LILLE 2/1** PAULETA (2)
**09** 24/09/2005 **LE MANS-PSG 0/0**
**10** 01/10/2005 **PSG-NANTES 2/0** YEPES, PAULETA
**11** 16/10/2005 **MARSEILLE-PSG 1/0**
**12** 22/10/2005 **PSG-NANCY 1/0** KALOU
**13** 30/10/2005 **AUXERRE-PSG 2/0**
**14** 06/11/2005 **PSG-MONACO 0/0**
**15** 20/11/2005 **BORDEAUX-PSG 0/2** YEPES, PAULETA
**16** 27/11/2005 **PSG-LENS 3/4** PAULETA (2), YEPES
**17** 03/12/2005 **LYON-PSG 2/0**
**18** 10/12/2005 **PSG-RENNES 2/0** PAULETA (2)
**19** 17/12/2005 **AJACCIO-PSG 1/1** KALOU
**20** 04/01/2006 **PSG-SOCHAUX 3/1** LANDRIN, PANCRATE, PAULETA
**21** 12/01/2006 **TOULOUSE-PSG 1/0**
**22** 15/01/2006 **PSG-TROYES 2/1** PAULETA (PEN.), PANCRATE
**23** 21/01/2006 **NICE-PSG 1/0**
**25** 04/02/2006 **PSG-SAINT-ÉTIENNE 2/2** PAULETA, PANCRATE
**24** 08/02/2006 **STRASBOURG-PSG 1/1** PAULETA
**26** 12/02/2006 **LILLE-PSG 0/0**
**27** 18/02/2006 **PSG-LE MANS 0/1**
**28** 25/02/2006 **NANTES-PSG 0/0**

**29** 05/03/2006 **PSG-MARSEILLE 0/0**
**30** 11/03/2006 **NANCY-PSG 1/1** KALOU
**31** 19/03/2006 **PSG-AUXERRE 4/1** KALOU (2), BOLF (C.S.C.), PAULETA
**32** 26/03/2006 **MONACO-PSG 1/1** PAULO CESAR
**33** 02/04/2006 **PSG-BORDEAUX 3/1** PAULETA (3, 1 PEN.)
**34** 08/04/2006 **LENS-PSG 1/1** KALOU
**35** 16/04/2006 **PSG-LYON 0/1**
**36** 03/05/2006 **RENNES-PSG 1/1** KALOU
**37** 06/05/2006 **PSG-AJACCIO 2/4** YEPES, PAULETA
**38** 13/05/2006 **METZ-PSG 1/0**
**CLASSEMENT FINAL :** 9e, 52 PTS, 13 V, 13 N, 12 D, 44/38, +6
**BUTEURS :** PAULETA 21, KALOU 9, YEPES 4, PANCRATE 3, E. CISSÉ 2, LANDRIN 2, PAULO CESAR 1, ROTHEN 1, + 1 BUT CONTRE SON CAMP.
**COUPE DE FRANCE**
**32e FINALE** 07/01/2006 **VERMELLES-PSG 0/4** PAULETA, ARMAND, BUENO, RODRIGUEZ (À LENS)
**16e FINALE** 01/02/2006 **PSG-AUXERRE 1/0** GRICHTING (C.S.C.)
**8e FINALE** 14/03/2006 **LYON DUCHÈRE-PSG 0/3** BUENO, PAULETA (2)
**1/4 FINALE** 11/04/2006 **PSG-LILLE 2/1** KALOU, PAULETA
**1/2 FINALE** 20/04/2006 **NANTES-PSG 1/2** PANCRATE, PAULETA
**FINALE** 29/04/2006 **PSG-MARSEILLE 2/1** KALOU, DHORASOO
**COUPE DE LA LIGUE**
**16e FINALE** 26/10/2005 **PSG-TROYES 4/1** KOUASSI (C.S.C.), PAULETA (2), BADIANE
**8e FINALE** 21/12/2005 **TOULOUSE-PSG 2/0**

## SAISON 2006/2007

**CHAMPIONNAT DE FRANCE**
**01** 05/08/2006 **PSG-LORIENT 2/3** FRAU, PANCRATE
**02** 12/08/2006 **VALENCIENNES-PSG 0/0**
**03** 19/08/2006 **PSG-LILLE 1/0** PAULETA
**04** 26/08/2006 **SOCHAUX-PSG 3/2** PAULETA (2)
**05** 10/09/2006 **PSG-MARSEILLE 1/3** PAULETA (PEN.)
**06** 17/09/2006 **MONACO-PSG 1/2** ROZEHNAL, HELLEBUYCK
**07** 23/09/2006 **PSG-NANCY 0/0**
**08** 01/10/2006 **SAINT-ÉTIENNE-PSG 1/0**
**09** 14/10/2006 **PSG-SEDAN 4/2** FRAU, YEPES, PAULETA (2, 1 PEN.)
**10** 22/10/2006 **AUXERRE-PSG 0/0**
**11** 28/10/2006 **PSG-RENNES 1/0** DIANÉ
**12** 05/11/2006 **PSG-LENS 1/3** ARMAND
**13** 11/11/2006 **LE MANS-PSG 1/1** KALOU (PEN.)
**14** 18/11/2006 **PSG-BORDEAUX 0/2**
**15** 26/11/2006 **NANTES-PSG 1/1** KALOU
**17** 10/12/2006 **LYON-PSG 3/1** PAULETA
**18** 17/12/2006 **PSG-NICE 0/0**
**19** 23/12/2006 **TROYES-PSG 1/1** DIANÉ
**20** 13/01/2007 **PSG-VALENCIENNES 1/2** PAULETA (PEN.)
**16** 17/01/2007 **PSG-TOULOUSE 0/0**
**21** 24/01/2007 **LILLE-PSG 1/0**
**22** 27/01/2007 **PSG-SOCHAUX 0/0**
**23** 04/02/2007 **MARSEILLE-PSG 1/1** PAULETA
**24** 10/02/2007 **PSG-MONACO 4/2** DIANÉ (2), GALLARDO, C. RODRIGUEZ
**25** 17/02/2007 **NANCY-PSG 0/3** PAULETA, FRAU, GALLARDO
**26** 25/02/2007 **PSG-SAINT-ÉTIENNE 0/2**
**27** 03/03/2007 **SEDAN-PSG 2/0**
**28** 11/03/2007 **PSG-AUXERRE 0/1**
**29** 18/03/2007 **RENNES-PSG 1/0**
**30** 01/04/2007 **LENS-PSG 1/2** DIANÉ, ARMAND
**31** 07/04/2007 **PSG-LE MANS 2/1** LUYINDULA, DIANÉ
**32** 14/04/2007 **BORDEAUX-PSG 0/0**
**33** 21/04/2007 **PSG-NANTES 4/0** PAULETA (2), ROTHEN, LUYINDULA
**34** 28/04/2007 **TOULOUSE-PSG 1/3** LUYINDULA, E. CISSÉ, ROTHEN
**35** 05/05/2007 **PSG-LYON 1/1** E. CISSÉ
**36** 09/05/2007 **NICE-PSG 1/0**
**37** 19/05/2007 **PSG-TROYES 2/1** PAULETA (2, 1 PEN.)
**38** 26/05/2007 **LORIENT-PSG 0/1** PAULETA
**CLASSEMENT FINAL :** 15e, 48 PTS, 12 V, 12 N, 14 D, 42/42, 0
**BUTEURS :** PAULETA 15, DIANÉ 6, FRAU 3, LUYINDULA 3, ARMAND 2, E. CISSÉ 2, GALLARDO 2, KALOU 2, ROTHEN 2, HELLEBUYCK 1, PANCRATE 1, C.RODRIGUEZ 1, ROZEHNAL 1, YEPES 1.
**COUPE DE FRANCE**
**32e FINALE** 07/01/2007 **PSG-NÎMES 3/0** KALOU (2), PAULETA
**16e FINALE** 21/01/2007 **PSG-GUEUGNON 1/0** KALOU
**8e FINALE** 30/01/2007 **PSG-VALENCIENNES 1/0** C. RODRIGUEZ
**1/4 FINALE** 28/02/2007 **SOCHAUX-PSG 2/1** AFOLABI (C.S.C.)
**COUPE DE LA LIGUE**
**16e FINALE** 20/09/2006 **PSG-LORIENT 3/1** PAULETA (2), PANCRATE
**8e FINALE** 25/10/2006 **LYON-PSG 2/1** PAULO CESAR (PEN.)
**TROPHÉE DES CHAMPIONS**
30/07/2006 **LYON-PSG 1/1 (4/5 T.A.B.)** ROTHEN
**COUPE UEFA**
**TOUR PRÉLIMINAIRE ALLER** 14/09/2006 **DERRY CITY-PSG 0/0**
TOUR PRÉLIMINAIRE RETOUR 28/09/2006 **PSG-DERRY CITY 2/0** E. CISSÉ, PAULETA
**GROUPE G 1ère JOURNÉE** 19/10/2006 **RAPID BUCAREST-PSG 0/0**
**GROUPE G 2e JOURNÉE** 23/11/2006 **PSG-HAPOËL TEL-AVIV 2/4** FRAU, PAULETA
**GROUPE G 3e JOURNÉE** 30/11/2006 **MLADA BOLESLAV-PSG 0/0**
**GROUPE G 4e JOURNÉE** 13/12/2006 **PSG-PANATHINAIKOS 4/0** PAULETA (2), KALOU (2)
**16e FINALE ALLER** 14/02/2007 **AEK ATHÈNES-PSG 0/2** TRAORÉ, MENDY
**16e FINALE RETOUR** 22/02/2007 **PSG-AEK ATHÈNES 2/0** FRAU, MENDY (PEN.)
**8e FINALE ALLER** 08/03/2007 **PSG-BENFICA LISBONNE 2/1** PAULETA, FRAU
**8e FINALE RETOUR** 15/03/2007 **BENFICA LISBONNE-PSG 3/1** PAULETA

## SAISON 2007/2008

**CHAMPIONNAT DE FRANCE**
**01** 04/08/2007 **PSG-SOCHAUX 0/0**

**02** 12/08/2007 **LENS-PSG 0/0**
**03** 15/08/2007 **PSG-LORIENT 1/3** PAULETA
**04** 18/08/2007 **METZ-PSG 0/0**
**05** 26/08/2007 **PSG-LILLE 1/1** FRAU
**06** 29/08/2007 **LE MANS-PSG 0/2** ARMAND, DIANÉ
**07** 02/09/2007 **PSG-MARSEILLE 1/1** LUYINDULA
**08** 16/09/2007 **MONACO-PSG 1/2** ARMAND, DIANÉ
**09** 23/09/2007 **PSG-BORDEAUX 0/2**
**10** 06/10/2007 **PSG-RENNES 1/3** CEARA
**11** 20/10/2007 **VALENCIENNES-PSG 0/0**
**12** 28/10/2007 **PSG-LYON 2/3** PAULETA (2)
**13** 03/11/2007 **STRASBOURG-PSG 1/2** RODRIGO (C.S.C.), ARNAUD
**14** 10/11/2007 **PSG-NANCY 0/0**
**15** 25/11/2007 **NICE-PSG 2/1** NGOG
**16** 01/12/2007 **PSG-CAEN 0/1**
**17** 09/12/2007 **AUXERRE-PSG 0/1** LUYINDULA
**18** 15/12/2007 **PSG-TOULOUSE 1/2** PAULETA (PEN.)
**19** 23/12/2007 **SAINT-ÉTIENNE-PSG 0/1** LUYINDULA
**20** 13/01/2008 **PSG-LENS 3/0** PAULETA, DIANÉ (2)
**21** 19/01/2008 **LORIENT-PSG 1/0**
**22** 23/01/2008 **PSG-METZ 3/0** LUYINDULA, ROTHEN, DIANÉ
**23** 26/01/2008 **LILLE-PSG 0/0**
**24** 09/02/2008 **PSG-LE MANS 0/0**
**25** 17/02/2008 **MARSEILLE-PSG 2/1** ROTHEN (PEN.)
**26** 23/02/2008 **PSG-MONACO 1/1** DIANÉ
**27** 02/03/2008 **BORDEAUX-PSG 3/0**
**28** 08/03/2008 **RENNES-PSG 2/0**
**29** 15/03/2008 **PSG-VALENCIENNES 1/1** PAULETA
**30** 23/03/2008 **LYON-PSG 4/2** CAMARA, ROTHEN (PEN.)
**31** 02/04/2008 **PSG-STRASBOURG 1/0** DIANÉ
**32** 06/04/2008 **NANCY-PSG 1/0**
**33** 13/04/2008 **PSG-NICE 2/3** LUYINDULA, PAULETA
**34** 19/04/2008 **CAEN-PSG 3/0**
**35** 26/04/2008 **PSG-AUXERRE 3/1** PAULETA, DIANÉ (2)
**36** 03/05/2008 **TOULOUSE-PSG 1/1** MENDY
**37** 10/05/2008 **PSG-SAINT-ÉTIENNE 1/1** CLÉMENT
**38** 17/05/2008 **SOCHAUX-PSG 1/2** DIANÉ (2)

**CLASSEMENT FINAL :** 16e, 38 PTS, 10 V, 13 N, 15 D, 37/45, -8

**BUTEURS :** DIANÉ 11, PAULETA 8, LUYINDULA 5, ROTHEN 3, ARMAND 2, ARNAUD 1, CAMARA 1, CEARA 1, CLÉMENT 1, FRAU 1, MENDY 1, NGOG 1, + 1 BUT CONTRE SON CAMP.

**COUPE DE FRANCE**

**32e FINALE** 05/01/2008 **ÉPINAL-PSG 0/2** CHANTÔME, ARMAND
**16e FINALE** 02/02/2008 **LE POIRÉ-SUR-VIE-PSG 1/3** (À NANTES) MENDY, DIANÉ (2)
**8e FINALE** 18/03/2008 **PSG-BASTIA 2/1** ARNAUD (2)
**1/4 FINALE** 16/04/2008 **CARQUEFOU-PSG 0/1** (À NANTES) PAULETA
**1/2 FINALE** 06/05/2008 **AMIENS-PSG 0/1** Y. BOLI
**FINALE** 24/05/2008 **LYON-PSG 1/0 (A.P.)**

**COUPE DE LA LIGUE**

**16e FINALE** 25/09/2007 **LORIENT-PSG 0/3** N'GOG (2), PAULETA
**8e FINALE** 31/10/2007 **PSG-MONTPELLIER 2/0** PAULETA (2)
**1/4 FINALE** 15/01/2008 **PSG-VALENCIENNES 4/0** PAULETA (PEN.), DIANÉ (2) ROTHEN
**1/2 FINALE** 26/02/2008 **PSG-AUXERRE 3/2** YEPES, PAULETA, MENDY
**FINALE** 29/03/2008 **PSG-LENS 2/1** PAULETA, MENDY (PEN.)

## SAISON 2008/2009

**CHAMPIONNAT DE FRANCE**

**01** 09/08/2008 **MONACO-PSG 1/0**
**02** 16/08/2008 **PSG-BORDEAUX 1/0** HOARAU
**03** 23/08/2008 **SOCHAUX-PSG 1/1** SESSEGNON
**04** 30/08/2008 **CAEN-PSG 0/1** HOARAU
**05** 14/09/2008 **PSG-NANTES 1/0** KEZMAN (PEN.)
**06** 21/09/2008 **SAINT-ÉTIENNE-PSG 1/0**
**07** 27/09/2008 **PSG-GRENOBLE 0/1**
**08** 05/10/2008 **NANCY-PSG 1/1** HOARAU
**09** 18/10/2008 **PSG-LORIENT 3/2** PANCRATE, HOARAU, ARNAUD
**10** 26/10/2008 **MARSEILLE-PSG 2/4** HOARAU (2), LUYINDULA, ROTHEN
**11** 29/10/2008 **PSG-TOULOUSE 0/1**
**12** 01/11/2008 **NICE-PSG 1/0**
**13** 09/11/2008 **PSG-LILLE 1/0** GIULY
**14** 15/11/2008 **LE HAVRE-PSG 1/3** HOARAU (2, 1 PEN.), GIULY
**15** 22/11/2008 **PSG-LYON 1/0** GIULY
**16** 30/11/2008 **RENNES-PSG 1/0**
**17** 07/12/2008 **PSG-LE MANS 3/1** HOARAU (2), LUYINDULA
**18** 13/12/2008 **AUXERRE-PSG 1/2** SESSEGNON (2)
**19** 21/12/2008 **PSG-VALENCIENNES 2/2** HOARAU, ROTHEN
**20** 11/01/2009 **BORDEAUX-PSG 4/0**
**21** 18/01/2009 **PSG-SOCHAUX 2/1** HOARAU (PEN.), LUYINDULA
**22** 31/01/2009 **PSG-CAEN 2/0** HOARAU, LUYINDULA
**23** 07/02/2009 **NANTES-PSG 1/4** GIULY (2), LUYINDULA, SESSEGNON
**24** 14/02/2009 **PSG-SAINT-ÉTIENNE 2/1** SAKHO, CLÉMENT
**25** 21/02/2009 **GRENOBLE-PSG 0/0**
**26** 01/03/2009 **PSG-NANCY 4/1** HOARAU (2), GIULY, SESSEGNON
**27** 07/03/2009 **LORIENT-PSG 0/1** GIULY
**28** 15/03/2009 **PSG-MARSEILLE 1/3** GIULY
**29** 22/03/2009 **TOULOUSE-PSG 4/1** MABIALA
**30** 05/04/2009 **PSG-NICE 2/1** HOARAU, TRAORÉ
**31** 12/04/2009 **LILLE-PSG 0/0**
**32** 19/04/2009 **PSG-LE HAVRE 3/0** GIULY, ROTHEN, HOARAU
**33** 24/04/2009 **LYON-PSG 0/0**
**34** 03/05/2009 **PSG-RENNES 0/1**
**35** 13/05/2009 **LE MANS-PSG 0/1** KEZMAN
**36** 16/05/2009 **PSG-AUXERRE 1/2** MIGNOT (C.S.C.)
**37** 23/05/2009 **VALENCIENNES-PSG 2/1** KEZMAN
**38** 30/05/2009 **PSG-MONACO 0/0**

**CLASSEMENT FINAL :** 6e, 64 PTS, 19 V, 7 N, 12 D, 49/38, +11

**BUTEURS :** HOARAU 17, GUILY 9, LUYINDULA 5, SESSEGNON 5, KEZMAN 3, ROTHEN 3, ARNAUD 1, CLÉMENT 1, MABIALA 1, PANCRATE 1, SAKHO 1, TRAORÉ 1, + 1 BUT CONTRE SON CAMP.

**COUPE DE FRANCE**

**32e FINALE** 04/01/2009 **MONTLUÇON-PSG 0/1** (À CLERMONT) SESSEGNON
**16e FINALE** 25/01/2009 **GFCO AJACCIO-PSG 0/3** KEZMAN (2), TRAORÉ
**8e FINALE** 04/03/2009 **RODEZ-PSG 3/1 (A.P.)** TRAORÉ

**COUPE DE LA LIGUE**

**16e FINALE** 24/09/2008 **MONACO-PSG 0/1** PANCRATE
**8e FINALE** 12/11/2008 **PSG-NANCY 2/0** LUYINDULA (2)
**1/4 FINALE** 14/01/2009 **PSG-LENS 2/0** KEITA (C.S.C.), CLÉMENT
**1/2 FINALE** 04/02/2009 **PSG-BORDEAUX 0/3**

**COUPE UEFA**

**TOUR PRÉLIMINAIRE ALLER** 18/09/2008 **KAYSERISPOR-PSG 1/2** KEZMAN, LUYINDULA
**TOUR PRÉLIMINAIRE RETOUR** 02/10/2008 **PSG-KAYSERISPOR 0/0**
**GROUPE A 1re JOURNÉE** 23/10/2008 **SCHALKE 04-PSG 3/1** CHANTÔME
**GROUPE A 2e JOURNÉE** 27/11/2008 **PSG-SANTANDER 2/2** KEZMAN, LUYINDULA
**GROUPE A 3e JOURNÉE** 13/12/2008 **MANCHESTER CITY-PSG 0/0**
**GROUPE A 4e JOURNÉE** 18/12/2008 **PSG-TWENTE 4/0** LUYINDULA (2), SESSEGNON, KEZMAN
**16e FINALE ALLER** 18/02/2009 **PSG-WOLFSBURG 2/0** HOARAU (2)
**16e FINALE RETOUR** 26/02/2009 **WOLFSBURG-PSG 1/3** LUYINDULA (2, 1 PEN.), ROTHEN
**8e FINALE ALLER** 12/03/2009 **PSG-BRAGA 0/0**
**8e FINALE RETOUR** 19/03/2009 **BRAGA-PSG 0/1** HOARAU
**1/4 FINALE ALLER** 09/04/2009 **PSG-DYNAMO KIEV 0/0**
**1/4 FINALE RETOUR** 16/04/2009 **DYNAMO KIEV-PSG 3/0**

## SAISON 2009/2010

**CHAMPIONNAT DE FRANCE**

**01** 08/08/2009 **MONTPELLIER-PSG 1/1** GIULY
**02** 15/08/2009 **PSG-LE MANS 3/1** ERDING, THOMAS (C.S.C.), GIULY
**03** 22/08/2009 **VALENCIENNES-PSG 2/3** LUYINDULA, ERDING, JALLET
**04** 30/08/2009 **PSG-LILLE 3/0** CLÉMENT, LUYINDULA, JALLET
**05** 13/09/2009 **MONACO-PSG 2/0**
**06** 20/09/2009 **PSG-LYON 1/1** GIULY
**07** 26/09/2009 **LORIENT-PSG 1/1** HOARAU
**08** 03/10/2009 **PSG-NANCY 1/1** SESSEGNON
**09** 18/10/2009 **TOULOUSE-PSG 1/0**
**12** 01/11/2009 **SOCHAUX-PSG 1/4** CLÉMENT, CHANTOME, ERDING, LUYINDULA
**13** 07/11/2009 **PSG-NICE 0/1**
**10** 20/11/2009 **MARSEILLE-PSG 1/0**
**15** 28/11/2009 **PSG-AUXERRE 1/0** CLÉMENT
**14** 02/12/2009 **BOULOGNE-PSG 2/5** CHANTOME, LUYINDULA (PEN.), ERDING (2), MAURICE
**16** 05/12/2009 **BORDEAUX-PSG 1/0**
**17** 13/12/2009 **PSG-SAINT-ÉTIENNE 3/0** LUYINDULA, SESSEGNON, ERDING
**11** 16/12/2009 **PSG-LENS 1/1** MAKELELE
**18** 19/12/2009 **RENNES-PSG 1/0**
**19** 23/12/2009 **PSG-GRENOBLE 4/0** LUYINDULA, ARMAND, ERDING, JALLET
**20** 16/01/2010 **LILLE-PSG 3/1** ERDING
**21** 20/01/2010 **PSG-MONACO 0/1**
**22** 31/01/2010 **LYON-PSG 2/1** ERDING
**23** 06/02/2010 **PSG-LORIENT 0/3**
**24** 13/02/2010 **NANCY-PSG 0/0**
**25** 20/02/2010 **PSG-TOULOUSE 1/0** HOARAU (PEN.)
**26** 28/02/2010 **PSG-MARSEILLE 0/3**
**27** 06/03/2010 **LENS-PSG 1/1** SESSEGNON
**28** 13/03/2010 **PSG-SOCHAUX 4/1** HOARAU, ERDING (3)
**29** 20/03/2010 **NICE-PSG 1/0**
**30** 28/03/2010 **PSG-BOULOGNE 3/0** LECOINTE (C.S.C.), HOARAU (PEN.), KEZMAN
**31** 05/04/2010 **AUXERRE-PSG 1/1** SANKHARÉ
**32** 10/04/2010 **PSG-BORDEAUX 3/1** ARMAND, ERDING, HOARAU
**33** 18/04/2010 **SAINT-ÉTIENNE-PSG 0/0**
**34** 24/04/2010 **PSG-RENNES 1/1** HOARAU
**35** 27/04/2010 **GRENOBLE-PSG 4/0**
**36** 05/05/2010 **PSG-VALENCIENNES 2/2** ERDING, KEZMAN
**37** 08/05/2010 **LE MANS-PSG 1/0**
**38** 15/05/2010 **PSG-MONTPELLIER 1/3** ERDING

**CLASSEMENT FINAL :** 13e, 47 PTS, 12 V, 11 N, 15 D, 50/46, +4

**BUTEURS :** ERDING 15, HOARAU 6, LUYINDULA 6, CLÉMENT 3, GIULY 3, JALLET 3, SESSEGNON 3, ARMAND 2, CHANTOME 2, KEZMAN 2, MAKELELE 1, MAURICE 1, SANKHARÉ 1, + 2 BUTS CONTRE SON CAMP.

**COUPE DE FRANCE**

**32e FINALE** 10/01/2010 **PSG-AUBERVILLIERS 5/0** LUYINDULA (2), ERDING, CHANTÔME, MAURICE (PEN.)
**16e FINALE** 24/01/2010 **PSG-EVIAN-THONON 3/1** ERDING (2), HOARAU
**8e FINALE** 09/02/2010 **VESOUL-PSG 0/1** GIULY
**1/4 FINALE** 23/03/2010 **AUXERRE-PSG 0/0** (5/6 T.A.B.)
**1/2 FINALE** 14/04/2010 **QUEVILLY-PSG 0/1** (À CAEN) ERDING
**FINALE** 01/05/2010 **PSG-MONACO 1/0** HOARAU (A.P.)

**COUPE DE LA LIGUE**

**16e FINALE** 23/09/2009 **BOULOGNE-PSG 0/1** MAURICE
**8e FINALE** 13/01/2010 **GUINGAMP-PSG 1/0**

## SAISON 2010/2011

**CHAMPIONNAT DE FRANCE**

**01** 07/08/2010 **PSG-SAINT-ÉTIENNE 3/1** ERDING, JANOT (C.S.C.), NÉNÊ
**02** 15/08/2010 **LILLE-PSG 0/0**
**03** 22/08/2010 **PSG-BORDEAUX 1/2** HOARAU
**04** 29/08/2010 **SOCHAUX-PSG 3/1** HOARAU
**05** 11/09/2010 **PSG-ARLES AVIGNON 4/0** HOARAU, SAKHO, NÉNÊ (2)
**06** 19/09/2010 **PSG-RENNES 0/0**

**07** 26/09/2010 **LENS-PSG 0/2** DEMONT (C.S.C.), NÉNÊ
**08** 03/10/2010 **PSG-NICE 0/0**
**09** 16/10/2010 **TOULOUSE-PSG 0/2** SAKHO, ERDING
**10** 24/10/2010 **PSG-AUXERRE 2/3** NÉNÊ (2, 1 PEN.)
**11** 31/10/2010 **MONTPELLIER-PSG 1/1** GIULY
**12** 07/11/2010 **PSG-MARSEILLE 2/1** ERDING, HOARAU
**13** 14/11/2010 **LORIENT-PSG 1/1** NÉNÊ
**14** 20/11/2010 **PSG-CAEN 2/1** HOARAU, ERDING
**15** 28/11/2010 **LYON-PSG 2/2** NÉNÊ, HOARAU (PEN.)
**16** 05/12/2010 **PSG-BREST 3/1** NÉNÊ, BODMER, GIULY
**17** 11/12/2010 **VALENCIENNES-PSG 1/2** NÉNÊ (2)
**18** 18/12/2010 **PSG-MONACO 2/2** NÉNÊ (2)
**19** 22/12/2010 **NANCY-PSG 2/0**
**20** 15/01/2011 **PSG-SOCHAUX 2/1** SAKHO, GIULY
**21** 29/01/2011 **ARLES AVIGNON-PSG 1/2** ERDING (2)
**22** 05/02/2011 **RENNES-PSG 1/0**
**23** 12/02/2011 **PSG-LENS 0/0**
**24** 20/02/2011 **NICE-PSG 0/3** GIULY, HOARAU, ARMAND
**25** 27/02/2011 **PSG-TOULOUSE 2/1** ARMAND, GUNINO (C.S.C.)
**26** 05/03/2011 **AUXERRE-PSG 1/0**
**27** 13/03/2011 **PSG-MONTPELLIER 2/2** HOARAU, YANGA-MBIWA (C.S.C.)
**28** 20/03/2011 **MARSEILLE-PSG 2/1** CHANTÔME
**29** 02/04/2011 **PSG-LORIENT 0/0**
**30** 09/04/2011 **CAEN-PSG 1/2** JALLET, CHANTÔME
**31** 17/04/2011 **PSG-LYON 1/0** CAMARA
**32** 24/04/2011 **BREST-PSG 2/2** BODMER, KANTARI (C.S.C.)
**33** 30/04/2011 **PSG-VALENCIENNES 3/1** NÉNÊ, BODMER, SAKHO
**34** 07/05/2011 **MONACO-PSG 1/1** ERDING
**35** 10/05/2011 **PSG-NANCY 2/2** ERDING, CAMARA
**36** 18/05/2011 **BORDEAUX-PSG 1/0**
**37** 21/05/2011 **PSG-LILLE 2/2** HOARAU, BODMER
**38** 29/05/2011 **SAINT-ÉTIENNE-PSG 1/1** BODMER (PEN.)
**CLASSEMENT FINAL :** 4e, 60 PTS, 15 V, 15 N, 8 D, 56/41, +15
**BUTEURS :** NÉNÊ 14, HOARAU 9, ERDING 8, BODMER 5, GIULY 4, SAKHO 4, ARMAND 2, CAMARA 2, CHANTÔME 2, JALLET 1, + 5 BUTS CONTRE SON CAMP.

**COUPE DE FRANCE**
**32e FINALE** 08/01/2011 **PSG-LENS 5/1** CAMARA, NÉNÊ, HOARAU (2, 1 PEN.), LUYINDULA
**16e FINALE** 23/01/2011 **AGEN-PSG 2/3** BODMER, LUYINDULA, HOARAU
**8e FINALE** 02/02/2011 **MARTIGUES-PSG 1/4** HOARAU (3), LUYINDULA
**1/4 FINALE** 02/03/2011 **PSG-LE MANS 2/0 (A.P.)** BAHEBECK, KEBANO
**1/2 FINALE** 20/04/2011 **ANGERS-PSG 1/3** BODMER, NENÊ, HOARAU
**FINALE** 14/05/2011 **PSG-LILLE 0/1**

**COUPE DE LA LIGUE**
**8e FINALE** 27/10/2010 **LYON-PSG 1/2 (A.P.)** BODMER, GIULY
**1/4 FINALE** 10/11/2010 **VALENCIENNES-PSG 1/3** CAMARA, JALLET, LUYINDULA
**1/2 FINALE** 18/01/2011 **MONTPELLIER-PSG 1/0 (A.P.)**

**LIGUE EUROPA**
**TOUR PRÉLIMINAIRE ALLER** 19/08/2010 **PSG-MACCABI TEL-AVIV 2/0** LUYINDULA, HOARAU
**TOUR PRÉLIMINAIRE RETOUR** 26/08/2010 **MACCABI TEL-AVIV-PSG 4/3** HOARAU (PEN.), GIULY, NENÊ (PEN.)
**GROUPE J 1re JOURNÉE** 16/09/2010 **FC SÉVILLE-PSG 0/1** NENÊ
**GROUPE J 2e JOURNÉE** 30/09/2010 **PSG-CARPATES LVIV 2/0** JALLET, NENÊ
**GROUPE J 3e JOURNÉE** 21/10/2010 **BORUSSIA DORTMUND-PSG 1/1** CHANTÔME
**GROUPE J 4e JOURNÉE** 04/11/2010 **PSG-BORUSSIA DORTMUND 0/0**
**GROUPE J 5e JOURNÉE** 02/12/2010 **PSG-FC SÉVILLE 4/2** BODMER, HOARAU (2), NENÊ
**GROUPE J 6e JOURNÉE** 15/12/2010 **CARPATES LVIV-PSG 1/1** LUYINDULA
**16e FINALE ALLER** 17/02/2011 **BATE BORISOV-PSG 2/2** ERDING, LUYINDULA
**16e FINALE RETOUR** 24/02/2011 **PSG-BATE BORISOV 0/0**
**8e FINALE ALLER** 10/03/2011 **BENFICA LISBONNE-PSG 2/1** LUYINDULA
**8e FINALE RETOUR** 17/03/2011 **PSG-BENFICA LISBONNE 1/1** BODMER

**TROPHÉE DES CHAMPIONS**
28/07/2010 **MARSEILLE-PSG 0/0 (5/4 T.A.B.)** (À RADES, TUNISIE)

## SAISON 2011/2012

**CHAMPIONNAT DE FRANCE**
**01** 06/08/2011 **PSG-LORIENT 0/1**
**02** 13/08/2011 **RENNES-PSG 1/1** GAMEIRO
**03** 21/08/2011 **PSG-VALENCIENNES 2/1** GAMEIRO, NÉNÊ (PEN.)
**04** 28/08/2011 **TOULOUSE-PSG 1/3** GAMEIRO, ERDING, MENEZ
**05** 11/09/2011 **PSG-BREST 1/0** PASTORE
**06** 18/09/2011 **ÉVIAN THONON-PSG 2/2** PASTORE, BODMER
**07** 21/09/2011 **PSG-NICE 2/1** NÉNÊ (PEN.), GAMEIRO (PEN.)
**08** 24/09/2011 **MONTPELLIER-PSG 0/3** GAMEIRO, PASTORE (2)
**09** 02/10/2011 **PSG-LYON 2/0** PASTORE, JALLET
**10** 16/10/2011 **AJACCIO-PSG 1/3** GAMEIRO (3)
**11** 23/10/2011 **PSG-DIJON 2/0** NENÊ (2)
**12** 29/10/2011 **PSG-CAEN 4/2** NENÊ (2, 2 PEN.), MENEZ, PASTORE
**13** 06/11/2011 **BORDEAUX-PSG 1/1** SISSOKO
**14** 20/11/2011 **PSG-NANCY 0/1**
**15** 27/11/2011 **MARSEILLE-PSG 3/0**
**16** 04/12/2011 **PSG-AUXERRE 3/2** JALLET, MENEZ, NENÊ (PEN.)
**17** 10/12/2011 **SOCHAUX-PSG 0/1** GAMEIRO
**18** 18/12/2011 **PSG-LILLE 0/0**
**19** 21/12/2011 **SAINT-ÉTIENNE-PSG 0/1** RUFFIER (C.S.C.)
**20** 14/01/2012 **PSG-TOULOUSE 3/1** NENÊ (2), PASTORE
**21** 28/01/2012 **BREST-PSG 0/1** BISEVAC
**22** 04/02/2012 **PSG-ÉVIAN THONON 3/1** NENÊ (2, 1 PEN.), GAMEIRO
**23** 12/02/2012 **NICE-PSG 0/0**
**24** 19/02/2012 **PSG-MONTPELLIER 2/2** ALEX, HOARAU
**25** 25/02/2012 **LYON-PSG 4/4** HOARAU (2), NENÊ (PEN.), CEARA
**28** 04/03/2012 **PSG-AJACCIO 4/1** PASTORE, MENEZ, HOARAU, NENÊ

**27** 11/03/2012 **DIJON-PSG 1/2** TIENÉ, GAMEIRO
**28** 17/03/2012 **CAEN-PSG 2/2** PASTORE, JALLET
**29** 25/03/2012 **PSG-BORDEAUX 1/1** HOARAU
**30** 31/03/2012 **NANCY-PSG 2/1** SISSOKO
**31** 08/04/2012 **PSG-MARSEILLE 2/1** MENEZ, ALEX
**32** 15/04/2012 **AUXERRE-PSG 1/1** NENÊ
**33** 22/04/2012 **PSG-SOCHAUX 6/1** PASTORE, MOTTA, MENEZ, NENÊ (2), ARMAND
**34** 29/04/2012 **LILLE-PSG 2/1** PASTORE
**35** 02/05/2012 **PSG-SAINT-ÉTIENNE 2/0** NENÊ (PEN.), PASTORE
**36** 06/05/2012 **VALENCIENNES-PSG 3/4** NENÊ, MAXWELL, MATUIDI, MENEZ
**37** 13/05/2012 **PSG-RENNES 3/0** NENÊ (3, 1 PEN.)
**38** 20/05/2012 **LORIENT-PSG 1/2** PASTORE, THIAGO MOTTA
**CLASSEMENT FINAL :** 2e, 79 PTS, 23 V, 10 N, 5 D, 75/41, +34
**BUTEURS :** NENÊ 21, PASTORE 13, GAMEIRO 11, MENEZ 7, HOARAU 5, JALLET 3, ALEX 2, THIAGO MOTTA 2, SISSOKO 2, ARMAND 1, BISEVAC 1, BODMER 1, CEARA 1, ERDING 1, MATUIDI 1, MAXWELL 1, TIENÉ 1, + 1 BUT CONTRE SON CAMP.
**COUPE DE FRANCE**
**32e FINALE** 08/01/2012 **LOCMINÉ-PSG 1/2** PASTORE, LUGANO (À LORIENT)
**16e FINALE** 20/01/2012 **SABLÉ-PSG 0/4** NENÊ (2, 1 PEN.), GAMEIRO (2) (AU MANS)
**8e FINALE** 15/02/2012 **DIJON-PSG 0/1** NENÊ
**1/4 FINALE** 21/03/2012 **PSG-LYON 1/3** NENÊ (PEN.)
COUPE DE LA LIGUE
**8e FINALE** 26/10/2011 **DIJON-PSG 3/2** BAHEBECK, ERDING
**LIGUE EUROPA**
**TOUR PRÉLIMINAIRE ALLER** 18/08/2011 **DIFFERDANGE-PSG 0/4** GAMEIRO, BAHEBECK, CEARA, MENEZ
**TOUR PRÉLIMINAIRE RETOUR** 25/08/2011 **PSG-DIFFERDANGE 2/0** NÉNÊ, AFOUN (C.S.C.)
**GROUPE F 1ère JOURNÉE** 15/09/2011 **PSG-SALZBOURG 3/1** NÉNÊ (PEN.), BODMER, MENEZ
**GROUPE F 2e JOURNÉE** 29/09/2011 **ATHLETIC BILBAO-PSG 2/0**
**GROUPE F 3e JOURNÉE** 20/10/2011 **SLOVAN BRATISLAVA-PSG 0/0**
**GROUPE F 4e JOURNÉE** 03/11/2011 **PSG-SLOVAN BRATISLAVA 1/0** PASTORE
**GROUPE F 5e JOURNÉE** 01/12/2011 **SALZBOURG-PSG 2/0**
**GROUPE F 6e JOURNÉE** 14/12/2011 **PSG-ATHLETIC BILBAO 4/2** PASTORE, BODMER, PEREZ (C.S.C.) HOARAU (PEN.)

## SAISON 2012/2013

**CHAMPIONNAT DE FRANCE**
**01** 11/08/2012 **PSG-LORIENT 2/2** IBRAHIMOVIC (2, 1 PEN.)
**02** 19/08/2012 **AJACCIO-PSG 0/0**
**03** 26/08/2012 **PSG-BORDEAUX 0/0**
**04** 02/09/2012 **LILLE-PSG 1/2** IBRAHIMOVIC (2)
**05** 14/09/2012 **PSG-TOULOUSE 2/0** PASTORE, IBRAHIMOVIC
**06** 22/09/2012 **BASTIA-PSG 0/4** MENEZ, IBRAHIMOVIC (2), MATUIDI
**07** 29/09/2012 **PSG-SOCHAUX 2/0** GAMEIRO (2)
**08** 07/10/2012 **MARSEILLE-PSG 2/2** IBRAHIMOVIC (2)
**09** 20/10/2012 **PSG-REIMS 1/0** GAMEIRO
**10** 27/10/2012 **NANCY-PSG 0/1** IBRAHIMOVIC
**11** 03/11/2012 **PSG-SAINT-ÉTIENNE 1/2** HOARAU
**12** 11/11/2012 **MONTPELLIER-PSG 1/1** MAXWELL
**13** 17/11/2012 **PSG-RENNES 1/2** NENÊ
**14** 24/11/2012 **PSG-TROYES 4/0** MAXWELL, MATUIDI, IBRAHIMOVIC (2)
**15** 01/12/2012 **NICE-PSG 2/1** IBRAHIMOVIC
**16** 08/12/2012 **PSG-ÉVIAN THONON 4/0** IBRAHIMOVIC, LAVEZZI, THIAGO MOTTA, GAMEIRO
**17** 11/12/2012 **VALENCIENNES-PSG 0/4** IBRAHIMOVIC (3), LAVEZZI
**18** 16/12/2012 **PSG-LYON 1/0** MATUIDI
**19** 21/12/2012 **BREST-PSG 0/3** IBRAHIMOVIC, GAMEIRO, MENDY (C.S.C.)
**20** 11/11/2013 **PSG-AJACCIO 0/0**
**21** 20/01/2013 **BORDEAUX-PSG 0/1** IBRAHIMOVIC
**22** 27/01/2013 **PSG-LILLE 1/0** CHEDJOU (C.S.C.)
**23** 01/02/2013 **TOULOUSE-PSG 0/4** PASTORE, IBRAHIMOVIC, SAKHO, VAN DER WIEL
**24** 08/02/2013 **PSG-BASTIA 3/1** MENEZ, IBRAHIMOVIC (PEN.), LAVEZZI
**25** 17/02/2013 **SOCHAUX-PSG 3/2** ALEX, ROUSSILLON (C.S.C.)
**26** 24/02/2013 **PSG-MARSEILLE 2/0** N'KOULOU (C.S.C.), IBRAHIMOVIC
**27** 02/03/2013 **REIMS-PSG 1/0**
**28** 09/03/2013 **PSG-NANCY 2/1** IBRAHIMOVIC (2)
**29** 17/03/2013 **SAINT-ÉTIENNE-PSG 2/2** PASTORE, IBRAHIMOVIC (PEN.)
**30** 29/03/2013 **PSG-MONTPELLIER 1/0** GAMEIRO
**31** 06/04/2013 **RENNES-PSG 0/2** MENEZ, IBRAHIMOVIC
**32** 13/04/2013 **TROYES-PSG 0/1** MATUIDI
**33** 21/04/2013 **PSG-NICE 3/0** MENEZ, IBRAHIMOVIC (PEN.), CHANTÔME
**34** 28/04/2013 **ÉVIAN TG-PSG 0/1** PASTORE
**35** 05/05/2013 **PSG-VALENCIENNES 1/1** ALEX
**36** 12/05/2013 **LYON-PSG 0/1** MENEZ
**37** 18/05/2013 **PSG-BREST 3/1** IBRAHIMOVIC (2), MATUIDI
**38** 26/05/2013 **LORIENT-PSG 1/3** IBRAHIMOVIC, GAMEIRO (2)
**CLASSEMENT FINAL :** 1er, 83 PTS, 25 V, 8 N, 5 D, 69/23, +46
**BUTEURS :** IBRAHIMOVIC 30, GAMEIRO 8, MATUIDI 5, MENEZ 5, PASTORE 4, LAVEZZI 3, ALEX 2, MAXWELL 2, SAKHO 2, CHANTÔME 1, HOARAU 1, NENÊ 1, THIAGO MOTTA 1, VAN DER WIEL 1, + 3 BUTS CONTRE SON CAMP.
**COUPE DE FRANCE**
**32e FINALE** 06/01/2013 **ARRAS-PSG 3/4** (À CALAIS) LAVEZZI (2), MATUIDI, CAMARA
**16e FINALE** 23/01/2013 **PSG-TOULOUSE 3/1** GAMEIRO, PASTORE, LAVEZZI
**8e FINALE** 27/02/2013 **PSG-MARSEILLE 2/0** IBRAHIMOVIC (2, 1PEN.)
**1/4 FINALE** 17/04/2013 **ÉVIAN THONON-PSG 1/1** PASTORE (1/4 T.A.B.)
**COUPE DE LA LIGUE**
**8e FINALE** 31/10/2012 **PSG-MARSEILLE 2/0** THIAGO SILVA (PEN.), MENEZ
**1/4 FINALE** 27/11/2012 **SAINT-ÉTIENNE-PSG 0/0** (5/3 T.A.B.)
**LIGUE DES CHAMPIONS**
**GROUPE A 1re JOURNÉE** 18/09/2012 **PSG-DYNAMO KIEV 4/1** IBRAHIMOVIC (PEN.), THIAGO SILVA, ALEX, PASTORE
**GROUPE A 2e JOURNÉE** 03/10/2012 **PORTO-PSG 1/0**

**GROUPE A 3e JOURNÉE** 24/10/2012 **DINAMO ZAGREB-PSG 0/2** IBRAHIMOVIC, MENEZ

**GROUPE A 4e JOURNÉE** 06/11/2012 **PSG-DINAMO ZAGREB 4/0** ALEX, MATUIDI, MENEZ, HOARAU

**GROUPE A 5e JOURNÉE** 21/11/2012 **DYNAMO KIEV-PSG 0/2** LAVEZZI (2)

**GROUPE A 6e JOURNÉE** 04/12/2012 **PSG-PORTO 2/1** THIAGO SILVA, LAVEZZI

**8e FINALE ALLER** 12/02/2013 **VALENCE-PSG 1/2** LAVEZZI, PASTORE

**8e FINALE RETOUR** 06/03/2013 **PSG-VALENCE 1/1** LAVEZZI

**1/4 FINALE ALLER** 02/04/2013 **PSG-BARCELONE 2/2** IBRAHIMOVIC, MATUIDI

**1/4 FINALE RETOUR** 10/04/2013 **BARCELONE-PSG 1/1** PASTORE

## SAISON 2013/2014

**CHAMPIONNAT DE FRANCE**

**01** 09/08/2013 **MONTPELLIER-PSG 1/1** MAXWELL

**02** 18/08/2013 **PSG-AJACCIO 1/1** CAVANI

**03** 25/08/2013 **NANTES-PSG 1/2** CAVANI, LAVEZZI

**04** 31/08/2013 **PSG-GUINGAMP 2/0** RABIOT, IBRAHIMOVIC

**05** 13/09/2013 **BORDEAUX-PSG 0/2** MATUIDI, LUCAS

**06** 22/09/2013 **PSG-MONACO 1/1** IBRAHIMOVIC

**07** 25/09/2013 **VALENCIENNES-PSG 0/1** CAVANI

**08** 28/09/2013 **PSG-TOULOUSE 2/0** MARQUINHOS, CAVANI (PEN.)

**09** 06/10/2013 **MARSEILLE-PSG 1/2** MAXWELL, IBRAHIMOVIC (PEN.)

**10** 19/10/2013 **PSG-BASTIA 4/0** IBRAHIMOVIC (2), CAVANI (2)

**11** 27/10/2013 **SAINT-ÉTIENNE-PSG 2/2** CAVANI, MATUIDI

**12** 01/11/2013 **PSG-LORIENT 4/0** LUCAS, MENEZ, CAVANI (2)

**13** 09/11/2013 **PSG-NICE 3/1** IBRAHIMOVIC (3, 1PEN.)

**14** 23/11/2013 **REIMS-PSG 0/3** LUCAS, MENEZ, IBRAHIMOVIC

**15** 01/12/2013 **PSG-LYON 4/0** CAVANI, IBRAHIMOVIC (2, 2 PEN.), THIAGO SILVA

**16** 04/12/2013 **ÉVIAN TG-PSG 2/0**

**17** 07/12/2013 **PSG-SOCHAUX 5/0** THIAGO SILVA, LAVEZZI, CAVANI, IBRAHIMOVIC (2)

**18** 14/12/2013 **RENNES-PSG 1/3** THIAGO MOTTA, IBRAHIMOVIC (PEN.), CAVANI

**19** 22/12/2013 **PSG-LILLE 2/2** IBRAHIMOVIC, BASA (C.S.C.)

**20** 11/01/2014 **AJACCIO-PSG 1/2** LAVEZZI, MATUIDI

**21** 19/01/2014 **PSG-NANTES 5/0** THIAGO SILVA, IBRAHIMOVIC (2, 1 PEN.), THIAGO MOTTA, CAVANI

**22** 25/01/2014 **GUINGAMP-PSG 1/1** ALEX

**23** 31/01/2014 **PSG-BORDEAUX 2/0** IBRAHIMOVIC, ALEX

**24** 09/02/2014 **MONACO-PSG 1/1** PASTORE

**25** 14/02/2014 **PSG-VALENCIENNES 3/0** LAVEZZI, IBRAHIMOVIC, KAGELMACHER (C.S.C.)

**26** 23/02/2014 **TOULOUSE-PSG 2/4** IBRAHIMOVIC (3, 1 PEN.), LAVEZZI

**27** 02/03/2014 **PSG-MARSEILLE 2/0** MAXWELL, CAVANI

**28** 08/03/2014 **BASTIA-PSG 0/3** IBRAHIMOVIC, LAVEZZI (2)

**29** 16/03/2014 **PSG-SAINT-ÉTIENNE 2/0** IBRAHIMOVIC (2)

**30** 21/03/2014 **LORIENT-PSG 0/1** THIAGO MOTTA

**31** 28/03/2914 **NICE-PSG 0/1** KOLODZIEJCZAK (C.S.C.)

**32** 05/04/2014 **PSG-REIMS 3/0** CAVANI, MANDI (2, C.S.C.)

**33** 13/04/2014 **LYON-PSG 1/0**

**34** 23/04/2014 **PSG-ÉVIAN TG 1/0** MATUIDI

**35** 27/04/2014 **SOCHAUX-PSG 1/1** CAVANI

**36** 07/05/2014 **PSG-RENNES 1/2** LAVEZZI

**37** 10/05/2014 **LILLE-PSG 1/3** MARQUINHOS, LUCAS, MATUIDI

**38** 17/05/2014 **PSG-MONTPELLIER 4/0** LAVEZZI, IBRAHIMOVIC, LUCAS, RABIOT

**CLASSEMENT FINAL :** 1er, 89 PTS, 27 V, 8 N, 3 D, 84/23, +61

**BUTEURS :** IBRAHIMOVIC 26, CAVANI 16, LAVEZZI 9, LUCAS 5, MATUIDI 5, MAXWELL 3, THIAGO MOTTA 3, THIAGO SILVA 3, ALEX 2, MARQUINHOS 2, MENEZ 2, RABIOT 2, PASTORE 1, + 5 BUTS CONTRE SON CAMP.

**COUPE DE FRANCE**

**32e FINALE** 08/01/2014 **BREST-PSG 2/5** IBRAHIMOVIC (3), THIAGO MOTTA, LAVEZZI

**16e FINALE** 22/01/2014 **PSG-MONTPELLIER 1/2** CAVANI

**COUPE DE LA LIGUE**

**8e FINALE** 18/12/2013 **PSG-SAINT-ÉTIENNE 2/1** CAVANI (2) (A.P.)

**1/4 FINALE** 14/01/2014 **BORDEAUX-PSG 1/3** PASTORE, RABIOT, MATUIDI

**1/2 FINALE** 04/02/2014 **NANTES-PSG 1/2** IBRAHIMOVIC (2)

**FINALE** 19/04/2014 **PSG-LYON 2/1** CAVANI (2) (AU STADE DE FRANCE)

**LIGUE DES CHAMPIONS**

**GROUPE C 1re JOURNÉE** 17/09/2013 **OLYMPIAKOS-PSG 1/4** CAVANI, THIAGO MOTTA (2), MARQUINHOS

**GROUPE C 2e JOURNÉE** 02/10/2013 **PSG-BENFICA 3/0** IBRAHIMOVIC (2), MARQUINHOS

**GROUPE C 3e JOURNÉE** 23/10/2013 **ANDERLECHT-PSG 0/5** IBRAHIMOVIC (4), CAVANI

**GROUPE C 4e JOURNÉE** 05/11/2013 **PSG-ANDERLECHT 1/1** IBRAHIMOVIC

**GROUPE C 5e JOURNÉE** 27/11/2013 **PSG-OLYMPIAKOS 2/1** IBRAHIMOVIC, CAVANI

**GROUPE C 6e JOURNÉE** 10/12/2013 **BENFICA-PSG 2/1** CAVANI

**8e FINALE ALLER** 18/02/2014 **LEVERKUSEN-PSG 0/4** MATUIDI, IBRAHIMOVIC (2, 1 PEN.), CABAYE

**8e FINALE RETOUR** 12/03/2014 **PSG-LEVERKUSEN 2/1** MARQUINHOS, LAVEZZI

**1/4 FINALE ALLER** 02/04/2014 **PSG-CHELSEA 3/1** LAVEZZI, DAVID LUIZ (C.S.C.), PASTORE

**1/4 FINALE RETOUR** 08/04/2014 **CHELSEA-PSG 2/0**

**TROPHÉE DES CHAMPIONS**

03/08/2013 **PSG-BORDEAUX 2/1** ONGENDA, ALEX (À LIBREVILLE, GABON)

## SAISON 2014/2015

**CHAMPIONNAT DE FRANCE**

**01** 08/08/2014 **REIMS-PSG 2/2** IBRAHIMOVIC (2)

**02** 16/08/2014 **PSG-BASTIA 2/0** LUCAS, CAVANI

**03** 22/08/2014 **ÉVIAN TG-PSG 0/0**

**04** 31/08/2014 **PSG-SAINT-ÉTIENNE 5/0** RUFFIER (C.S.C.), IBRAHIMOVIC (3), CAVANI

**05** 13/09/2014 **RENNES-PSG 1/1** CAMARA

**06** 21/09/2014 **PSG-LYON 1/1** CAVANI

**07** 24/09/2014 **CAEN-PSG 0/2** LUCAS, MARQUINHOS

**08** 27/09/2014 **TOULOUSE-PSG 1/1** BAHEBECK

**09** 05/10/2014 **PSG-MONACO 1/1** LUCAS

**10** 17/10/2014 **LENS-PSG 1/3** CABAYE, MAXWELL, CAVANI (PEN.) (AU STADE DE FRANCE)

**11** 25/10/2014 **PSG-BORDEAUX 3/0** LUCAS (2, 2 PEN.), LAVEZZI

**12** 01/11/2014 **LORIENT-PSG 1/2** CAVANI, BAHEBECK

**13** 09/11/2014 **PSG-MARSEILLE 2/0** LUCAS, CAVANI

**14** 21/11/2014 **METZ-PSG 2/3** PASTORE, BUSSMANN (C.S.C.), LAVEZZI

**15** 29/11/2014 **PSG-NICE 1/0** IBRAHIMOVIC (PEN.)

**16** 03/12/2014 **LILLE-PSG 1/1** CAVANI

**17** 06/12/2014 **PSG-NANTES 2/1** IBRAHIMOVIC (2)

**18** 14/12/2014 **GUINGAMP-PSG 1/0**

**19** 20/12/2014 **PSG-MONTPELLIER 0/0**

**20** 10/01/2015 **BASTIA-PSG 4/2** LUCAS, RABIOT

**21** 18/01/2015 **PSG-ÉVIAN TG 4/2** DAVID LUIZ, VERRATTI, PASTORE, CAVANI

**22** 25/01/2015 **SAINT-ÉTIENNE-PSG 0/1** IBRAHIMOVIC (PEN.)

**23** 30/01/2015 **PSG-RENNES 1/0** LAVEZZI

**24** 08/02/2015 **LYON-PSG 1/1** IBRAHIMOVIC (PEN.)

**25** 14/02/2015 **PSG-CAEN 2/2** IBRAHIMOVIC, LAVEZZI

**26** 21/02/2015 **PSG-TOULOUSE 3/1** RABIOT (2), THIAGO SILVA

**27** 01/03/2015 **MONACO-PSG 0/0**

**28** 07/03/2015 **PSG-LENS 4/1** DAVID LUIZ, IBRAHIMOVIC (PEN.), MATUIDI, PASTORE

**29** 15/03/2015 **BORDEAUX-PSG 3/2** IBRAHIMOVIC (2, 1 PEN.)

**30** 20/03/2015 **PSG-LORIENT 3/1** IBRAHIMOVIC (3, 2 PEN.)

**31** 05/04/2015 **MARSEILLE-PSG 2/3** MATUIDI, MARQUINHOS, MOREL (C.S.C.)

**33** 18/04/2015 **NICE-PSG 1/3** PASTORE (2), CAVANI (PEN.)

**34** 25/04/2015 **PSG-LILLE 6/1** MAXWELL, CAVANI (2, 1 PEN.), LAVEZZI (3)

**32** 28/04/2015 **PSG-METZ 3/1** VERRATTI, CAVANI, VAN DER WIEL

**35** 03/05/2015 **NANTES-PSG 0/2** CAVANI, MATUIDI

**36** 08/05/2015 **PSG-GUINGAMP 6/0** CAVANI (3), IBRAHIMOVIC (2, 1 PEN.), MAXWELL

**37** 16/05/2015 **MONTPELLIER-PSG 1/2** MATUIDI, LAVEZZI

**38** 23/05/2015 **PSG-REIMS 3/2** CAVANI (2), RABIOT

**CLASSEMENT FINAL :** 1er, 83 PTS, 24 V, 11 N, 3 D, 83/36, +47

**BUTEURS :** IBRAHIMOVIC 19, CAVANI 18, LAVEZZI 8, LUCAS 7, PASTORE 5, MATUIDI 4, RABIOT 4, MAXWELL 3, BAHEBECK 2, DAVID LUIZ 2, MARQUINHOS 2, VERRATTI 2, CABAYE 1, CAMARA 1, THIAGO SILVA 1, VAN DER WIEL 1, + 3 BUTS CONTRE SON CAMP.

**COUPE DE FRANCE**

**32e FINALE** 05/01/2015 **MONTPELLIER-PSG 0/3** CHANTÔME, IBRAHIMOVIC, LUCAS

**16e FINALE** 21/01/2015 **PSG-BORDEAUX 2/1** CAVANI, PASTORE

**8e FINALE** 08/02/2015 **PSG-NANTES 2/0** CAVANI, CABAYE

**1/4 FINALE** 04/03/2015 **PSG-MONACO 2/0** DAVID LUIZ, CAVANI

**1/2 FINALE** 08/04/2015 **PSG-SAINT-ÉTIENNE 4/1** IBRAHIMOVIC (3, 1 PEN.), LAVEZZI

**FINALE** 30/05/2015 **PSG-AUXERRE 1/0** CAVANI (AU STADE DE FRANCE)

**COUPE DE LA LIGUE**

**8e FINALE** 17/12/2014 **AC AJACCIO-PSG 1/3** CAVANI, AURIER, BAHEBECK

**1/4 FINALE** 13/01/2015 **SAINT-ÉTIENNE-PSG 0/1** IBRAHIMOVIC

**1/2 FINALE** 03/02/2015 **LILLE-PSG 0/1** MAXWELL

**FINALE** 11/04/2015 **PSG-BASTIA 4/0** IBRAHIMOVIC (2, 1 PEN.), CAVANI (2) (AU STADE DE FRANCE)

**LIGUE DES CHAMPIONS**

**GROUPE F 1re JOURNÉE** 17/09/2014 **AJAX AMSTERDAM-PSG 1/1** CAVANI

**GROUPE F 2e JOURNÉE** 30/09/2014 **PSG-BARCELONE 3/2** DAVID LUIZ, VERRATTI, MATUIDI

**GROUPE F 3e JOURNÉE** 21/10/2014 **APOËL NICOSIE-PSG 0/1** CAVANI

**GROUPE F 4e JOURNÉE** 05/11/2014 **PSG-APOËL NICOSIE 1/0** CAVANI

**GROUPE F 5e JOURNÉE** 25/11/2014 **PSG-AJAX AMSTERDAM 3/1** CAVANI (2), IBRAHIMOVIC

**GROUPE F 6e JOURNÉE** 10/12/2014 **BARCELONE-PSG 3/1** IBRAHIMOVIC

**8e FINALE ALLER** 17/02/2015 **PSG-CHELSEA 1/1** CAVANI

**8e FINALE RETOUR** 11/03/2015 **CHELSEA-PSG (A.P.) 2/2** DAVID LUIZ, THIAGO SILVA

**1/4 FINALE ALLER** 15/04/2015 **PSG-BARCELONE 1/3** MATHIEU (C.S.C.)

**1/4 FINALE RETOUR** 21/04/2015 **BARCELONE-PSG 2/0**

**TROPHÉE DES CHAMPIONS**

02/08/2014 **PSG-GUINGAMP 2/0** IBRAHIMOVIC (2) (À PÉKIN, CHINE)

## SAISON 2015/2016

**CHAMPIONNAT DE FRANCE**

**01** 07/08/2015 **LILLE-PSG 0/1** LUCAS

**02** 16/08/2015 **PSG-GFC AJACCIO 2/0** MATUIDI, THIAGO SILVA

**03** 21/08/2015 **MONTPELLIER-PSG 0/1** MATUIDI

**04** 30/08/2015 **MONACO-PSG 0/3** CAVANI (2), LAVEZZI

**05** 11/09/2015 **PSG-BORDEAUX 2/2** CAVANI (2)

**06** 19/09/2015 **REIMS-PSG 1/1** CAVANI

**07** 22/09/2015 **PSG-GUINGAMP 3/0** PASTORE, DI MARIA, IBRAHIMOVIC

**08** 26/09/2015 **NANTES-PSG 1/4** IBRAHIMOVIC, CAVANI, DI MARIA, AURIER

**09** 04/10/2015 **PSG-MARSEILLE 2/1** IBRAHIMOVIC (2, 2 PEN.)

**10** 17/10/2015 **BASTIA-PSG 0/2** IBRAHIMOVIC (2)

**11** 25/10/2015 **PSG-SAINT-ÉTIENNE 4/1** KURZAWA, CAVANI, IBRAHIMOVIC, LUCAS

**12** 30/10/2015 **RENNES-PSG 0/1** DI MARIA

**13** 07/11/2015 **PSG-TOULOUSE 5/0** DI MARIA, IBRAHIMOVIC (2), LUCAS, LAVEZZI

**14** 21/11/2015 **LORIENT-PSG 1/2** ONGENDA, MATUIDI

**15** 28/11/2015 **PSG-TROYES 4/1** CAVANI, IBRAHIMOVIC (PEN.), KURZAWA, AUGUSTIN

**16** 01/12/2015 **ANGERS-PSG 0/0**

**17** 04/12/2015 **NICE-PSG 0/3** CAVANI, IBRAHIMOVIC (2, 1 PEN.)

**18** 13/12/2015 **PSG-LYON 5/1** IBRAHIMOVIC (2, 1 PEN.), AURIER, CAVANI, LUCAS

**19** 19/12/2015 **CAEN-PSG 0/3** DI MARIA (2), IBRAHIMOVIC

**20** 08/01/2016 **PSG-BASTIA 2/0** THIAGO MOTTA, MAXWELL

**21** 16/01/2016 **TOULOUSE-PSG 0/1** IBRAHIMOVIC

**22** 23/01/2016 **PSG-ANGERS 5/1** IBRAHIMOVIC, LUCAS, VAN DER WIEL, DI MARIA (2)

**23** 31/01/2016 **SAINT-ÉTIENNE-PSG 0/2** IBRAHIMOVIC (2)

**24** 03/02/2016 **PSG-LORIENT 3/1** CAVANI, IBRAHIMOVIC, KURZAWA

**25** 07/02/2016 **MARSEILLE-PSG 1/2** IBRAHIMOVIC, DI MARIA

**26** 13/02/2016 **PSG-LILLE 0/0**

**27** 20/02/2016 **PSG-REIMS 4/1** VAN DER WIEL, IBRAHIMOVIC (2), CAVANI

**28** 28/02/2016 **LYON-PSG 2/1** LUCAS

**29** 05/03/2016 **PSG-MONTPELLIER 0/0**

**30** 13/03/2016 **TROYES-PSG 0/9** CAVANI (2), PASTORE, RABIOT, IBRAHIMOVIC (4), SAUNIER (C.S.C.)

**31** 20/03/2016 **PSG-MONACO 0/2**

**32** 02/04/2016 **PSG-NICE 4/1** IBRAHIMOVIC (3), DAVID LUIZ

**33** 09/04/2016 **GUINGAMP-PSG 0/2** LUCAS (2, 1 PEN.)

**34** 16/04/2016 **PSG-CAEN 6/0** IBRAHIMOVIC (2), MATUIDI, CAVANI, DI MARIA, MAXWELL

**36** 29/04/2016 **PSG-RENNES 4/0** MAXWELL, IBRAHIMOVIC (2), CAVANI

**37** 07/05/2016 **GFC AJACCIO-PSG 0/4** CAVANI (3), IBRAHIMOVIC

**35** 11/05/2016 **BORDEAUX-PSG 1/1** IBRAHIMOVIC

**38** 14/05/2016 **PSG-NANTES 4/0** IBRAHIMOVIC (2), LUCAS, MARQUINHOS

**CLASSEMENT FINAL :** 1er, 96 PTS, 30 V, 6 N, 2 D, 102/19, +83

**BUTEURS :** IBRAHIMOVIC 38, CAVANI 19, DI MARIA 10, LUCAS 9, MATUIDI 4, KURZAWA 3, MAXWELL 3, AURIER 2, LAVEZZI 2, PASTORE 2, VAN DER WIEL 2, AUGUSTIN 1, DAVID LUIZ 1, MARQUINHOS 1, ONGENDA 1, RABIOT 1, THIAGO MOTTA 1, THIAGO SILVA 1, + 1 BUT CONTRE SON CAMP.

**COUPE DE FRANCE**

**32e FINALE** 03/01/2016 **WASQUEHAL-PSG 0/1** IBRAHIMOVIC

**16e FINALE** 19/01/2016 **PSG-TOULOUSE 2/1** DAVID LUIZ, IBRAHIMOVIC (PEN.)

**8e FINALE** 10/02/2016 **PSG-LYON 3/0** IBRAHIMOVIC (2), RABIOT

**1/4 FINALE** 02/03/2016 **SAINT-ÉTIENNE-PSG 1/3** CAVANI, MARQUINHOS, LUCAS

**1/2 FINALE** 19/04/2016 **LORIENT-PSG 0/1** IBRAHIMOVIC

**FINALE** 21/05/2016 **PSG-MARSEILLE 4/2** MATUIDI, IBRAHIMOVIC (2, 1 PEN.), CAVANI (AU STADE DE FRANCE)

**COUPE DE LA LIGUE**

**8e FINALE** 16/12/2015 **PSG-SAINT-ÉTIENNE 1/0** CAVANI

**1/4 FINALE** 13/01/2016 **PSG-LYON 2/1** RABIOT, LUCAS

**1/2 FINALE** 27/01/2016 **PSG-TOULOUSE 2/0** LAVEZZI, DI MARIA

**FINALE** 23/04/2016 **PSG-LILLE 2/1** PASTORE, DI MARIA (AU STADE DE FRANCE)

**LIGUE DES CHAMPIONS**

**GROUPE F 1re JOURNÉE** 15/09/2015 **PSG-MALMÖ 2/0** DI MARIA, CAVANI

**GROUPE F 2e JOURNÉE** 30/09/2015 **SHAKHTAR DONETSK-PSG 0/3** AURIER, DAVID LUIZ, SRNA (C.S.C.)

**GROUPE F 3e JOURNÉE** 21/10/2015 **PSG-REAL MADRID 0/0**

**GROUPE F 4e JOURNÉE** 03/11/2015 **REAL MADRID-PSG 1/0**

**GROUPE F 5e JOURNÉE** 25/11/2015 **MALMÖ-PSG 0/5** RABIOT, DI MARIA (2), IBRAHIMOVIC, LUCAS

**GROUPE F 6e JOURNÉE** 08/12/2015 **PSG-SHAKHTAR DONETSK 2/0** LUCAS, IBRAHIMOVIC

**8e FINALE ALLER** 16/02/2016 **PSG-CHELSEA 2/1** IBRAHIMOVIC, CAVANI

**8e FINALE RETOUR** 09/03/2016 **CHELSEA-PSG 1/2** RABIOT, IBRAHIMOVIC

**1/4 FINALE ALLER** 06/04/2016 **PSG-MANCHESTER CITY 2/2** IBRAHIMOVIC, RABIOT

**1/4 FINALE RETOUR** 12/04/2016 **MANCHESTER CITY-PSG 1/0**

**TROPHÉE DES CHAMPIONS**

01/08/2015 **PSG-LYON 2/0** AURIER, CAVANI (À MONTRÉAL, CANADA)

## SAISON 2016/2017

**CHAMPIONNAT DE FRANCE**

**01** 12/08/2016 **BASTIA-PSG 0/1** KURZAWA

**02** 21/08/2016 **PSG-METZ 3/0** LUCAS, KURZAWA, VERRATTI

**03** 28/08/2016 **MONACO-PSG 3/1** CAVANI

**04** 09/09/2016 **PSG-SAINT-ÉTIENNE 1/1** LUCAS (PEN.)

**05** 16/09/2016 **CAEN-PSG 0/6** CAVANI (4, 1 PEN.), LUCAS, AUGUSTIN

**06** 20/09/2016 **PSG-DIJON 3/0** LANG (C.S.C.), CAVANI (PEN.), LUCAS

**07** 23/09/2016 **TOULOUSE-PSG 2/0**

**08** 01/10/2016 **PSG-BORDEAUX 2/0** CAVANI (2)

**09** 15/10/2016 **NANCY-PSG 1/2** LUCAS, CAVANI

**10** 23/10/2016 **PSG-MARSEILLE 0/0**

**11** 28/10/2016 **LILLE-PSG 0/1** CAVANI

**12** 06/11/2016 **PSG-RENNES 4/0** FERNANDES (C.S.C.), CAVANI, RABIOT, VERRATTI

**13** 19/11/2016 **PSG-NANTES 2/0** DI MARIA, JESÉ (PEN.)

**14** 27/11/2016 **LYON-PSG 1/2** CAVANI (2, 1 PEN.)

**15** 30/11/2016 **PSG-ANGERS 2/0** THIAGO SILVA, CAVANI (PEN.)

**16** 03/12/2016 **MONTPELLIER-PSG 3/0**

**17** 11/12/2016 **PSG-NICE 2/2** CAVANI (2)

**18** 17/12/2016 **GUINGAMP-PSG 2/1** CAVANI

**19** 21/12/2016 **PSG-LORIENT 5/0** MEUNIER, TOURÉ (C.S.C.), THIAGO SILVA, CAVANI (PEN.), LUCAS

**20** 13/01/2017 **RENNES-PSG 0/1** DRAXLER

**21** 21/01/2017 **NANTES-PSG 0/2** CAVANI (2)

**22** 29/01/2017 **PSG-MONACO 1/1** CAVANI (PEN.)

**23** 04/02/2017 **DIJON-PSG 1/3** LUCAS, THIAGO SILVA, CAVANI

**24** 07/02/2017 **PSG-LILLE 2/1** CAVANI, LUCAS

**25** 10/02/2017 **BORDEAUX-PSG 0/3** CAVANI (2), DI MARIA

**26** 19/02/2017 **PSG-TOULOUSE 0/0**

**27** 26/02/2017 **MARSEILLE-PSG 1/5** MARQUINHOS, CAVANI, LUCAS, DRAXLER, MATUIDI

**28** 04/03/2017 **PSG-NANCY 1/0** CAVANI (PEN.)

**29** 12/03/2017 **LORIENT-PSG 1/2** JEANNOT (C.S.C.), NKUNKU

**30** 19/03/2017 **PSG-LYON 2/1** RABIOT, DRAXLER

**32** 09/04/2017 **PSG-GUINGAMP 4/0** DI MARIA, CAVANI (2), MATUIDI

**33** 14/04/2017 **ANGERS-PSG 0/2** DI MARIA (2)

**31** 18/04/2017 **METZ-PSG 2/3** CAVANI, MATUIDI (2)

**34** 22/04/2017 **PSG-MONTPELLIER 2/0** CAVANI, DI MARIA

**35** 30/04/2017 **NICE-PSG 3/1** MARQUINHOS

**36** 06/05/2017 **PSG-BASTIA 5/0** LUCAS, VERRATTI, CAVANI (2), MARQUINHOS

**37** 14/05/2017 **SAINT-ÉTIENNE-PSG 0/5** CAVANI (2), LUCAS (2), DRAXLER

**38** 20/05/2017 **PSG-CAEN 1/1** RABIOT

**CLASSEMENT FINAL :** 2e, 87 PTS, 27 V, 6 N, 5 D, 83/27, +56

**BUTEURS :** CAVANI 35, LUCAS 12, DI MARIA 6, DRAXLER 4, MATUIDI 4, MARQUINHOS 3, RABIOT 3, THIAGO SILVA 3, VERRATTI 3, KURZAWA 2, AUGUSTIN 1, JESÉ 1, MEUNIER 1, NKUNKU 1, + 4 BUTS CONTRE SON CAMP.

**COUPE DE FRANCE**

**32e FINALE** 07/01/2017 **PSG-BASTIA 7/0** THIAGO SILVA, RABIOT, NKUNKU, THIAGO

MOTTA, LUCAS (PEN.), DI MARIA, DRAXLER

**16e FINALE** 01/02/2017 **RENNES-PSG 0/4** DRAXLER (2), LUCAS, BEN ARFA

**8e FINALE** 01/03/2017 **NIORT-PSG 0/2** PASTORE, CAVANI

**1/4 FINALE** 05/04/2017 **AVRANCHES-PSG 0/4** BEN ARFA (2), LUCAS, PASTORE

**1/2 FINALE** 26/04/2017 **PSG-MONACO 5/0** DRAXLER, CAVANI, MBAÉ (C.S.C.), MATUIDI, MARQUINHOS

**FINALE** 27/05/2017 **PSG-ANGERS 1/0** CISSOKHO (C.S.C.) (AU STADE DE FRANCE)

**COUPE DE LA LIGUE**

**8e FINALE** 14/12/2016 **PSG-LILLE 3/1** LUCAS (2, 1 PEN.), JESÉ

**1/4 FINALE** 11/01/2017 **PSG-METZ 2/0** THIAGO SILVA (2)

**1/2 FINALE** 24/01/2017 **BORDEAUX-PSG 1/4** DI MARIA (2), CAVANI (2)

**FINALE** 01/04/2017 **PSG-MONACO 4/1** DRAXLER, DI MARIA, CAVANI (2) (À LYON)

**LIGUE DES CHAMPIONS**

**GROUPE A 1re JOURNÉE** 13/09/2016 **PSG-ARSENAL 1/1** CAVANI

**GROUPE A 2e JOURNÉE** 28/09/2016 **LUDOGORETS-PSG 1/3** MATUIDI, CAVANI (2)

**GROUPE A 3e JOURNÉE** 19/10/2016 **PSG-FC BÂLE 3/0** DI MARIA, LUCAS, CAVANI (PEN.)

**GROUPE A 4e JOURNÉE** 01/11/2016 **FC BÂLE-PSG 1/2** MATUIDI, MEUNIER

**GROUPE A 5e JOURNÉE** 23/11/2016 **ARSENAL-PSG 2/2** CAVANI, IWOBI (C.S.C.)

**GROUPE A 6e JOURNÉE** 06/12/2016 **PSG-LUDOGORETS 2/2** CAVANI, DI MARIA

**8e FINALE ALLER** 14/02/2017 **PSG-BARCELONE 4/0** DI MARIA (2), DRAXLER, CAVANI

**8e FINALE RETOUR** 08/03/2017 **BARCELONE-PSG 6/1** CAVANI

**TROPHÉE DES CHAMPIONS**

06/08/2016 **PSG-LYON 4/1** PASTORE, LUCAS, BEN ARFA, KURZAWA (À KLANGENFURT AUTRICHE)

## SAISON 2017/2018

**CHAMPIONNAT DE FRANCE**

**01** 05/08/2017 **PSG-AMIENS 2/0** CAVANI, PASTORE

**02** 13/08/2017 **GUINGAMP-PSG 0/3** IKOKO (C.S.C.), CAVANI, NEYMAR

**03** 20/08/2017 **PSG-TOULOUSE 6/2** NEYMAR (2), RABIOT, CAVANI (PEN.), PASTORE, KURZAWA

**04** 25/08/2017 **PSG-SAINT-ÉTIENNE 3/0** CAVANI (2, 1 PEN.), THIAGO MOTTA

**05** 09/09/2017 **METZ-PSG 1/5** CAVANI (2), MBAPPÉ, NEYMAR, LUCAS

**06** 17/09/2017 **PSG-LYON 2/0** MARCELO (C.S.C.), MOREL (C.S.C.)

**07** 23/09/2017 **MONTPELLIER-PSG 0/0**

**08** 30/09/2017 **PSG-BORDEAUX 6/2** NEYMAR (2, 1 PEN.), CAVANI, MEUNIER, DRAXLER, MBAPPÉ

**09** 14/10/2017 **DIJON-PSG 1/2** MEUNIER (2)

**10** 22/10/2017 **MARSEILLE-PSG 2/2** NEYMAR, CAVANI

**11** 27/10/2017 **PSG-NICE 3/0** CAVANI (2), DANTE (C.S.C.)

**12** 04/11/2017 **ANGERS-PSG 0/5** MBAPPÉ, DRAXLER, CAVANI (2)

**13** 18/11/2017 **PSG-NANTES 4/1** CAVANI (2), DI MARIA, PASTORE

**14** 26/11/2017 **MONACO-PSG 1/2** CAVANI, NEYMAR (PEN.)

**15** 29/11/2017 **PSG-TROYES 2/0** NEYMAR, CAVANI

**16** 02/12/2017 **STRASBOURG-PSG 2/1** MBAPPÉ

**17** 09/12/2017 **PSG-LILLE 3/1** DI MARIA, PASTORE, MBAPPÉ

**18** 16/12/2017 **RENNES-PSG 1/4** NEYMAR (2), MBAPPÉ, CAVANI

**19** 20/12/2017 **PSG-CAEN 3/1** CAVANI, MBAPPÉ, BERCHICHE

**20** 14/01/2018 **NANTES-PSG 0/1** DI MARIA

**21** 17/01/2018 **PSG-DIJON 8/0** DI MARIA (2), CAVANI, NEYMAR (4, 1 PEN.), MBAPPÉ

**22** 21/01/2018 **LYON-PSG 2/1** KURZAWA

**23** 27/01/2018 **PSG-MONTPELLIER 4/0** CAVANI, NEYMAR (2, 1 PEN.), DI MARIA

**24** 03/02/2018 **LILLE-PSG 0/3** BERCHICHE, NEYMAR, LO CELSO

**25** 10/02/2018 **TOULOUSE-PSG 0/1** DIOP (C.S.C.)

**26** 17/02/2018 **PSG-STRASBOURG 5/2** DRAXLER, NEYMAR, DI MARIA, CAVANI (2)

**27** 25/02/2018 **PSG-MARSEILLE 3/0** MBAPPÉ, ROLANDO (C.S.C.), CAVANI

**28** 03/03/2018 **TROYES-PSG 0/2** DI MARIA, NKUNKU

**29** 10/03/2018 **PSG-METZ 5/0** MEUNIER, NKUNKU (2), MBAPPÉ, THIAGO SILVA

**31** 14/03/2018 **PSG-ANGERS 2/1** MBAPPÉ (2)

**30** 18/03/2018 **NICE-PSG 1/2** DI MARIA, DANI ALVES

**32** 06/04/2018 **SAINT-ÉTIENNE-PSG 1/1** DEBUCHY (C.S.C.)

**33** 15/04/2018 **PSG-MONACO 7/1** LO CELSO (2), CAVANI, DI MARIA (2), FALCAO (C.S.C.), DRAXLER

**34** 22/04/2018 **BORDEAUX-PSG 0/1** LO CELSO

**35** 29/04/2018 **PSG-GUINGAMP 2/2** CAVANI (2, 1 PEN.)

**36** 04/05/2018 **AMIENS-PSG 2/2** CAVANI, NKUNKU

**37** 12/05/2018 **PSG-RENNES 0/2**

**38** 19/05/2018 **CAEN-PSG 0/0**

**CLASSEMENT FINAL :** 1er, 93 PTS, 29 V, 6 N, 3 D, 108/29, +79

**BUTEURS :** CAVANI 28, NEYMAR 19, MBAPPÉ 13, DI MARIA 11, DRAXLER 4, LO CELSO 4, MEUNIER 4, NKUNKU 4, PASTORE 4, BERCHICHE 2, KURZAWA 2, DANI ALVES 1, LUCAS 1, RABIOT 1, THIAGO MOTTA 1, THIAGO SILVA 1, + 8 BUTS CONTRE SON CAMP.

**COUPE DE FRANCE**

**32e FINALE** 07/01/2018 **RENNES-PSG 1/6** MBAPPÉ (2), NEYMAR (2), DI MARIA (2)

**16e FINALE** 24/01/2018 **PSG-GUINGAMP 4/2** RABIOT, DEAUX (C.S.C.), PASTORE, MARQUINHOS

**8e FINALE** 06/02/2018 **SOCHAUX-PSG 1/4** DI MARIA (3), MBAPPÉ

**1/4 FINALE** 28/02/2018 **PSG-MARSEILLE 3/0** DI MARIA (2), CAVANI

**1/2 FINALE** 18/04/2018 **CAEN-PSG 1/3** MBAPPÉ (2), NKUNKU

**FINALE** 08/05/2018 **PSG-LES HERBIERS 2/0** LO CELSO, CAVANI (PEN.) (AU STADE DE FRANCE)

**COUPE DE LA LIGUE**

**8e FINALE** 12/09/2017 **STRASBOURG-PSG 2/4** SALNIER (C.S.C.), DI MARIA, DANI ALVES, DRAXLER

**1/4 FINALE** 10/01/2018 **AMIENS-PSG 0/2** NEYMAR (PEN.), RABIOT

**1/2 FINALE** 30/01/2018 **RENNES-PSG 2/3** MEUNIER, MARQUINHOS, LO CELSO

**FINALE** 31/03/2018 **PSG-MONACO 3/0** CAVANI (2, 1 PEN.), DI MARIA (À BORDEAUX)

**LIGUE DES CHAMPIONS**

**GROUPE B 1re JOURNÉE** 12/09/2017 **CELTIC GLASGOW-PSG 0/5** NEYMAR, MBAPPÉ, CAVANI (2, 1 PEN.), LUSTIG (C.S.C.)

**GROUPE B 2e JOURNÉE** 27/09/2017 **PSG-BAYERN MUNICH 3/0** DANI ALVES, CAVANI, NEYMAR

**GROUPE B 3e JOURNÉE** 18/10/2017 **ANDERLECHT-PSG 0/4** MBAPPÉ, CAVANI,

NEYMAR, DI MARIA

**GROUPE B 4e JOURNÉE** 31/10/2017 **PSG-ANDERLECHT 5/0** VERRATTI, NEYMAR, KURZAWA (3)

**GROUPE B 5e JOURNÉE** 27/11/2017 **PSG-CELTIC GLASGOW 7/1** NEYMAR (2), CAVANI (2), MBAPPÉ, VERRATTI, DANI ALVES

**GROUPE B 6e JOURNÉE** 05/12/2017 **BAYERN MUNICH-PSG 3/1** MBAPPÉ

**8e FINALE ALLER** 14/02/2018 **REAL MADRID-PSG 3/1** RABIOT

**8e FINALE RETOUR** 06/03/2018 **PSG-REAL MADRID 1/2** CAVANI

**TROPHÉE DES CHAMPIONS**

29/07/2017 **MONACO-PSG 1/2** DANI ALVES, RABIOT (À TANGER, MAROC)

## SAISON 2018/2019

### CHAMPIONNAT DE FRANCE

**01** 12/08/2018 **PSG-CAEN 3/0** NEYMAR, RABIOT, T. WEAH

**02** 18/08/2018 **GUINGAMP-PSG 1/3** NEYMAR (PEN.), MBAPPÉ (2)

**03** 25/08/2018 **PSG-ANGERS 3/1** CAVANI, MBAPPÉ, NEYMAR

**04** 01/09/2018 **NÎMES-PSG 2/4** NEYMAR, DI MARIA, MBAPPÉ, CAVANI

**05** 14/09/2018 **PSG-SAINT-ÉTIENNE 4/0** DRAXLER, CAVANI (PEN.), DI MARIA, DIABY

**06** 23/09/2018 **RENNES-PSG 1/3** DI MARIA, MEUNIER, CHOUPO-MOTING

**07** 26/09/2018 **PSG-REIMS 4/1** CAVANI (2), NEYMAR (PEN.), MEUNIER

**08** 29/09/2018 **NICE-PSG 0/3** NEYMAR (2), NKUNKU

**09** 07/10/2018 **PSG-LYON 5/0** NEYMAR (PEN.), MBAPPÉ (4)

**10** 20/10/2018 **PSG-AMIENS 5/0** MARQUINHOS, RABIOT, DRAXLER, MBAPPÉ, DIABY

**11** 28/10/2018 **MARSEILLE-PSG 0/2** MBAPPÉ, DRAXLER

**12** 02/11/2018 **PSG-LILLE 2/0** MBAPPÉ, NEYMAR

**13** 11/11/2018 **MONACO-PSG 0/4** CAVANI (3), NEYMAR (PEN.)

**14** 24/11/2018 **PSG-TOULOUSE 1/0** CAVANI

**15** 02/12/2018 **BORDEAUX-PSG 2/2** NEYMAR, MBAPPÉ

**16** 05/12/2018 **STRASBOURG-PSG 1/1** CAVANI (PEN.)

**19** 22/12/2018 **PSG-NANTES 1/0** MBAPPÉ

**20** 12/01/2019 **AMIENS-PSG 0/3** CAVANI (PEN.), MBAPPÉ, MARQUINHOS

**21** 19/01/2019 **PSG-GUINGAMP 9/0** NEYMAR (2), MBAPPÉ (3), CAVANI (3), MEUNIER

**22** 27/01/2019 **PSG-RENNES 4/1** CAVANI (2), DI MARIA, MBAPPÉ

**23** 03/02/2019 **LYON-PSG 2/1** DI MARIA

**24** 09/02/2019 **PSG-BORDEAUX 1/0** CAVANI (PEN.)

**25** 17/02/2019 **SAINT-ÉTIENNE-PSG 0/1** MBAPPÉ

**17** 20/02/2019 **PSG-MONTPELLIER 5/1** KURZAWA, DI MARIA, NKUNKU, HILTON (C.S.C.), MBAPPÉ

**26** 23/02/2019 **PSG-NÎMES 3/0** NKUNKU, MBAPPÉ (2)

**27** 02/03/2019 **CAEN-PSG 1/2** MBAPPÉ (2, 1 PEN.)

**18** 12/03/2019 **DIJON-PSG 0/4** MARQUINHOS, MBAPPÉ, DI MARIA, CHOUPO-MOTING

**29** 17/03/2019 **PSG-MARSEILLE 3/1** MBAPPÉ, DI MARIA (2)

**30** 31/03/2019 **TOULOUSE-PSG 0/1** MBAPPÉ

**31** 07/04/2019 **PSG-STRASBOURG 2/2** CHOUPO-MOTING, KEHRER

**32** 14/04/2019 **LILLE-PSG 5/1** BERNAT

**28** 17/04/2019 **NANTES-PSG 3/2** DANIEL ALVES, GUCLU

**33** 21/04/2019 **PSG-MONACO 3/1** MBAPPÉ (3)

**34** 30/04/2019 **MONTPELLIER-PSG 3/2** OYONGO (C.S.C.), DI MARIA

**35** 04/05/2019 **PSG-NICE 1/1** NEYMAR (PEN.)

**36** 11/05/2019 **ANGERS-PSG 1/2** NEYMAR, DI MARIA

**37** 18/05/2019 **PSG-DIJON 4/0** DI MARIA, CAVANI, MBAPPÉ (2)

**38** 24/05/2019 **REIMS-PSG 2/1** MBAPPÉ

**CLASSEMENT FINAL :** 1er, 91 PTS, 29 V, 4 N, 5 D, 105/35, +70

**BUTEURS :** MBAPPÉ 33, CAVANI 18, NEYMAR 15, DI MARIA 12, CHOUPO-MOTING 3, DRAXLER 3, MARQUINHOS 3, MEUNIER 3, NKUNKU 3, DIABY 2, RABIOT 2, BERNAT 1, DANI ALVES 1, GUCLU 1, KEHRER 1, KURZAWA 1, T. WEAH 1, + 2 BUTS CONTRE SON CAMP.

**COUPE DE FRANCE**

**32e FINALE** 06/01/2019 **PONTIVY-PSG 0/4** JULÉ (C.S.C.), NEYMAR, MBAPPÉ (PEN.), DRAXLER

**16e FINALE** 23/01/2019 **PSG-GUINGAMP 2/0** CAVANI, DI MARIA

**8e FINALE** 06/02/2019 **VILLEFRANCHE-PSG 0/3 (A.P.)** DRAXLER, DIABY, CAVANI

**1/4 FINALE** 26/02/2019 **PSG-DIJON 3/0** DI MARIA (2), MEUNIER

**1/2 FINALE** 03/03/2019 **PSG-NANTES 3/0** VERRATTI, MBAPPÉ (PEN.), DANIEL ALVES

**FINALE** 27/04/2019 **RENNES-PSG 2/2 (6/5 T.A.B.)** DANI ALVES, NEYMAR (AU STADE DE FRANCE)

**COUPE DE LA LIGUE**

**8e FINALE** 18/12/2018 **ORLEANS-PSG 1/2** CAVANI, DIABY

**1/4 FINALE** 09/01/2019 **PSG-GUINGAMP 1/2** NEYMAR

**LIGUE DES CHAMPIONS**

**GROUPE C 1re JOURNÉE** 18/09/2018 **LIVERPOOL-PSG 3/2** MEUNIER, MBAPPÉ

**GROUPE C 2e JOURNÉE** 03/10/2018 **PSG-ÉTOILE ROUGE BELGRADE 6/1** NEYMAR (3), CAVANI, DI MARIA, MBAPPÉ

**GROUPE C 3e JOURNÉE** 20/10/2018 **PSG-NAPLES 2/2** MARIO RUI (C.S.C.), DI MARIA

**GROUPE C 4e JOURNÉE** 06/11/2018 **NAPLES-PSG 1/1** BERNAT

**GROUPE C 5e JOURNÉE** 28/11/2018 **PSG-LIVERPOOL 2/1** BERNAT, NEYMAR

**GROUPE C 6e JOURNÉE 11/12/2018 ÉTOILE ROUGE BELGRADE-PSG 1/4** CAVANI, NEYMAR, MARQUINHOS, MBAPPÉ

**8e FINALE ALLER** 12/02/2019 **MANCHESTER UNITED-PSG 0/2** KIMPEMBE, MBAPPÉ

**8e FINALE RETOUR** 06/03/2019 **PSG-MANCHESTER UNITED 1/3** BERNAT

**TROPHÉE DES CHAMPIONS**

29/07/2018 **PSG-MONACO 4/0** DI MARIA (2), NKUNKU, T. WEAH (À SHENZHEN, CHINE)

## SAISON 2019/2020

### CHAMPIONNAT DE FRANCE

**01** 11/08/2019 **PSG-NÎMES 3/0** CAVANI (PEN.), MBAPPÉ, DI MARIA

**02** 18/08/2019 **RENNES-PSG 2/1** CAVANI

**03** 25/08/2019 **PSG-TOULOUSE 4/0** CHOUPO-MOTING (2), GONCALVES (C.S.C.), MARQUINHOS

**04** 30/08/2019 **METZ-PSG 0/2** DI MARIA (PEN.), CHOUPO-MOTING

**05** 14/09/2019 **PSG-STRASBOURG 1/0** NEYMAR

**06** 22/09/2019 **LYON-PSG 0/1** NEYMAR

**07** 25/09/2019 **PSG-REIMS 0/2**

**08** 28/09/2019 **BORDEAUX-PSG 0/1** NEYMAR

**09** 05/10/2019 **PSG-ANGERS 4/0** SARABIA, ICARDI, GUEYE, NEYMAR

**10** 18/10/2019 **NICE-PSG 1/4** DI MARIA (2), MBAPPÉ, ICARDI
**11** 27/10/2019 **PSG-MARSEILLE 4/0** ICARDI (2), MBAPPÉ (2)
**12** 01/11/2019 **DIJON-PSG 2/1** MBAPPÉ
**13** 09/11/2019 **BREST-PSG 1/2** DI MARIA, ICARDI
**14** 22/11/2019 **PSG-LILLE 2/0** ICARDI, DI MARIA
**16** 04/12/2019 **PSG-NANTES 2/0** MBAPPÉ, NEYMAR (PEN.)
**17** 07/12/2019 **MONTPELLIER-PSG 1/3** NEYMAR, MBAPPÉ, ICARDI
**18** 15/12/2019 **SAINT-ÉTIENNE-PSG 0/4** NEYMAR, MBAPPÉ (2), ICARDI
**19** 21/12/2019 **PSG-AMIENS 4/1** MBAPPÉ (2), NEYMAR, ICARDI
**20** 12/01/2020 **PSG-MONACO 3/3** NEYMAR (2, 1 PEN.), BALLO TOURÉ (C.S.C.)
**15** 15/01/2020 **MONACO-PSG 1/4** MBAPPÉ (2), NEYMAR (PEN.), SARABIA
**21** 26/01/2020 **LILLE-PSG 0/2** NEYMAR (2, 1 PEN.)
**22** 01/02/2020 **PSG-MONTPELLIER 5/0** SARABIA, DI MARIA, CONGRE (C.S.C.), MBAPPÉ, KURZAWA
**23** 04/02/2020 **NANTES-PSG 1/2** ICARDI, KEHRER
**24** 09/02/2020 **PSG-LYON 4/2** DI MARIA, MBAPPÉ, MARCAL (C.S.C.)
**25** 15/02/2020 **AMIENS-PSG 4/4** HERRERA, KOUASSI (2), ICARDI
**26** 23/02/2020 **PSG-BORDEAUX 4/3** CAVANI, MARQUINHOS (2), MBAPPÉ
**27** 29/02/2020 **PSG-DIJON 4/0** SARABIA, MBAPPÉ (2), ICARDI
**CLASSEMENT FINAL :** 1er, 68 PTS, 22 V, 2 N, 3 D, 75/24, +51
**BUTEURS :** MBAPPÉ 18, NEYMAR 13, ICARDI 12, DI MARIA 8, CAVANI 4, SARABIA 4, CHOUPO-MOTING 3, MARQUINHOS 3, KOUASSI 2, GUEYE 1, HERRERA 1, KEHRER 1, KURZAWA 1, + 4 BUTS CONTRE SON CAMP.
**COUPE DE FRANCE**
**32e FINALE** 05/01/2020 **LINAS-MONTLHÉRY-PSG 0/6** AOUCHICHE, CAVANI (2), SARABIA (2), CHOUPO-MOTING
**16e FINALE** 19/01/2020 **LORIENT-PSG 0/1** SARABIA
**8e FINALE** 29/01/2020 **PAU-PSG 0/2** PAREDES, SARABIA
**1/4 FINALE** 12/02/2020 **DIJON-PSG 1/6** LAUTOA (C.S.C.), MBAPPÉ, THIAGO SILVA, SARABIA (2), COULIBALY (C.S.C.)
**1/2 FINALE** 04/03/2020 **LYON-PSG 1/5** MBAPPÉ (3), NEYMAR (PEN.), SARABIA
**FINALE** 24/07/2020 **PSG-SAINT-ÉTIENNE 1/0** NEYMAR (AU STADE DE FRANCE)
**COUPE DE LA LIGUE**
**8e FINALE** 18/12/2019 **LE MANS-PSG 1/4** SARABIA, CHOUPO-MOTING, MBAPPÉ, DI MARIA
**1/4 FINALE** 08/01/2020 **PSG-SAINT-ÉTIENNE 6/1** ICARDI (3), NEYMAR, MOULIN (C.S.C.), MBAPPÉ
**1/2 FINALE** 22/01/2020 **REIMS-PSG 0/3** MARQUINHOS, KONAN (C.S.C.), KOUASSI
**FINALE** 31/07/2020 **PSG-LYON 0/0 (6/5 T.A.B.)** (AU STADE DE FRANCE)
**LIGUE DES CHAMPIONS**
**GROUPE A 1re JOURNÉE** 18/09/2019 **PSG-REAL MADRID 3/0** DI MARIA (2), MEUNIER
**GROUPE A 2e JOURNÉE** 01/10/2019 **GALATASARAY-PSG 0/1** ICARDI
**GROUPE A 3e JOURNÉE** 22/10/2019 **CLUB BRUGES-PSG 0/5** ICARDI (2), MBAPPÉ (3)
**GROUPE A 4e JOURNÉE** 06/11/2019 **PSG-CLUB BRUGES 1/0** ICARDI
**GROUPE A 5e JOURNÉE** 27/11/2019 **REAL MADRID-PSG 2/2** MBAPPÉ, SARABIA
**GROUPE A 6e JOURNÉE** 11/12/2019 **PSG-GALATASARAY 5/0** ICARDI, SARABIA, NEYMAR, MBAPPÉ, CAVANI (PEN.)
**8e FINALE ALLER** 18/02/2020 **BORUSSIA DORTMUND-PSG 2/1** NEYMAR
**8e FINALE RETOUR** 11/03/2020 **PSG-BORUSSIA DORTMUND 2/0** NEYMAR, BERNAT
**1/4 FINALE** 12/08/2020 **ATALANTA BERGAME-PSG 1/2** MARQUINHOS, CHOUPO-MOTING
**1/2 FINALE** 18/08/2020 **RB LEIPZIG-PSG 0/3** MARQUINHOS, DI MARIA, BERNAT
**FINALE** 23/08/2020 **PSG-BAYERN MUNICH 0/1**
**TROPHÉE DES CHAMPIONS**
03/08/2019 **PSG-RENNES 2/1** MBAPPÉ, DI MARIA (2) (À SHENZHEN, CHINE)

## SAISON 2020/2021

**CHAMPIONNAT DE FRANCE**
**02** 10/09/2020 **LENS-PSG 1/0**
**03** 13/09/2020 **PSG-MARSEILLE 0/1**
**01** 16/09/2020 **PSG-METZ 1/0** DRAXLER
**04** 20/09/2020 **NICE-PSG 0/3** MBAPPÉ (PEN.), DI MARIA, MARQUINHOS
**05** 27/09/2020 **REIMS-PSG 0/2** ICARDI (2)
**06** 02/10/2020 **PSG-ANGERS 6/1** FLORENZI, NEYMAR (2), DRAXLER, GUEYE, MBAPPÉ
**07** 16/10/2020 **NÎMES-PSG 0/4** MBAPPÉ (2), FLORENZI, SARABIA
**08** 24/10/2020 **PSG-DIJON 4/0** KEAN (2), MBAPPÉ (2)
**09** 31/10/2020 **NANTES-PSG 0/3** HERRERA, MBAPPÉ (PEN.), SARABIA
**10** 07/11/2020 **PSG-RENNES 3/0** KEAN, DI MARIA, DA SILVA (C.S.C.)
**11** 20/11/2020 **MONACO-PSG 3/2** MBAPPÉ (2, 1 PEN.)
**12** 28/11/2020 **PSG-BORDEAUX 2/2** NEYMAR (PEN.), KEAN
**13** 05/12/2020 **MONTPELLIER-PSG 1/3** DAGBA, KEAN, MBAPPÉ
**14** 13/12/2020 **PSG-LYON 0/1**
**15** 16/12/2020 **PSG-LORIENT 2/0** MBAPPÉ (PEN.), KEAN
**16** 20/12/2020 **LILLE-PSG 0/0**
**17** 23/12/2020 **PSG-STRASBOURG 4/0** PEMBÉLÉ, MBAPPÉ, GUEYE, KEAN
**18** 05/01/2021 **SAINT-ÉTIENNE-PSG 1/1** KEAN
**19** 09/01/2021 **PSG-BREST 3/0** KEAN, ICARDI, SARABIA
**20** 16/01/2021 **ANGERS-PSG 0/1** KURZAWA
**21** 22/01/2021 **PSG-MONTPELLIER 4/0** MBAPPÉ (2), NEYMAR, ICARDI
**22** 31/01/2021 **LORIENT-PSG 3/2** NEYMAR (2, 2 PEN.)
**23** 03/02/2021 **PSG-NIMES 3/0** DI MARIA, SARABIA, MBAPPÉ
**24** 07/02/2021 **MARSEILLE-PSG 0/2** MBAPPÉ, ICARDI
**25** 13/02/2021 **PSG-NICE 2/1** DRAXLER, KEAN
**26** 21/02/2021 **PSG-MONACO 0/2**
**27** 27/02/2021 **DIJON-PSG 0/4** KEAN,MBAPPÉ(2,1 PEN.),DANILO PEREIRA
**28** 03/03/2021 **BORDEAUX-PSG 0/1** SARABIA
**29** 14/03/2021 **PSG-NANTES 1/2** DRAXLER
**30** 21/03/2021 **LYON-PSG 2/4** MBAPPÉ(2),DANILO PEREIRA, DI MARIA
**31** 03/04/2021 **PSG-LILLE 0/1**
**32** 10/04/2021 **STRASBOURG-PSG 1/4** MBAPPÉ,SARABIA,KEAN,PAREDES
**33** 18/04/2021 **PSG-SAINT-ETIENNE 3/2** MBAPPÉ(2,1 PEN.),ICARDI
**34** 24/04/2021 **METZ-PSG 1/3** MBAPPÉ(2),ICARDI(PEN.)
**35** 01/05/2021 **PSG-LENS 2/1** NEYMAR,MARQUINHOS
**36** 09/05/2021 **RENNES-PSG 1/1** NEYMAR(PEN.)
**37** 16/05/2021 **PSG-REIMS 4/0** NEYMAR(PEN.),MBAPPÉ,MARQUINHOS,KEAN

**38** 23/05/2021 **BREST-PSG 0/2** FAIVRE (C.S.C.), MBAPPÉ

**CLASSEMENT FINAL :** 2e, 82 PTS, 26 V,4 N,8 D,86/28, +58

**BUTEURS :** MBAPPÉ 27, KEAN 13, NEYMAR 9, ICARDI 7, SARABIA 6, DI MARIA 4, DRAXLER 4, MARQUINHOS 3, DANILO PEREIRA 2, FLORENZI 2, GUEYE 2, DAGBA 1, KURZAWA 1, HERRERA 1, PAREDES 1, PEMBELE 1 + 2 BUTS CONTRE SON CAMP.

**COUPE DE FRANCE**

**32e DE FINALE** 10/02/2021 **CAEN-PSG 0/1** KEAN

**16e DE FINALE** 06/03/2021 **BREST-PSG 0/3** MBAPPÉ(2),SARABIA

**8e DE FINALE** 17/02/2021 **PSG-LILLE 3/0** ICARDI,MBAPPÉ(2, 1 PEN.)

**1/4 FINALE** 21/04/2021 **PSG-ANGERS 5/0** ICARDI(3),MANCEAU(C.S.C),NEYMAR

**1/2 FINALE** 12/05/2021 **MONTPELLIER-PSG 2/2** MBAPPÉ(2)

**FINALE** 19/05/2021 **MONACO-PSG 0/2** ICARDI, MBAPPÉ

**LIGUE DES CHAMPIONS**

**GROUPE H 1re JOURNÉE** 20/10/2020 **PSG-MANCHESTER UNITED 1/2** MARTIAL (C.S.C.)

**GROUPE H 2e JOURNÉE** 28/10/2020 **BASAKSEHIR-PSG 0/2** KEAN (2)

**GROUPE H 3e JOURNÉE** 04/10/2020 **RB LEIPZIG-PSG 2/1** DI MARIA

**GROUPE H 4e JOURNÉE** 24/11/2020 **PSG-RB LEIPZIG 1/0** NEYMAR (PEN.)

**GROUPE H 5e JOURNÉE** 02/12/2020 **MANCHESTER UNITED-PSG 1/3** NEYMAR (2), MARQUINHOS

**GROUPE H 6e JOURNÉE** 09/12/2020 **PSG-BASAKSEHIR 5/1** NEYMAR (3), MBAPPÉ (2, 1 PEN.)

**8e DE FINALE ALLER** 16/02/2021 **BARCELONE-PSG 1/4** MBAPPÉ (3), KEAN

**8e DE FINALE RETOUR** 10/03/2021 **PSG-BARCELONE 1/1** MBAPPÉ(PEN.)

**1/4 DE FINALE ALLER** 07/04/2021 **BAYERN MUNICH-PSG 2/3** MBAPPÉ(2),MARQUINHOS

**1/4 DE FINALE RETOUR** 13/04/2021 **PSG-BAYERN MUNICH 0/1**

**1/2 FINALE ALLER** 28/04/2021 **PSG-MANCHESTER CITY 1/2** MARQUINHOS

**1/2 FINALE RETOUR** 04/05/2021 **MANCHESTER CITY-PSG 2/0**

**TROPHÉE DES CHAMPIONS**

13/01/2021 **PSG-MARSEILLE 2/1** ICARDI, NEYMAR (PEN.) (À LENS)

# Remerciements

À Christian Gavelle (photographe officiel du club),
Yves Rospert (directeur artistique), Fabrice Porzyc (relecture)
et Sébastien Houin (statistiques) pour leur participation
à cet ouvrage.

À la fine équipe médias du PSG pour leur travail quotidien
dans l'ombre au service du club : Thomas Aiche, Joachim Azouze,
Ambre Godillon, Vincent Guérin, Sébastien Peton,
Loïc Prigent et Benjamin Sorin.

À mon épouse Françoise, à ma fille Axelle et à ma belle-fille Charlène
pour leur patience et leur bienveillance.

À mon ami James, parti bien trop tôt et qui brille désormais
dans les étoiles au-dessus du Parc des Princes.

**PARIS SAINT-GERMAIN**
**Directeur Merchandising et Diversification :** Fabien Allègre
**Responsable du développement Produits :** Emmanuel Cherki

**SOLAR**
**Direction :** Jean-Louis Hocq
**Direction éditoriale :** Jean-Philippe Bouchard
**Édition :** Maxime Lafon
**Maquette :** Yves Rospert
**Correction :** Judith Levitan
**Fabrication :** Emmanuelle Laine

Imprimé par Macrolibros en Espagne en juillet 2021